Tim Scheiter

Eintauchen in
C++

begleitende Inhalte auf

www.cplusplus-buch.de/eintauchen

BoD – Books on Demand, Norderstedt

Deutsche Fassung mit deutschen Quellcode-Kommentaren

Bibliografische Information der Deutschen Nationalbibliothek:
Die Deutsche Nationalbibliothek verzeichnet diese Publikation in der Deutschen Nationalbibliografie; detaillierte bibliografische Daten sind im Internet über www.dnb.de abrufbar.

Inhalte dieses Fachbuches wurden mit bestem Wissen und Gewissen erstellt. Für eventuell auftretende Schäden an Hard- oder Software kann keine Haftung übernommen werden. Das Abschreiben, Kopieren und Verwenden von in diesem Buch abgedruckten Quellcodes liegt in der Verantwortung des jeweiligen Lesers und Entwicklers. Dies gilt auch für heruntergeladene Quellcodes, welche in Bezug zu diesem Buch stehen. Dieses Fachbuch unterliegt einer strengen Kontrolle. Dennoch können inhaltliche Fehler nicht komplett ausgeschlossen werden. Der Autor oder Verlag kann für die Inhalte dieses Buches nicht haftbar gemacht werden.

Auf die Nennung von Marken- und Warenzeichen wird verzichtet. Diese Publikation ist urheberrechtlich geschützt. Rechte an Inhalt und Titel liegen beim Autor und zugleich Herausgeber. Inhalte dieses Buches dürfen nur mit der ausdrücklichen Zustimmung des Autors kommerziell genutzt und vervielfältigt werden. Dies gilt insbesondere für die Verwendung von Inhalten in elektronischen Systemen.

Erstauflage

Autor und Herausgeber:
© 2016, Tim Scheiter

Lektorat:
Angelika Döhler

Satz/Layout/Cover:
Tim Scheiter

Herstellung und Verlag:
BoD – Books on Demand, Norderstedt.
ISBN 9783741271700

Vorwort

Liebe Leserinnen und Leser,

vielen Dank, dass Sie sich für das Fachbuch *Eintauchen in C++* entschieden haben.

Die imperative, objektorientierte Programmiersprache C++ ist sehr mächtig und hat sich bei den Software-Entwicklern dieser Welt fest etabliert. Aus der kommerziellen Entwicklung und dem industriellen Umfeld ist diese Sprache nicht mehr wegzudenken, denn auch durch neue Standards kann C++ im Ranking der beliebtesten Programmiersprachen immer weiter Fahrt aufnehmen. Kein Wunder, so gibt es doch praktisch keine Problemstellung, die sich nicht programmatisch mit der Syntax der Sprache C++ lösen lässt. Für Sie als interessierter Leser[1] und versierter Programmierer[1] lohnt es sich also auf jeden Fall, diese Sprache zielorientiert zu beherrschen.

Unabhängig ob Sie studierend, lehrend oder in der Software-Entwicklung berufstätig sind, werden Sie mit diesem Fachbuch Ihre Fähigkeiten im Umgang mit der Sprache C++ entwickeln, erweitern und festigen können. Neulinge und Überläufer dieser Programmiersprache bekommen einen soliden Einstieg in die Syntax von C++ geboten; erfahrene Entwickler werden fortgeschrittene Aspekte der Programmiersprache C++ kennenlernen.

Es erwartet Sie ein wissenschaftliches, aber verständlich geschriebenes Fachbuch mit über 550 Seiten kompaktem und praxisorientiertem Wissen über syntaktische Kernbestandteile der plattformunabhängigen und objektorientierten Programmierung mit der Sprache C++.

---

[1]) Dieses Buch ist für alle Geschlechter gleichermaßen konzipiert und soll die Inhalte geschlechtsneutral vermitteln. Alle nachfolgenden Begriffe, welche Sie als Person ansprechen (Leser, Programmierer, etc.), sind in maskuliner Form verfasst, ohne eine weibliche Leserschaft wesentlich benachteiligen zu wollen.

Über den Autor

Tim Scheiter wurde 1987 im ehemaligen Karl-Marx-Stadt geboren. Nach der IT-Ausbildung und dem Fachabitur studierte er Allgemeine Informatik in der Landeshauptstadt von Sachsen und entwickelte ab 2008 eine tiefe Affinität für die Programmierung von Systemsoftware und grafischen Anwendungen mit den Sprachen C und C++. Heute arbeitet er an modernen Lösungen für 3D-Simulationen und ist an der Entwicklung von Applikationen für mobile Endgeräte beteiligt.

An dieser Stelle geht ein besonderer Dank an Frau Angelika Döhler für deren Hilfe und tatkräftige Unterstützung.

Beispiele sagen mehr als viele Worte. Aus diesem Grund sind in diesem Fachbuch über 400 Ausschnitte mit Code-Beispielen abgedruckt, welche alle liebevoll und mit größter Sorgfalt getestet und dokumentiert wurden. Sollten sich dennoch Fehler eingeschlichen haben, können Sie gern eine Nachricht an

feedback@cplusplus-buch.de

senden. Möchten Sie Fragen oder Anregungen zu diesem Buch loswerden, ist der allgemeine Kontakt zum Autor über

kontakt@cplusplus-buch.de

möglich.

Ich wünsche Ihnen viel Freude mit Ihrem persönlichen Exemplar.

Herzlichst

Inhalt

1 Über dieses Buch — 19

1.1 Was gelehrt wird und was nicht — 19
1.2 Vorkenntnisse und Voraussetzungen — 20
1.3 Formatierungen — 21
    1.3.1 Schlüsselwörter, Namen und Beispiele — 21
    1.3.2 Syntax der Quellcodes — 21
    1.3.3 Verweise auf Kapitel — 22
1.4 Code-Beispiele in diesem Buch — 22
    1.4.1 Code-Ausschnitte (Listings) — 22
    1.4.2 Programmierung eigener Klassen — 23
    1.4.3 Downloads — 24
1.5 Verwendete Abbildungen und Tabellen — 24
1.6 Zahlenwerte — 24

2 Begriffsklärungen — 25

2.1 Über dieses Kapitel — 25
2.2 Entwicklung von Code — 25
    2.2.1 Quellcodes und Quelldateien — 25
    2.2.2 Syntax und Semantik — 26
    2.2.3 Compiler und Linker — 26
    2.2.4 Definition und Deklaration — 28
    2.2.5 Implementierung und Initialisierung — 29
2.3 Objektorientierung — 30
    2.3.1 Klassen, Objekte und Instanzen — 30
    2.3.2 Kapselung von Daten — 31
    2.3.3 Primitive und komplexe Datentypen — 32
2.4 Speicherverwaltung — 33
    2.4.1 Stack und Heap — 33
    2.4.2 Freigabe von Speicher — 33
2.5 Die imperative Programmierung — 34

3 Erweiterte Grundlagen — 35

- 3.1 Starten mit der main-Methode — 35
- 3.2 Eingebaute Datentypen in C++ — 36
    - 3.2.1 Allgemeines zu den Datentypen — 36
    - 3.2.2 Logischer Datentyp (**bool**) — 36
    - 3.2.3 Ganzzahlige Typen — 37
    - 3.2.4 Die Schlüsselwörter **signed** und **unsigned** — 38
    - 3.2.5 Gleitkommatypen — 39
    - 3.2.6 Druckbare Zeichen (**char**) — 40
- 3.3 Deklaration und Initialisierung von Variablen — 41
- 3.4 Verwendung von Konstanten — 45
- 3.5 Arithmetik und Operatoren — 46
    - 3.5.1 Allgemeines zu den Operatoren — 46
    - 3.5.2 Binäre Operatoren — 47
    - 3.5.3 Unäre Vorzeichen — 50
    - 3.5.4 Inkrement und Dekrement — 51
    - 3.5.5 Binäre Zuweisungsoperatoren — 53
    - 3.5.6 Klammerung von Ausdrücken — 54
    - 3.5.7 Sequenzen — 56
- 3.6 Arrays fester Größen — 57
- 3.7 Whitespaces — 62
- 3.8 Typdefinitionen — 63
- 3.9 Die Schlüsselwörter **register** und **volatile** — 64

4 Präprozessor — 65

- 4.1 Der Nutzen des Präprozessors — 65
- 4.2 Verwendung von Direktiven — 66
    - 4.2.1 Allgemeines zu den Präprozessor-Direktiven — 66
    - 4.2.2 Inkludieren von Header-Dateien (**#include**) — 67
    - 4.2.3 Definition von Symbolen (**#define** und **#undef**) — 70
    - 4.2.4 Bedingter Code (**#ifdef**, **#ifndef** und **#endif**) — 73
    - 4.2.5 Verzweigter Programmcode (**#else**) — 76
    - 4.2.6 Die **defined**-Direktive (**#if** und **#elif**) — 77
    - 4.2.7 Vordefinierte Symbole — 80
    - 4.2.8 Weitere Direktiven — 81
- 4.3 Header-Guards — 83

5 Klassen & Bezugsrahmen (Scoping) — 85

5.1 Die Schlüsselwörter **class** und **struct** — 85

5.2 Deklaration von Klassennamen — 85

5.3 Definition von Klassen — 86
- 5.3.1 Bezugsrahmen von Klassendefinitionen — 86
- 5.3.2 Eigenschaften in Klassen — 88
- 5.3.3 Sichtbarkeitsbereiche in Klassen — 89
- 5.3.4 Der Unterschied von **class** zu **struct** — 92

5.4 Bildung von Instanzen — 92

5.5 Zugriffe über den Punktoperator — 95

5.6 Eingebettete Objekte — 96

5.7 Scoping durch Bezugsrahmen — 98
- 5.7.1 Grundlagen des Scopings — 98
- 5.7.2 Verschachtelte Bereiche — 99
- 5.7.3 Der Scope-Operator — 100
- 5.7.4 Scoping in globalen Bereichen — 100
- 5.7.5 Globale Methoden — 103
- 5.7.6 Lokales Scoping — 107
- 5.7.7 Klassenbereiche — 109
- 5.7.8 Übersicht aller Scopes — 112
- 5.7.9 Zugriffe auf globale Daten — 113

5.8 Lokale und globale Gültigkeit — 114

5.9 Der Aufzählungstyp **enum** — 114

5.10 Lebensdauer von Objekten — 120
- 5.10.1 Lebensdauer in Scopes — 120
- 5.10.2 Das Schlüsselwort **static** — 123
- 5.10.3 Statische Eigenschaften in Klassen — 126
- 5.10.4 Konstante und statische Eigenschaften — 129

5.11 Kontrollstrukturen — 130
- 5.11.1 Grundlagen von Programmabläufen — 130
- 5.11.2 Binäre Vergleichsoperatoren — 130
- 5.11.3 Bedingte Anweisung (**if** und **else**) — 133
- 5.11.4 Zählschleife (**for**) — 137
- 5.11.5 Kopfgesteuerte Schleife (**while**) — 140
- 5.11.6 Fußgesteuerte Schleife (**do-while**) — 141
- 5.11.7 Abbrüche von Schleifendurchläufen — 142
- 5.11.8 Fallunterscheidung (**switch**-**case**-**default**) — 143

5.12	Typdefinitionen mit Klassen	148
5.13	Der ternäre Operator	149
5.14	Arrays fester Größen und Objekte	151
5.15	Überblick der Operatoren des Kapitels	152

6 Namensräume — 153

6.1	Was Namensräume darstellen	153
6.2	Der globale Namensraum	154
6.3	Definition von Namensräumen	154
	6.3.1 Das Schlüsselwort **namespace**	154
	6.3.2 Verschachtelung von Namensräumen	156
6.4	Identifikation von Daten im Namensraum	160
	6.4.1 Explizite Zugriffe über den Scope-Operator	160
	6.4.2 Die **using**-Direktive	161
	6.4.3 Namensräume ohne Identifikatoren	163
6.5	Aliasing von Namensräumen	165
6.6	Mehrdeutigkeit und Namenskollisionen	168

7 Bitmanipulation & Logik — 171

7.1	Bit, Byte und Datenspeicherung	171
7.2	Interne Darstellung von Daten	173
	7.2.1 Allgemeines zur Codierung	173
	7.2.2 Speichergrößen ganzzahliger Typen	174
	7.2.3 Darstellung vorzeichenloser Datentypen	175
	7.2.4 Codierung vorzeichenbehafteter Datentypen	177
	7.2.5 Mantisse und Exponent (Gleitkommatypen)	180
	7.2.6 NaN und Inf (Gleitkommatypen)	183
	7.2.7 Signifikante Bit (MSB und LSB)	185
7.3	Daten zusammenhängender Speicherbereiche	186
	7.3.1 Abbildung von Objekten und Arrays	186
	7.3.2 Speicherausrichtung und Füllbyte	188
7.4	Der **sizeof**-Operator	192

7.5	Komprimierte Datenspeicherung	197
	7.5.1 Der Datenverbund **union**	197
	7.5.2 Anonyme Datenverbunde	201
	7.5.3 Bitfelder in Eigenschaften	203
7.6	Anonyme Klassen und Enumerationen	208
7.7	Bitweise Operationen	208
	7.7.1 Übersicht der Operatoren	208
	7.7.2 Bitverschiebungen	209
	7.7.3 Bitweise Verknüpfungen	213
	7.7.4 Das Einerkomplement	218
	7.7.5 Verwendung von Wahrheitswerten	219
	7.7.6 Bitweise Zuweisungsoperatoren	220
7.8	Über- und Unterläufe ganzzahliger Bereiche	222
7.9	Promotion und Demotion primitiver Typen	224
7.10	Implizite Typkonvertierungen	225
	7.10.1 Konvertierung primitiver Typen	225
	7.10.2 Konvertierung nach **bool**	228
7.11	Explizite Typkonvertierungen	230
	7.11.1 Literale und Suffixe	230
	7.11.2 Konstruktoren primitiver Typen	233
	7.11.3 Der Konvertierungsoperator	234
7.12	Aussagenlogik	235
	7.12.1 Logische Verknüpfungen	235
	7.12.2 Der Negierungsoperator	238
	7.12.3 Überblick der Operatoren	239
7.13	Verknüpfte Bedingungen im Präprozessor	240

8 Methoden in Klassen | 241

8.1	Inhalte dieses Kapitels	241
8.2	Deklaration von Methoden	241
	8.2.1 Signaturen von Methoden	241
	8.2.2 Der **const**-Qualifizierer	242
	8.2.3 Prototypen von Methoden	243

8.3	Implementierung von Methoden	**244**
	8.3.1 Ein bereits Bekannter: Der Scope-Operator	244
	8.3.2 Methoden in Namensräumen	246
	8.3.3 **inline**-Methoden	248
	8.3.4 Rückgabe von Werten	249
8.4	Parameter von Methoden	**253**
	8.4.1 Parameterlisten	253
	8.4.2 Die lokale Kopie (call-by-value)	254
	8.4.3 Der Standardparameter	256
8.5	Getter- und Setter-Methoden (Point2D-Praxis)	**258**
8.6	Logische Methoden	**260**
8.7	Konstruktoren	**261**
	8.7.1 Verwendung von Konstruktoren	261
	8.7.2 Initialisierungslisten	262
	8.7.3 Der Standardkonstruktor	264
	8.7.4 Das Schlüsselwort **explicit**	267
	8.7.5 Konstruktoraufrufe eingebetteter Objekte	271
8.8	Destruktoren	**273**
	8.8.1 Verwendung von Destruktoren	273
	8.8.2 Explizite Destruktoraufrufe	274
8.9	Statische Methoden	**275**
8.10	Das Überladen von Methoden	**279**
8.11	Mehrdeutige Methodenaufrufe	**280**
	8.11.1 Mehrdeutigkeit durch Methodenüberladung	280
	8.11.2 Mehrdeutigkeit durch Standardparameter	283
	8.11.3 Mehrdeutigkeit durch Überladung und Parameter	284
8.12	Rekursion von Methoden	**286**
8.13	Freundschaft von Methoden	**289**
	8.13.1 **friend**-Methoden und **friend**-Klassen	289
	8.13.2 Globale **friend**-Methoden	292
8.14	Delegation an Methoden und Seiteneffekte	**293**
8.15	Objekte, Methoden und das Schlüsselwort **const**	**295**
8.16	Kapselung von Konstruktoren (Wrapper-Klassen)	**297**
8.17	Methoden im Datenverbund (**union**)	**298**

9 Die Praxisklasse Number — 301

9.1 Was Sie in diesem Kapitel erwartet — 301

9.2 Vorarbeit für die Klassenprogrammierung — 301

    9.2.1 Primitive Datentypen — 301
    9.2.2 Ein Aufzählungstyp — 303
    9.2.3 Definition des Datenverbundes — 305

9.3 Definition der Klasse — 306

9.4 Prototypen der Klasse — 307

    9.4.1 Prototypen überladener Konstruktoren — 307
    9.4.2 Prototypen der Getter- und Setter-Methoden — 308
    9.4.3 Prototypen logischer Methoden — 309
    9.4.4 Prototyp einer statischen Methode — 310

9.5 Implementierungen der Klasse — 310

    9.5.1 Implementierung der Konstruktoren — 310
    9.5.2 Implementierung der Getter-Methoden — 313
    9.5.3 Implementierung der Setter-Methoden — 315
    9.5.4 Implementierung der logischen Methoden — 317
    9.5.5 Implementierung der statischen Methode — 319

9.6 Statische und konstante Eigenschaften — 321

9.7 Speicherbelegung — 323

9.8 Verwendung der Klasse — 325

10 Zeiger & Referenzen — 327

10.1 Die Bedeutung der Zeiger — 327

10.2 Deklaration von Zeigervariablen — 328

    10.2.1 Deklaration eindimensionaler Zeiger — 328
    10.2.2 Deklaration mehrdimensionaler Zeiger — 329
    10.2.3 Deklaration typloser Zeiger — 330
    10.2.4 Zeiger in Deklarationslisten — 330

10.3 Der Adressoperator — 331

10.4 Zuweisung und Initialisierung von Zeigern — 332

10.5 Nullzeiger und Zeigervalidierung — 333

10.6 Zeiger mit dem Schlüsselwort **const** — 336

10.7	Dereferenzierung von Zeigern	**339**
10.8	Zeiger und Objekte	**341**
	10.8.1 Deklaration und Initialisierung	**341**
	10.8.2 Zugriffe über den Pfeiloperator	**342**
	10.8.3 Zeiger auf konstante Objekte	**343**
	10.8.4 Konstante Zeiger auf konstante Objekte	**344**
	10.8.5 Der **this**-Zeiger	**345**
10.9	Typdefinitionen mit Zeigern	**346**
10.10	Der **sizeof**-Operator mit Zeigern	**347**
10.11	Zeiger und Methoden	**348**
	10.11.1 Zeiger als Rückgabewerte	**348**
	10.11.2 Zeiger als Methodenparameter	**349**
	10.11.3 Zeiger als Standardparameter	**352**
10.12	Dynamische Speicherallokierung	**352**
	10.12.1 Die Operatoren **new** und **delete**	**352**
	10.12.2 Gefährliche Verwendung des **delete**-Operators	**358**
	10.12.3 Zeiger auf dem Heap	**359**
	10.12.4 Der **new**-Operator in Methoden	**361**
10.13	Vergleiche von Zeigervariablen	**363**
10.14	Vagabundierende Zeiger	**364**
10.15	Zeiger und Arrays	**367**
	10.15.1 Arrays fester Größen und Zeiger	**367**
	10.15.2 Arrays fester Größen als Parameter	**370**
	10.15.3 Dynamische Arrays (**new[]** und **delete[]**)	**375**
	10.15.4 Zugriffe über Indizierung	**379**
	10.15.5 Zeigerarithmetik	**382**
	10.15.6 Speicherlecks durch den **delete[]**-Operator	**388**
	10.15.7 Mehrdimensionale und dynamische Arrays	**389**
10.16	Zeiger als Eigenschaften	**394**
	10.16.1 Deklaration in Klassen (Line2D-Praxis)	**394**
	10.16.2 Bildung und Freigabe innerer Instanzen	**395**
	10.16.3 Verwendung von Objekten über Zeiger-Member	**399**
	10.16.4 Speicherbedarf innerer Instanzen	**401**
	10.16.5 Flache und tiefe Kopien	**403**
10.17	Übersicht der Zeiger-Operatoren	**405**
10.18	Das Schlüsselwort **nullptr**	**406**

10.19	Die Bedeutung der Referenzen	407
10.20	Deklaration und Verwendung von Referenzen	408
	10.20.1 Initialisierung von Referenzen	408
	10.20.2 Zugriffe auf Variablen über Referenzen	409
	10.20.3 Referenzen auf Referenzen	411
10.21	Typdefinitionen mit Referenzen	412
10.22	Referenzen mit dem **const**-Qualifizierer	412
10.23	Referenzen und Methoden	414
	10.23.1 Referenzen als Parameter (call-by-reference)	414
	10.23.2 Konstante Referenzen in Parametern	417
	10.23.3 Objekt-Referenzen als Rückgabewerte	420
10.24	Flache und tiefe Kopien von Objekten	421
	10.23.1 Allgemeines zu Objektkopien	421
	10.24.2 Der Standard-Kopierkonstruktor	422
	10.24.3 Eigene Kopierkonstruktoren der Praxisklassen	424
	10.24.4 Der Standard-Zuweisungsoperator	429
	10.24.5 Überschriebene Zuweisungsoperatoren	431
10.25	Vagabundierende Referenzen	436

11 Zeichenketten — 439

11.1	Was Ihnen dieses Kapitel lehrt	439
11.2	Deklaration und Verwendung von Zeichenketten	440
	11.2.1 Druckbare Zeichen in Arrays fester Größen	440
	11.2.2 Zeichenketten-Literale	441
	11.2.3 Dynamische Zeichenketten	442
	11.2.4 Zeichenketten in zwei Dimensionen	443
11.3	Null-Terminierung von Zeichenketten	445
11.4	Interne Darstellung der Zeichenketten-Literale	448
11.5	Vergleiche von Zeichen und Zeichenketten	452
11.6	Erweiterung der Number-Praxisklasse	455
	11.6.1 Prototyp einer neuen Methode	455
	11.6.2 Implementierung der neuen Methode	455
	11.6.3 Verwendung der Methode	458

11.7	Zeichenketten-Literale im Präprozessor	458
11.8	Parameter der main-Methode	460

12 Vererbung von Klassen — 463

12.1	Grundlagen der Vererbung	463
12.2	Definition abgeleiteter Klassen	464
	12.2.1 Kindklassen durch Vererbung	464
	12.2.2 Vererbung von Sichtbarkeit	468
	12.2.3 Das Schlüsselwort **protected**	470
	12.2.4 Der Unterschied von **class** zu **struct**	471
	12.2.5 Die Point3D-Praxisklasse	472
12.3	Vererbungshierarchien	473
12.4	Speicherbedarf von Instanzen geerbter Klassen	475
12.5	Konstruktoren in abgeleiteten Klassen	476
	12.5.1 Aufrufe von Basiskonstruktoren	476
	12.5.2 Konstruktoraufrufe im Programmablauf	480
	12.5.3 Abstrakte Basisklassen	481
12.6	Destruktoren geerbter Klassen	482
12.7	Methoden in abgeleiteten Klassen	483
	12.7.1 Erweiterte Funktionalität der Kindklassen	483
	12.7.2 Das Überschreiben von Methoden	485
	12.7.3 Überschreiben vs. Überladen	489
12.8	Statische Elemente in geerbten Klassen	490
12.9	Vererbung und das Schlüsselwort **friend**	492
12.10	Polymorphie	493
	12.10.1 Zeiger auf Instanzen abgeleiteter Klassen	493
	12.10.2 Virtuelle Methoden und Destruktoren (**virtual**)	494
	12.10.3 Abstraktion durch reinvirtuelle Methoden	498
	12.10.4 Polymorphe Zeiger als Parameter	500
	12.10.5 Polymorphe Referenzen	501
12.11	Finalisierung	502

Was danach kommt — 503

Anhänge — 505

Anhang A:	Verzeichnis der Listings	505
Anhang B:	Verzeichnis der Abbildungen	519
Anhang C:	Verzeichnis der Tabellen	521
Anhang D:	Klassendiagramme der Praxisklassen	523
Anhang E:	Eingebaute Operatoren der Sprache C++	527
Anhang F:	Stichwortverzeichnis	533

1 Über dieses Buch

1.1 Was gelehrt wird und was nicht

>> Womöglich sind Sie als interessierter Entwickler schon sehr gespannt auf den Inhalt dieses Buches und möchten so schnell es geht mit dem Programmieren beginnen. Doch bevor Sie in die Welt von C++ eintauchen, lernen Sie in diesem Kapitel einige Grundlagen zu diesem Fachbuch kennen.

Das Erlernen einer neuen Programmiersprache gliedert sich prinzipiell in zwei voneinander unabhängige Teile: Zum einen ist das die Einarbeitung in die Syntax der Sprache, welche es zu erlernen gilt; zum anderen das Vertrautmachen mit bekannten Frameworks, welche diese Sprache nutzen. Ein Framework würde ohne eine Programmiersprache nicht existieren und eine Sprache wäre ohne ein Framework nur schwer und redundant einsetzbar, da benötigte Code-Bestandteile für jeden Anwendungsfall neu entwickelt werden müssten. Dieses Fachbuch beschränkt sich auf die reine Syntax der Programmiersprache C++ und auf deren Kernbestandteile. Haben Sie bereits die Absicht, bunte Benutzeroberflächen zu programmieren, so ist dieses Buch nicht für Sie geeignet. Stattdessen sollten Sie sich in diesem Fall mit einem Framework für C++ auseinandersetzen. Vielmehr dient dieses Buch dazu, die Syntax der objektorientierten Sprache C++ zu vermitteln und behandelt diese konform des Standards ISO/IEC 14882:2003 und zu Teilen des Standards 2011. Die Syntax der Programmiersprache C++ ist plattformunabhängig, daher wird in diesem Buch auf keine speziellen Frameworks eingegangen, welche von einer bestimmten Plattform abhängig sind. Des Weiteren schreibt Ihnen dieses Buch keine betriebssystemspezifischen oder plattformabhängigen Frameworks zur Entwicklung von Code vor. Unabhängig vom Betriebssystem können Sie mit Hilfe dieser Inhalte die Syntax der Sprache C++ erlernen und festigen.

Zur allgemeinen Verwendung bietet C++ eine standardisierte Programmierbibliothek an, welche nützliche Klassen für die plattformunabhängige Entwicklung bereitstellt. Da sich dieses Buch auf die reine Syntax von C++ und auf die Kernbestandteile der Sprache bezieht, wird nicht direkt auf die Standardbibliothek eingegangen.

Über dieses Buch » Vorkenntnisse und Voraussetzungen

1.2 Vorkenntnisse und Voraussetzungen

» Haben Sie bereits von Dingen wie Objektorientierung, Variablen, Kontrollstrukturen oder Algorithmen gehört, dann sind Sie auf dem besten Weg ein erfahrener Programmierer im Umgang mit der Sprache C++ zu werden. Dieses Buch ist auch für Entwickler mit Erfahrungen aus anderen objektorientierten Sprachen (wie z.B. Java oder C#) geeignet, welche nun den Umfang von C++ kennenlernen möchten – und das ist eine ganze Menge. Aber auch als Neuling ohne Vorkenntnisse im Bereich der objektorientierten Programmierung bietet Ihnen dieses Buch einen soliden Einstieg in die Welt von C++.
Voraussetzungen für praktische Übungen mit der Sprache C++ sind ein lauffähiger PC mit einem Betriebssystem sowie eine Entwicklungsumgebung (IDE). Diese besteht minimal aus einem Texteditor und einem Compiler. Der Texteditor ermöglicht Ihnen das Schreiben von Quellcodes, während sich mit Hilfe des Compilers die geschriebenen Codes in ein lauffähiges Programm übersetzen lassen. Beide Werkzeuge sind notwendig, um die Code-Beispiele des Buches testen und verstehen zu können. Allerdings schreibt Ihnen dieses Buch keine Entwicklungsumgebung vor. Da die Sprache C++ plattformunabhängig ist, können Sie eine beliebige Entwicklungsumgebung auf einem Betriebssystem Ihrer Wahl installieren und begleitend zu diesem Buch verwenden. Sogenannte hybride Texteditoren beherrschen die Syntax mehrerer Programmiersprachen und vielleicht haben Sie bereits Erfahrungen mit anderen Sprachen sammeln können, um den Texteditor Ihrer Wahl nun auch für C++ gebrauchen zu wollen. Unabhängig vom Editor benötigen Sie einen Compiler der Sprache C++ für Ihr entsprechendes Betriebssystem. Viele gute Entwicklungsumgebungen stehen kostenlos zum Herunterladen im Internet zur Verfügung und liefern den Texteditor mit dem Compiler als Einheit.
Weiterhin setzt dieses Buch natürlich den Spaß am Programmieren voraus und ein hohes Maß an Zielstrebigkeit, etwas Neues zu erlernen. Eine gewisse Portion Geduld sowie logisches und mathematisches Verständnis sollten ebenfalls für das erfolgreiche Lernen mit diesem Buch nicht fehlen.

1.3 Formatierungen

1.3.1 Schlüsselwörter, Namen und Beispiele

>> Neben der für den eigentlichen Inhalt angepassten Formatierung, welche einen angenehmen Lesefluss ermöglichen soll, verwendet dieses Buch weitere Formatierungen für Schlüsselwörter, Namen (Fremdwörter) und für Beispiele. Entsprechende Schlüsselwörter aus der Syntax der Programmiersprache C++ werden fett im Text dargestellt, da sich diese Schlüsselwörter auch bei der Entwicklung von Code in einem Texteditor Ihrer Wahl hervorheben. Verweise auf Namen, Fremdwörter und auf Beispiele heben sich in diesem Buch durch eine kursive Schreibweise von der üblichen Formatierung des Textes ab.

Ein verdeutlichendes Beispiel: Die Methode *GetValue* der Klasse *SampleClass* gibt einen Wert über das Schlüsselwort **return** zurück und das *Listing 7.5* wird Ihnen Code der Programmiersprache C++ erläutern, in dem unter anderem das Schlüsselwort **class** vorkommt.

1.3.2 Syntax der Quellcodes

>> Die zahlreichen Quellcode-Ausschnitte dieses Fachbuches verwenden eine nichtproportionale Schrift, die auch als Monospace aus vielen Texteditoren bekannt ist. Die feste Zeichenbreite einer solchen Schriftart gewährleistet optimale Gliederung der Sprachbestandteile von C++. Schlüsselwörter, Zahlenwerte und Zeichen werden dabei fett hervorgehoben. Prinzipiell verwendet dieses Buch für Klassen und Methoden dem Zweck entsprechend frei gewählte Namen, welche stets mit einem Großbuchstaben beginnen. Alle Quellcode-Ausschnitte sind durch einzeilige oder mehrzeilige Kommentare dokumentiert, welche der Syntax der Sprache C++ entsprechen. Die Kommentare in den Quellcodes beziehen sich auf die vermittelten Inhalte der jeweiligen Kapitel bzw. Abschnitte und sind in deutscher Sprache abgedruckt.

1.3.3 Verweise auf Kapitel

>> Im vorliegenden Buch bauen Inhalte der verschiedenen Kapitel logisch aufeinander auf. Unterkapitel werden als Abschnitte innerhalb eines Kapitels bezeichnet. An einigen Stellen im Text wird auf Kapitel in diesem Buch verwiesen, welche später behandelt werden oder bereits behandelt worden sind. Diese heben sich ebenfalls durch eine fette Formatierung vom Text ab. Verweise auf Kapitel erfüllen nicht den Zweck, dieses Buch querzulesen. Vielmehr geben sie den Hinweis, dass ein entsprechendes Thema in diesem Buch noch erläutert wird oder bereits behandelt wurde. Solche Verweise finden nur auf Kapitel statt, jedoch nicht auf einzelne Seiten und auch nicht auf Abschnitte.
Ein Beispiel: Im späteren Kapitel **Vererbung von Klassen** erfahren Sie mehr über das Ableiten einer Klasse von einer Basisklasse.

1.4 Code-Beispiele in diesem Buch

1.4.1 Code-Ausschnitte (Listings)

>> Ausschnitte von Quellcode, sogenannte Listings, ergänzen die schriftlichen Inhalte in diesem Buch mit Quellcode der Sprache C++ und untermauern das vermittelte Wissen der jeweiligen Kapitel. Diese sind als Monospace und auf einem grauen Hintergrund abgedruckt und können sich über mehrere Seiten erstrecken. Im Durchschnitt können Sie in den Kapiteln pro Seite einen Code-Ausschnitt finden. Listings sind also wesentliche Bestandteile des Buches und ergänzen die vermittelte Theorie mit praktischen Ausschnitten von validem Code, welcher sich mit einem Compiler der Sprache C++ übersetzen lässt. Es würde den Rahmen eines solchen Buches sprengen, wenn für jedes behandelte Thema ein kompletter und lauffähiger Code abgedruckt wird. Aus diesem Grund handelt es sich bei den meisten Code-Beispielen um Ausschnitte, die vor dem Übersetzen ergänzt werden müssen, um lauffähig zu werden. Viele der verwendeten Listings bauen in diesem Buch inhaltlich aufeinander auf. Bezieht sich ein Code-Beispiel auf ein bereits vorhandenes Listing, dann wird im Text entsprechend auf dieses hingewiesen. Allerdings bauen Code-Beispiele nur auf

Listings der eigenen Kapitel auf. Verweise auf Code-Ausschnitte anderer Kapitel finden nicht statt, um den Lesefluss nicht zu stören. Sie können Ihre eigenen Code-Beispiele und Fähigkeiten testen, bevor Sie mit dem Inhalt des nächsten Kapitels beginnen. Der nachfolgende Code-Ausschnitt veranschaulicht das erste Listing dieses Buches:

```
// Dies ist ein einzeiliger Kommentar.
// Schlüsselwörter, Zahlen und Zeichen werden fett dargestellt.

unsigned int var = 0; /* Deklaration und Initialisierung.
                         Das ist ein mehrzeiliger Kommentar. */
```

Listing **1**: Ausschnitt zur Veranschaulichung der Syntax

Im **Anhang A** am Ende dieses Buches finden Sie ein Verzeichnis aller in diesem Buch verwendeten Listings.

1.4.2 Programmierung eigener Klassen

≫ Die Programmierung eigener Klassen gilt als wichtiger Kernbestandteil dieses Buches und trennt die vermittelte Theorie von der Praxisphase. Aus diesem Grund werden im Buch solche Klassen als Praxisklassen bezeichnet. Diese entstehen in den jeweiligen Kapiteln und werden schrittweise bis zum Ende des Buches modifiziert und erweitert. Eine Praxisklasse begleitet Sie also kapitelübergreifend durch das komplette Buch. Einer von vier Praxisklassen ist im Buch ein eigenes Kapitel gewidmet, die anderen drei werden über entsprechende Listings der jeweiligen Kapitel Schritt für Schritt zusammengefügt, so dass am Ende des Buches vier praktische und vollwertige Klassen entstanden sind. Es handelt sich dabei um die Praxisklassen *Point2D*, *Number*, *Line2D* und *Point3D*. In den Inhalten der Kapitel und in den Kommentaren der jeweiligen Quellcode-Ausschnitte wird auf die Ergänzung und Veränderung von Praxisklassen hingewiesen. Am Ende dieses Fachbuches finden Sie im **Anhang D** alle Klassendiagramme der erstellten Praxisklassen.

1.4.3 Downloads

» Die farbigen Quellcodes der zu diesem Buch begleitenden Praxisklassen sind auf der Internetseite www.cplusplus-buch.de verfügbar. Dabei handelt es sich um die Header- und Quelldateien der vollwertigen Klassen, die bis zum Ende des Buches entstehen. Über www.cplusplus-buch.de/eintauchen können Sie direkt zum Buch *Eintauchen in C++* gelangen und damit direkt zu den herunterladbaren Quellcodes der Praxisklassen. Eine optimierte Webpräsenz ist ebenfalls zur mobilen Nutzung für Smartphones und Tablets verfügbar.

1.5 Verwendete Abbildungen und Tabellen

» Gelegentlich werden Sie in diesem Buch Abbildungen vorfinden, welche den vermittelten Inhalt begleitend illustrieren. Inhalte und Listings des Buches können auf Abbildungen und Tabellen verweisen, welche vorher im gleichen Kapitel veranschaulicht wurden. Im **Anhang B** finden Sie am Ende dieses Buches ein Verzeichnis aller verwendeten Abbildungen. Tabellen dienen in diesem Buch der einheitlichen Gliederung von Inhalten. Am Ende des Buches können Sie im **Anhang C** ein Verzeichnis der verwendeten Tabellen einsehen.

1.6 Zahlenwerte

» In den Listings dieses Buches sind verschiedene Zahlenwerte zu finden, die einen Teil der Quellcodes bilden. Innerhalb von Textabschnitten können solche Werte direkt als Zahlen abgedruckt sein. Somit ergeben sich im Text auch Rechnungen wie beispielsweise 9 plus 3 ergibt 12. Eine Ausnahme bildet die Zahl Null (0). Diese wird oft als Wort geschrieben, um im Inhalt die Symmetrie zum Begriff Nullzeiger zu gewährleisten.

2 Begriffsklärungen

2.1 Über dieses Kapitel

>> Bevor es mit der Code-Entwicklung richtig losgehen kann, werden Ihnen in diesem Kapitel zunächst Begriffe näher erläutert, welche eine wesentliche Bedeutung für die Programmierung mit der Sprache C++ haben. Diese Begriffe werden Ihnen im Verlauf des Buches immer wieder begegnen und sind für das Verständnis zur Programmierung mittels C++ unverzichtbar. Dieses Kapitel beschäftigt sich ausschließlich mit wichtigen Grundlagen und Grundbegriffen der objektorientierten Programmierung und verzichtet daher auf begleitende Quellcode-Ausschnitte.

2.2 Entwicklung von Code

2.2.1 Quellcodes und Quelldateien

>> Quellcode eines Programms wird üblicherweise in Dateien abgelegt. Bei dieser Art von Code handelt es sich aber nicht um ausführbaren Maschinencode, sondern um den Code einer Hochsprache, der zum Schreiben eines Programms dient und in ein lauffähiges Programm übersetzt werden soll. Da dieser Code den Ursprung und die Quelle eines jeweiligen Programms bildet, wird er auch als Quellcode bzw. Programmcode bezeichnet.

Dieser für den Menschen lesbare Quellcode wird in Dateien gespeichert, welche typischerweise als Quelldateien bezeichnet werden. Die Entwicklung der Quellcodes erfolgt unter C++ prinzipiell in zwei verschiedenen Quelldateien: In den Header-Dateien und in den Übersetzungseinheiten. In C++ besitzen Header-Dateien üblicherweise die Dateiendung (***.h**) oder (***.hpp**). Die letztere Variante dient dazu, Header-Dateien eindeutig der Sprache C++ zuordnen zu können, da die einfache Dateiendung auch für die prozedurale Sprache C gilt. Übersetzungseinheiten der Sprache C++ werden typischerweise mit der Dateiendung (***.cpp**) im Dateisystem repräsentiert.

2.2.2 Syntax und Semantik

>> Die Syntax einer Programmiersprache gibt vor, welche Wörter und Bestandteile sinnvoll in einer Quelldatei verwendet werden müssen, um ein lauffähiges Programm zu erhalten. Jede imperative und deklarative Programmiersprache definiert dabei ihre eigene Syntax. Erst durch diese wird eine Sprache in Bezug zur Programmierung eindeutig definiert. Die Syntax gilt somit als Bauvorschrift für eine Sprache, an welche sich Entwickler halten müssen, um ein ausführbares Programm zu erhalten. Ein Programmcode gilt syntaktisch als korrekt, wenn sich dieser fehlerfrei übersetzen lässt. In diesem Fall ist der Quellcode konform zur definierten Syntax in Bezug auf einen vorgeschriebenen Standard. Für dieses Buch gilt somit die Syntax der Programmiersprache C++ für alle verwendeten Code-Ausschnitte.

Mit Hilfe der Semantik wird die Logik eines Programms beschrieben, welche keiner festen Definition folgt. Semantische Fehler können auftreten, wenn eine Folge von Anweisungen in einem Programm kein logisches Resultat liefert, selbst dann, wenn diese Anweisungen als wohldefiniert in Bezug auf die Syntax gelten. Die Semantik beschreibt somit den Sinn eines Programms bzw. einer syntaktisch konformen Programmstruktur.

2.2.3 Compiler und Linker

>> Ein Compiler ist ein Werkzeug, mit dessen Hilfe sich geschriebene Quellcodes in ein ausführbares Programm übersetzen lassen. Quelldateien, welche für den Entwickler lesbare Quellcodes bieten, können mittels eines Compilers in lauffähige Maschinencodes übersetzt werden. Dabei ist ein Compiler von einer verwendeten Plattform abhängig. Um Code-Beispiele aus diesem Buch testen und verstehen zu können, benötigen Sie also einen für C++ konformen Compiler für Ihr entsprechendes Betriebssystem. Dieser übersetzt dann die plattformunabhängige Syntax der Sprache C++ in plattformabhängige Maschinencodes. Ein Compiler prüft die vorliegenden Quellcodes in Bezug auf die definierte Syntax und kann entsprechende Fehler bei der Übersetzung generieren. Daher

werden Fehler, welche beim Vorgang des Compilierens auftreten können, auch als Übersetzungsfehler bezeichnet. Semantische Fehler lassen sich nur schwer erkennen und können in Form von Warnungen durch den Compiler generiert werden. Jedoch führen semantische Fehler nicht zu Übersetzungsfehlern.

Beim Compilieren der Quellcodes werden neben den Übersetzungseinheiten auch die Header-Dateien herangezogen. Eine Code-Einheit kann dabei mehrere Header verwenden. Ebenso kann eine Header-Datei von mehreren Übersetzungseinheiten oder Headern inkludiert werden. Im übernächsten Kapitel **Präprozessor** erfahren Sie mehr darüber, wie Header-Dateien an Übersetzungseinheiten und andere Header gebunden werden können. Zunächst sollten Sie Ihre Quellcodes für einfache Beispiele nur in Übersetzungseinheiten schreiben. Beim Übersetzen der Quelldateien erzeugt der Compiler entsprechende Objektdateien, die ausführbare und plattformabhängige Maschinencodes beinhalten. Wird ein Projekt verändert und neu compiliert, so müssen nur die modifizierten Dateien neu übersetzt werden, da die Objektdateien der unveränderten Quellen noch aus dem vorherigen Übersetzungsvorgang vorhanden sind.

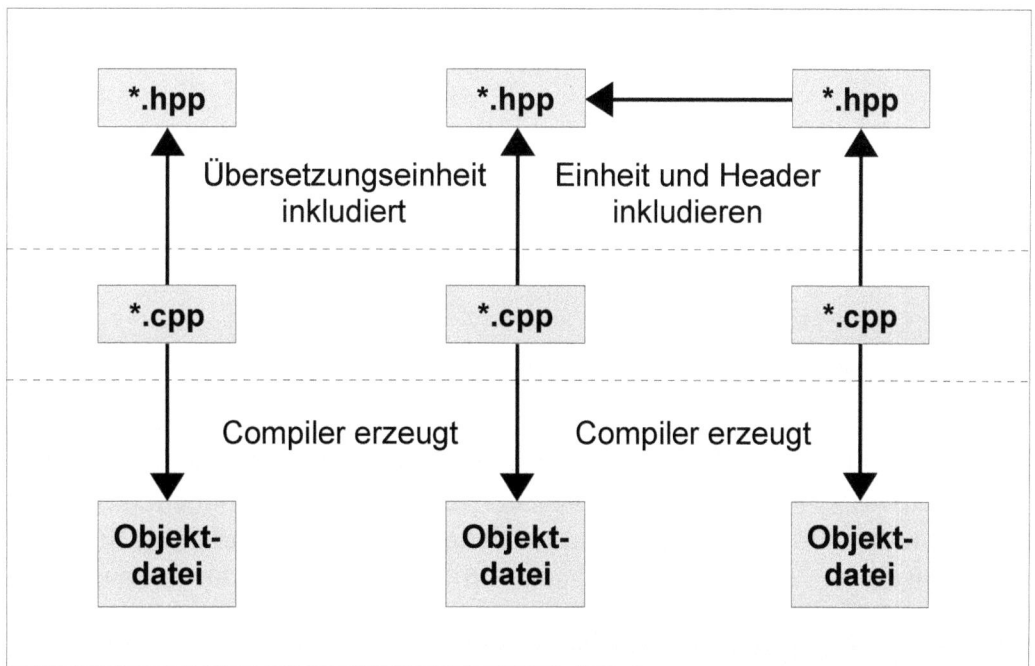

Abbildung 1: Compilieren von Quelldateien

Begriffsklärungen » Definition und Deklaration

Die Aufgabe eines Linkers besteht darin, die übersetzten Objektdateien zu einem ausführbaren Programm zu binden. Dabei bezieht ein Linker auch fremde Bibliotheken ein, die von einem geschriebenen Programm genutzt werden sollen. Compiler und Linker bilden demnach eine Einheit, um aus Quellcodes ein lauffähiges Programm zu erstellen.

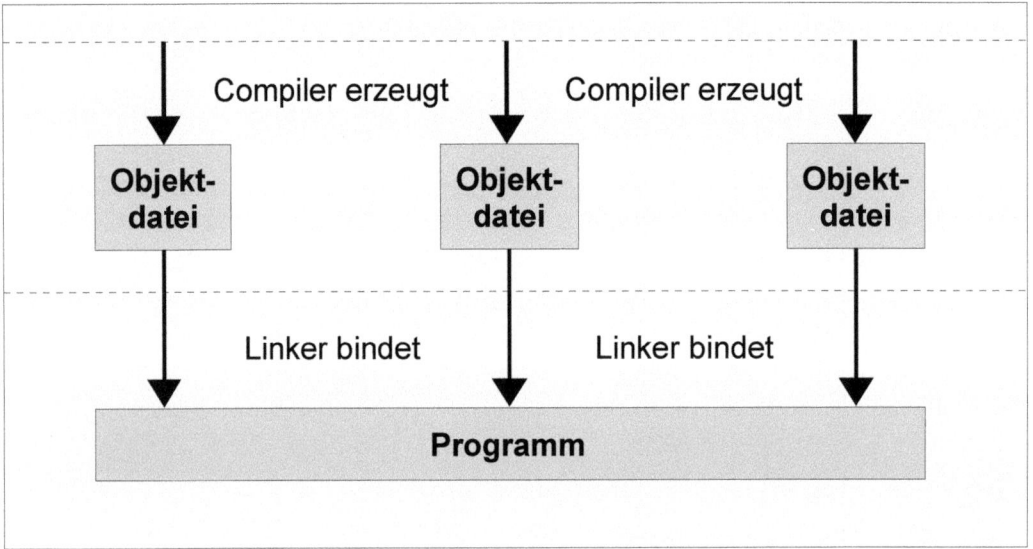

Abbildung **2**: Linken von Objektdateien

2.2.4 Definition und Deklaration

>> Die beiden Begriffe Definition und Deklaration werden Ihnen häufig bei der Code-Entwicklung begegnen. In diesem Buch finden sie oft Verwendung in den Kommentaren der Listings. Dem Beginn der Entwicklung von jeder Software steht stets eine Problemstellung aus der realen Welt gegenüber, welche es programmatisch zu beschreiben bzw. zu definieren gilt. Um lauffähige Software schreiben zu können, wird für die Definition und Lösung einer Problemstellung die Syntax einer Programmiersprache herangezogen. Eine Definition ist somit eine syntaktische Beschreibung einer bestimmten Datenstruktur. In der Regel werden Definitionen in Header-Dateien beschrieben, da diese keinen Speicher-

platz belegen und somit nur als Bekanntmachungen für andere Quelldateien dienen, welche vom Programm verwendet werden sollen. Wurde eine Datenstruktur konform der Syntax in einer Header-Datei definiert, dann steht diese ab der Definition zur weiteren Verwendung in der Datei zur Verfügung. Im Zusammenhang mit diesem Begriff werden Sie oft mit Klassendefinitionen konfrontiert, da Klassen in der objektorientierten Programmiersprache C++ die am häufigsten verwendeten Datenstrukturen bilden.

Deklarationen belegen im Gegensatz zu Definitionen fast immer eine bestimmte Anzahl an Byte im Speicher des Systems. Mit Hilfe einer Deklaration wird im Quellcode bekannt gegeben, dass ein gewisser Speicherbereich ab dem Zeitpunkt dieser Deklaration für die weitere Verwendung in der Quelldatei zur Verfügung steht. Üblicherweise werden Deklarationen innerhalb von Übersetzungseinheiten verwendet. Am häufigsten werden diese für die Bekanntmachung von Variablennamen und Objekten benutzt. Deklarationen können auch für die speicherlose Reservierung von Namen in Header-Dateien genutzt werden, wie beispielsweise für die Deklaration eines Klassennamens oder der Signatur einer Methode.

2.2.5 Implementierung und Initialisierung

>> Bei der Implementierung handelt es sich um die eigentliche Lösung einer Problemstellung, für welche die Syntax einer Programmiersprache dient. Im Grunde ist die Implementierung das tatsächliche Schreiben der Quellcodes in Übersetzungseinheiten. Diese bildet das Gegenstück zur Definition der Daten. Der implementierte Code wird dann von einem Compiler zur Übersetzung der jeweiligen Einheit verwendet. Am häufigsten werden Ihnen im Zusammenhang mit diesem Begriff die Implementierungen von Klassenmethoden auffallen.

Initialisierungen dürfen optional für deklarierte Variablen verwendet werden, um diese bei der Bekanntmachung mit einem ersten Wert zu belegen. Bei den Deklarationen wird der Zuweisungsoperator (=) herangezogen, um eine entsprechende Variable mit einem Erstzustand zu versehen. Solche Variablen eines Programms, welche bereits bei der Deklaration einen ersten Wert zugewiesen bekommen, werden im Kontext auch als initialisierte Variablen bezeichnet.

2.3 Objektorientierung
2.3.1 Klassen, Objekte und Instanzen

>> Die Sprache C++ ist eine objektorientierte Programmiersprache, welche aus der prozeduralen Sprache C entstanden ist und mit objektorientierten Sprachbestandteilen und Konzepten erweitert wurde. Klassen, Objekte und Instanzen liegen in Bezug auf den Begriff Objektorientierung sehr eng zusammen und sind stets voneinander abhängig.

Eine Klasse bildet eine Bauvorschrift, die es in einer Header-Datei zu definieren gilt. Diese Klassendefinitionen bilden das Grundgerüst für ein objektorientiertes Programmierkonzept. Eigenschaften und Methoden, welche in einer jeweiligen Klasse deklariert werden, beschreiben die internen Zustände und das Verhalten gegenüber anderen Datenstrukturen im Quellcode.

Ein Objekt repräsentiert das physikalische Abbild seiner Klasse im Speicher und kann im Quellcode nach einer Deklaration verwendet werden. Dabei dürfen beliebig viele Objekte von einer Klasse erzeugt werden, welche einen eindeutigen Identifikator besitzen müssen. Ein entsprechendes Objekt hält sich bei der Bekanntmachung genau an die Bauvorschrift seiner Klasse. Wird im Quellcode ein Objekt deklariert, dann wird oft von der Deklaration eines Objektes vom Typ der jeweiligen Klasse gesprochen. Objekte bilden somit das reale Speicherabbild in Form einer Variablen oder Konstanten; die Klassen hingegen definieren den Typ, der für eine beliebige Instanz dieser Klasse gilt.

Die Instanz eines Typs ist das Speicherabbild in Form eines verwendbaren Namens. Die Bildung einer Variablen von einem Datentyp wird als Instanzierung bezeichnet. Oft wird von der Instanz einer Klasse (komplexer Typ) gesprochen, wenn aus dieser ein reales Objekt mit Speicherabbild hervorgeht.

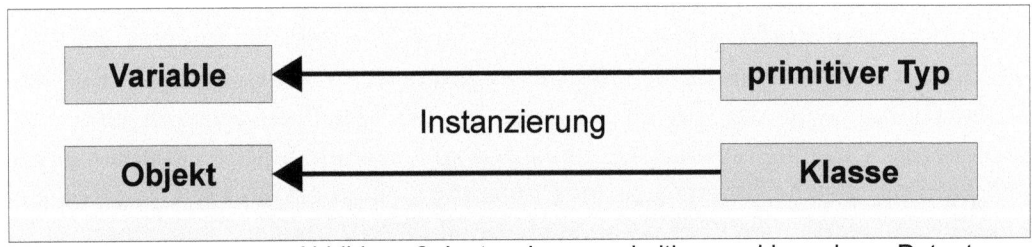

Abbildung 3: Instanzierung primitiver und komplexer Datentypen

2.3.2 Kapselung von Daten

>> Einer der wichtigsten Aspekte im Paradigma der objektorientierten Programmierung ist die Kapselung von Daten innerhalb einer definierten Klasse. Da Objekte von definierten Klassen gebildet werden, kapseln diese ihre Eigenschaften gegenüber anderen Objekten im Programm ab. Die internen Zustände eines Objektes bleiben also für andere Datenstrukturen verborgen und sind nur innerhalb des eigenen Objektes sichtbar. Objekte bestehen in C++ aus Eigenschaften und Methoden, wobei über die Eigenschaften die internen Zustände repräsentiert werden und die Methoden dazu dienen, diese Zustände von außen lesen und verändern zu können. Durch diese Methoden wird kontrolliert, wie Eigenschaften eines jeweiligen Objektes mit der Umwelt reagieren, da diese intern im Objekt gekapselt sein können.

Bei der Definition von Klassen in Header-Dateien werden Schlüsselwörter der Syntax verwendet, um Eigenschaften und Methoden in privaten, geschützten oder öffentlichen Bereichen zu deklarieren. Dabei werden Eigenschaften und Methoden intern gekapselt, wenn diese als privat oder geschützt deklariert sind. Öffentliche Eigenschaften und Methoden einer Klasse unterliegen keiner Datenkapselung und sind über eine Instanz der Klasse immer nach außen sichtbar. Sogenannte öffentlich deklarierte Setter- und Getter-Methoden dienen dem kontrollierten Lesen und Modifizieren interner Zustände von Objekten.

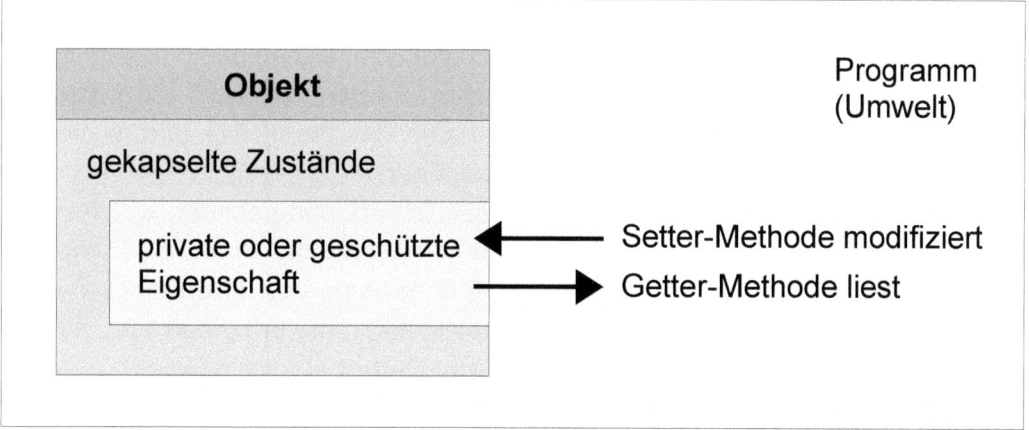

Abbildung 4: Darstellung der Kapselung von Daten

Begriffsklärungen » Primitive und komplexe Datentypen

Im Kapitel **Klassen & Bezugsrahmen (Scoping)** erfahren Sie mehr über die Definition von Klassen und die syntaktischen Schlüsselwörter in Verbindung mit der Kapselung von Daten.
Das spätere Kapitel **Methoden in Klassen** lehrt Ihnen unter anderem die Deklaration und Implementierung von Setter- und Getter-Methoden in Bezug auf Klassen.

2.3.3 Primitive und komplexe Datentypen

>> Ein Datentyp beschreibt in einer Programmiersprache, wie ein physikalisches Speicherabbild einer Variablen oder eines Objektes vom Programm behandelt werden soll. Im vorliegenden Buch und innerhalb des nächsten Kapitels **Erweiterte Grundlagen** erfahren Sie mehr über Datentypen von C++ und die interne Darstellung von Variablen und Objekten im Speicher.
Prinzipiell wird in objektorientierten Programmiersprachen zwischen primitiven und komplexen Datentypen unterschieden. In C++ bilden die primitiven Datentypen die eingebauten Typen, welche von der Syntax der Sprache bereitgestellt werden. Unabhängig von der verwendeten Plattform stehen diese eingebauten Datentypen immer im Quellcode zur Verfügung. Die Sprache C++ bietet in ihrer Syntax eingebaute Datentypen an, um Variablen beispielsweise als ganzzahlige Werte identifizieren zu können, wobei in C++ zwischen vorzeichenlosen und vorzeichenbehafteten Typen unterschieden wird. Des Weiteren stehen primitive Datentypen für Gleitkommawerte unterschiedlicher Genauigkeit bereit, sowie ein Typ, welcher ein druckbares Zeichen repräsentiert, als auch ein Datentyp für einen logischen Wahrheitswert. Datentypen werden in C++ und in diesem Buch auch häufig einfach nur als Typen bezeichnet.
Komplexe Datentypen werden durch Klassendefinitionen gebildet, welche vom Entwickler und einer jeweiligen Problemstellung abhängig sind. Eine komplexe Klasse kann dabei primitive und komplexe Datentypen als ihre Eigenschaften definieren oder selbst innerhalb einer komplexen Klasse vorhanden sein. Eine in einer Header-Datei definierte Klasse wird zum Datentyp für ein Objekt, welches die Klasse instanziert. Bei der Deklaration und Instanzierung wird ein entsprechendes Objekt durch den Typ seiner komplexen Klasse beschrieben.

2.4 Speicherverwaltung

2.4.1 Stack und Heap

>> Variablen, Konstanten und Objekte eines Programms werden vom System im Arbeitsspeicher (RAM) abgelegt. Dabei wird in der Programmiersprache C++ im wesentlichen zwischen zwei Arten von physikalischen Speichern unterschieden: Dem Stack und dem Heap.
Auf dem Stack werden Daten abgelegt, welche im Quellcode deklariert und bereits bei der Entwicklung bekannt sind. Dies sind Deklarationen von Variablen, Konstanten und Objekten, bei denen zum Zeitpunkt der Code-Entwicklung vorhersehbar ist, wie viel Speicher eine solche Instanz tatsächlich im System belegen wird.
Das Gegenstück zum Stack bildet der Heap, welcher für die Allokierung von dynamischen Speicherbereichen vorgesehen ist. In einem ausführbaren Programm handelt es sich um dynamische Speicherbereiche, wenn zum Zeitpunkt der Entwicklung und beim Starten des Programms noch nicht absehbar ist, wie viel Speicher tatsächlich von einer beliebigen Datenstruktur belegt werden wird. In C++ gilt es, die Begriffe Stack und Heap stets voneinander zu trennen, wobei die Laufzeitumgebung die Kontrolle über den Stack übernimmt.

2.4.2 Freigabe von Speicher

>> Eine der größten Stärken von C++ ist das dynamische Bereitstellen von Speicher zur Laufzeit eines Programms auf dem Heap. Doch genau diese Tatsache ist in C++ gefährlich, da die Kontrolle über den dynamisch allokierten Speicher selbst beim Entwickler liegt. In einigen anderen objektorientierten Programmiersprachen müssen sich die Entwickler nicht um die Freigaben der reservierten Speicherbereiche bemühen; in C++ ist dieser Luxus mit Absicht nicht gegeben. Es gilt, dass in einem Programm selbst allokierter Speicher stets wieder freigegeben werden muss, damit keine Speicherlecks entstehen. Das dynamische Allokieren von Speicher auf dem Heap macht die Sprache C++ sehr mächtig, allerdings auch anfällig gegen fahrlässige Programmierfehler.

Um die Bereinigung von Speicher, welcher auf dem Stack zur Verfügung steht, muss sich in C++ nicht gekümmert werden. Variablen, Konstanten und Objekte werden automatisch auf dem Stack freigegeben, wenn die Lebensdauer dieser endet, was in einem späteren Kapitel genauer erläutert wird. Die Freigabe von dynamischen Speicherbereichen muss mit dem Schlüsselwort **delete** (bzw. **delete[]**) gewährleistet werden, wenn genau dieser Speicher vorher auf dem Heap mit dem Schlüsselwort **new** (bzw. **new[]**) bereitgestellt wurde. Für das dynamische Allokieren von Speicherbereichen kommen in C++ Zeiger zum Einsatz, die in dem großen Kapitel **Zeiger & Referenzen** genau unter die Lupe genommen werden.

2.5 Die imperative Programmierung

>> Die Sprache C++ ist eine imperative Programmiersprache, welche sich durch die Verwendung von Datentypen, Variablen, Kontrollstrukturen und objektorientierten Konzepten auszeichnet. Das Paradigma der imperativen Programmierung dient der Lösung einer Problemstellung, indem in einer Quelldatei eine syntaktisch konforme Folge von Anweisungen geschrieben wird, die genau vorgibt, in was für einer Reihenfolge ein Problem vom PC gelöst werden soll, wobei ebenfalls angegeben wird, wie es dieses Problem zu lösen gilt.

Die Basis für die imperative Programmierung wird in der Sprache C++ durch Kontrollstrukturen und Variablen gebildet, wobei die Variablen von Datentypen abhängig sind. Die Kontrollstrukturen der Syntax von C++ werden Ihnen im Kapitel **Klassen & Bezugsrahmen (Scoping)** näher erläutert. Die Abschnitte des folgenden Kapitels beziehen sich unter anderem auf die Verwendung der eingebauten Datentypen von C++, sowie auf Variablen und Konstanten.

Das Gegenstück zur imperativen Programmierung bildet die deklarative Programmierung, welche in C++ und somit auch in diesem Buch keine Verwendung findet.

3 Erweiterte Grundlagen

3.1 Starten mit der main-Methode

>> Jedes in C++ geschriebene Programm sollte eine reservierte main-Methode bereitstellen. Diese Methode wird global implementiert und besitzt keine Zugehörigkeit zu einer Klasse. Die main-Methode ist als Einstiegspunkt für ein Programm reserviert und sollte mit diesem Namen nicht für andere Methoden in den Quellcodes verwendet werden. Wird ein entsprechendes Programm über das Betriebssystem gestartet, dann beginnt die Ausführung in der Regel innerhalb der implementierten main-Methode. Es empfiehlt sich für Testzwecke, die begleitenden Quellcode-Ausschnitte des Buches innerhalb der main-Methode zu implementieren, wenn es sich bei diesen Listings nicht um Definitionen handelt. Beachten Sie, dass die Definitionen üblicherweise in Header-Dateien beschrieben werden. Bei der reservierten main-Methode handelt es sich um eine Methoden-Implementierung, welche nur einmal in genau einer Übersetzungseinheit vorkommen sollte. Der Compiler bzw. Linker generiert einen Fehler, wenn mehrere Implementierungen von main-Methoden gefunden werden.

Die globale main-Methode kann Parameter nutzen, welche beim Starten an das Programm übergeben werden können. Dieser Aspekt wird Ihnen ausführlicher im Kapitel **Zeichenketten** erläutert und an einem Beispiel verdeutlicht. Zunächst genügt die einfache Implementierung der main-Methode, welche begleitend zu den Listings verwendet werden sollte und im nachfolgenden Code-Ausschnitt veranschaulicht wird:

```cpp
/* Implementierung der einfachen main-Methode. */

int main()
{
   // Ihr Quellcode kann hier geschrieben werden.
   // Sie können diese Methoden-Implementierung als Vorlage
   // zum Testen von eigenen Programmcodes verwenden.

   return 0;   // Rückgabewert an das Betriebssystem.
}
```

Listing **3.1**: Implementierung der einfachen main-Methode

Die in der main-Methode verwendeten Schlüsselwörter **int** und **return** werden im Verlauf des Kapitels und Buches näher behandelt und erläutert.

3.2 Eingebaute Datentypen in C++

3.2.1 Allgemeines zu den Datentypen

>> Die Syntax der Sprache C++ bietet eine Reihe eingebauter Datentypen an, die für die Entwicklung der Quellcodes unverzichtbar sind. In einem Ausdruck besteht ein Datentyp aus mindestens einem Schlüsselwort, wobei auch mehrere hintereinander geschriebene Schlüsselwörter einen Datentyp formen können. Die folgenden Abschnitte behandeln die eingebauten und primitiven Typen der Sprache C++, welche Ihnen in den unterschiedlichsten Listings dieses Buches begegnen werden.

Jeder eingebaute Datentyp unterliegt einem Wertebereich, welcher jeweils den kleinsten und größten Wert vorgibt, der von einer Variablen mit entsprechendem Datentyp gespeichert werden kann. Der Standard von C++ schreibt nicht genau vor, wie viel Speicher eine Variable eines jeweiligen Datentyps belegen muss. Jedoch gibt der Standard die geordnete Reihenfolge der Typen in Bezug auf die Speicherbelegung vor. Es kommt vor, dass der Wert einer Variablen in einen Datentyp mit kleinerem oder größerem Wertebereich konvertierbar ist.

3.2.2 Logischer Datentyp (**bool**)

>> Der einfachste, eingebaute Typ ist in C++ der logische Datentyp, welcher durch das Schlüsselwort **bool** repräsentiert wird. Eine Variable von diesem Typ kann genau zwei Zustände annehmen, nämlich die beiden Werte **true** oder **false**, wobei diese ebenfalls Schlüsselwörter der Syntax bilden. Der kleinste Wert des Wertebereiches von **bool** wird durch **false** angegeben, der größte Wert durch **true**. Obwohl eine Variable dieses Datentyps nur einen der beiden logischen Werte wahr oder falsch annehmen kann, belegt eine Instanz vom Typ **bool** mehr Speicher, als für zwei Zustände tatsächlich erforderlich ist.

3.2.3 Ganzzahlige Typen

>> Ganzzahlige Datentypen dienen in der Sprache C++ dem einfachen Rechnen mit Zahlenwerten, welche keine besondere Genauigkeit anhand einer Dezimalstelle benötigen. Die Syntax der Sprache C++ stellt verschiedene Schlüsselwörter für die Deklaration ganzzahliger Datentypen zur Verfügung, wobei bei allen zwischen vorzeichenlosen und vorzeichenbehafteten Typen unterschieden wird. Variablen mit vorzeichenbehafteten, ganzzahligen Datentypen können negative Werte annehmen, die durch ein Minus (-) vor einem entsprechenden Wert dargestellt werden. Für Variablen mit vorzeichenlosen Datentypen gelten ausschließlich positive Werte eines jeweiligen Wertebereiches. Optional können positive Zahlenwerte immer mit einem führenden Plus (+) versehen werden.
Die folgende Tabelle veranschaulicht die ganzzahligen Datentypen der Sprache C++ mit ihren entsprechenden Wertebereichen:

Datentyp	Wertebereich
char	-128 bis +127 oder 0 bis +255
signed char	-128 bis +127
unsigned char	0 bis +255
[signed] short	-32768 bis +32767
unsigned short	0 bis +65535
[signed] int	-2147483648 bis +2147483647
unsigned int	0 bis +4294967295
[signed] long	-2147483648 bis +2147483647
unsigned long	0 bis +4294967295
[signed] long long	-9.223.372.036.854.755.808 bis +9.223.372.036.854.755.807
unsigned long long	0 bis +18446744073709551615

Tabelle **1**: Ganzzahlige Datentypen der Sprache C++

In der Tabelle der ganzzahligen Datentypen fällt auf, dass die Typen **int** und **long** identische Wertebereiche besitzen, jeweils für die vorzeichenbehafteten, als auch für die vorzeichenlosen Typen. Der Standard von C++ schreibt den Wertebereich von **int** nicht explizit vor, definiert aber, dass dieser nicht größer als der Wertebereich des **long**-Datentyps sein darf. Auf früheren 16-Bit-Architekturen kam es vor, dass der Datentyp **int** mit dem Typ **short** in Bezug auf den Wertebereich identisch war. Heutzutage werden gängige 32-Bit-Architekturen oder 64-Bit-Architekturen in Computersystemen verbaut. Aus diesem Grund handelt es sich typischerweise bei Variablen vom Typ **int** oder **long** um 32-Bit-Variablen. Auf Systemen mit 64-Bit-Architektur gilt eine Besonderheit, denn auf diesen belegt eine Variable vom Datentyp **int** oder **long** keine tatsächlichen 64 Bit. Da auf heutigen Systemen der Speicherbedarf einer Variablen vom Typ **int** mit dem einer Variablen vom Typ **long** identisch ist, sollte der Datentyp **long** als rudimentär betrachtet werden und stattdessen der **int**-Datentyp Verwendung finden. Auf einer 64-Bit-Architektur kann wahlweise der vorzeichenbehaftete oder vorzeichenlose Datentyp **long long** eingesetzt werden, welcher garantiert, dass eine Variable von diesem Typ tatsächlich 64 Bit des Speichers belegt (offiziell seit C++ 2011). Beachten Sie, dass dieser Datentyp aus einer Folge von zwei Schlüsselwörtern besteht. Um den Speicherbedarf eines Programms gering zu halten, sollten stets Datentypen verwendet werden, welche für die Lösung einer Problemstellung geeignet sind, ohne Speicher zu verschwenden. Es gilt zu beachten, dass eine Variable eines Datentyps mit großem Wertebereich mehr Speicher belegt als eine mit kleinerem Wertebereich.

3.2.4 Die Schlüsselwörter **signed** und **unsigned**

>> Die Syntax der Sprache C++ stellt die beiden Schlüsselwörter **signed** und **unsigned** bereit. Durch diese ist es möglich, eine Variable entweder als vorzeichenbehaftet oder als vorzeichenlos zu deklarieren, wobei das Schlüsselwort **signed** die vorzeichenbehafteten Typen repräsentiert und **unsigned** die vorzeichenlosen. Im Sinne der Programmierung kann eine Variable mit vorzeichenbehaftetem Datentyp auch negative Werte annehmen, wobei die vorzeichenlosen Typen für die Verwendung mit positiven Zahlen gedacht sind.

Die Schlüsselwörter schließen sich gegenseitig aus. Die Verwendung von beiden Schlüsselwörtern in einer Deklaration ist nicht zulässig. Durch die Angabe von **signed** oder **unsigned** besteht eine Deklaration aus mindestens zwei Schlüsselwörtern, da nach diesen der eigentliche Datentyp folgen sollte.

In *Tabelle 1* ist das Schlüsselwort **signed** für die Typen **short**, **int**, **long** und **long long** optional durch Klammern angegeben. Diese Datentypen gelten immer als vorzeichenbehaftet, wenn eines der beiden Schlüsselwörter **signed** oder **unsigned** nicht explizit bei der Deklaration angegeben wird. Eine Ausnahme bildet der Datentyp **char**. Der Standard von C++ schreibt den Wertebereich für diesen Typ nicht genau vor, wenn dieser ohne **signed** oder **unsigned** deklariert wird. Das liegt daran, dass dieser Datentyp in C++ auch für druckbare Zeichen eine Verwendung findet, was im übernächsten Abschnitt dieses Kapitels genauer erläutert wird. Wenn Sie den Typ **char** für Variablen verwenden, welche für die Berechnung von 256 Zuständen ausreichen, so sollte bei der Deklaration stets das Schlüsselwort **signed** oder **unsigned** angegeben werden, da ohne eines der beiden Schlüsselwörter der Wertebereich nicht genau definiert ist und der Compiler eine solche Variable vom Typ **char** als druckbares Zeichen interpretieren könnte.

3.2.5 Gleitkommatypen

>> Variablen vom Typ einer Gleitkommazahl sind für genauere Berechnungen gebräuchlich, für welche einfache Ganzzahlen nicht ausreichen. Mit Hilfe von Gleitkommawerten sind Berechnungen bis auf die genaue Dezimalstelle möglich. In der Mathematik und in der Programmierung werden für diese Werte oft die einfacheren Begriffe der Kommazahl oder Dezimalzahl geprägt. Eine Variable vom Typ einer solchen Zahl speichert die Anzahl der Dezimalstellen und die Position des Kommas. Zur Trennung der Dezimalstelle einer Gleitkommazahl gibt die Syntax der Sprache C++ einen einfachen Punkt (.) vor. Im Gegensatz zu Ganzzahlen können Gleitkommatypen ins positiv oder negativ Unendliche laufen. Des Weiteren können diese durch einen speziellen internen Zustand als undefiniert gelten, wenn beispielsweise eine Gleitkommazahl mit dem Wert 0.0 durch den Wert 0.0 dividiert wird.

In der nachfolgenden Tabelle sind die Gleitkommatypen der Sprache C++ nach der Größe ihrer jeweiligen Wertebereiche aufgelistet:

Datentyp	Wertebereich	Genauigkeit (Dezimal)
float	~ 1.2 * 10 ^ -38 bis ~ 3.4 * 10 ^ 38	~ 7 Stellen
double	~ 2.3 * 10 ^ -308 bis ~ 1.7 * 10 ^ 308	~ 15 Stellen
long double	~ 3.4 * 10 ^ -4932 bis ~ 1.1 * 10 ^ 4932	~ 19 Stellen

Tabelle **2**: Gleitkommatypen der Sprache C++

Der Gleitkommatyp **double** ist gegenüber dem Typ **float** auf 64-Bit-Architekturen gebräuchlich. Durch Variablen dieses Datentyps wird oft von Berechnungen mit doppelter Genauigkeit gesprochen. Beachten Sie, dass der Datentyp **long double** aus zwei Schlüsselwörtern besteht. Werte dieses Typs bieten die größte Genauigkeit an Dezimalstellen, belegen aber intern auch mehr Speicher gegenüber den Gleitkommatypen mit geringerer Genauigkeit.

3.2.6 Druckbare Zeichen (**char**)

>> Zeichen bestehen in C++ aus Ganzzahlen, welche durch den eingebauten Datentyp **char** deklariert werden können. Eine Variable von diesem Typ kann 256 Werte annehmen und somit 256 druckbare Zeichen repräsentieren. Damit ist es in C++ möglich, mit Zeichen zu rechnen, da der Datentyp **char** einen ganzzahligen Typ in *Tabelle 1* repräsentiert. Druckbare Zeichenliterale werden in C++ immer in einfache Anführungszeichen (') eingebettet.
Wie Zahlenwerte als druckbare Zeichen interpretiert werden, hängt vom verwendeten Zeichensatz ab. Der gebräuchlichste Zeichensatz ist der ASCII-Code, welcher in der ASCII-Code-Tabelle definiert ist. Eine solche Tabelle schreibt also vor, welche Zahl vom Typ **char** welches druckbare Zeichen darstellt. Dabei sind die Zeichensätze unabhängig von der Syntax der Sprache C++. Tabellen von Zeichensätzen sind in den verschiedensten Ausführungen im Internet zu finden.

3.3 Deklaration und Initialisierung von Variablen

>> Variablen dienen dem Programm zur Speicherung von Werten und können zur Laufzeit des Programms verändert werden. Eine Variable muss in einem Ausdruck vorher mit einem Datentyp und einem eindeutigen Namen deklariert werden, bevor diese konform im Quellcode verwendet werden kann. Durch die Deklaration einer Variablen wird physikalischer Speicher des Systems für die ausschließliche Verwendung dieses variablen Wertes belegt. Wie viel Speicherplatz eine Variable beansprucht, wird vom jeweilgen Datentyp bestimmt. Die einfache Deklaration einer variablen Größe beginnt mit einem oder mehreren Schlüsselwörtern, welche den Datentyp repräsentieren. Erst danach erfolgt die Angabe des Namens der Variablen. Variablennamen werden auch häufig als Identifikatoren bezeichnet, da ein variabler Wert über den Namen eindeutig im Quellcode identifizierbar ist. Reservierte Schlüsselwörter aus der Syntax der Sprache C++ dürfen nicht für Variablennamen verwendet werden. Ebenso darf ein solcher Name nicht mit einer Zahl beginnen. Deklarationen sind Ausdrücke, die stets mit einem Semikolon (;) abgeschlossen werden müssen. Das folgende Listing verdeutlicht beispielhaft einige Deklarationen von Variablen:

```cpp
// Deklaration einer Variablen vom Datentyp bool.
// Nach der Bekanntmachung kann diese variable
// Größe im Quellcode verwendet werden.
// Vergessen Sie das Semikolon am Ende der Deklaration nicht.

bool BoolVar;

// Bekanntmachung einer vorzeichenlosen Ganzzahl.
// Das Schlüsselwort unsigned kennzeichnet den
// Datentyp der Variablen eindeutig als vorzeichenlos.
// Die Variable UintVar kann somit nur positive Werte annehmen.

unsigned int UintVar;

char Sign;   // Deklaration eines druckbaren Zeichens.

// Fortsetzung auf Folgeseite.
```

Erweiterte Grundlagen » Deklaration und Initialisierung von Variablen

```cpp
// Deklaration einer Variablen vom Datentyp long double.
// Der Datentyp wird durch zwei Schlüsselwörter repräsentiert.

long double LongDoubleVar;

// Vorzeichenbehaftete Variable vom Datentyp char.
// Die Variable kann 256 Zustände aus dem Wertebereich
// von -128 bis +127 annehmen, inklusive der Null.

signed char SignedCharVar;

// Bekanntmachung einer Variablen vom Datentyp long long.
// Die Variable ist standardmäßig vorzeichenbehaftet.
// Optional kann das Schlüsselwort signed angegeben werden.

long long LongLongVar;

// Vorzeichenlose Variable vom Datentyp long long.
// Der Datentyp besteht aus vier Schlüsselwörtern,
// welche konform zur Syntax der Sprache C++ sind.
// Das Schlüsselwort int darf für ganzzahlige Typen
// optional bei dem eigentlichen Datentyp angegeben werden.
// Ein Datentyp unsigned long int long wäre ebenfalls konform.

unsigned long long int UiLongLongVar;

// Fehlerhafte Deklaration einer variablen Größe.
// Die beiden Typen double und float konkurrieren miteinander.

double float DoubleFloatVar;   // Compiler-Fehler!

// Fehlerhafte Deklaration einer Variablen.
// Die Schlüsselwörter short und long schließen sich aus.
// Dabei tragen die beiden Schlüsselwörter signed und
// int nicht zum Übersetzungsfehler bei.

signed short long int ShortLongVar;   // Compiler-Fehler!
```

Listing **3.2**: Einfache Deklarationen von Variablen

Deklaration und Initialisierung von Variablen « Erweiterte Grundlagen

Eine Liste von Deklarationen kann in nur einem Ausdruck entstehen, wenn mehrere Identifikatoren für Variablen angegeben werden, welche durch ein Komma (,) voneinander getrennt sind. In einer Deklarationsliste beziehen sich in einem Ausdruck alle Variablen auf einen gemeinsamen Datentyp, wie es der folgende Code-Ausschnitt deutlich macht:

```cpp
// Deklaration zweier Variablen vom
// Datentyp float in nur einem Ausdruck.
// Es entsteht eine Liste von Deklarationen,
// die mit einem Semikolon abgeschlossen werden muss.
// Die Variablen werden durch Komma voneinander getrennt
// und beziehen sich beide auf den primitiven Datentyp float.

float FloatVar, OtherFloat;

// Deklarationsliste bestehend aus drei vorzeichenlosen
// Variablen, die alle den ganzzahligen Typ short verwenden.
// Das Schlüsselwort int im Datentyp ist optional.

unsigned short int UiShortVar, OtherUiShort, AnyUiShort;
```

Listing 3.3: Deklarationslisten mit Variablen in einem Ausdruck

Variablen können bei ihrer Deklaration mit einem Wert initialisiert werden, um diese mit einem ersten Zustand zu belegen. Feste Zahlenwerte oder Zeichen in den Quellcodes, welche zur Initialisierung von Variablen dienen, werden oft als Literale bezeichnet. Mit Hilfe des Zuweisungsoperators (=) können diese Literale in einem Ausdruck als Erstzustand einer deklarierten Variablen dienen. Die optionale Zuweisung eines Initialisierungswertes kann in einer Deklaration vor dem abschließenden Semikolon erfolgen. Das nachfolgende Listing macht die Initialisierung von deklarierten Variablen deutlich:

```cpp
// Deklaration und Initialisierung einer
// Variablen vom Datentyp char (druckbares Zeichen).
// Das Zeichenliteral 'x' bildet den Erstzustand der Variablen.

char SignVar = 'x';
```

Erweiterte Grundlagen » Deklaration und Initialisierung von Variablen

```
/* Fortsetzung der Deklaration und Initialisierung. */

// Mit dem Wert 54 initialisierte Variable
// vom Datentyp einer vorzeichenlosen Ganzzahl.
// Der Wert 54 wäre auch im Wertebereich von unsigned
// short oder unsigned char initialisierbar.

unsigned int UintVar = 54;
```

Listing **3.4**: Deklaration und Initialisierung von Variablen

Eine entsprechende Variable kann auch mit dem Wert einer bereits vorhandenen Variablen initialisiert werden. Auch können die Rückgabewerte der späteren Methoden der Initialisierung von Variablen dienen. Lesende Zugriffe auf Werte von Variablen, welche nicht initialisiert wurden, liefern undefinierte Ergebnisse. Optional können Initialisierungen von Variablen in Deklarationslisten verwendet werden, indem mit dem Zuweisungsoperator die Initialisierungswerte einzelner Variablen angegeben werden. Der folgende Code-Ausschnitt verdeutlicht die Initialisierung von Variablen in Deklarationslisten:

```
// Deklarationsliste mit zwei vorzeichen-
// behafteten Variablen vom Datentyp short.
// Nur die erste Variable der Liste wird initialisiert,
// der Zustand der zweiten Variablen bleibt undefiniert.
// Das Schlüsselwort signed ist optional.

signed short ShortVar = -100, AnyShort;

// Deklarationsliste mit drei vorzeichenbehafteten Variablen.
// Die zweite Variable der Deklaration wird mit dem Wert der
// Variablen ShortVar initialisiert, welcher -100 entspricht.
// Die Variable OtherShort bleibt undefiniert.
// Es erfolgt ebenfalls eine Initialisierung für
// die dritte Variable in der Deklarationsliste.

short OtherShort, NewShort = ShortVar, SampleShort = 333;
```

Listing **3.5**: Deklarationslisten mit optional initialisierten Variablen

3.4 Verwendung von Konstanten

>> Konstanten wurden im bisherigen Verlauf dieses Buches wenig erwähnt. Das liegt daran, dass sich diese in der Deklaration wie Variablen verhalten. Der Unterschied liegt in der Verwendung, denn Konstanten lassen sich während ihrer gesamten Lebensdauer nicht mehr verändern. Konstante Werte können also im Quellcode nur gelesen, zur Laufzeit aber nicht wie Variablen modifiziert werden. Die Initialisierung von Konstanten ist bei der Deklaration vorgesehen und zwingend. Der Compiler generiert beim Übersetzungsvorgang einen Fehler, wenn eine Konstante bei ihrer Deklaration keinen Initialisierungswert erhält. Für die Deklaration von Konstanten gibt die Syntax der Sprache C++ das besondere Schlüsselwort **const** vor, welches Ihnen auch im weiteren Verlauf des Buches begegnen wird. Das Schlüsselwort **const** kann bei der Deklaration im Datentyp platziert werden, um eine Variable als konstant zu qualifizieren und diese folglich als Konstante zu behandeln. Dabei spielt es keine Rolle, an welcher Stelle der **const**-Qualifizierer im Datentyp platziert wird. Im folgenden Listing wird die Deklaration und Initialisierung von Konstanten veranschaulicht:

```cpp
// Deklaration und Initialisierung
// einer Konstanten vom Datentyp double.
// Das Schlüsselwort const muss im Datentyp platziert werden.
// Ein Datentyp double const wäre für die Deklaration gültig.
// Ohne dem Schlüsselwort const würde es sich um eine einfache
// Deklaration einer initialisierten Variablen handeln.
// Die Initialisierung ist in Verbindung mit const zwingend.

const double DblConst = 123.456;

// Deklaration und Initialisierung einer Konstanten mit
// vorzeichenbehaftetem, ganzzahligem Datentyp long long.
// Der const-Qualifizierer kann an einer beliebigen Stelle
// in den Schlüsselwörtern des Datentyps platziert werden.

signed long const long LongLongConst = -100000;
```

Listing **3.6**: Deklaration und Initialisierung von Konstanten

Bei der Bekanntmachung konstanter Deklarationslisten muss für alle gelisteten Konstanten eine Initialisierung erfolgen. Das nachfolgende Listing verdeutlicht eine Deklarationsliste in Verbindung mit dem Schlüsselwort **const**:

```
// Deklaration dreier Konstanten vom Datentyp bool.
// Für jede Konstante der Deklarationsliste ist
// eine Initialisierung zwingend erforderlich.

const bool First = false, Second = true, Third = false;
```

Listing **3.7**: Deklarationsliste mit Konstanten in einem Ausdruck

3.5 Arithmetik und Operatoren

3.5.1 Allgemeines zu den Operatoren

>> Eingebaute Operatoren werden von der Syntax der Sprache C++ bereitgestellt und können aus Zeichen oder Schlüsselwörtern bestehen. Erst durch diese wird die eigentliche Logik eines Programms gewährleistet, da sich Operatoren sinnvoll mit Variablen, Literalen und anderen Datenstrukturen im Quellcode verbinden lassen. Entsprechende Variablen, welche von Operatoren behandelt werden können, werden als Operanden bezeichnet. Dabei wird zwischen unären, binären und einem ternären Operator unterschieden. Ein unärer Operator verwendet genau einen Operanden, ein binärer Operator wird mit zwei Operanden bedient und der ternäre Operator mit drei Operanden. Des Weiteren wird in Bezug auf die Operanden die Notation der Operatoren unterschieden, wobei die Begriffe Infix, Präfix und Postfix gebräuchlich sind. Binäre Operatoren werden in der Regel als Infix-Operatoren verwendet, da sie in Ausdrücken genau zwischen zwei Operanden eingesetzt werden. Bei einem Präfix-Operator wird der jeweilige Operand vor dem unären Operator platziert, der Postfix-Operator hingegen hinter seinem Operanden. Die Verwendung von Operatoren ist abhängig vom Kontext des Quellcodes und der Problemlösung. Viele Operatoren bestehen in C++ aus den gleichen Zeichen, unterscheiden sich aber in Bezug auf ihre Verwendung und der Anzahl ihrer Operanden.

Im Verlauf dieses Buches werden Sie mehr über Operatoren erfahren und viele eingebaute Operatoren der Sprache C++ kennenlernen. Die nachfolgenden Abschnitte behandeln arithmetische Operatoren, die dem Rechnen mit Werten dienen. An dieser Stelle sei auch auf den **Anhang E** hingewiesen, in dem alle verwendeten Operatoren des vorliegenden Buches aufgelistet sind.

3.5.2 Binäre Operatoren

>> Einen wichtigen binären Operator aus der Syntax der Sprache C++ haben Sie bereits kennengelernt, nämlich den Zuweisungsoperator (=), welcher in den vorherigen Abschnitten zum Initialisieren von Variablen und Konstanten verwendet wurde. Dieser Operator führt eine simple Zuweisung des Wertes im rechten Operanden zum linken Operanden aus, wobei der Zuweisungsoperator als Infix-Operator zwischen den Operanden platziert wird. Die Zuweisung von Werten gilt für jeden Datentyp. Es ist in C++ jedoch nicht gegeben, dass jeder Operator für jeden Typ gilt. Bei binären Operatoren sollten die Datentypen der beiden Operanden übereinstimmen. Ausgenommen den Zuweisungsoperatoren handelt es sich bei den Operanden binärer Operatoren um lesende Zugriffe.
Neben dem bereits bekannten Zuweisungsoperator stellt die Syntax von C++ weitere binäre und arithmetische Operatoren zur Verfügung, die in der nachfolgenden Tabelle aufgelistet sind:

Operator	Rückgabewert (Operation)	Datentypen	Notation
Addition +	Op1 + Op2	alle	Infix
Subtraktion -	Op1 - Op2	alle	Infix
Multiplikation *	Op1 * Op2	alle	Infix
Division /	Op1 / Op2	alle	Infix
Modulo % (Divisionsrest)	Op1 % Op2	Ganzzahlen	Infix

Tabelle **3**: Binäre und arithmetische Operatoren

Erweiterte Grundlagen » Binäre Operatoren

Das Rechnen mit logischen Werten macht aus semantischer Sicht wenig Sinn, ist jedoch in C++ nicht verboten. Dennoch sollten arithmetische Operationen mit dem Datentyp **bool** vermieden werden. Für diesen stehen eigene Operatoren zur Verfügung, die Ihnen später im Buch begegnen.
Wie in der Mathematik gilt auch in der Sprache C++ das Kommutativgesetz für die Addition (+) und die Multiplikation (*). Bei diesen beiden Operatoren spielt es also keine Rolle, in welcher Reihenfolge die Operanden platziert werden. Bei der Division (/) von Variablen mit ganzzahligen Typen wird nicht gerundet. Ein entsprechender Rest dieser Division geht verloren, welcher mit dem Modulo-Operator (%) ermittelt werden kann.
Alle Operatoren (somit auch die arithmetischen) liefern einen Wert zurück, auch wenn dies nicht immer im Quellcode erforderlich ist. Durch diese Rückgabewerte lassen sich sinnvolle Rechenkombinationen durchführen, indem der berechnete Wert einer Operation als Operand für eine weitere Operation dienen kann. Der Zuweisungsoperator gibt den Wert seines linken Operanden zurück, nachdem dieser durch den rechten Operanden gespeichert wurde. Dadurch lassen sich Verkettungen von Zuweisungen in nur einem Ausdruck realisieren.
Das folgende Code-Beispiel verdeutlicht binäre und arithmetische Operatoren:

```cpp
// Deklaration und Initialisierung einer Variablen.
// Der Additionsoperator rechnet mit den beiden Literalen 5
// und 6 als Operanden und gibt das Ergebnis 11 zurück.
// Ein Operator 6 + 5 würde das gleiche Ergebnis liefern.
// Der Zuweisungsoperator nutzt als rechten Operanden das
// gelieferte Ergebnis der Addition und speichert dieses
// in seinem linken Operanden, der Variablen ShortVar, ab.

short ShortVar = 5 + 6;   // ShortVar = 11.

// Deklaration und Initialisierung über Kette von Zuweisungen.
// Der gesamte Ausdruck wird von rechts nach links bearbeitet.
// Der Variablen ShortVar wird zuerst der Wert 3 zugewiesen.
// Die vorzeichenbehaftete Variable AnyShort wird durch den
// rechten Operanden (ShortVar) ganzzahlig mit 3 initialisiert.

short AnyShort = ShortVar = 3;
```

```
/* Fortsetzung des Code-Beispiels. */

// Syntaktisch konformer Ausdruck mit Subtraktionsoperator.
// Die Operation führt eine Subtraktion durch, indem der Wert
// von ShortVar im rechten Operanden vom Wert AnyShort
// des linken Operanden abgezogen wird.
// Das Ergebnis 0 (3-3) geht verloren, da dieses im Ausdruck
// nicht als Operand für eine weitere Operation dient.

AnyShort - ShortVar;    // Verworfenes, temporäres Ergebnis.

// Die ganzzahlige Division liefert das Ergebnis 5, da der
// Wert 16 geteilt durch 3 die Ganzzahl 5 liefert, was genau
// genommen einer Division von 15 durch 3 entspricht.
// Der Divisionsoperator führt einen lesenden Zugriff auf
// den Wert der Variablen ShortVar im rechten Operanden aus
// und liefert das berechnete Ergebnis zum Zuweisungsoperator,
// der dieses als rechten Operanden behandelt, um die Variable
// AnyShort in dessen linken Operanden zu beschreiben.

AnyShort = 16 / ShortVar;   // AnyShort = 5.

// Rest der ganzzahligen Division, welche das
// Ergebnis 2 an die Variable ShortVar liefert.
// Die Operation verwendet lesende Zugriffe auf
// zwei Variablen in den entsprechenden Operanden.
// Der Wert 5 modulo 3 entspricht 2, denn 3 durch 3
// ergibt 1 mit einem verbleibenden Rest von 2.
// Die Variable ShortVar wird erst dann modifiziert,
// nachdem die Modulo-Operation abgearbeitet wurde.

ShortVar = AnyShort % ShortVar;   // ShortVar = 2.

// Dieser Ausdruck führt zu einem Übersetzungsfehler.
// Der linke Operand der rechten Zuweisung muss eine Variable
// sein, denn dem Literal 5 kann kein Wert 4 zugewiesen werden.

ShortVar = 5 = 4;   // Compiler-Fehler!
```

Listing **3.8**: Verwendung von binären und arithmetischen Operatoren

3.5.3 Unäre Vorzeichen

» Um Zahlenwerte im Quellcode als positiv oder als negativ zu kennzeichnen, gibt der Standard von C++ die beiden Vorzeichen Minus (-) und Plus (+) vor. Die Vorzeichen werden von der Syntax wie unäre Operatoren behandelt und geben einen vorzeichenbedingten Wert in Bezug auf den verwendeten Operanden zurück. Ein jeweiliges Zeichen Minus oder Plus wird dabei vor dem eigentlichen Operanden platziert. Die Vorzeichenoperatoren gehören somit den Präfix-Operatoren an. In Verbindung mit Vorzeichen erfolgen ausschließlich lesende Zugriffe auf die Operanden eines jeweiligen Operators. Die folgende Tabelle listet die unären Operatoren für die Vorzeichen auf:

Operator	Rückgabewert (Operation)	Datentypen	Notation
Minus -	-Op	alle	Präfix
Plus +	+Op	alle	Präfix

Tabelle **4**: Operatoren für unäre Vorzeichen

Bei der Verwendung von unären Vorzeichen gilt zu beachten, dass das Zeichen Minus nicht direkt das Gegenstück zum Plus bildet. Ein bereits negativer Operand, der zusätzlich mit einem Minus versehen wird, gilt nach dieser Operation als positiv. Ein negativer Operand wird aber durch ein zusätzliches Plus nicht positiv. Alle Zahlenwerte in C++ sind standardmäßig positiv, wenn diese ohne Vorzeichen verwendet werden. Der unäre Plusoperator wurde vom Standard aus Gründen der Gleichheit eingeführt und kann daher bei primitiven Typen eher als rudimentär angesehen werden.

```
double const X = -4.556;   // Initialisierte Konstante.

// Der unäre Minusoperator erhält als Operanden die Konstante
// und liefert einen positiven Wert, da -(-4.556) = 4.556 ist.

double Y = -X;
```
Listing **3.9**: Verwendung des unären Minusoperators

3.5.4 Inkrement und Dekrement

>> In der Programmierung wird oft von den beiden Begriffen Inkrementieren und Dekrementieren gesprochen. Wird der Wert einer Variablen inkrementiert, so wird dieser in der Regel um den Wert 1 erhöht. Das Inkrement einer Zahl wird in der Sprache C++ also durch die Zahl selbst gebildet, welche mit dem Wert 1 addiert wird. Das Gegenstück wird durch das Dekrement definiert, welches um den Wert 1 subtrahiert wird. Somit werden Variablen dekrementiert, wenn sich diese um den Wert 1 verringern.

Die Syntax der Sprache C++ stellt für das Inkrement (++) und das Dekrement (--) jeweils zwei unäre Operatoren zur Verfügung, die mit Operanden aller Typen zur Berechnung von Werten herangezogen werden können. In der Praxis werden diese arithmetischen Operatoren aber nur für Ganzzahlen verwendet. In Bezug auf die Operatoren wird jeweils zwischen einer Version für Präfix und einer Version für Postfix unterschieden. Beim Präfix-Operator muss die Angabe des Inkrements oder des Dekrements vor dem Operanden erfolgen. Bei der Postfix-Variante wird das Inkrement oder das Dekrement nach diesem platziert. Innerhalb der Operationen erfolgen schreibende Zugriffe auf die jeweiligen Operanden, wobei sich aber die Rückgabewerte in Bezug auf Präfix und Postfix unterscheiden. Die nachfolgende Tabelle veranschaulicht die unären Operatoren des Inkrements und des Dekrements basierend auf Präfix und Postfix:

Operator	Rückgabewert (Operation)	Datentypen	Notation
Inkrement ++	Op + 1 (Op = Op + 1)	alle	Präfix
Dekrement --	Op - 1 (Op = Op - 1)	alle	Präfix
Inkrement ++	Op (Op = Op + 1)	alle	Postfix
Dekrement --	Op (Op = Op - 1)	alle	Postfix

Tabelle **5**: Inkrement und Dekrement in Verbindung mit Präfix und Postfix

Erweiterte Grundlagen » Inkrement und Dekrement

Im Inkrementoperator wird jeweils über einen schreibenden Zugriff der Wert des Operanden um 1 erhöht. Die Präfix-Variante dieses Operators gibt dabei den modifizierten Operanden zurück, während die Postfix-Version hingegen den unveränderten und originalen Wert liefert. Mittels des Dekrementoperators lässt sich über einen schreibenden Zugriff der Wert im Operanden um 1 verringern. Die Präfix-Version liefert für diesen Operator den modifizierten und um 1 verringerten Wert, die Postfix-Variante des Operators gibt hingegen auch den originalen und unveränderten Wert zurück. Da bei Inkrement und Dekrement schreibende Zugriffe auf die entsprechenden Operanden erfolgen, ist die Verwendung von Konstanten in den Operanden nicht zulässig.

Das nachfolgende Code-Beispiel verdeutlicht die Verwendung der beiden unären Operatoren des Inkrements und des Dekrements, wobei jeweils zwischen Präfix und Postfix unterschieden wird:

```cpp
// Deklaration einer mit dem Wert 1987 initialisierten,
// vorzeichenlosen Variablen vom Typ short.
// Das Schlüsselwort int ist optional.

unsigned short int Year87 = 1987;

// Inkrementieren der Variablen Year87.
// Die Variable im Operanden wird um 1
// erhöht und mit dem Wert 1988 belegt.
// Der Rückgabewert der Operation geht in diesem Ausdruck
// verloren, würde aber ebenfalls den Wert 1988 liefern.

++Year87;   // Präfix-Inkrement = 1988.

// Deklaration und Initialisierung einer Variablen (unsigned).
// Die Variable Year87 wird über den Operanden dekrementiert
// und bekommt wieder den Wert 1987 zugewiesen.
// Von der Operation wird der originale Wert 1988 geliefert,
// welcher als rechter Operand des Zuweisungsoperators
// für die Initialisierung der Variablen Year88 dient.

unsigned short Year88 = Year87--;   // Postfix-Dekrement.
```

Listing **3.10**: Verwendung von Präfix-Inkrement und Postfix-Dekrement

3.5.5 Binäre Zuweisungsoperatoren

>> Unabhängig von arithmetischen Operationen stehen vielen binären Operatoren entsprechende binäre Zuweisungsoperatoren gegenüber. Diese verhalten sich in Bezug auf die auszuführenden Operationen wie ihre zugehörigen binären Operatoren, speichern jedoch den Rückgabewert nach einer entsprechenden Operation direkt im linken Operanden ab. Somit ist nach der Ausführung eines binären Zuweisungsoperators der Rückgabewert mit dem Wert des linken Operanden identisch. Binäre Zuweisungsoperatoren werden immer als Infix-Operatoren behandelt, wobei die rechten Operanden nur für lesende Zugriffe herangezogen werden. Für linke Operanden erfolgen zunächst auch lesende Zugriffe. Nach den entsprechenden Operationen werden die linken Operanden dann für die schreibenden Zugriffe verwendet.

Die Syntax der Sprache C++ stellt binäre und arithmetische Zuweisungsoperatoren zur Verfügung, die dem Rechnen mit Zahlenwerten dienen und in der nachfolgenden Tabelle aufgelistet sind. Weitere binäre Operatoren mit ihren zugehörigen Zuweisungsoperatoren werden Sie im Verlauf des Buches kennenlernen.

Operator	Rückgabewert (Operation)	Datentypen	Notation
Addition und Zuweisung +=	Op1 + Op2 (Op1 = Op1 + Op2)	alle	Infix
Subtraktion und Zuweisung -=	Op1 - Op2 (Op1 = Op1 - Op2)	alle	Infix
Multiplikation und Zuweisung *=	Op1 * Op2 (Op1 = Op1 * Op2)	alle	Infix
Division und Zuweisung /=	Op1 / Op2 (Op1 = Op1 / Op2)	alle	Infix
Modulo und Zuweisung %=	Op1 % Op2 (Op1 = Op1 % Op2)	Ganzzahlen	Infix

Tabelle **6**: Binäre und arithmetische Zuweisungsoperatoren

Erweiterte Grundlagen » Klammerung von Ausdrücken

Das folgende Listing macht die Verwendung eines binären und arithmetischen Zuweisungsoperators deutlich:

```
// Mit -5 initialisierte, vorzeichenbehaftete Ganzzahl.

signed int IntVar = -5;

// Verwendung des binären Zuweisungsoperators
// für die Multiplikation mit einem Literal.
// Die Operation ist gleich dem Ausdruck IntVar = IntVar * -6.
// Der rechte Operand wird nur für einen lesenden Zugriff
// verwendet und das Ergebnis wird nach der Operation
// direkt im linken Operanden gespeichert.
// Die Multiplikation zweier negativer Werte wird positiv.

IntVar *= -6;   // IntVar hat nach der Operation den Wert 30.
```

Listing **3.11**: Binärer und arithmetischer Zuweisungsoperator

3.5.6 Klammerung von Ausdrücken

» Ausdrücke werden von einem Compiler der Sprache C++ von rechts nach links ausgewertet. Aus dem Grund befindet sich im Code eine zu beschreibende Variable in einem Ausdruck in der Regel an der linken Stelle, wenn diese mit Hilfe des Zuweisungsoperators gesetzt werden soll. Der Zuweisungsoperator kann somit den ausgewerteten Ausdruck als rechten Operanden nutzen und eine Variable im linken Operanden modifizieren. Für Infix-Operatoren, welche zwischen zwei Operanden platziert werden, gilt eine Wertigkeit bzw. Rangfolge innerhalb eines Ausdruckes. Dabei können verschiedene Operatoren die gleiche Wertigkeit in Bezug auf die Verarbeitung besitzen. Wie in der Mathematik gilt auch in der Programmiersprache C++ die Punktrechnung vor Strichrechnung. Somit besitzen in der Arithmetik die binären Operatoren und Zuweisungsoperatoren für Multiplikation, Division und Modulo eine höhere Wertigkeit gegenüber den Operatoren der Addition und Subtraktion. Da die arithmetischen Operationen der Addition und Multiplikation kommutativ sind, ist nicht genau

Klammerung von Ausdrücken « Erweiterte Grundlagen

vorgeschrieben, in was für einer Reihenfolge die Operanden dieser Operatoren behandelt werden müssen. In Verbindung mit den Operatoren der Subtraktion, Division und Modulo ist diese Reihenfolge jedoch definiert, da die rechten Operanden als Basis für die linken Operanden dienen müssen.

Zur besseren Kontrolle der Abarbeitung von Operatoren können Klammern (()) in einem Ausdruck verwendet werden, wobei ein geklammerter Bereich einen eigenen Ausdruck bildet, welcher ebenfalls von rechts nach links ausgewertet wird. Geklammerte Ausdrücke werden von innen nach außen abgearbeitet, so dass die innersten Klammern zuerst ausgewertet werden. Die Klammern selbst stellen in der Syntax der Sprache C++ einen eigenen Operator dar und müssen stets paarweise verwendet werden.

Das nachfolgende Listing veranschaulicht ein ergänzendes Code-Beispiel für arithmetische Operationen mit Klammerung von Ausdrücken:

```cpp
// Deklaration dreier short-Variablen, wobei
// nur die letzten beiden initialisiert werden.

short X, Y = 5, Z = 6;   // Liste von Deklarationen.

// Ausdruck mit Klammerung von drei Bereichen.
// Der gesamte Ausdruck wird von rechts nach links ausgewertet,
// wobei zuerst die innere, rechte Klammer bearbeitet wird,
// welche als rechter Operand (10) der Division dient.
// Über Postfix wird die Variable Y inkrementiert und liefert
// den Wert 5 als linken Operanden der Multiplikation mit 2.
// Danach wird die innere, linke Klammer ausgewertet und
// für eine Addition verwendet, welche das Ergebnis 20
// als linken Operanden der Division liefert.
// Basierend auf den Ergebnissen der inneren Klammern wird
// der Ausdruck der äußeren Klammer ausgewertet, wobei die
// Punktrechnung vor Strichrechnung gilt: (20 / 10 - 5) = -3.
// Das Ergebnis -3 dient als rechter Operand für die
// Multiplikation mit -2; dieses Ergebnis (6) wird als
// rechter Operand für die Zuweisung der Variablen X verwendet.

X = -2 * ( (14 + Z) / (Y++ * 2) - 5 );   // X = Y = Z = 6.
```

Listing **3.12**: Klammerung arithmetischer Ausdrücke

3.5.7 Sequenzen

>> Im Quellcode lässt sich in nur einem Ausdruck eine Folge von Anweisungen schreiben, welche voneinander unabhängig sein können. Eine solche Folge von Anweisungen wird als Sequenz bezeichnet, wobei die einzelnen Anweisungen der Folge mit einem Komma (,) voneinander getrennt werden, bevor der komplette Ausdruck wie gewohnt mit einem Semikolon abgeschlossen wird. Das Komma bildet in der Syntax der Sprache C++ einen eigenen Operator, welcher bereits bei Deklarationslisten eine Verwendung fand. Die Abarbeitung einer Sequenz erfolgt in einem Ausdruck von links nach rechts, wobei die einzelnen Anweisungen wie gewohnt von rechts nach links ausgewertet werden. Sequenzen verringern die Lesbarkeit des Quellcodes und sollten daher nur mit Bedacht in einem Ausdruck verwendet werden. Im folgenden Listing wird eine Sequenz mit zwei Anweisungen verdeutlicht:

```cpp
// Deklaration zweier Gleitkommawerte mit doppelter Genauig-
// keit, wobei nur die erste Variable initialisiert ist.

double DoubleVar = 5.6, AnyDouble;

// Sequenz zweier Anweisungen in nur einem Ausdruck.
// Zuerst wird die linke Anweisung der Sequenz ausgewertet,
// in welcher der Wert 4.7 als rechter Operand für die
// Addition und Zuweisung mit der Variablen DoubleVar dient.
// Der linke Operand DoubleVar des binären Zuweisungsoperators
// der Addition besitzt nach der Operation den Wert 10.3.
// Nach der Auswertung der linken Anweisung wird die rechte
// Anweisung der Sequenz abgearbeitet, welche wie gewohnt
// von rechts nach links ausgewertet wird.
// Die zuvor modifizierte Variable DoubleVar dient als linker
// Operand der Subtraktion; das Ergebnis dieser Operation
// liefert die Gleitkommazahl 9.0 als rechten Operanden
// für die Zuweisung der Variablen AnyDouble.

DoubleVar += 4.7, AnyDouble = DoubleVar - 1.3;
```

Listing **2.13**: Sequenz von Anweisungen in einem Ausdruck

3.6 Arrays fester Größen

» Variablen und Konstanten können in der Sprache C++ bei ihrer Deklaration als Arrays organisiert werden, welche eine feste Größe besitzen. Solche Arrays lassen sich mit allen Datentypen erzeugen und belegen einen sequenziellen Bereich des physikalischen Speichers im System. Da ein Array eine Folge von Variablen bildet, wird dieses auch oft als Datenfeld bezeichnet. Bei der Deklaration eines jeweiligen Arrays muss festgelegt werden, über wie viele Elemente das Datenfeld im Speichers verfügen soll. Aus dem Grund wird auch von Arrays fester Größe gesprochen, da die Anzahl der Elemente im Speicher bereits während der Entwicklung des Quellcodes und während des Programmstarts bekannt ist. Bei diesen Arrays wird der Speicher für alle Elemente reserviert, wenn die entsprechende Deklaration in einem Ausdruck erreicht wird. Als Entwickler müssen Sie sich also nicht um die Bereitstellung und die Freigabe des Speichers bemühen, wenn es sich bei Deklarationen um Arrays fester Größen handelt. Die Bekanntmachung eines Arrays erfolgt durch die paarweise Verwendung von eckigen Klammern ([ ]) hinter dem jeweiligen Namen einer Variablen oder einer Konstanten, wobei innerhalb dieser Klammern ein ganzzahliger und positiver Wert angeben werden kann, der die Anzahl der Elemente im Array bestimmt. Die Klammern bilden in der Syntax der Sprache C++ auch den Indizierungsoperator. Mit Hilfe von Arrays lassen sich Daten des gleichen Typs in einem Speicherbereich gruppieren, wie es der folgende Code-Ausschnitt beispielhaft deutlich macht:

```cpp
// Deklaration eines Arrays mit 8 Elementen,
// welche alle vorzeichenlos und vom Datentyp short sind.
// Die Variable FixShortArray belegt das 8-fache an Speicher
// im Vergleich zur einzelnen Variablen vom Typ unsigned short.
// Der Speicher für das Array wird so bereitgestellt, dass alle
// Elemente im Speicher hintereinander ihren Platz finden.
// Um die Freigabe des Speichers muss sich bei diesem
// Array nicht explizit gekümmert werden.

unsigned short FixShortArray[8];
```

Listing **3.14**: Deklaration eines Arrays fester Größe

Erweiterte Grundlagen » Arrays fester Größen

Der lesende und schreibende Zugriff auf Elemente eines jeweiligen Datenfeldes erfolgt wie gewohnt über den Identifikator der Variablen oder der Konstanten, wobei hinter diesem zusätzlich der Indizierungsoperator verwendet wird. In den eckigen Klammern dieses Operators sollte sich eine positive Ganzzahl befinden, welche explizit ein entsprechendes Element im Array indiziert. Dabei wird beim Index 0 begonnen, der das erste Element des Datenfeldes anspricht. Der Index des letzten Elementes bezieht sich somit immer auf die entsprechende Anzahl aller Elemente, welche um den Wert 1 subtrahiert werden muss.
Im nachfolgenden Code-Ausschnitt wird die Indizierung des deklarierten Arrays aus *Listing 3.14* deutlich:

```cpp
// Schreibender Zugriff auf das erste Element des Arrays,
// wobei der Index 0 dieses erste Element anspricht.

FixShortArray[0] = 15;  // Erstes Element.

// Schreibender Zugriff auf das letzte Element des Arrays.
// Dieser Index wird durch die Anzahl der Elemente im Array
// minus 1 gebildet (8-1=7), da die Indizierung bei 0 beginnt.

FixShortArray[7] = 39;  // Letztes Element.
```

Listing **3.15**: Zugriffe auf Elemente eines Arrays über Indizierungsoperator

Da die Größe eines solchen Arrays bereits bei der Entwicklung von Code und bei der Ausführung des Programms bekannt ist, können Indizes zur Identifizierung von Elementen einfach ermittelt werden. Dabei liegt es immer selbst in der Hand des Programmierers, ob Zugriffe auf Elemente innerhalb des gültigen Speicherbereiches des Arrays liegen. Die Syntax der Sprache C++ stellt keine Mittel zur Ermittlung der Größe eines beliebigen Arrays bereit. Eine bei der Deklaration eines Arrays festgelegte Größe sollte also immer im Auge behalten werden, wenn insbesondere das letzte Element eines Arrays indiziert werden soll. Oft wird in der Programmierung auch von der Länge eines Arrays gesprochen, wenn es sich um die Anzahl der darin enthaltenen Elemente handelt, da die Größe auch leicht mit dem Bedarf an Speicher verwechselt werden kann, welcher für ein entsprechendes Array notwendig ist. Gültige

Indizes für den Zugriff auf Elemente liegen immer im Bereich von 0 bis zur Länge des Arrays minus 1. Wie Zugriffe auf ungültige Elemente außerhalb des Speicherbereiches eines Arrays behandelt werden, ist abhängig vom jeweils verwendeten Compiler. Die Syntax der Programmiersprache C++ gibt nicht vor, dass Indizierungsoperatoren nur mit positiven Werten verwendet werden dürfen. Ein versuchter Zugriff auf ein Element mit negativem Index ist daher syntaktisch möglich. Es steht einem verwendeten Compiler frei, ob dieser bei einem Zugriff auf ein ungültiges Element einen Fehler oder eine Warnung generiert, wobei ein solcher Zugriff auf einen ungültigen Speicherbereich auch zum Absturz des Programms führen kann. Gültige Zugriffe auf gültige Speicherbereiche von Datenfeldern fester Größen liegen stets in Ihrer Verantwortung als Programmierer.

Die Elemente eines Datenfeldes lassen sich bei der Deklaration des Arrays mit einem Erstzustand belegen. In diesem Fall werden geschweifte Klammern ({ }) zur Bildung einer Initialisierungsliste verwendet, in welcher die jeweiligen Elemente des Arrays aufgezählt werden. Die Syntax der Sprache C++ schreibt die paarweise Verwendung dieser Klammern vor. Innerhalb der Initialisierungsliste können die jeweiligen Elemente eines Arrays angegeben werden, welche durch Komma voneinander getrennt werden müssen. Die komplette Liste mit den Initialisierungswerten muss mit einem Semikolon abgeschlossen werden. Die Anzahl der Elemente innerhalb einer Initialisierungsliste muss nicht mit der tatsächlichen Größe des deklarierten Arrays übereinstimmen, jedoch darf die Liste nicht mehr Elemente enthalten, als das Array durch die Deklaration eigentlich benötigt. Die Initialisierung der Elemente beginnt dabei bei dem Index 0, wie es auch vom Indizierungsoperator bekannt ist. Fehlende Elemente in der Initialisierungsliste bleiben bei der Deklaration für das Array undefiniert. Wird eine Initialisierungsliste für Datenfelder fester Größen verwendet, dann muss die Anzahl der Elemente bei der Deklaration nicht explizit in den eckigen Klammern angegeben werden. In diesem Fall errechnet sich die Anzahl aus der Menge der in der Initialisierungsliste enthaltenen Werte. Wird das Schlüsselwort **const** in Verbindung mit einem Array fester Größe verwendet, so muss bei der Deklaration des konstanten Datenfeldes zwingend eine Initialisierungsliste zur Bekanntmachung der Erstzustände angegeben werden.

Das nachfolgende Listing veranschaulicht die Deklaration von Arrays fester Größen mit Hilfe von Initialisierungslisten:

Erweiterte Grundlagen » Arrays fester Größen

```cpp
// Deklaration eines Arrays mit Initialisierungsliste.
// Alle Elemente des Datenfeldes sind vom vorzeichenbehafteten
// Datentyp int, wobei das Schlüsselwort signed optional ist.
// Das Array umfasst 5 Elemente; die Initialisierungs-
// liste beinhaltet jedoch nur 3 Werte.
// Das erste Element [0] wird mit dem Wert -1 initialisiert,
// das zweite Element [1] wird mit 2 initialisiert
// und das Dritte [2] mit dem Wert -2.
// Die letzten beiden Elemente werden nicht initialisiert.

signed int AnyIntArray[5] = { -1, 2, -2 };

// Deklaration eines konstanten Arrays vom Datentyp
// double unter Verwendung einer Initialisierungsliste,
// welche in Verbindung mit dem const-Qualifizierer
// zwingend erforderlich ist.
// Das konstante Array besteht aus 4 Elementen.
// Diese Größe wird nicht angegeben und erst durch die
// Menge der Werte in der Initialisierungsliste bestimmt.

const double AnyDoubleArray[] = { 1.12, 2.23, 3.34, 4.45 };
```

Listing **3.16**: Deklaration von Arrays mit Initialisierungslisten

Die nachfolgende Tabelle listet die Elemente und Indizes des konstanten Arrays *AnyDoubleArray* mit den zugehörigen Initialisierungswerten:

Index	0	1	2	3
Wert	1.12	2.23	3.34	4.45

Tabelle **7**: Wertetabelle eines konstanten Arrays fester Größe

Die Datenfelder in den vorherigen Listings werden auch als eindimensionale Arrays bezeichnet. In C++ sind auch mehrdimensionale Arrays von festen Größen möglich, indem bei der Deklaration mehrere eckige Klammern hinter dem Namen des entsprechenden Datenfeldes angegeben werden können. Jedes Element eines mehrdimensionalen Arrays besteht selbst aus einem mehrdimensionalen oder eindimensionalen Datenfeld. Die Initialisierungslisten von mehrdimensionalen Arrays müssen ineinander verschachtelt werden, indem ein Element der Liste selbst durch eine Initialisierungsliste repräsentiert wird. Bei der Deklaration von mehrdimensionalen Arrays muss die feste Größe der ersten Dimension nicht zwingend in den eckigen Klammern angegeben werden, wenn diese anhand der Anzahl der inneren Initialisierungslisten ersichtlich ist.

Im nachfolgenden Code-Ausschnitt wird die Deklaration und Verwendung eines zweidimensionalen Arrays fester Größe deutlich:

```cpp
// Deklaration eines zweidimensionalen Arrays fester Größe.
// Jedes Element des Datenfeldes kann einen Wert aus
// dem Bereich von -128 bis +127 annehmen.
// Die festen Größen der Dimensionen können bei der Deklaration
// hintereinander in eckigen Klammern angegeben werden.
// Für jedes der 5 Elemente in der ersten Dimension
// gilt eine zweite Dimension mit 3 Elementen.
// Die erste Dimension der Größe 5 ergibt sich entsprechend
// aus der Anzahl der inneren Initialisierungslisten.

signed char MultiArray[/* 5 */][3] = { {  7,  1, -3 },
                                       { -4,  0,  9 },
                                       {  3, -2,  5 },
                                       {  0,  1, -7 },
                                       { -5,  6,  0 } };

// Zugriff auf ein Element des zweidimensionalen Daten-
// feldes durch Indizierungsoperatoren pro Dimension.
// Die Anordnung der Indizes entspricht dabei
// der Reihenfolge in der Deklaration.
// Die Indizes der ersten Dimension liegen somit im gültigen
// Bereich von 0 bis 4 vor; die Indizes der zweiten Dimension
// haben laut Deklaration einen Gültigkeitsbereich von 0 bis 2.

MultiArray[3][1] += 7;   // Addition und Zuweisung per Element.
```

Listing **3.17**: Verwendung eines zweidimensionalen Arrays fester Größe

In der folgenden Tabelle sind die Werte des zweidimensionalen Datenfeldes *MultiArray* mit den entsprechenden Indizes gelistet:

Index	0	1	2	3	4
0	7	-4	3	0	-5
1	1	0	-2	⑧	6
2	-3	9	5	-7	0

Tabelle **8**: Wertetabelle eines zweidimensionalen Arrays fester Größe

Verbunden mit Arrays fester Größen werden oft Zeichen vom Datentyp **char** verwendet, um zusammenhängende Ketten druckbarer Zeichen zu realisieren. Diesem Themenbereich ist im Buch das eigenständige Kapitel **Zeichenketten** gewidmet.
Nicht selten wird für die Lösung einer Problemstellung ein dynamisches Array benötigt, dessen Größe bei der Code-Entwicklung noch nicht absehbar ist und bei dem der Speicher erst zur Laufzeit des Programms dynamisch bereitgestellt werden soll. Für solche dynamischen Datenfelder kommen Zeiger zum Einsatz, die im Kapitel **Zeiger & Referenzen** genauer erläutert werden.

3.7 Whitespaces

» Beim Schreiben von Quellcodes werden oft Leerzeichen verwendet, um entsprechende Bestandteile des Codes übersichtlicher zu gestalten. Whitespaces können frei übersetzt als leere Zwischenräume im Quellcode betrachtet werden, wobei für diese am häufigsten Leerzeichen oder Tabulatoren zum Einsatz kommen. Mit Hilfe von Whitespaces lassen sich Code-Bestandteile und Ausdrücke sinnvoll einrücken, um eine bessere Lesbarkeit der Quellcodes zu gewährleisten. Oft sind Whitespaces im Code zwingend erforderlich, um beispielsweise bei der Deklaration die Datentypen von Variablennamen zu trennen oder um Schlüsselwörter syntaktisch auseinander halten zu können. Die Syntax der Sprache C++ schreibt dabei nicht vor, um welche Art von Whitespace es sich bei der Trennung von Code-Bestandteilen handeln muss. Beim Übersetzungsvorgang wird der Quellcode als eine Sequenz von Zeichen behandelt, wobei Whitespaces (neben Kommentaren) vom Compiler einfach ignoriert werden.

3.8 Typdefinitionen

>> Mit Hilfe des Schlüsselwortes **typedef** lässt sich in der objektorientierten Programmiersprache C++ ein Alias für einen Datentyp definieren. Dabei handelt es sich um die Definition eines primitiven oder komplexen Typs, also um die Bekanntmachung eines neuen Namens für eine bestehende Klasse oder für eingebaute Datentypen. Das Schlüsselwort **typedef** wird oft für die einfache Portierung von Quellcode genutzt, da Datentypen auf Zielplattformen variieren können und ein Alias für einen Datentyp oft aussagekräftiger ist als der Datentyp selbst. Eine Typdefinition ist eine speicherlose Deklaration (also eine Bekanntmachung eines neuen Namens), welche in einer Header-Datei erfolgen sollte. Diese Deklaration wird mit einem Semikolon abgeschlossen. Nach dem Schlüsselwort **typedef** erfolgt die Angabe des primitiven oder komplexen Datentyps und danach sein Alias, ohne dass dieser über den Zuweisungsoperator gesetzt wird. Sobald ein Alias auf einen bestehenden primitiven oder komplexen Datentyp bekannt gemacht wurde, kann dieser so verwendet werden, als wäre er ein syntaktischer Bestandteil der Sprache C++. Im nachfolgenden Listing werden Typdefinitionen unter Verwendung des Schlüsselwortes **typedef** an primitiven Datentypen veranschaulicht:

```
// Definition des Namens UINT für den Datentyp unsigned int.
// Der Name UINT bildet einen Alias auf den primitiven
// und vorzeichenlosen, ganzzahligen Datentyp von C++.

typedef unsigned int UINT;

UINT i, k;   // Deklaration zweier Variablen über den Alias.

// Typdefinition für Konstanten vom Datentyp double.

typedef const double CONST_DBL;

CONST_DBL d = 1.0;   // Deklaration und Initialisierung einer
                     // Konstanten über den Alias als Datentyp.
```

Listing **3.18**: Typdefinitionen mit dem Schlüsselwort **typedef**

3.9 Die Schlüsselwörter **register** und **volatile**

>> Um einen schnellen und wiederkehrenden Zugriff auf Daten zu gewährleisten, werden im PC nahe des zu verarbeitenden Prozessors oft Variablen und Konstanten im schnelleren Zwischenspeicher (Cache) abgelegt. Die Syntax der Sprache C++ stellt zwei Schlüsselwörter zur Verfügung, welche die Zwischenspeicherung (Caching) beeinflussen und die bei der Deklaration vor einem entsprechenden Datentyp platziert werden können. Mit dem Schlüsselwort **register** ergibt sich der Hinweis, dass Caching für die jeweilige Variable oder Konstante beabsichtigt und gewollt ist. Das Schlüsselwort **volatile** bildet das Gegenstück, so dass die Zwischenspeicherung dieser Deklarationen nicht erfolgen darf. In diesem Fall muss immer der originale Wert aus dem Arbeitsspeicher angefordert werden. Beide Schlüsselwörter sind optional und können auch in Verbindung mit Konstanten und Arrays verwendet werden.

```
// Die Zwischenspeicherung (Caching) ist hier erwünscht.

register const int param = -156;   // Initialisierte Konstante.

// Durch volatile muss stets der originale Wert der
// Variablen für einen lesenden Zugriff verwendet werden.

volatile unsigned short uiShort;   // Unterbundenes Caching.
```

Listing **3.19**: Verwendung der Schlüsselwörter **register** und **volatile**

Bitte beachten Sie, dass die Abarbeitung der Programmbefehle und die physikalische Speicherung von Variablen nicht nur in der Verantwortung der Sprache C++ liegt. Die Syntax von C++ stellt durch die beiden Schlüsselwörter lediglich einen Hinweis an den Compiler bereit, wie die Zwischenspeicherung von Daten erfolgen sollte. Da heutige Architekturen und Compiler fortschrittlich genug sind, um die Speicherung von Variablen und Konstanten intelligent und selbstständig zu verwalten, sollten die Schlüsselwörter **register** und **volatile** eher als überflüssig betrachtet werden. Diese wurden nur aus Gründen der Vollständigkeit aufgeführt und finden im vorliegenden Buch keine weitere Verwendung.

4 Präprozessor

4.1 Der Nutzen des Präprozessors

>> Mit Hilfe des Präprozessors werden in C++ geschriebene Quellcodes vor dem eigentlichen Übersetzungsvorgang ausgewertet. Der Präprozessor kann auch als Vorprozessor betrachtet werden, da er automatisch zum Einsatz kommt, bevor der Compiler die Übersetzung der Quelldateien vornimmt. In einer Entwicklungsumgebung bildet der Präprozessor einen festen Bestandteil des Compilers. Neben dem Linker bilden Präprozessor und Compiler eine Einheit, um aus geschriebenen Quellcodes lauffähige Maschinencodes zu generieren. Allerdings ist der Präprozessor nicht am eigentlichen Übersetzungsvorgang beteiligt, da dieser dem Compiler zuvorkommt. Der Präprozessor kann als Schnittstelle zwischen Quellcode und Compiler angesehen werden. Übersetzungseinheiten und Header-Dateien werden für den Vorgang des Compilierens herangezogen, daher unterliegen diese beiden Arten der Quelldateien auch dem Präprozessor. Dieser wertet den entsprechenden Quellcode aus und liefert das Ergebnis als internes Abbild an den Compiler für den eigentlichen Übersetzungsvorgang. Nachfolgend verdeutlicht eine Abbildung den Übersetzungsvorgang kombiniert durch Präprozessor und Compiler:

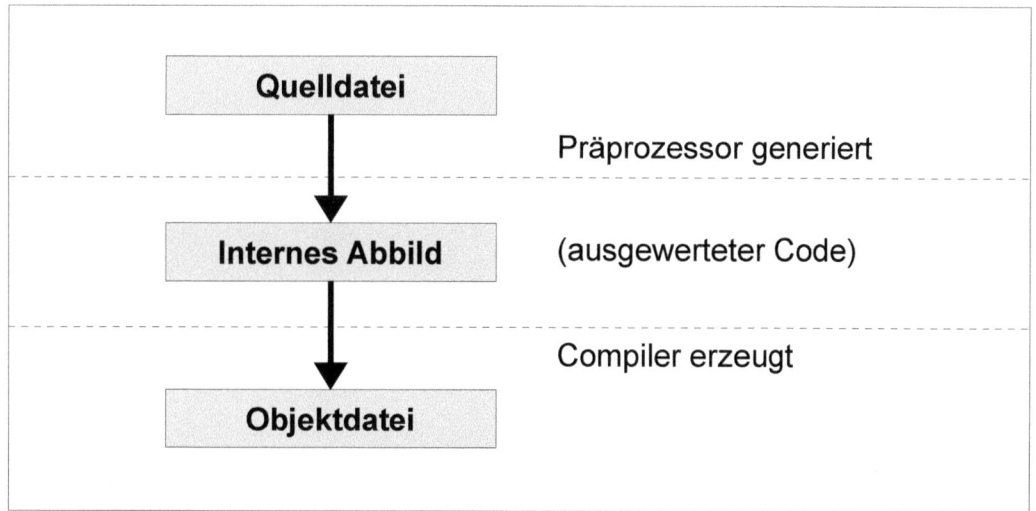

Abbildung **5**: Präprozessor beim Übersetzen von Quellcodes

Präprozessor » Allgemeines zu den Präprozessor-Direktiven

Der Präprozessor bildet einen wichtigen Teil bei der Erstellung von Programmen in C++, da mit dessen Hilfe das Compilieren der Quellcodes an gewünschte Zielplattformen und Konfigurationen angepasst werden kann. Anstatt also für jede einzelne Plattform und Konfiguration eigene Codes entwickeln zu müssen, kann ein einheitlicher Quellcode geschrieben werden, so dass der Präprozessor noch vor der Übersetzung dem Compiler meldet, welche Teile des Codes für welche Plattform und Konfiguration übersetzt werden sollen und welche eben nicht. Spezielle Direktiven des Präprozessors kommen für solche bedingten Programmcodes zum Einsatz, die vor dem Übersetzungsvorgang vom Präprozessor ausgewertet werden. Ein weiterer Nutzen des Präprozessors besteht in der Definition von Symbolen durch Direktiven und nicht zuletzt in der wichtigen Möglichkeit des Inkludierens von Header-Dateien.

4.2 Verwendung von Direktiven

4.2.1 Allgemeines zu den Präprozessor-Direktiven

>> Der Präprozessor arbeitet den geschriebenen Code einer Quelldatei zeilenweise ab und wertet die entsprechenden Code-Zeilen aus. Ob eine Zeile vom Präprozessor berücksichtigt wird oder nicht, hängt von Direktiven im Quellcode ab. Präprozessor-Direktiven bilden somit spezielle Anweisungen, welche ausschließlich im Code vom Präprozessor erkannt und vor dem Compilieren ausgeführt werden. Um eine solche Direktive in einer Code-Zeile zu verwenden, gibt die Syntax der Sprache C++ eine führende Raute (#) vor. Alle Zeilen, die mit einer solchen Raute beginnen, werden entsprechend vom Präprozessor als Direktiven interpretiert, wobei vor und hinter der Raute beliebig viele Whitespaces angegeben werden dürfen. Nach der Raute kann in einer Code-Zeile die eigentliche Präprozessor-Direktive definiert werden, die auch einen Wert enthalten kann. Eine Code-Zeile, welche durch die führende Raute eine Direktive repräsentiert, darf nicht für andere Befehle genutzt werden und ist für die ausschließliche Verwendung mit dem Präprozessor vorgesehen. Präprozessor-Direktiven bilden keine ausführbaren Programmanweisungen, daher sollten diese nicht mit einem Semikolon am Ende der Zeile abgeschlossen werden.

Da der Präprozessor die führende Raute in einer Code-Zeile interpretiert, kann im Quellcode auch eine leere Direktive angegeben werden, welche nur aus der Raute besteht. Die Definition einer solchen Direktive ist syntaktisch korrekt, hat jedoch bezogen auf die Semantik keinen Nutzen. Dennoch wird diese Direktive vom Präprozessor erkannt, wie es das folgende Listing vermittelt:

```cpp
// Durch die Raute wird die Code-Zeile eindeutig für
// die Verwendung mit dem Präprozessor identifiziert.
// Ein abschließendes Semikolon darf nicht platziert werden.

#   // Leere Präprozessor-Direktive in einer Code-Zeile.

int main()
{
    /* Ablauf des Programms. */

    return 0;
}
```

Listing **4.1**: Leere Präprozessor-Direktive

Kommentare werden vom Compiler als auch vom Präprozessor ignoriert, so dass einzeilige und mehrzeilige Kommentare auch zusammen mit Direktiven in Code-Zeilen vorkommen dürfen.

4.2.2 Inkludieren von Header-Dateien (#include)

>> In Software-Projekten sollten die Definitionen in Header-Dateien (*.hpp) und die Deklarationen und Implementierungen in Übersetzungseinheiten (*.cpp) programmiert werden. Es gilt die Richtlinie, dass speicherfordernder Quellcode (Deklarationen und zugehörige Implementierungen) eher den jeweiligen Übersetzungseinheiten zugeordnet werden sollte, während die Header-Dateien den speicherlosen Definitionen (Beschreibungen) dienen. Diese Richtlinie muss aber nicht zwingend eingehalten werden, so dass einfache Definitionen auch innerhalb von Übersetzungseinheiten vorkommen können.

Präprozessor » Inkludieren von Header-Dateien (**#include**)

Für das einfache Schreiben von Code empfiehlt sich auch die Verwendung von nur einer Übersetzungseinheit, welche ebenfalls die main-Methode implementieren sollte. Zum parallelen Üben mit diesem Buch können also die Definitionen und Deklarationen in einer gemeinsamen Quelldatei verwendet werden. Die einfachen Listings des Buches sind nicht nach Header-Dateien und Übersetzungseinheiten getrennt. Die zugehörigen Kommentare in den Code-Ausschnitten liefern allerdings den Hinweis auf eine jeweilige Definition, Deklaration oder Implementierung, so dass der Code bei Bedarf sinnvoll in Header-Dateien und Übersetzungseinheiten aufgetrennt werden kann. Bitte bedenken Sie, dass abgedruckte Quellcodes dieses Buches nur dem Zweck entsprechende Informationen der jeweiligen Kapitel liefern können. Der saubere Umgang der Sprache C++ sieht durchaus die Trennung von Header-Dateien und Übersetzungseinheiten vor.

Ein entsprechender Header muss explizit an eine Übersetzungseinheit oder an eine andere Header-Datei gebunden werden. Mit Hilfe der **include**-Direktive kann das Inkludieren von Header-Dateien im Quellcode erfolgen, wobei diese Präprozessor-Direktive sowohl in Übersetzungseinheiten als auch in Header-Dateien zum Einsatz kommen kann. Nach der **include**-Direktive muss in der Code-Zeile ein relativer oder absoluter Dateipfad angegeben werden, über den die jeweilige Header-Datei im Dateisystem zu finden ist. Die Entwicklungsumgebung Ihrer Wahl stellt einen Standardpfad bereit, in welchem sich alle Header-Dateien befinden, die vom Compiler geliefert werden. Dieser Dateipfad kann in den Einstellungen der jeweiligen Entwicklungsumgebung angegeben werden. Möchten Sie für das Einbinden einer Header-Datei den Standardpfad verwenden, so muss hinter der **include**-Direktive der Dateiname des Headers in spitze Klammern (**< >**) eingebettet werden. Diese Schreibweise erfordert nicht die Angabe der Dateiendung (***.h**) oder (***.hpp**) für den einzubindenden Dateinamen. Wird die Direktive vom Präprozessor in einer Code-Zeile interpretiert, so wird im Standardpfad nach der Header-Datei gesucht und diese eingebunden. Der Inhalt des eingebundenen Headers steht ab der Code-Zeile zur Verfügung, in welcher die jeweilige **include**-Direktive gefunden wurde. Aus diesem Grund sollte das Inkludieren von Header-Dateien stets am Anfang einer jeweiligen Quelldatei erfolgen. In Übersetzungseinheiten sollte daher die Direktive noch vor den Methoden-Implementierungen angegeben werden; in Header-Dateien kann das Inkludieren von anderen Headern vor den Definitionen erfolgen.

Eigene Klassen sollten stets in Header-Dateien definiert werden. Um den Inhalt einer solchen Header-Datei und somit die Klassendefinitionen zu inkludieren, muss hinter der **include**-Direktive der Dateiname bzw. Dateipfad des Headers innerhalb von Anführungszeichen (" ") stehen. Bei dieser Schreibweise sucht der Präprozessor nach dem Header im aktuellen Verzeichnis, in dem sich die jeweilige Quelldatei befindet, welche die Direktive verwendet. Die Angabe der Dateiendung (***.h**) oder (***.hpp**) im Dateinamen ist für diesen Fall zwingend. Befindet sich eine Übersetzungseinheit mit zugehörigem Header zusammen in einem Verzeichnis, so kann die Übersetzungseinheit die entsprechende Header-Datei inkludieren, indem in der Direktive einfach der Name des Headers mit der Dateiendung innerhalb von Anführungszeichen verwendet wird. Kann der Präprozessor im aktuellen Verzeichnis die Header-Datei nicht finden, dann wird die Suche nach dem Dateinamen im Standardpfad fortgesetzt, so als wäre die **include**-Direktive mit spitzen Klammern definiert worden. Der Vorgang des Compilierens resultiert in einem Übersetzungsfehler, wenn ein jeweiliger Header nicht über den absoluten oder relativen Dateipfad im System gefunden werden kann und auch wenn die Suche nach dem Dateinamen im Standardpfad erfolglos blieb.

Der folgende Code-Ausschnitt verdeutlicht das verschiedene Einbinden von Header-Dateien mit Hilfe der **include**-Direktive, wobei der Code beispielhaft den Anfang einer fiktiven Quelldatei darstellt:

```cpp
// Inkludieren einer Header-Datei aus dem Standardpfad.
// Dieser Header wird mit dem Compiler geliefert, so dass
// die Angabe einer Dateiendung nicht notwendig ist.

#include <iostream>

// Einbinden eines Headers, welcher sich im
// gleichen Verzeichnis befindet wie die Quelldatei.

#include "HeaderFile.hpp"

// Inkludieren eines Headers über einen relativen Dateipfad.

#include "../Dir/Wrapper.hpp"
```

Listing **4.2**: Inkludieren von Header-Dateien

Präprozessor » Definition von Symbolen (**#define** und **#undef**)

4.2.3 Definition von Symbolen (**#define** und **#undef**)

>> Mit Hilfe der **define**-Direktive kann in einer Code-Zeile ein Symbol definiert werden, welches vom Präprozessor ausgewertet wird. Wie auch bei den Deklarationen von Variablen und Konstanten, sollten die Namen der Symbole eindeutig vergeben werden. Die eigentliche Angabe des Symbols erfolgt in einer Code-Zeile hinter der **define**-Direktive, wobei generell zwischen Groß- und Kleinschreibung der Symbol-Namen unterschieden wird. Nicht selten werden die Symbole des Präprozessors in Großbuchstaben angegeben, um diese von anderen Deklarationen im Quellcode unterscheiden zu können. Symbole, die mit einem oder mit zwei Unterstrichen beginnen (_ oder __), sind für Compiler und Entwicklungsumgebungen reserviert und sollten daher im Quellcode als eigene Symbole keine Verwendung finden. Auf einige dieser vordefinierten Symbole wird in einem späteren Abschnitt eingegangen.
Im folgenden Listing wird die einfache **define**-Direktive in einer Anweisung für den Präprozessor veranschaulicht:

```
// Definition des Symbols DEBUG für den Präprozessor.
// Auch diese Direktive wird nicht mit einem Semikolon beendet.

#define DEBUG
```
Listing **4.3**: Einfache Definition eines Präprozessor-Symbols

Die einfache Definition eines Symbols dient in erster Hinsicht den bedingten Programmcodes, welche vom Präprozessor ausgewertet werden können. Für diese werden aber weitere Direktiven herangezogen, die Sie im nächsten Abschnitt des Kapitels kennenlernen werden. Zusätzlich lässt sich hinter jedem definierten Symbol ein Wert in der Code-Zeile angeben, ohne dass die Zeile mit einem Semikolon abgeschlossen wird. Ein optionaler Wert gilt nur in Verbindung mit dem Symbol, welches den Wert in einer Code-Zeile definiert hat. Im Quellcode steht das Symbol mit dem zugehörigen Wert ab der Code-Zeile zur Verfügung, in welcher es mit der **define**-Direktive definiert wurde.
Der nachfolgende Code-Ausschnitt macht die Definition eines Symbols mit einem zugehörigen Wert deutlich:

Eintauchen in **C++**

Definition von Symbolen (**#define** und **#undef**) « Präprozessor

```
// Für den Präprozessor wird in einer Code-Zeile das Symbol
// SIZE definiert, welches den konstanten Wert 16 besitzt.
// Die Angabe eines Semikolons erfolgt nicht.

#define SIZE 16
```

Listing **4.4**: Definition eines Präprozessor-Symbols mit zugehörigem Wert

Mit Hilfe der **define**-Direktive und einem Symbol mit zugehörigem Wert kann ein konstanter und wiederkehrender Wert sinnvoll aus dem Quellcode ausgelagert werden und als Präprozessor-Direktive globale Verwendung finden. Der Präprozessor arbeitet den Code einer Quelldatei zeilenweise ab und ersetzt jedes gefundene Symbol mit dem zugehörigen Wert in der entsprechenden Code-Zeile. In einer Code-Zeile muss dabei das genaue Symbol gefunden werden, so dass auch Klein- und Großbuchstaben unterschieden werden. Zu beachten ist, dass der Präprozessor ein gefundenes Symbol nicht in einem Kommentar ersetzt. Dem Compiler liegt vor dem eigentlichen Übersetzungsvorgang das interne Abbild des Codes vor, in welchem die gefundenen Symbole bereits mit ihrem zugehörigen Wert vom Präprozessor ersetzt wurden.
In Verbindung mit einem bereits bekannten Array fester Größe zeigt der nachfolgende Code-Ausschnitt die Verwendung der definierten Direktive aus dem vorherigen *Listing 4.4*:

```
// Deklaration eines Datenfeldes fester Größe
// mit 16 Elementen vom Datentyp unsigned int.
// Für die Angabe der festen Größe in den eckigen Klammern
// wird das vorher definierte Präprozessor-Symbol herangezogen.
// In jeder Code-Zeile ersetzt der Präprozessor ein
// gefundenes Symbol SIZE mit dem zugehörigen Wert 16.
// Das Symbol SIZE im Kommentar wird nicht ersetzt.

unsigned int FixArray[SIZE];

/* Intern wird die vorherige Code-Zeile vom Compiler
   als unsigned int FixArray[16] behandelt. */
```

Listing **4.5**: Verwendung eines Präprozessor-Symbols in einer Deklaration

Präprozessor » Definition von Symbolen (#define und #undef)

Treten im Quellcode beispielsweise mehrere Arrays mit der gleichen Größe auf, dann kann diese feste Größe sinnvoll durch ein Präprozessor-Symbol definiert werden. Soll die Größe der Datenfelder neu festgelegt werden, so muss nur der Wert des entsprechenden Symbols modifiziert werden, anstatt alle Deklarationen im Quellcode suchen und verändern zu müssen. Beachten Sie, dass ein mit der **define**-Direktive definiertes Symbol einen Wert enthalten sollte, wenn dieses Symbol in einer Code-Zeile gefunden wird und ersetzt werden soll. Der Wert eines Präprozessor-Symbols gilt als undefiniert, wenn dieser hinter dem Namen des Symbols nicht angegeben wird. Dennoch gelten solche Symbole für den Präprozessor als bekannt. Der Compiler kann Fehler generieren, wenn Symbole mit undefinierten Werten vom Präprozessor ersetzt werden sollen.

Ein bereits definiertes Symbol kann auch als Wert für ein weiteres Symbol dienen. Dabei wird der bestehende Wert des Symbols für das neu definierte Symbol übernommen. Die im vorherigen Kapitel kennengelernten Operatoren der Arithmetik können verbunden mit Werten auch in Symbolen eingesetzt werden, um beispielsweise die Werte durch Literale zu verändern. Werte von Symbolen, die durch solche Rechenoperationen entstehen, sollten aus Gründen der Übersicht stets in einfache Klammern eingebettet werden. Ergänzend verdeutlicht das folgende Listing die Definition von Präprozessor-Symbolen:

```
// Definition zweier Symbole mit Werten für den Präprozessor.
// Das Symbol MAXSIZE übernimmt den Wert des Symbols SIZE.
// Über eine arithmetische Addition wird dieser Wert
// zusätzlich durch ein Literal verändert.

#define SIZE 16          // SIZE mit dem Wert 16.
#define MAXSIZE (SIZE+4) // MAXSIZE hat den Wert 20.

// Definition eines Präprozessor-Symbols VALUE ohne Wert.
// Weiterhin wird ein Symbol TYPE mit VALUE als Wert definiert.
// Der Wert von VALUE wird für das Symbol TYPE übernommen,
// ist jedoch auch für dieses Symbol undefiniert.

#define VALUE           // Die Symbole VALUE und TYPE haben
#define TYPE VALUE      // einen undefinierten Wert.
```

Listing **4.6**: Definition mehrerer Präprozessor-Symbole

Das Gegenstück der **define**-Direktive bildet die **undef**-Direktive, mit deren Hilfe ein Präprozessor-Symbol entfernt werden kann. Findet der Präprozessor in einer Code-Zeile diese Direktive vor, steht das angegebene Symbol ab dieser Zeile zur weiteren Verwendung nicht mehr zur Verfügung. Zusätzlich wird der optionale Wert des vorher definierten Symbols gelöscht. Ein entsprechendes Symbol, welches vom Präprozessor nicht mehr erkannt werden soll, wird hinter der **undef**-Direktive platziert. Dabei spielt es keine Rolle, ob das Symbol vorher tatsächlich definiert wurde oder nicht, da unbekannte Symbole in der Direktive einfach vom Präprozessor ignoriert werden. Im folgenden Code-Ausschnitt wird die Verwendung der **undef**-Direktive beispielhaft veranschaulicht:

```
#define SIZE 32   // Definition des Symbols SIZE mit Wert 32.

/* Beliebige Verwendung des Präprozessor-Symbols. */

#undef SIZE    // Entfernen des Präprozessor-Symbols.

/* Das Symbol SIZE ist nun für den Präprozessor unbekannt. */
```

Listing **4.7**: Entfernen eines Präprozessor-Symbols

4.2.4 Bedingter Code (**#ifdef**, **#ifndef** und **#endif**)

>> In Verbindung mit Symbolen kann der Präprozessor bedingte Programmcodes generieren, welche dann vom Compiler für den Übersetzungsvorgang herangezogen werden oder nicht. Um eine Bedingung für den Präprozessor festzulegen, kann in einer Code-Zeile die **ifdef**-Direktive sinnvoll zum Einsatz kommen. Hinter dieser Direktive muss der Name eines Symbols stehen. Mit Hilfe der **ifdef**-Direktive kann also eine Bedingung angegeben werden, welche prüft, ob das jeweilige Symbol für den Präprozessor bekannt ist oder nicht. Jedes Symbol gilt als bekannt, wenn es vorher in einer entsprechenden Code-Zeile mit der bereits verwendeten **define**-Direktive definiert wurde. Über die **undef**-Direktive werden Symbole entfernt, wodurch diese für den Präprozessor nicht mehr bekannt sind.

Präprozessor » Bedingter Code (#ifdef, #ifndef und #endif)

Werden für den Compiler unbekannte Variablen oder Konstanten in einem Ausdruck verwendet, dann resultiert der Übersetzungsvorgang in einem Fehler. Die Namen von Variablen und Konstanten müssen also stets vor ihrer Verwendung deklariert werden, wie dies im vorherigen Kapitel praxisnah erfolgte. Bezogen auf die **ifdef**-Direktive verhalten sich aber Präprozessor-Symbole anders, da diese bei ihrer Verwendung nicht bekannt sein müssen und dennoch in der Direktive zum Einsatz kommen können. Es ist die Aufgabe der **ifdef**-Direktive zu prüfen, ob das angegebene Symbol für den Präprozessor bekannt ist oder nicht. Eine Bedingung gilt als gültig bzw. wahr, wenn das verwendete Symbol vorher definiert wurde, andernfalls gilt die Bedingung über die Direktive als ungültig bzw. falsch. Der Präprozessor prüft in einer solchen Code-Zeile nur, ob das jeweilige Symbol bekannt ist oder nicht. Ein optional für das Symbol definierter Wert spielt bei dieser Prüfung keine Rolle. Die **ifdef**-Direktive muss stets mit der zugehörigen **endif**-Direktive verwendet werden. Beide Direktiven bilden einen Bereich, in welchem Befehle eingebettet werden können, so dass zwischen ihnen auch weitere Präprozessor-Direktiven auftreten können. Der Quellcode innerhalb eines solchen Bereiches wird nur dann als internes Abbild an den Compiler geliefert, wenn die **ifdef**-Direktive eine gültige Bedingung aufweist und wenn damit verbunden das zu prüfende Symbol für den Präprozessor bekannt ist. Falls das Symbol nicht bekannt ist, dann wird der Code innerhalb des Bereiches vom Compiler einfach ignoriert, so als wäre dieser Teil des Quellcodes nicht in der Datei vorhanden. Dadurch lassen sich Bestandteile des Codes an diverse Konfigurationen und Plattformen anpassen.

Das folgende Listing verwendet die **ifdef**- und die **endif**-Direktive, um verbunden mit einem Symbol einen bedingten Programmcode zu generieren:

```
#define DEBUG    // Definition des Symbols DEBUG ohne Wert.

#ifdef DEBUG     // Von dem Symbol DEBUG abhängige Bedingung.

// Beliebiger Programmcode innerhalb der Bedingung.
// Dieser Code wird nur dann übersetzt, wenn das
// Symbol DEBUG für den Präprozessor bekannt ist.

#endif
```

Listing **4.8**: Bedingter Programmcode durch Präprozessor und Symbol

Eintauchen in **C++**

Bedingter Code (**#ifdef**, **#ifndef** und **#endif**) « Präprozessor

Im vorherigen *Listing 4.8* wurde der fiktive Code zwischen der **ifdef**-Direktive und der zugehörigen **endif**-Direktive übersetzt, da das zu prüfende Symbol definiert wurde und dadurch die Bedingung erfüllt war. Doch nicht immer muss ein Präprozessor-Symbol direkt im Quellcode definiert werden. Viele Entwicklungsumgebungen (IDEs), die dem Erstellen von Software dienen, bieten diverse Konfigurationseinstellungen an. Mit jeder Konfiguration können in einer IDE benutzerdefinierte Symbole für den Präprozessor angegeben werden, so dass die jeweiligen Symbole automatisch bekannt sind, wenn der Code mit der entsprechenden Konfiguration übersetzt werden soll. Die am häufigsten verwendete Konfiguration einer IDE bildet zum einen die Debug-Konfiguration und zum anderen die Release-Konfiguration. Die fertige und zur Veröffentlichung (Release) geplante Software wird dabei häufig mit optimierten Einstellungen compiliert, so dass in der Konfiguration auch entsprechende Präprozessor-Symbole (automatisch) für diesen Vorgang gesetzt sein können. Während der Entwicklungsphase des Programms treten häufig Fehler auf, die es bis zur Release-Version zu beseitigen gilt. Aus diesem Grund wird Software zu Testzwecken häufig mit der Debug-Konfiguration übersetzt, damit entsprechende Symbole für den Präprozessor durch diese Einstellung bekannt sind. Die **ifdef**-Direktive findet somit am meisten beim Debuggen eines Programms eine sinnvolle Verwendung, da nur in der Debug-Konfiguration das entsprechende Symbol definiert sein kann, welches von den jeweiligen Bedingungen ausgewertet wird. Folglich würde in der Release-Version der Quellcode zwischen der **ifdef**- und der **endif**-Direktive vom Compiler nicht mehr berücksichtigt werden, da in dieser Konfiguration das Symbol für den Präprozessor unbekannt wäre. Beachten Sie auch, dass Ihre jeweilige Entwicklungsumgebung bestimmte Werkzeuge zum Debuggen von Werten anbieten kann.
Die **ifndef**-Direktive bildet das Gegenstück zur **ifdef**-Direktive und dient ebenfalls der Prüfung eines Symbols in Bezug auf die Bekanntheit zum Präprozessor. Der bedeutende Unterschied jedoch ist, dass eine Bedingung mit der **ifndef**-Direktive als gültig gilt, wenn das entsprechende Symbol nicht bekannt ist. Demzufolge wird eingebetteter Programmcode vom Compiler berücksichtigt, wenn das Symbol nicht definiert wurde. Die Direktive tritt oft in Verbindung mit sogenannten Header-Guards auf, die Sie noch in diesem Kapitel kennenlernen werden. Auch die **ifndef**-Direktive darf nur mit einer zugehörigen **endif**-Direktive verwendet werden, um einen bedingten Bereich zu bilden.

Präprozessor » Verzweigter Programmcode (**#else**)

Bereiche, die anhand der **ifdef**-Direktive oder der **ifndef**-Direktive mit jeweils zugehöriger **endif**-Direktive entstehen, können auch sinnvoll ineinander verschachtelt werden. Jeder Bereich muss dabei mit einer eigenen **endif**-Direktive abgeschlossen werden. Das folgende Beispiel macht bedingten Programmcode durch verschachtelte Direktiven deutlich:

```
// Der Header wird nur dann aus dem Standardpfad inkludiert,
// wenn das Symbol CMATH definiert wurde UND wenn das Symbol
// DEBUG nicht definiert ist.

#ifdef CMATH          // Bedingung für bekanntes Symbol CMATH.
   #ifndef DEBUG      // Bedingung für unbekanntes Symbol DEBUG.
      #include <iostream>
   #endif
#endif
```
Listing **4.9**: Bedingter Programmcode durch verschachtelte Direktiven

4.2.5 Verzweigter Programmcode (**#else**)

>> Ist die Prüfung eines Symbols durch die entsprechende Direktive gültig, so wird der bedingte Programmcode innerhalb des gebildeten Bereiches vom Compiler berücksichtigt. In *Listing 4.8* und im vorherigen *Listing 4.9* hätte der Präprozessor keinen Code ausgewertet, wenn die jeweiligen Bedingungen nicht gültig gewesen wären. Bezogen auf die **ifdef**-Direktive und die **ifndef**-Direktive kann der Programmcode auch verzweigt werden. Für diese Verzweigung kann sinnvoll die **else**-Direktive zum Einsatz kommen, die zwischen der jeweiligen Bedingung und der zugehörigen **endif**-Direktive platziert werden kann. Dadurch entsteht ein zusätzlicher Bereich, welcher auszuwertende Anweisungen enthalten kann. Der eingebettete Code nach der **else**-Direktive wird nur dann vom Präprozessor berücksichtigt, wenn die vorherige Bedingung nicht gültig war. Ein mit Hilfe der **else**-Direktive gebildeter Bereich ist optional und bezieht sich immer auf die jeweilige Bedingung, die vor dieser Direktive in einer Code-Zeile eingesetzt wurde. Ein verzweigter Bereich muss immer mit der zugehörigen **endif**-Direktive der Bedingung abgeschlossen werden.

Der nachfolgende Code-Ausschnitt veranschaulicht verzweigten Programmcode durch die Verwendung der **else**-Direktive für den Präprozessor:

```cpp
// Nur wenn das Symbol DEBUG für den Präprozessor
// bekannt ist, wird der eigene Header eingebunden.
// Ist das Symbol nicht bekannt, dann wird über eine
// Verzweigung ein eigener Bereich definiert, in dem
// ein neues Symbol RELEASE definiert wird und die
// Deklaration der Versionsnummer erfolgt.

#ifdef DEBUG              // Bedingung für bekanntes Symbol DEBUG.
    #include "dbg.hpp"
#else                     // Verzweigung für unbekanntes Symbol.
    #define RELEASE 1

    const unsigned int version = 5; // Initialisierte Konstante.
#endif
```

Listing **4.10**: Verzweigter Programmcode mit Bedingung im Präprozessor

4.2.6 Die **defined**-Direktive (**#if** und **#elif**)

>> Die Syntax der Sprache C++ stellt zwei weitere Präprozessor-Direktiven für bedingte Programmcodes bereit. Zum einen kann eine Bedingung auch durch die **if**-Direktive gebildet werden, zum anderen kann der Code anhand der **elif**-Direktive zusätzlich verzweigt werden. Bezogen auf die Bedingungen wurden Präprozessor-Direktiven bisher nur für Symbole herangezogen, um zu prüfen, ob ein jeweiliges Symbol für den Präprozessor bekannt war oder nicht. Mit Hilfe der **if**-Direktive und der **elif**-Direktive lassen sich auch erweiterte Bedingungen definieren. Dafür sind Operatoren notwendig, die Sie erst im weiteren Verlauf des Buches kennenlernen werden. Aus diesem Grund begegnen Ihnen diese Direktiven am Ende des Kapitels **Bitmanipulation & Logik** erneut.

Zusätzlich ist in C++ die **defined**-Direktive vorhanden, welche ausschließlich für die Verwendung mit der **if**-Direktive und der **elif**-Direktive vorgesehen ist. Hinter dieser Direktive muss sich ein Symbol innerhalb von einfachen Klammern befinden. Die Aufgabe der **defined**-Direktive ist zu prüfen, ob das jeweilige

Präprozessor » Die **defined**-Direktive (**#if** und **#elif**)

Symbol für den Präprozessor bekannt ist oder nicht. Im Quellcode ist somit die Kombination der **if**- und **defined**-Direktive semantisch zur **ifdef**-Direktive gleich. Ist das zu prüfende Symbol für den Präprozessor bekannt, liefert die **defined**-Direktive den ganzzahligen Wert 1 an die jeweilige Bedingung. Falls das Symbol nicht bekannt ist, wird die Ganzzahl 0 von der Direktive zurückgegeben. Ein Wert ungleich 0 (und somit auch 1) gilt für die Bedingung der **if**- und der **elif**-Direktive als gültig. Demnach wird der Programmcode nach diesen Direktiven vom Präprozessor ausgewertet, wenn das entsprechende Symbol bekannt ist und definiert wurde.

Die **if**-Direktive bildet einen Bereich mit bedingtem Code, welcher stets mit einer zugehörigen **endif**-Direktive abgeschlossen werden muss. Mit der **else**-Direktive kann ebenfalls ein zusätzlicher Bereich zur Verzweigung angegeben werden. Die Kombination aus **if**- und **else**-Direktive wird durch die **elif**-Direktive gebildet, die einen eigenen Bereich einer Bedingung darstellt. Dieser Bereich muss ebenfalls mit einer **endif**-Direktive abschließen, sofern keine weiteren Direktiven für Verzweigungen verwendet werden. Der Präprozessor führt den bedingten Programmcode der **elif**-Direktive nur dann aus, wenn die Bedingung des vorherigen Bereiches ungültig war. Dabei können auch mehrere Bereiche durch **elif**-Direktiven hintereinander platziert werden, deren Prüfungen durch den Präprozessor voneinander abhängen. Dies wird unter anderem im nachfolgenden Listing deutlich:

```cpp
// Die Konstante coord wird basierend auf dem für
// den Präprozessor bekannten Symbol initialisiert.
// Nur wenn keines der Symbole definiert wurde (else),
// erfolgt die Initialisierung mit dem Literal 'w'.

#if defined(XCOORD)          // Identisch zu #ifdef XCOORD.
    const char coord = 'x';
#elif defined(YCOORD)        // 1. Verzweigung und Bedingung.
    const char coord = 'y';
#elif defined(ZCOORD)        // 2. Verzweigung und Bedingung.
    const char coord = 'z';
#else                        // Letzte Verzweigung.
    const char coord = 'w';
#endif
```

Listing **4.11**: Bedingter Programmcode mit der **defined**-Direktive

Die **defined**-Direktive (**#if** und **#elif**) « Präprozessor

Wie das vorherige *Listing 4.11* vermittelte, kann die **defined**-Direktive sinnvoll mit einer **elif**-Direktive kombiniert werden, um eine Bedingung nur dann zu prüfen, wenn die Vorherige nicht gültig war. Eine solche Verknüpfung wäre mit der **ifdef**-Direktive in Verbindung mit der **else**-Direktive nicht möglich. Die **elif**-Direktive kann auch nach einer **ifdef**- oder **ifndef**-Direktive platziert werden, wie es das folgende Code-Beispiel ergänzend veranschaulicht:

```
#ifndef DEBUG              // Der eigene Header dbg_math wird
   #define RELEASE 1       // nur dann inkludiert, wenn die
#elif defined(CMATH)       // Symbole DEBUG und CMATH
   #include "dbg_math.hpp" // zusammen definiert sind.
#endif
```

Listing **4.12**: Verzweigter Programmcode mit Bedingung und **defined**-Direktive

Nachfolgend verdeutlicht eine Tabelle die Kombinationen der Präprozessor-Direktiven in Verbindung mit bedingten Programmcodes:

Direktive (Bedingung)	Platzierung vor	Platzierung nach
`#ifdef`	`#else` oder `#elif` `#endif`	eigenständig, neue Bedingung
`#ifndef`	`#else` oder `#elif` `#endif`	eigenständig, neue Bedingung

`#endif`	eigenständig,
	Ende der Bedingung
		`#ifdef` oder `#ifndef`
		`#else` oder `#elif`
		`#if`

`#else`	`#endif`	`#ifdef` oder `#ifndef` `#if` oder `#elif`
`#if`	`#else` oder `#elif` `#endif`	eigenständig, neue Bedingung
`#elif`	`#else` oder `#elif` `#endif`	`#ifdef` oder `#ifndef` `#if` oder `#elif`

Tabelle **9**: Präprozessor-Direktiven verbunden mit bedingten Programmcodes

Präprozessor » Vordefinierte Symbole

4.2.7 Vordefinierte Symbole

>> Compiler bzw. Entwicklungsumgebungen bieten dem Präprozessor eine Reihe vordefinierter Symbole an, welche von der **ifdef,- ifndef-** und **defined-**Direktive in Code-Zeilen ausgewertet werden können. Üblicherweise gelten die Namen solcher Symbole als reserviert und beginnen mit einem oder mit zwei Unterstrichen.

Die nachfolgende Tabelle liefert eine Übersicht der wichtigsten Präprozessor-Symbole, die vom Standard als vordefiniert gelten:

Symbol	Bedeutung
__LINE__	aktuelle Zeilennummer
__FILE__	Name der Quelldatei
__TIME__	Zeitstempel der Form *<Stunde:Minute:Sekunde>*
__DATE__	aktuelles Datum der Form *<Monat Tag Jahr>*
__cplusplus	Dieses Symbol wird von jedem Compiler definiert, wenn dieser konform mit der Sprache C++ eingesetzt wird

Tabelle **10**: Vordefinierte Präprozessor-Symbole

Die vordefinierten Symbole sind besonders für den Prozess des Debuggens hilfreich, wenn diese in Verbindung mit bedingten Präprozessor-Direktiven im Quellcode zum Einsatz kommen. Da die objektorientierte Sprache C++ aus der prozeduralen Sprache C entstanden ist, kann C-Code auch innerhalb der Syntax von C++ eingebettet sein. Im Grunde bietet C++ minimal alle nicht-objektorientierten Sprachbestandteile an, welche auch in der C-Syntax vorkommen. Ein in der Sprache C geschriebenes Programm kann somit auch von einem C++ konformen Compiler übersetzt werden. In einer Code-Zeile ist durch den Präprozessor daher die Direktive **__cplusplus** überprüfbar, um sicherzustellen, dass der Compiler den Übersetzungsvorgang konform der Syntax von C++ durchführt, da die Direktive nicht für Compiler der Sprache C vordefiniert ist.

Nachfolgend veranschaulicht ein Listing die Verwendung eines vordefinierten Symbols in einer Bedingung für den Präprozessor:

```cpp
#ifdef __cplusplus    // Bedingung für vordefiniertes Symbol.

   // Beliebiger Programmcode, welcher für C-Programme nicht
   // zur Übersetzung herangezogen wird und nur für C++ gilt.

#endif
```
Listing **4.13**: Bedingung mit vordefiniertem Präprozessor-Symbol

4.2.8 Weitere Direktiven

>> Verbunden mit dem Präprozessor stehen in C++ weitere Direktiven zur Verfügung. Mit Hilfe der **error**-Direktive wird vom Compiler immer ein benutzerdefinierter Übersetzungsfehler generiert, sofern die Direktive vom Präprozessor in einer Code-Zeile ausgewertet wird. Die **warning**-Direktive hingegen zwingt den Compiler nur zur Ausgabe einer Warnung. Der Einsatz dieser Direktiven ist nur verbunden mit Bedingungen sinnvoll. Die Direktiven sind besonders hilfreich, um die Verwendung konkurrierender Header-Dateien auszuschließen. Definiert jeder Header sein eigenes Symbol, dann kann dieses bedingt auf Bekanntheit geprüft werden. Wurden zwei konkurrierende Header-Dateien mit Symbolen inkludiert, kann im Quellcode durch eine benutzerdefinierte Fehlermeldung oder Warnung darauf reagiert werden, wie es der nachfolgende Code-Ausschnitt deutlich macht:

```cpp
// Nur wenn beide Symbole für den Präprozessor bekannt sind,
// wird eine Fehlermeldung an den Compiler geliefert.

#ifdef VECTOR_HPP
   #ifdef MATRIX_HPP
      #error Konkurrierende Header für Vektoren und Matrizen.
   #endif
#endif
```
Listing **4.14**: Benutzerdefinierte Fehlermeldung an den Compiler

Präprozessor » Weitere Direktiven

Hinter der **error**- und der **warning**-Direktive kann ein Text angegeben werden, welcher als Fehlermeldung oder Warnung an den Compiler geliefert wird. Wie das vorherige *Listing 4.14* vermittelte, kann die **error**-Direktive sinnvoll eingesetzt werden, um einen bedingten Fehler bei der Übersetzung zu erzwingen. Die **line**-Direktive kann in einer Code-Zeile verwendet werden, um das vordefinierte Symbol __LINE__ der *Tabelle 10* zu verändern. Hinter der Direktive muss sich eine positive Ganzzahl befinden, anhand derer die neue Zeilennummer repräsentiert wird. Die Zählung der Zeilennummer beginnt ab der Code-Zeile neu, in welcher der Präprozessor die Direktive auswertet. Als Basis für die neue Zeilennummer gilt die positive Ganzzahl hinter der Direktive. Optional kann auch in der **line**-Direktive das vordefinierte Symbol __FILE__ modifiziert werden. Hierfür muss ein neuer Name für die Quelldatei hinter der Zeilennummer platziert werden, wobei der Dateiname innerhalb von doppelten Anführungszeichen (" ") stehen muss. Das folgende Listing zeigt beispielhaft die Verwendung der **line**-Direktive:

```
// Die Zählung der Zeilennummer beginnt
// ab der folgenden Code-Zeile neu.

#line 5    // Neue Zeilennummer 5 als Basis für __LINE__.

// Nachfolgend gilt die Zeilennummer 3 als Basis der Zählung.
// Zusätzlich wird ein neuer Name der Quelldatei angegeben.
// Das vordefiniert Symbol __FILE__ beinhaltet
// dadurch nun den Dateinamen "NewFile.cpp".

#line 3 "NewFile.cpp"
```

Listing **4.15**: Benutzerdefinierte Veränderung vordefinierter Symbole

Mit der **pragma**-Direktive kann ein zweckentsprechender Hinweis an den Compiler geliefert werden. Dieser wird hinter der Direktive angegeben und entsprechend vom Präprozessor ausgewertet. Kann der Compiler den Hinweis nicht interpretieren, wird dieser einfach ignoriert und resultiert nicht in einem Übersetzungsfehler. Die unterstützten **pragma**-Direktiven können Sie in der Dokumentation des benutzten Compilers nachlesen.

4.3 Header-Guards

>> Das Inkludieren von Header-Dateien ist in Software-Projekten unumgänglich, wenn Header aus Programmbibliotheken verwendet werden sollen oder wenn Quelldateien sinnvoll in Header und Übersetzungseinheiten aufgeteilt werden. Dabei können Abhängigkeiten zwischen verschiedenen Header-Dateien entstehen, so dass in einem Projekt die Inhalte von Headern mehrfach eingebunden werden können, was zu schwerwiegenderen Compiler-Fehlern führt. Dieses Problem wird in der nachfolgenden Abbildung illustriert:

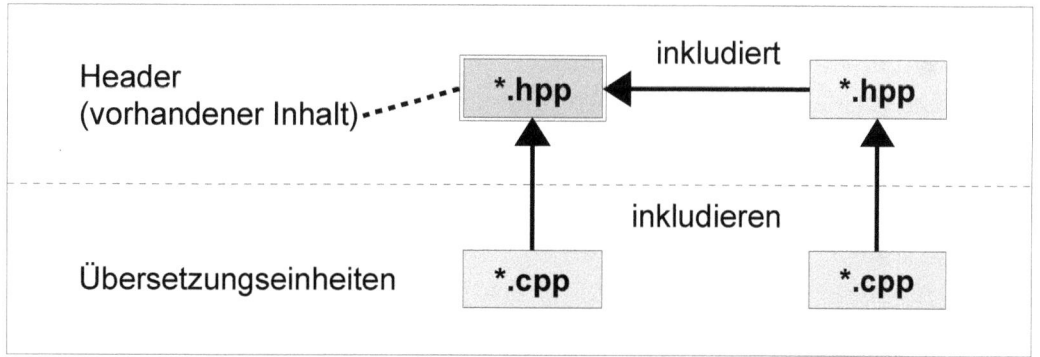

Abbildung **6**: Problem mehrfach eingebundener Header-Dateien

Der hervorgehobene bzw. markierte Header wurde in der vorherigen Abbildung zweimal inkludiert. Dabei entsteht das Problem, dass der Header jeweils von einer Übersetzungseinheit und von einer anderen Header-Datei eingebunden wird. Die Inhalte dieses Headers sind somit für den Compiler mehrdeutig, da die Definitionen und Deklarationen für den Präprozessor und Compiler bereits nach dem ersten Inkludieren bekannt sind. Wird der gleiche Header über eine andere Quelldatei ein zweites Mal eingebunden, dann generiert der Compiler einige Fehler, da die in der Header-Datei verwendeten Namen bereits durch vorheriges Einbinden vergeben und bekannt sind.
Zur Lösung dieses Problems können sogenannte Header-Guards dienen, die ausschließlich mit der Hilfe von Präprozessor-Direktiven gebildet werden. Die Aufgabe eines solchen Header-Guards besteht darin, sicherzustellen, dass die Inhalte von Headern nur einmal dem jeweiligen Projekt zur Verfügung gestellt

Präprozessor » Header-Guards

werden. Um dies zu gewährleisten, muss der gesamte Inhalt einer Header-Datei in einen bedingten Bereich eingebettet werden, welcher durch die **ifndef**- und die zugehörige **endif**-Direktive gebildet wird. Als Bedingung muss ein Symbol geprüft werden, das den Namen der jeweiligen Header-Datei erkennen lassen sollte. Erst innerhalb des bedingten Bereiches erfolgt die Definition dieses Symbols mit optionalem Wert. Wird ein Header zum ersten Mal eingebunden, so ist das entsprechende Symbol für den Präprozessor zunächst noch unbekannt, wodurch die Bedingung gültig ist und der Quellcode innerhalb des Bereiches ausgewertet wird. Bei einem weiteren Inkludieren des Headers ist das Symbol dann für den Präprozessor bekannt, so dass die Bedingung nicht mehr gültig ist und der Code nicht erneut ausgewertet wird. Ein solcher Header-Guard gewährleistet einfach aber effektiv, dass Definitionen und Deklarationen einer Header-Datei nicht erneut inkludiert werden.

Durch einen Header-Guard wird im folgenden Listing der Inhalt einer fiktiven Header-Datei vor mehrfacher Verwendung geschützt:

```cpp
// Nur wenn das entsprechende Symbol für den Präprozessor
// unbekannt ist, wird der Inhalt des Bereiches ausgewertet.
// Ersetzen Sie bei der Verwendung das Symbol HEADER_HPP
// mit dem Namen Ihrer eigenen Header-Datei.

#ifndef HEADER_HPP     // Symbol für beliebigen Header.
 #define HEADER_HPP 1

 // Beliebiger Inhalt der Header-Datei, welcher nur einmal
 // eingebunden wird, da bei einem erneuten Inkludieren das
 // jeweilige Symbol für den Präprozessor bekannt sein wird.

#endif   /* HEADER_HPP */
```

Listing **4.16**: Header-Guard für Inhalt einer beliebigen Header-Datei

In einem späteren Kapitel erfolgt die Definition der Praxisklasse *Number*. Dabei wird Ihnen so ein Header-Guard erneut begegnen, da die Klasse innerhalb eines bedingten Bereiches definiert sein wird.

5 Klassen & Bezugsrahmen (Scoping)

5.1 Die Schlüsselwörter **class** und **struct**

\>\> In der objektorientierten Programmiersprache C++ bilden Klassen die wohl wichtigsten aller Datenstrukturen. Ohne der Definition von Klassen wäre es in dieser Sprache nicht möglich, eine gegebene Problemstellung mit Hilfe des Paradigmas der Objektorientierung zu lösen. Die Syntax der Sprache C++ stellt für die Deklaration und Definition von Klassen gleich zwei Schlüsselwörter zur Verfügung, nämlich die beiden Schlüsselwörter **class** und **struct**. Strukturen und das damit verbundene Schlüsselwort **struct** gehen aus der prozeduralen Programmiersprache C hervor und wurden in die Syntax der objektorientierten Sprache C++ übernommen. Jede Struktur, welche mit Hilfe des Schlüsselwortes **struct** gebildet wird, repräsentiert in der Sprache C++ eine Klasse für ein objektorientiertes Programmierkonzept. Das erst in der Syntax der Sprache C++ eingeführte Schlüsselwort **class** dient ebenso der Definition von Klassen und assoziiert bezüglich des Namens besser die Zugehörigkeit zu C++ und den eigentlichen Sinn der Klassenbildung. In der Sprache C++ ist es möglich, mit dem Schlüsselwort **struct** als auch mit dem Schlüsselwort **class**, eine Klasse zu deklarieren und zu definieren. Dabei führen die beiden Schlüsselwörter nicht zu einem einheitlichen Sinn einer Klassendefinition. Der Unterschied beider Schlüsselwörter liegt in der Kapselung von Daten und in der letztendlichen Sichtbarkeit von Eigenschaften einer Instanz der Klasse. Diesen Unterschied werden Sie im Verlauf des Kapitels näher kennenlernen.

5.2 Deklaration von Klassennamen

\>\> Mit Hilfe der Schlüsselwörter **class** und **struct** können die Namen von Klassen in einer Header-Datei oder Übersetzungseinheit bekannt gemacht werden. Ab dem Zeitpunkt der Deklaration ist der Name für die ausschließliche Verwendung von Klassen reserviert. Solche Bekanntmachungen belegen keinen Speicherplatz und dienen späteren Klassendefinitionen für ihre Eigenschaften, die selbst aus komplexen Datentypen von Klassen bestehen können.

Diese Deklarationen sollten in einer Header-Datei erfolgen, wobei in einem Ausdruck wahlweise das Schlüsselwort **class** oder **struct** verwendet wird. Danach erfolgt die Angabe des Namens der Klasse und der Ausdruck wird mit einem Semikolon abgeschlossen. Das folgende Listing zeigt die Deklaration von Klassennamen mit den Schlüsselwörtern **class** und **struct**:

```
// Deklaration und Bekanntmachung des Namens AnyClass
// für die ausschließliche Verwendung mit einer Klasse.

class AnyClass;   // Diese Deklaration belegt keinen Speicher.

// Der Name OtherClass wird ebenfalls für die Verwendung
// mit einer Klasse reserviert, auch wenn das
// Schlüsselwort struct verwendet wird.

struct OtherClass;   // Bekanntmachung eines Klassennamens.
```

Listing **5.1**: Deklaration von Klassennamen mit **class** und **struct**

5.3 Definition von Klassen

5.3.1 Bezugsrahmen von Klassendefinitionen

>> Klassendefinitionen bilden formale Bauvorschriften für speicherbelegende Objekte, welche in Bezug auf die jeweiligen Klassen gebildet werden können. Die syntaktische Definition einer Klasse belegt selbst keinen Speicherplatz und sollte in einer Header-Datei erfolgen.
Definitionen von Klassen werden ebenfalls durch die Schlüsselwörter **class** oder **struct** gebildet. Jedoch wird hinter dem entsprechenden Klassennamen kein Semikolon angegeben, sondern ein Bezugsrahmen für die jeweilige Klasse definiert. Mit der syntaktischen Definition eines solchen Bezugsrahmens beginnt die eigentliche formale Bauvorschrift der Klasse. Ein solcher Bezugsrahmen wird auch häufig als Bereich der Klasse beschrieben und besteht aus paarweise geschweiften Klammern ({ }), die bereits aus den Initialisierungslisten von Arrays fester Größen und aus der main-Methode bekannt sind. Diese

geschweiften Klammern bilden ein fundamentales Grundgerüst der Syntax von C++ und werden Ihnen in diesem Buch noch sehr oft begegnen. In Bezug auf Klassendefinitionen können in Bezugsrahmen die Zustände deklariert werden, welche aus Eigenschaften primitiver oder komplexer Typen bestehen können. Des Weiteren können im Inneren des jeweiligen Bezugsrahmens entsprechende Prototypen von Methoden deklariert werden, die über eine Instanz der Klasse die gekapselten und internen Zustände lesen und modifizieren dürfen. Dieses Kapitel beschäftigt sich in den folgenden Abschnitten zunächst nur mit den Eigenschaften von Klassen, welche im zugehörigen Bezugsrahmen deklariert werden können. Den Methoden von definierten Klassen ist das eigene und umfangreiche Kapitel **Methoden in Klassen** gewidmet.

Jede Klassendefinition führt automatisch zu einer Deklaration der jeweiligen Klasse und somit zur Bekanntmachung des Klassennamens. Es ist kein Fehler, eine Klasse zu definieren, nachdem diese wie in *Listing 5.1* deklariert wurde. Die beiden Schlüsselwörter **class** und **struct** müssen bei der Klassendeklaration und Klassendefinition nicht identisch sein, da beide Schlüsselwörter in C++ den gleichen Sinn vertreten. Jede Klassendefinition muss zwingend mit einem Semikolon hinter dem zugehörigen Bezugsrahmen abgeschlossen werden. Oft wird dieses Semikolon bei der Definition von Klassen leichtsinnig vergessen, was zu schwerwiegenden Fehlern während des Übersetzungsvorgangs führt. Der nachfolgende Code-Ausschnitt verdeutlicht die Definition einer Klasse:

```cpp
// Definition der Klasse AnyClass ohne Eigenschaften.
// Durch die Angabe des Bezugsrahmens wird die formale
// Bauvorschrift der Klasse eingeleitet.
// Der Identifikator AnyClass wird für die
// ausschließliche Verwendung mit der Klasse reserviert.
// Die Klasse hätte auch syntaktisch korrekt mit dem
// Schlüsselwort struct definiert werden können.

class AnyClass
{
    // Bezugsrahmen der Klassendefinition.

}; // Vergessen Sie das Semikolon am Ende nicht!
```

Listing **5.2**: Definition einer Klasse ohne Eigenschaften

5.3.2 Eigenschaften in Klassen

>> Bei der Definition von Klassen können Eigenschaften in den zugehörigen Bezugsrahmen deklariert werden. Diese Eigenschaften bilden die Zustände eines jeweiligen Objektes, welches aus der Klasse gebildet werden kann. Die Deklaration einer Eigenschaft folgt dabei der Syntax der Deklaration von Variablen aus dem Kapitel der Grundlagen. Die Initialisierung der Zustände ist im Bezugsrahmen einer Klassendefinition nicht vorgesehen. Für die Belegung der Erstzustände kommen Konstruktoren zum Einsatz, welche Methoden in Klassen repräsentieren und in dem gleichnamigen Kapitel später behandelt werden. Zunächst genügen für die Klassendefinitionen einfache Eigenschaften, welche nicht initialisiert sind. Aus diesem Grund sollten auch keine konstanten Eigenschaften in einer Klasse verwendet werden. Die Eigenschaften der Instanz einer Klasse werden auch häufig als Member-Variablen bezeichnet, da diese eingebaute Mitglieder eines jeweiligen Objektes darstellen, wobei Objekte von Klassen gebildet werden und die Eigenschaften in den entsprechenden Bezugsrahmen der Klassen deklariert sind.

Unter Verwendung der Schlüsselwörter **class** und **struct** wird im nachfolgenden Listing die Deklaration von Eigenschaften in Klassendefinitionen deutlich:

```cpp
/* Definition der Klasse OtherClass, die zwei
   Eigenschaften in ihrem Bezugsrahmen deklariert. */

struct OtherClass            // Definition durch struct.
{
   unsigned int UiMember;    // Vorzeichenlos und ganzzahlig.
   bool         AnyBool;     // Ein Wahrheitswert als Member.
};

/* Deklaration einer Eigenschaft in einer Klassendefinition. */

class AnyClass        // Definition durch class.
{
   double x_value;    // Member-Variable vom Datentyp double.
};
```

Listing **5.3**: Definition von Klassen mit deklarierten Eigenschaften

5.3.3 Sichtbarkeitsbereiche in Klassen

>> Eines der wichtigsten Konzepte der objektorientierten Programmierung ist die Kapselung von Daten und das damit verbundene Verbergen von Informationen und internen Zuständen. Eigenschaften eines Objektes sind durch die Datenkapselung nicht für andere Objekte des Programms sichtbar, sondern werden nach außen hin abgeschirmt und können nur intern vom Objekt über eigene Methoden gelesen und modifiziert werden. Die Sichtbarkeit der Eigenschaften eines Objektes wird in der jeweiligen Klassendefinition bestimmt. Jede Instanz einer gemeinsamen Klasse unterliegt dabei den gleichen Sichtbarkeitsbestimmungen in Bezug auf die Eigenschaften.

Die Syntax der Sprache C++ stellt zur Kontrolle der Sichtbarkeit deklarierter Eigenschaften die drei Schlüsselwörter **private**, **protected** und **public** zur Verfügung. Diese Schlüsselwörter sind ausschließlich in den Bezugsrahmen von Klassendefinitionen gültig. Die Verwendung eines dieser Schlüsselwörter außerhalb einer Klassendefinition führt zu einem Übersetzungsfehler. Ausgenommen ist die Angabe eines der Schlüsselwörter in Verbindung mit der Vererbung von Klassen, welche in einem späteren Kapitel umfangreiche Erläuterung findet. Die drei Schlüsselwörter **private**, **protected** und **public** definieren jeweils einen Sichtbarkeitsbereich, wobei hinter einem Schlüsselwort ein Doppelpunkt (:) folgen muss, durch den der entsprechende Bereich innerhalb einer Klassendefinition beginnt. Jeder über ein solches Schlüsselwort definierte Sichtbarkeitsbereich ist solange gültig, bis ein neuer Bereich noch in der Klasse definiert wird oder bis die Klassendefinition mit einem Semikolon abschließt. Dabei dürfen die jeweiligen Sichtbarkeitsbereiche auch mehrfach in einer Klassendefinition vorkommen.

Ein privater Sichtbarkeitsbereich wird bei der Definition einer Klasse durch das Schlüsselwort **private** angegeben. Eigenschaften, welche in diesem Bereich deklariert sind, werden gegenüber anderen Datenstrukturen im Programm abgekapselt und sind nur intern von einer Instanz dieser Klasse sichtbar. Ein von der Klasse gebildetes Objekt hat von außen keinen Zugriff auf die privat deklarierten Eigenschaften. Für das Lesen und Beschreiben solcher privater Eigenschaften kommen Klassenmethoden zum Einsatz, die Sie später in diesem Buch genauer kennenlernen werden.

Klassen & Bezugsrahmen » Sichtbarkeitsbereiche in Klassen

Mit Hilfe des Schlüsselwortes **protected** kann ein geschützter Sichtbarkeitsbereich definiert werden. In diesem Bereich deklarierte Eigenschaften sind ebenfalls nach außen nicht sichtbar und dienen somit den internen Zuständen von Objekten. Geschützte Eigenschaften sind in Verbindung mit der Vererbung vorteilhaft, da diese Eigenschaften auch intern in geerbten Klassen sichtbar sind. Auf das Thema der Vererbung wird in einem eigenständigen Kapitel näher eingegangen.

In einer Klassendefinition wird ein öffentlicher Sichtbarkeitsbereich durch das Schlüsselwort **public** angegeben. Öffentliche Eigenschaften einer Instanz unterliegen keiner Datenkapselung und können von außen durch andere Datenstrukturen gelesen und modifiziert werden. Solche in öffentlichen Bereichen deklarierte Eigenschaften bilden durch eine Instanz der Klasse keine internen Zustände und sind somit offen gegenüber anderen Objekten im Programm.

Die folgende Tabelle vereinheitlicht die drei Schlüsselwörter **private, protected** und **public** in Verbindung mit der Sichtbarkeit deklarierter Eigenschaften in Klassendefinitionen:

Schlüsselwort	Sichtbarkeit		
	in Klasse	geerbte Klasse	von außen
private	ja	nein	nein
protected	ja	ja	nein
public	ja	ja	ja

Tabelle **11**: Sichtbarkeitsbereiche in Klassendefinitionen

Ergänzend veranschaulicht der nachfolgende Code-Ausschnitt die Definition einer Klasse mit deklarierten Eigenschaften in Sichtbarkeitsbereichen:

```
class SampleClass   // Definition der Klasse SampleClass.
{
   private:      // Privater Sichtbarkeitsbereich der Klasse.
                 // Alle deklarierten Eigenschaften in diesem
                 // Bereich bilden die internen Zustände.

      short m_short;   // Private Member-Variable vom Typ short.
```

```cpp
    /* Fortsetzung der Klassendefinition. */

    signed int m_int;  // Private Eigenschaft einer Ganzzahl.

    // Der Bereich ist in der Klassendefinition solange gültig,
    // bis ein neuer Sichtbarkeitsbereich definiert wird
    // oder bis die Klassendefinition abgeschlossen ist.

    protected:  // Geschützter Sichtbarkeitsbereich der Klasse.

        char m_char;  // Geschütze Eigenschaft vom Typ char.

    public:  // Öffentlicher Bereich der Klassendefinition.
             // Auf die öffentlichen Eigenschaften innerhalb
             // dieses Bereiches kann stets von außen über
             // eine Instanz der Klasse zugegriffen werden.

        double    AnyDouble;  // Öffentliche Member-Variablen
        long long AnyLLong;   // der Typen double und long long.

    // Die Neudefinition eines Sichtbarkeitsbereiches
    // ist innerhalb von Klassendefinitionen möglich.
    // Vergessen Sie die Doppelpunkte hinter den
    // entsprechenden Schlüsselwörtern nicht.
};
```

Listing **5.4**: Klassendefinition mit Sichtbarkeitsbereichen und Eigenschaften

Bedenken Sie, dass in den Abschnitten dieses Kapitels nur auf deklarierte Eigenschaften innerhalb von Klassendefinitionen eingegangen wurde. Das umfangreiche Kapitel **Methoden in Klassen** beschäftigt sich explizit mit der Deklaration und Implementierung von Methoden in Bezug auf Klassen. Methoden, welche in einer Klasse deklariert werden, unterliegen wie Eigenschaften den jeweiligen Sichtbarkeitsbereichen, wobei ausschließlich öffentliche Methoden über eine Instanz der Klasse aufgerufen werden können. Den Schlüsselwörtern **private, protected** und **public** werden Sie bei der Vererbung im gleichnamigen Kapitel **Vererbung von Klassen** erneut begegnen. Des Weiteren finden Sie in den Listings und in den Praxisklassen zu diesem Buch viele Klassendefinitionen mit den Schlüsselwörtern vor.

5.3.4 Der Unterschied von **class** zu **struct**

>> Die Schlüsselwörter **class** und **struct** stehen in C++ für die Deklaration und Definition von Klassen zur Verfügung. Der Unterschied beider Schlüsselwörter besteht in der Definition von Klassen in Bezug auf die Sichtbarkeitsbereiche. Die Eigenschaften einer mit dem Schlüsselwort **class** definierten Klasse werden standardmäßig als privat deklariert (**private**), während die Eigenschaften einer mit dem Schlüsselwort **struct** definierten Klasse standardmäßig öffentlich (**public**) sind. Wird kein Sichtbarkeitsbereich in einer entsprechenden Klassendefinition verwendet, dann tritt der standardmäßige Bereich bei der jeweiligen Definition der Klasse in Kraft. Die beiden Eigenschaften der mit dem Schlüsselwort **struct** definierten Klasse aus *Listing 5.3* sind also standardmäßig öffentlich; die deklarierte Member-Variable der mit dem Schlüsselwort **class** definierten Klasse bildet hingegen standardmäßig einen privaten und gekapselten Zustand. In den Listings zu diesem Buch werden gelegentlich aus Gründen der Übersicht die Klassendefinitionen mit dem Schlüsselwort **struct** gebildet, wobei dadurch ohne weitere Sichtbarkeitsbereiche die Eigenschaften und Methoden dieser Klassen keiner Datenkapselung unterliegen.

5.4 Bildung von Instanzen

>> Klassen bilden in der Programmiersprache C++ die komplexen Datentypen und gelten als wohldefiniert, sofern diese mit einem Bezugsrahmen versehen und mit einem Semikolon abgeschlossen sind. Von jeder wohldefinierten Klasse lassen sich Instanzen bilden, welche durch einen eindeutigen Namen identifizierbar sind. Ähnlich den primitiven Typen erfolgt die Bildung der Instanz einer Klasse durch eine Deklaration, wobei die jeweilige Klasse als Datentyp vor dem Variablennamen angegeben wird. Nach der Deklaration wird automatisch ein Objekt der entsprechenden Klasse erzeugt, welches über den Namen der Variablen angesprochen werden kann. Jede Instanz einer Klasse belegt dabei ihren eigenen Speicherplatz und besitzt ihre eigenen und unabhängigen Zustände, welche basierend auf der Bauvorschrift der Klasse gebildet werden.

Bei der Deklaration von Objekten kann optional das Schlüsselwort **class** oder **struct** vor dem jeweiligen Klassennamen geschrieben werden. Dabei muss das Schlüsselwort nicht mit dem in der Klassendefinition übereinstimmen. Ein Compiler der Sprache C++ erkennt Klassen immer als komplexe Datentypen an, auch wenn die Schlüsselwörter bei der Deklaration vernachlässigt werden. Bezugnehmend auf die Klassendefinition aus *Listing 5.4* wird im nachfolgenden Code-Beispiel die Bildung von Instanzen dieser Klasse deutlich:

```cpp
// Bildung einer Instanz der Klasse SampleClass durch
// Deklaration eines Variablennamens hinter dem komplexen Typ.
// Das erzeugte Objekt ist über den Namen firstObj im Quellcode
// identifizierbar und belegt seinen eigenen Speicherplatz.
// Das Schlüsselwort class ist optional.

class SampleClass firstObj;

// Bildung einer weiteren Instanz der Klasse SampleClass.
// Es wird das optionale Schlüsselwort struct verwendet, obwohl
// die Klasse mit dem Schlüsselwort class definiert wurde.

struct SampleClass secondObj;

// Bildung einer dritten Instanz der Klasse SampleClass
// ohne eines der beiden Schlüsselwörter class oder struct.
// Dies ist die üblichste Form der Deklaration eines Objektes.

SampleClass thirdObj;
```

Listing **5.5**: Bildung von Instanzen einer Klasse

Wie bei der Bekanntmachung von Variablen primitiver Datentypen lassen sich mehrere Objekte auch mittels einer Deklarationsliste instanziieren:

```cpp
// Bildung von drei Instanzen der Klasse SampleClass in
// nur einem Ausdruck mit Hilfe einer Deklarationsliste.

SampleClass firstObj, secondObj, thirdObj;
```

Listing **5.6**: Bildung von Instanzen in einer Deklarationsliste

Klassen & Bezugsrahmen » Bildung von Instanzen

Instanzen dürfen auch direkt bei der Klassendefinition gebildet werden, indem die Variablen direkt hinter dem Bezugsrahmen der jeweiligen Klasse deklariert werden. Die Bekanntmachung der Namen muss dabei vor dem Semikolon erfolgen und kann auch durch eine Deklarationsliste entstehen. In einem gemeinsamen Ausdruck erfolgt dabei die Klassendefinition und Bildung von Instanzen gleichzeitig, wie es das folgende Listing veranschaulicht:

```cpp
// Klassendefinition NewClass mit deklarierter Eigenschaft.
// Beachten Sie, dass die Klasse mit dem Schlüsselwort struct
// definiert wird und somit die Member-Variable über eine
// Instanz der Klasse standardmäßig öffentlich sichtbar ist,
// da kein Sichtbarkeitsbereich in der Klasse verwendet wird.
// Noch bei der Klassendefinition werden direkt zwei
// Instanzen hinter dem Bezugsrahmen gebildet.

struct NewClass
{
    unsigned short AnyShort;

} firstObj, secondObj;   // Zwei Instanzen der Klasse NewClass.

// Die Klasse gilt als wohldefiniert.
// Es können also weitere Instanzen der Klasse
// wie gewohnt durch Deklaration gebildet werden.

NewClass thirdObj;
```

Listing **5.7**: Bildung von Instanzen bei einer Klassendefinition

Klassen gelten als undefiniert, wenn diese zwar mittels einer Deklaration bekannt gemacht wurden, jedoch nicht mit einem Bezugsrahmen versehen sind. Der Versuch, eine undefinierte Klasse zu instanzieren, führt zu einem Übersetzungsfehler. Dies wird im nachfolgenden Code-Beispiel deutlich:

```cpp
class DemoClass;     // Deklaration einer Klasse ohne Definition.

DemoClass anyObj;    // Compiler-Fehler durch Instanzierung!
```

Listing **5.8**: Fehlerhafte Bildung der Instanz einer undefinierten Klasse

5.5 Zugriffe über den Punktoperator

>> Eigenschaften und Methoden werden innerhalb von Klassendefinitionen in den entsprechenden Sichtbarkeitsbereichen deklariert. Objekte werden aus Klassen gebildet und halten sich bei den Instanzierungen an die formalen Bauvorschriften ihrer Klassen. Jede Instanz einer Klasse belegt physikalischen Systemspeicher für die entsprechenden Zustände, die in Verbindung mit den Klassendefinitionen über Eigenschaften deklariert wurden. Auf die Elemente (Eigenschaften und Methoden) einer Instanz kann mit Hilfe des Punktoperators (.) zugegriffen werden, der einen festen Bestandteil der Syntax von C++ bildet. Solche Zugriffe sind abhängig von der jeweiligen Sichtbarkeit des Elementes, welche in der entsprechenden Klassendefinition kontrolliert wird. Private und geschützte Zustände unterliegen dem Prinzip der Datenkapselung und sind somit von außen nicht für den Punktoperator über die Instanz einer Klasse sichtbar. Folglich kann über den Operator aber immer auf öffentliche Elemente eines Objektes zugegriffen werden. Basierend auf den Klassendefinitionen von *Listing 5.3* werden im nachfolgenden Code-Ausschnitt die Zugriffe auf Eigenschaften von Instanzen mit Hilfe des Punktoperators veranschaulicht:

```cpp
OtherClass firstObj;    // Bildung von jeweils einer Instanz
AnyClass   secondObj;   // der Klasse OtherClass und AnyClass.

// Schreibender Zugriff auf die Eigenschaft UiMember vom
// Datentyp einer vorzeichenlosen Ganzzahl über Punktoperator.
// Da die Klasse mit dem Schlüsselwort struct definiert wurde,
// ist die Eigenschaft standardmäßig öffentlich und sichtbar.

firstObj.UiMember = 456;   // Konformer Zugriff.

// Fehlerhafter Zugriff auf eine private Member-Variable.
// Die Eigenschaft ist für den Punktoperator nicht sichtbar,
// da diese im privaten Bereich der Klasse deklariert wurde.

secondObj.x_value = 456.789;   // Compiler-Fehler!
```

Listing **5.9**: Zugriffe auf Eigenschaften von Instanzen über Punktoperator

5.6 Eingebettete Objekte

>> Eigenschaften in Klassen sind nicht auf primitive Datentypen beschränkt. Bei der Klassendefinition kann eine Eigenschaft auch aus einem komplexen Typ gebildet werden, wobei dieser bei der Deklaration der Eigenschaft bekannt sein muss. Eine bereits vorhandene Klasse kann somit als komplexer Typ für die Eigenschaft einer anderen Klasse dienen. Erst bei der Instanzierung wird tatsächlich Speicherplatz für ein inneres Objekt belegt. Eine beliebige Eigenschaft eines Objektes kann somit aus der Instanz einer anderen Klasse bestehen. In diesem Zusammenhang wird auch von eingebetteten Objekten gesprochen, da innere Objekte durch äußere Instanzen gebildet werden.

Das nachfolgende Listing verdeutlicht zwei Klassendefinitionen, wobei eine der Klassen als Datentyp einer Eigenschaft der anderen dient:

```cpp
class InnerState   // Definition der Klasse InnerState.
{
    public:
            int id;         // Öffentliche Member-Variable.
    private:
            bool b_ready;   // Private Member-Variable.
};

struct Connection  // Definition der Klasse Connection.
{
    // Die Eigenschaft wird über den komplexen Datentyp
    // InnerState deklariert und ist standardmäßig öffentlich.
    // Im Ausdruck muss der Name InnerState vorher durch
    // eine Deklaration oder Definition bekannt sein.

    InnerState sender;
};
```

Listing **5.10**: Komplexer Datentyp als Eigenschaft in einer Klassendefinition

Eigenschaften mit komplexen Datentypen lassen sich auch durch die sinnvolle Verschachtelung von Klassen realisieren, welche Ihnen noch in diesem Kapitel begegnen wird.

Alle Instanzen der definierten Klasse *Connection* verfügen somit über eine unabhängige Eigenschaft, die aus einer Instanz der Klasse *InnerState* gebildet wird. Häufig wird in diesem Zusammenhang von einer *Hat-ein-Beziehung* gesprochen, da ein entsprechendes Objekt nur über die Eigenschaft seiner äußeren Instanz gelesen und modifiziert werden kann. Das äußere Objekt wird zum Besitzer der inneren Instanz und hat eine Beziehung mit diesem in Bezug auf den Zugriff und die Sichtbarkeit. Diese Beziehung wird Ihnen auch weiterhin in den Code-Beispielen des Buches und in einer Praxisklasse begegnen. Aus Gründen der Übersicht verwenden die meisten Listings jedoch einfache Klassen mit primitiven Datentypen als Eigenschaften.

Über den Punktoperator erfolgen die Zugriffe auf die Elemente eines Objektes, so dass mit diesem auch auf eingebettete Objekte über eine äußere Instanz zugegriffen werden kann. Hierfür muss der Punktoperator in einem Ausdruck mehrfach verwendet werden, um Elemente eines inneren Objektes aufzulösen. Bedenken Sie, dass die Zugriffe ebenfalls den Sichtbarkeitsbestimmungen der jeweiligen Klassendefinition unterliegen.

Basierend auf *Listing 5.10* werden im folgenden Code-Ausschnitt die Zugriffe auf das eingebettete Objekt vom Typ *InnerState* veranschaulicht:

```cpp
// Instanz der Klasse Connection, welche intern ein
// eingebettetes Objekt vom komplexen Typ InnerState erzeugt.
// Durch die Deklaration und Instanzierung wird Speicher-
// platz für das innere und das äußere Objekt belegt.

Connection signal;

// Das innere Member-Objekt ist standardmäßig öffentlich.
// Die öffentliche Eigenschaft id ist für den Punktoperator
// sichtbar und darf gelesen und modifiziert werden.

signal.sender.id = 178;   // Zugriff auf innere Member-Variable.

// Die zweite innere Eigenschaft ist aber privat.

signal.sender.b_ready = true;   // Compiler-Fehler!
```

Listing **5.11**: Zugriffe auf Eigenschaften eines eingebetteten Objektes

5.7 Scoping durch Bezugsrahmen
5.7.1 Grundlagen des Scopings

>> In den vorherigen Abschnitten dieses Kapitels wurden Bezugsrahmen und Bereiche über Definitionen von Klassen gebildet und es wurde die Bildung von Instanzen verdeutlicht. Die verschiedenen Definitionen sollten dabei direkt in einer Header-Datei stattfinden; die Bekanntmachung diverser Variablen erfolgte global in den entsprechenden Übersetzungseinheiten oder innerhalb der main-Methode der jeweiligen Listings. Für sehr einfache und kurze Programme bzw. Übungsbeispiele ist die globale Definition und Deklaration von Daten denkbar. Beachten Sie, dass es sich in diesem Buch nur um Ausschnitte von Quellcodes handelt, die dem Zweck entsprechende Informationen liefern. In größeren Projekten sollte zumindest die komplette Deklaration von globalen Variablen vermieden werden. Wahlweise können die Bekanntmachungen auch lokal in Bezug auf einen definierten Bereich erfolgen. Eine entsprechende Variable wird in diesem Fall erst speicherfordernd deklariert, wenn diese tatsächlich für die Verwendung im Quellcode benötigt wird.

Stellen Sie sich einen beliebigen Raum Ihrer Wohnung vor, welcher eine Übersetzungseinheit oder eine Header-Datei repräsentieren kann. Sämtliche durch globale Variablen gebildete Objekte befinden sich mitten in diesem Raum und sind für jede Person sichtbar, die den Raum betritt. Als ordnungsliebender Entwickler fangen Sie an, die Objekte systematisch zu verstauen und Platz in ihrem Raum zu schaffen. Dabei können die Objekte zweckentsprechend in Kisten oder Kartons verstaut werden, welche wiederum selbst in einer großen Box landen können. Der Raum besteht nun aus einer geordneten Sammlung von Aufbewahrungsmitteln, welche die einst globalen und sichtbaren Objekte verbergen. Die Anordnung der Elemente im Raum ist dabei abhängig von der jeweiligen Problemstellung und Problemlösung.

Dieses Prinzip vermittelt nicht nur das Programmierkonzept der Kapselung von Daten, sondern auch die Grundlagen des Scopings in C++. Durch paarweise geschweifte Klammern ({ }) werden Bezugsrahmen definiert, welche von einem jeweils gegebenem Problem und einem Kontext abhängig sind. Der durch die Klammern gebildete Bereich wird auch als Scope bezeichnet.

Der Begriff *Scoping* beschreibt die Sichtbarkeit und Gültigkeit von Variablen und Datenstrukturen, die innerhalb eines Bereiches deklariert und definiert sind. Diese Daten nehmen somit Bezug auf den durch die geschweiften Klammern gebildeten Bereich in Verbindung mit der Sichtbarkeit gegenüber anderen Daten im Programm, welche in einem anderen Bereich liegen können oder sich im gleichen Scope befinden. Deklarationen und Definitionen innerhalb eines gemeinsamen Bereiches sind stets untereinander sichtbar. Aus diesem Grund war in den letzten Listings immer die Bildung von Instanzen möglich, da die entsprechenden Klassendefinitionen und die zugehörigen Deklarationen in einem gemeinsamen, globalen Scope vertreten waren.

Die Syntax und Semantik der Sprache C++ umfasst verschiedene Bereiche, welche durch geschweifte Klammern gebildet werden können und die verschiedenen Kategorien unterliegen. Diese Scopes werden Sie unter anderem in den nächsten Abschnitten dieses Kapitels näher kennenlernen.

5.7.2 Verschachtelte Bereiche

>> Die Verschachtelung von Bereichen ist durch entsprechende Klammerung der Bezugsrahmen möglich und sinnvoll, jedoch kann syntaktisch nicht jeder Bereich mit jedem verschachtelt werden. Abhängig von der jeweiligen Problemlösung ist nicht selten die Einbettung von Scopes in andere Bereiche notwendig. Vereinfacht dargestellt basiert die interne Abarbeitung von Programmbefehlen auf dem Prinzip der Stapelverarbeitung. Im englischen wird diese durch den Begriff *Stack* geprägt, welchen Sie bereits im zweiten Kapitel kurz kennengelernt haben. Ein Stapel (Stack) funktioniert ähnlich wie ein Block mit aufeinander gehefteten Notizzetteln. Jeder durch einen eigenen Bezugsrahmen gebildete Bereich wird zum Element des Blocks bzw. des Stapels, wobei das oberste Element die aktuell abzuarbeitenden Programmbefehle enthält. Wird dieses vom Notizblock entfernt, so wird das darunter liegende Element sichtbar, wodurch die Abarbeitung der Befehle in diesen gültigen Bereich delegiert wird. Obere Scopes des Stapels dürfen auf Definitionen und Deklarationen der unteren Bereiche zugreifen. Ein unteres Element des Stacks hat aber keine Sichtbarkeit auf einen darüber liegenden Bereich.

5.7.3 Der Scope-Operator

>> Datenstrukturen, Variablen und Konstanten sind in Bezug auf das Scoping von den jeweiligen Bereichen abhängig, in denen sie definiert bzw. deklariert wurden. Mit dem Scope-Operator erfolgt der Zugriff auf entsprechende Daten innerhalb eines Bereiches. Dieser Operator wird von der Syntax der Sprache C++ bereitgestellt und besteht aus zwei aufeinander folgenden Doppelpunkten (::). Der Scope-Operator wird auch als Bereichsauflösungsoperator bezeichnet, da mit dessen Hilfe die Trennung von Scopes in einem Ausdruck möglich ist, um auf Daten innerhalb eines Bereiches lesenden und schreibenden Zugriff zu erhalten. Ähnlich dem Punktoperator wird der Scope-Operator bei der Auswertung eines Ausdruckes von links nach rechts abgearbeitet. Beide Operatoren unterliegen der Infix-Notation und lösen die entsprechenden Namen über ihre Operanden auf. Der Scope-Operator wird Ihnen sehr oft in späteren Listings begegnen.

5.7.4 Scoping in globalen Bereichen

>> Für jede einzelne Übersetzungseinheit und Header-Datei eines Programms existiert ein globaler Scope. Dieser ist automatisch vorhanden und besteht von Anfang bis Ende aus dem eigentlichen Inhalt der Quelldatei. Der globale Scope ist der einzige Bereich, welcher nicht durch geschweifte Klammern gebildet werden muss, da der entsprechende Bezugsrahmen automatisch durch die Präsenz der Code-Einheit generiert wird. Die Definition von Klassen erfolgt in der Regel im globalen Bereich einer Header-Datei, während in Übersetzungseinheiten die stets globale Deklaration von Variablen vermieden werden sollte. Alle definierten Scopes sind immer in den globalen Bereich der jeweiligen Quelldatei eingebettet. Der globale Bereich bildet somit das unterste Element des Programmstapels der Variablen und Konstanten und wird auch häufig als File-Scope oder Global-Scope bezeichnet.
Definitionen und Deklarationen, welche sich in einem gemeinsamen globalen Bereich befinden, sind stets untereinander sichtbar. Alle im globalen Bereich eingebetteten Scopes haben Sichtbarkeit auf die globalen Daten. Jede Code-

Eintauchen in **C++**

Scoping in globalen Bereichen « Klassen & Bezugsrahmen

Einheit verfügt über ihre eigenen Bereiche. Globale Deklarationen in einer Übersetzungseinheit sind dabei nicht für Scopes anderer Übersetzungseinheiten sichtbar. Scoping ist somit auf die jeweilige Quelldatei beschränkt, unabhängig ob diese eine Header-Datei oder eine Übersetzungseinheit darstellt. Damit der globale Scope einer Header-Datei für Daten in der Übersetzungseinheit sichtbar wird, muss ein entsprechender Header explizit an diese gebunden werden. Das Inkludieren von Header-Dateien haben Sie im vorherigen Kapitel näher kennengelernt und angewendet.
Begleitend wird im nachfolgenden Listing das Scoping im globalen Bereich einer Übersetzungseinheit verdeutlicht. Beachten Sie bitte, dass im Code-Ausschnitt die Header-Datei nur beispielhaft inkludiert wird, da diese vorher nicht erstellt worden ist:

```cpp
/* Der globale Scope beginnt ab dem Inhalt der Quelldatei. */

// Mit dem Inkludieren einer Header-Datei wird der globale
// Scope von dieser für die Übersetzungseinheit sichtbar.

#include "sample.hpp"   // Sichtbarkeit auf die Daten.

// Deklaration und Initialisierung einer Variablen vom Typ int.
// Die Variable ist für eingebettete Bereiche und innerhalb
// dieses Scopes global sichtbar und gültig.

int i = 0;   // Variable mit globalem Scoping.

// Definition einer Klasse im globalen Bereich.
// Der Name AnyClass verfügt über globales Scoping
// und ist somit für Instanzen innerhalb des globalen
// Scopes und für eingebettete Bereiche sichtbar.

class AnyClass
{
    unsigned short m_short;   // Private Member-Variable.
};

// Fortsetzung auf Folgeseite.
```

Klassen & Bezugsrahmen » Scoping in globalen Bereichen

```cpp
// Implementierung der main-Methode im globalen Scope.
// Hinweis: Diese Methode darf sich nur einmal in einem
// globalen Bereich einer Übersetzungseinheit befinden.

int main()
{
    // Zugriff auf die global deklarierte Variable i.
    // Die main-Methode ist in den globalen Scope eingebettet,
    // daher ist die Variable i innerhalb der Methode sichtbar.

    ++i;   // Inkrementieren der globalen Variablen i.

    // Auch die Bildung einer Instanz der Klasse AnyClass
    // darf innerhalb der Methode erfolgen, da der
    // Klassenname global sichtbar ist.

    AnyClass mainObject;   // Instanz von AnyClass.

    return 0;              // Rückgabewert an Betriebssystem.
}
// Bildung einer globalen Instanz der Klasse AnyClass.
// Der über die Definition bekannte Klassenname ist
// für die Variablendeklaration global sichtbar.
// Globale Objekte sollten vermieden werden.
// Deklarieren Sie diese stattdessen erst in den
// Bereichen, in denen diese tatsächlich benötigt werden.

AnyClass globalObject;   // Objekt mit globalem Scoping.
```

Listing **5.12**: Scoping im globalen Bereich einer Übersetzungseinheit

Innerhalb eines globalen Bereiches dürfen nur Deklarationen von Variablen oder Konstanten und Klassendefinitionen stattfinden. Somit dienen globale Scopes neben den Methoden-Implementierungen ausschließlich den speicherlosen und speicherintensiven Bekanntmachungen, je nachdem ob es sich um den globalen Bereich einer Header-Datei oder einer Übersetzungseinheit handelt. Komplexe Ausdrücke und arithmetische Berechnungen sind im globalen Scope nicht

Eintauchen in **C++**

Globale Methoden « Klassen & Bezugsrahmen

zulässig. Diese komplexen Ausdrücke müssen immer innerhalb von Methoden implementiert sein. Allerdings dürfen Rechenoperationen in Verbindung mit dem Zuweisungsoperator verwendet werden, sofern das Ergebnis der Initialisierung einer globalen Variablen oder einer globalen Konstanten dient. Der Zuweisungsoperator darf also im globalen Bereich stets zur Initialisierung von deklarierten Variablen und Konstanten herangezogen werden. Ebenso kann im globalen Scope der Inhalt einer bereits deklarierten Variablen oder Konstanten als Initialisierungswert einer anderen dienen.

5.7.5 Globale Methoden

>> Die wichtigste globale Methode eines Programms haben Sie bereits kennengelernt und in den Listings verwendet. Das ist die globale main-Methode, welche keiner Klasse zugehörig ist und in jedem Programm einmal implementiert werden sollte. Wie der Name vermuten lässt, werden globale Methoden innerhalb des globalen Scopes einer Quelldatei deklariert und implementiert. Alle Bereiche, welche ebenfalls innerhalb des globalen Scopes eingebettet sind, haben Sichtbarkeit auf die globalen Methodennamen der gleichen Quelldatei. In den Scope einer Methode lassen sich weitere Bereiche einbetten, ausgenommen einer weiteren Methoden-Implementierung. Somit lassen sich Methoden nicht verschachteln, unabhängig ob diese global sind oder einer Klasse angehören. Die Sichtbarkeit von Methoden bezieht sich auf die Namen der Methoden selbst, nicht aber auf die in den Bereichen der Methoden eingebetteten Scopes oder Daten. Nicht selten werden Methoden auch als Funktionen bezeichnet, daher wird der Gültigkeitsbereich von diesen alternativ auch Function-Scope genannt. Es lässt sich darüber streiten, welcher der beiden Begriffe am besten verwendet werden sollte. Dieses Fachbuch benutzt den Bezeichner Methode als Unterfunktion eines Programms, auch wenn Sie unabhängig von diesem später den Begriff Funktion hören sollten.
Eine Methode bildet einen gültigen Bereich auf dem Stack für die Abarbeitung der eigentlichen Programmbefehle. Das unterste Element dieses Stapels wird durch die main-Methode bestimmt, deren Ausführung beginnt, sobald das Programm über eine entsprechende Eingabe gestartet wird. Jeder weitere Auf-

Klassen & Bezugsrahmen » Globale Methoden

ruf einer Methode bildet einen eigenen Bereich auf dem Stack, welcher sofort die Abarbeitung der Programmbefehle dieser Methode übernimmt. Wird die Ausführung der Methode durch erfolgreiche Abarbeitung der Befehle beendet, so tritt der darunterliegende Bereich des Stacks in Kraft, wobei die Ausführung der Programmbefehle in diesem Bereich fortgesetzt wird. Das Programm gilt als beendet, sobald alle Befehle im Scope der main-Methode abgearbeitet wurden. Methoden verfügen dabei nicht über Sichtbarkeit auf die Daten oder die eingebetteten Bereiche anderer Methoden. Es gilt die Stacks in Bezug auf die Variablen und die Abarbeitung der Programmbefehle zu trennen.

Eine globale Methode besteht aus einem Datentyp des Rückgabewertes, aus dem Namen der Methode und aus einer Parameterliste. Diese Kombination wird auch als Signatur einer Methode bezeichnet, welche Ihnen noch genauer in diesem Buch begegnen wird. Für die globale main-Methode wird und wurde in den Listings standardmäßig der Datentyp **int** für den Rückgabewert verwendet. Mit der Rückgabe lässt sich ein bestimmter Wert an den jeweiligen Aufrufer der Methode liefern. Dieser Aufrufer entspricht bei der main-Methode dem Betriebssystem, so dass nach dem Beenden der Methode die Rückgabe eines Wertes an dieses erfolgt. Das in der Syntax der Sprache C++ vorhandene Schlüsselwort **return** dient dabei der Rückgabe eines Wertes aus dem Scope einer Methode. Soll eine Methode eines Programms keinen Wert an den jeweiligen Aufrufer liefern, dann kann als Datentyp das Schlüsselwort **void** angegeben werden. Die Parameterliste einer Methode wird durch einfache Klammern hinter dem Methodennamen gebildet und kann auch leer sein. Der Name der Methode wird gefolgt von der Parameterliste in einem Ausdruck angegeben, um diese Methode aufzurufen und abzuarbeiten. Die Klammern kennzeichnen den Ausdruck dabei eindeutig als Methodenaufruf.

Methoden sind ein komplexes Thema, auf welches in den Abschnitten nicht weiter eingegangen werden kann, da sich diese auf das eigentliche Scoping fokussieren. In dem großen und eigenständigen Kapitel **Methoden in Klassen** wird viel spezieller auf Methoden eingegangen und die damit verbundenen Signaturen und Paramaterlisten genauer erläutert. Das Kapitel **Zeichenketten** beschäftigt sich unter anderem auch mit Parametern der main-Methode.

Im jeweiligen globalen Scope können Methoden neben der Implementierung auch vorerst deklariert werden. Hierfür muss die Signatur einer Methode mit einem Semikolon abgeschlossen werden, wie folgender Code-Ausschnitt zeigt:

Globale Methoden « Klassen & Bezugsrahmen

```cpp
// Deklaration einer Methode im globalen Scope.
// Der Name wird für die ausschließliche Verwendung der
// Methoden-Implementierung und für den Aufruf reserviert.
// Die Schlüsselwörter unsigned int bilden den
// Datentyp des Rückgabewertes der Methode.
// Die Paramaterliste bleibt leer, dennoch
// sind die Klammern zwingend notwendig.

unsigned short GlobalMethode();

// Weitere Deklaration einer globalen Methode.
// Diese Methode verwendet keinen Rückgabewert, wodurch das
// Schlüsselwort void als Datentyp geschrieben werden muss.

void SetToGlobal();
```
Listing **5.13**: Deklaration zweier globaler Methoden

Bedenken Sie, dass globale Methoden öffentlich sichtbar sind und keiner Datenkapselung unterliegen. Neben der main-Methode sollten diese im Paradigma der objektorientierten Programmierung nur bedingt eingesetzt werden, bieten sich aber durchaus zum Üben und für kleinere Problemlösungen an.
Die Implementierung einer globalen Methode erfolgt durch die Bildung eines Bezugsrahmens nach der Signatur, ohne die Angabe des Semikolons. Wurde eine globale Methode optional deklariert, dann muss die Signatur der Deklaration mit der zugehörigen Implementierung übereinstimmen. Ein Methodenaufruf kann auch aus einer anderen Methode heraus erfolgen, wenn der Name der aufzurufenden Methode für den Aufrufer sichtbar ist. Beim Aufruf einer Methode muss diese zwingend implementiert sein.
Bezugnehmend auf das Scoping veranschaulicht das folgende Code-Beispiel die globale Implementierung der zwei deklarierten Methoden:

```cpp
// Deklaration einer mit dem Wert 2003
// initialisierten Variablen im globalen Scope.

unsigned short GlobalShort = 2003;   // Vorzeichenlose Ganzzahl.

// Fortsetzung auf Folgeseite.
```

Klassen & Bezugsrahmen » Globale Methoden

```cpp
// Implementierung der globalen Methode SetToGlobal.
// Die Signatur muss mit der Deklaration übereinstimmen,
// falls eine globale Methodendeklaration erfolgte.

void SetToGlobal()
{
   bool unused;   // Lokale Variable innerhalb dieses Scopes.

   // Die Methode ist innerhalb des globalen Scopes
   // implementiert, daher ist die global deklarierte
   // Variable auch innerhalb der Methode sichtbar.

   GlobalShort += 5;   // Erhöhen der Variablen mit Literal 5.
}

// Implementierung der globalen Methode GlobalMethode.

unsigned short GlobalMethode()
{
   // Im Bereich der Methode erfolgt ein Aufruf der bereits
   // implementierten und globalen Methode SetToGlobal.
   // Da beide Methoden global gültig sind, ist der Name
   // SetToGlobal im Scope dieser Methode sichtbar.
   // Dennoch hat die Methode keine Sichtbarkeit
   // auf die Variable (unused) der anderen Methode.

   SetToGlobal();             // Methodenaufruf.

   return GlobalShort + 8;   // Rückgabe des erhöhten Wertes.
}

int main()
{
   // Aufruf der global sichtbaren Methode innerhalb von main.

   unsigned short year = GlobalMethode();   // year = 2016.

   return 0;   // Rückgabewert an das Betriebssystem.
}
```

Listing **5.14**: Scoping in globalen Methoden

Die nachfolgende Abbildung symbolisiert Aufrufe der global implementierten Methoden in Bezug auf den Programmstapel. Die verdeutlichten Programmbefehle stimmen dabei nicht exakt mit denen aus *Listing 5.14* überein.

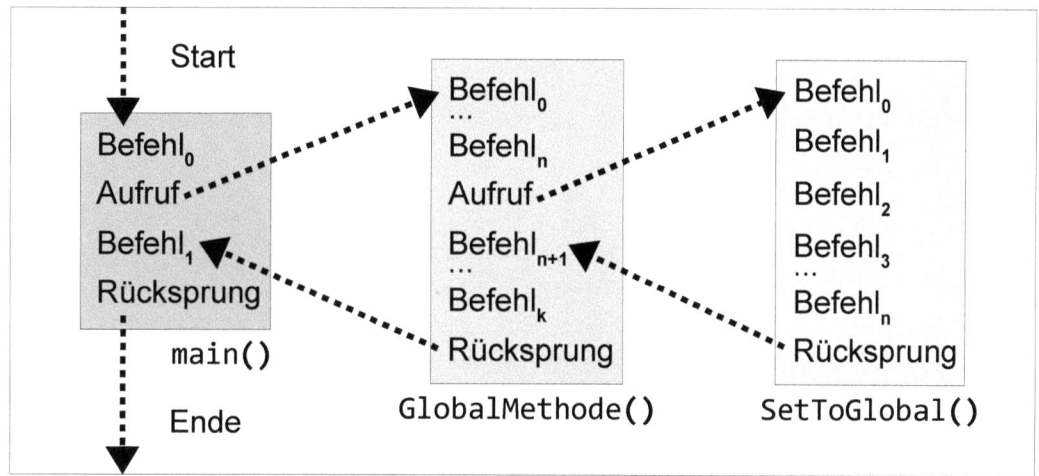

Abbildung 7: Abarbeitung von Methoden im Programmstapel

5.7.6 Lokales Scoping

>> Innerhalb von Methodenbereichen lassen sich weitere Scopes definieren, welche nur durch die paarweise Verwendung von geschweiften Klammern gebildet werden. Diese lokalen Bereiche werden auch oft als Local-Scopes bezeichnet. In einem lokalen Scope dürfen weitere lokale Bereiche eingebettet werden, so dass sich diese sinnvoll in einer Methoden-Implementierung verschachteln lassen. Lokale Scopes dürfen nur an Stellen im Quellcode verwendet werden, bei denen eine tatsächliche Implementierung von Programmbefehlen erfolgt. Somit dürfen diese nicht innerhalb von Definitionen eingebettet werden und dienen nur den Methoden-Implementierungen in einer entsprechenden Übersetzungseinheit. Definitionen und Deklarationen, welche sich innerhalb eines lokalen Bereiches befinden, sind stets für andere Daten innerhalb des gemeinsamen Scopes sichtbar. Der geklammerte Bereich einer Methode hat dabei Sichtbarkeit auf die eigenen und eingebetteten Scopes.

Klassen & Bezugsrahmen » Lokales Scoping

Im folgenden Listing wird das Scoping in lokalen Bereichen einer Methoden-Implementierung verdeutlicht, wobei hierfür die main-Methode dient:

```cpp
int main()
{
    // Initialisierung einer Variablen im Scope der Methode.

    char MethChar = 'a';   // Initialisierung mit Zeichenliteral.

    // Bildung eines lokalen Scopes im Methodenbereich.
    {
        // Deklaration und Initialisierung einer Variablen,
        // die innerhalb des lokalen Bereiches gültig ist.
        // Die Variable wird innerhalb dieses Scopes
        // mit dem Wert von MethChar initialisiert.
        // Da sich dieser lokale Scope innerhalb des Methoden-
        // bereiches befindet, ist MethChar hier sichtbar.

        char LocalChar = MethChar;

        // Bildung eines weiteren lokalen Scopes
        // innerhalb des lokal definierten Bereiches.
        // In diesem Scope sind die Variablen MethChar
        // und LocalChar ebenfalls sichtbar.
        {
            float LocalFloat;   // Lokal gültige Scope-Variable.
        }
    }
    // Deklaration einer weiteren Variablen im Methodenbereich.

    float MethFloat;

    // Die deklarierte Variable LocalFloat ist außerhalb
    // des lokalen Scopes in der Methode nicht sichtbar.

    MethFloat = LocalFloat;   // Compiler-Fehler durch Zugriff!

    return 0;
}
```

Listing **5.15**: Scoping in lokalen Bereichen einer Methode

Eintauchen in C++

Klassenbereiche « Klassen & Bezugsrahmen

In Bezug auf das vorherige *Listing 5.15* illustriert die nachfolgende Abbildung die verschachtelten Bereiche und macht durch Pfeile die Sichtbarkeit der darin deklarierten Variablen untereinander deutlich:

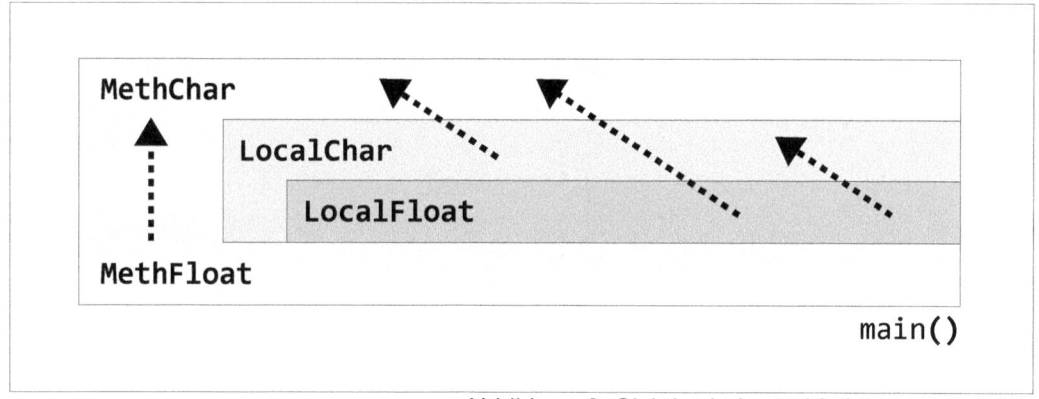

Abbildung **8**: Sichtbarkeit von Variablen in Scopes

5.7.7 Klassenbereiche

>> Am Anfang dieses Kapitels haben Sie bereits Klassenbereiche kennengelernt. Diese werden wahlweise durch das Schlüsselwort **class** oder **struct** mit Hilfe eines Bezugsrahmens definiert und gelegentlich auch als Class-Scopes bezeichnet. Da es sich bei diesen Bereichen ausschließlich um Definitionen handelt, dürfen lokale Scopes nicht innerhalb von Klassendefinitionen eingebettet werden. Eine Ausnahme gilt für Methoden, welche direkt in den Scope einer Klasse eingebettet werden können. Diese Klassenmethoden werden Sie später im separaten Kapitel der Methoden kennenlernen. Innerhalb der Scopes von Klassen können sich die bereits bekannten Sichtbarkeitsbereiche befinden, welche mit den Schlüsselwörtern **private**, **protected** und **public** gebildet werden. Klassendefinitionen dürfen in jeden der vorher beschriebenen Bereiche eingebettet werden. Die Sichtbarkeit der Klassennamen hängt dabei vom jeweiligen Scope ab. Instanzen, welche sich im gleichen Bereich wie die Klassendefinitionen befinden, haben stets Sichtbarkeit auf die jeweiligen Namen der Klassen. In den Code-Ausschnitten zu diesem Kapitel wurden bisher nur globale

Definitionen von Klassen verwendet, so dass eine Instanzierung stets möglich war. Klassenbereiche sollten in Header-Dateien definiert werden, damit die Namen immer global für Übersetzungseinheiten gültig sind, welche die entsprechenden Header einbinden. Die Einbettung von Klassendefinitionen in Methoden oder lokale Bereiche gilt nur in Verbindung mit Übersetzungseinheiten, wenn die entsprechenden Klassenbereiche direkt bei der Implementierung ohne Header definiert werden. Unabhängig von den eingebetteten Klassen kann auch vorher eine globale Deklaration der Klassennamen erfolgen. Der nachfolgende Code-Ausschnitt verdeutlicht Klassenbereiche, welche nur innerhalb einer Methode und innerhalb eines lokalen Scopes gültig sind. Aus Gründen der Übersicht wird sich nur auf das Scoping fokussiert, daher verfügen die beiden Klassen nicht über Eigenschaften:

```cpp
// Eine globale Bekanntmachung des Klassennamens LocalClass.

class LocalClass;

// Implementierte Methode im globalen Scope ohne Rückgabewert.

void AnyMethode()
{
    class LocalClass    // Lokale Klassendefinition und direkte
    {                   // Bildung einer lokalen Instanz.
    } AnyObject;        // Das Objekt ist nur innerhalb dieses
}                       // Scopes in der Methode gültig.

int main()
{
    {                           // Definition eines Klassenbereiches
        struct LocalClass       // innerhalb eines lokalen Scopes.
        {                       // Die Objektnamen kollidieren nicht,
        } AnyObject;            // da diese in verschiedenen Scopes
    }                           // deklariert sind.
    LocalClass object;          // Instanzierung und Compiler-Fehler!
                                // Die Klasse ist außerhalb des
    return 0;                   // lokalen Bereiches undefiniert.
}
```

Listing **5.16**: Scoping in Klassenbereichen

Klassenbereiche können bei ihrer Definition auch ineinander verschachtelt werden. Somit darf der Gültigkeitsbereich einer Klasse innerhalb einer anderen Klasse bestehen, wobei die eingebettete Klasse sogar der Datenkapselung in Bezug auf den äußeren Bereich unterliegt. Bei der Definition bieten sich eingebettete Klassenbereiche für Hilfsklassen an, die nur innerhalb der äußeren Klasse gültig und sichtbar sind, falls sich diese im privaten oder geschützten Bereich der äußeren Klassendefinition befinden. Die Bildung einer Instanz der gekapselten und eingebetteten Hilfsklasse wäre damit von außen nicht möglich. Gleichzeitig kann eine eingebettete Klasse auch als jeweilige Eigenschaft der äußeren Klassendefinition dienen, wenn die direkte Bildung einer Instanz hinter dem Bezugsrahmen der inneren Klasse erfolgt.

Das folgende Listing veranschaulicht die Definition einer Klasse, welche selbst zwei Klassenbereiche in ihrem Scope einbettet:

```cpp
// Definition der Klasse OuterClass, die in ihrem
// Scope zwei eigene Klassenbereiche einbettet.

class OuterClass
{
    // Eingebetteter Klassenbereich HelperClass, welcher
    // sich standardmäßig im privaten Bereich der äußeren
    // Klasse befindet, da das Schlüsselwort class in
    // der äußeren Klassendefinition verwendet wurde.

    class HelperClass
    {
    } helper; // Bildung einer privaten Instanz als Eigenschaft.

    public:    // Öffentlicher Bereich der äußeren Klasse.

        // Definition einer öffentlichen und eingebetteten
        // Klasse innerhalb des Scopes von OuterClass.

        struct InnerClass   // Eingebettete Eigenschaften
        {                   // in dieser Klasse wären
        };                  // standardmäßig öffentlich.
};
```

Listing **5.17**: Eingebettete Klassenbereiche

Klassen & Bezugsrahmen » Übersicht aller Scopes

Die Bildung einer Instanz der inneren und öffentlichen Klasse ist dabei mit Hilfe des Scope-Operators möglich. Der Name der gekapselten Hilfsklasse ist aber innerhalb der Bereichsauflösung nicht sichtbar. Bezugnehmend auf *Listing 5.17* zeigt der folgende Code-Ausschnitt die gültige und ungültige Instanzierung der eingebetteten Klassendefinitionen:

```cpp
// Bildung innerer Instanzen durch den Scope-Operator.
// Dieser löst von links nach rechts die Klassennamen
// in den Operanden auf.

OuterClass::InnerClass object;    // Instanz von InnerClass.

OuterClass::HelperClass helper;   // Compiler-Fehler!
                                  // Die Klasse ist privat.
```

Listing **5.18**: Instanzen eingebetteter Klassen

5.7.8 Übersicht aller Scopes

>> Die folgende Tabelle liefert eine einheitliche Übersicht aller bisher kennengelernter Scopes der Sprache C++:

Bereich (Scope)	definiert durch	Einbettung in
globaler Bereich (Global-Scope)	Quelldatei (immer vorhanden)	keine
Methodenbereich (Function-Scope)	Signatur der Methode + Bezugsrahmen { }	globale Bereiche + Klassenbereiche
lokaler Bereich (Local-Scope)	Bezugsrahmen { }	Methodenbereiche + lokale Bereiche
Klassenbereich (Class-Scope)	**class** oder **struct** + Bezugsrahmen { }	alle

Tabelle **12**: Übersicht definierbarer Bereiche (Scopes)

5.7.9 Zugriffe auf globale Daten

>> Jeder Scope verfügt über seine eigenen Deklarationen und Definitionen mit den entsprechenden Variablen-, Konstanten- und Klassennamen. Diese Identifikatoren werden innerhalb eines Bereiches nicht überschrieben, sofern diese auch in einem äußeren Scope vorkommen. Der Zugriff auf einen Variablen-, Konstanten- oder Klassennamen bezieht sich auf den Bereich selbst, in dem die jeweiligen Daten deklariert bzw. definiert wurden. Klassendefinitionen verfügen über ihre eigenen Gültigkeitsbereiche, so dass verschiedene Klassen die gleichen Namen für ihre eingebetteten Eigenschaften verwenden dürfen.

Ein Zugriff auf global deklarierte und definierte Daten kann immer mit einem führenden Scope-Operator erfolgen. In einem solchen Fall wird dieser als Präfix-Operator vor dem jeweiligen Namen platziert, um eindeutig die global sichtbaren Daten anzusprechen. Innerhalb eines Methodenbereiches macht das folgende Listing den Zugriff auf eine global deklarierte Variable deutlich:

```cpp
short sv = 3;   // Global initialisierte Variable.

int main()
{
   // Deklaration und Initialisierung einer
   // lokalen Variablen im Bereich der main-Methode.
   // Der Name sv ist autonom im Scope und kollidiert
   // nicht mit dem Variablennamen der globalen Deklaration.
   // Die Variable wird mit dem globalen Wert initialisiert.
   // Der Scope-Operator als Präfix identifiziert dabei
   // eindeutig die global deklarierte Variable.

   short sv = ::sv;   // Die lokale Variable bekommt den Wert 3.

   // Eindeutiger Zugriff auf die globale Variable sv.

   ::sv *= 5;   // Die globale Variable sv bekommt den Wert 15.

   return 0;
}
```

Listing **5.19**: Zugriff auf eine globale Variable mit dem Scope-Operator

5.8 Lokale und globale Gültigkeit

>> Unabhängig von der Sichtbarkeit von Variablen und Klassen wird innerhalb von Scopes auch zwischen der Gültigkeit dieser Daten unterschieden. Lokal gültige Deklarationen und Definitionen befinden sich stets in durch geschweifte Klammern gebildeten Bereichen. Somit sind lokale Daten innerhalb von lokalen Scopes, innerhalb von Methoden-Implementierungen und in den jeweiligen Sichtbarkeitsbereichen der Klassen vorzufinden. Die lokal deklarierten und definierten Daten besitzen also nur Gültigkeit in ihrem jeweiligen Scope. Klassen verfügen über eigene Gültigkeitsbereiche, so dass für Instanzen die jeweiligen Eigenschaften sichtbar und gültig sind, sofern diese öffentlich in den Klassen deklariert wurden. Der globale Gültigkeitsbereich gilt für die komplette Quelldatei, unabhängig ob es sich bei dieser um eine Header-Datei oder um eine Übersetzungseinheit handelt. Klassendefinitionen sind in einer entsprechenden Header-Datei immer global gültig. Vor jedem globalen Namen kann zur Identifizierung ein führender Scope-Operator als Präfix dienen.

5.9 Der Aufzählungstyp **enum**

>> Aufzählungstypen (Enumerationen) dienen in der Programmiersprache C++ dem Gruppieren von Konstanten, die aus semantischer Sicht eine Menge von zusammengehörenden Werten bilden. Eine Aufzählung wird mit dem Schlüsselwort **enum** eingeleitet, danach erfolgt die Angabe des Namens für den Aufzählungstyp. Wird nach diesem Namen der Ausdruck mit einem Semikolon beendet, so handelt es sich nur um eine Deklaration (also Bekanntmachung) für die spätere Verwendung. Im nachfolgenden Code-Ausschnitt wird zunächst die Deklaration eines Aufzählungstyps veranschaulicht:

```
// Bekanntmachung des Namens Jahr für einen Aufzählungstyp.

enum Jahr;   // Die Deklaration fordert keinen Speicher.
```

Listing **5.20**: Deklaration eines Aufzählungstyps mit dem Schlüsselwort **enum**

Der Aufzählungstyp **enum** « Klassen & Bezugsrahmen

Eine direkte Definition des Aufzählungstyps kann erfolgen, indem der Ausdruck nicht mit einem Semikolon beendet wird, sondern stattdessen ein Bezugsrahmen angegeben wird. Ähnlich den Klassendefinitionen muss auch bei der Definition eines Aufzählungstyps der Bezugsrahmen mit einem Semikolon abgeschlossen werden. Die Verschachtelung von Enumerationen ist in C++ nicht zulässig. Im Inneren des Bezugsrahmens findet die eigentliche Aufzählung der Konstanten für den Typ statt. Die Identifikatoren der konstanten Werte müssen ohne Datentyp angegeben und durch ein Komma voneinander getrennt werden. Beachten Sie aber, dass gleiche Identifikatoren nicht mehrfach in der Aufzählung deklariert werden dürfen. Der letzte Eintrag aus der Menge konstanter Werte muss nicht zwingend mit einem Komma abgeschlossen werden. In Bezug auf die Deklaration aus *Listing 5.20* wird im nachfolgenden Code-Ausschnitt die Definition eines einfachen Aufzählungstyps deutlich:

```cpp
enum Jahr      // Aufzählungstyp, welcher die
{              // Monate eines Jahres enthält.
    Januar,
    Februar,
    Maerz,
    April,
    Mai,
    Juni,
    Juli,
    August,
    September,
    Oktober,
    November,
    Dezember
};

// Das Semikolon am Ende des enum-
// Bezugsrahmens darf nicht vergessen werden.
// Der letzte Eintrag der Liste (Dezember) benötigt kein
// Komma zur Trennung; die Angabe eines Kommas ist optional.
// Ein Monat, also ein Identifikator in der Liste,
// darf nicht mehrfach Verwendung finden.
```

Listing **5.21**: Definition eines Aufzählungstyps mit dem Schlüsselwort **enum**

Klassen & Bezugsrahmen » Der Aufzählungstyp **enum**

Ein Compiler, welcher Code der Programmiersprache C++ übersetzt, behandelt die Konstanten innerhalb von Aufzählungstypen stets als vorzeichenbehaftete, ganzzahlige Werte. Diese können also auch negative Werte annehmen. Wahlweise dürfen die Konstanten einer Enumeration bei der Deklaration mit einem Wert initialisiert werden. Erfolgt keine Initialisierung, dann wird die jeweilige Konstante des Aufzählungstyps automatisch vom Compiler mit einem Wert versehen. Der Compiler beginnt dabei mit dem Wert 0 und erhöht diesen für jeden Eintrag im Aufzählungstyp um 1. Da im vorherigen *Listing 5.21* beim Übersetzen alle Konstanten im Aufzählungstyp *Jahr* automatisch mit einem Wert versehen werden würden, hätte in dem Beispiel der Eintrag *Januar* den Wert 0 und die Konstante *Dezember* den Wert 11.

Konstanten innerhalb einer Enumeration können mit Hilfe des Zuweisungsoperators mit einem ganzzahligen Wert initialisiert werden. Dieser Wert muss nicht eindeutig sein und darf für Einträge im entsprechenden Aufzählungstyp auch mehrfach vorkommen. Es ist auch möglich, eine bereits deklarierte Konstante der Aufzählung als Initialisierungswert für eine andere Konstante der gleichen Enumeration zu verwenden. Konstante Werte innerhalb des Bezugsrahmens eines Aufzählungstyps werden auch gelegentlich als Enumeratoren bezeichnet, die nachfolgend in einer Aufzählung initialisiert werden:

```
// Aufzählungstyp, der die Tage einer Woche enthält.
// Die Enumeratoren der Aufzählung werden beginnend bei 1
// mit einem positiven, ganzzahligen Wert initialisiert.
// Die Konstanten Samstag und Sonnabend sind identisch.

enum Woche
{
    Montag      = 1,
    Dienstag    = 2,
    Mittwoch    = 3,
    Donnerstag  = 4,
    Freitag     = 5,
    Sonnabend   = 6,
    Sonntag     = 7,
    Samstag     = Sonnabend
};
```

Listing **5.22**: Definition eines Aufzählungstyps mit initialisierten Enumeratoren

Instanzen von Aufzählungstypen können gebildet werden, indem das optionale Schlüsselwort **enum** zusammen mit dem Identifikator als Datentyp benutzt wird. Ähnlich den Klassendefinitionen können Instanzen von Enumerationen auch durch direkte Angaben von Variablennamen hinter den Bezugsrahmen gebildet werden. Der Instanz eines Aufzählungstyps können alle Konstanten zugewiesen werden, welche im Scope der zugehörigen Enumeration deklariert wurden. Dabei können die deklarierten Konstanten sowohl auch ihre Initialisierungswerte mittels einer Typkonvertierung für lesende und schreibende Zugriffe von Instanzen des Aufzählungstyps verwendet werden. Zur besseren Lesbarkeit der Quellcodes empfiehlt sich jedoch immer die Verwendung der Namen der Enumeratoren.

Das folgende Code-Beispiel veranschaulicht die Bildung und Verwendung einer Instanz der Enumeration *Woche* aus dem vorherigen *Listing 5.22*. Weiterhin findet eine Instanzierung direkt bei der Definition eines Aufzählungstyps statt:

```
// Bildung einer Instanz des Aufzählungstyps Woche.

enum Woche tag;   // Das Schlüsselwort enum ist optional.

// Zuweisung des Wochentages Mittwoch, welcher den
// ganzzahligen Wert 3 in der Aufzählung repräsentiert.

tag = Mittwoch;

// Zuweisung des Wochentages Sonnabend bzw. Samstag,
// welche beide den gleichen Wert 6 darstellen.
// Diese Schreibweise ist syntaktisch korrekt, jedoch für
// eine gute Lesbarkeit des Quellcodes nicht zu empfehlen.

tag = (Woche)6;

enum SampleEnum   // Definition eines Aufzählungstyps.
{
   AnyType = -5

} anyEnum;   // Bildung einer Instanz nach dem Bezugsrahmen.
```

Listing **5.23**: Bildung und Verwendung von Instanzen zweier Aufzählungstypen

Klassen & Bezugsrahmen » Der Aufzählungstyp **enum**

Nicht alle Enumeratoren müssen in der Aufzählung mit einem Wert initialisiert werden. Der Compiler initialisiert Werte im Aufzählungstyp basierend auf der vorherigen Konstante, indem der Wert von dieser einfach um 1 erhöht wird. Der folgende Code-Ausschnitt modifiziert den Aufzählungstyp *Jahr* aus *Listing 5.21*, indem einige Konstanten der Enumeration nun wahlweise mit einem Wert initialisiert werden und andere nicht. Nicht initialisiert Werte von Konstanten werden dabei vom Compiler automatisch generiert:

```
// Veränderung des Aufzählungstyps,
// welcher die Monate eines Jahres enthält.
// Wahlweise werden Konstanten mit einem Wert initialisiert.
// Enumeratoren der Aufzählung, die nicht initialisiert
// sind, werden automatisch vom Compiler generiert.
// Die Basis automatischer Werte bilden die
// vorherigen Enumeratoren der Aufzählung.

enum Jahr
{
    Januar,            /* Vom Compiler    mit 0  initialisiert. */
    Februar,           /* Vom Compiler    mit 1  initialisiert. */
    Maerz     = 4,     /* Vom Entwickler mit 4  initialisiert. */
    April,             /* Vom Compiler    mit 5  initialisiert. */
    Mai,               /* Vom Compiler    mit 6  initialisiert. */
    Juni      = 1,     /* Vom Entwickler mit 1  initialisiert. */
    Juli,              /* Vom Compiler    mit 2  initialisiert. */
    August    = -1,    /* Vom Entwickler mit -1 initialisiert. */
    September,         /* Vom Compiler    mit 0  initialisiert. */
    Oktober,           /* Vom Compiler    mit 1  initialisiert. */
    November  = 10,    /* Vom Entwickler mit 10 initialisiert. */
    Dezember           /* Vom Compiler    mit 11 initialisiert. */
};

// Hinweis: Die automatisch vom Compiler generierten Werte
// der Konstanten Januar und September sowie der Konstanten
// Februar und Oktober stimmen in diesem Beispiel überein.
// Bei der Definition von Aufzählungstypen sollte darauf
// geachtet werden, dass die Werte stets eindeutig sind.
```

Listing **5.24**: Aufzählungstyp mit initialisierten und generierten Werten

Der Aufzählungstyp enum « Klassen & Bezugsrahmen

Bei der Verwendung von Identifikatoren für Konstanten sollte im Aufzählungstyp darauf geachtet werden, dass diese nicht durch vorherige Deklarationen oder Definitionen bereits vergeben sind. Dazu zählen auch Namen von Enumeratoren anderer Aufzählungstypen, welche bereits deklariert wurden.

Im nachfolgenden Listing werden mehrere Enumerationen verdeutlicht, welche durch diverse Konstanten fehlerhaft definiert sind:

```
// Mit 0 initialisierte Konstante mit dem Namen UiConst.

const unsigned int UiConst = 0;   // Vorzeichenlose Ganzzahl.

enum AnyEnumeration         // Definition des Aufzählungstyps
{                           // AnyEnumeration.
   AnyType = 1,
   UiConst = 2              /* Fehler: Der Identifikator UiConst
                                wurde bereits global deklariert
                                und vergeben.
                                Der Datentyp und Wert der
                                vorherigen Deklaration spielt
                                dabei keine Rolle. */
};

enum OtherEnumeration       // Definition des Aufzählungstyps
{                           // OtherEnumeration.
   NewType,
   OtherType = 3,
   AnyType                  /* Fehler: Der Identifikator AnyType
                                findet bereits Verwendung im
                                Aufzählungstyp AnyEnumeration. */
};

enum SampleEnumeration      // Definition des Aufzählungstyps
{                           // SampleEnumeration.
   AnyValue    = 5,
   OtherValue = 1.23        /* Fehler: Der konstante Wert für die
                                Initialisierung des Enumerators
                                muss eine Ganzzahl sein. */
};
```

Listing **5.25**: Fehlerhaft definierte Aufzählungstypen

Ein Aufzählungstyp wird Ihnen begleitend bei der Programmierung der späteren Praxisklasse *Number* begegnen.

5.10 Lebensdauer von Objekten

5.10.1 Lebensdauer in Scopes

>> Jedes deklarierte Objekt verlangt nach einer gewissen Größe an physikalischem Speicher im System. Auch einfache Variablen und Konstanten, welche durch Deklarationen mit primitiven Datentypen gebildet werden, fordern ihren Speicherplatz. Eine Instanz wird durch einen komplexen Typ gebildet, wobei die Eigenschaften in der jeweiligen Klassendefinition die Größe des notwendigen Speicherplatzes für das deklarierte Objekt bestimmen. Bitte beachten Sie, dass alle Variablen und Konstanten nur Speicher in Verbindung mit einer Deklaration und einer Übersetzungseinheit fordern. Header-Dateien dienen der ausschließlichen Definition von Daten, so dass deklarierte Klassennamen und Signaturen von Methoden nur der Bekanntmachung dienen und keinen Speicher belegen. Als physikalischer Systemspeicher wird in diesem Zusammenhang der schnelle Arbeitsspeicher eines PCs bezeichnet, nicht aber der persistente Speicherplatz von Festplatten oder ähnlichem. Variablen und Konstanten eines Programms fordern nur solange Speicherplatz, wie sich das jeweilige Programm in der Ausführung befindet. Die Zeitspanne zwischen der Belegung des Speicherplatzes und der damit verbundenen Freigabe wird als Lebensdauer eines Objektes bezeichnet. Diese ist abhängig vom verwendeten Scope, in welchem die jeweilige Variable oder Konstante deklariert wurde. Die Lebensdauer von jeder Variablen und Konstanten beginnt ab dem Zeitpunkt der Deklaration, da ab diesem der Speicherplatz für den jeweiligen Namen reserviert wird. Die Lebensdauer endet, wenn die Befehle im entsprechenden Scope abgearbeitet sind und dieser vom Programmstapel entfernt wird. Mit dem Lebensende einer Variablen und Konstanten wird stets der damit verbundene Speicherplatz wieder freigegeben. Die Lebensdauer von Variablen und Konstanten mit lokaler Gültigkeit beschränkt sich somit entweder auf den lokalen Scope oder auf die Implementierung einer Methode. Global deklarierte Variablen und Konstanten

Lebensdauer in Scopes « Klassen & Bezugsrahmen

verfügen über eine höhere Lebensdauer gegenüber den lokalen Deklarationen. Der reservierte Speicherplatz von global deklarierten Daten wird erst beim Beenden des Programms freigegeben, da erst zu diesem Zeitpunkt der globale Scope tatsächlich abgearbeitet ist. Vermeiden Sie die globale Deklaration von speicherintensiven Objekten, da diese bereits mit dem Starten des Programms Speicherplatz fordern.

Das folgende Listing veranschaulicht zunächst die Lebensdauer einer Variablen und einer Konstanten in implementierten Scopes:

```cpp
// Deklaration und Initialisierung einer globalen Konstanten.
// Die Lebensdauer der Konstanten beginnt mit dem Zeitpunkt der
// Deklaration, so dass Speicherplatz für diese belegt wird.

const unsigned int GlobalUint = 10;

// Implementierung einer globalen Methode mit Rückgabewert.

unsigned int GetUint()
{
    // Deklaration und Initialisierung einer Variablen, die
    // nur innerhalb der Methode lokal gültig ist und über
    // eine ausschließliche Lebensdauer in diesem Scope verfügt.

    unsigned int LocalUint = 15;

    // Addition und Zuweisung durch die globale Konstante.

    LocalUint += ::GlobalUint;  // LocalUint hat den Wert 25.

    return LocalUint;  // Rückgabe der lokalen Variablen.

    // Der Speicher der lokalen Variablen wird nach der Methode
    // freigegeben und die Lebensdauer dieser endet hier.
}
// Die Lebensdauer der globalen Konstanten endet mit
// dem Beenden des Programms in der Regel nach der
// Abarbeitung der globalen main-Methode.
```

Listing **5.26**: Lebensdauer einer Variablen und Konstanten in Scopes

Klassen & Bezugsrahmen » Lebensdauer in Scopes

Mit jedem Aufruf von *GetUint* wird im Bereich dieser Methode eine lokale Variable angelegt, welche solange gültig ist, bis die Methode beendet ist. Die Lebensdauer dieser lokal deklarierten Variablen *LocalUint* endet also mit der Abarbeitung des Scopes der Methode, so dass die Variable nicht außerhalb der Methode überlebt. Der Speicher für diese wird erst angefordert, wenn ein tatsächlicher Aufruf der Methode erfolgt. Dieser Speicher der lokalen Variablen wird nach dem Schlüsselwort **return** freigegeben, nachdem der Rückgabewert außerhalb der Methode sicher gespeichert werden konnte.

Im folgenden Code-Ausschnitt werden Aufrufe der implementierten Methode *GetUint* aus dem vorherigen *Listing 5.26* deutlich:

```
int main()
{
    // Aufruf der Methode GetUint innerhalb der main-Methode.
    // Der Rückgabewert wird einer lokalen Variablen zugewiesen.
    // Das Lebensende und die Freigabe des Speichers der
    // lokalen Variablen LocalUint erfolgt in GetUint
    // erst nach der Rückgabe und der sicheren Zuweisung.
    // Die Variable ui0 bekommt den Wert 25 zugewiesen.

    unsigned int ui0 = GetUint();   // Ganzzahliger Wert 25.

    // Erneuter Aufruf der Methode GetUint und Zuweisung.
    // Die Variable ui1 erhält ebenfalls den Wert 25, da die
    // lokale Variable innerhalb von GetUint nicht überlebte.

    unsigned int ui1 = GetUint();   // Ganzzahliger Wert 25.

    return 0;
}
```

Listing **5.27**: Aufrufe einer Methode mit lokaler Lebensdauer einer Variablen

Instanzen von Klassen verhalten sich in Bezug auf die Lebensdauer wie primitive Variablen. Der Speicher für die jeweiligen Zustände eines Objektes wird bei der Deklaration angefordert und wieder freigegeben, wenn der Scope abgearbeitet ist. Begleitend veranschaulicht das nachfolgende Listing die Lebensdauer der Instanz eines komplexen Typs innerhalb des Bereiches der main-Methode:

```cpp
// Globale Klassendefinition mit öffentlicher Eigenschaft.
// Die Klasse selbst besitzt keine Lebensdauer,
// sondern nur eine globale Gültigkeit und Sichtbarkeit.
// Nur Instanzen der Klasse werden über eine Lebensdauer
// verfügen, je nachdem in welchem Scope sie gebildet werden.

struct GlobalClass
{
   unsigned int UiMember;   // Öffentliche Member-Variable.
};

int main()
{
   // Bildung einer lokalen Instanz der Klasse GlobalClass.
   // Der globale Klassenname ist für die Deklaration sichtbar.
   // Der Speicher für den Zustand wird erst hier reserviert.

   GlobalClass LocalObject;

   LocalObject.UiMember = 33;   // Zugriff auf Member-Variable.

   return 0;   // Freigabe des verwendeten Speichers für das
               // lokale Objekt innerhalb des Methodenbereiches.
}
```

Listing **5.28**: Lebensdauer eines Objektes im Methodenbereich

5.10.2 Das Schlüsselwort **static**

≫ Das in der Syntax der Sprache C++ vorhandene Schlüsselwort **static** kann gleich für mehrere Problemlösungen herangezogen werden. In Verbindung mit der Lebensdauer von Variablen spielt dieses Schlüsselwort eine entscheidende Rolle. Jede Deklaration kann in jedem Scope zusätzlich mit dem Schlüsselwort **static** versehen werden. Am häufigsten kommt es in Verbindung mit lokalen Variablendeklarationen innerhalb von Methoden vor. Das Schlüsselwort kann in einer Deklaration wahlweise vor oder nach einem Datentyp platziert werden. Sogar statische Arrays fester Größen sind syntaktisch möglich.

Klassen & Bezugsrahmen » Das Schlüsselwort **static**

Die Lebensdauer von statischen Variablen beschränkt sich nicht allein auf den jeweiligen Scope, in dem diese deklariert wurden. Die Sichtbarkeit der Variablen gegenüber anderer Daten bleibt aber weiterhin diesen Bereichen vorbehalten. Wird eine Variable innerhalb eines Scopes mit Hilfe des Schlüsselwortes **static** deklariert, dann endet die Lebensdauer dieser nicht, wenn der entsprechende Scope abgearbeitet ist. Demzufolge bleiben statische Variablen nach ihrer Deklaration immer im Speicher erhalten. Die Speicherbelegung einer statischen Variablen erfolgt bei der Deklaration, wenn bei der Abarbeitung eines entsprechenden Scopes zum ersten Mal dieser Ausdruck erreicht wird. Durch das Schlüsselwort **static** weiß der Compiler, dass es sich bei der Deklaration um eine statische Variable handelt und ignoriert die Deklaration, sofern der Scope nocheinmal den Ausdruck im Programmablauf erreicht. In Verbindung mit der Speicherbelegung erfolgt die Deklaration und Initialisierung einer statischen Variablen somit nur einmal im Programm. Die Freigabe dieser Speicherbereiche erfolgt erst dann, wenn das entsprechende Programm abgearbeitet ist. Das Schlüsselwort **static** kann bei einer Deklaration auch in Verbindung mit initialisierten Konstanten auftreten. Da Konstanten ihren Wert während der Lebensdauer nicht ändern dürfen, ergeben statische Konstanten jedoch wenig Sinn.
In Bezug auf das *Listing 5.26* deklariert der folgende Code-Ausschnitt die lokale Variable *LocalUint* der Methode *GetUint* nun als statisch:

```cpp
const unsigned int GlobalUint = 10;

// Veränderung der global implementierten Methode GetUint.

unsigned int GetUint()
{
   // Deklaration und Initialisierung einer Variablen,
   // die nun mit dem Schlüsselwort static versehen ist.

   static unsigned int LocalUint = 15;

   LocalUint += ::GlobalUint;   // Stetige Addition.

   return LocalUint;   // Rückgabe der statischen Variablen.
}
```

Listing **5.29**: Lebensdauer einer lokalen Variablen mit dem Schlüsselwort **static**

Methodenaufrufe von *GetUint* verhalten sich ähnlich denen im *Listing 5.27*, jedoch verdeutlicht das nachfolgende Code-Beispiel nun den eigentlichen Sinn der statischen Variablen *LocalUint* und die Lebensdauer von dieser:

```cpp
int main()
{
    // Aufruf der Methode GetUint innerhalb der main-Methode.
    // Die Variable ui0 bekommt den Wert 25 zugewiesen.
    // Es erfolgt der erste Aufruf der Methode, so dass der
    // Speicher der statischen Variablen erst durch diesen
    // Aufruf einmal belegt und initialisiert wird.
    // In der Methode wird mit den Werten 15 += 10 gerechnet.

    unsigned int ui0 = GetUint();   // Ganzzahliger Wert 25.

    // Erneuter Aufruf der Methode GetUint und Zuweisung.
    // Die statische und lokale Variable LocalUint blieb
    // nach dem ersten Methodenaufruf erhalten.
    // Es wird kein neuer Speicherplatz für diese
    // belegt und eine erneute Initialisierung der
    // Variablen mit dem Wert 15 findet nicht statt.
    // In der Methode wird mit den Werten 25 += 10
    // gerechnet, so dass der Rückgabewert nun 35 beträgt.

    unsigned int ui1 = GetUint();   // Ganzzahliger Wert 35.

    // Dritter Aufruf der Methode GetUint und Zuweisung.
    // Es wird mit der statischen Variablen 35 += 10 gerechnet.

    unsigned int ui2 = GetUint();   // Ganzzahliger Wert 45.

    return 0;
}
// Erst beim Beenden des Programms wird der Speicher von
// allen statischen Variablen und Konstanten freigegeben.
// Die Lebensdauer dieser endet erst mit dem Programmende.
```

Listing **5.30**: Aufrufe einer Methode mit statischer Lebensdauer einer Variablen

5.10.3 Statische Eigenschaften in Klassen

>> In Klassendefinitionen kann das Schlüsselwort **static** bei den Deklarationen entsprechender Eigenschaften dienen. Statische Eigenschaften verhalten sich in Klassen wie globale Deklarationen und sind nicht von einer entsprechenden Instanz der Klasse abhängig. Der Zugriff auf eine statische Eigenschaft kann stets in implementierten Scopes erfolgen, auch wenn im Programm keine Instanz der Klasse gebildet wurde. Dabei unterliegen auch statische Eigenschaften der Kapselung, wenn diese mit Hilfe des Schlüsselwortes **static** im **private**- oder **protected**-Bereich der Klasse deklariert sind. Jede statische Eigenschaft ist in der Klasse genau einmal vorhanden, nicht aber in einem jeweiligen Objekt. Die gebildete Instanz einer Klasse belegt keinen Speicherplatz für eine statisch deklarierte Eigenschaft, dennoch verfügt jede Instanz über Zugriffe auf die statischen Deklarationen. Jedes Objekt teilt sich den Speicherplatz und damit verbunden die statische Eigenschaft seiner Klasse.

Verwendet eine Klasse das Schlüsselwort **static** bei den jeweiligen Deklarationen ihrer Eigenschaften, dann muss diese Klassendefinition zwingend im globalen Bereich erfolgen. Das liegt daran, weil alle statischen Eigenschaften wie globale Variablen behandelt werden. Die Lebensdauer einer solchen Eigenschaft beginnt also mit dem Programmstart und endet im globalen Scope erst nach der Abarbeitung des Programms. Jede statische Eigenschaft einer Klasse sollte zusätzlich im globalen Bereich der zugehörigen Übersetzungseinheit deklariert werden. Erfolgt innerhalb eines Scopes ein Zugriff auf eine statische Eigenschaft, dann ist eine vorherige Deklaration dieser im globalen Bereich zwingend. Eine solche statische Eigenschaft einer Klasse kann bei der globalen Deklaration zusätzlich initialisiert werden, um diese mit einem sinnvollen Erstzustand zu belegen. Der Scope-Operator dient bei der globalen Deklaration der eindeutigen Identifikation der Klasse und muss zwischen dem Klassennamen und dem Namen der statischen Eigenschaft platziert werden. Das Schlüsselwort **static** darf jedoch bei der globalen Deklaration der Eigenschaft keine Verwendung finden. Zusätzlich muss der Datentyp der statischen Eigenschaft in der Klassendefinition mit dem in der globalen Deklaration übereinstimmen.

Das nachfolgende Listing veranschaulicht die Eigenschaft einer Klasse mit dem Schlüsselwort **static**, wobei ebenfalls die globale Deklaration erfolgt:

Statische Eigenschaften in Klassen « Klassen & Bezugsrahmen

```cpp
// Definition der Klasse Person, die globale
// Gültigkeit und Sichtbarkeit besitzt.

struct Person
{
   // Statische Eigenschaft der Klasse, welche die
   // globale und ganzzahlige Anzahl der Personen enthält.
   // Die Eigenschaft ist standardmäßig öffentlich deklariert.

   static unsigned int count;   // Vorzeichenlose Ganzzahl.
};

// Globale Deklaration und Initialisierung
// der statischen Eigenschaft der Klasse Person.
// Der Scope-Operator löst die Namen über die Operanden
// auf und identifiziert eindeutig die Zugehörigkeit der
// statischen Eigenschaft zur entsprechenden Klasse Person.
// Das Schlüsselwort static darf hier nicht verwendet
// werden und die Datentypen müssen übereinstimmen.

unsigned int Person::count = 0;
```

Listing **5.31**: Eigenschaft einer Klasse mit dem Schlüsselwort **static**

Das Schlüsselwort **static** wird auch oft als Qualifizierer bezeichnet, mit dessen Hilfe sich Variablen und Eigenschaften als statisch qualifizieren lassen. Statische Eigenschaften werden also verwendet, wenn eine Instanz in Bezug auf den Klassennamen eine Eigenschaft mit anderen Instanzen der Klasse teilen soll. Theoretisch hätte im vorherigen Code-Beispiel auch eine einfache und globale Variable zur Zählung der Personenzahl dienen können. Allerdings wäre diese dann immer öffentlich sichtbar, wobei eine statische Eigenschaft einer Klasse vorteilhaft der Datenkapselung unterliegen kann. Von außen wären globale Variablen stets in anderen Scopes sichtbar, statische und gekapselte Eigenschaften einer Klasse jedoch nicht. Da im vorherigen Listing die Eigenschaft jedoch öffentlich deklariert wurde, ist diese auch innerhalb von Scopes sichtbar. Instanzen von Klassen dürfen über ihre Klassenmethoden auf die gekapselten Eigenschaften zugreifen, auch wenn diese statisch deklariert sind.

Klassen & Bezugsrahmen » Statische Eigenschaften in Klassen

Der öffentliche Zugriff auf eine statische Eigenschaft einer Klasse erfolgt ebenfalls mit Hilfe des Scope-Operators, genau wie bei der globalen Deklaration. Zusätzlich lässt sich aber auch mittels einer Instanz der Klasse auf die statische Eigenschaft zugreifen, so wie es mit dem Punktoperator auch für alle anderen öffentlichen Eigenschaften möglich ist.

In Bezug auf *Listing 5.31* zeigt der folgende Code-Ausschnitt die verschiedenen Zugriffe auf die statisch deklarierte Eigenschaft der Klasse *Person*:

```cpp
// Schreibender Zugriff auf die statische Eigenschaft count.
// Dieser ist auch ohne eine Instanz der Klasse möglich.

Person::count = 1;   // Zugriff über den Scope-Operator.

Person person;       // Bildung einer Instanz der Klasse Person.

// Zugriff auf die statische und öffentliche
// Eigenschaft über die Instanz der Klasse.
// Die Eigenschaft wird global geteilt, so dass das Ergebnis
// nach der arithmetischen Addition durch Zuweisung 2 beträgt.

person.count += 1;
```

Listing **5.32**: Zugriffe auf eine statisch deklarierte Eigenschaft

Bei der globalen Deklaration eingebetteter und statischer Eigenschaften von Klassen muss der Scope-Operator mehrfach aufgelöst werden, wie es das nachfolgende Listing deutlich macht:

```cpp
struct OuterClass     // Definition einer Klasse.
{
   class InnerClass   // Eingebettete und öffentliche Klasse.
   {
      static int value;   // Statische und private Eigenschaft
   };                     // in der inneren Klassendefinition.
};

int OuterClass::InnerClass::value = -1;   // Initialisierung.
```

Listing **5.33**: Eingebettete und statische Eigenschaft einer Klasse

5.10.4 Konstante und statische Eigenschaften

>> Bei der Definition von Klassen sollten konstant deklarierte Eigenschaften stets vermieden werden. Jede Instanz einer solchen Klassendefinition würde eigenen Speicherplatz für die jeweiligen konstanten Zustände fordern. Diese Definition führt zur sinnlosen Verschwendung von Speicher, da jede Instanz der Klasse über eine eigene konstante Eigenschaft verfügen würde, welche in allen gebildeten Objekten den gleichen Wert hätte und nicht verändert werden könnte. Eine Abhilfe schaffen konstante und statische Eigenschaften in einer Klassendefinition, welche durch das Schlüsselwort **static** in Kombination mit dem Schlüsselwort **const** deklariert werden. Eine solche konstante und zugleich statische Eigenschaft belegt nur einmal globalen Speicherplatz und kann unabhängig von den gebildeten Instanzen für einen lesenden Zugriff über die Klasse geteilt werden. Die Reihenfolge der beiden Schlüsselwörter spielt bei der Deklaration innerhalb der Klasse keine Rolle. Bei der globalen Deklaration der statischen Eigenschaft muss ebenfalls das Schlüsselwort **const** angegeben werden, um den Zustand als konstant zu qualifizieren. Bedenken Sie, dass eine Initialisierung der Konstanten zwingend erforderlich ist.

Der folgende Code-Ausschnitt veranschaulicht die Deklaration und Verwendung einer konstanten und statischen Eigenschaft einer Klassendefinition:

```cpp
struct Person
{
   // Konstante, statische und öffentliche Eigenschaft einer
   // Klasse, welche das globale Maximum der Personen enthält.

   static const unsigned int MAX_PERSONS;
};

// Globale Initialisierung mit dem Schlüsselwort const.

const unsigned int Person::MAX_PERSONS = 10;

unsigned int max = Person::MAX_PERSONS;   // Lesender Zugriff.
```

Listing **5.34**: Konstante und statische Eigenschaft einer Klasse

5.11 Kontrollstrukturen

5.11.1 Grundlagen von Programmabläufen

>> Das Paradigma der imperativen Programmierung sieht die Reihenfolge der Abarbeitung von Programmbefehlen vor. Bisher wurden in den begleitenden Listings zu diesem Buch nur lineare Programmabläufe verwendet, also Ausdrücke, welche sequenziell im jeweiligen Scope abgearbeitet wurden. Um Quellcodes besser an Problemlösungen anzupassen, lassen sich in C++ mit Hilfe von Kontrollstrukturen die jeweiligen Programmabläufe durch Bedingungen verzweigen und durch Schleifen wiederholen. Kontrollstrukturen bilden in der Syntax von C++ autonome Anweisungen, die durch eigene Schlüsselwörter gebildet werden und durch lokale Bereiche ergänzbar sind. Der Scope einer Kontrollstruktur kann selbst weitere Kontrollstrukturen einbetten, so dass im Quellcode komplexe und verschachtelte Programmabläufe entstehen. Jedes Konstrukt einer Kontrollstruktur muss mindestens einen inneren Ausdruck enthalten, welcher in Bezug auf den Programmablauf ausgewertet wird, falls die jeweilige Bedingung zutrifft oder wenn ein Schleifendurchlauf erfolgt. Dieser Ausdruck kann ein lokaler Scope sein, so dass alle Programmbefehle innerhalb des Bereiches über den Bezug zur entsprechenden Kontrollstruktur verfügen. In Verbindung mit wiederholbaren Programmabläufen wird der Durchlauf einer entsprechenden Schleife auch als Iteration bezeichnet. In den nachfolgenden Abschnitten dieses Kapitels werden Sie unter anderem die syntaktischen Kontrollstrukturen der Sprache C++ kennenlernen.

5.11.2 Binäre Vergleichsoperatoren

>> Die Basis für den Programmablauf und die Ausführung einer Kontrollstruktur bilden Variablen und Konstanten, die durch entsprechende Operatoren vergleichbar sind und somit die Auswertung einer Kontrollstruktur beeinflussen. Die Syntax der Sprache C++ stellt 6 binäre Vergleichsoperatoren zur Verfügung, die alle als Infix-Notation behandelt werden und mit zwei Operanden arbeiten, welche für ausschließlich lesende Zugriffe herangezogen werden.

Die Vergleichsoperatoren sind nicht nur auf Kontrollstrukturen beschränkt und können auch unabhängig von diesen in beliebigen Ausdrücken verwendet werden. Sie dienen dem Zweck, die Inhalte von Variablen, Konstanten und Literalen zu vergleichen, wobei diese als Operanden dem jeweiligen Vergleich dienen. Jeder Instanz eines primitiven Typs kann als Operand eines solchen Operators dienen, wobei darauf geachtet werden sollte, dass beide Operanden vom gleichen Datentyp sind, um einen validen Vergleich zu erhalten. Die Vergleichsoperatoren liefern alle einen logischen Wert zurück, welcher entweder in einem Ausdruck verwendet werden kann oder der Auswertung einer Kontrollstruktur dient. Dieser Rückgabewert entspricht also dem logischen Wert **true** oder **false**, je nachdem ob der entsprechende Vergleich wahr ist oder nicht. Zu jedem Vergleichsoperator existiert ein Gegenstück, dessen logischer Rückgabewert das Gegenteil zum jeweiligen Operator bildet. Liefert ein Vergleich zweier Operanden den logischen Wert **true**, so ist der Rückgabewert des gegenteiligen Operators mit den gleichen Operanden immer **false** und umgekehrt.
In der nachfolgenden Tabelle sind die binären Vergleichsoperatoren der Sprache C++ vereinheitlicht:

Operator	Rückgabewert (Operation)	Typen	Gegenteil
Gleichheit ==	**true**, wenn Op1 gleich Op2 ist, ansonsten **false**	alle	Ungleichheit !=
Ungleichheit !=	**true**, wenn Op1 ungleich Op2 ist, ansonsten **false**	alle	Gleichheit ==
kleiner oder gleich <=	**true**, wenn Op1 kleiner oder gleich Op2 ist, sonst **false**	alle	größer >
größer oder gleich >=	**true**, wenn Op1 größer oder gleich Op2 ist, sonst **false**	alle	kleiner <
kleiner <	**true**, wenn Op1 kleiner Op2 ist, ansonsten **false**	alle	größer oder gleich >=
größer >	**true**, wenn Op1 größer Op2 ist, ansonsten **false**	alle	kleiner oder gleich <=

Tabelle **13**: Binäre Vergleichsoperatoren

Klassen & Bezugsrahmen » Binäre Vergleichsoperatoren

Das folgende Listing verdeutlicht die Verwendung von Vergleichsoperatoren in verschiedenen Ausdrücken:

```cpp
// Deklaration und Initialisierung zweier
// ganzzahliger Werte vom primitiven Datentyp int.

int i = -5, k = 6;   // Der erste Wert enthält ein Vorzeichen.

// Verwendung eines Vergleichsoperators um zu prüfen,
// ob der Wert der Variablen i kleiner oder gleich
// dem Wert der Variablen k ist.
// Der Operator liefert den logischen Wert true zurück, da
// -5 kleiner als 6 ist und der Vergleich somit richtig ist.
// Der Rückgabewert dient als rechter Operand für
// die Initialisierung der logischen Variablen b.

bool b = i <= k;   // Der Variablen b wird true zugewiesen.

// Verwendung des gegenteiligen Operators (größer)
// mit den gleichen Werten in den Operanden, wobei der
// rechte Operand nun durch ein Literal gebildet wird.
// Der Vergleich liefert false, da -5 nicht größer als 6 ist.

b = i > 6;   // Die Variable b bekommt den Wert false.

// Dieser Vergleich gibt ebenfalls false zurück,
// da der Wert -5 nicht gleich dem Wert 6 ist.
// Der gegenteilige Operator (!=) würde true liefern.

b = k == i;
```

Listing **5.35**: Verwendung von Vergleichsoperatoren

In einem Ausdruck lassen sich Vergleiche auch durch logische Verknüpfungen kombinieren. Ebenso können Kontrollstrukturen auch ohne die Vergleichsoperatoren verwendet werden. Diese beiden Aspekte begegnen Ihnen im Kapitel **Bitmanipulation & Logik** näher. Zur Vermittlung syntaktischer Kontrollstrukturen werden jedoch in den folgenden Abschnitten dieses Kapitels die Vergleichsoperatoren der vorherigen *Tabelle 13* herangezogen.

5.11.3 Bedingte Anweisung (**if** und **else**)

>> Um Programmabläufe sinnvoll zu verzweigen, können in Quellcodes der Sprache C++ bedingte Anweisungen (kurz Bedingungen) eingesetzt werden. Eine solche Kontrollstruktur wird durch das Schlüsselwort **if** gebildet, nach welchem die bedingte Anweisung in einfachen Klammern angegeben werden muss. Innerhalb dieser paarweisen Klammern findet die eigentliche Bedingung statt, die typischerweise anhand eines Vergleichsoperators gebildet wird. Ein Vergleich zweier Operanden liefert einen logischen Wert, der durch die bedingte Anweisung ausgewertet wird. Nach den Klammern muss ein Ausdruck erfolgen, welcher mit einem Semikolon abgeschlossen wird. Bei diesem kann es sich auch um einen leeren Ausdruck handeln oder um einen lokalen Scope. Der Ausdruck wird nur dann abgearbeitet, wenn die angegebene Bedingung in den Klammern einen wahren Wert liefert. Die Abarbeitung der Programmbefehle wird immer nach diesem Ausdruck fortgesetzt. Der Ausdruck wird jedoch ignoriert, sofern die bedingte Anweisung einen falschen Wahrheitswert liefert und somit unwahr ist. Mit Hilfe des Schlüsselwortes **if** wird im nachfolgenden Code-Ausschnitt die Kontrollstruktur einer einfachen Bedingung veranschaulicht:

```cpp
// Deklaration zweier vorzeichenloser Ganzzahlen.

unsigned int i = 2, k;   // Initialisierte Variable i.

// Bedingte Anweisung mit einem Vergleichsoperator, welcher
// prüft, ob der Wert der Variablen i dem Literal 2 entspricht.
// Der Vergleich ist wahr und somit ist die Bedingung gültig.
// Aus diesem Grund wird der Ausdruck hinter der bedingten
// Anweisung abgearbeitet und die Variable k modifiziert.

if (i == 2) k = i + 1;   // Die Variable k bekommt den Wert 3.

// Das Präfix-Inkrement wird stets abgearbeitet, da
// der Ausdruck nicht von der Bedingung abhängig ist.

++k; // k = 4.
```

Listing **5.36**: Einfache Kontrollstruktur einer bedingten Anweisung

Klassen & Bezugsrahmen » Bedingte Anweisung (**if** und **else**)

Sollen mehrere Ausdrücke von dieser Kontrollstruktur abhängen, dann kann ein lokaler Bereich in Bezug auf die bedingte Anweisung angegeben werden. Alle Ausdrücke, die sich in diesem Scope befinden, werden nur im Fall einer gültigen Bedingung abgearbeitet. Dies wird im nachfolgenden Listing deutlich:

```
// Deklaration dreier vorzeichenloser Ganzzahlen.

unsigned int i = 2, k = 3, m = 4;   // Initialisierte Variablen.

// Der bedingte Ausdruck prüft über einen Vergleich,
// ob der Wert der Variablen k kleiner ist als der von m.
// Die Bedingung ist für alle k-Werte von 0 bis 3 gültig.

if (k < m)    // Der Vergleichsoperator liefert true.
{
   i += k;   // Alle Ausdrücke in diesem Scope werden nur
   --m;      // bei einer wahren Bedingung abgearbeitet.
}

/* Fortsetzung des Programmablaufs. */
```

Listing **5.37**: Bedingung mit Ausdrücken im lokalen Scope

Die Syntax der Programmiersprache C++ gibt das Schlüsselwort **else** vor, mit dessen Hilfe ein oder mehrere Ausdrücke abgearbeitet werden können, wenn die jeweilige Bedingung nicht zutrifft. Hinter dem Schlüsselwort muss ebenfalls ein Ausdruck oder ein lokaler Scope angegeben werden. Das Schlüsselwort **else** ist optional und darf nur in Verbindung mit einem vorherigen **if** im Quellcode auftreten. Durch dieses kann eine Bedingung in zwei unabhängige Ausdrücke bzw. Bereiche aufgeteilt werden, wobei die Ausdrücke hinter dem **if** bei einer wahren Bedingung abgearbeitet werden und die Ausdrücke hinter dem **else** bei einer falschen. Wird eine Kontrollstruktur mit den beiden Schlüsselwörtern gebildet, dann wird mindestens ein wahrer oder falscher Ausdruck bzw. Scope abgearbeitet, aber niemals beide gleichzeitig und niemals keiner der beiden. Durch das Schlüsselwort **else** tritt eine Bedingung in Kraft, welche stets durch den gegenteiligen Vergleichsoperator gebildet werden kann. Der folgende Code-Ausschnitt zeigt beispielhaft die **if-else**-Verbindungen dieser Kontrollstruktur:

Eintauchen in C++

Bedingte Anweisung (if und else) « Klassen & Bezugsrahmen

```cpp
// Deklaration zweier vorzeichenbehafteter Ganzzahlen.

int i = -2, k = 3, m = 4;   // Initialisierte Variablen.

// Der Vergleich in der Bedingung liefert false,
// da der Wert -2 nicht größer oder gleich dem Wert 3 ist.
// Da die bedingte Anweisung falsch ist, wird der Ausdruck nach
// dem else abgearbeitet und die Variable m bekommt den Wert 3.
// Hätte die Bedingung keinen else-Zweig, so würde
// keine Modifikation an der Variablen m erfolgen.

if (i >= k) ++m;   // Das Inkrement wird ignoriert und
else --m;          // das Dekrement wird abgearbeitet.

m = 4;   // Der Variablen m wird erneut der Wert 4 zugewiesen.

// Der gegenteilige Vergleichsoperator der vorherigen
// Bedingung liefert den logischen Wert true, so dass
// ein else-Zweig auch vermieden werden kann.

if (i < k) --m;   // Die Variable m bekommt erneut den Wert 3.

// Auch leere Ausdrücke sind möglich, jedoch sollten diese
// aus Gründen der Unübersichtlichkeit vermieden werden.
// Nutzen Sie stattdessen gegenteilige Vergleichsoperatoren.
// Der else-Zweig der bedingten Anweisung wird ausgeführt,
// wobei eine Bedingung (m == 3) das gleiche Ergebnis liefert.

if (m != 3);      // Leerer Ausdruck durch Semikolon.
else k = -i;      // Die Variable k bekommt den Wert 2 zugewiesen.

// Die Variable i ist negativ, so dass die Bedingung falsch
// ist und der gesamte Bereich nach dem else abgearbeitet wird.

if (i > 0) /* Ignorierter Ausdruck. */;
else
{
    /* Abarbeitung der Ausdrücke im lokalen Scope. */
}
```

Listing **5.38**: Bedingte Anweisungen mit dem Schlüsselwort **else**

Klassen & Bezugsrahmen » Bedingte Anweisung (**if** und **else**)

Eine komplexe Kontrollstruktur kann gebildet werden, indem in einem Ausdruck oder Scope einer bedingten Anweisung selbst eine Bedingung eingebettet wird. Das optional verwendete Schlüsselwort **else** bezieht sich bei verschachtelten Bedingungen stets auf die innere Kontrollstruktur, sofern kein Bereich für die äußere Anweisung definiert ist. Ergänzend macht das nachfolgende Listing komplexe **if**-**else**-Kontrollstrukturen deutlich:

```cpp
// Beachten Sie, dass druckbare Zeichenliterale in einfache
// Anführungszeichen eingebettet werden müssen, auch wenn
// diese als Operanden von Vergleichsoperatoren dienen.

char c = 'x', d = 'y';   // Deklaration und Initialisierung.

if (c == 'x')       // Diese Bedingung ist gültig, jedoch
   if (d != 'y')    // liefert der innere Vergleich false.
   {
      // Ausdrücke im Scope der inneren Bedingung.
      // Dieser Bereich wird ignoriert, da die
      // Variable d das druckbare Zeichen 'y' enthält.
      // Es wäre die Bedingung (d == 'y') gültig.
   }
   else c = 'z';    // Abarbeitung dieses Ausdrucks.

// Der Ausdruck im else-Zweig wurde abgearbeitet, da der
// Vergleich der inneren Bedingung den Wert false lieferte.
// Die Variable c erhielt das druckbare Zeichen 'z',
// aber nur, weil die äußere Bedingung gültig war und
// die Variable c das druckbare Zeichen 'x' repräsentiert.
// Hätte die Variable c einen anderen Wert, dann wäre die
// äußere Bedingung nicht gültig und die gesamte innere
// if-else-Kontrollstruktur würde ignoriert werden.
// Es gilt also die Bedingung (c == 'x') UND (d == 'y').
// Das Schlüsselwort else bezieht sich auf die innere
// Bedingung; ein weiteres Schlüsselwort else
// würde sich auf die äußere Bedingung beziehen.
// Soll nur die äußere Bedingung einen else-Zweig besitzen, so
// muss die innere Bedingung in {}-Klammern eingebettet werden.
```

Listing **5.39**: Verschachtelte Bedingungen

5.11.4 Zählschleife (for)

>> Mit Hilfe von Schleifen lassen sich Ausdrücke und Anweisungen in einem Programmablauf kontrolliert wiederholen. Die Syntax der Sprache C++ bietet unter anderem die Kontrollstruktur einer Zählschleife an, die mit dem Schlüsselwort **for** im Quellcode gebildet wird. Hinter diesem Schlüsselwort müssen in einfachen Klammern genau drei Ausdrücke angegeben werden, welche alle die Abarbeitung der Zählschleife steuern. Bei diesen kann es sich auch um leere Ausdrücke handeln, jedoch ist die Verwendung des Semikolons zwingend. Im ersten Ausdruck der Zählschleife erfolgt in der Regel die Initialisierung einer Variablen, um einen Startwert für die Iterationen festlegen zu können. Der zweite Ausdruck dient einer Bedingung, die typischerweise mit Hilfe eines Vergleiches erfolgen sollte. Die inneren Ausdrücke der Zählschleife werden solange wiederholt, wie die angegebene Bedingung gültig ist. Der dritte und letzte Ausdruck in den Klammern der Zählschleife wird für die Veränderung des Startwertes benötigt, um die Schleifendurchläufe steuern zu können, so dass die Bedingung im zweiten Ausdruck ungültig wird und die Zählschleife kontrolliert abgearbeitet ist. Hinter den paarweisen Klammern der mit dem Schlüsselwort **for** gebildeten Zählschleife muss sich ein Ausdruck befinden. Dieser wird immer dann abgearbeitet, wenn die Schleife durchlaufen wird. Der Ausdruck kann auch ein lokaler Scope sein, so dass sich alle Ausdrücke innerhalb des Bereiches auf den jeweiligen Durchlauf der Schleife beziehen. Ist die Bedingung im zweiten Ausdruck der Zählschleife bereits von Anfang an ungültig, so wird diese nicht durchlaufen und alle Ausdrücke in Bezug auf die Iterationen werden ignoriert. Nach der Abarbeitung der Zählschleife wird der äußere Programmablauf wie gewohnt fortgesetzt. Häufig findet die Deklaration und Initialisierung einer Startvariablen direkt im ersten Ausdruck der Klammern statt. Eine solche deklarierte Variable ist im Scope der Zählschleife lokal gültig und sichtbar.

```cpp
// Kontrollstruktur einer Zählschleife, welche den
// Ausdruck genau 10-mal durchläuft und wiederholt.

for (unsigned int i = 0; i < 10; ++i) /* Ausdruck. */;
```

Listing **5.40**: Einfache Kontrollstruktur einer Zählschleife

Klassen & Bezugsrahmen » Zählschleife (**for**)

Die Zählschleife im vorherigen *Listing 5.40* wird genau zehnmal durchlaufen. Als Startwert dient eine lokal gültige Variable mit dem Wert 0 im ersten Ausdruck. Die Bedingung im zweiten Ausdruck wird vor dem Schleifendurchlauf geprüft. Da der Wert 0 kleiner ist als der Wert 10 des Literals, ist die bedingte Anweisung gültig und der innere Ausdruck der Zählschleife wird abgearbeitet. Nach der ersten Iteration wird die lokale Zählvariable inkrementiert und die Bedingung erneut geprüft. Ab dem zweiten Durchlauf der Schleife wird der erste Ausdruck ignoriert, so dass eine erneute Deklaration und Initialisierung der Startvariablen nicht mehr erfolgt. Würde die Variable im dritten Ausdruck nicht inkrementiert werden, so wäre die Bedingung immer gültig, was eine Endlosschleife zur Folge hätte. Nach der letzten Iteration wird die Variable erneut inkrementiert und erhält den Wert 10. Da dieser Wert aber nicht kleiner ist als das Literal 10, wird der Vergleich ungültig, so dass ein erneuter Durchlauf der Zählschleife nicht mehr erfolgt. Der Programmablauf wird dann nach der Kontrollstruktur fortgesetzt. Ausdrücke in den paarweisen Klammern der Zählschleife dürfen auch leer sein, jedoch empfiehlt sich immer die Verwendung einer Abbruchbedingung im zweiten Ausdruck und die Veränderung der Zählvariablen, um leichtsinnige Endlosschleifen zu vermeiden. Die Ausdrücke können auch durch komplexe Rechenoperationen gebildet werden. Es ist auch möglich, die Zählvariable erst im Bereich der Kontrollstruktur zu modifizieren, da diese im jeweiligen Scope sichtbar ist. Im nachfolgenden Code-Ausschnitt wird die Zählschleife aus dem vorherigen *Listing 5.40* verändert, wobei aber die Semantik erhalten bleibt:

```cpp
// Deklaration und Initialisierung einer Variablen,
// die als Zählvariable der nachfolgenden Schleife dient.

unsigned int i = 0;   // Vorzeichenlose Ganzzahl.

// Zählschleife mit leerem Ausdruck für den Startwert
// und leerem dritten Ausdruck (ohne Semikolon).
// Als Startwert dient die außerhalb deklarierte Variable i.

for (; i < 10; )   // Die Schleife hat genau 10 Iterationen.
{
    ++i;   // Das Inkrementieren der Variablen erfolgt im Scope.
}
```

Listing **5.41**: Zählschleife mit leeren Ausdrücken und lokalem Scope

Eintauchen in **C++**

Zählschleife (**for**) « Klassen & Bezugsrahmen

Da es sich in den Klammern einer Zählschleife um Ausdrücke handelt, können diese auch mit Hilfe von Sequenzen kombiniert werden, um beispielsweise mehrere lokale Variablen zu deklarieren oder um verschiedene Zählvariablen modifizieren zu können. Weiterhin bietet sich die Kontrollstruktur einer Zählschleife gut für die Arbeit mit einem Array fester Größe an, da die Anzahl der Schleifendurchläufe bereits durch die Länge des Datenfeldes bekannt ist. Im lokalen Bereich einer Zählschleife kann somit die Zählvariable als Index zur Identifizierung eines Array-Elementes dienen.

Ergänzend macht das nachfolgende Listing die Kontrollstruktur einer Zählschleife deutlich, die zwei Sequenzen in den inneren Ausdrücken der Klammern beinhaltet und der Veränderung von Elementen eines Arrays fester Größe dient:

```cpp
// Präprozessor-Symbol, welches die Größe des Arrays umfasst.

#define LEN 5

// Deklaration eines Datenfeldes fester Größe mit 5 Elementen.

unsigned int array[LEN];   // Array vorzeichenloser Ganzzahlen.

// Die Zählschleife wird genau 5-mal durchlaufen, um mit der
// Zählvariablen i auf ein Array-Element zugreifen zu können.
// Im ersten Ausdruck wird eine weitere Variable initialisiert.
// Der dritte Ausdruck in den Klammern verwendet eine Sequenz,
// um nach einer Iteration gleich beide Variablen
// unabhängig voneinander zu inkrementieren.

for (unsigned int i = 0, k = 1; i < LEN; ++i, k += 2)
{
   // Zugriff auf das i-te Element des Datenfeldes,
   // welcher abhängig von der eingebetteten Bedingung ist.
   // Die Elemente des Arrays haben nach der Abarbeitung
   // der Schleife die Werte 1, 3, 10, 21 und 36.

   if (i == 0) array[i] = k;
   else        array[i] = k * i;
}
```

Listing **5.42**: Zählschleife mit Sequenzen und eingebetteter Bedingung

5.11.5 Kopfgesteuerte Schleife (while)

>> Eine weitere Kontrollstruktur zur Wiederholung von Programmabläufen ist die kopfgesteuerte Schleife, die in C++ durch das Schlüsselwort **while** gebildet wird. Nach diesem Schlüsselwort wird in einfachen Klammern eine Abbruchbedingung definiert, wobei auch bei dieser Kontrollstruktur in der Regel ein Vergleichsoperator eingesetzt wird. Ein Ausdruck oder ein lokaler Scope muss nach den paarweisen Klammern angegeben werden, so dass für diese Schleife auch ein leerer Ausdruck möglich ist. Mehrere Ausdrücke in einem lokalen Bereich werden solange wiederholt, wie die bedingte Anweisung der Schleife gültig ist. Diese Kontrollstruktur wird als kopfgesteuerte Schleife bezeichnet, da die Überprüfung der Bedingung noch vor den abzuarbeitenden Ausdrücken der Schleife erfolgt. Ist der Vergleich in der bedingten Anweisung der Schleife von Anfang an falsch, dann wird diese nicht durchlaufen und die entsprechenden Ausdrücke innerhalb der Schleife werden in diesem Fall ignoriert. Danach wird der Programmablauf außerhalb der kopfgesteuerten Schleife fortgesetzt. Im lokalen Scope der Kontrollstruktur sollte stets eine Veränderung der Variablen erfolgen, die in Bezug zur Bedingung der Schleife steht, um leichtsinnige Endlosschleifen zu vermeiden. Variablen und Konstanten in Verbindung mit der Abbruchbedingung können außerhalb der kopfgesteuerten Schleife deklariert werden. Der nachfolgende Code-Ausschnitt veranschaulicht die Kontrollstruktur einer kopfgesteuerten Schleife, die mit dem Schlüsselwort **while** gebildet wird:

```cpp
int a = 6, b = 0;   // Initialisierung zweier Variablen.

// Die Schleife verfügt über 4 Iterationen, da die Bedingung
// für die Variable a mit den Werten 6, 4, 2 und 0 gültig ist.
// Erst der Vergleich (-2 >= 0) führt zum Schleifenabbruch.
// Die Variable b hat nach den Schleifendurchläufen den Wert 4.

while (a >= 0)   // Wiederhole solange die Bedingung gültig ist.
{
   a -= 2;   // Verringern des Wertes der Prüfvariablen a um 2.
   ++b;      // Inkrementieren des Wertes der Variablen b.
}
```

Listing **5.43**: Kontrollstruktur einer kopfgesteuerten Schleife mit lokalem Scope

5.11.6 Fußgesteuerte Schleife (do-while)

>> Das Gegenstück zur kopfgesteuerten Schleife bildet in C++ die Kontrollstruktur der fußgesteuerten Schleife. Diese wird im Code syntaktisch durch das Schlüsselwort **do** in Kombination mit dem bereits bekannten Schlüsselwort **while** gebildet. Zwischen den beiden Schlüsselwörtern muss ein Ausdruck oder ein lokaler Scope eingebettet werden. Diese inneren Ausdrücke werden solange wiederholt, wie die angegebene Bedingung hinter dem Schlüsselwort **while** gültig ist. Auch bei dieser Kontrollstruktur gilt, dass für die bedingte Anweisung der Schleifendurchläufe in der Regel ein Vergleichsoperator dient. Variablen und Konstanten sollten außerhalb der fußgesteuerten Schleife deklariert und in den inneren Ausdrücken modifiziert werden, sofern diese in Verbindung mit der Abbruchbedingung stehen. In Bezug auf diese Bedingung wird nach einem oder mehreren Schleifendurchläufen der äußere Programmablauf fortgesetzt. Das Besondere der fußgesteuerten Schleife ist, dass die bedingte **while**-Anweisung erst nach einer Iteration geprüft wird. Die Ausdrücke innerhalb dieser Kontrollstruktur werden somit mindestens einmal abgearbeitet, auch wenn die auszuwertende Bedingung danach ungültig ist. Hinter dem Schlüsselwort **while** muss nach der bedingten Anweisung ein Semikolon folgen.
Ergänzend verdeutlicht das nachfolgende Listing die Kontrollstruktur einer fußgesteuerten Schleife mit den Schlüsselwörtern **do** und **while**:

```
int a = 0, b = 0;   // Zwei mit Null initialisierte Variablen.

// Die Schleife durchläuft genau 4-mal, da die Bedingung
// für die Variable a mit den Werten 0, 1, 2 und 3 gültig ist.
// Erst der Vergleich (4 <= 3) führt zum Abbruch der Schleife.

do                  // Die vorzeichenbehaftete Variable b
{                   // hat nach den Iterationen den Wert 4.
    ++a;            // Wäre der Wert der Variablen a von Anfang an
    ++b;            // größer als 4, so würde die Schleife dennoch
}                   // einmal durchlaufen und die Variable b
while (a <= 3);     // bekäme durch das Inkrement nur den Wert 1.
```

Listing **5.44**: Kontrollstruktur einer fußgesteuerten Schleife mit lokalem Scope

5.11.7 Abbrüche von Schleifendurchläufen

>> Manchmal kann es vorkommen, dass der Programmablauf innerhalb einer Schleife vorzeitig beendet oder übersprungen werden soll. In Verbindung mit den Kontrollstrukturen der Schleifen bietet die Syntax der Sprache C++ die Schlüsselwörter **break** und **continue** an. Diese sind in allen drei Schleifen gültig, welche mittels der Schlüsselwörter **for**, **while** und **do-while** gebildet werden können. Der Abbruch einer Iteration kann in einem Ausdruck erfolgen, welcher das Schlüsselwort **break** verwendet. Wird dieses bei der Abarbeitung von inneren Ausdrücken in der Schleife erreicht, so werden alle weiteren Ausdrücke der Schleife ignoriert und diese wird sofort verlassen. In einem solchen Fall erfolgt kein erneuter Durchlauf der Schleife und der äußere Programmablauf wird wie gewohnt fortgesetzt. Mit Hilfe des Schlüsselwortes **continue** können die Ausdrücke im Scope einer Schleife übersprungen werden, so dass der Programmablauf sofort bei der nächsten Iteration der Schleife fortgesetzt wird. Wird dieses Schlüsselwort bei der Abarbeitung erreicht, dann werden alle nachfolgenden Ausdrücke im Scope der Schleife ignoriert, damit erneut die Abbruchbedingung geprüft werden und ein weiterer Schleifendurchlauf direkt erfolgen kann. Die beiden Schlüsselwörter **break** und **continue** ergeben nur in Verbindung mit bedingten Anweisungen einen Sinn, da sonst beim ersten Durchlauf die Schleife direkt abgebrochen wird bzw. in dieser direkt zur nächsten Iteration gesprungen wird. Mit Hilfe der Kontrollstruktur einer Bedingung lässt sich der Abbruch eines Schleifendurchlaufes mit Bedacht steuern. Es empfiehlt sich als guter Programmierstil, diese beiden Schlüsselwörter nur geringfügig zu verwenden, da die Lesbarkeit der Quellcodes eingeschränkt wird und die Abbruchbedingungen stets im Kopf bzw. Fuß der jeweiligen Schleifen definiert werden sollten. Die Schlüsselwörter **break** und **continue** bilden eigene Ausdrücke, daher muss nach diesen direkt ein Semikolon folgen. Je nach der Problemlösung werden häufig verschachtelte Kontrollstrukturen im Quellcode verwendet. Wenn Bereiche von Schleifen ineinander verschachtelt werden, so beziehen sich die Schlüsselwörter **break** und **continue** stets auf den Scope der Schleife, in dem diese platziert sind. Werden die Schlüsselwörter als Ausdruck einer Bedingung verwendet, so beziehen sie sich auf den Bereich der Schleife, in dem die bedingte **if**-Anweisung eingebettet ist.

5.11.8 Fallunterscheidung (**switch**-**case**-**default**)

≫ Um komplexe und verschachtelte **if**-**else**-Kontrollstrukturen im Quellcode zu vermeiden, kann eine Fallunterscheidung verwendet werden, welche mit Hilfe des Schlüsselwortes **switch** eingeleitet wird. Nach diesem muss in einfachen Klammern der Name einer Variablen oder einer Konstanten angegeben werden, deren Inhalt es durch die Fallunterscheidung auszuwerten gilt. In den paarweisen Klammern können auch komplexe Rechenoperationen stehen, sofern das Ergebnis einen eindeutigen Zahlenwert liefert. Die Kontrollstruktur mit dem Schlüsselwort **switch** darf nur mit ganzzahligen Werten verwendet werden, welche auch negativ sein dürfen. Da druckbare Zeichen in C++ durch Ganzzahlen repräsentiert werden, ist die Verwendung dieses primitiven Datentyps in einer Fallunterscheidung zulässig. Diese Kontrollstruktur ist die einzige, welche nicht mit Hilfe von Vergleichsoperatoren bedient wird.

Nach dem Schlüsselwort **switch** und der Anweisung in Klammern kann ein entsprechender Fall angegeben werden. Dafür dient das Schlüsselwort **case**, welches nur in Verbindung mit dieser Kontrollstruktur gültig ist. Nach dem Schlüsselwort muss die Angabe eines eindeutigen Literals erfolgen, welches mit dem Wert der Variablen oder der Konstanten in den Klammern der **switch**-Anweisung auf Gleichheit überprüft wird. Durch einen Doppelpunkt (:) wird der Fall eröffnet, so dass sich hinter diesem ein Ausdruck befinden muss, welcher nur dann abgearbeitet wird, sofern der entsprechende Fall gültig ist. Dabei kann es sich auch um einen leeren Ausdruck handeln. Der folgende Code-Ausschnitt veranschaulicht die einfache Kontrollstruktur einer Fallunterscheidung mit den Schlüsselwörtern **switch** und **case**:

```cpp
char sign = 'y';   // Initialisiertes und druckbares Zeichen.
                   // Beachten Sie die Anführungszeichen.

// Fallunterscheidung zur Prüfung von sign auf das Zeichen 'x'.

switch (sign)
   case 'x': /* Ausdruck */;
```

Listing **5.45**: Einfache Kontrollstruktur einer Fallunterscheidung

Klassen & Bezugsrahmen » Fallunterscheidung (**switch-case-default**)

Der angegebene Fall im vorherigen *Listing 5.45* wurde nicht abgearbeitet, da die Variable einen anderen Wert hatte wie das Literal hinter dem Schlüsselwort **case**. Die Prüfung von Fällen in dieser Kontrollstruktur ist identisch mit der Gleichheit in bedingten Anweisungen. Ein Ausdruck wird nur abgearbeitet, wenn die zu prüfende Variable oder Konstante den gleichen Wert hat wie das Literal im entsprechenden **case**-Fall. Der vorherige Code-Ausschnitt kann mit identischer Semantik auch mittels einer Bedingung gebildet werden, wie es das nachfolgende Listing deutlich macht:

```cpp
char sign = 'y';   // Initialisiertes und druckbares Zeichen.

// Prüfung des Wertes von sign auf das Zeichenliteral 'x'.
// Die Bedingung ist gleich der vorherigen Fallunterscheidung.

if (sign == 'x') /* Ausdruck */;
```

Listing **5.46**: Einfache Fallunterscheidung durch bedingte Anweisung

Die Kontrollstruktur einer Fallunterscheidung bietet sich eher für mehrere zu prüfende Fälle an. Dabei ist es möglich, das Schlüsselwort **case** vielfach in dieser Kontrollstruktur zu verwenden, wobei jedes einen eigenen Fall darstellt. Wenn das Schlüsselwort **case** mehr als einmal in einer Fallunterscheidung verwendet wird, muss ein lokaler Scope für die Kontrollstruktur definiert werden, in dem die verschiedenen Fälle gebildet werden können. Der zu prüfende Wert eines entsprechenden Falls muss eindeutig sein. Der Compiler generiert einen Fehler, wenn ein Fall mit einem Literal geprüft werden soll, welches bereits durch ein anderes **case**-Schlüsselwort in der gleichen Kontrollstruktur verwendet wird. Hinter dem Doppelpunkt eines Falls dürfen sich mehrere Ausdrücke befinden, wenn die Kontrollstruktur einen lokalen Scope verwendet. In diesem lokalen Bereich dürfen auch andere Ausdrücke platziert werden, welche nichts mit dem Schlüsselwort **case** und der eigentlichen Fallunterscheidung verbindet. Alle Ausdrücke hinter dem Doppelpunkt beziehen sich auf einen entsprechenden Fall, solange bis ein neues Schlüsselwort **case** Verwendung findet oder bis die Kontrollstruktur durch eine geschweifte Klammer geschlossen wird.
Das nachfolgende Code-Beispiel zeigt die Verwendung einer Fallunterscheidung in Verbindung mit mehreren **case**-Fällen:

Eintauchen in **C++**

Fallunterscheidung (**switch**-**case**-**default**) « Klassen & Bezugsrahmen

```
unsigned int monat = 9, tage = 0;  // Zwei Initialisierungen.

// Fallunterscheidung zur Prüfung des
// gespeicherten Wertes in der Variablen monat.
// In diesem Beispiel beginnt die Zählung der Monate bei 1
// (Januar), so dass der Monat Dezember den Wert 12 darstellt.
// In jedem einzelnen Fall werden die Tage des entsprechenden
// Monats ermittelt und über eine Variable addiert.

switch (monat)
{
    case 1:  tage += 31;  /* Der Monat Januar    hat 31 Tage. */
    case 2:  tage += 28;  /* Der Monat Februar   hat 28 Tage. */
    case 3:  tage += 31;  /* Der Monat März      hat 31 Tage. */
    case 4:  tage += 30;  /* Der Monat April     hat 30 Tage. */
    case 5:  tage += 31;  /* Der Monat Mai       hat 31 Tage. */
    case 6:  tage += 30;  /* Der Monat Juni      hat 30 Tage. */
    case 7:  tage += 31;  /* Der Monat Juli      hat 31 Tage. */
    case 8:  tage += 31;  /* Der Monat August    hat 31 Tage. */
    case 9:  tage += 30;  /* Der Monat September hat 30 Tage. */
    case 10: tage += 31;  /* Der Monat Oktober   hat 31 Tage  */
    case 11: tage += 30;  /* Der Monat November  hat 30 Tage. */
    case 12: tage += 31;  /* Der Monat Dezember  hat 31 Tage. */
}
```

Listing **5.47**: Fallunterscheidung mit mehreren **case**-Fällen

In diesem Listing wurde der Wert 9 als Initialisierungswert für die Variable des Monats gesetzt. Dieser Wert repräsentiert den Monat September im Code-Beispiel. Die Kontrollstruktur der Fallunterscheidung trat in Kraft, so dass der **case**-Fall mit dem Wert 9 einen wahren Vergleich lieferte und der Ausdruck hinter diesem Doppelpunkt abgearbeitet wurde. Die Ausdrücke hinter den Fällen 1 bis 8 wurden ignoriert, da die einzelnen Werte nicht mit dem in der Variablen übereinstimmten. Entgegen den Erwartungen hat die Variable für die Tage nicht den Wert 30, sondern den Wert 122. Das liegt daran, weil die Ausdrücke der **case**-Fälle 10, 11 und 12 ebenfalls abgearbeitet wurden, nachdem zuerst der Fall mit dem Wert 9 gültig war. Der Wert der Variablen für die Tage ermittelt sich somit aus der Summe der einzelnen Ausdrücke, was der Summe aus den Werten 30 plus 31 plus 30 plus 31 entspricht (=122).

Klassen & Bezugsrahmen » Fallunterscheidung (**switch**-**case**-**default**)

In der Kontrollstruktur werden noch alle **case**-Fälle abgearbeitet, die auch nach dem ersten gültigen Fall im jeweiligen Scope vorhanden sind. Dieses Verhalten ist oft nicht erwünscht und kann zu unerwarteten Ergebnissen und Programmabläufen führen. Um die Abarbeitung weiterer Fälle zu unterbinden, kann das aus den Schleifen bekannte Schlüsselwort **break** eingesetzt werden, welches auch innerhalb einer Fallunterscheidung gültig ist. Mit diesem Schlüsselwort kann ein eigener Ausdruck in einem **case**-Fall gebildet werden, um die Kontrollstruktur sofort zu verlassen, wenn der jeweilige Fall gültig war. Basierend auf *Listing 5.47* verdeutlicht der folgende Code-Ausschnitt das Schlüsselwort **break**:

```cpp
unsigned int monat = 9, tage = 0;   // Zwei Initialisierungen.

// Erneute Fallunterscheidung zur Prüfung des Monats.

switch (monat)
{
   case 1:   tage += 31; break;   // Das Schlüsselwort break
   case 2:   tage += 28; break;   // verhindert für jeden Fall
   case 3:   tage += 31; break;   // die Abarbeitung der nach-
   case 4:   tage += 30; break;   // folgenden Fälle und bricht
   case 5:   tage += 31; break;   // die weitere Ausführung
   case 6:   tage += 30; break;   // der Kontrollstruktur ab.
   case 7:   tage += 31; break;
   case 8:   tage += 31; break;
   case 9:   tage += 30; break;   /* Abarbeitung dieses Falls. */
   case 10:  tage += 31; break;
   case 11:  tage += 30; break;
   case 12:  tage += 31; break;
}
```

Listing **5.48**: Abbrüche von Fallunterscheidungen mit dem Schlüsselwort **break**

Das Schlüsselwort **break** ist optional und muss nicht in jedem einzelnen Fall als Ausdruck dienen. Im vorherigen Listing besitzt die Variable für den Monat erneut den Wert 9 (September) und wieder war der **case**-Fall mit dem Literal 9 in der Kontrollstruktur gültig. Nach der Abarbeitung wurden die nachfolgenden Fälle nicht mehr berücksichtigt, so dass die Variable für die Tage nun tatsächlich den Wert 30 enthält.

Fallunterscheidung (**switch**-**case**-**default**) « Klassen & Bezugsrahmen

Das in Bezug auf eine Fallunterscheidung gültige und optionale Schlüsselwort **default** kann als Fall dienen, der abgearbeitet wird, wenn alle anderen **case**-Fälle der Kontrollstruktur ungültig sind. Der Doppelpunkt wird dabei direkt hinter dem Schlüsselwort angegeben, so dass auch für diesen **default**-Fall mehrere abzuarbeitende Ausdrücke gelten können. An einer beliebigen Stelle darf dieser Fall in der Kontrollstruktur nur einmal vorkommen. Dieser wird wie andere Fälle behandelt, so dass auch eine Abarbeitung stattfindet, wenn bereits ein **case**-Fall gültig war und das Schlüsselwort **break** nicht in diesem verwendet wurde. Ein solcher mit dem Schlüsselwort **default** gebildete Fall kann mit dem **else**-Zweig einer bedingten Anweisung verglichen werden. Der **default**-Fall tritt immer ein, sofern andere Fälle der Kontrollstruktur ohne Ergebnis blieben.

Eine Fallunterscheidung bietet sich gut für die Arbeit mit Aufzählungstypen an, da die darin enthaltenen Enumeratoren ganzzahlige Werte besitzen und diese durch **case**-Fälle überprüfbar sind. Das nachfolgende Listing verdeutlicht die Kontrollstruktur einer Fallunterscheidung in Verbindung mit einem **default**-Fall und einer definierten Enumeration:

```cpp
enum RGB    // Definition eines Aufzählungstyps,
{           // der die Farben des RGB-Modells repräsentiert.
   Red,
   Green,
   Blue
};

RGB color = Green;    // Initialisierte Instanz der Aufzählung.

short a = 5;          // Initialisierte Ganzzahl.

switch (color)        // Fallunterscheidung für die Farbe.
{
   case Red: a += 2;  // Der case-Fall ist gültig für
                      // den Vergleich (color == Red).
   default:  a *= 2;  // Der default-Fall tritt für den
                      // Vergleich (color == Green)
                      // ODER (color == Blue) ein.
}
// Fortsetzung auf Folgeseite.
```

```
// Es trat der default-Fall in Kraft, so dass
// die Variable a nun den Wert 10 besitzt (5 * 2).
// Ohne den default-Fall bliebe die Variable a unverändert.
// Wäre die Instanz color mit dem Enumerator Red gespeichert,
// dann würde der default-Fall ebenfalls abgearbeitet werden,
// da das Schlüsselwort break im vorherigen case-Fall
// nicht im Ausdruck verwendet wurde.
// Dadurch hätte die Variable a den Wert 14 ((5 + 2) * 2).
```

Listing **5.49**: Fallunterscheidung mit **default**-Fall und Enumeration

5.12 Typdefinitionen mit Klassen

>> Ein Alias ist nicht allein auf primitive Datentypen beschränkt und kann auch in Verbindung mit Klassen verwendet werden. Die Bekanntmachung eines neuen Klassennamens kann dabei ebenfalls mit Hilfe einer Typdefinition durch das bereits bekannte Schlüsselwort **typedef** erfolgen. Das Schlüsselwort **const** darf auch in Verbindung mit einem komplexen Datentyp verwendet werden, wenn für diesen eine Typdefinition erfolgt.
Im nachfolgenden Code-Ausschnitt wird das Schlüsselwort **typedef** verwendet, um einen Alias für den komplexen Typ einer Klasse zu deklarieren:

```
class WhatIsThat          // Definition der Klasse WhatIsThat.
{
    unsigned int m_value; // Gekapselte Eigenschaft (privat).
};

// Typdefinition für den komplexen Datentyp WhatIsThat.

typedef WhatIsThat SampleClass;

// Bildung einer Instanz der Klasse über den neuen Namen.

SampleClass AnyObject;
```

Listing **5.50**: Typdefinition mit einer Klasse

5.13 Der ternäre Operator

» Die Syntax der objektorientierten Sprache C++ verfügt über genau einen Operator, welcher mir drei Operanden arbeitet. In Bezug auf die Operanden wird dieser als ternärer Operator bezeichnet und dient der Verkürzung von bedingten Anweisungen einer **if-else**-Kontrollstruktur. Da es sich aber um einen Operator mit Rückgabewert handelt, kann dieser auch innerhalb von komplexen Ausdrücken und Rechenoperationen stehen, was durch die Kontrollstruktur der bedingten Anweisung nicht möglich ist. Der erste Operand muss eine Bedingung bilden, für die in der Regel ein Vergleichsoperator dient. Nach diesem ersten Operanden wird ein Fragezeichen (?) angegeben, mit dessen Hilfe in einem Ausdruck der ternäre Operator identifiziert wird. Die zweiten und dritten Operanden bilden abzuarbeitende Anweisungen, welche selbst aus komplexen Ausdrücken oder Rechenoperationen bestehen können. Zwischen dem zweiten und dritten Operanden muss ein Doppelpunkt (:) gesetzt werden, um die beiden Anweisungen im Operator voneinander trennen zu können. Die Anweisung im zweiten Operanden wird ausgeführt, sofern die definierte Bedingung im ersten Operanden Gültigkeit besitzt. Ist diese Bedingung nicht gültig, dann wird die Anweisung des dritten Operanden abgearbeitet. Der vom ternären Operator gelieferte Wert ist abhängig von der Abarbeitung des jeweiligen Operanden und somit von der Bedingung. Die Abarbeitung des ternären Operators erfolgt von links nach rechts, auch wenn dieser innerhalb eines komplexen Ausdruckes eingebaut ist, welcher standardmäßig von rechts nach links ausgewertet wird. Es wird also im Operator zuerst die Bedingung im ersten Operanden geprüft. Ist diese gültig, so tritt der zweite Operand dieses Operators in Kraft, andernfalls der dritte und letzte Operand. In Bezug auf die Bedingung wird also immer eine der Anweisungen in den Operanden ausgewertet, aber niemals beide und niemals keine. Durch einfache Klammerung kann in einem Ausdruck der gesamte ternäre Operator auch als Operand einer weiteren Operation dienen. Jeder Operand des ternären Operators muss genau eine Anweisung enthalten, welche auch durch eine Sequenz gebildet werden darf. Die Verwendung von lokalen Scopes oder mehreren Ausdrücken in den Operanden ist für diesen Operator nicht zulässig. Ergänzend veranschaulicht das nachfolgende Listing die Verwendung des ternären Operators in einem komplexen Ausdruck:

Klassen & Bezugsrahmen » Der ternäre Operator

```
unsigned int a = 7, b = 0;   // Zwei initialisierte Ganzzahlen.

// Die Abarbeitung des Ausdrucks erfolgt von rechts nach links.
// Der linke Operand der Multiplikation ist abhängig von
// der Bedingung des ternären Operators in Klammern.
// Der Vergleich im ersten Operanden dieses Operators ist
// gültig, da der Wert 7 größer ist als das Literal 4.
// Aus diesem Grund wird der Ausdruck (a + 1) des
// zweiten Operanden abgearbeitet, so dass der Wert 8
// als Rückgabewert des ternären Operators dient.
// Dieser Wert 8 wird als linker Operand für die
// Multiplikation mit dem Literal 2 verwendet.
// Das Ergebnis 16 dient als rechter Operand für
// die Zuweisung der vorzeichenlosen Variablen b.
// Wäre die Bedingung im ersten Operanden des ternären
// Operators nicht gültig, würde der Wert 5 geliefert werden
// und das Ergebnis der Multiplikation wäre in diesem Fall 10.
// Die Verwendung der Klammern ist für die Semantik in diesem
// Beispiel erforderlich, da sonst die Anweisung (5 * 2) als
// dritter Operand des ternären Operators dienen würde.

b = (a >= 4 ? a + 1 : 5) * 2;   // Die Variable b ist 16.
```

Listing **5.51**: Verwendung des ternären Operators

Ausdrücke und Operationen mit dem ternären Operator können immer durch äquivalente **if-else**-Kontrollstrukturen gebildet werden. Dies wird in Bezug auf das vorherige *Listing 5.51* im folgenden Code-Ausschnitt deutlich:

```
unsigned int a = 7, b = 0;   // Zwei initialisierte Ganzzahlen.

// Semantisch identische Rechenoperationen durch bedingte
// Anweisung und einer folgenden Multiplikation mit Zuweisung.

if (a >= 4) b = a + 1;
else        b = 5;

b *= 2;  // b ist 16.
```

Listing **5.52**: Äquivalente **if-else**-Kontrollstruktur

5.14 Arrays fester Größen und Objekte

>> Deklarationen von Arrays fester Größen sind nicht nur auf primitive Datentypen beschränkt, sondern können in Ausdrücken auch mit komplexen Typen gebildet werden. In diesem Fall wird ein Datenfeld fester Größe bereitgestellt, welches die Instanzen der angegebenen Klasse sequenziell im Speicher hält. Ein Zugriff auf ein jeweiliges Objekt kann wie gewohnt mit Hilfe des Indizierungsoperators erfolgen, während der Punktoperator für den Zugriff auf die entsprechende Eigenschaft des Objektes dient. In einem solchen Ausdruck kann also der Indizierungsoperator in Kombination mit dem Punktoperator verwendet werden, um erst ein Objekt im Array anzusprechen und danach direkt eine jeweilige Eigenschaft. Bei der Deklaration eines Arrays fester Größe kann optional das Schlüsselwort **class** oder **struct** vor dem Klassennamen platziert werden. Es ist in Klassendefinitionen auch möglich, komplexe Typen als Eigenschaften zu verwenden, wenn diese aus Arrays fester Größen gebildet werden. In Verbindung mit den Zugriffen auf Objekte und Eigenschaften veranschaulicht das folgende Listing verschiedene Arrays fester Größen:

```cpp
struct InnerClass   // Definition der Klasse InnerClass.
{
   // Eigenschaft der Klasse, die standardmäßig öffentlich ist.

   unsigned int value;   // Vorzeichenlose Ganzzahl.
};

struct OuterClass   // Definition der Klasse OuterClass.
{
   // Deklaration einer öffentlichen Eigenschaft,
   // welche aus 3 Instanzen der Klasse InnerClass
   // über ein Array fester Größe gebildet wird.
   // Das Schlüsselwort class ist optional.

   class InnerClass inner[3];   // Standardmäßig public.
};

// Fortsetzung auf Folgeseite.
```

```
// Deklaration eines Arrays fester Größe,
// bestehend aus 5 Instanzen der Klasse OuterClass.
// Jedes Objekt verfügt über eine unabhängige Eigenschaft,
// die aus 3 Instanzen der Klasse InnerClass gebildet wird.

OuterClass sample[5];   // Datenfeld mit komplexem Datentyp.

// Schreibender Zugriff auf die Eigenschaft der letzten Instanz
// der Klasse InnerClass von der vierten Instanz aus dem Array.
// Die erste Indizierung gibt den Datentyp OuterClass zurück.
// Der zweite Indizierungsoperator liefert den Typ InnerClass
// an das entsprechende Objekt aus der ersten Indizierung.

sample[3].inner[2].value = 11;   // Zuweisung eines Wertes.
```

Listing **5.53**: Arrays fester Größen in Verbindung mit Objekten

5.15 Überblick der Operatoren des Kapitels

>> Die *Tabelle 13* dieses Kapitels veranschaulichte bereits binäre Vergleichsoperatoren. Die nachfolgende Tabelle liefert zur Ergänzung einen Überblick der übrigen Operatoren, die Sie in diesem Kapitel kennengelernt haben:

Operator	Operation	Typ	Notation
Punktoperator .	Zugriff auf Member einer Instanz	binär	Infix
Scope-Operator ::	Bereichsauflösung	binär	Infix
Scope-Operator ::	Zugriff auf globale Daten	unär	Präfix
Bedingung ?:	bedingter Operator in einem Ausdruck	ternär	Infix

Tabelle **14**: Punktoperator, Scope-Operator und ternärer Operator

6 Namensräume

6.1 Was Namensräume darstellen

>> Namensräume (engl. namespaces) bilden in der Sprache C++ ebenfalls Bereiche durch Bezugsrahmen für Daten eines gemeinsamen Kontextes. Diese können beliebig tief ineinander geschachtelt werden, wobei jeder Namensraum seinen eigenen Bereich an Daten enthalten kann. Die innerhalb eines Namensraumes deklarierten und definierten Daten besitzen lokale Gültigkeit zu dem Namensraum, in dem diese eingebettet wurden. In der realen Welt bieten Räume mehr oder weniger Platz für Stühle, Tische, Schränke und sonstige Möbel; in der Syntax der Programmiersprache C++ können diese zur Bündelung von gemeinsamen Daten verwendet werden.

Die Definition eines Namensraumes kann in der jeweiligen Header-Datei oder in einer Übersetzungseinheit erfolgen. Ein Namensraum ist für ein ausführbares Programm transparent und belegt somit keinen Speicher auf dem Stack oder auf dem Heap. Jeder Namensraum kann über einen eindeutigen Namen identifizierbar sein. Dieser Identifikator sollte ähnlich wie der einer Variablen oder Klasse, aussagekräftig gewählt werden. Einen Sonderfall bilden der globale Namensraum und namenlose Namensräume. Diese benötigen somit keinen zwingenden Namen für ihre Identifikation. Bestehende Namensräume können stets durch eine Neudefinition erweitert werden.

Im alltäglichen Leben verfügt eine Wohnung über ein Badezimmer, eine Küche sowie einen Schlafraum. Jeder Raum dieser Wohnung beinhaltet sein eigenes Inventar. Ein Beispielprojekt *Wohnung* könnte also 3 Namensräume definieren, wobei das *Inventar* die Objekte im jeweiligen Namensraum repräsentieren kann. Namensräume sollten also in größeren Software-Projekten eingesetzt werden, um Daten eines Moduls von anderen Modulen abzukapseln.

Bitte beachten Sie folgenden Hinweis zu den Listings dieses Kapitels: Einige Code-Ausschnitte deklarieren nur Klassennamen, welche aber nicht durch einen Bezugsrahmen als wohldefiniert gelten. Jedoch werden diese Klassen manchmal zur Veranschaulichung instanziert, was streng genommen in einem Compiler-Fehler enden würde. Da sich das Kapitel auf Namensräume fokussiert, sollten Sie diese Klassen vor dem Testen der Quellcodes selbstständig definieren.

6.2 Der globale Namensraum

>> Der globale Namensraum stellt einen Sonderfall in der Programmiersprache C++ dar. Er existiert immer in jeder Quelldatei, unabhängig davon, ob dieser definiert wurde oder nicht. Der globale Namensraum besitzt keinen eindeutigen Namen. Jedoch ist es in C++ möglich, diesen durch einen globalen Namensraum ohne Namen neu zu definieren. Der globale Namensraum ist in jeder Quelldatei mit dem globalen Scope identisch. Der Bereich des globalen Namensraumes liegt somit auch immer in der Sichtbarkeit des File-Scopes der jeweiligen Quelldatei. Bereiche von verschachtelten und benutzerdefinierten Namensräumen beginnen im Inneren eines Namensraumes, auf welchen sich der neu definierte Namensraum bezieht. Somit sind definierte Namensräume einer Quelldatei immer in den globalen Namensraum und somit in den globalen Scope integriert. Jeder eigene Namensraum wird damit zur Teilmenge des globalen Namensraumes in der entsprechenden Quelldatei.

6.3 Definition von Namensräumen

6.3.1 Das Schlüsselwort **namespace**

>> Zur Definition eines Namensraumes stellt die Syntax der Sprache C++ das Schlüsselwort **namespace** zur Verfügung. Der Namensraum sollte identifizierbar sein und somit einen eindeutigen und aussagekräftigen Identifikator erhalten. Dieser kann nach dem Schlüsselwort **namespace** angegeben werden, danach erfolgt die Definition des Bezugsrahmens mit geschweiften Klammern ({ }). Die Definition eines Namensraumes muss nicht mit einem Semikolon abgeschlossen werden, wie dies bei Klassendefinitionen bekannt ist. Namensräume dürfen nur im globalen Scope einer jeweiligen Quelldatei definiert und verschachtelt werden. Alle aus dem vorherigen Kapitel bekannten Bereiche dürfen sich innerhalb eines Namensraumes befinden.

Im nachfolgenden Code-Ausschnitt wird die Definition von Namensräumen mit dem Schlüsselwort **namespace** deutlich:

Das Schlüsselwort **namespace** « Namensräume

```cpp
// Definition eines Namensraumes mit inneren Deklarationen.

namespace AVeryLongNamespaceName
{
   class  AnyClass;      // Klassendeklarationen im Namensraum.
   struct AnyStruct;
   int    AnyVariable;   // Bekanntmachung einer Variablen.
}

// Definition eines Namensraumes, welcher in seinem
// Bereich auch eine eigene Klassendeklaration einbettet.
// Der innere Klassenname ist zum Namensraum lokal gültig,
// daher kollidiert dieser nicht mit dem gleichen
// Klassennamen im Namensraum AVeryLongNamespaceName.

namespace DemoNamespace
{
   class AnyClass;   // Eigene Klassendeklaration.
}
```

Listing **6.1**: Definition von Namensräumen

Als aufmerksamer Leser werden sie festgestellt haben, dass der Identifikator *AVeryLongNamespaceName* für den Namensraum nicht sehr passend gewählt wurde. In den nachfolgenden Abschnitten dieses Kapitels wird jedoch auf diesen Namensraum weiterhin Bezug genommen.

Es ist auch möglich, einen Namensraum ohne Identifikator anzugeben, um den globalen Namensraum der Quelldatei zu überschreiben. Dies wird im folgenden Listing veranschaulicht:

```cpp
// Globaler Namensraum mit deklariertem Klassen-
// namen und initialisierter Variablen.

namespace   /* Namensraum ohne Identifikator. */
{
   class  AnyClass;
   double GlobalVariable = 12.345;
}
```

Listing **6.2**: Überschreiben des globalen Namensraumes

Namensräume » Verschachtelung von Namensräumen

Es ist in C++ nicht möglich einen Namensraum nur zu deklarieren, indem der Ausdruck nach dem Schlüsselwort **namespace** und dem Namen mit einem Semikolon beendet wird. Es muss also immer ein Bezugsrahmen für den entsprechenden Namensraum mit geschweiften Klammern definiert werden. Das folgende Code-Beispiel führt daher zu einem Übersetzungsfehler:

```
// Unzulässige Deklaration des Namensraumes Math.

namespace Math;
```
Listing **6.3**: Unzulässige Deklaration eines Namensraumes

6.3.2 Verschachtelung von Namensräumen

>> Namensräume können verschachtelt werden, so dass der Bezugsrahmen des neu zu definierenden Namensraumes innerhalb des vorhandenen Bereiches eines anderen Namensraumes vorkommt:

```
namespace Math          // Definition des Namensraumes Util
{                       // innerhalb von Math.
    namespace Util
    {
        class Matrix;   // Deklaration des Klassennamens
    }                   // Matrix im innersten Namensraum.
}

// Erweiterung des Namensraumes Math.
// Die Erweiterung eines bestehenden Namens-
// raumes ist stets durch eine Neudefinition möglich.
// Die Konstante PI besitzt lokale Gültigkeit zu Math.

namespace Math
{
    const double PI = 3.141593;  // Initialisierte Konstante.
}

// Fortsetzung auf Folgeseite.
```

Eintauchen in **C++**

Verschachtelung von Namensräumen « Namensräume

```
// Definition dreier verschachtelter Namensräume mit einer
// initialisierten Variablen im innersten Namensraum und
// einer Klassendeklaration im äußeren Namensraum.

namespace ASecondVeryLongNamespaceName
{
   class AnyClass;

   namespace DemoNamespace
   {
      namespace InnerNamespace
      {
         unsigned short AnyVariable = 10;
      }
   }
}
```

Listing **6.4**: Definition verschachtelter Namensräume

Auch in diesem Code-Beispiel bezieht sich der eher unpassende Identifikator *ASecondVeryLongNamespaceName* auf Abschnitte, die später in diesem Kapitel folgen werden.

Die nachfolgende Abbildung illustriert die Verschachtelung der Namensräume basierend auf dem vorherigen Listing:

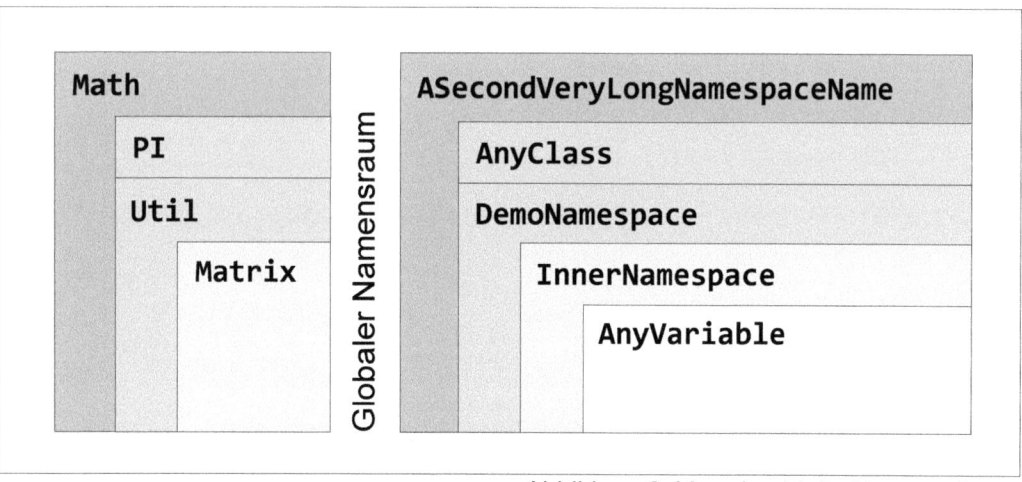

Abbildung **9**: Verschachtelte Namensräume

Namensräume » Verschachtelung von Namensräumen

In C++ ist es syntaktisch nicht möglich, Namensräume ohne definierten Bezugsrahmen zu verschachteln oder zu deklarieren. Die folgenden Beispiele würden also in Übersetzungsfehlern resultieren:

```cpp
// Fehler: Verschachtelung über Scope-Operator nicht möglich!

namespace ANamespaceName::OtherNamespace
{
    namespace InnerNamespace
    {
        class AnyClass;
    }
}

// Fehler: Deklaration über Scope-Operator nicht möglich!

namespace Math::Util;
```
Listing **6.5**: Fehlerhaft verschachtelte Namensräume

Es ist in der Sprache C++ auch möglich, Namensräume ohne Identifikatoren zu verschachteln. Diese besitzen also keinen eindeutigen Namen für ihre Identifikation. Namenlose Namensräume bilden somit nur einen Bezugsrahmen innerhalb des Bereiches, in dem sie definiert worden sind. Das nachfolgende Listing macht namenlose und verschachtelte Namensräume deutlich:

```cpp
// Der globale Namensraum wird überschrieben und enthält
// zwei Namensräume, welche je einen eigenen Namensraum
// im Inneren definieren.

namespace   // Überschriebener und globaler Namensraum.
{
    namespace DemoNamespace
    {
        namespace   // Gültiger Namensraum ohne Identifikator.
        {
            class AnyClass;   // Klassendeklaration im
        }                     // namenlosen Namensraum.
    }
```

```
/* Fortsetzung der Definition von Namensräumen
   innerhalb des globalen Namensraumes. */

// Gültiger Namensraum ohne Namen mit Bezugsrahmen
// innerhalb des globalen Namensraumes.

namespace
{
   namespace InnerNamespace
   {
      char X = 'a';   // Ein initialisiertes Druckzeichen.
   }
}
```
Listing **6.6**: Namenlose und verschachtelte Namensräume

In Bezug auf den vorherigen Code-Ausschnitt veranschaulicht die nachfolgende Abbildung die namenlosen und verschachtelten Namensräume:

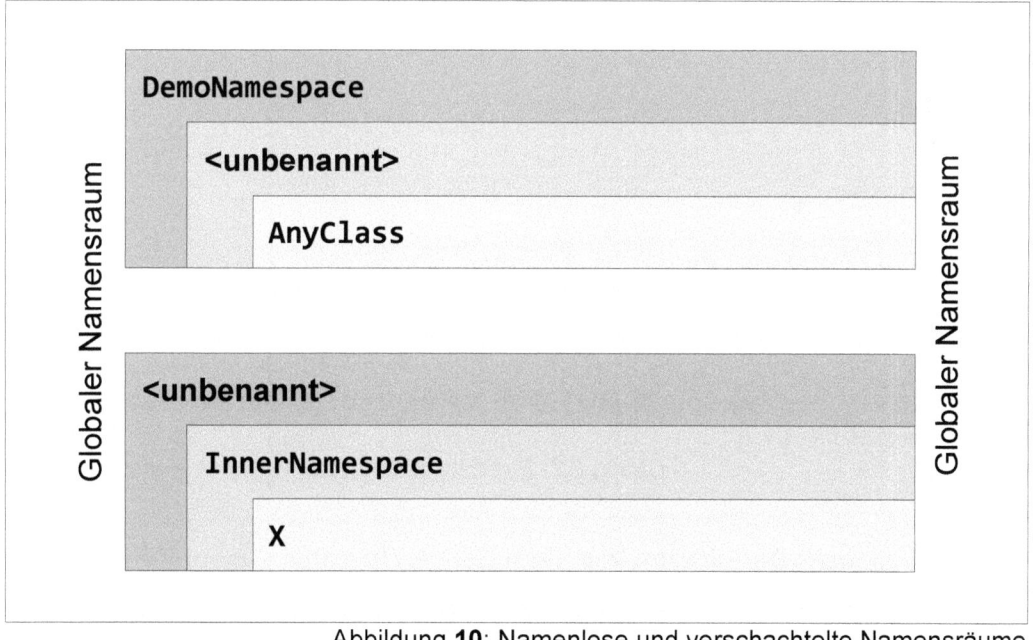

Abbildung **10**: Namenlose und verschachtelte Namensräume

6.4 Identifikation von Daten im Namensraum
6.4.1 Explizite Zugriffe über den Scope-Operator

» Da Namensräume geklammerte Bereiche durch Bezugsrahmen darstellen, ist es möglich, Zugriffe auf die im Namensraum befindlichen Daten mit Hilfe des Bereichsauflösungsoperators (Scope-Operators) zu erlangen. Dabei wird zwischen explizitem und implizitem Zugriff auf deklarierte und definierte Daten innerhalb eines Namensraumes unterschieden. Wird mit dem Scope-Operator auf Daten zugegriffen, welche sich innerhalb eines Namensraumes befinden, so handelt es sich dabei um expliziten Zugriff auf diese Daten. Es ist dabei nicht von Bedeutung, wie tief Namensräume ineinander verschachtelt sind. Für einen expliziten Zugriff muss in einem Ausdruck der Scope-Operator so oft aufgelöst werden, je nachdem wie tief die Daten im (verschachtelten) Namensraum untergebracht sind. Der nachfolgende Code-Ausschnitt veranschaulicht den lesenden und schreibenden, expliziten Zugriff auf Daten von *Listing 6.1* und *Listing 6.4* mit dem Scope-Operator:

```cpp
// Ein einfacher Namensraum mit einfacher Bereichsauflösung.
const int cvar = AVeryLongNamespaceName::AnyVariable;

// Zwei Namensräume ergeben zwei Bereichsauflösungen.
Math::Util::Matrix mat;   // Instanz der Klasse Matrix.

// Drei verschachtelte Namensräume, drei Bereichsauflösungen.
ASecondVeryLongNamespaceName::DemoNamespace::InnerNamespace
::AnyVariable += 1;
```

Listing **6.7**: Explizite Zugriffe auf Daten in Namensräumen

Auch auf globale Daten kann mit dem Scope-Operator zugegriffen werden. Globale Daten sind definierte Klassen und deklarierte Variablen, welche in der gesamten Quelldatei gültig sind. Diese befinden sich also immer innerhalb des globalen Namensraumes. Dabei spielt es keine Rolle, ob der globale Namensraum der jeweiligen Quelldatei überschrieben wurde oder nicht. Da sich alle Daten und Namensräume stets im globalen Namensraum befinden, kann immer ein führender Scope-Operator als Präfix in einem Ausdruck angegeben werden, wie dies bereits im vorherigen Kapitel erläutert wurde. Veranschaulicht wird der globale Zugriff mit dem Scope-Operator unter Verwendung von *Listing 6.1* und *Listing 6.2* im folgenden Code-Beispiel:

```
// Instanz der in DemoNamespace definierten Klasse.
// DemoNamespace befindet sich im globalen Namensraum,
// die führenden :: können somit auch entfallen.

::DemoNamespace::AnyClass anyObj;

// Die globale Variable vom Typ double befindet
// sich im globalen (überschriebenen) Namensraum.
// Auch hier ist der führende Scope-Operator optional.

::GlobalVariable = 1.0;
```

Listing **6.8**: Globaler Zugriff über den Scope-Operator

6.4.2 Die **using**-Direktive

>> Mit Hilfe der **using**-Direktive (Schlüsselwort) können in der Programmiersprache C++ Namensräume in einer Header-Datei oder Übersetzungseinheit bekannt gemacht werden. Durch die Direktive ist es möglich, implizite Zugriffe auf alle Daten innerhalb eines Namensraumes zu erhalten, auf welchen die Direktive verweist. Ein Ausdruck beginnt dabei mit dem Schlüsselwort **using** gefolgt von dem Schlüsselwort **namespace** und dem Identifikator des Namensraumes. Der Ausdruck wird mit einem Semikolon beendet und damit die Deklaration der Direktive abgeschlossen. Die **using**-Direktive besitzt stets lokale Gültigkeit zu dem Scope, in dem sie deklariert wurde. Wird die Direktive global am Anfang einer Header-Datei oder Übersetzungseinheit deklariert, so besitzt diese auch globale Gültigkeit in der jeweiligen Quelldatei. Nachfolgend macht ein Listing die syntaktische Verwendung der **using**-Direktive deutlich:

Namensräume » Die **using**-Direktive

```
int main()
{
   // Diese Direktive ist in der main-Methode lokal gültig.

   using namespace AVeryLongNamespaceName;

   // Impliziter Zugriff auf die Variable im Namensraum.
   // Der Compiler erkennt, dass die Variable eindeutig zu dem
   // per using-Direktive bekannt gemachten Namensraum gehört.

   ++AnyVariable;   // Operation durch Präfix-Inkrement.

   return 0;
}
```

Listing **6.9**: Verwendung der **using**-Direktive

Die Angabe einer **using**-Direktive vereinfacht somit das Schreiben von Quellcodes, da Identifikatoren von Namensräumen und der Scope-Operator nicht explizit geschrieben werden müssen. Das vorangegangene Code-Beispiel verwendete den Namensraum *AVeryLongNamespaceName* aus *Listing 6.1*. Mit Hilfe der Deklaration einer **using**-Direktive kann also das Schreiben von langen und unvorteilhaften Namen erspart werden.

Die Deklaration einer Direktive für einen Namensraum unterbindet nicht den expliziten Zugriff auf diesen Namensraum mit dem Scope-Operator. Es ist also immer ein expliziter Zugriff auf einen Namensraum möglich, auch wenn dieser mittels einer Direktive lokal oder global bekannt gemacht wurde. Die Direktive kann auch für verschachtelte Namensräume verwendet werden, so dass der Namensraum über den Scope-Operator bei der Deklaration aufgelöst wird:

```
// Global gültige using-Direktive für Util in Math.

using namespace Math::Util;

// Global gültige Direktive für InnerNamespace.

using namespace
ASecondVeryLongNamespaceName::DemoNamespace::InnerNamespace;
```

Eintauchen in **C++**

Namensräume ohne Identifikatoren « Namensräume

```
/* Fortsetzung des Code-Beispiels. */

// Der Compiler erkennt, dass die Klasse Matrix
// eindeutig zu dem Namensraum Util in Math gehört.
// AnyVariable wird eindeutig InnerNamespace zugeordnet.

Matrix matrix;     // Instanz der Klasse Matrix.

AnyVariable *= 2;  // Multiplikation und Zuweisung.

// Ein expliziter Zugriff ist auch weiterhin möglich.

ASecondVeryLongNamespaceName::AnyClass anyObj;
```

Listing **6.10**: Verwendung der **using**-Direktive mit Scope-Operator

Auch im vorherigen Beispiel wurde der bereits bekannte und unvorteilhafte Identifikator *ASecondVeryLongNamespaceName* aus *Listing 6.4* verwendet, um den impliziten und expliziten Zugriff auf Daten innerhalb eines Namensraumes zu verdeutlichen.

6.4.3 Namensräume ohne Identifikatoren

>> Wie in *Listing 6.6* bereits veranschaulicht wurde, können Namensräume auch ohne Identifikatoren definiert werden. Explizite Zugriffe mit dem Scope-Operator auf Daten innerhalb eines namenlosen Namensraumes sind nicht direkt möglich, da diese nicht eindeutig identifizierbar sind. Ein Namensraum ohne Identifikator wird daher bei einem expliziten Zugriff in einem Ausdruck einfach vernachlässigt. Dabei wird mit dem Scope-Operator auf den Identifikator des höheren Namensraumes zugegriffen, in welchem der namenlose Namensraum definiert wurde. Ist der höhere Namensraum ebenfalls ohne Namen angegeben, dann führt sich dieser Vorgang rekursiv bis zur nächsten Ebene an Namensräumen fort, solange bis ein Namensraum mit eindeutigem Identifikator gefunden wird. Wenn dabei der globale Namensraum der Quelldatei erreicht wird, dann kann der Scope-Operator ganz entfallen.

Namensräume » Namensräume ohne Identifikatoren

```
// Der Namensraum DemoNamespace beinhaltet
// einen Namensraum ohne Identifikator.
// Dieser wird per Scope-Operator einfach vernachlässigt,
// um auf die Klasse AnyClass zugreifen zu können, welche
// innerhalb des namenlosen Namensraumes deklariert wurde.
// Die führenden :: des globalen Namensraumes sind optional.

::DemoNamespace::AnyClass anyObj;

// Schreibender, expliziter Zugriff auf X innerhalb
// des verschachtelten Namensraumes InnerNamespace.
// Der äußere, namenlose Namensraum wird vernachlässigt.
// Führende :: können optional angegeben werden, diese
// würden sich aber auf den globalen Namensraum beziehen
// und nicht auf den namenlosen Namensraum innerhalb
// des globalen Namensraumes.

InnerNamespace::X = 'b';   // Zuweisung eines Zeichens.
```

Listing **6.11**: Explizite Zugriffe auf Daten namenloser Namensräume

Die gleichen Regeln gelten für implizite Zugriffe auf Daten eines namenlosen Namensraumes unter Deklaration einer Direktive. Der nachfolgende Code-Ausschnitt verdeutlicht die Verwendung einer **using**-Direktive für den impliziten und schreibenden Zugriff auf die initialisierte Variable aus *Listing 6.6*:

```
// Globale Gültigkeit der using-Direktive.
// Ebenfalls wird der äußere, namenlose
// Namensraum vernachlässigt.
// Führende :: sind auch in diesem Beispiel optional
// und beziehen sich auf den globalen Namensraum.

using namespace ::InnerNamespace;

// Die Variable X kann nun eindeutig dem Namensraum
// InnerNamespace zugeordnet werden.

X = 'c';
```

Listing **6.12**: Verwendung der **using**-Direktive mit namenlosem Namensraum

6.5 Aliasing von Namensräumen

>> Ein Namensraum kann in einem Ausdruck einen neuen Identifikator zugewiesen bekommen. In diesem Fall spricht man von Aliasing von Namensräumen. Ein Alias ist somit nur ein neuer Name für einen bereits vorhandenen und definierten Namensraum. Dabei wird nach dem Schlüsselwort **namespace** der neue Identifikator angegeben, gefolgt von einem Zuweisungsoperator und dem Namen des bestehenden Namensraumes, auf den sich der neue Alias bezieht. Danach wird der Ausdruck mit einem Semikolon beendet. Es handelt sich bei einem Alias also um die Deklaration eines Namensraumes, da kein Bezugsrahmen angegeben werden muss. Der neue Namensraum bezieht sich auf den Scope des Namensraumes, auf den der Alias verweist. Alle lokal definierten und deklarierten Daten innerhalb dieses Namensraumes sind somit auch über den Alias mit einem expliziten oder impliziten Zugriff abrufbar. Der bereits vorhandene Identifikator für einen Namensraum wird durch einen Alias nicht überschrieben oder verdeckt und kann auch weiterhin verwendet werden. Es ist in C++ nicht möglich, einen Alias für den globalen, namenlosen Namensraum zu verwenden. Das folgende Listing zeigt die Verwendung eines Aliases für den bereits bekannten Namensraum *AVeryLongNamespaceName*:

```
// Deklaration eines Aliases für AVeryLongNamespaceName.

namespace AliasNS = AVeryLongNamespaceName;

// Schreibender und expliziter Zugriff über den Alias.

AliasNS::AnyVariable = 0;
```

Listing **6.13**: Aliasing eines Namensraumes

Ein Alias für einen Namensraum ist eine praktische Lösung, um einen langen oder unpassenden Identifikator neu zu vergeben, ohne dabei den bestehenden Namensraum zu verändern. Jeder Alias für einen Namensraum kann so im Quellcode verwendet werden, als wäre dieser selbst direkt als Namensraum definiert. Demnach sind auch implizite Zugriffe unter Verwendung der **using**-Direktive möglich.

Namensräume » Aliasing von Namensräumen

Der folgende Code-Ausschnitt zeigt die implizite Verwendung des aus *Listing 6.4* ebenfalls bekannten Namensraumes *ASecondVeryLongNamespaceName*:

```cpp
// Deklaration eines Aliases für ASecondVeryLongNamespaceName.
// Die führenden :: sind auch in diesem Ausdruck optional.

namespace AliasNS = ::ASecondVeryLongNamespaceName;

// Global gültige Direktive für den Alias-Namensraum.

using namespace AliasNS;

// Der Compiler kann die Klasse AnyClass eindeutig dem
// Namensraum AliasNS zuordnen, der eindeutig per Alias
// dem Namensraum ASecondVeryLongNamespaceName zugehörig ist.

AnyClass anyObj;   // Bildung einer Instanz der Klasse AnyClass.

// Explizite Zugriffe ohne Alias sind auch weiterhin möglich.

ASecondVeryLongNamespaceName::AnyClass otherClass;
```

Listing **6.14**: Aliasing eines Namensraumes mit **using**-Direktive

Ein Alias kann auch für einen verschachtelten Namensraum angegeben werden, wobei dieser bei der Deklaration über den Scope-Operator aufgelöst werden muss. Das folgende Code-Beispiel veranschaulicht Aliasing auf verschachtelte Namensräume von *Listing 6.4* mit expliziten und impliziten Zugriffen:

```cpp
// Deklaration eines Aliases für Util in Math.

namespace MathAlias = Math::Util;

// Versuchte Bildung einer Instanz der Klasse über den Alias.

MathAlias::Matrix matrix;

// Fortsetzung auf Folgeseite.
```

Aliasing von Namensräumen « Namensräume

```cpp
// Deklaration eines Aliases auf den innersten,
// verschachtelten Namensraum.

namespace AliasNS =
ASecondVeryLongNamespaceName::DemoNamespace::InnerNamespace;

using namespace AliasNS;   // Global gültige Alias-Direktive.

// Die Variable kann nun eindeutig dem Namensraum AliasNS
// zugeordnet werden, welcher einen eindeutigen Alias
// auf den verschachtelten Namensraum bildet.

AnyVariable += 5;   // Addition und Zuweisung.
```

Listing **6.15**: Aliasing von verschachtelten Namensräumen

Ebenso kann ein Alias auf einen namenlosen Namensraum deklariert werden, wobei der Scope-Operator bei der Bereichsauflösung wieder vernachlässigt wird. Dies wird mit Hilfe von *Listing 6.6* im folgenden Code-Beispiel deutlich:

```cpp
// Deklaration eines Aliases auf DemoNamespace.
// Der innerste, namenlose Namensraum wird vernachlässigt.

namespace AliasNS = DemoNamespace;

AliasNS::AnyClass anyObj;   // Instanz der Klasse AnyClass.

// Deklaration eines Aliases auf den innersten Namensraum.
// Der namenlose Namensraum wird vernachlässigt und führende
// :: für den globalen Namensraum sind optional.

namespace InnerAlias = ::InnerNamespace;

// Eindeutiger und expliziter, schreibender Zugriff auf
// die Variable X des innersten Namensraumes über Alias.

InnerAlias::X = 'y';
```

Listing **6.16**: Aliasing von verschachtelten und namenlosen Namensräumen

Namensräume » Mehrdeutigkeit und Namenskollisionen

Auch ein Alias auf einen vorhandenen, deklarierten Alias eines bestehenden Namensraumes ist möglich, wie der nachfolgende Code-Ausschnitt unter Verwendung von *Listing 6.4* deutlich macht:

```cpp
namespace MathAlias = Math::Util;   // Alias für Util in Math.

namespace Mathematik = MathAlias;   // Alias auf den Alias.

Mathematik::Matrix matrix;   // Instanz der Klasse Matrix.
```

Listing **6.17**: Aliasing eines Aliases auf einen Namensraum

6.6 Mehrdeutigkeit und Namenskollisionen

>> Mehrdeutigkeit kann bei der Übersetzung von Quellcodes auftreten, wenn Variablen oder Klassen innerhalb eines Namensraumes für den Compiler nicht eindeutig identifizierbar sind. Dabei können Kollisionen zwischen den Namen von Namensräumen selbst, aber auch zwischen den deklarierten und definierten Daten innerhalb eines Namensraumes entstehen. Konflikte mit Namen können auftreten, wenn auf Daten innerhalb eines Namensraumes implizit mit einer **using**-Direktive zugegriffen wird und wenn mehrere Namensräume die gleichen Variablen- oder Klassennamen beinhalten. Durch Verwendung einer expliziten Angabe des Identifikators für einen Namensraum kann Mehrdeutigkeit in einem Ausdruck stets vermieden werden. In dem nachfolgenden Code-Beispiel werden Kollisionen unter Verwendung von *Listing 6.1* und *Listing 6.4* anschaulich:

```cpp
// Global gültige Direktive für AVeryLongNamespaceName.

using namespace AVeryLongNamespaceName;

// Global gültige Direktive für ASecondVeryLongNamespaceName.

using namespace ASecondVeryLongNamespaceName;

// Fortsetzung auf Folgeseite.
```

Mehrdeutigkeit und Namenskollisionen « Namensräume

```
// Der Compiler meldet den Namen AnyClass als mehrdeutig,
// da beide Namensräume den Klassennamen deklariert
// haben und dieser implizit angesprochen wird.
// Der Klassenname AnyClass ist somit für den
// Compiler nicht eindeutig identifizierbar.

AnyClass anyObj;   // Compiler-Fehler durch Mehrdeutigkeit!

// Der Namensraum DemoNamespace ist mehrdeutig,
// da dieser im globalen Namensraum und innerhalb
// von ASecondVeryLongNamespaceName definiert wurde.
// Es spielt für den Compiler keine Rolle, dass die
// Klasse AnyClass nicht im Namensraum DemoNamespace
// in ASecondVeryLongNamespaceName vorhanden ist.
// Der Namensraum ist im auszuwertenden Ausdruck
// dennoch mehrdeutig und verursacht einen Fehler.

DemoNamespace::AnyClass otherObj;   // Compiler-Fehler!
```

Listing **6.18**: Mehrdeutigkeit von Namensräumen

In Verbindung mit der **using**-Direktive kann Mehrdeutigkeit auch durch die Verwendung eines Aliases auf einen Namensraum auftreten. Der nachfolgende Code-Ausschnitt, ebenfalls unter Verwendung von *Listing 6.1* und *Listing 6.4*, verdeutlicht diesen Konflikt:

```
// Global gültige Direktive für AVeryLongNamespaceName.

using namespace AVeryLongNamespaceName;

// Deklaration eines Aliases auf den innersten,
// verschachtelten Namensraum von ASecondVeryLongNamespaceName.

namespace NS =
ASecondVeryLongNamespaceName::DemoNamespace::InnerNamespace;

using namespace NS;   // Direktive für den Alias.

// Fortsetzung auf Folgeseite.
```

Namensräume » Mehrdeutigkeit und Namenskollisionen

```
// Die Variable ist mehrdeutig, da diese zu
// AVeryLongNamespaceName oder InnerNamespace gehören kann.
// Dabei spielt es keine Rolle, dass die Variablen in beiden
// Namensräumen von unterschiedlichen Datentypen sind.

++AnyVariable;   // Compiler-Fehler durch Mehrdeutigkeit!

// Ein expliziter, schreibender Zugriff über den Alias ist
// nicht mehrdeutig und führt nicht zu einem Compiler-Fehler.

++NS::AnyVariable;
```
Listing **6.19**: Mehrdeutigkeit von Namensräumen über Alias

Auch bei der Verwendung globaler Daten kann Mehrdeutigkeit entstehen, wenn diese Daten ebenfalls in einem Namensraum vorhanden sind. Bezugnehmend auf *Listing 6.2* und *Listing 6.6* veranschaulicht der folgende Code-Ausschnitt ergänzend die Mehrdeutigkeit:

```
// Die Direktive ist für den Namensraum DemoNamespace
// innerhalb des globalen Namensraumes gültig.
// Der innerste, namenlose Namensraum wird vernachlässigt.
// Der führende Scope-Operator ist optional.

using namespace ::DemoNamespace;

// Mehrdeutige Instanz der Klasse AnyClass.
// Der Klassenname AnyClass ist sowohl global als auch im
// innersten, namenlosen Namensraum von DemoNamespace bekannt.

AnyClass anyObj;   // Compiler-Fehler durch Mehrdeutigkeit!
```
Listing **6.20**: Mehrdeutigkeit von Namensräumen durch globale Daten

In einem späteren und eigenständigen Kapitel wird die Praxisklasse *Number* entstehen, wobei diese Klasse vollständig in einem Namensraum definiert und implementiert sein wird. Namensräume begegnen Ihnen also auch weiterhin in diesem Buch.

Eintauchen in **C++**

Bit, Byte und Datenspeicherung « Bitmanipulation & Logik

7 Bitmanipulation & Logik

7.1 Bit, Byte und Datenspeicherung

>> In der Informatik, Kommunikations- und Elektrotechnik bestehen sämtliche digitale Daten aus Bit und Byte, welche auch für die Datenspeicherung in PC-Systemen eine wichtige Rolle spielen. Unabhängig von der Sprache C++ bilden diese Begriffe die entscheidende Grundlage für die Speicherung von Variablen und Konstanten eines Programms. Alle Daten werden digital erfasst, so dass es für dieses Buch nicht relevant ist, wo diese Daten in einem System gespeichert sind. Variable und konstante Wertes eines Programms werden immer im schnellen Arbeitsspeicher (RAM) des PCs abgelegt, daher erfolgen schreibende und lesende Zugriffe auf solche Daten über diesen Speicher. Daten, die durch Deklarationen im Quellcode gebildet werden, beziehen sich in diesem Buch immer auf den Arbeitsspeicher eines jeweiligen Systems. Doch in der digitalen Welt muss auch die Datenhaltung für längere Zeiträume gewährleistet werden, wenn ein entsprechendes Programm gerade nicht ausgeführt wird. In der Regel erfolgt die persistente Speicherung solcher Daten auf Festplatten. Unabhängig von der Ausführung eines Programms sichern diese Hardware-Komponenten somit auch die längere Datenspeicherung. In diesem Buch wird jedoch nicht auf die Langzeitspeicherung von Daten eingegangen. Beachten Sie, dass Variablen und Konstanten nur der schnellen Zwischenspeicherung von Werten im Arbeitsspeicher dienen. Nach dem Beenden des jeweiligen Programms gehen diese Werte durch die Freigaben der Speicherbereiche verloren.

Inhalte dieses Speichers werden durch eindeutige Hardware-Adressen identifiziert, an denen die eigentlichen Daten abgelegt sind. Eine Variable bzw. eine Konstante besteht intern immer aus einer Hardware-Adresse im Speicher, wobei der jeweilige Bereich des Speichers den Wert der Variablen bzw. der Konstanten enthält. Durch den eindeutigen Variablennamen kann das Programm die zugehörige Hardware-Adresse im Speicher ermitteln und somit auf den Inhalt des damit verbundenen Speicherbereiches schreibend oder lesend zugreifen. Da eine Konstante während der gesamten Lebensdauer ihren Wert nicht verändern darf, ist somit für ein Programm der schreibende Zugriff auf den zugehörigen Speicherbereich nicht gestattet.

Bitmanipulation & Logik » Bit, Byte und Datenspeicherung

Alle Daten werden im Speicher digital durch binäre Informationen abgebildet, welche aus einer Folge von Bit bestehen. Ein Bit kann dabei immer nur einen der binären Zustände 0 oder 1 annehmen. Im Zusammenhang mit Bit gilt binär als zweiwertig bzw. zweistellig, da ein Bit eben nur über einen aus insgesamt zwei Zuständen verfügen kann. Die binären Operatoren, welche Sie bereits in diesem Buch kennengelernt haben, tragen ebenfalls die Bezeichnung, da diese genau mit zwei Operanden arbeiten. In der Programmierung findet der binäre Begriff also mehrfach Verwendung, assoziiert aber stets die zweiwertige Bedeutung. Da ein einzelnes Bit aber nur einen Zustand besitzt, werden für die Speicherung von sinnvollen Daten mehrere Bit in Folge benötigt. Üblicherweise formen in einem System 8 zusammenhängende Bit ein Byte. Durch ein Byte wird die kleinste adressierbare Einheit gebildet, die mittels einer eindeutigen Hardware-Adresse angesprochen werden kann. Ein Byte besteht im Speicher somit aus einer Folge von 8 Nullen oder Einsen, die bereits den Inhalt einer Variablen oder Konstanten darstellen können. Eine Variable oder eine Konstante benötigt zur Speicherung ihres Wertes also mindestens ein Byte des physikalischen Speichers im System, kann aber auch aus mehreren Byte bestehen, je nachdem welcher Wertebereich für die entsprechenden Daten gilt. Ein einzelnes Byte gibt mit dem Faktor 8 immer die entsprechende Anzahl der Bit einer Variablen oder Konstanten preis. Belegt eine beliebige Variable oder Konstante beispielsweise 4 Byte des Speichers, so besteht der Inhalt genau aus 32 Bit, die intern aus einer Folge von Nullen und Einsen gebildet werden. Je mehr Byte eine Datenstruktur im Systemspeicher fordert, umso mehr Informationen (Zustände) können in diesen Speicherbereichen für die Variablen bzw. Konstanten abgelegt werden.

Alle Variablen und Konstanten können in C++ durch die bekannten Ganzzahlen und Gleitkommawerte repräsentiert werden, wobei druckbare Zeichen ebenfalls durch ganzzahlige Werte dargestellt sind. Eine Variable oder Konstante vom logischen Datentyp **bool** besteht wie ein Bit aus nur einem Zustand. Da die kleinste adressierbare Einheit aber durch ein Byte gebildet wird, belegt eine logische Variable oder Konstante immer ein ganzes Byte im Speicher. Die Folge der Nullen und Einsen und damit verbunden die binären Informationen werden anhand des primitiven Datentyps ausgewertet. Durch den Typ einer Variablen bzw. einer Konstanten wird bereits bei der Deklaration entscheidend festgelegt, wie der interne Binärzustand im Speicher identifiziert werden soll, um Operationen mit dem daraus gebildeten Wert durchführen zu können.

7.2 Interne Darstellung von Daten

7.2.1 Allgemeines zur Codierung

>> Die interne Darstellung von Daten unterliegt in einer PC-Architektur der binären Codierung. Es liegt somit nicht in der Verantwortung der Programmiersprache C++, wie deklarierte Variablen und Konstanten intern im Speicher organisiert sind, da die binäre Codierung von der verwendeten Plattform und vor allem vom abzuarbeitenden Prozessor des Systems abhängig ist. Die Syntax von C++ gibt lediglich die Schlüsselwörter vor, so dass binäre Informationen entsprechend im Quellcode durch die Datentypen ausgewertet werden können. Es würde den Rahmen eines solchen Fachbuches sprengen, wenn detailliert auf die Binärcodierung und auf interne Rechenoperationen eingegangen wird, die eher der verwendeten Plattform zu Grunde liegen anstatt der Sprache C++. Die nachfolgenden Abschnitte beschäftigen sich daher nur grundlegend mit der internen Darstellung von Daten auf Basis der Schlüsselwörter in C++. Für Entwickler bietet es sich an, über ein Grundverständnis der internen Binärzustände von Daten zu verfügen. Tiefgreifenderes Wissen kann in diesem Fall mit separater Fachliteratur angeeignet werden.

Die Anordnung der Byte (Byte-Order) spielt bei der internen Organisation von Speicher eine entscheidende Rolle und ist vom abzuarbeitenden Prozessor des Systems abhängig. Für die Byte-Reihenfolge sind die Begriffe *Big-Endian* und *Little-Endian* gebräuchlich. Bei der *Big-Endian*-Ordnung wird das höchstwertige Byte zuerst gespeichert und durch die kleinste Hardware-Adresse identifiziert, so dass Speicherbereiche bildlich von links nach rechts ausgelesen werden. Die Organisation durch die *Little-Endian*-Ordnung speichert hingegen das kleinstwertige Byte an der Anfangsadresse ab, so dass der Speicher bildlich von rechts nach links ausgelesen wird. In dieser Reihenfolge sind innerhalb eines Byte die einzelnen Bit ebenfalls von rechts nach links angeordnet. In heutigen PC-Architekturen und Prozessoren kommt am häufigsten die *Little-Endian*-Ordnung bei der Speicherorganisation zum Einsatz. In Verbindung mit der internen Darstellung von binären Informationen verwendet dieses Buch für Abbildungen wahlweise eine der beiden Byte-Ordnungen. Dieses Kapitel nutzt jedoch ausschließlich die *Little-Endian*-Ordnung für nachfolgende Abbildungen.

7.2.2 Speichergrößen ganzzahliger Typen

›› Im Verlauf dieses Buches haben Sie im Kapitel **Erweiterte Grundlagen** die primitiven und ganzzahligen Datentypen der Sprache C++ mit den zugehörigen Wertebereichen kennengelernt. Der Standard von C++ definiert nicht, wie viel Speicher eine Variable oder eine Konstante mit entsprechendem Datentyp belegen muss. Allerdings ist die Reihenfolge der Speichergrößen in Bezug auf die Wertebereiche vorgegeben. Bedenken Sie, dass die Sprache C++ plattformunabhängig ist und somit die Speichergrößen auch variieren können.

Die nachfolgende Tabelle listet die primitiven und ganzzahligen Datentypen von C++ auf und setzt diese in Verbindung mit den generellen Speichergrößen auf den am häufigsten verwendeten Plattformen. Zusätzlich wird in dieser Tabelle auch der logische Datentyp **bool** berücksichtigt:

Datentyp	Größe (Byte)	Größe (Bit)	Anzahl der Zustände
char	1 Byte	8 Bit	2 hoch 8
signed char	1 Byte	8 Bit	2 hoch 8
unsigned char	1 Byte	8 Bit	2 hoch 8
[signed] short	2 Byte	16 Bit	2 hoch 16
unsigned short	2 Byte	16 Bit	2 hoch 16
[signed] int	4 Byte	32 Bit	2 hoch 32
unsigned int	4 Byte	32 Bit	2 hoch 32
[signed] long	4 Byte	32 Bit	2 hoch 32
unsigned long	4 Byte	32 Bit	2 hoch 32
[signed] long long	8 Byte	64 Bit	2 hoch 64
unsigned long long	8 Byte	64 Bit	2 hoch 64
bool	1 Byte	8 Bit	2 (true | false)

Tabelle **15**: Speichergrößen primitiver und ganzzahliger Datentypen

Die vorherige *Tabelle 15* vereinheitlichte die primitiven und ganzzahligen Datentypen aus dem dritten Kapitel der Grundlagen und ergänzte diese mit den entsprechenden Speichergrößen. Der Wertebereich eines Datentyps steht im Zusammenhang mit der Anzahl der Zustände, die eine Variable oder Konstante des jeweiligen Typs belegen kann. Je mehr Byte zur Speicherung der Zustände belegt werden, umso größer ist auch der entsprechende Wertebereich des Datentyps, wobei aber wieder zwischen vorzeichenlosen und vorzeichenbehafteten Typen unterschieden wird. In der Tabelle sind die verfügbaren Bit je Datentyp gleich, unabhängig ob der entsprechende Typ als vorzeichenlos (**unsigned**) oder als vorzeichenbehaftet (**signed**) deklariert ist. Als Beispiel kann eine Variable oder Konstante vom ganzzahligen Typ **int** laut der Tabelle immer 2 hoch 32 Zustände im Speicher annehmen. Somit ergeben sich für diesen Datentyp genau 2 hoch 32 (=4294967296) verschiedene Möglichkeiten, wie die Einsen und Nullen im Speicher angeordnet sein können, wobei sich aber der vorzeichenlose Typ **int** nur hinsichtlich des Wertebereiches vom vorzeichenbehafteten Gegenstück unterscheidet. Ausgenommen dem logischen Datentyp **bool** kann die Anzahl der Zustände eines ganzzahligen Typs durch Potenzieren ermittelt werden, wobei dafür die entsprechende Bitzahl als Exponent zur Basis von 2 herangezogen wird.

7.2.3 Darstellung vorzeichenloser Datentypen

>> Die einfachste Darstellung von binären Zuständen gilt für Variablen und Konstanten vorzeichenloser Datentypen, die in Verbindung mit dem Schlüsselwort **unsigned** bei der Deklaration gebildet werden können. Der ganzzahlige Wert 0 gilt immer als kleinster Wert des Wertebereiches für alle vorzeichenlosen Typen und somit für alle positiven Ganzzahlen. Alle Bit des entsprechenden Speicherbereiches sind für diesen Wert mit 0 versehen. Beim größten Wert des jeweiligen Wertebereiches ist hingegen eine 1 in allen Bit einer Variablen bzw. Konstanten gespeichert. Für jeden ganzzahligen Typ ergibt sich der größte Wert des Wertebereiches durch die jeweilige Anzahl der Zustände minus 1. In einer variablen oder konstanten Größe vom Typ **unsigned int** kann somit der größte Wert von 2 hoch 32 minus 1 gespeichert werden, was **4294967295** entspricht.

Bitmanipulation & Logik » Darstellung vorzeichenloser Datentypen

Um binäre Informationen in lesbare Ganzzahlen umzuwandeln, wird sich in der Informatik an der Zweierpotenz bedient. Dies bedeutet, dass ein jeweiliger Stellenwert durch Potenzieren mit der Basis 2 gebildet wird, wobei als Exponent die Bitstelle dient. Das ganz rechte Bit einer Variablen oder Konstanten verfügt über die Bitstelle 0, so dass 2 hoch 0 den Stellenwert 1 für dieses Bit liefert. Das nächste Bit links davon verfügt über die Bitstelle 1 und einen Stellenwert von 2, der über die Potenz von 2 hoch 1 gebildet wird. Dieser Vorgang setzt sich für alle linken Bit fort. Je mehr Bit im Speicherbereich vorhanden sind, umso höher wird der entsprechende Stellenwert. Bei einem Speicherbereich vom Datentyp **unsigned int** mit 32 Bit hat das ganz linke Bit einen Stellenwert von 2 hoch 31 (=2147483648). Die Ergebnisse der Zweierpotenzen sind einfach ermittelbar, da sich diese in die linke Richtung stets verdoppeln. Ein entsprechendes Bit gilt als gesetzt, wenn dieses über den Zustand 1 verfügt. Die Summe aus den jeweiligen Stellenwerten ergibt den ganzzahligen und positiven Wert des gesamten Speicherbereiches. Die einzelnen Stellenwerte müssen aber nur dann addiert werden, wenn das entsprechende Bit mit dem Zustand 1 gesetzt ist.

Nachfolgend illustriert eine Abbildung die interne Darstellung des binären Wertes einer vorzeichenlosen Ganzzahl mit 16 Bit (**unsigned short**). Für das Beispiel gilt eine Variable bzw. Konstante, deren positiver Wert intern aus der Summe der Stellenwerte 4, 32, 128, 512 und 4096 gebildet wird. Der Speicherbereich beinhaltet folglich eine positive Ganzzahl mit dem Wert 4772.

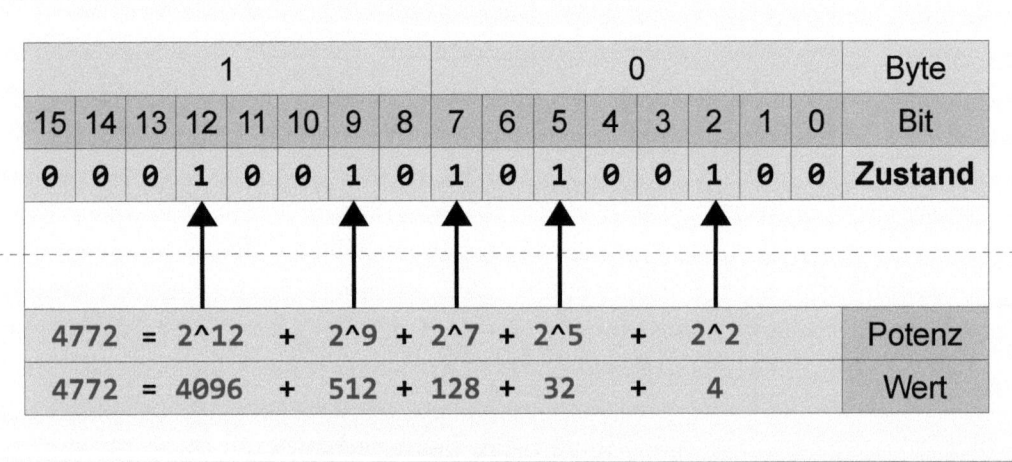

Abbildung **11**: Interne Darstellung einer vorzeichenlosen Ganzzahl

Der nachfolgende Code-Ausschnitt zeigt die Deklaration zweier vorzeichenloser Ganzzahlen und macht die möglichen Zustände und Wertebereiche deutlich:

```cpp
// Deklaration und Initialisierung einer vorzeichenlosen
// und konstanten Ganzzahl vom Datentyp unsigned char.
// Die einzelne Konstante belegt ein Byte des Speichers
// und besteht somit intern aus 8 Bit, die durch den
// Wert 255 alle mit dem Zustand 1 versehen sind.
// Insgesamt können in der Konstanten 2^8 (256) Zustände
// aus dem Wertebereich von 0 bis 255 gespeichert werden.
// Die positive Ganzzahl gebildet aus (2^8)-1 bestimmt den
// größten Wert 255 des Wertebereiches von unsigned char.

const unsigned char MaxUChar = 255;

// Vorzeichenlose Ganzzahl, die 2^64 Zustände aus
// dem Wertebereich von 0 bis (2^64)-1 speichern kann.
// Die binären Informationen sind in der Variablen zunächst
// undefiniert, da diese nicht initialisiert ist.

unsigned long long int UiLongLong;
```

Listing **7.1**: Deklaration vorzeichenloser Ganzzahlen

7.2.4 Codierung vorzeichenbehafteter Datentypen

» Unabhängig vom Vorzeichen ist die Anzahl der speicherbaren Zustände eines ganzzahligen Typs immer gleich. Der vorzeichenbehaftete Typ **int** (ohne **unsigned**) kann somit ebenfalls 2 hoch 32 Zustände im Speicher annehmen. Es muss also eine Lösung geben, wie die binären Informationen der vorzeichenbehafteten Typen von den vorzeichenlosen unterschieden werden können. Die Grundidee dabei ist, den Wertebereich eines entsprechenden Datentyps zu halbieren und diesen jeweils ab dem Wert 0 in die positive und in die negative Richtung laufen zu lassen, wenn die jeweilige Variable oder Konstante bei ihrer Deklaration mit dem optionalen Schlüsselwort **signed** versehen ist.

Bitmanipulation & Logik » Codierung vorzeichenbehafteter Datentypen

Alle ganzzahligen Datentypen werden intern gleich dargestellt, wenn der zu speichernde Wert den positiven Wertebereich von 2 hoch (Bitzahl minus 1) minus 1 nicht überschreitet. Eine 8-Bit-Variable (**char**) wird somit für alle Werte von 0 bis 127 intern identisch codiert, unabhängig davon, ob die Variable als vorzeichenlos (**unsigned**) oder als vorzeichenbehaftet (**signed**) deklariert wurde. Der positive Schwellenwert von 127 ergibt sich am Beispiel von 8 Bit aus der Potenz von (2 hoch 7) minus 1. Dieser positive Wert gilt für den entsprechenden Wertebereich zusätzlich als größte Ganzzahl, die von der vorzeichenbehafteten Variablen oder Konstanten gespeichert werden kann. Der beispielhafte Wert 4772 in der *Abbildung 11* überschreitet nicht den Schwellenwert von 32767, der durch (2 hoch 15) minus 1 definiert ist. Wird also im Quellcode eine vorzeichenbehaftete Variable oder Konstante mit 16 Bit deklariert (**signed short** oder nur **short**), so wäre der Wert 4772 intern auch identisch zu dieser Abbildung codiert, da das ganz linke Bit mit der Stelle 15 nicht gesetzt ist.

Entscheidend für die Unterscheidung von positiven und negativen Ganzzahlen ist somit das ganz linke Bit eines entsprechenden Speicherbereiches. Wird der positive Schwellenwert eines vorzeichenbehafteten Typs überschritten, dann ist auch immer dieses linke Bit mit dem Zustand 1 versehen, so als wäre der Typ vorzeichenlos codiert. Auf der Basis dieses Vorzeichenbit lassen sich intern negative Werte abbilden, da die entsprechende Ganzzahl als positiv gilt, wenn das Bit nicht gesetzt ist. Falls das Vorzeichenbit aber den Zustand 1 hat, so gilt der codierte Wert als negativ. In diesem Zusammenhang werden die binären Informationen, eingeschlossen des ganz linken und gesetzten Bit, zunächst als vorzeichenlos behandelt und als positive Ganzzahl errechnet. Die gesamte Anzahl der Zustände des entsprechenden Typs wird von diesem gebildeten Wert subtrahiert, um die negative Ganzzahl zu gewinnen. Unabhängig vom Datentyp verfügen vorzeichenbehaftete Variablen und Konstanten stets über den Wert -1, wenn alle Bit im entsprechenden Speicherbereich gesetzt sind. Am Beispiel von 8 Bit (**signed char**) ergibt sich dieser negative Wert -1 aus dem Ergebnis von 255 minus (2 hoch 8), da das vorzeichenlose Maximum von 255 gilt, wenn alle Bit des Speicherbereiches gesetzt sind. Das Minimum, also die kleinste negative Ganzzahl eines vorzeichenbehafteten Typs, wird durch den Wert 2 hoch (Bitzahl minus 1) gebildet. Einfacher dargestellt handelt es sich dabei nur um das gesetzte Vorzeichenbit im entsprechenden Speicherbereich, dessen Stellenwert als Grundlage für die Bildung des negativen Wertes gilt.

Codierung vorzeichenbehafteter Datentypen « Bitmanipulation & Logik

Für die beispielhafte 8-Bit-Variable (**signed char**) hat das Vorzeichenbit den Stellenwert 128, der aus 2 hoch 7 gebildet wird. Dieser Wert überschreitet aber das positive Maximum 127 des vorzeichenbehafteten Wertebereiches, so dass aus den binär codierten Informationen eine negative Ganzzahl gewonnen werden muss. Diese wird aus 128 minus (2 hoch 8) gebildet und resultiert im negativen Wert -128, welcher zusätzlich das Minimum dieses Wertebereiches darstellt. Der negative Wertebereich aller vorzeichenbehafteter Datentypen kann immer eine negative Ganzzahl mehr annehmen als der zugehörige Wertebereich der positiven Zahlen. Wird allerdings der Wert 0 als vorzeichenlos betrachtet, so ergibt sich immer die gleiche Anzahl an Werten in negativer als auch in positiver Richtung. Generell sind für alle vorzeichenbehafteten Datentypen negative Minima durch minus (2 hoch (Bitzahl minus 1)) definiert. Vorzeichenbehaftete Typen können positive Werte im Bereich von 0 bis (2 hoch (Bitzahl minus 1)) minus 1 annehmen.

Am Beispiel eines vorzeichenbehafteten Typs mit 8 Bit wird nachfolgend die binäre Codierung verschiedener Ganzzahlen tabellarisch veranschaulicht:

Codierung	Wert (positiv)	Wert (negativ)	Interpretation	Vorzeichen
00000000	0	/	0	positiv
00000001	1	/	1	positiv
00000010	2	/	2	positiv
***				
01111110	126	/	126	positiv
01111111	127	/	127	positiv
10000000	/	-128	128 minus 256	negativ
10000001	/	-127	129 minus 256	negativ
10000010	/	-126	130 minus 256	negativ
***				
11111110	/	-2	254 minus 256	negativ
11111111	/	-1	255 minus 256	negativ

Tabelle **16**: Binäre Codierung vorzeichenbehafteter Ganzzahlen

Bitmanipulation & Logik » Mantisse und Exponent (Gleitkommatypen)

Wie binäre Informationen auf Basis des Vorzeichenbit interpretiert werden und damit verbunden die Berechnung des negativen Wertes erfolgt, ist abhängig von der Plattform und vom verarbeitenden Prozessor. Für gewöhnlich wird dafür das sogenannte Zweierkomplement herangezogen.

Ergänzend verdeutlicht das folgende Listing die Deklaration und Initialisierung einer vorzeichenbehafteten Ganzzahl mit einer Wertigkeit von 16 Bit:

```
// Deklaration und Initialisierung einer Variablen.
// Die Schlüsselwörter signed und int sind optional.
// Alle 16 Bit des Speicherbereiches der Variablen
// sind mit dem Zustand 1 initialisiert.
// AnyShort kann 2^15 negative Werte und zusätzlich
// zur Null (2^15)-1 positive Ganzzahlen annehmen.
// Somit ergibt sich ein Wertebereich von -32768 bis +32767.
// Insgesamt sind in der Variablen 2^16 Zustände speicherbar.

signed short int AnyShort = -1;
```

Listing **7.2**: Deklaration und Initialisierung einer vorzeichenbehafteten Ganzzahl

7.2.5 Mantisse und Exponent (Gleitkommatypen)

» Weitaus komplexer ist die interne Darstellung und Berechnung von Gleitkommawerten einfacher und doppelter Genauigkeit. Diese folgt der genauen Norm IEEE 754, so dass mit separater Fachliteratur ein detaillierteres Wissen über die binäre Codierung von Gleitkommawerten angeeignet werden kann. Die aus dem dritten Kapitel der Grundlagen bekannten Gleitkommatypen **float** und **double** folgen in C++ diesem Standard zur internen Darstellung, Berechnung und Rundung. Der aus zwei Schlüsselwörtern bestehende Datentyp **long double** wird ebenfalls durch diese Norm definiert, jedoch zählt dieser als erweitertes Format, für welches nur eine Mindestbitzahl vorgeschrieben ist. Wie viele Bit ein entsprechender Gleitkommawert vom Typ **long double** belegt ist abhängig von der jeweiligen Plattform. Somit können Bitzahl und Wertebereich dieses Gleitkommatypes bedingt durch die verwendete Plattform variieren.

Mantisse und Exponent (Gleitkommatypen) « Bitmanipulation & Logik

Vereinfacht wird intern ein Gleitkommawert durch Mantisse und Exponent dargestellt. Die Bit in der Mantisse bestimmen die Genauigkeit des jeweiligen Gleitkommawertes und werden normiert abgespeichert. Intern beginnt die Abbildung der Mantisse im Speicher beim rechten Bit mit der Stelle 0. Über den Exponent wird der Wertebereich eines entsprechenden Gleitkommawertes festgelegt, der intern als positive Ganzzahl abgespeichert ist. Zum Exponent wird immer ein fester Biaswert addiert, welcher durch 2 hoch (Exponentenbitzahl minus 1) minus 1 definiert ist. Bildlich dargestellt sind die Bit des Exponenten im Speicher links neben den Mantissenbit angeordnet. Generell lässt sich jeder Gleitkommawert durch das Produkt aus Mantisse und der Zweierpotenz des Exponenten darstellen, so dass die Formel (Mantisse mal (2 hoch Exponent)) gilt. Ein im Speicher ganz links angeordnetes Bit bestimmt dabei das Vorzeichen des jeweiligen Gleitkommawertes. Ist das Vorzeichenbit mit dem Zustand 0 versehen, so gilt der Wert als positiv, andernfalls wird dieser als negativ betrachtet. Anders als bei den vorzeichenbehafteten Ganzzahlen wird das Vorzeichen durch ein unabhängiges Bit repräsentiert, welches nicht durch den eigenen Stellenwert zur Berechnung des Wertes verwendet wird.

Der IEEE 754-Standard schreibt für die Gleitkommatypen **float** und **double** genau die Anzahl der Bit für Mantisse und Exponent vor und damit verbunden auch die jeweiligen Wertebereiche und Biaswerte. Bei dem Typ **long double** können sich diese Werte auf diversen Plattformen unterscheiden. In der nachfolgenden Tabelle, welche die Speichergrößen der Gleitkommatypen auflistet, wird der Typ **long double** daher so betrachtet, wie dieser auf gängigen Plattformen vorzufinden ist:

Datentyp	Größe (Bit)	Exponent (Bit)	Mantisse (Bit)	Bereich (Exponent)	Bias
`float`	32 Bit	8 Bit	23 Bit	-126 bis +127	127
`double`	64 Bit	11 Bit	52 Bit	-1022 bis +1023	1023
`long double`	80 Bit	15 Bit	64 Bit	-16382 bis +16383	16383

Tabelle **17**: Speichergrößen von Gleitkommatypen

Bitmanipulation & Logik » Mantisse und Exponent (Gleitkommatypen)

Da der Standard den Gleitkommatyp **long double** nicht exakt definiert, können Compiler diesen auch einfach als **double** behandeln. Heutzutage verwenden viele Prozessoren in ihren Recheneinheiten eine interne Genauigkeit von 80 Bit für Gleitkommawerte, so dass die Typen **float** und **double** intern auf diese Speichergröße erweitert werden können. Bei diesem Vorgang geht aber die Genauigkeit der Dezimalstellen verloren. Es liegt im jeweiligen Kontext der Problemlösung, ob tatsächlich Gleitkommawerte vom Typ **long double** dem Programm dienen sollen oder ob der standardisierte Gleitkommatyp **double** für genaue Berechnungen ausreichend ist.

In der *Tabelle 17* fällt auf, dass die Summe der Bit aus Mantisse und Exponent pro Datentyp um 1 geringer ist als die tatsächliche Speichergröße. Dies wird durch das Vorzeichen begründet, welches jeweils für einen Gleitkommatyp im ganz linken Bit eigenständig gespeichert ist. Konform zu IEEE 754 verdeutlicht die folgende Abbildung die interne Darstellung der Typen **float** und **double**:

IEEE 754 **float**

3	2	1	0	Byte
30 ... 23		22 ... 0		Bit
Exponent		Mantisse		Zustand

31
● Vorzeichenbit

63

IEEE 754 **double**

7	6	5	4	3	2	1	0	Byte
62 ... 52				51 ... 0				Bit
Exp.				Mantisse				Zustand

Abbildung **12**: Interne Darstellung standardisierter Gleitkommatypen

Sind alle Bit im Exponenten mit dem Zustand 0 versehen, dann ist der jeweilige Gleitkommawert ebenfalls 0. Dabei wird das Vorzeichenbit berücksichtigt, so dass auch der Wert -0 (minus Null) durch einen Gleitkommatyp speicherbar ist.

7.2.6 NaN und Inf (Gleitkommatypen)

» In der Mathematik sind verschiedene Rechenoperationen vorgeschrieben, deren Ergebnisse nicht eindeutig definiert sind. Die Division eines beliebigen Wertes durch Null und die Berechnung der Wurzel aus einer negativen Zahl resultiert mathematisch in einem undefinierten Wert. In Bezug auf Gleitkommatypen werden solche Zustände durch spezielle Bitmuster codiert, um im Quellcode prüfen zu können, ob nach einer Operation der entsprechende Gleitkommawert undefiniert ist. *NaNs* leiten sich aus dem englischen Begriff von *Not A Number* ab und gehören keinem gültigen Wertebereich an. Folglich kann mit diesen Werten auch nicht sinnvoll gerechnet werden. Intern werden die undefinierten Gleitkommawerte binär im Exponenten codiert, indem für jedes Exponentenbit der Zustand 1 gesetzt ist. Ein beliebiges Bit der Mantisse muss ebenfalls mit 1 gesetzt sein, wobei der Zustand des Vorzeichenbit stets ignoriert wird. Durch die große Anzahl der Mantissenbit ergeben sich mehrere Möglichkeiten, wie *NaN*s intern abgebildet werden können, so dass in der Mantisse zusätzliche Informationen zum undefinierten Gleitkommawert codiert werden können. Um eine *NaN* zu erzwingen, kann beispielsweise der Gleitkommawert Null durch den Wert Null dividiert werden.

Des Weiteren lassen sich in den Speicherbereichen von Gleitkommatypen auch Werte codieren, die ins positiv oder negativ Unendliche laufen. Solche Gleitkommawerte werden als *Inf* bezeichnet und leiten sich aus dem Wort *Infinity* (Unendlichkeit) ab. Für die interne Darstellung werden ebenfalls alle Bit des Exponenten auf den Zustand 1 gebracht, wobei aber alle Mantissenbit 0 sein müssen. Auf diese Weise kann der Zustand *Inf* von *NaN* unterschieden werden. Das Bit des Vorzeichens wird berücksichtigt, so dass negativ unendliche Werte anhand von *-Inf* und positiv unendliche Werte durch *+Inf* darstellbar sind. Die Dezimalstelle des Gleitkommawertes reicht für die Bewertung der Unendlichkeit nicht aus. Beispielsweise resultiert die Operation 1.0 geteilt durch 3 (=0.333...) nicht in einem unendlichen Dezimalwert, da der gesamte Gleitkommawert noch immer im Speicherbereich codierbar ist. Per Definition lässt sich ein unendlicher Gleitkommawert mit 1.0 geteilt durch Null erzwingen, wobei eine negative Null (-0) im Divisor einen negativ unendlichen Gleitkommawert liefert, dessen Vorzeichenbit mit dem Zustand 1 gesetzt ist.

Bitmanipulation & Logik » NaN und Inf (Gleitkommatypen)

Anhand von Algorithmen können die speziellen Bitmuster geprüft werden, um den Zustand *NaN* oder *Inf* eines Gleitkommawertes zu erkennen. Mit Hilfe des Vergleichsoperators der Ungleichheit kann ein undefinierter Wert (*NaN*) erkannt werden, wenn der Gleitkommawert sich selbst auf Ungleichheit überprüft. Dies wird unter anderem ergänzend im folgenden Code-Ausschnitt deutlich:

```cpp
// Deklaration und Initialisierung eines
// Gleitkommawertes vom primitiven Datentyp double.
// Konform des Standards IEEE 754 benötigt die Variable
// 64 Bit zur internen Speicherung und Codierung.
// Da der Initialisierungswert -0.0 beträgt, sind
// alle 11 Exponentenbit mit dem Zustand 0 versehen.
// Zusätzlich ist das Vorzeichenbit mit 1 codiert.

double dbl = -0.0;

// Die Operation 1.0 geteilt durch -0.0 ergibt einen negativ
// unendlichen Wert, so dass dbl den Zustand -Inf erhält.
// Alle Exponentenbit des Speicherbereiches werden
// auf den Zustand 1 gesetzt.
// Die Mantisse wird in allen Bit mit 0 versehen.
// Zusätzlich ist durch -Inf das Vorzeichenbit auf 1 gesetzt.

dbl = 1.0 / dbl;   // Erzwingen von -Inf.

// Die Variable dbl bekommt den Zustand NaN zugewiesen.
// Intern werden alle Exponentenbit auf den Zustand 1 gesetzt.
// Zusätzlich ist ein beliebiges Mantissenbit ebenfalls 1.

dbl = 0.0 / 0.0;   // Erzwingen von NaN.

// Prüfung des Zustandes von dbl auf NaN über Ungleichheit.
// Die Variable muss in beiden Operanden eingesetzt werden.

if (dbl != dbl)   // Die Bedingung gilt durch NaN als gültig.
{
    /* Der Scope der bedingten Anweisung wird abgearbeitet. */
}
```

Listing **7.3**: Verwendung eines Gleitkommawertes mit NaN und Inf

7.2.7 Signifikante Bit (MSB und LSB)

>> Verbunden mit der binären Codierung von Daten werden signifikante Bit des entsprechenden Speicherbereiches unterschieden. Sind die internen Informationen bildlich von rechts nach links abgebildet, dann ergibt sich für Ganzzahlen immer ein rechtes Bit mit der Stelle 0 und dem Stellenwert 2 hoch 0. Unabhängig von der Größe des jeweiligen Typs wird dieses Bit als niedrigstwertiges Bit beschrieben, da dieses die niedrigste Bitstelle im Speicher aufweist. Aus dem Englischen leitet sich dieses Bit von *least significant bit* ab, welches als LSB abgekürzt wird. Das Gegenstück bildet das höchstwertige Bit, das folglich über die höchste Bitstelle im entsprechenden Speicherbereich verfügt. Dieses ganz linke Bit mit dem Kürzel MSB leitet sich aus *most significant bit* ab und kann einfach durch die Bitzahl des entsprechenden Speicherbereiches minus 1 definiert werden. Sind die Speichergrößen der jeweiligen Datentypen bekannt, dann lassen sich LSB und MSB eindeutig bestimmen. Oft werden jedoch Algorithmen benötigt, welche die niedrigstwertige oder die höchstwertige Bitstelle anhand des im Bit gespeicherten Zustands erkennen. Das höchstwertige und linke Bit eines Speicherbereiches kann beispielsweise nur dann von Bedeutung sein, wenn dieses mit dem Zustand 1 gesetzt ist. Entsprechend sind LSB und MSB dann vom aktuell gespeicherten Wert abhängig.
Basierend auf der *Abbildung 11* mit der gespeicherten Ganzzahl 4772 (**unsigned short**) stellt die nachfolgende Illustration die höchstwertigen und die niedrigstwertigen Bit dieses Speicherbereiches dar:

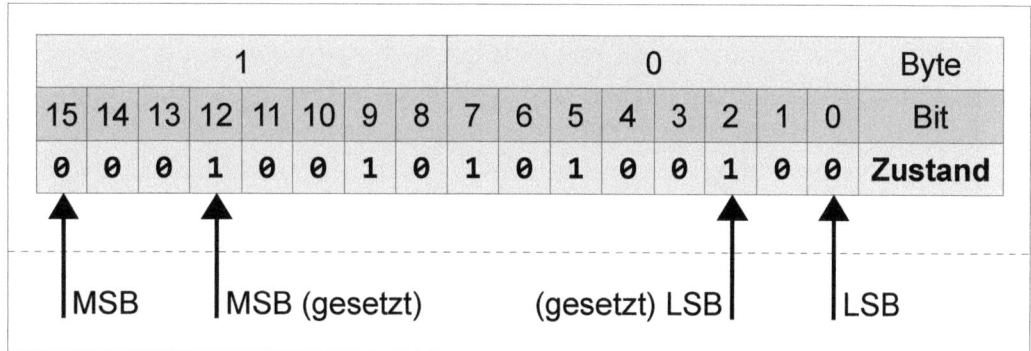

Abbildung **13**: Signifikante Bit eines Speicherbereiches (MSB und LSB)

Bitmanipulation & Logik » Abbildung von Objekten und Arrays

7.3 Daten zusammenhängender Speicherbereiche
7.3.1 Abbildung von Objekten und Arrays

» Bereits mehrfach wurde im Buch und in diesem Kapitel auf Daten und auf die damit verbundene Codierung in PC-Architekturen eingegangen. Prinzipiell bestehen alle im Programm verwendeten Variablen und Konstanten aus Daten, die der Lösung eines jeweiligen Problems dienen. Variablen, Konstanten und Objekte sind nicht immer zusammenfassend aufgezählt, da diverse Speicherbereiche vereinfacht durch Variablen im Buch beschrieben werden können. Genau genommen bilden Objekte ebenfalls Variablen im Quellcode, da diese eindeutig über ihren Namen identifizierbar sind und eine deklarierte Größe im Speicher fordern. Gleiches gilt für Konstanten, die zusätzlich mit dem Schlüsselwort **const** qualifiziert sind. Handelt es sich also im Kontext der jeweiligen Kapitel und Abschnitte um Zugriffe auf Daten über Variablen (beispielsweise bei Operanden), so sind dabei auch immer begleitend die Konstanten und Objekte gemeint, auch wenn diese nicht jedes mal explizit benannt werden. In Bezug auf die verwendeten Typen, die auch komplex in Form von Klassendefinitionen vorliegen können, bilden Daten entsprechende Werte intern im Speicher ab, wobei die Speicherinhalte durch binäre Zustände repräsentiert sind. Fachlich korrekt wird ein Datum durch das Singular von Daten definiert. Ein solches Datum bildet also einen Speicherbereich für die Darstellung eines einzelnen Wertes. Dieses Buch verzichtet jedoch vollständig auf die Nennung dieses Begriffes, da er leichtsinnig mit einem Datum (Tag, Monat und Jahr) aus der realen Welt verwechselt werden kann. Auch wenn die jeweilige Architektur und Plattform die interne Organisation des Speichers übernimmt, kann sich dennoch ein solides Grundlagenwissen über die Speicherverwaltung als Vorteil herausstellen. Insbesondere durch die Verwendung von C++ geht das Verständnis der Programmierung weit über die Grenzen der Sprache und Syntax hinaus.
Logisch zusammenhängende Speicherbereiche entstehen in einem Programm durch die Bildung von Objekten und Arrays, welche durch ihren eindeutigen Namen identifizierbar sind. Da alle Elemente eines Datenfeldes dem gleichen Datentyp entsprechen, fordert ein gesamtes Array in der Regel die Speichergröße eines Elementes multipliziert mit der Anzahl der enthaltenen Elemente.

Eintauchen in C++

Abbildung von Objekten und Arrays « Bitmanipulation & Logik

Im Gegensatz zu Arrays können Objekte aus mehreren Elementen bzw. Eigenschaften bestehen, die verschiedenen Datentypen und damit verbunden auch verschiedenen Speichergrößen unterliegen. Der minimal geforderte Speicher für ein Objekt ermittelt sich aus der Summe aller in der jeweiligen Klassendefinition verwendeten Größen der Datentypen. Dabei zählt jede deklarierte Eigenschaft der Klasse mit der Größe ihres entsprechenden Typs. Bedenken Sie, dass der logische Datentyp **bool** zwar nur zwei Zustände annehmen kann, jedoch ein ganzes Byte des Speichers fordert. Auch die Speichergrößen von Instanzen eingebetteter Klassen und Arrays zählen zu dem Speicherbedarf für ein von der äußeren Klasse gebildetes Objekt. Die Sichtbarkeit einer jeweiligen Eigenschaft (**private, protected, public**) spielt in Bezug auf den Speicherbedarf keine Rolle. Bedingt durch Compiler und Plattform fordert ein Objekt in der Regel mehr Speicherplatz, als die Summe der Speichergrößen von den Eigenschaften ergibt. Im nächsten Abschnitt wird darauf näher eingegangen. Zur Veranschaulichung der Speichergrößen findet im nachfolgenden Listing zunächst eine Klassendefinition mit verschiedenen Eigenschaften statt, die wahlweise aus einer inneren Instanz und einem Array gebildet sind:

```cpp
struct SampleClass   // Definition der Klasse SampleClass.
{
   // Öffentliche Eigenschaft vom Datentyp float.

   float x;   // Die Member-Variable belegt 4 Byte im Objekt.

   // Die privaten Eigenschaften der inneren Klassendefinition
   // benötigen in der Summe minimal 7 Byte des Speichers.

   class InnerClass   // Öffentliche und innere Klasse.
   {
      bool  m_stat[5];   // Array des Typs bool mit 5 Byte.
      short m_val;       // Member-Variable mit 2 Byte.

   } inner;              // Instanz der Klasse als Eigenschaft.

   unsigned short id;    // Member-Variable mit 2 Byte.
};
```

Listing **7.4**: Klassendefinition mit innerer Instanz und Array als Eigenschaft

Eine beliebig gebildete Instanz der im vorherigen *Listing 7.4* definierten Klasse *SampleClass* würde minimal 13 Byte des Speichers fordern, um alle Zustände verwalten zu können. Dabei wären die Daten zusammenhängend im Speicher angeordnet. Die minimale Speichergröße von 13 Byte ergibt sich aus den 4 Byte der Eigenschaft vom Typ **float** und der weiteren Eigenschaft einer Ganzzahl mit 2 Byte (**unsigned short**). Zu dieser Größe von 6 Byte kommen zusätzlich 7 Byte hinzu, die zur Speicherung der Zustände von der inneren Instanz benötigt werden, so dass sich in der Summe minimal 13 Byte ergeben, die von einer beliebigen Instanz der Klasse *SampleClass* belegt werden würden. Beachten Sie aber, dass die innere Instanz nur deshalb Speicher belegt, weil diese in der Klassendefinition hinter dem eingebetteten Bezugsrahmen gebildet wurde und daher als Eigenschaft (*inner*) der äußeren Klasse gilt. Würde diese Eigenschaft vernachlässigt werden, so hätte die äußere Klasse *SampleClass* nur die innere Klasse *InnerClass* eingebettet, die aber keinen Speicher fordern würde.

7.3.2 Speicherausrichtung und Füllbyte

>> In Verbindung mit der Speicherung von Eigenschaften eines Objektes wurde von minimalem Speicherbedarf gesprochen, da dieser üblicherweise in einem System höher ausfällt. Entscheidend für die tatsächlichen Speichergrößen von zusammenhängenden Daten sind der Compiler und die verwendete Plattform bzw. PC-Architektur. Intern werden Speicherbereiche byteweise adressiert und mehrere Byte können mit nur einem Zugriff aus dem Speicher eingelesen werden. Wie viele Byte mit einem Speicherzugriff gleichzeitig abrufbar sind, wird durch die Datenbusbreite des Prozessors bzw. der Architektur bestimmt. Auf einem 64-Bit-System ist der Datenbus folglich 64 Bit (8 Byte) breit, so dass mit nur einem Zugriff ganze 8 Byte des Speichers gelesen und beschrieben werden können. In diesem Zusammenhang ist es für den Compiler wichtig, die Daten im Speicher auszurichten, so dass die Speicherzugriffe entscheidend minimiert werden. Für die Ausrichtung des Speichers kommen Füllbyte zum Einsatz. Bei einem zusammenhängenden Element mit einer Größe von 5 Byte müssten folglich die 3 folgenden Byte des Speichers aufgefüllt werden, damit das nächste Element im Speicher als ausgerichtet gilt und ab einer Adresse

gespeichert ist, bei der nur ein Zugriff durch den Datenbus notwendig ist. Die Voraussetzung aber ist, dass der Speicherbedarf dieses folgenden Elementes auch größer ist als die Anzahl der verwendeten Füllbyte. Eine Ganzzahl mit 2 Byte (**short**) könnte beispielsweise die restlichen Byte sinnvoll zur Speicherung des Wertes nutzen, ebenso ein Array mit 3 Elementen, die jeweils nur ein Byte belegen. Durch die Verwendung von Füllbyte entstehen immer ungenutzte Lücken im Speicher. Bei einer Datenstruktur mit 5 Byte und 3 folgenden Füllbyte wären 3/8 des jeweiligen Speicherbereiches ungenutzt. Die Aufgabe des Compilers besteht also auch darin, solche Lücken durch sinnvolle Organisation des Speichers zu minimieren.

Die Sprache C++ hat selbst keinen direkten Einfluss auf die plattformbedingte Speicherausrichtung, jedoch können in den Quellcodes bestimmte Hinweise an den Compiler geliefert werden, wie die Ausrichtung der einzelnen Elemente erfolgen soll. In Abhängigkeit vom jeweiligen Compiler können solche Hinweise beispielsweise durch **pragma**-Direktiven über den Präprozessor angegeben werden. Der Compiler spielt bei der Speicherausrichtung eine wichtige Rolle, da dieser die Übersetzung der Quellcodes für die jeweilige Zielplattform übernimmt. In diesem Zusammenhang kommt es daher oft zu Fehlern, wenn Anwendungen auf einem 32-Bit-System gestartet werden sollen, die tatsächlich für eine Architektur mit einer Datenbusbreite von 64 Bit compiliert wurden. Generell arbeiten 64-Bit-Systeme auch Programme ab, die eigentlich für Architekturen mit einer Datenverarbeitung von 32 Bit entwickelt wurden. Aus dem Grund sollten die Speichergrößen von zusammenhängenden Daten stets ganzzahlig durch 4 teilbar sein, damit diese im Speicher ausgerichtet sind. Dabei gelten Elemente mit der kleinsten adressierbaren Einheit (1 Byte) immer als ausgerichtet. Ist die Speichergröße nicht durch 4 (oder explizit durch 8 bei 64-Bit-Systemen) teilbar, dann müssen Füllbyte verwendet werden, bis das nachfolgende Element ab einer Adresse im Speicher beginnt, die restlos durch die Datenbusbreite (oder deren Hälfte) teilbar ist. Für einzelne Elemente eines Arrays macht die Speicherausrichtung weniger Sinn, da diese alle vom gleichen Typ sind. Vielmehr führen Compiler die Ausrichtung der gespeicherte Zustände von Objekten aus, wenn die Eigenschaften aus unterschiedlichen Typen und Speichergrößen bestehen. Auch können Compiler verschiedene Optimierungen vornehmen, so dass Zustände intern nicht in der Reihenfolge abgebildet sein müssen, wie sie in den Klassendefinitionen vorkommen. Um die Speicherzugriffe

Bitmanipulation & Logik » Speicherausrichtung und Füllbyte

zu minimieren, versuchen Compiler die jeweiligen Eigenschaften in gemeinsame Speicherbereiche zu packen, die der Datenbusbreite entsprechen. Durch die Verwendung von Datentypen, deren Speichergrößen höher sind als die Breite des Datenbusses, müssen immer mindestens zwei Speicherzugriffe erfolgen. Bei einer Datenbusbreite von 32 Bit sind also mindestens zwei Speicherzugriffe notwendig, um die Daten einer Eigenschaft vom Typ **double** (64 Bit) aus dem Speicher zu lesen. Selbst auf einem 64-Bit-System ist nicht gewährleistet, dass die Eigenschaft für einen einzelnen Speicherzugriff ausgerichtet ist, da eine Vielzahl ungenutzter Lücken im Speicher entstehen kann. Aus diesem Grund werden in der Regel die Speicherbereiche so ausgerichtet, dass die jeweilige Speichergröße restlos durch 4 teilbar ist. Üblicherweise wird der Gleitkommatyp **long double** durch Füllbyte auf eine Speichergröße von 12 Byte oder sogar 16 Byte erweitert.

Da der Speicherbedarf einer Instanz der inneren Klassendefinition *InnerClass* aus *Listing 7.4* nicht restlos durch 4 teilbar ist, wird bei der Speicherung 1 Füllbyte verwendet, so dass eine Instanz tatsächlich 8 Byte fordert und nicht nur 7 Byte, die sich aus der Summe der Speichergrößen von den Eigenschaften ergibt. Die Bildung einer Instanz der eingebetteten Klasse ist über den Scope-Operator möglich, da der Klassenname *InnerClass* öffentlich sichtbar ist. Ein Objekt vom Typ *SampleClass* verfügt neben der eingebetteten Instanz über zwei Eigenschaften, die in der Summe minimal 6 Byte im Speicher fordern. Diese Speichergröße wird mit 2 Füllbyte ergänzt, damit diese restlos durch 4 teilbar ist. Mit der inneren Instanz würde ein Objekt der Klasse *SampleClass* tatsächlich 16 Byte des Speichers im System belegen. Im folgenden Beispiel werden nun die Instanzen der in *Listing 7.4* definierten Klassen gebildet:

```
// Eine innere Instanz belegt durch ein Füllbyte genau 8 Byte.

SampleClass::InnerClass helper;   // = 8 Byte.

// Instanz von SampleClass, welche durch 2 Füllbyte und
// die Speichergröße der inneren Instanz nun 16 Byte belegt.

SampleClass sample;   // = 16 Byte (8 Byte + 8 Byte).
```

Listing **7.5**: Bildung von Instanzen zur Verdeutlichung von Speichergrößen

Eintauchen in **C++**

Speicherausrichtung und Füllbyte « Bitmanipulation & Logik

In Bezug auf *Listing 7.4* und *Listing 7.5* illustriert eine Abbildung nachfolgend die mögliche, interne Darstellung der zusammenhängenden Speicherbereiche für die jeweiligen Objekte und macht die Ausrichtung durch Füllbyte deutlich:

64-Bit-Bus								64-Bit-Bus								Zugriff
32-Bit-Bus				32-Bit-Bus				32-Bit-Bus				32-Bit-Bus				Zugriff
15	14	13	12	11	10	9	8	7	6	5	4	3	2	1	0	Byte
								helper								Objekt
/andere Daten/								/F/ m_val				m_stat[5]				**Daten**
								inner								Objekt
/F/		id		/F/ m_val				m_stat[5]				x (float)				**Daten**
sample																Objekt

Abbildung **14**: Interne Darstellung von Objekten in Verbindung mit Füllbyte

Ergänzend veranschaulicht eine Abbildung die Speicherung eines Gleitkommawertes (**double**), welcher nach einer Ganzzahl (**int**) im Speicher abgebildet ist. Das Beispiel berücksichtigt zwei optimale Speicherausrichtungen mit Datenbusbreiten von 64 Bit (1) und 32 Bit (2) sowie eine nicht optimale Ausrichtung (3):

64-Bit-Bus								64-Bit-Bus								Zugriff
32-Bit-Bus				32-Bit-Bus				32-Bit-Bus				32-Bit-Bus				Zugriff
15	14	13	12	11	10	9	8	7	6	5	4	3	2	1	0	Byte
double								/F/				int				(1)
/F/				double								int				(2)
/F/		double								int				/F/		(3)

Abbildung **15**: Verhältnis von Speicherausrichtung zu Speicherzugriffen

7.4 Der sizeof-Operator

» Die Syntax der Sprache C++ bietet das Schlüsselwort **sizeof** an, welches zu den unären Operatoren zählt. Mit Hilfe dieses Operators kann zur Laufzeit ermittelt werden, wie viel Speicher ein Objekt auf dem Stack oder auf dem Heap tatsächlich in Anspruch nimmt. Ein vermitteltes Grundlagenwissen über die Speicherausrichtung ist daher sinnvoll, weil der **sizeof**-Operator die Füllbyte bei der Ermittlung des jeweiligen Speicherbedarfes berücksichtigt. Von diesem Operator werden also in der Regel die Werte 1, 2, 4 und nachfolgend alle Größen geliefert, die restlos durch 4 teilbar sind. Gemessen wird der geforderte Speicher immer in Byte, den eine beliebige Instanz eines primitiven oder komplexen Typs im Speicher beansprucht. Dieser Wert multipliziert mit der Zahl 8 ergibt also den belegten Speicher gemessen in Bit. Da geforderter Speicher niemals negativ sein kann, behandelt der **sizeof**-Operator den Rückgabewert stets als vorzeichenlose und ganzzahlige Größe (**unsigned int**). Als Operanden können primitive und komplexe Datentypen dienen und die Namen von Instanzen, welche aus diesen Typen gebildet wurden. Hinter dem Schlüsselwort **sizeof** muss somit ein Klassenname, ein Objektname, ein primitiver Typ oder der Name einer Variablen bzw. Konstanten folgen. Wird nach dem Operator ein Klassenname oder ein primitiver Typ angegeben, so handelt es sich dabei nicht um den belegten Speicher der Klasse oder des Typs, sondern um den Speicherplatz, welcher von einer Instanz der genannten Klasse bzw. des Typs belegt werden würde. Die Angabe eines Objekt-, Variablen- oder Konstantennamens als Operand bezieht sich immer auf den tatsächlich belegten Speicher in Verbindung mit dem Namen. Der **sizeof**-Operator darf nicht mit dem Schlüsselwort **void** verwendet werden. Da Definitionen keinen Speicher fordern, ist der Speicherbedarf in einem Programm planbar, wenn als Operand ein primitiver oder komplexer Datentyp eingesetzt wird. Für die Verwendung des Operators müssen also keine zwingenden Instanzen gebildet sein, die tatsächlich Speicher im System fordern.

Zur besseren Lesbarkeit der Quellcodes kann ein Operand hinter dem **sizeof**-Operator in einfache Klammern eingebettet werden, so dass dieser syntaktisch einem Methodenaufruf ähnelt. Wird der Operator mit einem primitiven oder komplexen Datentyp verwendet, sind die Klammern zwingend erforderlich.

Das folgende Listing macht die syntaktische Verwendung des **sizeof**-Operators deutlich, wobei wahlweise ein primitiver Typ und der Name einer Variablen als Operand dient:

```cpp
// Ermittlung des Speicherbedarfes einer beliebigen Instanz
// des primitiven Datentyps unsigned short int.
// Eine solche Instanz würde mindestens 2 Byte fordern.
// Diese Größe ist in einem Programm planbar, da nur ein
// Typ als Operand dient und keine Instanz gebildet ist.
// Der sizeof-Operator liefert in diesem Beispiel den Wert 2
// zurück, was einer Speichergröße von 16 Bit entspricht.
// Der Rückgabewert wird einer Variablen zugewiesen.
// Da ein Datentyp im Operanden eingesetzt wird, muss dieser
// hinter dem sizeof-Operator zwingend in Klammern stehen.

unsigned int s0 = sizeof(unsigned short int);   // = 2 Byte.

// Bildung einer Variablen (Instanz) vom Gleitkommatyp double.

double dvar;  // Es erfolgt keine Initialisierung für den Wert.

// Der Bedarf an Speicher, welcher von der Variablen belegt
// wird, ist ebenfalls mit dem sizeof-Operator ermittelbar.
// Der Variablenname kann als Operand ohne Klammern dienen.
// Die Verwendung von Klammern wäre optional möglich.
// Vom sizeof-Operator wird der ganzzahlige Wert 8 geliefert.
// Diese Größe wird tatsächlich von dvar im Speicher belegt.
// Die gleiche Speichergröße ist mit sizeof(double) planbar.

unsigned int s1 = sizeof dvar;   // = 8 Byte.
```

Listing **7.6**: Verwendung des **sizeof**-Operators mit primitiven Typen

Befindet sich eine Klassendefinition in einem Namensraum, dann muss dieser explizit oder implizit aufgelöst werden, wenn der Klassenname als Operand des **sizeof**-Operators dient. Eingebettete Klassennamen müssen über den Scope-Operator aufgelöst werden. Unter Verwendung von *Listing 7.4* zeigt das nachfolgende Beispiel die Speicherermittlung verbunden mit komplexen Typen:

Bitmanipulation & Logik » Der **sizeof**-Operator

```cpp
// Ermittlung des planbaren Speicherbedarfes einer
// inneren Instanz der definierten Klasse SampleClass.
// Die Verwendung der Klammern ist zwingend erforderlich.
// Der sizeof-Operator berücksichtigt das Füllbyte und liefert
// den Wert 8, da tatsächlich 8 Byte von einer Instanz der
// eingebetteten Klasse InnerClass belegt werden würden.

unsigned int s0 = sizeof(SampleClass::InnerClass); // = 8 Byte.

SampleClass sample;   // Instanz der Klasse SampleClass.

// Mit Hilfe des sizeof-Operators wird der tatsächliche
// Speicherbedarf der Instanz von SampleClass ermittelt.
// Der Operator mit dem Operanden ohne Klammern berücksichtigt
// die Füllbyte und liefert den ganzzahligen Wert 16.
// Die Speichergröße ist auch mit sizeof(SampleClass) planbar.

unsigned int s1 = sizeof sample;   // = 16 Byte.
```

Listing **7.7**: Verwendung des **sizeof**-Operators mit komplexen Typen

Komplexe Typen, welche nur über den Namen deklariert aber nicht definiert wurden, können nicht instanziert werden und sind somit auch für den **sizeof**-Operator undefiniert. Der Versuch, die Speichergröße einer undefinierten Klasse zu ermitteln, resultiert in einem Übersetzungsfehler. Das folgende Listing macht die fehlerhafte Verwendung einer undefinierten Klasse in Verbindung mit dem **sizeof**-Operator deutlich:

```cpp
class AnyClass;   // Deklaration des Klassennamens Anylass.

// Der Speicherbedarf kann für die undefinierte Klasse
// nicht mit dem sizeof-Operator ermittelt werden,
// da die Klasse AnyClass nur deklariert wurde.
// Dennoch müsste der Klassenname als Operand
// in Klammern eingebettet werden.

unsigned int s0 = sizeof(AnyClass);   // Compiler-Fehler!
```

Listing **7.8**: Fehlerhafte Verwendung des **sizeof**-Operators

Der **sizeof**-Operator « Bitmanipulation & Logik

Der **sizeof**-Operator liefert für definierte Klassen nicht den Wert Null zurück, wenn diese keine Eigenschaften deklariert haben. Somit sind für den Operator diese komplexen Typen niemals leer, auch wenn keine Eigenschaften im jeweiligen Bezugsrahmen deklariert sind und eine Instanz der Klasse scheinbar keinen Speicher belegt. Der **sizeof**-Operator gibt in diesem speziellen Fall die Größe der kleinsten adressierbaren Einheit von 1 Byte zurück.

Im nachfolgenden Code-Ausschnitt wird der Speicherbedarf einer definierten Klasse planbar ermittelt, die aber keine Eigenschaft deklariert hat:

```cpp
class EmptyClass   // Definition der leeren Klasse EmptyClass.
{
    // Hier können Eigenschaften und Methoden deklariert sein.
};

// Der sizeof-Operator liefert nicht den Wert 0 zurück.
// Die Klammern sind für den Operanden notwendig, da der
// Operator mit einem Klassennamen verwendet wird.
// Der planbare Speicherbedarf der leeren Klasse
// EmptyClass beträgt in der Regel 1 Byte.
// Eine Instanz würde also tatsächlich 1 Byte fordern.

unsigned int s0 = sizeof(EmptyClass);   // = 1 Byte.
```

Listing 7.9: Verwendung des **sizeof**-Operators mit Klasse ohne Eigenschaften

In der Syntax von C++ wird der **sizeof**-Operator oft für Arrays verwendet, deren feste Größen zum Zeitpunkt der Code-Entwicklung bekannt sind. Das folgende Listing verbindet ein Datenfeld fester Größe mit dem **sizeof**-Operator:

```cpp
// Deklaration und Initialisierung eines Arrays vom Typ double.
// Das Array wird als konstant qualifiziert, daher
// muss eine Initialisierung der Werte erfolgen.
// Im Datenfeld finden 5 Gleitkommawerte mit
// doppelter Genauigkeit ihren Platz.
// Das gesamte Array benötigt somit 5-mal die Speichergröße
// des Datentyps double und belegt 40 Byte (5 * 8 Byte).

const double FixArray[5] = { 1.21, 2.32, 3.43, 4.54, 5.65 };
```

Bitmanipulation & Logik » Der **sizeof**-Operator

```
/* Fortsetzung des Code-Beispiels. */

// Der sizeof-Operator gibt für diesen Ausdruck den Speicher-
// bedarf des gesamten Arrays zurück, der 40 Byte entspricht.
// Es dient der Variablenname als Operand, daher ist die
// Verwendung von Klammern nicht zwingend erforderlich.

unsigned int ArraySize = sizeof FixArray;    // = 40 Byte.

// Ermittlung der Speichergröße des ersten Elementes im Array,
// die 8 Byte für den Gleitkommatyp double entspricht.
// Auch bei der Indizierung, die ein Element liefert,
// sind Klammern für den Operanden nicht notwendig.

unsigned int ElementSize = sizeof FixArray[0];   // = 8 Byte.

// Anhand der zwei Speichergrößen kann für das Array
// die feste Anzahl der Elemente einfach ermittelt werden.
// Der Speicherbedarf des gesamten Datenfeldes geteilt durch
// den Bedarf an Speicher eines beliebigen Elementes im Array,
// ergibt also die Anzahl der im Array enthaltenen Elemente.

unsigned int ArrayCount = ArraySize / ElementSize;   // = 5.

// Dieser Ausdruck liefert ebenfalls planbar die Größe des
// Arrays zurück, die wieder 40 Byte entspricht (5 * 8 Byte).
// Der Operand muss jedoch zwingend in Klammern stehen.

unsigned int DoubleArray = sizeof(const double[5]);
```

Listing **7.10**: Verwendung des **sizeof**-Operators mit einem Array fester Größe

Der Speicherbedarf von einer Instanz eines Aufzählungstyps (**enum**) ermittelt sich nur für den aktuell gespeicherten Enumerator, nicht aber für alle definierten Konstanten innerhalb des Bezugsrahmens. In Verbindung mit der Speichergröße von der Instanz eines Aufzählungstyps kommt der **sizeof**-Operator im späteren Kapitel der Praxisklasse *Number* erneut zum Einsatz, da diese Klasse die Instanz einer vorher definierten Enumeration verwenden wird.

7.5 Komprimierte Datenspeicherung

7.5.1 Der Datenverbund **union**

>> Auch wenn sich heutzutage die Speichergrenzen im Bereich der Gigabyte bewegen, gilt Speicher dennoch als kostbare Ressource. Die Syntax der Sprache C++ stellt einige Mittel zur Verfügung, mit denen die komprimierte Speicherung von Daten erzielt werden kann.
Ein Verbund an Daten kann mit Hilfe des Schlüsselwortes **union** definiert und bekannt gemacht werden. Ähnlich der Klassendefinition mit dem Schlüsselwort **struct** sind alle Elemente eines Datenverbundes standardmäßig öffentlich sichtbar (**public**), wenn kein Sichtbarkeitsbereich in der jeweiligen Definition des Datenverbundes angegeben wird. Gegenüber den Klassendefinitionen teilen sich alle deklarierten Eigenschaften eines Datenverbundes den Speicherplatz, wenn aus dem Verbund eine Instanz gebildet wird. Alle im jeweiligen Datenverbund deklarierten Eigenschaften sind intern an der gleichen Hardware-Adresse abgelegt und überlagern sich hinsichtlich ihres Speicherbereiches. Wird also eine Eigenschaft über die Instanz eines Datenverbundes schreibend modifiziert, so werden indirekt auch alle anderen Eigenschaften beschrieben, da diese ebenfalls den veränderten Speicherbereich nutzen. Anhand der Definition eines Verbundes mit dem Schlüsselwort **union** kann eine sinnvoll komprimierte Datenspeicherung erzielt werden. Bedenken Sie aber bei der Verwendung, dass ein Datenverbund keine Definition einer Klasse (**class**, **struct**) ersetzt, da die deklarierten Eigenschaften nicht über unabhängige Speicherbereiche verfügen. Wie es bei den Klassendefinitionen bekannt ist, können auch Datenverbunde im Quellcode vorerst deklariert werden, um die Namen zu reservieren. Im nachfolgenden Listing erfolgt zunächst die Bekanntmachung eines Datenverbundes:

```
// Deklaration eines Datenverbundes.
// Der Name SampleUnion wird für die ausschließliche
// Verwendung mit einem Datenverbund reserviert.

union SampleUnion;   // Die Deklaration fordert keinen Speicher.
```

Listing **7.11**: Deklaration eines Datenverbundes mit dem Schlüsselwort **union**

Bitmanipulation & Logik » Der Datenverbund union

Die Definition eines Datenverbundes erfolgt syntaktisch wie bei einer Klasse, indem hinter dem Schlüsselwort **union** und dem Namen des Verbundes ein Bezugsrahmen angegeben wird, welcher zwingend mit einem Semikolon abgeschlossen werden muss. Innerhalb des gebildeten Scopes können wie gewohnt die Eigenschaften deklariert werden, die sich aber ihren Speicherplatz innerhalb des Datenverbundes teilen. Auch die Definition von Sichtbarkeitsbereichen (**private, protected** und **public**) ist innerhalb eines Datenverbundes möglich. Eine eingebettete Klassendefinition zählt zusätzlich als Eigenschaft des Datenverbundes, sofern eine Instanz der inneren Klasse hinter dem entsprechenden Bezugsrahmen gebildet wird. Auch Arrays können als deklarierte Eigenschaften des Datenverbundes dienen, wobei die einzelnen Elemente des Datenfeldes über ihre eigenen Speicherplätze verfügen, welche allerdings mit anderen Eigenschaften des Verbundes geteilt werden. Da sich die Eigenschaften eines Datenverbundes den geforderten Speicherplatz teilen, ergeben solche Definitionen mit dem Schlüsselwort **union** nur in Verbindung mit mindestens zwei deklarierten Eigenschaften semantisch einen Sinn.

Basierend auf der Deklaration von *Listing 7.11* verdeutlicht der nachfolgende Code-Ausschnitt die Definition eines Datenverbundes:

```cpp
// Definition des bereits deklarierten Datenverbundes.
// Alle Eigenschaften des Verbundes sind standardmäßig
// über eine Instanz öffentlich sichtbar (public).
// Die deklarierten Elemente teilen sich den Speicherplatz.
// Wäre die Definition durch das Schlüsselwort class oder
// struct gebildet, würde eine Instanz, je nach Datenbus-
// breite und Füllbyte, 20 oder 24 Byte Speicher fordern.
// Durch union wird diese Speichergröße jedoch nicht benötigt.

union SampleUnion
{
    double       dbl;         // Eigenschaft vom Typ double.
    unsigned int uInt;        // Vorzeichenlose Member-Variable.
    signed char  cArray[6];   // Array als Eigenschaft.
};
// Vergessen Sie das Semikolon hinter dem Bezugsrahmen nicht.
```

Listing **7.12**: Definition eines Datenverbundes mit deklarierten Eigenschaften

Die Instanz eines Datenverbundes benötigt nur soviel Speicher im System, wie die deklarierte Eigenschaft mit dem größten Datentyp fordert. Tatsächlich würde eine Instanz des im vorherigen *Listing 7.12* definierten Datenverbundes *SampleUnion* nur 8 Byte an Speicher benötigen, da der größte Typ (**double**) eine Speichergröße von genau 8 Byte aufweist. Alle anderen Eigenschaften können aufgrund der geringeren Speichergröße ihres jeweiligen Datentyps in diesem vorhandenen Speicherbereich von 8 Byte abgelegt werden. Hätte das Array pro Element eine höhere Speichergröße (**short** oder höher), so würde sich der Speicherbedarf einer Instanz des Datenverbundes an diesem Array messen, da die übrigen Eigenschaften geringere Speichergrößen aufweisen würden und komplett im Speicherbereich des gesamten Datenfeldes überlagert werden könnten. Für die Ermittlung des Speicherbedarfes können von einem Datenverbund auch Füllbyte herangezogen werden, wenn beispielsweise eine innere Klassendefinition über eine Instanz als Eigenschaft dient. Die Zustände dieser eingebetteten Instanz hätten aber ihren eigenen und unabhängigen Speicherplatz, da nur die äußere Definition durch das Schlüsselwort **union** gebildet wäre, so dass aber der Speicher von weiteren Eigenschaften des Verbundes mit den Zuständen der inneren Instanz geteilt werden würde.

In Bezug auf *Listing 7.12* veranschaulicht die folgende Abbildung die mögliche, interne Darstellung der Eigenschaften von einer Instanz des Datenverbundes:

7	6	5	4	3	2	1	0	Byte
63..56	55..48	47..40	39..32	31..24	23..16	15..8	7..0	Bit
dbl (double)								Element
				uInt (unsigned int)				Element
		cArray[6] (signed char)						Element
union SampleUnion								Instanz

Abbildung **16**: Organisation von Elementen eines Datenverbundes im Speicher

Der **sizeof**-Operator würde also für den definierten Datenverbund mit dem Namen *SampleUnion* planbar eine Speichergröße von 8 Byte liefern.

Bitmanipulation & Logik » Der Datenverbund union

Für den Datenverbund *SampleUnion* gilt als größte Eigenschaft der Gleitkommawert vom Typ **double,** so dass dieser die gesamte Speichergröße von einer Instanz des Verbundes bestimmt (8 Byte). Ein schreibender Zugriff auf die Eigenschaft der Ganzzahl oder über ein beliebiges Element des Arrays wirkt sich also indirekt auch auf den Binärzustand des Gleitkommawertes aus. Bedenken Sie, dass die tatsächliche Organisation der Elemente plattformbedingt variieren kann und diese auch durch Füllbyte ausgerichtet sein können.

Wie auch bei den Klassendefinitionen können Instanzen von Datenverbunden direkt hinter dem Bezugsrahmen gebildet werden, bevor die jeweilige Definition mit einem Semikolon abgeschlossen wird. In einem Ausdruck können Instanzen gebildet werden, indem der Name des Datenverbundes als komplexer Typ bei der Deklaration verwendet wird. Zusätzlich kann vor dem Namen des Verbundes das Schlüsselwort **union** geschrieben werden. Im Quellcode wird ein definierter Datenverbund zum komplexen Datentyp in Verbindung mit der Instanzierung. Nachfolgend verdeutlicht ein Code-Ausschnitt die Bildung und Verwendung einer Instanz des aus *Listing 7.12* bekannten Datenverbundes *SampleUnion*:

```
// Bildung einer Instanz des Datenverbundes SampleUnion.
// Das Schlüsselwort union ist optional; der Compiler erkennt
// den komplexen Datentyp auch ohne das Schlüsselwort an.

union SampleUnion field;

// Für den Punktoperator sind die jeweiligen Eigenschaften
// sichtbar, da diese standardmäßig öffentlich deklariert sind.
// Durch die Veränderung der Ganzzahl wird indirekt auch
// der binäre Zustand des Gleitkommawertes verändert.

field.uInt = 55;   // Schreibender Zugriff auf Eigenschaft.

// Alle 8 Bit des Speicherbereiches von dem Element
// mit dem Index 0 werden mit dem Zustand 1 versehen.
// Dadurch wird indirekt auch die Eigenschaft des
// Gleitkommawertes und der Ganzzahl verändert.

field.cArray[0] = -1;   // Schreibender Zugriff über Element.
```

Listing **7.13**: Bildung und Verwendung der Instanz eines Datenverbundes

Neben den Definitionen von Klassen begleiten Sie die Datenverbunde auch weiterhin in diesem Buch. Verbunden mit einem Gleitkommatyp und dem Zustand *Inf* wird Ihnen am Ende des nächsten Kapitels **Methoden in Klassen** erneut ein Datenverbund begegnen. Die spätere Praxisklasse *Number* verwendet die Instanz eines Datenverbundes zur einheitlichen Speicherung ganzzahliger Werte. Bezogen auf den **sizeof**-Operator und die Ermittlung des Speicherbedarfes finden Sie in diesem späteren Kapitel erneut die Definition eines Datenverbundes vor.

7.5.2 Anonyme Datenverbunde

>> Ein Datenverbund kann in der Syntax der Sprache C++ ohne einen Namen definiert werden. In diesem speziellen Fall muss der Bezugsrahmen des Datenverbundes direkt hinter dem Schlüsselwort **union** gebildet werden. Da solche Definitionen keine eindeutigen Namen aufweisen, werden diese als anonyme Datenverbunde bezeichnet. Somit ist die Bildung von Instanzen in Ausdrücken nicht möglich, da ein Datenverbund ohne Namen in einer Deklaration nicht identifizierbar ist. Es können aber Instanzen aus solchen Datenverbunden entstehen, wenn diese direkt hinter dem jeweiligen Bezugsrahmen gebildet werden, bevor die Definition mit einem Semikolon abgeschlossen wird. Ein Datenverbund gilt auch als anonym, wenn dieser keinen Namen besitzt und wenn aus diesem keine Instanz hinter dem Bezugsrahmen gebildet wird.

Über anonyme Datenverbunde können die Speicherbereiche von lokalen und globalen Variablen geteilt werden, je nachdem in welchem Scope die Definition des jeweiligen Verbundes erfolgt. Die deklarierten Elemente eines anonymen Datenverbundes werden im Quellcode wie herkömmliche Variablen behandelt, so als wären diese ohne das Schlüsselwort **union** in einem jeweiligen Bereich mit ihrem Namen deklariert. Ein lesender und schreibender Zugriff auf eine Variable erfolgt im Scope über den Namen der jeweiligen Eigenschaft des definierten Verbundes. Ein Zugriff über eine Instanz ist somit bei anonymen Datenverbunden mit dem Punktoperator nicht möglich. Da die Zugriffe auf die Elemente nicht über Instanzen erfolgen, sollten alle Eigenschaften eines solchen Datenverbundes (standardmäßig) öffentlich deklariert sein. Auch initialisierte

Bitmanipulation & Logik » Anonyme Datenverbunde

Konstanten dürfen innerhalb eines anonymen Datenverbundes als Elemente dienen, wobei der geforderte Speicherplatz mit anderen Eigenschaften des Verbundes geteilt wird. Die Elemente von Arrays fester Größen verfügen über eigene und unabhängig Speicherbereiche, die gemeinsam mit anderen Eigenschaften im anonymen Datenverbund organisiert sind.

Das nachfolgende Listing veranschaulicht die Zugriffe auf Elemente eines zur main-Methode lokal gültigen und anonymen Datenverbundes:

```cpp
int main()
{
    // Definition eines anonymen Datenverbundes
    // mit zwei deklarierten Eigenschaften.
    // Die Variablen teilen sich die benötigten Speicherbereiche
    // und verfügen über lokale Gültigkeit zur main-Methode.
    // Alle Elemente des Verbundes sind standardmäßig
    // innerhalb der main-Methode öffentlich sichtbar.

    union   // Lokaler Datenverbund ohne Namen.
    {
        int     iVar;       // Vorzeichenbehaftete Ganzzahl.
        double  dFix[3];    // Array von Gleitkommawerten.
    };

    // Schreibender Zugriff auf die Ganzzahl des Datenverbundes.
    // Das Element wird ohne Instanz angesprochen, so als wäre
    // dieses wie eine normale Variable im Scope deklariert.

    iVar = 33;  // Zugriff über den Namen der Eigenschaft.

    // Da sich die lokalen Eigenschaften des anonymen
    // Datenverbundes den Speicherplatz teilen, bewirkt
    // die Modifikation eines Gleitkommawertes indirekt
    // auch die Veränderung der Ganzzahl iVar.

    dFix[0] = 1.0;  // Indirekter Zugriff auf Ganzzahl.

    return 0;
}
```

Listing **7.14**: Anonymer Datenverbund mit dem Schlüsselwort **union**

Bitfelder in Eigenschaften « Bitmanipulation & Logik

7.5.3 Bitfelder in Eigenschaften

>> Eine weitere Möglichkeit zur komprimierten Datenspeicherung ist in C++ durch die sogenannten Bitfelder gegeben. Syntaktisch kann ein Bitfeld in jeder Eigenschaft einer Klassendefinition oder eines Datenverbundes vorkommen, wenn die jeweilige Eigenschaft durch einen ganzzahligen Datentyp oder durch den logischen Typ **bool** repräsentiert wird. Demnach sind Bitfelder auf die Eigenschaften primitiver Datentypen beschränkt, wobei damit alle Gleitkommatypen von den Bitfeldern ausgeschlossen sind. Auch dürfen Bitfelder nicht für Arrays fester Größen verwendet werden, wenn diese eine jeweilige Eigenschaft eines komplexen Typs bilden. Die Sichtbarkeitsbereiche, in denen die Eigenschaften der Klassen oder der Datenverbunde deklariert sind, werden durch Bitfelder nicht beeinflusst.

Das Ziel von Bitfeldern ist die Limitierung der internen Zustände, indem die Anzahl der speicherbaren Bit für eine jeweilige Eigenschaft begrenzt wird, so dass die Speichergröße geringer ausfällt. In diesem Fall muss hinter dem Namen der deklarierten Eigenschaft nach einem Doppelpunkt (:) eine positive Ganzzahl folgen, mit deren Hilfe die Anzahl der Bit für den jeweiligen Speicherbereich der Eigenschaft festgelegt wird. Diese Bitzahl darf nicht größer sein als die tatsächliche Anzahl an Bit, die normalerweise durch den primitiven Datentyp intern belegt wird. Durch die Limitierung der Bitzahl wird auch automatisch der Wertebereich begrenzt, so dass eine deklarierte Eigenschaft mit einem Bitfeld weniger Zustände annehmen kann als eine Eigenschaft ohne Bitfeld. Im nachfolgenden Code-Ausschnitt wird ein Bitfeld in einer Eigenschaft deutlich:

```
// Definition einer Klasse mit öffentlicher Eigenschaft,
// dessen interne Zustände durch ein Bitfeld limitiert sind.
// Die vorzeichenbehaftete Ganzzahl kann nur 10 anstatt 16
// Bit speichern und somit nur 2 hoch 10 Zustände annehmen,
// so dass auch der Wertebereich entsprechend begrenzt ist.

struct Bitfield
{
    signed short elem:10;   // Limitierte Zustände durch 10 Bit.
};
```

Listing **7.15**: Bitfeld in deklarierter Eigenschaft einer Klasse

Bitmanipulation & Logik » Bitfelder in Eigenschaften

Die Anzahl speicherbarer Zustände der einzelnen Eigenschaft (*elem*) des Typs *Bitfield* wurde bei der Deklaration explizit auf 10 Bit limitiert, so dass in dieser Eigenschaft intern über eine Instanz tatsächlich nur 2 hoch 10 (=1024) Zustände abgelegt werden können. Die Vorzeichenbehaftung spielt auch bei Bitfeldern eine entscheidende Rolle. Da die Eigenschaft als vorzeichenbehaftet (optional **signed**) deklariert wurde, wird aufgrund der 10-Bit-Limitierung das Vorzeichen bereits durch das zehnte Bit (Index 9 von rechts) gebildet. Die deklarierte Eigenschaft kann folglich ein negatives Minimum von minus (2 hoch 9) annehmen. Zusätzlich lassen sich in der Eigenschaft positive Werte aus dem Bereich von 0 bis (2 hoch 9) minus 1 speichern. Für die deklarierte Eigenschaft ergibt sich dadurch ein limitierter Wertebereich von -512 bis +511, inklusive des Wertes Null. Wäre die Eigenschaft dieser Ganzzahl als vorzeichenlos (**unsigned**) deklariert, könnten über eine Instanz im limitierten Speicherbereich positive Werte im Bereich von 0 bis 1023 abgelegt werden.

Nachfolgend illustriert eine Abbildung die interne Darstellung des limitierten Speicherbereiches der Eigenschaft (*elem*) des komplexen Typs *Bitfield*:

struct Bitfield																Instanz
1								0								Byte
15	14	13	12	11	10	9	8	7	6	5	4	3	2	1	0	Bit
/ignoriert/						↑		elem:10								**Element**
						Vorzeichenbit										

Abbildung **17**: Interne Darstellung eines Speicherbereiches durch ein Bitfeld

Da der **sizeof**-Operator niemals eine limitierte Bitzahl liefern kann, sondern stets eine durch die kleinste adressierbare Einheit (1 Byte) teilbare Größe, belegt eine Instanz des komplexen Datentyps *Bitfield* aus *Listing 7.15* tatsächlich 2 Byte (16 Bit) ohne Füllbyte im Speicher. Der **sizeof**-Operator würde also eine planbare Größe von 2 Byte mit dem komplexen Datentyp im Operanden liefern. Somit ist die komprimierte Datenspeicherung nicht gegeben, sondern lediglich die Limitierung des Wertebereiches der einzelnen Eigenschaft.

Soll neben den limitierten Wertebereichen zusätzlich die komprimierte Datenspeicherung mit Hilfe von Bitfeldern erzielt werden, dann müssen mehrere deklarierte Eigenschaften innerhalb einer Definition mit einem Bitfeld versehen werden. Zusätzlich sollten diese Eigenschaften vom gleichen Datentyp sein, um intern eine komprimierte Speicherung zu gewährleisten.

In einer Klassendefinition werden im folgenden Listing verschiedene Eigenschaften mit Bitfeldern deklariert, wobei alle Eigenschaften zur komprimierten Speicherung dem gleichen Datentyp entsprechen:

```cpp
// Definition einer Klasse mit öffentlichen Eigenschaften
// zur Speicherung eines Datums bis zum 31. Dezember 2047.
// Alle deklarierten Eigenschaften sind vorzeichenlos
// und verfügen über den gleichen ganzzahligen Datentyp, so
// dass die limitierten Zustände komprimiert speicherbar sind.
// Eine Instanz dieses komplexen Datentyps würde im System
// tatsächlich nur eine Speichergröße von 4 Byte fordern.
// Hinter jeder Eigenschaft ist der limitierte Wertebereich
// angegeben und der reale Wert des Bestandteils vom Datum.

struct Datum
{
    unsigned int tag  :5;  // Bereich von 0 bis 31, (1 bis 31).
    unsigned int monat:4;  // Bereich von 0 bis 15, (1 bis 12).
    unsigned int woche:6;  // Bereich von 0 bis 63, (1 bis 52).
    unsigned int jahr :11; // Bereich von 0 bis 2047.
};
```

Listing **7.16**: Klassendefinition mit Bitfeldern in Eigenschaften

Eine Instanz der Klasse *Datum* würde in der Summe aller Eigenschaften nur 4 Byte an Speicher fordern, da die limitierten Zustände durch die Angabe von Bitfeldern komprimiert gespeichert werden können. Ohne den zusätzlichen Angaben der Bitfelder würde eine Instanz eine Größe von 16 Byte belegen, da jede ganzzahlige Eigenschaft vom Typ **int** herkömmliche 4 Byte an Speicher fordert, so dass bei den 4 Eigenschaften in der Summe ein Speicherbedarf von 16 Byte bestehen würde. Durch die Verwendung der Bitfelder kann also der Bedarf an Speicher um den Faktor 4 reduziert werden, wobei die Wertebereiche der jeweiligen Eigenschaften zusätzlich durch die Bitfelder limitiert sind.

Bitmanipulation & Logik » Bitfelder in Eigenschaften

Der folgende Code-Ausschnitt verwendet den **sizeof**-Operator zur Ermittlung der planbaren Speichergröße einer Instanz des komplexen Datentyps *Datum* aus *Listing 7.16*:

```
// Der sizeof-Operator liefert eine planbare
// Speichergröße von 4 Byte an die Variable ds.
// Ohne die deklarierten Bitfelder würde für eine Instanz
// der Klasse Datum ein Speicherbedarf von 16 Byte bestehen.
// Der Name des komplexen Typs muss in Klammern stehen.

unsigned int ds = sizeof(Datum);   // = 4 Byte.
```

Listing **7.17**: Planbarer Speicherbedarf einer Instanz mit Bitfeldern

Ein Compiler der Sprache C++ kann die Eigenschaften von einer Instanz der Klasse *Datum* intelligent in einem einheitlichen Speicherbereich organisieren, da diese durch Bitfelder versehen sind und alle den gleichen Datentyp verwenden. In der Summe benötigen alle Eigenschaften genau 26 Bit zur Speicherung der jeweiligen Zustände (5 + 4 + 6 + 11 Bit). Da der primitive Typ **unsigned int** eine interne Speichergröße von 32 Bit aufweist, können alle Eigenschaften innerhalb dieses Speicherbereiches vereinheitlicht werden, so dass eine Instanz nur 4 Byte belegt und sogar 6 Bit des Speichers ungenutzt bleiben.

Die nachfolgende Abbildung zeigt die mögliche, interne Darstellung der Eigenschaften mit Bitfeldern einer beliebigen Instanz der in *Listing 7.16* definierten Klasse *Datum*:

3		2		1		0		Byte
31..28	27..24	23..20	19..16	15..12	11..8	7..4	3..0	Bit
/ignoriert/		jahr		woche		monat	tag	Element
6 Bit		11 Bit		6 Bit		4 Bit	5 Bit	Größe
struct Datum								Instanz

Abbildung **18**: Anordnung von Elementen mit Bitfeldern im Speicher

Die tatsächliche Ausrichtung und Anordnung der einzelnen Elemente ist bedingt durch den jeweiligen Compiler und der Plattform. Beim Übersetzungsvorgang versucht der Compiler, alle möglichen Eigenschaften eines gemeinsamen Typs in einen einheitlichen Speicherbereich zu packen. Da die Speichergrößen von 26 Bit problemlos in den Bereich von 32 Bit integriert werden können, sind die jeweiligen Eigenschaften als Bitfelder organisiert. Bei der internen Anordnung der Bitfelder darf jedoch die Speichergrenze durch eine einzelne Eigenschaft nicht überschritten werden, welche durch den Datentyp **unsigned int** bei 32 Bit liegt. Wäre also in der Klassendefinition *Datum* eine weitere Eigenschaft dieses Typs mit einem Bitfeld von mehr als 6 Bit deklariert, dann würde dieses die Speichergrenze von 32 Bit überschreiten, so dass ein weiterer Speicherbereich vom Typ **unsigned int** notwendig wäre und eine Instanz dann 8 Byte fordern würde. Die Eigenschaft mit dem Bitfeld wäre dann im zusätzlichen Speicherbereich angeordnet, erst nach den 6 ignorierten Bit des vorherigen Bereiches.

In Bezug auf die Speichergröße gilt der logische Datentyp **bool** als recht verschwenderisch, da immer ein ganzes Byte für nur 2 speicherbare Zustände gefordert wird. Mit Hilfe von Bitfeldern können mehrere Eigenschaften vom logischen Typ **bool** komprimiert gespeichert werden, so dass der Bedarf an Speicher einer Instanz um den Faktor 8 verringert werden kann. Dafür werden sogenannte *Flags* als Eigenschaften verwendet, deren Speichergrößen bei der Deklaration auf jeweils 1 Bit limitiert sind, so dass ein einzelnes *Flag* tatsächlich nur 2 speicherbare Zustände annehmen kann. Das folgende Listing deklariert in einer Klasse 8 Eigenschaften, deren Speichergrößen über Bitfelder auf jeweils nur 1 Bit limitiert sind:

```cpp
// Definition der Klasse FlagField, welche 8 öffentliche
// Eigenschaften vom Typ bool mit Bitfeldern deklariert.
// Jedes Flag verfügt intern über genau ein speicherbares
// Bit und kann somit nur 2 Zustände annehmen (0 oder 1).
// Eine Instanz dieser Klasse belegt nur 1 Byte im Speicher.

struct FlagField
{
    bool flag0:1, flag1:1, flag2:1, flag3:1,
         flag4:1, flag5:1, flag6:1, flag7:1;
};
```

Listing **7.18**: Klassendefinition mit Bitfeldern als Flags

7.6 Anonyme Klassen und Enumerationen

>> Neben den anonymen Datenverbunden können auch Klassen und sogar Aufzählungstypen (Enumerationen) ohne Namen definiert werden, wodurch die Bildung von Instanzen dieser Datenstrukturen in späteren Ausdrücken nicht möglich ist. Eine anonyme Klasse oder Enumeration muss bei ihrer Definition hinter dem Bezugsrahmen instanziert werden. Da diese über keine eindeutigen Namen im Quellcode verfügen, ist der Speicherbedarf für eine Instanz nicht mit dem **sizeof**-Operator planbar. Im nachfolgenden Code-Ausschnitt wird eine anonyme Definition am Beispiel einer Klasse verdeutlicht:

```cpp
// Definition einer Klasse ohne Namen.
// Die Bildung von Instanzen muss bei der Definition erfolgen.

class   // Anonyme Klassendefinition.
{
   unsigned int m_val;   // Private und gekapselte Eigenschaft.

} obj0, obj1;
```

Listing **7.19**: Definition und Instanzierung einer anonymen Klasse

7.7 Bitweise Operationen

7.7.1 Übersicht der Operatoren

>> Die Syntax der Sprache C++ stellt einige hilfreiche Operatoren zur Verfügung, mit deren Hilfe bitweise Operationen ausgeführt werden können. Im Gegensatz zu den herkömmlichen und bereits bekannten Operatoren (z.B. für arithmetische Berechnungen), wird bei einem bitweisen Operator jedes einzelne Bit des entsprechenden Speicherbereiches im Operanden berücksichtigt und für die Ausführung der jeweiligen Operation herangezogen. Bitweise Operatoren sind ausschließlich für Operanden mit ganzzahligen Datentypen vorgesehen und können somit nicht mit Gleitkommatypen angewendet werden.

Eintauchen in **C++**

Bitverschiebungen « Bitmanipulation & Logik

Nachfolgend zeigt eine tabellarische Übersicht alle bitweisen Operatoren der Sprache C++. Die jeweiligen Operatoren werden in den zugehörigen, folgenden Abschnitten einzeln behandelt.

Operator	Rückgabewert (Operation)	Datentypen	Notation
Links-Shift <<	Op1 << Op2	Ganzzahlen	Infix
Rechts-Shift >>	Op1 >> Op2	Ganzzahlen	Infix
Und-Verknüpfung &	Op1 & Op2	Ganzzahlen	Infix
Oder-Verknüpfung |	Op1 | Op2	Ganzzahlen	Infix
Exklusive-Oder ^	Op1 ^ Op2	Ganzzahlen	Infix
Einerkomplement ~	~Op	Ganzzahlen	Präfix

Tabelle **18**: Übersicht bitweiser Operatoren

7.7.2 Bitverschiebungen

>> Mit Hilfe der binären Operatoren der Bitverschiebung können die Bit der jeweiligen Speicherbereiche in den linken Operanden positioniert werden. Die Sprache C++ und die *Tabelle 18* sieht zwei Infix-Operatoren für die Verschiebung von Bit vor, um einzelne Bit entweder in die linke oder in die rechte Richtung im jeweiligen Speicherbereich zu verschieben. Eine Bitverschiebung wird auch als *Shift* bezeichnet und modifiziert direkt den gespeicherten Wert der gelieferten Ganzzahl, wobei bei dieser Operation zwischen den vorzeichenbehafteten und den vorzeichenlosen Typen unterschieden wird. Ein Schiebeoperator erwartet im linken Operanden eine Ganzzahl, dessen Bit im Speicherbereich um eine feste Anzahl an Positionen verschoben werden. Diese Anzahl der Positionen wird der Operation über den rechten Operanden mitgeteilt. Beide Operanden werden in Bezug auf die Bitverschiebungen ausschließlich für lesende Zugriffe herangezogen. Nach der entsprechenden Operation liefert ein Schiebeoperator die positionierten Bit des Speicherbereiches als Rückgabewert.

Bitmanipulation & Logik » Bitverschiebungen

Der Operator für die linke Bitverschiebung besteht aus zwei aufeinander folgenden Zeichen, welche zweimal der nach links zeigenden, spitzen Klammer entsprechen (<<). Unter Verwendung dieses Schiebeoperators werden alle Bit im jeweiligen Speicherbereich nach links verschoben, wobei die ursprünglichen Bit mit Nullen aufgefüllt und positionierte Bit außerhalb des Speicherbereiches (links) verworfen werden. Bei vorzeichenbehafteten Ganzzahlen kann sich das jeweilige Vorzeichen durch die Bitverschiebung ändern, wenn das Vorzeichenbit (MSB) nach links verschoben wird und niedrigstwertige Bit des Speicherbereiches nachrücken. Positive Ganzzahlen mit vorzeichenbehafteten Typen können durch die Linksverschiebung in negativen Werten resultieren, wenn nach der Operation das jeweilige Vorzeichenbit mit dem Zustand 1 gesetzt ist. Dementsprechend kann nach der linken Bitverschiebung auch ein negativer Wert in einer positiven Ganzzahl resultieren, falls dieser durch einen vorzeichenbehafteten Datentyp gespeichert ist.

Am Beispiel einer vorzeichenbehafteten Variablen mit 16 Bit (**signed short**) illustriert die folgende Abbildung eine linke Bitverschiebung um 5 Positionen:

1								0								Byte
15	14	13	12	11	10	9	8	7	6	5	4	3	2	1	0	Bit
0	0	1	1	0	1	0	1	0	0	1	0	0	1	0	1	Zustand
erg = var << 5																Operation
1	0	1	0	0	1	0	0	1	0	1	0	0	0	0	0	Ergebnis
verschobene Bit (nach links)								aufgefüllte Bit								Hinweis

Abbildung **19**: Linke Bitverschiebung mit einer vorzeichenbehafteten Ganzzahl

In der oberen Abbildung wurden die Bit des Speicherbereiches um 5 Positionen nach links verschoben. Da die beispielhafte Variable vorzeichenbehaftet ist, ergibt sich nach der Linksverschiebung eine negative Ganzzahl, weil das Vorzeichenbit nach der Operation über den Zustand 1 verfügt. Alle 5 Bit an den niedrigstwertigen Positionen wurden mit Nullen aufgefüllt. Die ursprünglich höchstwertigen 5 Bit (links) mussten durch die Operation verworfen werden.

Bitverschiebungen « Bitmanipulation & Logik

Basierend auf der vorherigen *Abbildung 19* veranschaulicht das folgende Listing die syntaktische Verwendung des Operators der Linksverschiebung:

```cpp
// Deklaration zweier vorzeichenbehafteter 16-Bit-Variablen.
// Nur die letzte Variable wird initialisiert.

signed short erg, var = 13605;   // var = 0011010100100101.

// Verwendung des Schiebeoperators, um die Bit im Speicher-
// bereich von var um 5 Positionen nach links zu verschieben.
// Als linker Operand der Bitverschiebung dient die Variable.
// Die Anzahl der Positionen wird über ein
// Literal im rechten Operanden bestimmt.
// Das Ergebnis der Bitverschiebung dient als rechter
// Operand dem Zuweisungsoperator, um die neue Ganzzahl
// in der Variablen erg abzuspeichern.
// Die Operation resultiert in einem negativen Wert, da
// nach der Bitverschiebung das Vorzeichenbit gesetzt ist.

erg = var << 5;   // erg = -23392 (1010010010100000).
```

Listing **7.20**: Bitverschiebung nach links mit einer positiven Ganzzahl

Die Rechtsverschiebung bildet das Gegenstück zur linken Bitverschiebung. Ein solcher Schiebeoperator besteht aus zwei aufeinander folgenden Zeichen der nach rechts zeigenden, spitzen Klammer (>>). Mit Hilfe dieser Bitverschiebung können alle Bit eines Speicherbereiches im Operanden nach rechts positioniert werden, wobei die niedrigstwertigen (rechten) Bit außerhalb des Speicherbereiches verworfen werden. Die Operation der Rechtsverschiebung füllt die höchstwertigen Bit immer mit Nullen auf, falls es sich um eine Ganzzahl eines vorzeichenlosen Typs handelt. Die Zustände der linken Füllbit sind bedingt durch die jeweilige Plattform, wenn es sich im Operanden um einen vorzeichenbehafteten Typ handelt. Generell werden diese Bit auf den meisten Plattformen mit dem Vorzeichenbit (MSB) gefüllt. Eine negative Ganzzahl eines vorzeichenbehafteten Typs bliebe also nach der Operation der rechten Bitverschiebung als negativ erhalten, da das Vorzeichenbit weiterhin mit dem Zustand 1 gesetzt und aufgefüllt wäre.

Bitmanipulation & Logik » Bitverschiebungen

Die nachfolgende Abbildung verdeutlicht beispielhaft eine Rechtsverschiebung um 5 Positionen an einer vorzeichenbehafteten 16-Bit-Variablen (**signed short**):

1								0								Byte
15	14	13	12	11	10	9	8	7	6	5	4	3	2	1	0	Bit
1	0	0	1	0	1	0	1	1	0	0	0	1	1	0	1	Zustand
erg = var >> 5																Operation
1	1	1	1	1	1	0	0	1	0	1	0	1	1	0	0	Ergebnis
aufgefüllte Bit					verschobene Bit (nach rechts)											Hinweis

Abbildung **20**: Rechte Bitverschiebung mit einer vorzeichenbehafteten Ganzzahl

In dieser Abbildung ist das Vorzeichenbit der vorzeichenbehafteten Variablen mit dem Zustand 1 gesetzt. Aus diesem Grund wurden die 5 höchstwertigen Bit ebenfalls mit dem Zustand 1 gefüllt, da das Vorzeichenbit in diesem Fall als Basis für die Füllbit gilt. Der Wert der Variablen ist auch nach der Bitverschiebung negativ. Die ursprünglich niedrigstwertigen 5 Bit (rechts) wurden durch die Operation verworfen.

In Bezug auf die vorherige *Abbildung 20* macht der folgende Code-Ausschnitt eine Operation der rechten Bitverschiebung deutlich:

```cpp
// Deklaration zweier vorzeichenbehafteter short-Variablen,
// wobei die letzte mit einem negativen Wert initialisiert ist.

signed short erg, var = -27251;   // var = 1001010110001101.

// Verwendung des Schiebeoperators, um die Bit im Speicher-
// bereich von var um 5 Positionen nach rechts zu verschieben.
// Der negative Ergebniswert wird erg zugewiesen.

erg = var >> 5;   // erg = -852 (1111110010101100).
```

Listing **7.21**: Bitverschiebung nach rechts mit einer negativen Ganzzahl

Unabhängig von der Richtung müssen in den rechten Operanden der Schiebeoperatoren stets positive Ganzzahlen an die Operationen geliefert werden, mit deren Hilfe die Anzahl der zu verschiebenden Positionen ermittelt wird. Eine Bitverschiebung resultiert in einem undefinierten Ergebnis, wenn negative Werte als rechte Operanden dienen. Entspricht der rechte Operand dem Wert Null, dann werden entsprechende Bit im Speicherbereich nicht verschoben.

7.7.3 Bitweise Verknüpfungen

>> Die vorherige *Tabelle 18* listete drei Operatoren, mit deren Hilfe bitweise Verknüpfungen erzielt werden können. Diese binären Operatoren erwarten in ihren jeweiligen Operanden ganzzahlige Werte, welche von den auszuführenden Operationen ausschließlich für lesende Zugriffe herangezogen werden. Durch bitweise Verknüpfungen ist es möglich, einzelne Bit von Speicherbereichen zu verändern, je nachdem welche bitweise Operation angewendet wird. Eine solche Operation verknüpft dabei jedes einzelne Bit des linken Operanden mit dem entsprechenden Bit der gleichen Bitstelle des rechten Operanden. Dabei spielt es keine Rolle, ob die Ganzzahlen in den Operanden den vorzeichenlosen oder den vorzeichenbehafteten Typen entsprechen, da stets nur einzelne Bit der Speicherbereiche unabhängig voneinander verknüpft werden. Das Ergebnis der bitweisen Verknüpfung wird vom jeweiligen Operator in Form einer Variablen zurückgeliefert. Alle bitweisen Verknüpfungen gelten als kommutativ.

Der Operator für die bitweise Und-Verknüpfung wird in C++ syntaktisch durch ein Ampersand (&) dargestellt. In Bezug auf diese Art der Verknüpfung ist ein entsprechendes Ergebnisbit nur mit dem Zustand 1 gesetzt, wenn beide zu verarbeitenden Bit in den Speicherbereichen ebenfalls mit dem Zustand 1 versehen sind. Ist ein jeweiliges Bit an einer zu prüfenden Bitstelle nicht gesetzt und verfügt somit über den Zustand 0, dann ist das Ergebnis der Und-Verknüpfung für dieses Bit ebenfalls 0, unabhängig davon, ob es sich um das Bit aus dem linken oder dem rechten Operanden handelt. Die Und-Verknüpfung ist immer nur dann wahr, wenn beide Bit mit dem Zustand 1 gesetzt sind. Die Operation gilt für alle anderen Fälle als falsch bzw. unwahr. Die Und-Verknüpfung eines gesetzten Bit mit einem Bit mit dem Zustand 0 ist somit unwahr.

Bitmanipulation & Logik » Bitweise Verknüpfungen

In der nachfolgenden Abbildung wird beispielhaft die bitweise Und-Verknüpfung zweier Ganzzahlen mit 16 Bit (**unsigned short**) veranschaulicht:

Byte	\multicolumn{8}{c}{1}	\multicolumn{8}{c}{0}

Byte	1								0							
Bit	15	14	13	12	11	10	9	8	7	6	5	4	3	2	1	0
Zustand	0	1	1	1	0	1	0	0	1	1	0	1	0	1	1	0
Operation	&	&	&	&	&	&	&	&	&	&	&	&	&	&	&	&
Zustand	0	1	0	0	1	1	1	0	1	0	0	1	1	0	1	1
Operation	=	=	=	=	=	=	=	=	=	=	=	=	=	=	=	=
Ergebnis	0	1	0	0	0	1	0	0	1	0	0	1	0	0	1	0

Abbildung **21**: Darstellung der bitweisen Und-Verknüpfung zweier Ganzzahlen

Durch die Und-Verknüpfung ergibt sich ein neuer Speicherbereich mit binären Informationen. Das Ergebnis aus der Abbildung ist ebenfalls eine Variable mit einer Speichergröße von 16 Bit, deren interne Binärzustände erst durch die bitweise Verknüpfung entstehen.

Auf Basis dieser *Abbildung 21* zeigt das nachfolgende Listing die syntaktische Verwendung des Operators der bitweisen Und-Verknüpfung:

```
// Deklaration und Initialisierung zweier vorzeichenloser
// Ganzzahlen mit einer jeweiligen Speichergröße von 16 Bit.

unsigned short var1 = 29910, var2 = 20123;

// Verwendung des bitweisen Operators der Und-Verknüpfung,
// um einzelne Bit der Speicherbereiche von var1 und var2
// miteinander zu verknüpfen.
// Das gelieferte Ergebnis dient der Initialisierung
// der Variablen erg als rechter Operand der Zuweisung.

unsigned short erg = var1 & var2;   // erg = 17554.
```

Listing **7.22**: Bitweise Und-Verknüpfung zweier positiver Ganzzahlen

Bitweise Verknüpfungen « Bitmanipulation & Logik

Die bitweise Oder-Verknüpfung wird in C++ syntaktisch durch einen senkrechten Strich (|) gebildet. Dieses Sonderzeichen sollte jedoch nicht mit einem Ausrufezeichen oder mit dem Vokal I verwechselt werden. Die Verknüpfung liefert ein entsprechendes Ergebnisbit mit dem Zustand 1, wenn mindestens ein zu prüfendes Bit der Speicherbereiche ebenfalls mit dem Zustand 1 gesetzt ist. Sind beide abzuarbeitenden Bit mit dem Zustand 0 versehen, so gilt diese Art der Verknüpfung als unwahr. Alle anderen Bitkombinationen gelten in Bezug auf die Oder-Verknüpfung als wahr. Diese Art der bitweisen Verknüpfung wird auch häufig als Inklusive-Oder-Verknüpfung bezeichnet, da ein Ergebnisbit ebenfalls über den Zustand 1 verfügt, wenn beide der zu prüfenden Bit gesetzt sind.

Am Beispiel von 16-Bit-Variablen (**short**) illustriert die folgende Abbildung die bitweise Oder-Verknüpfung zweier Ganzzahlen:

1								0								Byte
15	14	13	12	11	10	9	8	7	6	5	4	3	2	1	0	Bit
1	0	1	0	1	1	0	0	0	1	1	0	0	1	0	0	**Zustand**
|	|	|	|	|	|	|	|	|	|	|	|	|	|	|	|	Operation
0	0	1	1	0	1	0	1	0	1	0	1	0	1	1	0	**Zustand**
=	=	=	=	=	=	=	=	=	=	=	=	=	=	=	=	Operation
1	0	1	1	1	1	0	1	0	1	1	1	0	1	1	0	**Ergebnis**

Abbildung **22**: Darstellung der bitweisen Oder-Verknüpfung zweier Ganzzahlen

Auf der Grundlage dieser Abbildung entsteht ein neuer Speicherbereich mit binären Informationen, die aus der bitweisen Oder-Verknüpfung resultieren. Wird der Speicherbereich des Ergebnisses als vorzeichenbehaftet betrachtet, dann gilt die entsprechende Ganzzahl als negativ, da aufgrund der Verknüpfung das Vorzeichenbit über den Zustand 1 verfügt. Alle einzelnen Bit gelten im Ergebnis als gesetzt, wenn mindestens ein zu prüfendes Bit in den Operanden mit dem Zustand 1 versehen ist.

In Verbindung mit der *Abbildungen 22* macht der nachfolgende Code-Ausschnitt die Operation der bitweisen Oder-Verknüpfung deutlich:

Bitmanipulation & Logik » Bitweise Verknüpfungen

```
// Deklaration und Initialisierung von
// zwei vorzeichenbehafteten Ganzzahlen.

short var1 = -21404, var2 = 13654;

// Es werden einzelne Bit der Speicherbereiche von var1
// und var2 mit Hilfe der Oder-Verknüpfung kombiniert.
// Die jeweiligen Variablen dienen als Operanden und
// das Ergebnis der Initialisierung der Variablen erg.
// Dieses Ergebnis ist negativ, da das Vorzeichenbit
// durch die Oder-Verknüpfung über den Zustand 1 verfügt.

short erg = var1 | var2;   // erg = -17034.
```

Listing **7.23**: Bitweise Oder-Verknüpfung zweier negativer Ganzzahlen

Ein weiterer Operator ist durch die Exklusive-Oder-Verknüpfung definiert, die in der Syntax von C++ durch ein Zirkumflex (^) gebildet wird. Im Gegensatz zur bitweisen Oder-Verknüpfung müssen sich bei dieser Operation die zu prüfenden Bit exklusiv ausschließen. Ein entsprechendes Ergebnisbit verfügt durch die Exklusive-Oder-Verknüpfung nur dann über den Zustand 1, wenn sich beide abzuarbeitenden Bit in den Operanden unterscheiden.
Die nachfolgende Abbildung veranschaulicht beispielhaft die bitweise Exklusive-Oder-Verknüpfung zweier 16-Bit-wertiger Ganzzahlen (**unsigned short**):

1								0								Byte
15	14	13	12	11	10	9	8	7	6	5	4	3	2	1	0	Bit
0	1	1	0	0	1	1	0	1	0	1	0	0	0	1	0	**Zustand**
^	^	^	^	^	^	^	^	^	^	^	^	^	^	^	^	Operation
0	0	1	1	1	0	1	0	0	1	1	0	1	0	0	1	**Zustand**
=	=	=	=	=	=	=	=	=	=	=	=	=	=	=	=	Operation
0	1	0	1	1	1	0	0	1	1	0	0	1	0	1	1	**Ergebnis**

Abbildung **23**: Bitweise Exklusive-Oder-Verknüpfung zweier Ganzzahlen

Eintauchen in C++
Bitweise Verknüpfungen « Bitmanipulation & Logik

Es ergibt sich in der vorherigen Abbildung ein neuer Speicherbereich mit binären Informationen, dessen Zustände durch die Exklusive-Oder-Verknüpfung entstehen. Nur wenn sich die jeweiligen Zustände beider Bit unterscheiden, ist ein Ergebnisbit bei dieser Art der Verknüpfung gesetzt. Die Operation gilt für jedes einzelne Bit als wahr, wenn jeweils ein zu prüfendes Bit über den Zustand 1 verfügt und das andere Bit über den Zustand 0. Verfügen beide abzuarbeitenden Bit über den gleichen Zustand, dann gilt die Exklusive-Oder-Verknüpfung bitweise als falsch bzw. als unwahr.

In Bezug auf die vorherige *Abbildung 23* verdeutlicht das folgende Listing die syntaktische Verwendung des Operators der Exklusive-Oder-Verknüpfung:

```cpp
// Deklaration und Initialisierung zweier positiver Ganzzahlen.
// Die Speicherbereiche werden als vorzeichenlos behandelt.

unsigned short var1 = 26274, var2 = 14953;

// Verwendung der Exklusive-Oder-Verknüpfung, um einzelne
// Bit der Speicherbereiche von var1 und var2 zu kombinieren.
// Vom Operator wird ein positiver Ergebniswert geliefert,
// welcher zur Initialisierung der Variablen erg dient.

unsigned short erg = var1 ^ var2;   // erg = 23755.
```

Listing **7.24**: Bitweise Exklusive-Oder-Verknüpfung zweier Ganzzahlen

Verbunden mit den behandelten Operatoren der bitweisen Verknüpfungen zeigen die nachfolgenden Wertetabellen alle möglichen Bitkombinationen für einzelne Operationen:

Und			Oder (inklusive)			Exklusive-Oder		
&	0	1	|	0	1	^	0	1
0	0	0	0	0	1	0	0	1
1	0	1	1	1	1	1	1	0

Tabelle **19**: Wertetabellen für bitweise Verknüpfungen

Bitmanipulation & Logik » Das Einerkomplement

7.7.4 Das Einerkomplement

>> Der letzte Operator der zusammenfassenden *Tabelle 18* listete das unäre Einerkomplement. Diese bitweise Operation wird in C++ durch eine Tilde (~) gebildet, welcher ein Operand für einen ausschließlich lesenden Zugriff folgt. Mit Hilfe des Einerkomplements werden alle Bit des entsprechenden Speicherbereiches im Operanden invertiert und vom Präfix-Operator als Ergebniswert zurückgeliefert. Ein einzelnes Bit mit dem Zustand 0 wird durch die Operation auf den Zustand 1 gesetzt. Gleiches gilt für umgekehrte Zustände. Wird ein Speicherbereich als vorzeichenbehaftet betrachtet, dann ändert sich durch die bitweise Operation des Einerkomplements das Vorzeichen der Ganzzahl im Ergebnis gegenüber dem Wert im Operanden, da das entsprechende Vorzeichenbit invertiert wurde.

In der folgenden Abbildung wird die Operation des Einerkomplements beispielhaft durch eine Variable mit 16 Bit (**short**) veranschaulicht:

1								0								Byte
15	14	13	12	11	10	9	8	7	6	5	4	3	2	1	0	Bit
0	0	1	1	0	1	0	0	1	0	0	0	0	0	1	0	Zustand
erg = ~var																Operation
1	1	0	0	1	0	1	1	0	1	1	1	1	1	0	1	Ergebnis

Abbildung **24**: Darstellung des bitweisen Einerkomplements

Durch die bitweise Operation des Einerkomplements entstand in der vorherigen Abbildung ein neuer Speicherbereich, in welchem die ursprünglichen Bit einzeln invertiert wurden. Das Einerkomplement sollte nur herangezogen werden, wenn die bitweise Invertierung der Zustände erwünscht ist. Für die Umkehrung des Vorzeichens einer Ganzzahl sollte diese Operation nicht zum Einsatz kommen, da hierfür der unäre Minusoperator zur Verfügung steht, welcher intern aber das Einerkomplement mit einer zusätzlichen Addition des Wertes 1 verwendet.

Alle Ganzzahlen mit vorzeichenbehafteten Datentypen sind nach der Operation des Einerkomplements im negativen Bereich um den Wert 1 geringer als im positiven Wertebereich. Dies wird basierend auf der vorherigen *Abbildung 24* im folgenden Code-Ausschnitt deutlich:

```
// Deklaration einer vorzeichenbehafteten Ganzzahl, die durch
// ein Literal mit einem positiven Wert initialisiert wird.

signed short var = 13442;   // var = 0011010010000010.

// Mit Hilfe des Einerkomplements werden die Bit
// des Speicherbereiches von var einzeln invertiert.
// Die Zustände von var bleiben unverändert und
// das Ergebnis wird der Variablen erg zugewiesen.
// Der Wert des Ergebnisses ist negativ, da das Vorzeichen-
// bit im zurückgelieferten Speicherbereich invertiert wird.
// Somit wird das Vorzeichen vertauscht, da die Speicher-
// bereiche als vorzeichenbehaftet betrachtet werden.
// Zusätzlich ist der negative Ergebniswert durch das Einer-
// komplement um 1 geringer als der Wert von var im Operanden.

signed short erg = ~var;   // erg = -13443 (1100101101111101).
```

Listing **7.25**: Verwendung des bitweisen Einerkomplements

7.7.5 Verwendung von Wahrheitswerten

>> Im bisherigen Kontext dieses Kapitels wurden logische Werte vom Typ **bool** den Ganzzahlen zugeordnet. Syntaktisch können Wahrheitswerte in C++ allen Operatoren dienen, wenn diese eigentlich in ihren Operanden ganzzahlige Werte fordern. Folglich können die bitweisen Operatoren auch mit Wahrheitswerten in den Operanden bedient werden, auch wenn dies aus semantischer Sicht nicht immer einen Sinn ergibt. Beachten Sie in diesem Zusammenhang, dass der bitweise Operator des Einerkomplements nicht einen Wahrheitswert invertiert und aus dem logischen Wert **true** somit nicht **false** gewonnen wird.

Bitmanipulation & Logik » Bitweise Zuweisungsoperatoren

Der sinnvolle Einsatz von Wahrheitswerten ist in den Operanden von bitweisen Operatoren der Verknüpfungen möglich. Somit lassen sich die Operanden der Und-Verknüpfung, der Oder-Verknüpfung und der Exklusive-Oder-Verknüpfung auch gezielt mit logischen Werten vom primitiven Typ **bool** verwenden. Ein Wahrheitswert gilt als wahr (**true**), wenn mindestens ein Bit des entsprechenden Speicherbereiches mit dem Zustand 1 gesetzt ist. Sind alle Bit des Speicherbereiches mit dem Zustand 0 versehen, so ist ein Wahrheitswert unwahr (**false**). In Verbindung mit Wahrheitswerten wird auch oft von logischen Verknüpfungen gesprochen, für welche die Syntax von C++ eigene Operatoren vorsieht. Diese werden in einem späteren Abschnitt des Kapitels behandelt. Dennoch lassen sich logische Werte auch mit bitweisen Operatoren und Zuweisungsoperatoren in den Operanden verwenden.

7.7.6 Bitweise Zuweisungsoperatoren

>> Nachfolgend veranschaulicht eine Tabelle die Zuweisungsoperatoren, die den bitweisen und binären Operatoren gegenüber stehen:

Operator	Rückgabewert (Operation)	Datentypen	Notation
Links-Shift und Zuweisung <<=	Op1 << Op2 (Op1 = Op1 << Op2)	Ganzzahlen	Infix
Rechts-Shift und Zuweisung >>=	Op1 >> Op2 (Op1 = Op1 >> Op2)	Ganzzahlen	Infix
Und-Verknüpfung mit Zuweisung &=	Op1 & Op2 (Op1 = Op1 & Op2)	Ganzzahlen	Infix
Oder-Verknüpfung mit Zuweisung |=	Op1 | Op2 (Op1 = Op1 | Op2)	Ganzzahlen	Infix
Exklusive-Oder mit Zuweisung ^=	Op1 ^ Op2 (Op1 = Op1 ^ Op2)	Ganzzahlen	Infix

Tabelle **20**: Binäre und bitweise Zuweisungsoperatoren

Wie bei den arithmetischen Infix-Operatoren, welche Sie am Anfang des Buches im Kapitel **Erweiterte Grundlagen** kennengelernt haben, stellt die Syntax von C++ auch für bitweise Operatoren entsprechende Zuweisungsoperatoren zur Verfügung. Mit Hilfe eines solchen Zuweisungsoperators wird nach der bitweisen Operation der Ergebniswert direkt im linken Operanden gespeichert, so dass ein schreibender Zugriff auf diesen erfolgt.

Unter Verwendung verschiedener Zuweisungsoperatoren der *Tabelle 20* macht das nachfolgende Listing ergänzend bitweise Operationen deutlich:

```cpp
// Deklaration und Initialisierung einer vorzeichen-
// losen Ganzzahl mit einer Speichergröße von 32 Bit.

unsigned int UiVar = 1234567;

// Es wird der bitweise Operator der Linksverschiebung mit
// Zuweisung angewendet, um die Bit im Speicherbereich von
// UiVar um 3 Positionen nach links zu verschieben.
// Aus dieser Operation ergibt sich ein Ergebnis mit einem
// positiven Wert von 9876536, da der Speicherbereich als
// vorzeichenlos betrachtet wird.
// Durch den bitweisen Zuweisungsoperator wird der
// resultierende Wert direkt in UiVar abgespeichert.
// Die Operation ist gleich dem Ausdruck UiVar = UiVar << 3.

UiVar <<= 3;   // UiVar = 9876536.

// Deklaration und Initialisierung eines Wahrheitswertes.

bool b = false;

// Verwendung der bitweisen Und-Verknüpfung mit Zuweisung.
// Als rechter Operand dient ein Literal (Wahrheitswert).
// Der logischen Variablen b wird der Wahrheitswert false
// zugewiesen, da false (falsch) und true (wahr) unwahr ist.
// Diese Operation ist gleich dem Ausdruck b = b & true.

b &= true;  // b = false.
```

Listing **7.26**: Bitweise Operationen mit binären Zuweisungsoperatoren

Bitmanipulation & Logik » Über- und Unterläufe ganzzahliger Bereiche

7.8 Über- und Unterläufe ganzzahliger Bereiche

» Jeder gespeicherte Wert einer Variablen bzw. Konstanten unterliegt dem Wertebereich seines jeweiligen Datentyps. Bei arithmetischen Operationen kann es vorkommen, dass Ergebniswerte die Grenzen ihrer Wertebereiche über- oder unterschreiten. Ein solcher Wert ist im jeweiligen Bereich nicht darstellbar und kann somit intern nicht binär anhand der Bitzahl des entsprechenden Typs codiert werden. Von einem Überlauf des Wertebereiches wird gesprochen, wenn der zu speichernde Wert den größten Wert (Maximum) des jeweiligen Bereiches überschreitet. Ist ein zu speichernder Wert geringer als der kleinste annehmbare Wert des Bereiches (Minimum), handelt es sich um einen Unterlauf. Über- und Unterläufe treten am häufigsten bei Ganzzahlen auf, wenn der berechnete Wert nicht mehr darstellbar ist. Der Wert einer übergelaufenen Ganzzahl wird mit der Anzahl aller möglichen Zustände des entsprechenden Typs subtrahiert, so dass der Ergebniswert darstellbar ist. Bei einem Unterlauf wird der ganzzahlige Wert mit der Anzahl der annehmbaren Zustände des Typs addiert.

Am Beispiel des vorzeichenlosen Typs **unsigned char** und des vorzeichenbehafteten Datentyps **signed short** zeigt die folgende Abbildung die Über- und Unterläufe für die Wertebereiche der entsprechenden Ganzzahlen:

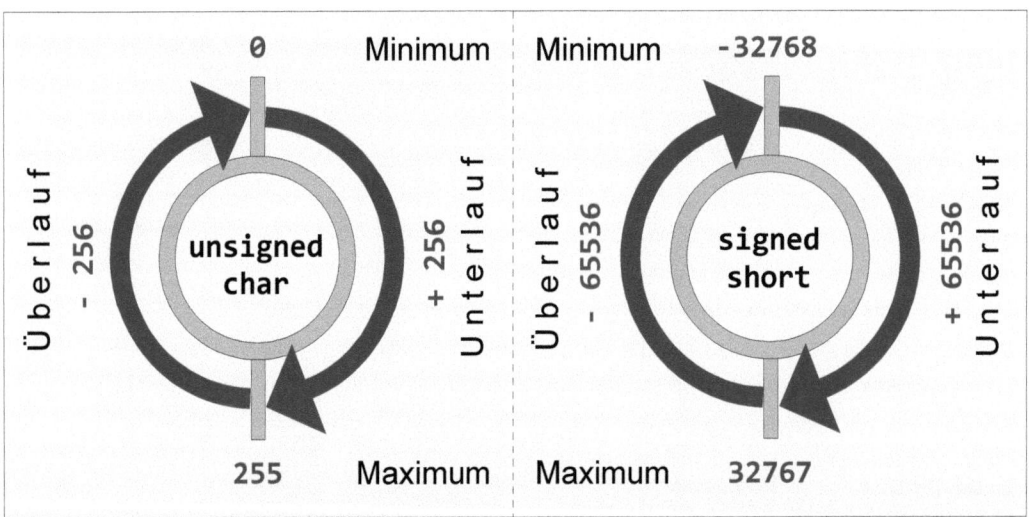

Abbildung **25**: Über- und Unterläufe ganzzahliger Wertebereiche

Über- und Unterläufe ganzzahliger Bereiche « Bitmanipulation & Logik

Über- und Unterläufe von Wertebereichen führen nicht zu Übersetzungsfehlern. Optional kann ein jeweiliger Compiler aber eine Warnung generieren. Da über- und unterlaufene Ganzzahlen zu Verfälschungen der erwarteten Ergebniswerte führen, sollten stets Typen mit entsprechend ausreichendem Wertebereich für arithmetische Operationen gewählt werden.

Auf der Basis der vorherigen *Abbildung 25* veranschaulicht der folgende Code-Ausschnitt über- und unterlaufene Ganzzahlen der jeweiligen Wertebereiche für die Typen **unsigned char** und **signed short**:

```cpp
// Deklaration und Initialisierung einer vorzeichenlosen
// Ganzzahl mit einem Wertebereich von 0 bis 255.
// Der Ergebniswert 260 der arithmetischen Addition über-
// schreitet den größten annehmbaren Wert 255 des Bereiches.
// Es kommt zum Überlauf des Wertebereiches; das Ergebnis
// wird mit der Anzahl der Zustände des Typs (2 hoch 8 = 256)
// subtrahiert und verfügt über den Wert 4 im gültigen Bereich.

unsigned char ucVar = 200 + 60;   // ucVar = 260 - 256 = 4.

// Unterlauf des Wertebereiches, da das Minimum der Wert 0 ist.
// Durch die Addition von -5 mit 256 wird das Ergebnis 251.

ucVar = -5;   // ucVar = -5 + 256 = 251.

// Deklaration und Initialisierung einer vorzeichenbehafteten
// Ganzzahl (short), wobei das Maximum des Bereiches überläuft.
// Für das Ergebnis erfolgt eine Subtraktion mit der Anzahl der
// annehmbaren Zustände (2 hoch 16 = 65536) für diesen Typ.

signed short sVar = 32880;   // sVar = 32880 - 65536 = -32656.

// Die arithmetische Operation führt zum Unterlauf, da das
// Ergebnis -32856 (-32656 - 200) das Minimum unterschreitet.
// Die unterlaufene Ganzzahl wird mit der Anzahl der Zustände
// addiert und ist somit im Wertebereich speicherbar.

sVar -= 200;   // sVar = -32856 + 65536 = 32680.
```

Listing **7.27**: Über- und Unterläufe ganzzahliger Werte

Bitmanipulation & Logik » Promotion und Demotion primitiver Typen

7.9 Promotion und Demotion primitiver Typen

>> Die kennengelernten Speichergrößen primitiver Datentypen gelten nur für die Belegung entsprechender Zustände im Arbeitsspeicher. Bei allen arithmetischen und bitweisen Operationen werden die Bitzahlen der jeweiligen Operanden aufgeweitet und aneinander angeglichen, wenn in einem Ausdruck eine Operation mit mehr als einem Operanden abgearbeitet werden soll. Dieser Vorgang wird als Promotion bezeichnet, welche automatisch vom Compiler übernommen wird. Die Speichergröße eines Operanden mit dem primitiven Typ **char** oder **short** wird vor einer Operation auf mindestens 32 Bit aufgeweitet, selbst dann, wenn das temporäre Ergebnis intern mit einer geringeren Bitzahl speicherbar wäre. Die Promotion solcher primitiver Datentypen erfolgt aus dem Grund, da arithmetische Recheneinheiten heutiger Prozessoren für eine Verarbeitung von mindestens 32-Bit-wertigen Operanden optimiert sind. Verfügt ein jeweiliger Operand über eine Speichergröße von 64 Bit, dann wird der zweite Operand für die Abarbeitung der binären Operation ebenfalls auf diese Speichergröße aufgeweitet. Mit dem Typ **double** im Operanden erfolgt somit die Ausführung einer arithmetischen Berechnung mit einer Wertigkeit von 64 Bit, auch wenn der zweite Operand eine geringere Bitzahl aufweist.

Durch die automatische Demotion wird die Bitzahl eines primitiven Datentyps reduziert, wenn die tatsächliche Zuweisung eines temporären Ergebniswertes an eine Variable erfolgt. Alle rechten Operanden der Zuweisungsoperatoren werden durch die Demotion auf eine Speichergröße gebracht, welche im jeweils linken Operanden anhand des primitiven Datentyps festgelegt ist.

Nachfolgend macht ein Listing die automatische Promotion und Demotion des primitiven Typs **unsigned char** an einem Beispiel deutlich:

```
// Beide Operanden der arithmetischen Addition werden
// durch die Promotion auf mindestens 32 Bit aufgeweitet.
// Der temporäre Ergebniswert 160 wäre in 8 Bit speicherbar,
// dennoch verfügt dieser über eine Speichergröße von 32 Bit.
// Erst durch die Zuweisung erfolgt die Demotion des Wertes,
// so dass dieser tatsächlich nur 8 Bit der Variablen benötigt.

unsigned char var = 100 + 60;   // var = 160 (8 Bit).
```

Konvertierung primitiver Typen « Bitmanipulation & Logik

```
/* Fortsetzung des Code-Beispiels. */

// Verwendung der arithmetischen Operation der Addition
// mit dem sizeof-Operator, um die Promotion nachzuweisen.
// Obwohl der Ergebniswert 160 in 8 Bit speicherbar wäre,
// liefert der sizeof-Operator eine Größe von 4 Byte (32 Bit).

unsigned int size = sizeof(100 + 60);   // size = 4.
```

Listing **7.28**: Promotion und Demotion eines primitiven Typs

Da die Promotion und Demotion primitiver Typen automatisch erfolgt, verfälschen diese Operationen auch nicht die erwarteten Ergebniswerte. In einem Ausdruck kann stets der **sizeof**-Operator herangezogen werden, um zu prüfen, auf welche Speichergröße die gemeinsamen Operanden für temporäre Ergebnisse aufgeweitet werden.

7.10 Implizite Typkonvertierungen

7.10.1 Konvertierung primitiver Typen

>> In den bisherigen Code-Ausschnitten des vorliegenden Buches wurden stets Operationen angewendet, in denen die jeweiligen Operanden über den gleichen Datentyp verfügten. Doch nicht immer ergibt sich im Kontext der Problemlösung die Gleichheit der Datentypen in den Operanden. In Bezug auf die Verwendung von Operanden ist die Syntax der Sprache C++ nicht typsicher. Somit generiert der Compiler keinen Übersetzungsfehler, wenn Operanden mit unterschiedlichen Datentypen einer Operation dienen, denn generell dürfen in C++ alle primitiven Typen miteinander kombiniert werden. Um eindeutige Werte gewährleisten zu können, führt der Compiler in Operationen automatische Typkonvertierungen durch. Nachdem die Bitzahl der jeweiligen Operanden durch Promotion angeglichen wurde, erfolgt vor einer entsprechenden Operation die implizite Konvertierung der Typen, sofern sich diese unterscheiden. Der Typ des Rückgabewertes der Operation entspricht dabei dem Typ der Konvertierung.

Bitmanipulation & Logik » Konvertierung primitiver Typen

Die implizit vom Compiler durchgeführten Typkonvertierungen sind besonders dann von Bedeutung, wenn in Operationen ganzzahlige Werte mit Gleitkommawerten kombiniert werden. Ein ganzzahliger Operand wird automatisch in den Gleitkommatyp konvertiert, welcher dem anderen Operanden entspricht, wobei der Gleitkommatyp **double** (bzw. **long double**) als höchstwertigster Typ gilt. Auch wenn ein Operand nur den Gleitkommatyp **float** aufweist, der andere aber vom Typ **double** ist, erfolgt nach der Promotion die implizite Konvertierung des **float**-Operanden in den Gleitkommatyp mit doppelter Genauigkeit. Sofern ein Operand einer jeweiligen Operation über einen ganzzahligen Datentyp verfügt, wird dieser in den Gleitkommatyp **float** konvertiert, wenn der zweite Operand diesen Datentyp verwendet. Unabhängig vom jeweiligen Vorzeichen kann die Konvertierung einer großen Ganzzahl zum Verlust von Informationen führen. Der nachfolgende Code-Ausschnitt veranschaulicht die Konvertierung primitiver Typen in einer arithmetischen Division mit Zuweisung des Ergebnisses:

```
// Deklaration und Initialisierung einer Ganzzahl.
// Die Variable belegt auf dem Stack 16 Bit im Speicher.

unsigned short op = 78;   // Vorzeichenlose Speicherung.

// Das Ergebnis einer arithmetischen Division dient der
// Initialisierung einer vorzeichenbehafteten Konstanten.
// Zunächst werden die Bitzahlen der Operanden angeglichen.
// Der Operand mit der größten Bitzahl (rechts) ist vom Typ
// double (64 Bit) und dient der Operation durch ein Literal.
// Der linke Operand op der Division wird somit durch
// Promotion auf eine Speichergröße von 64 Bit erweitert.
// Vor der Abarbeitung der Operation erfolgt die Konvertierung
// des linken Operanden op in den höherwertigen Typ double.
// Die Division 78.0 / -7.5 führt zum Ergebniswert -10.4,
// welcher ebenfalls dem Gleitkommatyp double entspricht.
// Die Zuweisung des Ergebnisses an die Konstante ist konform.
// Der Ergebniswert konvertiert in den ganzzahligen Typ int.
// Durch Demotion werden die 64 Bit auf 32 Bit reduziert.

const int result = op / -7.5;   // result = -10 (ganzzahlig).
```

Listing **7.29**: Implizite Konvertierung primitiver Typen

Anhand von Zuweisungen werden Ergebniswerte für Variablen und Konstanten immer implizit in den primitiven Typ konvertiert, welcher bei der Deklaration angegeben ist. Der rechte Operand eines Zuweisungsoperators wird vom Compiler automatisch in den Datentyp des linken Operanden konvertiert. Aus diesem Grund war im vorherigen *Listing 7.29* die Zuweisung und Initialisierung der Konstanten konform, obwohl beide Operanden nicht über den gleichen Datentyp verfügen. Der Divisionsoperator lieferte ein berechnetes Ergebnis vom Gleitkommatyp **double**. Die Konvertierung dieses Ergebniswertes im rechten Operanden in den ganzzahligen und vorzeichenbehafteten Typ **int** wird vom Compiler eigenständig durchgeführt, um anhand der Zuweisung die Konstante *result* im linken Operanden initialisieren zu können. Das Ergebnis -10.4 vom Gleitkommatyp **double** wird somit in den ganzzahligen und vorzeichenbehafteten Wert -10 konvertiert und in der Konstanten abgelegt. Die implizite Konvertierung eines höherwertigen Gleitkommawertes in eine Ganzzahl führt immer zu Verlusten an Informationen, da der dezimale Anteil nach dem Komma verfällt und ein Gleitkommawert bei der Konvertierung nicht gerundet wird.

Der logische Datentyp **bool**, welcher nur einen der beiden Zustände wahr oder falsch annehmen kann, unterliegt als primitiver Typ ebenfalls der impliziten Konvertierung des Compilers. Ein Wahrheitswert mit dem Zustand **true** kann lesend in eine vorzeichenlose oder vorzeichenbehaftete Ganzzahl mit dem Wert 1 konvertiert werden, als auch in den Gleitkommawert 1.0. Der Zustand **false** eines Wahrheitswertes konvertiert implizit in den ganzzahligen Wert 0 bzw. in den Wert 0.0 für Gleitkommatypen. Im nachfolgenden Listing wird die implizite Konvertierung eines Wahrheitswertes in eine Ganzzahl deutlich:

```
// Für eine Addition dienen Literale unterschiedlicher Typen.
// Der höherwertige Datentyp ist int, daher wird der Wahr-
// heitswert im linken Operanden auf 32 Bit aufgeweitet und
// anschließend in eine Ganzzahl konvertiert (true nach 1).
// Die Operation der Addition wird mit einer Wertigkeit von
// 32 Bit abgearbeitet und resultiert im Ergebnis 87 (1 + 86).
// Der Ergebniswert 87 als rechter Operand der Zuweisung von
// result konvertiert implizit in den Gleitkommawert 87.0.

float result = true + 86;   // result = 87.0 (Gleitkommatyp).
```

Listing **7.30**: Implizite Konvertierung eines Wahrheitswertes

Bitmanipulation & Logik » Konvertierung nach **bool**

Die implizite Konvertierung gilt nur für Operatoren, die mit Operanden aller primitiver Typen bedient werden können. Beispielsweise darf ein Gleitkommawert vom Datentyp **float** nicht als Operand einer Bitverschiebung eingesetzt werden, da diese Operatoren ausschließlich Ganzzahlen fordern. Der Versuch einer solchen Konvertierung führt folglich zu einem Übersetzungsfehler, wie es der folgende Code-Ausschnitt unter Verwendung von *Listing 7.30* zeigt:

```
// Die Operation der Linksverschiebung ist fehlerhaft,
// da der Gleitkommawert result (87.0) nicht implizit
// in eine Ganzzahl konvertiert werden kann.
// Die Linksverschiebung fordert explizit
// eine Ganzzahl im linken Operanden.

int i = result << 3;   // Compiler-Fehler!
```

Listing **7.31**: Fehlerhafte Konvertierung eines Gleitkommawertes

7.10.2 Konvertierung nach **bool**

>> Alle primitiven Datentypen lassen sich auch implizit in den logischen Typ **bool** konvertieren. Wird lesend auf eine jeweilige Variable oder Konstante eines primitiven Typs zugegriffen, dann kann der zugehörige Wert vom Compiler implizit in einen Wahrheitswert umgewandelt werden. Hierfür werden die Bit des entsprechenden Speicherbereiches der Variablen bzw. der Konstanten herangezogen. Wenn mindestens ein Bit mit dem Zustand 1 gesetzt ist, so konvertiert die Variable bzw. Konstante in den logischen Wert **true**. Dabei spielt es keine Rolle, welches Bit an welcher Bitstelle über den Zustand 1 verfügt. Sind alle Bit des entsprechenden Speicherbereiches mit 0 versehen, gilt der Wert der zugehörigen Variablen bzw. Konstanten logisch als **false**. Bei der impliziten **bool**-Konvertierung wird jedoch das Vorzeichenbit von Gleitkommatypen nicht berücksichtigt. Der Gleitkommawert minus Null (-0) konvertiert nicht in den logischen Wahrheitswert **true**, obwohl aber das Vorzeichenbit des zugehörigen Speicherbereiches gesetzt und die Bedingung für die Konvertierung somit erfüllt wäre. Ein solcher Gleitkommawert resultiert jedoch ebenfalls in **false**.

Nachfolgend macht ein Listing die implizite Konvertierung eines Literals vom primitiven Typ **int** nach **bool** deutlich:

```cpp
// Deklaration und Initialisierung der logischen Konstanten b.
// Der rechte Operand der Zuweisung wird durch ein Literal
// einer Ganzzahl gebildet.
// Es ist mindestens ein Bit des Speicherbereiches vom Literal
// mit dem Zustand 1 versehen (Wert > 0), daher konvertiert
// die Ganzzahl implizit in den Wahrheitswert true.

const bool b = -1357;    // = true.
```

Listing **7.32**: Implizite Konvertierung einer Ganzzahl nach **bool**

Besonders hilfreich gilt diese Art der Konvertierung in Verbindung mit Kontrollstrukturen. Der Wert einer variablen oder konstanten Größe kann vom Compiler einfach auf Gleichheit oder Ungleichheit mit Null geprüft werden. Da für die Konvertierung der Speicherbereich einer jeweiligen Variablen bzw. Konstanten herangezogen wird, lässt sich einfach ermitteln, ob der zugehörige Wert gleich Null ist, da in diesem Fall kein einziges Bit mit dem Zustand 1 gesetzt wäre. Ein konvertierter Wert vom logischen Typ **bool** lässt sich somit als Bedingung in Kontrollstrukturen einsetzen, wie folgender Code-Ausschnitt zeigt:

```cpp
// Deklaration und Initialisierung einer Ganzzahl zur
// Steuerung der Bedingung in einer kopfgesteuerten Schleife.

unsigned short val = 200;    // Vorzeichenlose Speicherung.

// Die Variable konvertiert implizit in den logischen Wert
// true, wenn die gespeicherte Ganzzahl ungleich 0 ist.

while (val)    // Wiederhole solange val != 0 (true) ist.
{
    /* Lokaler Scope der Schleife. */

    val -= 2;    // Verringern der Schleifenvariablen um 2.
}
```

Listing **7.33**: **bool**-Konvertierung in Verbindung mit einer Kontrollstruktur

7.11 Explizite Typkonvertierungen

7.11.1 Literale und Suffixe

>> Explizite Konvertierungen zwischen primitiven Datentypen werden vom Compiler nicht eigenständig durchgeführt, dürfen aber in den Quellcodes an geeigneter Stelle erzwungen werden. Literale können als feste und unveränderbare Ganzzahlen oder Gleitkommawerte in Ausdrücken vorkommen und fanden bereits mehrfach Verwendung in verschiedenen Listings dieses Buches. Ein optionales Suffix hinter einem Literal bestimmt dabei explizit den Datentyp, der für den festen Wert gelten soll. Somit wird die Speichergröße des Literals und die Anzahl der speicherbaren Zustände bestimmt. Neben dem eigentlichen Datentyp kann auch zusätzlich die Vorzeichenbehaftung eines Literals über das Suffix angegeben werden.

Die nachfolgende Tabelle liefert zunächst eine Übersicht aller Suffixe aus der Syntax der Sprache C++. Die dargestellten Speichergrößen der ganzzahligen Datentypen stimmen mit den Inhalten der *Tabelle 15* dieses Kapitels überein.

Suffix(e)	Datentyp	Größe (Bit)
f / F	`float`	32
d / D	`double` (Standard)	64
u / U	`unsigend int`	32
l / L	`[signed] long`	32
l / L	`long double`	80+
ul / uL / Ul / UL	`unsigned long`	32
lu / Lu / lU / LU	`unsigned long`	32
ull / uLL / Ull / ULL	`unsigned long long`	64
llu / LLu / llU / LLU	`unsigned long long`	64
ll / LL	`[signed] long long`	64

Tabelle **21**: Übersicht von Suffixen zur Verwendung mit Literalen

Das optionale Suffix hinter einem Literal kann wahlweise aus großen oder kleinen Buchstaben gebildet werden, um jeweils das Vorzeichen und die Speichergröße zu definieren. Damit ergeben sich mehrere Möglichkeiten, wie Suffixe in Ausdrücken hinter Literalen angegeben werden können. Alle Literale mit Ganzzahlen werden als vorzeichenbehaftet betrachtet, sofern im Suffix die **unsigned**-Kennzeichnung fehlt. Für diese vorzeichenbehafteten Literale lässt sich dennoch die Anzahl speicherbarer Zustände über das Suffix bestimmen. Ein Suffix hinter einem ganzzahligen Literal bietet sich dafür an, um den Wert als ausschließlich positiv zu definieren, so als würde es sich im Quellcode um ein Literal eines primitiven Datentyps mit dem Schlüsselwort **unsigned** handeln. Ganzzahlige Literale werden in C++ immer als **signed int** behandelt, wenn kein Suffix mit dem Literal verbunden ist. Im folgenden Listing wird die Verwendung ganzzahliger Literale mit ausgewählten Suffixen der *Tabelle 21* deutlich:

```cpp
// Eine Variable mit vorzeichenlosem Typ wird
// durch ein Literal mit Suffix initialisiert.
// Das kleine u kennzeichnet das Literal eindeutig als
// vorzeichenlose Ganzzahl, wobei keine Speichergröße im
// Suffix angegeben ist und das Literal daher standardmäßig
// mit dem primitiven Datentyp int behandelt wird.

unsigned int uiVal = 3456u;   // Literal vom Typ unsigned int.

// Eine Konstante vom Typ unsigned int wird mit dem
// Ergebnis einer arithmetischen Addition initialisiert.
// Der rechte Operand der Addition wird durch ein Literal
// mit Suffix gebildet und entspricht einer Ganzzahl
// vom primitiven Datentyp unsigned long long.
// Somit wird der Wert in uiVal für die Berechnung auf eine
// Speichergröße von 64 Bit aufgeweitet, da das Literal im
// rechten Operanden den höchstwertigen Typ aufweist.
// Das temporäre Ergebnis der Addition mit einer Speicher-
// größe von 64 Bit wird durch Demotion auf 32 Bit reduziert,
// um die Konstante uiConst mit 5000u zu initialisieren.

const unsigned int uiConst = uiVal + 1544LLu;
```

Listing **7.34**: Verwendung ganzzahliger Literale mit Suffixen

Bitmanipulation & Logik » Literale und Suffixe

Da heutige Recheneinheiten mit einer Genauigkeit von mindestens 32 Bit arbeiten und Operanden demnach durch Promotion auf mindestens diese Speichergröße aufgeweitet werden, bietet die Syntax von C++ keine Suffixe für die primitiven Typen **short** und **char** an.

In der vorherigen *Tabelle 21* sind auch Suffixe gelistet, welche hinter Literalen angegeben werden können, die Gleitkommawerte darstellen. In einem Ausdruck wird ein Literal stets mit doppelter Genauigkeit vom Typ **double** behandelt, wenn hinter dem festen Gleitkommawert kein Suffix folgt. Im Quellcode sollten Literale explizit mit einem Suffix versehen werden, wenn der feste Gleitkommawert tatsächlich den primitiven Datentyp **float** repräsentiert. Der nachfolgende Code-Ausschnitt zeigt die Initialisierung einer Variablen mit einem festen Gleitkommawert ohne Suffix und ebenfalls Deklarationen mit Suffixen hinter den Literalen:

```cpp
// Die Initialisierung der Variablen mit dem Gleitkommawert
// als Literal ist konform, jedoch wird das Literal ohne
// Suffix mit doppelter Genauigkeit vom Typ double behandelt.
// Durch Demotion müssen die 64 Bit auf 32 Bit reduziert
// werden, um die Variable fVal0 initialisieren zu können,
// da sich die Speichergrößen in den Operanden unterscheiden.

float fVal0 = 0.123;    // Wert vom Typ double als Literal.

// Durch das Suffix hinter dem Literal wird dieses als
// Gleitkommawert mit einfacher Genauigkeit (float) behandelt.
// Die Speichergrößen beider Operanden des Zuweisungsoperators
// sind mit 32 Bit identisch, so dass der Wert des Literals
// ohne Demotion zur Initialisierung der Variablen dienen kann.

float fVal1 = 0.123f;   // Wert vom Typ float als Literal.

// Ein Array fester Größe wird über eine Initialisierungsliste
// mit 5 Gleitkommawerten initialisiert, wobei die festen
// Werte durch float-Literale mit Suffixen gebildet sind.

float fArray[] = { 1.1f, 2.2F, 3.3F, 4.4f, 5.5F };
```

Listing **7.35**: Verwendung von Gleitkommawerten mit Literalen und Suffixen

Die Speichergrößen verschiedener Literale lassen sich mit Hilfe des **sizeof**-Operators einfach überprüfen und nachweisen, wie es das nachfolgende Listing ergänzend deutlich macht:

```
unsigned int s0 = sizeof 11223LL;   // Liefert 8 Byte für den
                                    // Datentyp long long.

unsigned int s1 = sizeof 11.22L;    // Liefert mindestens 10 Byte
                                    // für den Typ long double.
```

Listing **7.36**: Literale und Suffixe verbunden mit dem **sizeof**-Operator

7.11.2 Konstruktoren primitiver Typen

>> Eine weitere Möglichkeit zur expliziten Konvertierung primitiver Typen ist in C++ durch Konstruktoren gegeben. Ein Konstruktor besteht aus genau den Schlüsselwörtern, die auch bei der Deklaration einer Variablen bzw. Konstanten im primitiven Datentyp angegeben werden können. Am Ende eines jeweiligen Schlüsselwortes muss in einfachen Klammern ( ) ein Wert angegeben werden, der explizit in den primitiven Datentyp des Konstruktors umgewandelt wird. Der jeweilige Konstruktor liefert den konvertierten Wert ähnlich einem Methodenaufruf zurück, wobei der Datentyp des Rückgabewertes vom Konstruktor dem angegebenen Typ in den Schlüsselwörtern entspricht. Der nachfolgende Code-Ausschnitt veranschaulicht die Verwendung von Konstruktoren primitiver Typen in verschiedenen Ausdrücken:

```
// Deklaration und Initialisierung einer Variablen.
// Der Initialisierungswert wird über einen Konstruktor
// gebildet, der in seinen Klammern eine Ganzzahl verwendet.
// Der Wert 126u wird vom float-Konstruktor in den Gleit-
// kommawert 126.0f konvertiert und mit dem primitiven Typ
// float zurückgeliefert, um die Variable zu initialisieren.

float ff = float(126u);   // Initialisierung mit Gleitkommawert.
```

Bitmanipulation & Logik » Der Konvertierungsoperator

```
/* Fortsetzung des Code-Beispiels. */

// Das Ergebnis einer arithmetischen Multiplikation dient
// als Initialisierungswert der ganzzahligen Konstanten.
// Der rechte Operand der Multiplikation wird aus dem
// Rückgabewert des Konstruktors vom primitiven
// Datentyp unsigned int gebildet.
// Beachten Sie, dass der Konstruktor des primitiven
// Typs aus den zwei Schlüsselwörtern unsigned int besteht.
// Im Konstruktor wird der Gleitkommawert 126.0f von ff
// zurück in die vorzeichenlose Ganzzahl 126u konvertiert.
// Das temporäre Ergebnis 378u (3u * 126u) dient
// der Initialisierung der Konstanten ui.

const unsigned int ui = 3u * unsigned int(ff);   // ui = 378u.
```

Listing **7.37**: Verwendung von Konstruktoren primitiver Typen

Verbunden mit komplexen Typen begegnen Ihnen Konstruktoren im nächsten Kapitel **Methoden in Klassen** erneut.

7.11.3 Der Konvertierungsoperator

>> Die Syntax der Programmiersprache C++ stellt einen unären Operator bereit, mit dessen Hilfe explizite Typkonvertierungen in Ausdrücken erzwungen werden können. Dieser Konvertierungsoperator wird ebenfalls aus einfachen Klammern ( ) gebildet und kann als Präfix vor dem Namen einer entsprechenden Variablen oder Konstanten angegeben werden. Im Inneren der Klammern muss sich ein Operand befinden, der ausschließlich aus den Schlüsselwörtern primitiver Typen bestehen darf. Der Wert der Variablen bzw. Konstanten hinter dem Operator wird für einen lesenden Zugriff herangezogen und konvertiert in einen Rückgabewert, der dem primitiven Datentyp im Operanden entspricht.
Unter Verwendung von *Listing 7.37* wird im folgenden Code-Beispiel der unäre Konvertierungsoperator bei der Initialisierung einer Variablen angewendet und zur Konvertierung des linken Operanden in einer arithmetischen Addition:

```
// Die Variable sv wird mit dem vorzeichenlosen Wert 378u
// der Konstanten ui initialisiert, wobei der Konvertierungs-
// operator explizit den primitiven Typ unsigned short liefert.

unsigned short sv = (unsigned short)ui;   // sv = 378u (16 Bit).

// Der unäre Konvertierungsoperator als Präfix vor der
// Variablen ui im linken Operanden der Addition liefert
// den Gleitkommawert 378.0 vom primitiven Typ double.
// Die arithmetische Addition wird demnach mit
// einer Wertigkeit von 64 Bit verarbeitet.

double dd = (double)ui + 0.11;   // dd = 378.11 (64 Bit).
```

Listing **7.38**: Verwendung des Konvertierungsoperators

7.12 Aussagenlogik

7.12.1 Logische Verknüpfungen

>> Häufig ergeben sich Problemstellungen, für deren Lösungen in den Quellcodes die kennengelernten Kontrollstrukturen zum Einsatz kommen, um Teile des Codes basierend auf ausgewerteten Bedingungen zu verzweigen oder zu wiederholen. Solche Bedingungen in diesen Kontrollstrukturen können auch als Aussagen angesehen werden, die meist über Vergleichsoperatoren gebildet werden und einen eindeutigen Wahrheitswert zurückgeben. Bezogen auf diesen logischen Wert wird eine Kontrollstruktur nur dann abgearbeitet, wenn es sich um den gelieferten Wert **true** handelt und die zu prüfende Aussage damit als gültig und wahr betrachtet werden kann. Die Syntax der Sprache C++ bietet zwei binäre Operatoren an, mit deren Hilfe zwei Aussagen in ihren jeweiligen Operanden logisch verknüpft werden können. Somit ist es möglich, mehrere Bedingungen logisch zu kombinieren, um die Abarbeitung einer entsprechenden Kontrollstruktur zu steuern. Logische Verknüpfungen erwarten Wahrheitswerte in ihren Operanden, welche meist durch Vergleiche gebildet werden. Basierend auf der Art der Verknüpfung gibt ein Operator entweder **true** oder **false** zurück.

Bitmanipulation & Logik » Logische Verknüpfungen

Anhand der logischen Und-Verknüpfung gelten zwei Aussagen nur dann als wahr, wenn der Wahrheitswert im rechten als auch im linken Operanden über den logischen Wert **true** verfügt. Diese Art der Verknüpfung liefert nur dann den Wahrheitswert **true** an die jeweilige Bedingung, wenn genau beide Aussagen in den Operanden wahr und somit gültig sind. Sofern mindestens eine Aussage als unwahr (**false**) gilt, wird von der Und-Verknüpfung ebenfalls der logische Wert **false** zurückgegeben. Der Operator der logischen Und-Verknüpfung wird in C++ syntaktisch durch zwei Ampersand (**&&**) gebildet, wobei die Operanden ausschließlich für lesende Zugriffe herangezogen werden.
Das nachfolgende Listing zeigt beispielhaft logische Und-Verknüpfungen, deren jeweilige Ergebnisse als Bedingungen in Kontrollstrukturen dienen:

```cpp
unsigned int ui = 156u;     // Initialisierte Ganzzahl.

float const f = -0.35f;     // Initialisierte float-Konstante.

// Zwei Aussagen werden in einer bedingten Anweisung verwendet
// und mit Hilfe der Und-Verknüpfung logisch kombiniert.
// Als Operanden dienen der Verknüpfung die Ergebnisse
// der jeweiligen Vergleiche, welche beide true ergeben.
// Da beide Aussagen gültig sind, wird vom Operator der
// Und-Verknüpfung der Wahrheitswert true zur Steuerung an die
// bedingte Anweisung zurückgegeben (true && true ergibt true).

if (ui == 156u && f < 0)    // Gültige und wahre Bedingung.
{
    /* Abzuarbeitender Scope. */
}

// Die kopfgesteuerte Schleife wird nie durchlaufen,
// da die zu prüfende Bedingung unwahr (false) ist.
// Der linke Operand der Und-Verknüpfung resultiert aus der
// impliziten Konvertierung des Wertes von ui nach bool (true).
// Die rechte Aussage ist unwahr, so dass false geliefert wird.

while (ui && f >= 0)        // true && false ergibt false.
{ }
```

Listing **7.39**: Logische Und-Verknüpfungen von Wahrheitswerten

Logische Verknüpfungen « Bitmanipulation & Logik

Das Gegenstück der Und-Verknüpfung wird in C++ durch den binären Operator der logischen Oder-Verknüpfung gebildet, für welchen die Syntax die doppelte Verwendung eines senkrechten Striches (||) vorsieht. Dieses Zeichen ist bereits syntaktisch aus der bitweisen Verknüpfung dieses Kapitels bekannt. Die Oder-Verknüpfung resultiert im logischen Wahrheitswert **true**, wenn mindestens eine Aussage in den Operanden als gültig gilt. Dabei werden die Operanden stets für lesende Zugriffe verwendet. Beachten Sie, dass es sich bei diesem Operator nicht um die Exklusive-Oder-Verknüpfung handelt. Demnach liefert diese Art der Verknüpfung auch **true** zurück, wenn beide Operanden über eine wahre Aussage verfügen. Nur wenn beide Operanden mit dem Wahrheitswert **false** versehen sind, werden diese logisch als **false** verknüpft. Eine Exklusive-Oder-Verknüpfung, wie diese in der bitweisen Verknüpfung behandelt wurde, kommt in Verbindung mit Aussagenlogik in der Syntax der Sprache C++ nicht vor.
Im folgenden Code-Ausschnitt wird die logische Oder-Verknüpfung verbunden mit einer bedingten Anweisung deutlich:

```cpp
bool bv = false;   // Initialisierter Wahrheitswert.

// Initialisierte Konstante vom Typ einer Ganzzahl (16 Bit).

const short int iv = -1234;   // Vorzeichenbehafteter Wert.

// Mit Hilfe der logischen Oder-Verknüpfung werden zwei
// Aussagen in einer bedingten Anweisung kombiniert.
// Der linke Operand der Verknüpfung wird direkt durch
// den Wahrheitswert false aus der Variablen bv gebildet.
// Das gelieferte Ergebnis true des Vergleiches dient
// als rechter Operand der logischen Oder-Verknüpfung.
// Vom Operator der Oder-Verknüpfung wird der Wahrheitswert
// true als Ergebnis zur Prüfung an die Bedingung geliefert,
// da false || true den logischen Wahrheitswert true ergibt.
// Die auszuwertende Bedingung gilt somit als gültig und wahr.

if (bv || iv != 101)   // Oder-Verknüpfung zweier Aussagen.
{
    /* Abzuarbeitender Scope der Bedingung. */
}
```

Listing **7.40**: Operator der logischen Oder-Verknüpfung

Bitmanipulation & Logik » Der Negierungsoperator

Ähnlich den Wertetabellen für bitweise Verknüpfungen (*Tabelle 19*) zeigt die nachfolgende tabellarische Übersicht alle möglichen Kombinationen logischer Verknüpfungen:

Und-Verknüpfung				Oder-Verknüpfung		
&&	true	false		||	true	false
true	true	false		true	true	true
false	false	false		false	true	false

Tabelle **22**: Wertetabellen für logische Verknüpfungen

7.12.2 Der Negierungsoperator

» Ein weiterer Operator der Aussagenlogik ist in der Sprache C++ durch den unären Negierungsoperator gegeben, welcher syntaktisch durch ein Ausrufezeichen (!) als Präfix vor dem Operanden gebildet wird. Der Operator erwartet in seinem Operanden einen Wahrheitswert, welcher nach einem lesenden Zugriff invertiert und zurückgegeben wird. Der Negierungsoperator hat nur die simple Aufgabe, den Wahrheitswert einer Aussage im Operanden zu vertauschen. Demzufolge wird von diesem Operator der logische Wert **true** geliefert, wenn es sich im Operanden um den Wahrheitswert **false** handelt und umgekehrt. In Verbindung mit der impliziten **bool**-Konvertierung liefert dieser Operator den Wahrheitswert **true**, wenn kein Bit im entsprechenden Speicherbereich des Operanden gesetzt ist und der zugehörige Wert somit Null ist.
Das nachfolgende Code-Beispiel veranschaulicht die Verwendung des unären Negierungsoperators verbunden mit Kontrollstrukturen:

```
unsigned int ui = 0;   // Initialisierung einer Ganzzahl.

// Der folgende Vergleich in der Bedingung bildet eine
// wahre Aussage und liefert den Wahrheitswert true zurück,
// welcher als Operand dem Negierungsoperator dient.
```

Eintauchen in **C++**

Überblick der Operatoren « Bitmanipulation & Logik

```
/* Fortsetzung des Code-Beispiels. */

// Der Negierungsoperator vertauscht den Wahrheitswert
// in seinem Operanden und liefert false an die Bedingung.
// Die Aussage in der bedingten Anweisung ist semantisch
// mit dem Vergleich (ui != 0) konform, welcher false liefert.

if (!(ui == 0))   // Unwahre Bedingung (false).
{ }

// Die Variable ui konvertiert implizit in den Wahrheits-
// wert false und dient der unären Negierung als Operand.
// Der Negierungsoperator invertiert den Wahrheitswert und
// liefert true zur Steuerung der kopfgesteuerten Schleife.

while (!ui)   // Wiederhole solange ui == 0 (true) ist.
{ }
```

Listing **7.41**: Verwendung des unären Negierungsoperators

7.12.3 Überblick der Operatoren

>> Die folgende Tabelle macht zusammenfassend die behandelten Operatoren der Aussagenlogik deutlich:

Operator	Rückgabewert (Operation)	Typ	Notation
Und-Verknüpfung &&	true | false (Op1 && Op2)	binär	Infix
Oder-Verknüpfung ||	true | false (Op1 || Op2)	binär	Infix
Negierung !	true | false (!Op)	unär	Präfix

Tabelle **23**: Operatoren der Aussagenlogik

7.13 Verknüpfte Bedingungen im Präprozessor

>> Die im vorherigen Abschnitt beschriebenen Operatoren der Aussagenlogik können auch in Verbindung mit Direktiven des Präprozessors eingesetzt werden, um Wahrheitswerte logisch zu verknüpfen. Besonders hilfreich gelten diese Verknüpfungen bei der Prüfung mehrerer Symbole in einer bedingten Direktive und für Vergleichsoperatoren zwischen Symbolen und optionalen Werten. Der Negierungsoperator darf vor der **defined**-Direktive platziert werden, um den gelieferten Wert für eine Bedingung zu invertieren.

Abschließend zu diesem Kapitel verdeutlicht der folgende Code-Ausschnitt verknüpfte Bedingungen im Präprozessor, wobei dafür die **if**-Direktive und die **defined**-Direktive herangezogen wird:

```cpp
// Die Bedingung gilt für den Präprozessor als wahr, wenn
// das Symbol DEBUG oder das Symbol INIT_DEBUG bekannt ist.
// Beide Aussagen der defined-Direktive werden oder-verknüpft.

#if defined(DEBUG) || defined(INIT_DEBUG)

/* Abarbeitung des Bereiches für Debug-Version. */

#endif

// Und-Verknüpfung in Bedingung für den Präprozessor.
// Alle drei Aussagen müssen als wahr gelten, damit
// der Bereich vom Präprozessor ausgewertet wird.
// Der Negierungsoperator vor der defined-Direktive
// invertiert den gelieferten Wert; die einzelne Bedingung gilt
// somit als gültig, wenn das Symbol DEBUG nicht definiert ist.

#if !defined(DEBUG) && defined(VERSION) && (VERSION >= 5)

/* Abarbeitung des Bereiches für Release-Version
   unter Voraussetzung einer Versionsnummer. */

#endif
```

Listing **7.42**: Verknüpfte Bedingungen im Präprozessor

8 Methoden in Klassen

8.1 Inhalte dieses Kapitels

>> Dieses Kapitel beschäftigt sich mit den Methoden in Klassen, die neben den Eigenschaften den Klassendefinitionen dienen. Anders als bei den deklarierten Zuständen verwendet jede Instanz einer Klasse die gleichen auszuführenden Methoden, welche die eigentlichen Programmbefehle enthalten.

8.2 Deklaration von Methoden

8.2.1 Signaturen von Methoden

>> Klassenmethoden beziehen sich immer auf jene Klassen, in welchen sie deklariert sind. Sie nehmen somit Bezug auf die Sichtbarkeitsbereiche von ihren Klassen (Class-Scope), wobei die Methoden entweder im sichtbaren **private**-, **protected**- oder **public**-Bereich deklariert werden können. Die Deklaration (also Bekanntmachung) einer Methode kann innerhalb einer Klasse in der jeweiligen Header-Datei erfolgen. Eine Methodendeklaration bildet einen Ausdruck, der zwingend mit einem Semikolon abgeschlossen werden muss.
Die Signatur einer Methode beschreibt ihren syntaktischen und formalen Aufbau innerhalb der Klasse. Es handelt sich dabei um die Bauvorschrift der Methode, welche bei der Deklaration und der zugehörigen Methoden-Implementierung eingehalten werden muss. Zur Signatur gehört der eigentliche Methodenname, der Typ des Rückgabewertes mit optionalem Qualifizierer, eine Liste an Datentypen von Übergabeparametern und ein weiterer optionaler Qualifizierer, der die komplette Methode näher beschreibt. Handelt es sich bei der Methode um eine einfache Prozedur, welche keinen Wert zurückgibt, so wird das Schlüsselwort **void** als Rückgabewert in der Signatur verwendet. Auf den entsprechenden **const**-Qualifizierer für die Signatur einer kompletten Klassenmethode wird im nächsten Abschnitt eingegangen.
Der folgende Code-Ausschnitt veranschaulicht die Signaturen von deklarierten Methoden innerhalb einer Klasse:

Methoden in Klassen » Der **const**-Qualifizierer

```
class AnyClass   // Definition einer Klasse im globalen Scope.
{
  public:
     // Der Rückgabewert void, der Identifikator
     // Procedure und ein Parameter vom Datentyp
     // unsigned int bilden die Signatur der Methode.

     void Procedure(unsigned int);

     // Der Rückgabewert vom Datentyp float, der Name
     // CalcMax und zwei Parameter, ebenfalls vom Typ
     // float, bilden die Signatur der Methode.

     float CalcMax(float x, float y);

     // Beide Methoden sind Deklarationen; es müssen keine
     // zwingenden Namen für die Parameter angegeben werden.
};
```

Listing **8.1**: Signaturen von Methoden einer Klasse

8.2.2 Der **const**-Qualifizierer

>> Das Schlüsselwort (Qualifizierer) **const** findet mehrfach Verwendung in der Syntax der Programmiersprache C++. Es kann auch als Qualifizierer für die Signatur einer kompletten Klassenmethode dienen. In diesem Fall wird das Schlüsselwort **const** in der Methodendeklaration angegeben, bevor diese mit einem Semikolon beendet wird, um die Methode als konstant zu qualifizieren:

```
// Der Rückgabewert vom Gleitkommatyp double, der Name
// GetData, eine leere Parameterliste und der const-
// Qualifizierer bilden die Signatur dieser Methode.
// Das Schlüsselwort void als Parameter ist optional.

double GetData(void) const;   // Deklaration in Klasse.
```

Listing **8.2**: Signatur einer Methode mit dem **const**-Qualifizierer

Zur Vollständigkeit müsste die Methode *GetData* aus dem vorangegangenen Code-Beispiel ebenfalls innerhalb eines Klassenbereiches deklariert sein.
Eine Klassenmethode, deren Signatur mit dem Schlüsselwort **const** als konstant qualifiziert wurde, darf Eigenschaften ihrer Instanzen nicht über schreibende Zugriffe modifizieren. Diese Methoden werden also ausschließlich dafür verwendet, um gekapselte Eigenschaften von Objekten zu lesen und diese an den jeweiligen Aufrufer zurückgeben zu können. Häufig werden diese Methoden im Zusammenhang mit Instanzen verwendet, die selbst als konstant deklariert sind. Das Schlüsselwort **const** darf nur in Verbindung mit Klassenmethoden verwendet werden. Eine globale Methode mit dem **const**-Qualifizierer am Ende der Signatur resultiert in einem Übersetzungsfehler.

8.2.3 Prototypen von Methoden

>> Findet in einer entsprechenden Klasse die Deklaration einer Methode statt, so wird auch gleichzeitig der Prototyp für diese Methode deklariert, wenn der gesamte Ausdruck mit einem Semikolon abgeschlossen wird. Der Prototyp einer Klassenmethode ist also die Bekanntmachung für andere Klassen, welche die deklarierte Methode aufrufen wollen. Eine Methode, welche einen deklarierten Prototyp besitzt, muss dabei nicht zwingend implementiert sein. Bei der Übersetzung der Quellcodes kann ein Linker-Fehler auftreten, wenn eine Methode zwar durch ihren Prototyp bekannt ist, diese aber nicht implementiert wurde. Für eine Instanz der Klasse, welche die (öffentliche) Methode einer anderen Klasse nutzt, ist die Signatur der aufzurufenden Methode in diesem Fall über den Prototyp bekannt, jedoch kann diese nicht ausgeführt werden, da sie nicht implementiert wurde. Es gilt also stets, die beiden Begriffe der Deklaration und Implementierung auch bei Klassenmethoden zu trennen. Der Prototyp einer Methode wird in einer Klasse und in einer Header-Datei deklariert und somit nur bekannt gemacht. Die Implementierung dieser Methode sollte dabei unter Einhaltung der Signatur unabhängig in einer Übersetzungseinheit erfolgen.
Die bereits bekannten Methoden *Procedure* und *CalcMax* aus *Listing 8.1*, als auch die Methode *GetData* aus *Listing 8.2*, gelten als deklarierte Prototypen in ihren jeweiligen Klassen.

Methoden in Klassen » Ein bereits Bekannter: Der Scope-Operator

8.3 Implementierung von Methoden

8.3.1 Ein bereits Bekannter: Der Scope-Operator

>> Methoden in Klassen gehören dem Klassenbereich an, in welchem sie deklariert sind. Es ist also nicht überraschend, dass Klassenmethoden bei ihrer Implementierung mit Hilfe des Bereichsauflösungsoperators (Scope-Operators) identifiziert werden. Der Scope-Operator muss bei der Implementierung von Klassenmethoden vor dem eigentlichen Namen der Methode geschrieben werden. Dieser folgt dem Namen der Klasse, welche die zu implementierende Methode beinhaltet. Eingebettete Hilfsklassen müssen beginnend bei dem äußeren Klassennamen mehrfach mit dem Scope-Operator aufgelöst werden. Die Signatur (Bauvorschrift) einer jeweiligen Methode muss bei der Implementierung mit der Signatur des Prototypen von der gleichen Methode übereinstimmen. Wird eine Klassenmethode in einer Übersetzungseinheit implementiert, dann muss diese Methode auch als Prototyp (mit gleicher Signatur) in der jeweiligen Klassendefinition vorhanden sein. Im Umkehrschluss ist dies nicht der Fall, denn Prototypen von Methoden können auch in Klassen deklariert werden, ohne dass diese Methoden implementiert sein müssen. Das nachfolgende Code-Beispiel veranschaulicht die Implementierung der Prototypen aus *Listing 8.1*:

```cpp
void AnyClass::Procedure(unsigned int param)
{
    // Implementierung der Methode innerhalb des globalen
    // Gültigkeitsbereiches der Übersetzungseinheit.
}

float AnyClass::CalcMax(float x, float y)
{
    // Die simple Methode prüft den größeren Wert von zwei
    // Parametern und gibt diesen an den Aufrufer zurück.

    if (x > y) return x;
    else       return y;
}
```

Listing **8.3**: Implementierung von Methoden einer Klasse

Ein bereits Bekannter: Der Scope-Operator « Methoden in Klassen

Es handelt sich bei den Implementierungen von Klassenmethoden nicht um Deklarationen, daher werden diese nicht mit einem Semikolon abgeschlossen. Stattdessen werden Bezugsrahmen für die Methoden definiert. Deklarierte und definierte Daten innerhalb dieses Bezugsrahmens liegen im Bereich der jeweiligen Methode und besitzen lokale Gültigkeit zu dieser (Function-Scope). Die Methode selbst befindet sich im Bereich der Klasse. Der mit geschweiften Klammern definierte Bezugsrahmen einer implementierten Methode wird auch gelegentlich als Rumpf bezeichnet.

Der nachfolgende Code-Ausschnitt zeigt die fehlerhafte Implementierung der Prototypen aus *Listing 8.1*, wobei aber zur Veranschaulichung die Verletzung der Signaturen beabsichtigt ist:

```cpp
void AnyClass::Procedure(unsigned int param) const
{
    // Compiler-Fehler!
    // Die Signatur des Prototypen von Procedure
    // besitzt keinen const-Qualifizierer.
}

signed int AnyClass::CalcMax(const float, float)
{
    // Compiler Fehler!
    // Der Prototyp der Methode CalcMax unterscheidet sich in
    // der Signatur hinsichtlich des Typs vom Rückgabewert.
    // Da auf die Parameter dieser Methode nicht
    // zugegriffen wird, müssen diese nicht
    // zwingend einen Identifikator besitzen.
    // Parameter hätten lokale Gültigkeit im
    // Bereich der Methode (Function-Scope).
    // Eine Veränderung der Parameter durch Anzahl oder Datentyp
    // würde ebenfalls eine Verletzung der Signatur bedeuten.
    // Der const-Qualifizierer des ersten Parameters ist kein
    // Bestandteil der Signatur und verletzt diese daher nicht,
    // auch wenn der Prototyp keinen Qualifizierer vorsieht.

    return 0;
}
```

Listing **8.4**: Fehlerhaft implementierte Klassenmethoden

8.3.2 Methoden in Namensräumen

>> Wird eine jeweilige Klasse im Bereich eines Namensraumes definiert, so besitzen Methoden dieser Klasse ebenfalls Zugehörigkeit zu diesem Namensraum. In diesem Fall muss bei der Implementierung von Klassenmethoden der Namensraum über den Scope-Operator aufgelöst werden. Dies kann mit Hilfe eines – aus dem Kapitel **Namensräume** bekannten – expliziten oder impliziten Zugriffes erfolgen, wobei Namensräume ebenfalls verschachtelt sein können. Im nachfolgenden Listing wird eine Klasse als auch der Prototyp einer Klassenmethode im Bezugsrahmen eines Namensraumes definiert:

```cpp
namespace DemoNS    // Definition des Namensraumes DemoNS.
{
   class AnyClass   // Definition der Klasse AnyClass in DemoNS.
   {
      public:
         // Prototyp einer Methode der Klasse AnyClass.

         void Procedure(double);
   };
}
```

Listing **8.5**: Prototyp einer Klassenmethode im Namensraum

Bei der Implementierung von Klassenmethoden im Namensraum muss bei einem expliziten Zugriff der Identifikator dieses Namensraumes, gefolgt vom Scope-Operator, vor dem Namen der Klasse angegeben werden. Dies wird im folgenden Code-Beispiel unter Verwendung des vorherigen Listings vermittelt:

```cpp
void DemoNS::AnyClass::Procedure(double param)
{
   // Implementierung der Methode.
   // Explizite Schreibweise: Angabe des Namensraumes vor dem
   // Namen der Klasse, in welcher Procedure integriert ist.
   // Der Scope-Operator löst jeweils beide Namen auf.
}
```

Listing **8.6**: Implementierung einer Klassenmethode explizit vom Namensraum

Methoden in Namensräumen « Methoden in Klassen

Ein impliziter Zugriff bei der Implementierung von Klassenmethoden in einem Namensraum kann wie bereits bekannt mittels der **using**-Direktive erfolgen. Das folgende Listing verdeutlicht diesen impliziten Zugriff unter Verwendung der Klassenmethode *Procedure*:

```cpp
// Global gültige Direktive für den Namensraum DemoNS.

using namespace DemoNS;

void AnyClass::Procedure(double param)
{
   // Implementierung der Methode und
   // implizite Identifikation des Namensraumes DemoNS.
   // Die Implementierung von Procedure der Klasse AnyClass
   // kann eindeutig dem Namensraum DemoNS zugeordnet werden,
   // welcher per using-Direktive global bekannt ist.
}
```
Listing **8.7**: Implementierung einer Klassenmethode implizit vom Namensraum

Wie das nachfolgende Code-Beispiel veranschaulicht, kann die Implementierung von Klassenmethoden auch direkt im definierten Bereich eines Namensraumes erfolgen, da die Erweiterung eines bestehenden Namensraumes durch eine Neudefinition stets möglich ist:

```cpp
// Erweiterung des Namensraumes durch eine Neudefinition.

namespace DemoNS
{
   void AnyClass::Procedure(double param)
   {
      // Gewohnte Implementierung der
      // Methode Procedure der Klasse AnyClass.
      // Die Methode wird direkt im Scope des
      // Namensraumes DemoNS implementiert.
   }
}
```
Listing **8.8**: Implementierung einer Klassenmethode direkt im Namensraum

8.3.3 inline-Methoden

>> Wer bereits mit der Programmiersprache Java entwickelt hat wird wissen, dass es in dieser Sprache keine Trennung von Header- und Quelldateien gibt. Methoden von Klassen werden also in den Java-Quellcodes direkt innerhalb der Klassendefinitionen programmiert. Um diesem Verhalten auch in der Sprache C++ gerecht zu werden, kann die Implementierung von Klassenmethoden auch direkt im Scope der jeweiligen Klasse erfolgen. Implementierungen von Klassenmethoden werden dabei mit Hilfe des Schlüsselwortes **inline** in den Bereich der Klasse eingebettet. Damit entfällt die Trennung zwischen dem Prototyp einer Methode und der zugehörigen Implementierung. Das Schlüsselwort **inline** wird bei eingebetteten Methoden vor der Signatur platziert, es ist selbst aber nicht Bestandteil von der Signatur der jeweiligen Methode. Ein Ausdruck wird nicht mit einem Semikolon abgeschlossen, um den Prototyp der Klassenmethode zu deklarieren. Stattdessen wird nach der Signatur der Bezugsrahmen definiert und die Methode direkt in der Klasse implementiert. Damit verschmelzen Prototyp und Implementierung der Methode direkt in einem Ausdruck innerhalb der Klassendefinition, wie folgendes Listing zeigt:

```cpp
class SampleClass   // Definition einer Klasse.
{
    public:
        // Eingebettete und öffentliche Methode der Klasse.
        // Prototyp und Implementierung gehen Hand in Hand.

        inline void AnyProcedure(void) { /* Implementierung */ }
};
```

Listing **8.9**: Eingebettete Klassenmethode mit dem Schlüsselwort **inline**

Der Vorteil eingebetteter Klassenmethoden besteht darin, dass diese immer implementiert sind. In der letzten Zeit ist das Schlüsselwort **inline** in der Syntax der Programmiersprache C++ mehr oder weniger rudimentär geworden und wird nur aus Gründen der Vollständigkeit erwähnt. Ein guter Compiler erkennt eingebettete Klassenmethoden auch ohne dem vorangestellten Schlüsselwort. Es sollte aber für eine bessere Lesbarkeit der Quellcodes verwendet werden.

8.3.4 Rückgabe von Werten

>> Eine implementierte Methode einer Klasse kann einen Wert an den Aufrufer der Methode zurückgeben. Der Datentyp des Rückgabewertes wird anhand der Signatur der Methode definiert. Dieser kann vom speziellen Typ **void** sein, wenn die Klassenmethode keinen Wert zurückgeben soll. In einem Ausdruck wird die Rückgabe eines Wertes innerhalb der Methode mit dem Schlüsselwort **return** eingeleitet. Nach dem Schlüsselwort kann die Angabe des Rückgabewertes erfolgen und der Ausdruck wird mit einem Semikolon beendet. Der Datentyp des Rückgabewertes sollte konform zu dem in der Signatur der Methode sein, welcher bei der zugehörigen Methodendeklaration festgelegt wurde.

In *Listing 8.3* gab die implementierte Methode *CalcMax* der Klasse *AnyClass* einen Wert über das Schlüsselwort **return** zurück. Das folgende Code-Beispiel veranschaulicht neben den Prototypen ebenfalls die Rückgabe von Werten aus implementierten Klassenmethoden:

```
class IntClass
{
   public:
      // Deklaration und Prototyp einer Methode zur
      // Berechnung der Summe zweier ganzzahliger Parameter.
      // Der Rückgabewert vom Datentyp signed int, der Name
      // SumInt der Methode, zwei Parameter vom Datentyp int
      // und der const-Qualifizierer definieren die Signatur.
      // Das optionale Schlüsselwort signed kann auch entfallen.

      signed int SumInt(int, int) const;

      // Prototyp der Methode CalcMaxInt.
      // Die Signatur wird durch den Rückgabewert vom Datentyp
      // int, dem Namen CalcMaxInt, zweier Parameter ebenfalls
      // vom Typ int und dem const-Qualifizierer definiert.

      int CalcMaxInt(int, int) const;
};
// Fortsetzung auf Folgeseite.
```

Methoden in Klassen » Rückgabe von Werten

```cpp
/* Implementierung der Methoden. */

int IntClass::SumInt(int a, int b) const
{
    // Rückgabe der Integer-Summe aus den Parametern.
    // Hinweis: Die Signatur des Prototypen der Methode
    // definiert den Datentyp signed int als Rückgabewert.
    // Da das Schlüsselwort signed entfallen kann, sind die
    // Signaturen von Prototyp und Implementierung konform.
    // Eine Änderung des Datentyps vom Rückgabewert in
    // unsigned würde jedoch die Signatur verletzen.

    return a + b;   // Rückgabewert aus arithmetischer Addition.
}

int IntClass::CalcMaxInt(int x, int y) const
{
    // Die Methode prüft den größeren Wert zweier Parameter.
    // Der Rückgabewert ist bedingt durch die
    // Abarbeitung des ternären Operators und
    // den Vergleich der Werte in den Operanden.

    return x > y ? x : y;
}
```
Listing **8.10**: Rückgabe von Werten aus implementierten Klassenmethoden

Durch das Schlüsselwort **return** wird in einer implementierten Klassenmethode ein Wert zurückgegeben und die weitere Ausführung der Methode beendet. Somit ist es möglich, Abbruchbedingungen in einer Methode zu implementieren und die Semantik der Methode zu verzweigen. Befindet sich das Schlüsselwort **return** innerhalb einer Kontrollstruktur, so wird die Abarbeitung sofort beendet und der entsprechende Scope der Methode verlassen. Die Ausführung von Methoden kann also mit Hilfe des Schlüsselwortes **return** auch vorzeitig beendet werden. Bei Methoden, welche **void** zurückgeben, wird in diesem Fall das Schlüsselwort **return** ohne Rückgabewert angegeben und der Ausdruck direkt mit einem Semikolon abgeschlossen. Im nachfolgenden Code-Ausschnitt wird das vorzeitige Beenden in den implementierten Methoden *Procedure* und *CalcMax* aus *Listing 8.3* verdeutlicht, die in *Listing 8.1* deklariert wurden:

```cpp
void AnyClass::Procedure(unsigned int param)
{
   // Abbruch der Methode, wenn der Parameter kleiner 0 ist.

   if (param < 0) return;  // Mögliches vorzeitiges Beenden.
   else
   {
      // Implementierung des Zweiges der Bedingung, wenn der
      // Wert des Parameters größer oder gleich (>=) 0 ist.
   }
}

float AnyClass::CalcMax(float x, float y)
{
   // Rückgabe des Parameters x, wenn die Werte
   // von beiden Parametern identisch sind.

   if (x == y) return x;  // Mögliches vorzeitiges Beenden.
   else
   {
      // Ansonsten erfolgt hier die übliche Implementierung.
      // Die Rückgabe eines Wertes ist empfehlenswert, da der
      // Compiler sonst eine Warnung generieren kann, falls
      // dieser Zweig der Bedingung ohne Rückgabewert bleibt.

      return 0.0f;  // Pseudo-Rückgabewert.
   }
}
```

Listing 8.11: Vorzeitiges Beenden von Methoden mit dem Schlüsselwort **return**

Rückgabewerte in Klassenmethoden können mit dem optionalen Schlüsselwort **const** als konstant qualifiziert werden. Der **const**-Qualifizierer für den Rückgabewert wird somit zum Bestandteil der Signatur der Methode. Dabei spielt es keine Rolle, ob das Schlüsselwort vor oder nach dem Datentyp des Rückgabewertes platziert wird.

Bildet der Typ des Rückgabewertes in einer Klassenmethode selbst eine Klasse (komplexer Datentyp) in einem Namensraum, dann muss dieser Namensraum implizit oder explizit bei der Implementierung aufgelöst werden.

Methoden in Klassen » Rückgabe von Werten

Das folgende Listing veranschaulicht ein konstantes Objekt in einem Namensraum als Rückgabewert, wobei sich die implementierte Klassenmethode selbst in einem anderen Namensraum befindet:

```cpp
namespace DemoNS
{
   class SampleClass   // Definition einer Klasse in DemoNS.
   {
      public:
         // Prototyp der Methode AnyMethode.
         // Der Name AnyMethode, der komplexe Typ
         // der Klasse Matrix im Namensraum Math, der
         // const-Qualifizierer des Rückgabewertes, eine
         // leere Parameterliste und der const-Qualifizierer
         // der kompletten Methode definieren die Signatur.

         const Math::Matrix AnyMethode(void) const;
   };
}

/* Implementierung der Methode. */

Math::Matrix const DemoNS::SampleClass::AnyMethode(void) const
{
   // Die Klasse SampleClass befindet sich in DemoNS.
   // Dieses Code-Beispiel verwendet explizite
   // Zugriffe auf die jeweiligen Namensräume.
   // Der const-Qualifizierer des Rückgabewertes
   // ist Bestandteil der Signatur der Methode.
   // Wird dieser in der Implementierung nicht angegeben,
   // dann ist das Resultat eine Verletzung der Signatur.
   // Der const-Qualifizierer kann wahlweise vor oder nach
   // dem komplexen Typ (Math::Matrix) geschrieben werden.
   // Die Klasse Matrix muss als wohldefiniert gelten, um
   // eine Instanz über den Rückgabewert bilden zu können.

   return Math::Matrix;   // Rückgabe der konstanten Instanz.
}
```

Listing **8.12**: Rückgabe einer konstanten Instanz einer Klasse im Namensraum

8.4 Parameter von Methoden

8.4.1 Parameterlisten

>> Auch die Parameter von Klassenmethoden werden anhand der Signatur definiert. Die Signatur kann mehrere Parameter für eine Methode vorschreiben, so dass eine Liste an Parametern für die jeweilige Klassenmethode entsteht. Parameter einer Methode werden in der Parameterliste durch ein Komma (,) voneinander getrennt. Definiert die Signatur einer Klassenmethode keine Parameter, so wird von einer leeren Parameterliste für diese Methode gesprochen. Eine leere Parameterliste gilt aber dennoch als Teil der Signatur der jeweiligen Klassenmethode. Leere Parameterlisten dürfen syntaktisch optional durch das Schlüsselwort **void** repräsentiert werden.

Jeder Parameter in der Parameterliste von der Signatur einer Methode besitzt einen Datentyp und einen optionalen **const**-Qualifizierer. Alle Datentypen der Parameter werden zum Bestandteil der jeweiligen Signatur. Optional können Identifikatoren für die Parameter im Prototyp angegeben werden, auch wenn diese keinen Teil der Signatur bilden. Konstant qualifizierte Parameter einer Methode sind besonders nützlich in Verbindung mit den späteren Zeigern und Referenzen, welche als Parameter an eine Methode übergeben werden können. Die Signatur des Prototypen und der Implementierung muss in Bezug auf die Anzahl und die Datentypen der Parameter übereinstimmen. Das Schlüsselwort **const** bildet für Parameter hingegen keinen Bestandteil der Signatur.

```cpp
struct SampleClass
{
   // Methode mit drei Parametern in der Signatur.
   // Die Namen ax und az der Parameter sind optional.

   void Procedure(long int ax, float, const double az);

   // Methode mit leerer Parameterliste (void) in der Signatur.

   int GetAnything(void) const;
};
// Fortsetzung der Implementierung auf Folgeseite.
```

Methoden in Klassen » Die lokale Kopie (call-by-value)

```
// Die Parameternamen dürfen sich in der Implementierung
// von den optionalen Namen im Prototyp unterscheiden.
// Eine Veränderung der Anzahl der Parameter in der Liste
// würde eine Verletzung der Signatur herbeiführen.
// Jede Änderung des Datentyps eines jeweiligen
// Parameters würde die Signatur ebenfalls verletzen.
// Der dritte Parameter hat keinen const-Qualifizierer mehr,
// dennoch ist die Signatur konform zum Prototyp der Methode.

void SampleClass::Procedure(long int x, float y, double z)
{
    /* Implementierung der Methode. */
}

// Das Schlüsselwort void für die leere Liste ist optional.
// Die Definition anderer Parameter würde jedoch
// die Signatur dieser Klassenmethode verletzen.

int SampleClass::GetAnything() const
{
    return 0;   // Pseudo-Rückgabewert.
}
```

Listing **8.13**: Parameter von Methoden einer Klasse

8.4.2 Die lokale Kopie (call-by-value)

>> Für jeden Parameter einer Methode wird eine lokale Kopie in der Methode angelegt, wenn diese aufgerufen wird. Diese lokale Kopie des Parameters wird erzeugt, bevor die Methode ausgeführt wird und ist vom gleichen Datentyp wie der jeweilige Parameter in der Signatur. Ist ein Parameter in der Signatur mit einem **const**-Qualifizierer als konstant beschrieben, so ist die lokale Kopie dieses Parameters ebenfalls als konstant qualifiziert. Parameter von Methoden und ihre Kopien verfügen über lokale Gültigkeit zum Bezugsrahmen der jeweiligen Methode (Function-Scope). Die Parameter einer Klassenmethode können aus primitiven und komplexen Typen bestehen, von denen jeweils eine lokale Kopie in der auszuführenden Methode angelegt wird. Die Übergabe von Instanzen

primitiver und komplexen Typen als Parameter an eine Methode wird auch als *call-by-value* bezeichnet. Dies entspricht einem Methodenaufruf mit dem Wert eines Parameters übergeben aus einer Variablen oder Konstanten.

Lesende und schreibende Zugriffe auf einen Parameter im Scope der Methode beziehen sich stets auf die lokale Kopie, nicht aber auf den Wert des von außen übergebenen Parameters. Im Bereich der Methode ist ein schreibender Zugriff auf einen konstant qualifizierten Parameter nicht zulässig und führt demnach zu einem Übersetzungsfehler.

Der folgende Code-Ausschnitt verdeutlicht schreibende Zugriffe über Parameter durch eine neue Implementierung der vorherigen Methode *Procedure*:

```cpp
void SampleClass::Procedure(long x, float y, double const z)
{
   // Die lokale Kopie des Parameters x ist vom Datentyp long.

   x += 2L;   // Erhöhen des Wertes der lokalen Kopie um 2.

   // Es ist kein schreibender Zugriff auf die lokale Kopie
   // des Parameters z möglich, da diese konstant ist.

   z = 12.34;   // Compiler-Fehler!
}

int main()
{
   long          var = 5L;   // Mit  5 initialisierte Variable.
   SampleClass anyObj;       // Instanz der Klasse SampleClass.

   // Aufruf der Methode Procedure mit var (5) als Parameter.
   // Die Variable var behält den Wert 5 und hat nach dem
   // Methodenaufruf nicht den Wert 7, da nur die lokale Kopie
   // schreibend verändert wurde, jedoch nicht die Variable.

   anyObj.Procedure(var, 1.0f, 2.0);   // call-by-value.

   return 0;   // Rückgabewert an Betriebssystem.
}
```

Listing **8.14**: Zugriffe auf Parameter einer Klassenmethode über lokale Kopien

Methoden in Klassen » Der Standardparameter

Die lokale Kopie von jedem Parameter einer Methode wird nach der Ausführung freigegeben, wenn der Scope der Methode abgearbeitet ist. Die Übergabe eines Objektes (Instanz eines komplexen Datentyps) als Parameter sollte vermieden werden, da das gesamte Objekt mit all seinen Eigenschaften in die lokale Kopie dupliziert werden muss. Stattdessen sollten Referenzen benutzt werden. Wie Referenzen und auch Zeiger als Parameter von Methoden dienen können, wird im Kapitel **Zeiger & Referenzen** genauer erläutert.

8.4.3 Der Standardparameter

>> Jedem Parameter von der Signatur einer Methode kann im Prototyp ein Standardwert zugewiesen werden. Dieser Wert selbst ist aber nicht Bestandteil der Signatur und sollte vom gleichen Datentyp sein wie der des Parameters, welcher den Standardwert definiert. Ein solcher Standardwert kann mit dem Zuweisungsoperator optional durch ein Literal einem jeweiligen Parameter im Prototyp der Methode zugewiesen werden. Dabei erfolgt die Zuweisung direkt nach der Angabe des Datentyps des Parameters, wenn dieser bei der Methodendeklaration keinen Identifikator verwendet. Andernfalls erfolgt die optionale Zuweisung des Standardwertes nach diesem Identifikator.

```cpp
struct DemoClass
{
   // Prototyp der Methode mit zwei Parametern in der Signatur.
   // Der letzte Parameter bekommt den Standardwert -42
   // zugewiesen, welcher nicht Teil der Signatur ist.

   void Procedure(float, int = -42) const;

   // Methoden-Prototyp mit zwei Parametern in der Signatur.
   // Beide Parameter besitzen einen Standardwert.
   // Der letzte Parameter verwendet einen optionalen Namen.

   int AnyMethode(float = 1.0f, unsigned int value = 42u);
};
```
Listing **8.15**: Definition von Standardparametern in Prototypen von Methoden

Der Standardwert wird für einen Parameter in einer Klassenmethode immer dann verwendet, wenn beim Aufruf dieser Methode kein anderer Wert für den entsprechenden Parameter übergeben wird. Der Standardwert wird in diesem Fall zum Standardparameter für die jeweilige Methode. Im nachfolgenden Code-Beispiel werden die Aufrufe der Methoden *Procedure* und *AnyMethode* aus dem vorherigen *Listing 8.15* anhand der Standardparameter verdeutlicht. Beachten Sie jedoch, dass die Methoden in diesem Code-Ausschnitt nicht implementiert wurden und tatsächliche Aufrufe somit in Linker-Fehlern enden.

```cpp
int main()
{
   DemoClass anyObj;   // Instanz der Klasse DemoClass.

   // Aufruf der Methode Procedure mit nur einem Parameter.
   // Der zweite Parameter verwendet den Standardwert -42.

   anyObj.Procedure(4.5f);   // Aufruf mit Standardparameter.

   // Aufruf der Methode AnyMethode ohne Parameter.
   // Es werden beide Standardparameter (1.0f, 42u) verwendet.
   // Der Rückgabewert der Methode initialisiert die Konstante.

   const int cInt = anyObj.AnyMethode();

   return 0;
}
```

Listing **8.16**: Verwendung von Standardparametern in Methodenaufrufen

Ein Standardwert kann einem Parameter nur bei der Deklaration einer Methode zugewiesen werden. Somit dürfen nur Prototypen der Methoden die jeweiligen Standardparameter enthalten. Die Angabe eines Standardwertes für einen Parameter in der Methoden-Implementierung resultiert in einem Übersetzungsfehler. Damit ist in einer Übersetzungseinheit auf den ersten Blick nicht ersichtlich, ob Parameter der implementierten Methode über Standardwerte verfügen oder nicht. Dies sollte entsprechend in den Quellcodes vermerkt bzw. dokumentiert werden.

8.5 Getter- und Setter-Methoden (Point2D-Praxis)

>> In *Listing 8.2* und in *Listing 8.13* dieses Kapitels haben Sie indirekt bereits zwei Getter-Methoden kennengelernt, nämlich die Methode *GetData* mit Rückgabewert vom Typ **double** und die Methode *GetAnything* mit ganzzahligem Rückgabewert. Die sogenannten Getter-Methoden zeichnen sich durch ein vorangestelltes *Get*-Präfix in ihrem Namen aus. Sie erfüllen nur den Zweck, gekapselte Eigenschaften eines Objektes zu lesen und diese an den jeweiligen Aufrufer zurückzugeben. Somit sind üblicherweise alle Getter-Methoden mit einem **const**-Qualifizierer und einer leeren Parameterliste in ihrer Signatur versehen. Die Veränderung von Zuständen eines Objektes ist für eine Getter-Methode nicht vorgesehen. Es empfiehlt sich als guter Programmierstil, die Eigenschaften einer Klasse nach außen hin abzukapseln und diese anhand von Getter- und Setter-Methoden zu lesen und zu modifizieren.

Das Gegenstück zu den Getter-Methoden bilden somit die sogenannten Setter-Methoden mit einem typischerweise vorangestellten *Set*-Präfix im Methodennamen. Die Aufgabe von Setter-Methoden besteht im Beschreiben gekapselter Zustände von Objekten durch die Zuweisung neuer Werte. Setter-Methoden werden somit nicht mit einem **const**-Qualifizierer in ihrer Signatur als konstant qualifiziert. Die Werte der Eigenschaften, welche über schreibende Zugriffe verändert werden sollen, können den Setter-Methoden anhand von Parametern übergeben werden.

Nachfolgend wird die erste Praxisklasse mit dem Namen *Point2D* erstellt, die Eigenschaften und Methoden für die Arbeit mit einer Punkt-Koordinate im zweidimensionalen Raum zur Verfügung stellt. Die Klasse wird Sie durch den Rest dieses Kapitels begleiten und schrittweise in diesem und in den folgenden Kapiteln erweitert werden. Das nachfolgende Listing deklariert die Eigenschaften der Praxisklasse *Point2D* und die jeweiligen Prototypen der Getter-Methoden und der Setter-Methoden. Des Weiteren erfolgt die Implementierung der Klassenmethoden im Code-Ausschnitt. Eine Vererbung dieser Praxisklasse ist für ein späteres Kapitel vorgesehen, daher werden die Eigenschaften über die geschützte Sichtbarkeit gekapselt (**protected**). Aus Gründen der Übersicht wird die Klasse *Point2D* nicht in einem Namensraum definiert bzw. implementiert.

Getter- und Setter-Methoden (Point2D-Praxis) « Methoden in Klassen

```cpp
// Definition der Praxisklasse mit dem Namen Point2D.
// Diese Klasse wird Sie durch den Rest des Buches begleiten.

class Point2D
{
   protected:      // Geschützter Sichtbarkeitsbereich.

      float m_x;   // X-Koordinate im zweidimensionalen Raum.
      float m_y;   // Y-Koordinate im zweidimensionalen Raum.

   public:         // Öffentlicher Sichtbarkeitsbereich.

      // Prototypen und Implementierungen der Getter-Methoden.

      inline float GetCoordX() const { return m_x; }
      inline float GetCoordY() const { return m_y; }

      // Öffentliche Prototypen der Setter-Methoden.

      void SetCoordX(float);
      void SetCoordY(float);
};

/* Implementierungen der Setter-Methoden. */

void Point2D::SetCoordX(float x)
{
   m_x = x;   // Simple Zuweisung einer neuen X-Koordinate.
}

void Point2D::SetCoordY(float y)
{
   m_y = y;   // Simple Zuweisung einer neuen Y-Koordinate.
}
```

Listing **8.17**: Getter-Methoden und Setter-Methoden

Getter- und Setter-Methoden verhalten sich in Bezug auf den Prototyp und die Implementierung wie andere Klassenmethoden und können auch mit dem bekannten Schlüsselwort **inline** in den Bereich der Klasse eingebettet werden.

8.6 Logische Methoden

>> Logische Methoden geben Auskunft über den Ist-Zustand eines Objektes durch Rückgabe eines Wahrheitswertes. Der Rückgabewert logischer Methoden ist üblicherweise vom Datentyp **bool**, welcher nur den Wert **true** oder **false** annehmen kann. Logische Methoden beschreiben also über einen wahren oder falschen Rückgabewert, ob eine bestimme Aussage über den internen Zustand eines Objektes zutrifft oder nicht. Sie beginnen in der Regel mit einem *Is*-Präfix oder einem *Has*-Präfix in ihrem Namen. Vergleichbar mit den Getter-Methoden liefern die logischen Methoden nur einen Wert zurück und verändern nicht schreibend einen Zustand des Objektes. Die Signatur von logischen Methoden sollte daher ebenfalls als konstant qualifiziert und ohne Parameterliste definiert werden.

Die begleitende Praxisklasse *Point2D* aus dem vorherigen Abschnitt wird im nachfolgenden Code-Ausschnitt mit einer Methode erweitert, die eine logische Aussage trifft, ob der Punkt des zweidimensionalen Raumes im Ursprung des Koordinatensystems liegt oder nicht:

```cpp
/* Erweiterung der Definition der Klasse Point2D (public). */

// Prototyp der logischen Methode.

bool IsCoordCenter() const;

/* Erweiterung der Implementierung. */

bool Point2D::IsCoordCenter() const
{
    // Logischer Rückgabewert ob Punkt im Ursprung liegt
    // durch logische Und-Verknüpfung zweier Aussagen.
    // Der gesamte Ausdruck ist nur dann wahr, wenn sich
    // jede einzelne Koordinate im Ursprung befindet.

    return (m_x == 0) && (m_y == 0);
}
```

Listing **8.18**: Deklaration und Implementierung einer logischen Methode

8.7 Konstruktoren

8.7.1 Verwendung von Konstruktoren

>> Konstruktoren bilden spezielle Klassenmethoden, die sich in C++ in ihrer Signatur von gewöhnlichen Methoden der Klasse unterscheiden. Der Name des Konstruktors muss immer mit dem Namen der Klasse identisch sein, in welcher dieser deklariert und implementiert ist. Die Definition von Rückgabewerten ist für Konstruktoren nicht zulässig, daher entfallen die Richtlinien für die Rückgabewerte in den Signaturen von Konstruktoren. Der zurückgegebene Wert von Konstruktormethoden wird von jeder Klasse immer als **void** behandelt, auch wenn dieser nicht definiert werden darf. Somit ist das vorzeitige Beenden einer implementierten Konstruktormethode möglich, indem das Schlüsselwort **return**, direkt gefolgt von einem Semikolon, geschrieben wird. Bei der Definition einfacher Klassen sollten die Prototypen der Konstruktoren öffentlich sichtbar sein (**public**), damit die Laufzeitumgebung den jeweiligen Konstruktor zum Aufruf bringen kann, wenn eine Instanz der Klasse gebildet wird. Am Ende dieses Kapitels werden zusätzlich nicht-öffentliche Konstruktoren beschrieben. Die Konstruktormethoden dienen der Initialisierung von Eigenschaften eines Objektes. Der Konstruktor ist die erste Methode einer Klasse, welche automatisch von der Laufzeitumgebung aufgerufen wird, wenn eine Instanz der jeweiligen Klasse gebildet wird. Mit Hilfe des Konstruktors kann das erzeugte Objekt initialisiert werden, wenn die Lebensdauer von diesem beginnt. Durch den Prozess der Initialisierung verwenden Konstruktoren schreibende Zugriffe auf die Eigenschaften ihrer Instanzen, daher darf ein Konstruktor nicht mit einem **const**-Qualifizierer in der Signatur versehen werden. Für die Parameterliste eines jeweiligen Konstruktors gelten die gleichen Richtlinien der Signatur wie für andere Methoden der Klasse. Auch können Konstruktoren mit dem Schlüsselwort **inline** in den Bereich einer Klasse eingebettet werden.
Der folgende Code-Ausschnitt erweitert die begleitende Praxisklasse *Point2D* mit einem Konstruktor, welcher zwei Parameter zur Initialisierung des Punktes im zweidimensionalen Raum erhält. Bitte beachten Sie, dass in diesem Listing der Konstruktor nur als Prototyp deklariert wird. Die Implementierung erfolgt ergänzend in einem weiteren Code-Ausschnitt.

Methoden in Klassen » Initialisierungslisten

```
/* Erweiterung der Definition der Klasse Point2D (public). */

// Prototyp eines Konstruktors mit zwei Parametern.
// Der zur Klasse identische Name Point2D und die Parameter
// vom Typ float bilden die Signatur dieses Konstruktors.

Point2D(float, float);
```
Listing **8.19**: Der Prototyp eines Konstruktors

8.7.2 Initialisierungslisten

>> Um Eigenschaften eines Objektes bei dessen Erzeugung mit einem ersten Zustand zu versehen, können sogenannte Initialisierungslisten in Konstruktoren verwendet werden. Dabei werden bei der Implementierung von Konstruktormethoden die Eigenschaften hinter der Signatur des Konstruktors gelistet und durch Komma voneinander getrennt. Die Initialisierungsliste selbst ist nicht Bestandteil der Signatur einer Konstruktormethode. Eine Liste mit Initialisierungswerten wird nach einem Doppelpunkt (:) eingeleitet und darf nicht mit einem Semikolon abgeschlossen werden. Die entsprechenden Initialisierungswerte für die Zustände des Objektes werden in der Liste hinter der jeweiligen Eigenschaft in Klammern angegeben. In einer Initialisierungsliste darf auch auf Parameter der Konstruktormethode zugegriffen werden.

Im folgenden Code-Ausschnitt wird der Konstruktor der Praxisklasse *Point2D* aus dem vorherigen *Listing 8.19* nun implementiert, wobei für die Initialisierung der Koordinaten eine Initialisierungsliste im Konstruktor zum Einsatz kommt:

```
/* Erweiterung der Implementierung der Klasse Point2D. */

// Implementierung des Konstruktors mit Initialisierungsliste.
// Der Rumpf des Konstruktors bleibt in diesem Fall leer.
// Zu beachten ist, dass kein Rückgabewert definiert wird.

Point2D::Point2D(float x, float y): m_x(x), m_y(y)
{ }
```
Listing **8.20**: Implementierung eines Konstruktors mit Initialisierungsliste

Initialisierungslisten « Methoden in Klassen

Eine Initialisierungsliste in der Konstruktor-Implementierung ist nicht zwingend. Eigenschaften eines Objektes können auch im Rumpf der Konstruktormethode initialisiert werden, wenn die Werte der Eigenschaften mit dem Zuweisungsoperator gesetzt werden. Für einen guten Programmierstil sollten aber wenn möglich immer Initialisierungslisten verwendet werden. Diese erleichtern die Lesbarkeit der Quellcodes und der Compiler kann die Erzeugung eines Objektes entsprechend optimieren.

Das nachfolgende Listing implementiert den Konstruktor der Klasse *Point2D* neu, wobei in dieser Version nun die Eigenschaften im Rumpf der Methode initialisiert werden:

```
/* Neue Implementierung des Point2D-Konstruktors. */

// Implementierung des Konstruktors ohne Initialisierungsliste.
// Die Initialisierung der Koordinaten erfolgt im Rumpf.

Point2D::Point2D(float x, float y)
{
   m_x = x;
   m_y = y;
}
```
Listing 8.21: Implementierung eines Konstruktors ohne Initialisierungsliste

Ein Konstruktor mit einer Initialisierungsliste kann auch mit dem Schlüsselwort **inline** in einen Klassenbereich eingebettet werden. Dabei ist zu beachten, dass die geschweiften Klammern für den Bezugsrahmen der Konstruktormethode nicht vergessen werden:

```
/* Neue Definition der Klasse Point2D (public). */

// Prototyp und Implementierung des Konstruktors.
// Der Bezugsrahmen nach der Initialisierungsliste bleibt
// in diesem Fall leer, darf aber nicht vergessen werden.

inline Point2D(float x, float y): m_x(x), m_y(y)
{ }
```
Listing 8.22: Eingebetteter Konstruktor mit Initialisierungsliste

Methoden in Klassen » Der Standardkonstruktor

Die Bildung und Verwendung einer Instanz der Praxisklasse *Point2D* anhand von zwei Parametern wird im folgenden Code-Ausschnitt deutlich:

```cpp
Point2D point(0.5f, -0.8f);   // Instanz der Klasse Point2D.

// Der Zugriff auf die Methode erfolgt durch den Punktoperator.
// Die Klammern kennzeichnen den Ausdruck als Methodenaufruf.

bool center = point.IsCoordCenter();   // Gibt false zurück.
```

Listing **8.23**: Bildung und Verwendung der Instanz einer Klasse

8.7.3 Der Standardkonstruktor

>> Jede Klasse verfügt in C++ über einen Standardkonstruktor, damit die Bildung einer Instanz der Klasse stets möglich ist, auch wenn diese keinen eigenen Konstruktor implementiert hat. Dieser Standardkonstruktor besitzt keine Parameter und kann die Eigenschaften des Objektes optional mit dem Wert Null initialisieren. Wird eine Instanz einer jeweiligen Klasse über den Standardkonstruktor erzeugt, dann muss die Parameterliste hinter dem Namen des Objektes bei der Deklaration vernachlässigt werden:

```cpp
// Bildung einer Instanz der Klasse Point2D ohne Parameter.
// Keine Angabe einer Parameterliste und keine Klammern.
// Es wird der Standardkonstruktor der Klasse verwendet, so
// dass die Koordinaten des Objektes point undefiniert sind.

Point2D point;   // Aufruf des Standardkonstruktors.

// Es ist nicht vorhersehbar, welchen Wert die logische Methode
// liefern wird, da die Eigenschaften nicht initialisiert sind.

bool center = point.IsCoordCenter();
```

Listing **8.24**: Bildung der Instanz einer Klasse über den Standardkonstruktor

Der Standardkonstruktor « Methoden in Klassen

Wird in einer Klasse ein eigener Konstruktor deklariert und implementiert, so wird auch der Standardkonstruktor dieser Klasse entsprechend überschrieben. Zu beachten ist, dass der Standardkonstruktor immer dann überschrieben wird, sofern die Deklaration eines eigenen Konstruktors über den Prototyp in der Klasse erfolgt, unabhängig davon, wie viele Parameter der eigene Konstruktor umfasst. Im folgenden Code-Ausschnitt wird die begleitende Klasse *Point2D* mit einem eingebetteten Konstruktor ohne Parameter erweitert, der somit auch den Standardkonstruktor dieser Praxisklasse überschreibt:

```cpp
/* Erweiterung der Definition der Klasse Point2D (public). */

// Prototyp und Implementierung des Standardkonstruktors,
// welcher die Koordinaten mit dem Wert 0 initialisiert.

inline Point2D(void): m_x(0.0f), m_y(0.0f)
{ }
```

Listing **8.25**: Überschriebener und eingebetteter Standardkonstruktor

Die Bildung und Verwendung einer Instanz der Klasse *Point2D* stimmt mit dem *Listing 8.24* überein, jedoch verwendet das nachfolgende Code-Beispiel nun den eigenen parameterlosen Konstruktor der Praxisklasse, um die Koordinaten des Punktes mit Null zu initialisieren:

```cpp
// Bildung eines Objektes vom Typ Point2D ohne Parameter.
// Für die Instanzierung wird der neu implementierte
// Konstruktor der Praxisklasse herangezogen.
// Die Koordinaten des Objektes point liegen nach der
// Instanzierung im Ursprung des Koordinatensystems.

Point2D point;   // Aufruf des eigenen Standardkonstruktors.

// Die logische Methode gibt in diesem Fall den Wahrheitswert
// true zurück, da die Koordinaten mit Null initialisiert sind.

bool center = point.IsCoordCenter();   // center = true.
```

Listing **8.26**: Instanz einer Klasse mit überschriebenem Standardkonstruktor

Methoden in Klassen » Der Standardkonstruktor

Von einem Standardkonstruktor in einer Klasse wird immer dann gesprochen, wenn dieser keine Parameter enthält und die Parameterliste des Konstruktors entsprechend leer ist. Jede eigene Konstruktor-Implementierung einer Klasse überschreibt den Konstruktor ohne Parameter, welcher standardmäßig immer öffentlich in der Klasse vorhanden ist. Somit überschreibt der in *Listing 8.19* eingeführte Konstruktor der Klasse *Point2D* auch den Standardkonstruktor dieser Praxisklasse. Eine Klasse, welche bereits eine Konstruktormethode mit Parametern deklariert und implementiert, sollte also auch den parameterlosen Standardkonstruktor in der jeweiligen Klasse neu implementieren.

Ein Konstruktor einer Klasse kann auch den Standardkonstruktor bilden, wenn dieser Parameter besitzt und wenn alle Parameter mit einem Standardwert im Prototyp des Konstruktors versehen sind. Der nachfolgende Code-Ausschnitt verändert den Prototyp des in *Listing 8.19* eingeführten Konstruktors der Praxisklasse *Point2D* und fügt dem Konstruktor zwei Standardparameter hinzu. Somit bildet dieser Konstruktor auch den Standardkonstruktor der Klasse *Point2D*. Hinweis: Der in *Listing 8.25* implementierte und parameterlose Konstruktor müsste für dieses Code-Beispiel entfernt (auskommentiert) werden, da sonst die Bildung einer Instanz der Klasse *Point2D* durch mehrdeutige Konstruktoren nicht möglich wäre.

```cpp
/* Veränderung der Definition der Klasse Point2D
   im öffentlichen Bereich (public). */

// Prototyp des Konstruktors nun mit Standardparametern.
// Jeder Parameter des Konstruktors wird zum Standard-
// parameter, somit wird der Konstruktor selbst
// zum Standardkonstruktor der Praxisklasse.
// Die Implementierung des Konstruktors bleibt unberührt.

Point2D(float = 0.0f, float = 0.0f);
```

Listing **8.27**: Prototyp eines Standardkonstruktors durch Standardparameter

Wie gewohnt erfolgt die Bildung einer einfachen *Point2D*-Instanz ohne die Angabe von Parametern und Klammern hinter dem Objektnamen, um so den Standardkonstruktor anzusprechen:

```cpp
// Es wird nun der Standardkonstruktor mit Standard-
// parametern verwendet; die Koordinaten des Punktes
// liegen somit im Ursprung des Koordinatensystems.

Point2D point;   // Instanz der Klasse Point2D.
```

Listing **8.28**: Verwendung des Standardkonstruktors mit Standardparametern

8.7.4 Das Schlüsselwort **explicit**

>> Konstruktoren von Klassen können in C++ implizite Typkonvertierungen vornehmen, wenn eine jeweilige Konstruktormethode in ihrer Signatur genau einen Parameter in der Parameterliste enthält. Um die implizite Konvertierung an einem Beispiel verdeutlichen zu können, benötigt die Praxisklasse *Point2D* zunächst einen zusätzlichen Konstruktor mit genau einem Parameter:

```cpp
/* Erweiterung der Definition der Klasse Point2D (public). */

// Prototyp eines Konstruktors mit nur einem Parameter.

Point2D(float);   // Parameter für X-Koordinate.

/* Erweiterung der Implementierung. */

// Implementierung des Konstruktors mit Initialisierungsliste.
// Die Y-Koordinate wird mit dem Wert Null initialisiert.

Point2D::Point2D(float x): m_x(x), m_y(0.0f)
{ }
```

Listing **8.29**: Prototyp und Implementierung eines Konstruktors

Die begleitende Praxisklasse *Point2D* sollte nun über einen Konstruktor mit zwei Parametern verfügen, über den neuen Konstruktor mit einem Parameter und über den eingebetteten und parameterlosen Standardkonstruktor, welcher in *Listing 8.25* implementiert wurde.

Methoden in Klassen » Das Schlüsselwort explicit

Wird im Quellcode eine Methode verwendet, welche als Parameter ein Objekt vom komplexen Typ *Point2D* erwartet (oder eine Referenz dessen), dann kann anstatt des erwarteten Objektes auch ein Parameter vom Typ **float** übergeben werden. Dies scheint auf den ersten Blick verwirrend, liegt aber daran, dass der Compiler den Parameter vom primitiven Typ **float** implizit in ein Objekt der Klasse *Point2D* umwandelt. Für diese Konvertierung ist nur der im vorherigen Listing implementierte Konstruktor zuständig, welcher genau einen Parameter definiert. Das folgende Beispiel verdeutlicht die implizite Typkonvertierung mit diesem Konstruktor unter Verwendung der bekannten Praxisklasse *Point2D*:

```cpp
// Implementierung einer globalen Hilfsmethode, welche
// als Parameter ein Objekt der Klasse Point2D erwartet.

void GlobalProcedure(Point2D pnt)
{ }

int main()
{
    // Aufruf der globalen Hilfsmethode.
    // Der Parameter stellt kein Objekt vom Typ Point2D dar,
    // sondern nur ein Literal eines primitiven Gleitkommatyps.
    // Der Compiler ersetzt den Parameter durch eine Instanz der
    // Klasse Point2D, welche mit dem Konstruktor erzeugt wird,
    // der nur einen Gleitkommawert als Parameter erwartet.

    GlobalProcedure(0.75f);   // Implizite Typkonvertierung.

    return 0;
}
```

Listing **8.30**: Implizite Typkonvertierung durch einen Konstruktor

Das Verhalten der impliziten Typkonvertierung von Konstruktoren mit nur einem Parameter ist oft nicht erwünscht, da Variablen mit Datentypen übergeben werden können, die für die jeweilige Methode durch ihre Signatur nicht vorgesehen sind. Die Methode aus dem vorherigen Listing hat also keinen Parameter vom Typ **float** in ihrer Signatur versehen. Um das Verhalten der impliziten Typkonvertierung von Konstruktoren kontrollieren zu können, wurde in der Syntax der Sprache C++ das Schlüsselwort **explicit** eingeführt. Dieses Schlüsselwort steht nur für Prototypen von Konstruktoren zur Verfügung und kann bei der Deklaration einer Konstruktormethode vor der Signatur platziert werden. Es dient dazu, den jeweiligen Konstruktor als explizit zu qualifizieren und die implizite Typkonvertierung für diesen Konstruktor zu unterbinden. Das Schlüsselwort **explicit** ist nicht Teil der Signatur einer Konstruktormethode. Der nachfolgende Code-Ausschnitt erweitert die Definition der Klasse *Point2D*, indem der Konstruktor mit nur einen Parameter nun als explizit gekennzeichnet wird:

```
/* Veränderung der Definition der Klasse Point2D (public). */

// Der Konstruktor wird als explizit gekennzeichnet.
// Die Implementierung des Konstruktors bleibt unverändert.

explicit Point2D(float);   // Schlüsselwort explicit.
```

Listing **8.31**: Prototyp eines Konstruktors mit dem Schlüsselwort **explicit**

Der globalen Methode *GlobalProcedure* aus *Listing 8.30* kann nun kein Parameter vom Datentyp **float** übergeben werden, da der Konstruktor, welcher die implizite Typkonvertierung übernahm, nun als explizit gekennzeichnet ist:

```
int main()
{
   // Eine implizite Typkonvertierung ist nicht mehr möglich.
   // Der Parameter muss explizit über eine Instanz
   // der Klasse Point2D gebildet werden.

   GlobalProcedure(Point2D(0.75f));

   // Die Methode besitzt diese Signatur nicht (float).

   GlobalProcedure(0.75f); // Compiler-Fehler durch Literal!

   return 0;
}
```

Listing **8.32**: Bildung der Instanz einer Klasse über expliziten Konstruktor

Methoden in Klassen » Das Schlüsselwort **explicit**

Ein Konstruktoren einer Klasse, welcher nur einen Parameter in seiner Signatur definiert, sollte immer das Schlüsselwort **explicit** im Prototyp verwenden, es sei denn die implizite Typkonvertierung ist beabsichtigt. Es ist kein Fehler, das Schlüsselwort auch für Konstruktoren mit mehr als einem Parameter (oder keinem Parameter) zu verwenden, macht aber aus semantischer Sicht wenig Sinn. Einen Unterschied bilden Konstruktormethoden mit mehreren Standardparametern. Solche Konstruktoren können sinnvoll mit dem Schlüsselwort **explicit** versehen werden, da ein jeweiliger Konstruktor eine implizite Typkonvertierung vornehmen kann, wenn aus den Standardparametern genau einer für die implizite Konvertierung verwendbar ist oder wenn nur dieser als Parameter einer Methode dient.

Auch eingebettete Konstruktoren können als explizit gekennzeichnet werden, indem die beiden Schlüsselwörter **inline** und **explicit** getrennt voneinander vor die Signatur der Konstruktormethode geschrieben werden. Der folgende Code-Ausschnitt verändert die Definition der Klasse *Point2D*, wobei der als explizit gekennzeichnete Konstruktor nun in den Bereich der Klasse eingebettet wird. Demnach ergibt sich eine neue Deklaration und Implementierung für diese Konstruktormethode in nur einem Ausdruck. Die (alte) Implementierung aus *Listing 8.29* sollte entsprechend entfernt werden.

```
/* Veränderung der Klassendefinition von Point2D (public). */

// Der Prototyp des Konstruktors ist nun
// als explizit und als inline gekennzeichnet.
// Prototyp und Implementierung gehen Hand in Hand.
// Die Reihenfolge der beiden Schlüsselwörter
// explicit und inline ist unabhängig voneinander.
// Der Prototyp kann auch mit inline explicit beginnen.

explicit inline Point2D(float x): m_x(x), m_y(0.0f) { }
```

Listing **8.33**: Expliziter und eingebetteter Konstruktor einer Klasse

In den Folgekapiteln dieses Buches begleitet Sie das Schlüsselwort **explicit** auch weiterhin bei der Programmierung eigener Konstruktoren von Praxisklassen.

8.7.5 Konstruktoraufrufe eingebetteter Objekte

>> Bei einer Klassendefinition können selbst komplexe Typen als eingebettete Eigenschaften dienen, so dass eine jeweilige Eigenschaft aus einem Objekt vom Typ einer anderen Klasse bestehen kann. Die äußere Instanz verfügt dabei über eine *Hat-ein-Beziehung* in Bezug auf eine innere Eigenschaft. Wie Eigenschaften aus den Instanzen komplexer Datentypen bestehen können und Zugriffe auf innere Objektnamen erfolgen, wurde Ihnen zu Beginn des Buches im Kapitel **Klassen & Bezugsrahmen (Scoping)** näher erläutert.

Der Konstruktor einer Klasse initialisiert ein Objekt, wenn dieses im Quellcode deklariert wird und somit die Lebensdauer von diesem beginnt. Die Lebensdauer von eingebetteten Objekten beginnt aber erst dann, wenn eine äußere Instanz gebildet wird. Alle inneren Objekte müssen also genau dann initialisiert werden, wenn die Initialisierung der äußeren Instanz über einen entsprechenden Konstruktor erfolgt. Für die Belegung der Erstzustände von allen eingebetteten Objekten kann die Initialisierungsliste des jeweiligen Konstruktors der äußeren Klassendefinition dienen. Der Name der Eigenschaft von einem eingebetteten Objekt kann wie gewohnt in der Initialisierungsliste platziert werden. In der Klammer hinter der jeweiligen Eigenschaft muss aber kein Initialisierungswert angegeben werden, sondern eine Paramaterliste für den Konstruktoraufruf des inneren Objektes. Diese Parameter können auch entfallen, um den jeweiligen Standardkonstruktor aufzurufen. In einer Initialisierungsliste legt die Klammer hinter einer Eigenschaft also den Aufruf eines Konstruktors fest, wenn es sich bei der Eigenschaft um ein eingebettetes Objekt der äußeren Klassendefinition handelt. Erfolgen für innere Objekte keine expliziten Konstruktoraufrufe in einer äußeren Initialisierungsliste, dann werden die eingebetteten Objekte immer mit dem Standardkonstruktor ihrer jeweiligen Klasse initialisiert.

Nachfolgend wird eine beispielhafte Klasse *Triangle2D* definiert, mit deren Hilfe die Eckpunkte eines Dreiecks im zweidimensionalen Raum gekapselt werden können. Für die Kapselung der Koordinaten (Eckpunkte) dienen 3 eingebettete Instanzen der begleitenden Praxisklasse *Point2D* als Eigenschaften. In dieser Beispielklasse wird sich nur auf die Konstruktoraufrufe der inneren Objekte konzentriert, daher werden keine weiteren Methoden deklariert, welche für die Verwendung mit der Klasse als hilfreich erscheinen.

Methoden in Klassen » Konstruktoraufrufe eingebetteter Objekte

Im folgenden Listing erfolgt die Definition der Beispielklasse *Triangle2D*, welche genau 3 Instanzen der Praxisklasse *Point2D* kapselt und einbettet:

```cpp
class Triangle2D    // Definition der Klasse Triangle2D.
{
   // Deklaration dreier Eckpunkte als Eigenschaften.
   // Die Objekte sind standardmäßig als privat gekapselt.

   Point2D m_p0, m_p1, m_p2;   // Innere Instanzen.

   public:   /* Öffentlicher Sichtbarkeitsbereich. */

   // Deklaration der Prototypen der Konstruktoren.
   // Ein Konstruktor zur Initialisierung der eingebetteten
   // Objekte erwartet die Koordinaten (float) pro Eckpunkt.

   Triangle2D(float, float, float, float, float, float);

   Triangle2D(void);   // Überschriebener Standardkonstruktor.
};
```

Listing **8.34**: Definition einer Klasse mit eingebetteten Objekten

Ergänzend werden im nachfolgenden Code-Ausschnitt die Konstruktoren der Klasse *Triangle2D* implementiert, welche die inneren Objekte initialisieren:

```cpp
// Implementierung des Konstruktors mit float-Parametern.
// Die jeweiligen Gleitkommawerte dienen als Parameter für
// die Konstruktoraufrufe der eingebetteten Objekte.

Triangle2D::Triangle2D(float p0x, float p0y, float p1x,
                       float p1y, float p2x, float p2y):
m_p0(p0x, p0y), m_p1(p1x, p1y), m_p2(p2x, p2y) { }

// Implementierung des Konstruktors (void), wobei die inneren
// Objekte mit ihrem Standardkonstruktor initialisiert werden.

Triangle2D::Triangle2D(void): m_p0(), m_p1(), m_p2()
{ }
```

Listing **8.35**: Konstruktoraufrufe eingebetteter Objekte über Initialisierungslisten

8.8 Destruktoren
8.8.1 Verwendung von Destruktoren

>> Der Destruktor bildet in der objektorientierten Programmierung das Gegenstück zum Konstruktor und gilt als spezielle Methode der Klasse. Destruktoren werden automatisch von der Laufzeitumgebung aufgerufen, wenn die Lebensdauer einer entsprechenden Instanz der Klasse endet und der mit dem Objekt verbundene Speicher freigegeben werden soll.
In der Programmiersprache C++ verfügen Klassen über genau eine Destruktormethode, welche durch eine eigene Implementierung ersetzt werden kann. Hat die jeweilige Klasse keinen eigenen Destruktor implementiert, dann wird bei der Freigabe des Objektes der Standarddestruktor der Klasse aufgerufen. In C++ dürfen Destruktoren nicht mit einem Rückgabewert definiert werden. Dieser wird aber in der Destruktor-Implementierung entsprechend als **void** behandelt, so dass ein vorzeitiges Beenden der Methode mit dem Schlüsselwort **return** möglich ist. Eine Qualifizierung der Destruktormethode mit dem Schlüsselwort **const** ist nicht zulässig. Ebenso dürfen keine Parameter in der Parameterliste eines Destruktors definiert werden. Wie bei Konstruktoren muss der Name eines Destruktors mit dem Namen der Klasse übereinstimmen. Dem Identifikator wird eine Tilde (~) vorangestellt, um die Methode der Klasse eindeutig als Destruktor zu kennzeichnen. Ohne die Tilde wäre der Prototyp nicht von einem parameterlosen Konstruktor in der Klasse unterscheidbar. Die Signatur einer Destruktormethode besteht also nur aus dem Namen der Methode mit vorangestellter Tilde und aus einer leeren Parameterliste, die optional mit dem Schlüsselwort **void** definiert werden darf. Die Prototypen der Destruktoren einfacher Klassen sollten immer in den öffentlichen Bereichen (**public**) deklariert werden. Es ist kein Fehler, diese in privaten oder geschützten Bereichen bei der Definition von Klassen zu deklarieren, jedoch kann in diesem Fall die Laufzeitumgebung die entsprechende Destruktormethode bei der Freigabe des Objektes nicht zum Aufruf bringen. Sofern ein eigener Destruktor als Prototyp in einer Klasse deklariert wird, sollte dieser auch in der entsprechenden Klasse implementiert werden. Im folgenden Listing wird die Praxisklasse *Point2D* um einen Destruktor erweitert, welcher somit auch den Standarddestruktor dieser Klasse ersetzt:

Methoden in Klassen » Explizite Destruktoraufrufe

```
/* Erweiterung der Definition der Klasse Point2D (public). */

// Prototyp des Destruktors der Klasse.
// Diese Deklaration ersetzt den Point2D-Standarddestruktor.

~Point2D();   // Die führende Tilde ist zwingend.

/* Erweiterung der Implementierung. */

// Keine Verwendung eines Rückgabewertes und leere
// Parameterliste; das Schlüsselwort void ist optional.
// Die Tilde kennzeichnet die Methode eindeutig als Destruktor.
// Da die Klasse Point2D im Konstruktor keinen eigenen Speicher
// allokiert hat, bleibt der Rumpf dieser Methode leer.

Point2D::~Point2D(void)
{ }
```
Listing **8.36**: Prototyp und Implementierung des Destruktors einer Klasse

8.8.2 Explizite Destruktoraufrufe

>> Die Destruktormethode wird automatisch aufgerufen, wenn die Lebensdauer einer Instanz der entsprechenden Klasse endet. Wann Objekte ihre Gültigkeit und Lebensdauer verlieren, wurde Ihnen im Kapitel **Klassen & Bezugsrahmen (Scoping)** näher erläutert. Manchmal erscheint es jedoch als notwendig, dass Objekte den Destruktor ihrer Klasse manuell über einen expliziten Zugriff aufrufen möchten, um beispielsweise reservierten Speicher später neu zu allokieren oder um verwendete Ressourcen neu zu vergeben. Da Destruktoren auch nur Methoden in Klassen repräsentieren, kann dieser Aufruf durch die explizite Verwendung des Destruktornamens erfolgen:

```
// Expliziter Aufruf des Destruktors der Klasse Point2D
// am Beispiel einer Instanz (point) dieser Klasse.

point.~Point2D();
```
Listing **8.37**: Expliziter Aufruf einer Destruktormethode

8.9 Statische Methoden

>> Methoden in Klassen können mit dem bereits bekannten Schlüsselwort **static** als statisch deklariert werden. Statik bedeutet im Fall von Klassenmethoden, dass diese zwar den Bereichen ihrer Klassen angehören (Function-Scope), die Eigenschaften der Instanzen aber nicht lesen oder modifizieren dürfen. Dafür können statische Methoden global verwendet werden und sind nicht von einer Instanz ihrer Klasse abhängig. Sie finden oft Verwendung in sogenannten Wrapper-Klassen, welche die Bildung von Instanzen der Klasse unterdrücken. Das Schlüsselwort **static** wird bei der Deklaration vor die Signatur des Prototypen geschrieben, um die Methode als statisch zu qualifizieren. Es ist selbst aber nicht Teil der Signatur der Klassenmethode. Die Konstruktoren und Destruktoren von Klassen dürfen nicht als statisch deklariert werden. Da eine statische Methode wie eine globale Methode behandelt wird, hat diese keinen Zugriff auf die Eigenschaften einer Instanz der Klasse, welche die statische Methode deklariert hat. Somit ist das Schlüsselwort **const** in der Signatur einer statischen Klassenmethode nicht gültig und darf in Verbindung mit dem Schlüsselwort **static** nicht verwendet werden. Auf eine private oder geschützte Eigenschaft eines Objektes kann eine statische Klassenmethode über Parameter zugreifen, sofern diese von einer Instanz der Klasse gebildet wurden, welche die statische Methode deklariert hat. Da das Schlüsselwort **static** nur für Prototypen in Klassen gilt, ist in den Übersetzungseinheiten nicht ersichtlich, ob die jeweils implementierte Methode statisch ist oder nicht. Dies sollte entsprechend in den Quellcodes vermerkt bzw. dokumentiert werden.
Der folgende Code-Ausschnitt fügt der begleitenden Praxisklasse *Point2D* eine statische Methode hinzu, welche die absolute Distanz zweier Punkte ermittelt, die über Parameter der Methode übergeben werden. Noch einmal sei darauf hingewiesen, dass die Übergabe von Objekten als Parameter an Methoden nicht der effizienteste Lösungsweg ist. Warum dieser Ansatz unpraktisch ist und warum Sie stattdessen Referenzen nutzen sollten, wird im Kapitel **Zeiger & Referenzen** genauer erklärt. Da es sich im nachfolgenden Code-Ausschnitt aber um ein zweckmäßiges Beispiel handelt, sei dieser ineffiziente Ansatz zunächst tolerierbar. Später wird die Signatur der statischen Methode im vorliegenden Buch abgeändert.

Methoden in Klassen » Statische Methoden

```cpp
/* Erweiterung der Klassendefinition von Point2D (public). */

// Prototyp einer statischen Methode.
// Das Schlüsselwort static wird vor der Signatur der Methode
// platziert, um diese als statisch zu qualifizieren.

static float Distance2D(Point2D, Point2D);

/* Erweiterung der Implementierung. */

// Die Implementierung der Methode unterscheidet sich nicht von
// einer nicht-statischen Version, es sei denn, diese würde das
// Schlüsselwort const für die komplette Signatur verwenden.
// Für die Compilierung der Methode müssen evtl. Bibliotheken
// aus C/C++ für mathematische Operationen eingebunden werden.

float Point2D::Distance2D(Point2D p0, Point2D p1)
{
    // Die Strecke (ps) zweier Punkte übergeben als Parameter.
    // Dies entspricht dem Abstand der Punkte im Raum.

    Point2D ps(p0.m_x - p1.m_x, p0.m_y - p1.m_y);

    // Die Länge dieser Strecke ergibt die Distanz.
    // Durch die Multiplikation der Werte miteinander
    // ergibt sich immer ein positives Ergebnis (Absolutwert).

    float ds = sqrt((ps.m_x * ps.m_x) + (ps.m_y * ps.m_y));

    return ds;   // Rückgabe der Distanz.

    // Hinweise: Zugriffe auf die Eigenschaften m_x oder m_y
    // würden in der Methode zu einem Compiler-Fehler führen.
    // Die Instanz der Klasse Point2D mit dem Namen ps
    // besitzt lokale Gültigkeit zur statischen Methode.
    // Die Methode darf auf die geschützten Eigenschaften der
    // Parameter p0 und p1 vom Typ Point2D zugreifen, aber nur,
    // weil die Methode selbst ein Teil der Klasse Point2D ist.
}
```

Listing **8.38**: Prototyp und Implementierung einer statischen Klassenmethode

Statische Methoden « Methoden in Klassen

Da statische Methoden den Bereichen der Klassen angehören, in denen sie deklariert und implementiert wurden, kann der Zugriff auf statische Klassenmethoden über den Scope-Operator erfolgen. Dies macht das folgende Code-Beispiel unter Verwendung von *Listing 8.38* deutlich:

```
// Aufruf der statischen Methode Distance2D der Klasse Point2D.
// Die Bildung der Parameter erfolgt in diesem Beispiel
// explizit über den Konstruktor der Klasse Point2D.
// Wäre der Konstruktor mit einem float-Parameter nicht
// als explizit gekennzeichnet, dann könnten auch Werte vom
// primitiven Datentyp float als Parameter der Methode dienen.

Point2D::Distance2D(Point2D(-3.0f, 2.f), Point2D(2.0f, -3.f));
```

Listing **8.39**: Aufruf einer statischen Methode über den Namen der Klasse

Einem statischen Methodenaufruf wird also immer der Name der Klasse vorangestellt, in welcher die statische Methode deklariert ist. Da diese aber Teil einer Klasse ist, kann auch über eine Instanz auf sie zugegriffen werden:

```
Point2D point;    // Bildung einer Instanz der Klasse Point2D.

// Aufruf der statischen Methode über das Objekt point.
// Das Objekt point dient in diesem Beispiel auch selbst
// noch als Parameter der statischen Methode.

float d = point.Distance2D(Point2D(-0.2f, 0.25f), point);
```

Listing **8.40**: Aufruf einer statischen Methode über ein Objekt

Eingebettete und statische Methoden verwenden die Schlüsselwörter **static** und **inline** in Kombination vor der Signatur der Methode. Die Reihenfolge der beiden Schlüsselwörter ist dabei unabhängig voneinander.
Statische Methoden können sich auch in Namensräumen befinden, wenn die Klasse, in welcher die statische Methode deklariert wird, in einem Namensraum definiert ist. Dabei gelten auch für statische Methoden die gewohnten Regeln des expliziten und impliziten Zugriffes auf Methoden in Namensräumen.

Methoden in Klassen » Statische Methoden

Basierend auf *Listing 8.39* illustriert die nachfolgende Abbildung die Distanz zweier Punkte im zweidimensionalen Koordinatensystem:

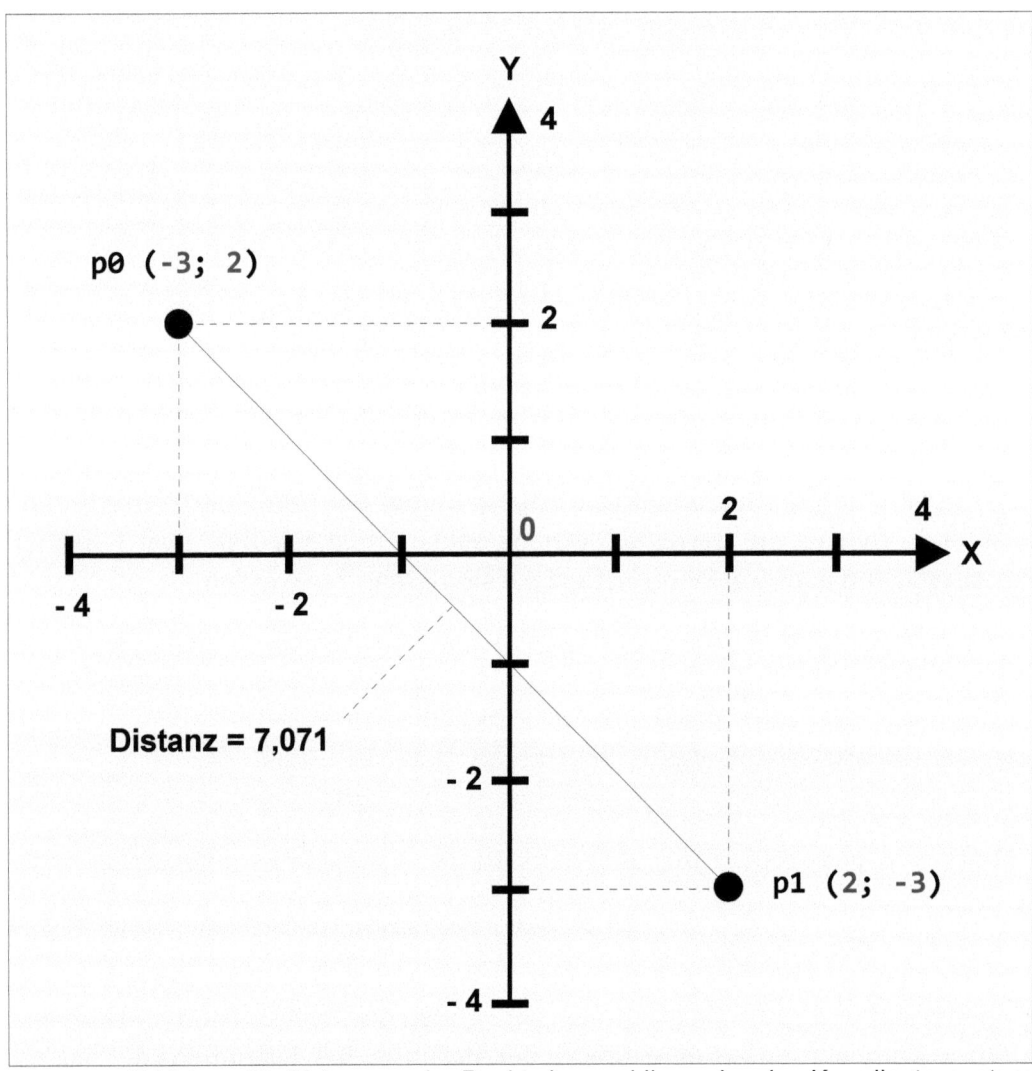

Abbildung **26**: Distanz zweier Punkte im zweidimensionalen Koordinatensystem

Auch statische Methoden werden Ihnen in den verschiedensten Listings dieses Buches weiterhin begegnen.

8.10 Das Überladen von Methoden

>> Existiert eine Methode mit dem gleichen Namen mehrfach in einer Klasse, so wird von einer Überladung dieser Methode gesprochen. Die Voraussetzung dafür ist, dass sich die jeweiligen Klassenmethoden anhand ihrer Parameterliste unterscheiden. Durch die Klasse *Point2D* haben Sie indirekt bereits überladene Methoden kennengelernt, nämlich die Konstruktoren dieser Praxisklasse. Die Klasse deklarierte drei Konstruktormethoden mit dem gleichen Namen (eben der Name der Klasse), die sich nur durch ihre Parameterliste unterschieden. Auch die leere Parameterliste (**void**) wird dabei für überladene Methoden berücksichtigt. Eine Klasse darf alle ihre Methoden überladen, ausgenommen dem Destruktor. Da der Destruktor einer Klasse keine Parameter besitzen darf und dieser nur einmal pro Klasse vorhanden ist, macht also eine Überladung des Destruktors ohnehin keinen Sinn. Der Datentyp des Rückgabewertes einer überladenen Klassenmethode darf sich von dem einer anderen überladenen Methode in der Klassendefinition unterscheiden. Die Voraussetzung aber dafür ist, dass diese Methoden verschiedene Datentypen für ihre Parameter nutzen. Ein über das Schlüsselwort **const** qualifizierter Parameter trägt dabei nicht zu einem unterschiedlichen Datentyp bei.

Zur Veranschaulichung werden im nachfolgenden Listing mehrere Methoden in einer Klassendefinition überladen:

```cpp
struct DemoClass   // Definition der Klasse DemoClass.
{
   bool AnyMethode(void);  // Gewohnter Prototyp einer Methode.

   // Überladene Methode mit neuem Parameter und Rückgabewert.

   int AnyMethode(int) const;   // Gleicher Methodenname.

   // Der optionale Name des Parameters ist kein Bestandteil
   // der Signatur und somit nicht für die Überladung relevant.

   void AnyMethode(float fvar);   // Gleicher Methodenname.
};
```

Listing **8.41**: Überladene Methoden einer Klasse

Ergänzend verdeutlicht der folgende Code-Ausschnitt die Deklaration mehrerer Prototypen von Klassenmethoden, wobei die fehlerhafte Überladung für dieses Beispiel beabsichtigt ist:

```cpp
struct NewClass   // Definition der Klasse NewClass.
{
   void AnyMethode(int);   // Gewohnter Prototyp der Methode.

   // Diese Methodenüberladung führt zu einem Fehler,
   // da sich der Prototyp nur hinsichtlich des
   // Typs vom Rückgabewert unterscheidet.
   // Die Methode muss aber einen anderen
   // Datentyp für den Parameter verwenden.

   double AnyMethode(int);   // Compiler-Fehler!

   // Auch diese Überladung ist fehlerhaft, da der const-
   // Qualifizierer nicht zu einem neuen Datentyp beiträgt.

   void AnyMethode(const int);   // Compiler-Fehler!
};
```

Listing **8.42**: Fehlerhaft überladene Methoden einer Klasse

8.11 Mehrdeutige Methodenaufrufe

8.11.1 Mehrdeutigkeit durch Methodenüberladung

>> Durch die Überladung von Klassenmethoden kann es schnell zu mehrdeutigen Aufrufen kommen. Mehrdeutigkeit in Bezug auf die Methodenüberladung bedeutet, dass der Compiler nicht eindeutig erkennen kann, welche der überladenen Klassenmethoden denn nun eigentlich in einem Aufruf gemeint ist. Die Mehrdeutigkeit bei der Überladung von Methoden muss aber nicht zwingend zu Übersetzungsfehlern führen. Im folgenden Code-Beispiel werden Methoden in einer Klasse deklariert und überladen, die für den Compiler in späteren Aufrufen mehrdeutig sein können:

```cpp
// Definition der Klasse SampleClass zur Demonstration
// überladener Methoden mit Mehrdeutigkeit.

struct SampleClass
{
   // Eine implementierte Methode, die einen
   // Parameter vom Datentyp signed char erwartet.

   inline float SampleMethode(signed char) { return 0.0f; }

   // Überladene Methode mit vorzeichenlosem,
   // ganzzahligem Datentyp (64 Bit) als Parameter.

   inline void SampleMethode(unsigned long long int) { }

   // Überladene Methode mit einem Parameter
   // vom Datentyp eines Gleitkommawertes (64 Bit).

   inline int SampleMethode(double) { return 0; }
};
```

Listing **8.43**: Überladene und mehrdeutige Methoden einer Klasse

Im vorherigen Listing wurden zur besseren Übersicht eingebettete Methoden in der Klassendefinition verwendet, die alle genau einen Parameter erwarten. Die fiktiven Rückgabewerte der Methoden spielen in diesem Code-Beispiel für die Demonstration der Mehrdeutigkeit eher eine untergeordnete Rolle. Wird nun über eine Instanz der Klasse *SampleClass* mit einem Literal als Parameter auf eine überladene Methode zugegriffen, so kann der Aufruf mehrdeutig sein, wie es das nachfolgende Listing deutlich macht:

```cpp
SampleClass c;   // Instanz der Klasse SampleClass.

// Dieser Methodenaufruf ist für den Compiler mehrdeutig.
// Jede überladene Methode kommt für den Aufruf in Betracht,
// da der Wert des Literals vom Compiler implizit in jeden
// primitiven Datentyp konvertierbar ist.

c.SampleMethode(5);   // Mehrdeutiger Aufruf!
```

Methoden in Klassen » Mehrdeutigkeit durch Methodenüberladung

```
/* Fortsetzung des Code-Beispiels. */

// Auch dieser Methodenaufruf ist für den Compiler mehrdeutig.
// Wieder kommt jede der überladenen Methoden für den Aufruf
// in Betracht, da der Wert des Literals implizit in
// jeden primitiven Typ konvertiert werden kann.
// Obwohl der Wert -800 größer ist als der Wertebereich
// von signed char, kommt die erste überladene Methode
// dennoch für die Mehrdeutigkeit in Frage.

c.SampleMethode(-800);   // Mehrdeutiger Aufruf!
```

Listing **8.44**: Mehrdeutigkeit beim Aufruf von Klassenmethoden

Um Mehrdeutigkeit zu vermeiden und dem Compiler genau mitzuteilen, welche der überladenen Klassenmethoden in einem Aufruf gemeint ist, empfiehlt sich die Verwendung von Suffixen, Konstruktoren primitiver Typen oder expliziten Konvertierungsoperatoren für die jeweiligen Parameter.

Basierend auf der Klassendefinition von *Listing 8.43* werden im nachfolgenden Code-Ausschnitt die überladenen Methoden eindeutig aufgerufen:

```
SampleClass c;   // Instanz der Klasse SampleClass.

// Der Aufruf der Methode ist nun eindeutig und es wird
// die Methode mit dem vorzeichenbehafteten Typ angesprochen.

c.SampleMethode((signed char)5);   // Aufruf mit Konvertierung.

// Der Aufruf der Methode ist eindeutig, allerdings wird der
// vorzeichenlose und ganzzahlige Wert vor dem Aufruf der
// Methode in einen Gleitkommawert (64 Bit) konvertiert.

c.SampleMethode(double(500u));   // Aufruf mit Typ-Konstruktor.

// Eindeutiger Aufruf der Methode für unsigned long long int.

c.SampleMethode(123456uLL);   // Aufruf mit Suffix im Literal.
```

Listing **8.45**: Eindeutige Aufrufe überladener Klassenmethoden

8.11.2 Mehrdeutigkeit durch Standardparameter

>> Im Fall der Mehrdeutigkeit von Standardparametern in Klassenmethoden ist für den Compiler nicht eindeutig erkennbar, welche der Methodenparameter mit den definierten Standardwerten verwendet werden sollen und welche nicht. Dieses Verhalten führt aber nicht zu einem Übersetzungsfehler. In der Regel kann Mehrdeutigkeit durch Standardparameter bereits dann auftreten, wenn eine Klassenmethode zwei Standardparameter mit dem gleichen Datentyp verwendet. Prinzipiell füllt der Compiler die Parameter einer Methode in einem Aufruf von links nach rechts auf und fügt einen entsprechenden Standardwert ein, wenn dieser für den jeweiligen Parameter definiert sind. Es ist also immer empfehlenswert, die rechten Parameter einer Methode als Standardparameter zu definieren, also die letzten in der Parameterliste der Signatur der jeweiligen Methode. Dabei kann das Problem auftreten, dass Lücken in der Parameterliste entstehen und auf Parameter der Methode nicht zugegriffen werden kann.
Im folgenden Listing wird eine Klasse definiert, welche einen Konstruktor mit Standardparametern implementiert, der bei der Instanzierung wegen genau dieser Parameter für Mehrdeutigkeit in Frage kommt. Da sich in diesem Code-Beispiel nur auf die Standardparameter fokussiert wird, verfügt die Klasse über keine Eigenschaften und der Konstruktor über keine Initialisierungsliste:

```cpp
class DemoClass    // Definition der Klasse DemoClass zur
{                  // Demonstration von Mehrdeutigkeit eines
    public:        // Konstruktors mit Standardparametern.

    // Konstruktormethode mit vier Parametern.
    // Die letzten drei Parameter der Parameterliste sind vom
    // gleichen Datentyp und besitzen alle einen Standardwert.
    // Dieser Konstruktor kann eine implizite Typkonvertierung
    // vornehmen, wenn nur der erste Parameter bei einer
    // Instanzierung genutzt wird (kein Schlüsselwort explicit).

    inline DemoClass(float, int x = -1, int y = -2, int z = -3)
    { }
};
```

Listing **8.46**: Konstruktor-Prototyp mit Standardparametern

Durch die Bildung einer Instanz der Klasse *DemoClass* können unerwünscht die Parameter im Konstruktor vernachlässigt werden. Standardparameter sollten also gut überlegt in Methoden eingesetzt werden.

```
// Bildung einer Instanz der Klasse DemoClass.
// Alle drei Standardparameter werden im Konstruktor genutzt.
// Die Version mit einem Parameter und drei Standardparametern
// kann für eine implizite Typkonvertierung verwendet werden,
// da der Konstruktor nicht als explizit gekennzeichnet ist.

DemoClass c1(8.0f);   // x = -1, y = -2, z = -3.

// Der Compiler füllt die Parameter von links nach
// rechts auf, so dass also die Werte 4.0f, 66,
// -2 und -3 für die Parameter verwendet werden.

DemoClass c2(4.0f, 66);   // Methodenaufruf mit 2 Parametern.

// Hinweis:
// Bei der letzten Instanzierung tritt das Problem auf, dass
// der zweite Parameter mit dem Wert 66 niemals den zweiten
// oder dritten Standardparameter ersetzen kann.
// Eine Parameterliste mit den Werten [4.0f, -1, 66, -3]
// oder [4.0f, -1, -2, 66] ist somit nicht möglich,
// wenn nur zwei Parameter dem Konstruktor übergeben werden.
// Damit entstehen Lücken durch ungenutzte Standardparameter.
```

Listing **8.47**: Instanzierung einer Klasse mit Standardparametern im Konstruktor

8.11.3 Mehrdeutigkeit durch Überladung und Parameter

>> Auch durch die Kombination von überladenen Methoden mit Standardparametern kann Mehrdeutigkeit entstehen, welche immer zu Übersetzungsfehlern bei der Definition führt. Der nachfolgende Code-Ausschnitt erweitert die Beispielklasse *SampleClass* aus *Listing 8.43* mit einer überladenen Methode und einem Standardparameter:

Mehrdeutigkeit durch Überladung und Parameter « Methoden in Klassen

```
// Überladene Version der bekannten Methode mit
// einem Parameter eines Gleitkommawertes (double).
// Für den Parameter wird nun ein Standardwert definiert.
// Der Code würde sich nicht übersetzen lassen,
// da sich der Parameter nicht von der anderen
// Methodendeklaration im Prototyp unterscheidet.
// Der unterschiedliche Typ des Rückgabewertes spielt
// für die Überladung und Mehrdeutigkeit dabei keine Rolle.

inline bool SampleMethode(double = 0.0) { return false; }
```

Listing **8.48**: Überladene Methode einer Klasse durch Standardparameter

Eine Klassenmethode darf somit nicht mit einem Standardparameter überladen werden, wenn diese Methode in der Klasse bereits ohne Standardparameter vorhanden ist und wenn beide Methoden über die gleiche Anzahl an Parametern verfügen. Ist die Anzahl der Parameter in den Methoden unterschiedlich, dann kann dennoch Mehrdeutigkeit auftreten, wenn der Standardparameter einer überladenen Methode in einem Aufruf vom Compiler ersetzt wird. Der Compiler kann in diesem Fall nicht eindeutig feststellen, ob die überladene Klassenmethode ohne Standardparameter oder die Version mit ersetztem Standardparameter aufgerufen werden soll.

Im nachfolgenden Code-Beispiel wird ebenfalls die Klasse *SampleClass* aus *Listing 8.43* mit einer neuen Methode überladen, welche nun zwei Parameter definiert, wobei der letzte Parameter den Standardparameter bildet:

```
// Überladung der bekannten Methode, welche nun zwei
// Parameter erwartet und keinen Wert zurück liefert.
// Nur der letzte Parameter erhält einen Standardwert.

inline void SampleMethode(double, unsigned int = 1u) { }
```

Listing **8.49**: Überladene Methode einer Klasse mit zwei Parametern

Wird nun über eine Instanz der Klasse *SampleClass* auf die überladene Methode mit nur einem Parameter über ein Literal zugegriffen, so ist der Aufruf mehrdeutig. Dies wird im nachfolgenden Listing deutlich:

Methoden in Klassen » Rekursion von Methoden

```
int main()
{
    // Bildung einer Instanz der Klasse SampleClass,
    // welche zur main-Methode lokal gültig ist.

    SampleClass c;

    // Für den Compiler ist nicht eindeutig erkennbar,
    // welche der überladenen Methoden aufgerufen werden soll.
    // Es kommt die Methode mit einem Parameter (double) und
    // die Methode mit zwei Parametern (double und int)
    // für den Aufruf in Betracht, da für die letztere
    // Version der Standardparameter genutzt werden kann.

    c.SampleMethode(-8.5);          // Mehrdeutiger Aufruf!

    c.SampleMethode(-8.5, 16u);     // Eindeutiger Methodenaufruf.

    return 0;
}
```

Listing **8.50**: Mehrdeutigkeit durch Überladung und Parameter

8.12 Rekursion von Methoden

>> Rekursion bedeutet im Sinne der Programmierung ein Aufruf einer Methode aus dem Scope der gleichen Methode heraus. Eine entsprechende Methode ruft sich also im Fall von Rekursion selbst auf. In der Informatik existieren diverse Algorithmen, bei denen Rekursion von Methoden als Lösungsweg dienen kann. Häufig können rekursive Methoden durch andere Programmstrukturen in den Quellcodes ersetzt werden, ohne dass die Semantik grundlegend beeinträchtigt wird. Nicht selten dienen kontrollierte Iterationen als willkommene Alternative zur Rekursion. Solche Methoden sollten also gewissenhaft und mit Bedacht eingesetzt und implementiert werden, da es durch Rekursion leichtsinnig zu endlosen Methodenaufrufen kommen kann, die durch den Überlauf des Stacks zum Absturz des Programms führen.

Ein klassischer und bewährter Algorithmus zur Veranschaulichung der Rekursion bildet die Berechnung der Fakultät einer positiven Ganzzahl. Diese Fakultät errechnet sich aus dem Produkt von der Zahl 1 bis zur jeweilig ausgewählten Fakultätszahl. Somit entspricht drei Fakultät (geschrieben 3!) dem Wert 6, also genau dem Produkt aus 1 mal 2 mal 3. In der Mathematik ist die Fakultät nicht für negative Zahlen definiert. Des Weiteren liefert die Fakultät der Zahl 0 immer den Wert 1. Bedenken Sie, dass bei der Berechnung der Fakultät durch die Multiplikation sehr schnell große Werte erreicht werden können, wodurch es zum Überlauf des entsprechenden Wertebereiches kommen kann.

Das folgende Code-Beispiel veranschaulicht die Berechnung der Fakultät durch Rekursion einer globalen Methode:

```cpp
// Aus Gründen der Übersicht ist die Methode
// nicht einer definierten Klasse zugehörig.
// Die Methode ist in diesem Beispiel also global gültig.
// 5! entspricht dem Wert 120 = (1 * 2 * 3 * 4 * 5).

unsigned int Faculty(unsigned int value)
{
   // Die Fakultät von dem Wert Null (0!) ist als 1 definiert.
   // Zusätzlich dient dieser Ausdruck als Abbruchbedingung,
   // da der Wert 1 zurückgegeben wird, wenn die Subtraktion
   // von dem Parameter value den Wert 0 erreicht.
   // Das Produkt der Fakultät kann somit niemals 0 sein.

   if (value == 0) return 1u;   // Abbruch durch Bedingung.

   // Berechnung der Fakultät und rekursiver Methodenaufruf.

   return value * Faculty(value - 1u);
}

// Von der Methode Faculty wird der Wert 24 zurückgegeben,
// da 4! = (1 * 2 * 3 * 4) = 24 entspricht.

unsigned int FacVar = Faculty(4u);   // Beispielhafter Aufruf.
```

Listing **8.51**: Berechnung der Fakultät einer Zahl durch Rekursion einer Methode

Methoden in Klassen » Rekursion von Methoden

Ein weiterer Klassiker der Rekursion von Methoden ist die Berechnung einer beliebigen Fibonacci-Ganzzahl aus der Fibonacci-Folge. Eine vorzeichenlose Zahl der Folge ermittelt sich dabei aus der Summe der beiden Vorgänger der jeweiligen Fibonacci-Zahl. Als Anfangswerte der Zahlenfolge werden immer die Zahlen 0 und 1 verwendet.

Durch die Verwendung einer rekursiven Methode wird im nachfolgenden Code-Ausschnitt die Berechnung einer beliebigen Fibonacci-Zahl deutlich:

```cpp
// Rekursive Methode zur Berechnung einer Fibonacci-Zahl.
// Auch diese Methode ist in diesem Beispiel global gültig.
// Der Parameter value beschreibt den beliebigen Index
// aus der Reihe der Fibonacci-Zahlen, beginnend bei 0.

unsigned int Fibonacci(unsigned int value)
{
   // Ein Wert value 0 entspricht einer Fibonacci-Zahl 0
   // und value 1 entspricht der Fibonacci-Zahl 1.
   // Ein Parameter mit den Werten wird direkt zurückgegeben.
   // Zusätzlich dient die bedingte Anweisung
   // dem vorzeitigen Beenden der Methode.
   // Ohne diese Abbruchbedingung würde sich die
   // Methode endlos aufrufen, was zu einem Überlauf des
   // Programmstapels und somit zum Programmabsturz führt.

   if (value <= 1u) return value;

   // Berechnung der Fibonacci-Zahl durch
   // rekursive Aufrufe der Fibonacci-Methode.

   return Fibonacci(value - 1u) + Fibonacci(value - 2u);
}

// Von der Methode Fibonacci wird für den Beispiel-
// aufruf der Wert 8 zurückgegeben.

unsigned int FibVar = Fibonacci(6u);
```

Listing **8.52**: Berechnung einer Fibonacci-Zahl durch rekursive Methodenaufrufe

8.13 Freundschaft von Klassen

8.13.1 friend-Methoden und friend-Klassen

>> In der pragmatischen Welt der Programmierung kann eine Freundschaft zwischen zwei Klassen existieren. Um diese zu binden, stellt die Syntax der Sprache C++ das Schlüsselwort **friend** bereit. Im folgenden Listing wird zunächst die einfache Freundschaft einer Klassenmethode verdeutlicht:

```cpp
namespace DemoNS
{
   // Definition der Klasse AnyClass innerhalb von DemoNS.
   // Zur besseren Übersicht besitzt die Klasse (neben dem
   // automatisch generierten Standardkonstruktor) nur eine
   // öffentliche Methode.

   struct AnyClass
   {
      short GetByFriend(void) const; // Prototyp der Methode.
   };
}
// Definition der Klasse OtherClass.
// Die Klasse besitzt neben dem Standardkonstruktor keine
// Methoden und dient nur zur Kapselung einer Eigenschaft.

class OtherClass
{
   // Deklaration einer privaten Eigenschaft in der Klasse.

   short m_count;   // Vorzeichenbehaftete Ganzzahl (16 Bit).

   // Die Methode GetByFriend der Klasse AnyClass
   // wird als Freund der Klasse OtherClass deklariert.

   friend short DemoNS::AnyClass::GetByFriend(void) const;
};
```

Listing **8.53**: Freundschaft einer Klassenmethode mit dem Schlüsselwort **friend**

Methoden in Klassen » **friend**-Methoden und **friend**-Klassen

Methoden in Klassen, welche mit einer anderen Klasse eine Freundschaft eingehen, haben Zugriff auf die als **private** und **protected** deklarierten Eigenschaften und Methoden dieser befreundeten Klasse. Bei der Definition einer Klasse muss die entsprechende Methode, welche als Freund der Klasse dienen soll, bereits über den Prototyp in einer anderen Klasse bekannt sein. Die Bekanntmachung der Freundschaft von einer anderen Klassenmethode wird mit dem Schlüsselwort **friend** eingeleitet. Danach erfolgt die Deklaration der kompletten Signatur der zu befreundenden Methode unter Angabe des zu dieser Methode gehörenden Klassennamens mit dem Scope-Operator. Befindet sich die Klasse in einem Namensraum, dann muss dieser entsprechend bei der Bekanntmachung der zu befreundenden Methode aufgelöst werden.

Im nachfolgenden Code-Ausschnitt erfolgt die Implementierung der Methode *GetByFriend*, die als Freund der Klasse *OtherClass* deklariert wurde:

```cpp
namespace DemoNS    // Neudefinition des Namensraumes DemoNS.
{
   OtherClass ReadPrivate;   // Instanz der Klasse OtherClass.

   // Implementierung der Methode GetByFriend,
   // welche mit der Klasse OtherClass befreundet ist.
   // Das Schlüsselwort friend findet nur Verwendung
   // bei der Bekanntmachung in der Klassendefinition,
   // jedoch nicht in der Methoden-Implementierung.

   short AnyClass::GetByFriend(void) const
   {
      // Die Methode hat Zugriff auf die private Eigenschaft
      // einer Instanz der Klasse OtherClass, da die Methode
      // mit dieser Klasse eine Freundschaft eingeht.
      // Wäre ein Methodenparameter vom Typ OtherClass,
      // dann hätte der Scope der Methode ebenfalls
      // Zugriff auf die privaten und geschützten
      // Eigenschaften dieses Parameter-Objektes.

      return ReadPrivate.m_count;   // Lesender Zugriff.
   }
}
```

Listing **8.54**: Zugriff auf private Eigenschaft über befreundete Klassenmethode

friend-Methoden und friend-Klassen « Methoden in Klassen

Freundschaft gilt nur für explizit mit dem Schlüsselwort **friend** deklarierte Klassenmethoden. In den vorherigen zwei Listings ist also nur die Methode *GetByFriend* mit der Klasse *OtherClass* befreundet. Folglich ist es nur dieser Methode gestattet, auf die als **private** deklarierte Eigenschaft der Klasse *OtherClass* Zugriff zu erlangen. Dieser Ansatz widerspricht dem Konzept der Kapselung von Daten in der objektorientierten Programmierung. Dennoch bieten befreundete Klassenmethoden eine Menge an Vielfalt und haben ihre Berechtigung in der Programmiersprache C++ gefunden. Da **friend**-Methoden stets private Zugriffe auf Instanzen ihrer befreundeten Klassen bieten, ist es egal, ob diese im **private**-, **protected**- oder **public**-Sichtbarkeitsbereich der jeweiligen Freundklasse deklariert sind. Selbst Konstruktoren und Destruktoren von Klassen können als **friend**-Methoden anderen Klassen dienen.

Sollen mehrere Methoden einer Klasse als Freund in einer anderen Klasse deklariert werden, so bietet es sich an, nicht jede einzelne Methode als Freund zu deklarieren, sondern einmalig die jeweilige Klasse. Eine Deklaration erfolgt dabei wie gewohnt mit dem Schlüsselwort **friend**, gefolgt von dem Schlüsselwort **class** oder **struct** und dem Namen der zu befreundenden Klasse. In einer Klassendefinition stellt eine solche Bekanntmachung sicher, dass alle Methoden der als Freund deklarierten Klasse als **friend**-Methoden behandelt werden. Das folgende Listing veranschaulicht die Deklaration einer Freundklasse:

```cpp
struct AnyClass   // Definition der Klasse AnyClass.
{
    // Hier können Eigenschaften oder Prototypen
    // von Methoden deklariert werden.
};

class OtherClass   // Definition der Klasse OtherClass.
{
    // Bekanntmachung der kompletten Klasse AnyClass als Freund.
    // Jede Methode und somit auch jeder Konstruktor und der
    // Destruktor der Klasse AnyClass, geht mit der Klasse
    // OtherClass eine Freundschaft ein.

    friend class AnyClass;
};
```

Listing **8.55**: Freundschaft einer Klasse über das Schlüsselwort **friend**

Methoden in Klassen » Globale **friend**-Methoden

Eine in der Klasse *AnyClass* implementierte Methode hätte Zugriff auf alle privaten und geschützten Eigenschaften und Methoden einer Instanz der Klasse *OtherClass*, da die gesamte Klasse *AnyClass* ein Freund von *OtherClass* ist. Freundschaft gilt in der Sprache C++ nicht als beidseitig. Die Klasse *OtherClass* ist im vorherigen Listing somit nicht mit der Klasse *AnyClass* befreundet. Folglich darf in einer Methode der Klasse *OtherClass* nicht auf gekapselte Zustände einer *AnyClass*-Instanz zugegriffen werden.

8.13.2 Globale **friend**-Methoden

>> Auch globale Methoden dürfen in C++ als Freund einer jeweiligen Klasse dienen. In einer Klassendefinition muss dabei hinter dem Schlüsselwort **friend** die Signatur der globalen Methode folgen, welche mit der entsprechenden Klasse eine Freundschaft eingehen soll. Der folgende Code-Ausschnitt macht deutlich, wie die globale main-Methode als Freund einer Klasse dient:

```cpp
class SampleClass   // Definition der Klasse SampleClass.
{
   int i_val;  // Private Eigenschaft vom Typ einer Ganzzahl.

   // Deklaration der main-Methode als Freund der Klasse.

   friend int main();  // Signatur der globalen Methode.
};

int main()  // Implementierung der main-Methode.
{
   SampleClass s;  // Instanz der Klasse in der main-Methode.

   // Der gesamte Scope der main-Methode hat Zugriff auf die
   // private Eigenschaft i_val, da die main-Methode mit der
   // Klasse SampleClass befreundet ist.

   s.i_val = -89;  // Konformer Zugriff.
}
```

Listing **8.56**: Freundschaft einer globalen Methode

8.14 Delegation an Methoden und Seiteneffekte

>> Bei einem Methodenaufruf findet stets die Delegation des Programmablaufes an die entsprechende Methode statt, so dass ein neues Element auf dem Stack platziert wird und sofort die Abarbeitung der Programmbefehle von der Methode beginnt. In den verschiedensten Listings dieses Buches wurden Aufrufe von Methoden deutlich, wobei es dabei keine Rolle spielt, ob es sich um Klassenmethoden oder um globale Methoden handelt. Die Delegation an entsprechende Methoden kann durch Methodenaufrufe stets in implementierten Scopes erfolgen, sofern die aufzurufende Methode auch implementiert wurde und demnach für den Aufrufer ausführbar ist. Häufig erscheint es als sinnvoll, Aufrufe von Methoden in Kontrollstrukturen einzubetten, um die jeweilige Bedingung an eine Methode zu delegieren oder um den von der Kontrollstruktur abzuarbeitenden Ausdruck durch einen Methodenaufruf zu bilden.

Das nachfolgende Listing veranschaulicht eine bedingte Anweisung, in welcher der Programmablauf jeweils an eine Methode delegiert wird. Hierfür werden Methoden der Praxisklasse *Point2D* herangezogen:

```cpp
// Bildung einer Instanz der Klasse Point2D.

Point2D point(3.0f);   // Initialisierte X-Koordinate.

// In einer bedingten Anweisung wird die X-Koordinate
// durch den Rückgabewert der Getter-Methode geprüft.
// Es erfolgt für die Bedingung eine Delegation an die Methode.
// Die bedingte Anweisung gilt als gültig, daher erfolgt
// der Methodenaufruf nach der Kontrollstruktur, welcher
// eine Delegation an die Setter-Methode bildet.
// Nur wenn die konvertierte X-Koordinate größer
// oder gleich dem ganzzahligen Literal 3 ist,
// wird die Y-Koordinate im Objekt point gespeichert.
// Ohne Vergleichsoperator würde der Rückgabewert von
// GetCoordX in den logischen Wert (true) konvertieren.

if (point.GetCoordX() >= 3) point.SetCoordY(5.5f);
```

Listing **8.57**: Delegation an Methoden in einer Kontrollstruktur

Methoden in Klassen » Delegation an Methoden und Seiteneffekte

Besonders hilfreich ist die Delegation an Methoden auch in Verbindung mit Operanden von arithmetischen Operatoren. Beachten Sie jedoch, dass die Delegation an eine jeweilige Methode nur für lesende Operanden erfolgen darf. Demzufolge sind die Operanden des Inkrements und des Dekrements mit ihren schreibenden Zugriffen für solche Methodenaufrufe ausgeschlossen, ebenso die linken Operanden aller Zuweisungsoperatoren. Alle Operanden mit lesenden Zugriffen können jedoch für die Delegation an Methoden herangezogen werden, wie es der folgende Code-Ausschnitt unter Verwendung eines arithmetischen Operators deutlich macht:

```
Point2D point(-7.5f, 2.1f);   // Initialisiertes Objekt
                              // point vom Typ Point2D.

// Der arithmetische Minusoperator findet Anwendung,
// um den Wert der Y-Koordinate im rechten Operanden vom
// Wert der X-Koordinate im linken Operanden abzuziehen.
// Für die lesenden Operanden dienen Methodenaufrufe.
// Das Ergebnis dient als rechter Operand der Zuweisung,
// so dass die Variable den Gleitkommawert -9.6f erhält.

float dif = point.GetCoordX() - point.GetCoordY();   // = -9.6f
```

Listing **8.58**: Delegation an Methoden in einem arithmetischen Operator

Die arithmetische Subtraktion im vorherigen Listing ist nicht kommutativ, da die Operanden voneinander abhängig sind. Der durch den Methodenaufruf von *GetCoordX* gebildete Operand hängt somit vom Rückgabewert von *GetCoordY* des rechten Operanden ab. Werden im Ausdruck die Operanden und damit verbunden die jeweiligen Methodenaufrufe getauscht, so würde die Operation zu einem anderen Ergebnis führen, da 2.1 minus -7.5 den Gleitkommawert 9.6 liefern würde. Gegenüber der Operation in *Listing 8.58* wären somit die Vorzeichen vertauscht.

Bei den kommutativen Operationen der Addition und der Multiplikation ist die Reihenfolge ihrer beiden Operanden hingegen nicht relevant. Der Standard von C++ schreibt für kommutative Operatoren nicht vor, ob zuerst der rechte oder der linke Operand abgearbeitet werden muss, da unabhängig von der Reihenfolge das Ergebnis dieser Operationen immer gleich ist. Unerwünschte Nebeneffekte können bei kommutativen Operatoren auftreten, wenn für beide Operanden eine Delegation an eine Methode erfolgt und wenn die Methodenaufrufe voneinander abhängig sind. In diesem Fall ist nicht vorhersehbar, ob zuerst die Methode im rechten Operanden oder zuerst die Methode im linken Operanden ausgeführt wird. Die Reihenfolge solcher Methodenaufrufe ist nur dann zu beachten, wenn die erste Methode schreibende Zugriffe auf Daten ausführt, die von der zweiten Methode kohärent gelesen werden sollen. Solche Nebeneffekte in Bezug auf Methodenaufrufe und kommutative Operationen werden auch als Seiteneffekte bezeichnet.

8.15 Objekte, Methoden und das Schlüsselwort const

>> Nicht nur Konstanten primitiver Datentypen lassen sich in einer Deklaration mit dem Schlüsselwort **const** versehen, sondern auch Objekte, welche aus komplexen Klassen instanziert werden. Die Angabe des Qualifizierers ist bei der Bekanntmachung einer Instanz immer im komplexen Typ der Klasse möglich, wobei das Schlüsselwort **const** vor oder nach dem Klassennamen platziert werden kann. Dabei ist optional auch die Verwendung des Schlüsselwortes **class** oder **struct** in der Deklaration möglich. Gegenüber den primitiven Typen müssen konstant qualifizierte Objekte bei der Deklaration nicht über den Zuweisungsoperator initialisiert werden, da die Initialisierung auf der Basis des jeweiligen Konstruktors erfolgt. Der Konstruktor bildet dabei die einzige Klassenmethode, die schreibend auf die jeweilige Instanz zugreifen kann. Während der gesamten Lebensdauer darf das konstant qualifizierte Objekt nicht schreibend auf seine Eigenschaften zugreifen, sondern diese ausschließlich für lesende Zugriffe verwenden. Ein mit dem Schlüsselwort **const** gebildetes Objekt darf keine Methoden seiner Klasse aufrufen, wenn diese entsprechende Eigenschaften des Objektes schreibend modifizieren können. Ein solcher Aufruf resultiert folglich in einem Übersetzungsfehler. Vielmehr sind konstante Objekte in Verbindung mit Getter-Methoden und mit logischen Methoden hilfreich, um dadurch ausschließlich lesende Zugriffe auf die Eigenschaften der initialisierten Instanz zu erhalten.

Methoden in Klassen » Objekte, Methoden und das Schlüsselwort **const**

Nachfolgend zeigt ein Listing die Deklaration und Verwendung einer Instanz der Praxisklasse *Point2D* verbunden mit dem Schlüsselwort **const**:

```
// Bildung einer Instanz der Praxisklasse Point2D.
// Das Objekt point wird durch den Konstruktor initialisiert,
// danach sind schreibende Zugriffe auf die Eigenschaften
// des Objektes nicht mehr möglich.
// Das Schlüsselwort const darf auch hinter Point2D platziert
// werden, so dass Point2D const point(..) gültig wäre.

const Point2D point(0.5f, -0.5f);

// Durch die Verwendung der Getter-Methoden sind stets
// lesende Zugriffe auf die Eigenschaften von point möglich.
// Auch die logische Methode IsCoordCenter dürfte
// vom konstanten Objekt point aufgerufen werden.
// Schreibende Zugriffe auf die Eigenschaften
// sind durch Setter-Methoden nicht gestattet.

float x = point.GetCoordX();   // Konforme, lesende Zugriffe.
float y = point.GetCoordY();

point.SetCoordX(4.5f);   // Compiler-Fehler!
```

Listing **8.59**: Deklaration und Verwendung eines konstanten Objektes

Im Zusammenhang mit konstant qualifizierten Objekten wird erst die Wichtigkeit des Schlüsselwortes **const** in der kompletten Signatur einer Klassenmethode deutlich. Wären die Getter-Methoden *GetCoordX* und *GetCoordY* der Praxisklasse *Point2D* in ihrer Signatur nicht als konstant qualifiziert, dann dürfte das konstante Objekt *point* im vorherigen Listing diese Methoden auch nicht aufrufen. Der Compiler erkennt durch das Schlüsselwort **const** in der Signatur einer Methode, ob diese von konstanten Objekten aufgerufen werden darf.
Arrays fester Größen können auch mit Hilfe des Schlüsselwortes **const** als konstant qualifiziert werden, wenn dieses bei der Deklaration im primitiven oder komplexen Datentyp angegeben wird. Dabei verhält sich jedes Element des Datenfeldes so, als wäre es einzeln als konstant qualifiziert.

8.16 Kapselung von Konstruktoren (Wrapper-Klassen)

>> Die Prototypen von Konstruktoren müssen in Klassendefinitionen nicht zwingend im öffentlichen Sichtbarkeitsbereich (**public**) deklariert werden, da diese auch gekapselt werden können. In einem solchen Fall werden die Konstruktoren im privaten (**private**) oder geschützten (**protected**) Bereich der jeweiligen Klasse bekannt gemacht, wodurch die Bildung von Instanzen der Klasse über die gekapselten Konstruktoren nicht möglich ist. Die Kapselung von Konstruktoren ist notwendig, um sogenannte Wrapper-Klassen zu definieren, welche beabsichtigt ihre Instanzierung verhindern. Solche speziellen Klassen enthalten nur statische Methoden, die öffentlich deklariert von außen über den Namen der jeweiligen Wrapper-Klasse aufgerufen werden können, wobei dafür der Scope-Operator dient. Eine mit der Wrapper-Klasse befreundete Klasse hätte dennoch Zugriff auf die gekapselten Konstruktoren. Der nachfolgende Code-Ausschnitt veranschaulicht die Kapselung des Standardkonstruktors in einer Wrapper-Klasse und die Verwendung einer statischen Klassenmethode:

```cpp
class Wrapper   // Definition der Wrapper-Klasse mit class.
{
   Wrapper();   // Gekapselter Standardkonstruktor (private).

   public:      // Öffentlicher Bereich mit statischer Methode.

      inline static void DoAnything(unsigned int) { };
};

// Die Instanzierung über den Standardkonstruktor ist von
// außen nicht möglich, da dieser als privat deklariert ist.

Wrapper anyWrapper;   // Compiler-Fehler!

// Über den Namen der Wrapper-Klasse darf die statische Methode
// aufgerufen werden, da diese öffentlich sichtbar ist.

Wrapper::DoAnything(123u);   // Aufruf mit Scope-Operator.
```

Listing **8.60**: Definition und Verwendung einer Wrapper-Klasse

8.17 Methoden im Datenverbund (**union**)

>> Zur komprimierten Speicherung von Eigenschaften haben Sie bereits die Vorteile der Datenverbunde ausgiebig im vorliegenden Buch kennengelernt. Diese werden bei ihrer Definition nicht mit dem Schlüsselwort **class** oder **struct** angegeben, sondern mit dem Schlüsselwort **union** gebildet. Datenverbunde sind den Klassen sehr ähnlich, aber mit der wichtigen Ausnahme, dass sich alle im jeweiligen Verbund deklarierten Eigenschaften den benötigten Speicherplatz teilen, wenn eine Instanz gebildet wird. Dennoch können in einem Datenverbund auch die Prototypen von Methoden deklariert werden, so dass dieser auch über Konstruktoren und einen Destruktor verfügen darf. Ein Standardkonstruktor und ein Standarddestruktor ist wie in den herkömmlichen Klassen auch innerhalb eines Datenverbundes vorhanden. Mit Hilfe der Definition eines Datenverbundes kann eine klassenähnliche Datenstruktur entstehen, wobei alle deklarierten Eigenschaften über einen Speicherbereich vereinheitlicht sind.

Abschließend zu diesem Kapitel wird eine Beispielklasse *Float* definiert, mit deren Hilfe ein Gleitkommawert mit einfacher Genauigkeit über eine Instanz gespeichert werden kann. Dabei soll die Klasse die Möglichkeit bieten, über logische Methoden die Zustände +*Inf* und -*Inf* (Unendlichkeit) eines gekapselten Gleitkommawertes zu erkennen. Da auf die binären Informationen eines solchen Wertes nicht direkt zugegriffen werden kann, wird als Lösung ein Datenverbund eingesetzt. Der geschützte Gleitkommawert teilt sich dabei den benötigten Speicherplatz mit einer weiteren Eigenschaft, die als vorzeichenlose Ganzzahl im Verbund deklariert ist. Auf diese einfache Art kann über den ganzzahligen Wert indirekt auf die binären Zustände des Gleitkommawertes zugegriffen werden. Neben dem überschriebenen Standardkonstruktor wird im Datenverbund eine weitere Konstruktormethode deklariert, welche als Parameter genau einen speicherbaren Gleitkommawert erhält. Da eine Instanz keinen weiteren Speicher allokiert, ist eine eigene Implementierung des Destruktors nicht erforderlich, so dass der Standarddestruktor bei der Freigabe einer Instanz zum Einsatz kommt. Weiterhin benötigt der Datenverbund eine Setter-Methode zur Speicherung eines Gleitkommawertes und eine Getter-Methode zum Lesen dieses Wertes über eine Instanz. Die gekapselte Ganzzahl soll nur für lesende Zugriffe den logischen Methoden dienen und muss nicht initialisiert werden.

Eintauchen in **C++**

Methoden im Datenverbund (**union**) « Methoden in Klassen

Der nachfolgende Code-Ausschnitt definiert den Datenverbund *Float* mit Hilfe des Schlüsselwortes **union**:

```cpp
// Definition des Datenverbundes Float zur Kapselung
// einer Gleitkommazahl vom primitiven Datentyp float.
// Eine weitere Eigenschaft vom Typ unsigned int teilt
// sich den Speicherplatz mit diesem Gleitkommawert.
// Beide Eigenschaften werden nach außen gekapselt.
// Eine Instanz des Verbundes fordert nur 4 Byte im Speicher.

union Float   // Definition mit Schlüsselwort union.
{
   private:
            float        m_float;   // Privater Gleitkommawert
            unsigned int m_uint;    // und geschützte Ganzzahl.

   public:  // Öffentlicher Sichtbarkeitsbereich des
            // Datenverbundes, der durch das Schlüssel-
            // wort union auch Standard ist.

            Float(void);    // Standardkonstruktor.
            Float(float);   // Konstruktor mit einem Parameter.

            // Prototyp und Implementierung der
            // Setter-Methode und der Getter-Methode.

            inline void SetValue(float f) { m_float = f; }

            inline float GetValue() const { return m_float; }

            bool IsPosInf(void) const;   // Prototypen der
            bool IsNegInf(void) const;   // logischen Methoden.
};
```

Listing **8.61**: Definition eines Datenverbundes mit Methoden

Aus Gründen der Übersicht wurde die Setter- und Getter-Methode direkt in den Bereich der Definition eingebettet. Natürlich können auch weitere Methoden deklariert werden, welche für **float**-Operationen als hilfreich erscheinen.

Methoden in Klassen » Methoden im Datenverbund (**union**)

Ergänzend werden im nachfolgenden Listing die übrigen Methoden des Datenverbundes implementiert:

```cpp
// Implementierung der Konstruktoren mit Initialisierungsliste.
// Die Initialisierung des Gleitkommawertes modifiziert
// indirekt auch die Ganzzahl über den geteilten Speicher.

Float::Float(void): m_float(0.0f) { }

Float::Float(float f): m_float(f) { }

// Implementierung der logischen Methoden für +Inf und -Inf.
// Die Ganzzahl teilt sich den Speicherbereich mit dem
// Gleitkommawert, daher lassen sich die binären Infor-
// mationen über die Eigenschaft m_uint lesend ermitteln.
// Wenn alle Exponentenbit auf den Zustand 1 gesetzt
// sind, dann ist intern der Wert +Inf codiert,
// sofern das Vorzeichenbit nicht gesetzt ist.
// Ganzzahlig und vorzeichenlos entspricht dieser
// Wert binär der Summe aus (2 hoch 23) bis (2 hoch 30).

bool Float::IsPosInf(void) const
{
   if (m_uint == 2139095040u) return true;
   else                       return false;
}

// Negativ unendliche Gleitkommawerte werden durch
// das zusätzlich gesetzte Vorzeichenbit repräsentiert.
// Dieses entspricht ganzzahlig dem Stellenwert (2 hoch 31),
// so dass dieser zum Wert von +Inf hinzu addiert wird
// (2139095040 + 2147483648 (2 hoch 31) = 4286578688).

bool Float::IsNegInf(void) const
{
   if (m_uint == 4286578688u) return true;
   else                       return false;
}
```

Listing **8.62**: Implementierung von Methoden eines Datenverbundes

Eintauchen in **C++**

Primitive Datentypen « Die Praxisklasse Number

9 Die Praxisklasse Number

9.1 Was Sie in diesem Kapitel erwartet

>> Aufbauend auf dem theoretischen Wissen aus den vorherigen Kapiteln ist es nun an der Zeit, eine weitere praktische Klasse schrittweise zu programmieren, welcher komplett dieses eigene Kapitel gewidmet ist. Diese Praxisklasse trägt den Namen *Number* und kapselt primitive, ganzzahlige Datentypen von C++. Dabei werden in der Klasse vorzeichenbehaftete als auch vorzeichenlose Typen von jedem Wertebereich berücksichtigt. Über Instanzen der Klasse *Number* ist es möglich, ganzzahlige Werte zu speichern und zu lesen, unabhängig von ihrer Größe und dem Wertebereich. Mit Hilfe von zwei Zustandsvariablen merkt sich eine Instanz der Klasse *Number* stets den letzten gespeicherten Datentyp und die Größe dieses Typs. Die Praxisklasse dient somit als Container für alle ganzzahligen und primitiven Datentypen der Programmiersprache C++. Sie befindet sich im Namensraum *Core* und wird Sie durch den Rest dieses Buches begleiten. Dabei wird die Klasse stets in den Folgekapiteln erweitert werden.
In den folgenden Abschnitten dieses Kapitels erfolgt zunächst die Vorarbeit für die Programmierung der *Number*-Praxisklasse. Dabei entstehen begleitend Definitionen, welche von der Klasse herangezogen werden.

9.2 Vorarbeit für die Klassenprogrammierung

9.2.1 Primitive Datentypen

>> Mit dem bereits bekannten Schlüsselwort **typedef** können primitive und ganzzahlige Datentypen bekannt gemacht werden, welche für die Verwendung mit der Praxisklasse *Number* von Bedeutung sind. Die Definition der Typen kann dabei in einer entsprechenden Header-Datei erfolgen. Zur besseren Übersicht und Lesbarkeit wird in den Typdefinitionen die jeweilige Speichergröße des verwendbaren Datentyps direkt im Namen angegeben.
Im nachfolgenden Code-Ausschnitt erfolgt die Bekanntmachung der primitiven Typen mit Hilfe des Schlüsselwortes **typedef**:

Die Praxisklasse Number » Primitive Datentypen

```
/* Vorzeichenlose und ganzzahlige Typdefinitionen. */

typedef unsigned char           uint8;    // 8 Bit Integer.
typedef unsigned short int      uint16;   // 16 Bit Integer.
typedef unsigned int            uint32;   // 32 Bit Integer.
typedef unsigned long long int  uint64;   // 64 Bit Integer.

/* Vorzeichenbehaftete und ganzzahlige Typdefinitionen. */

// Das Schlüsselwort signed ist Standard
// und kann somit auch entfallen.

typedef signed char             int8;     // 8 Bit Integer.
typedef signed short int        int16;    // 16 Bit Integer.
typedef signed int              int32;    // 32 Bit Integer.
typedef signed long long int    int64;    // 64 Bit Integer.
```

Listing **9.1**: Primitive Datentypen für die Verwendung mit der Klasse Number

Die nachfolgende Tabelle vereinheitlicht alle primitiven Datentypen der Klasse *Number* mit ihren Größen und den entsprechenden Wertebereichen:

Datentyp	Größe	negativ	Wertebereich
uint8	1 Byte	nein	0 bis +255
uint16	2 Byte	nein	0 bis +65535
uint32	4 Byte	nein	0 bis +4294967295
uint64	8 Byte	nein	0 bis +18446744073709551615
int8	1 Byte	ja	-128 bis +127
int16	2 Byte	ja	-32768 bis +32767
int32	4 Byte	ja	-2147483648 bis +2147483647
int64	8 Byte	ja	-9223372036854775808 bis +9223372036854775807

Tabelle **24**: Primitive Datentypen für die Verwendung mit der Klasse Number

Um den Typ des Rückgabewertes des **sizeof**-Operators besser von anderen Datentypen in C++ unterscheiden zu können, wird für die Praxisklasse *Number* eine eigene Typdefinition verwendet, die im nachfolgenden Code-Ausschnitt vorzufinden ist:

```
// Vorzeichenloser Integer-Datentyp mit 32 Bit.
// Typdefinition zur ausschließlichen
// Verwendung mit dem sizeof-Operator.
// In Verbindung mit dem sizeof-Operator kann diese
// Typdefinition unabhängig von der Praxisklasse Number
// auch in späteren Listings verwendet werden.

typedef unsigned int size32;
```

Listing **9.2**: Typdefinition zur Verwendung mit dem **sizeof**-Operator

9.2.2 Ein Aufzählungstyp

>> Die Praxisklasse *Number* verfügt über die Instanz eines Aufzählungstyps als Eigenschaft, um den jeweils verwendeten Typ in einem *Number*-Objekt festhalten zu können. Dabei wird für ein Objekt der aktuelle Wert aus einer definierten Menge von Enumeratoren in einer Variablen abgelegt. Zunächst muss dieser Aufzählungstyp für die Verwendung mit der Praxisklasse *Number* definiert werden. Da sich diese im Namensraum *Core* befinden wird, erfolgt die Definition der Enumeration ebenfalls in diesem Namensraum. Beachten Sie, dass der Aufzählungstyp für die Verwendung mit der Klasse *Number* einen Enumerator zur Identifikation eines logischen Wertes (**bool**) enthalten wird. Für diesen logischen Wert wurde aber vorher keine Typdefinition verwendet. Des Weiteren kann über eine Konstante des Aufzählungstyps erkannt werden, ob eine gebildete Instanz der Klasse *Number* als undefiniert gilt.
Im nachfolgenden Listing wird der herangezogene Aufzählungstyp definiert. Zusätzlich veranschaulicht eine Tabelle die Enumeratoren dieses Aufzählungstyps mit den initialisierten Werten und den zugehörigen Datentypen zur Speicherung einer Ganzzahl über eine Instanz der Praxisklasse *Number*:

Die Praxisklasse Number » Ein Aufzählungstyp

```
namespace Core
{
    enum LastTypeOfNumber      // Definition des Aufzählungstyps
    {                          // LastTypeOfNumber.
        TYPE_UNDEFINED = -1,
        TYPE_UINT8     = 1,
        TYPE_UINT16    = 2,
        TYPE_UINT32    = 3,
        TYPE_UINT64    = 4,
        TYPE_INT8      = 5,
        TYPE_INT16     = 6,
        TYPE_INT32     = 7,
        TYPE_INT64     = 8,
        TYPE_BOOL      = 9
    };
}
```
Listing **9.3**: Aufzählungstyp für die Verwendung mit der Klasse Number

Enumerator	Wert	Datentyp
TYPE_UNDEFINED	-1	undefiniert
TYPE_UINT8	1	uint8
TYPE_UINT16	2	uint16
TYPE_UINT32	3	uint32
TYPE_UINT64	4	uint64
TYPE_INT8	5	int8
TYPE_INT16	6	int16
TYPE_INT32	7	int32
TYPE_INT64	8	int64
TYPE_BOOL	9	**bool**

Tabelle **25**: Enumeratoren und Datentypen für die Klasse Number

9.2.3 Definition des Datenverbundes

>> Da bereits die Datentypen für die Praxisklasse *Number* bekannt sind, ist es nun an der Zeit einen praktischen Lösungsansatz zu finden, wie Werte eines jeweiligen Datentyps in einer Instanz der Klasse *Number* speicherbar sind. Hierfür bietet sich der aus dem Kapitel **Bitmanipulation & Logik** bekannte Datenverbund (**union**) an. Mit diesem können alle Datentypen, welche für die Praxisklasse *Number* verwendet werden, über Eigenschaften auf einem gemeinsamen Datenverbund vereinheitlicht und über einen gemeinsamen Speicherbereich organisiert werden. Die Definition des Datenverbundes erfolgt ebenfalls innerhalb des Namensraumes *Core*, wie es das folgende Listing zeigt:

```
namespace Core
{
    // Definition des Datenverbundes DatatypeOfNumber für die
    // ausschließliche Verwendung mit der Praxisklasse Number.

    union DatatypeOfNumber
    {
        uint8   t_uint8;      // Eigenschaften des Verbundes
        uint16  t_uint16;     // mit bereits bekannten Typen.
        uint32  t_uint32;     // Alle Eigenschaften sind
        uint64  t_uint64;     // standardmäßig öffentlich.
        int8    t_int8;
        int16   t_int16;
        int32   t_int32;
        int64   t_int64;
        bool    t_bool;
    };
}
```

Listing **9.4**: Datenverbund für die Verwendung mit der Klasse Number

Mit Hilfe einer Instanz des definierten Verbundes können 9 ganzzahlige Werte unterschiedlicher Typen (inklusive **bool**) in einem für den Speicher schonenden Datenverbund organisiert werden. Die Klasse *Number* verwendet eine Instanz des Datenverbundes als gekapselte Eigenschaft.

9.3 Definition der Klasse

>> Die Praxisklasse *Number* bildet keine Basisklasse für eine Vererbungshierarchie, da eine Ableitung dieser Klasse für spätere Kapitel in diesem Buch nicht vorgesehen ist. Aus diesem Grund werden die Eigenschaften der Klasse *Number* im privaten Bereich (**private**) gekapselt. Sollten Sie bereits Erfahrung mit dem Vererben von Klassen haben und möchten Sie unabhängig von diesem Buch Ihre eigene Klasse *Number* später vererben, dann sollten Sie die Eigenschaften der Klasse im geschützten Bereich (**protected**) deklarieren.
Im nachfolgenden Code-Ausschnitt wird die Praxisklasse *Number* innerhalb des Namensraumes *Core* mit einem Header-Guard definiert:

```cpp
#ifndef NUMBER_HPP
#define NUMBER_HPP

namespace Core    // Definition des Namensraumes Core.
{
   class Number   // Definition der Praxisklasse Number.
   {
      private:
               // Instanz des Verbundes und des Aufzählungs-
               // typs, welche ebenfalls in Core liegen.
               // Das Schlüsselwort private ist optional.

               union Core::DatatypeOfNumber m_type;
               enum  Core::LastTypeOfNumber m_last;

               size32 m_size;  // Eigenschaft für Typ-Größe.

      // Öffentlicher Bereich der Klasse; zunächst leer.
      // Dieser wird in den folgenden Abschnitten erweitert.

      public:
   };
}
#endif   /* NUMBER_HPP */
```

Listing **9.5**: Definition der Klasse Number

9.4 Prototypen der Klasse
9.4.1 Prototypen überladener Konstruktoren

>> Insgesamt finden in der Praxisklasse *Number* vorerst 10 Konstruktoren ihre Verwendung. Neben dem Standardkonstruktor werden die Prototypen von 9 überladenen Konstruktoren deklariert, um eine Instanz der Klasse *Number* mit dem Wert eines entsprechenden Datentyps initialisieren zu können. Die verwendeten Konstruktoren unterscheiden sich alle in ihrer Signatur hinsichtlich des Datentyps vom erwarteten Parameter. Da alle überladenen Konstruktormethoden der Klasse (mit Ausnahme des Standardkonstruktors) genau einen Parameter erwarten, werden die Konstruktoren als explizit gekennzeichnet, um implizite Typkonvertierungen zu unterbinden. Für jeden Datentyp, welcher im Datenverbund einer Instanz der Klasse *Number* vorhanden ist, steht genau eine Konstruktormethode zur Verfügung.

Das nachfolgende Listing erweitert die Definition der Praxisklasse *Number* und ergänzt diese mit den Prototypen der Konstruktoren:

```cpp
/* Erweiterung der Definition der Klasse Number (public). */

// Prototyp des Standardkonstruktors der Klasse Number.

Number(void);

// Prototypen überladener Konstruktoren.

explicit Number (uint8);
explicit Number (uint16);
explicit Number (uint32);
explicit Number (uint64);
explicit Number (int8);
explicit Number (int16);
explicit Number (int32);
explicit Number (int64);
explicit Number (bool);
```

Listing **9.6**: Prototypen überladener Konstruktoren der Klasse Number

9.4.2 Prototypen der Getter- und Setter-Methoden

>> Die Getter- und Setter-Methoden der Praxisklasse *Number* sind eher trivial. Für jeden Datentyp existiert eine eigene Methode zum Lesen des Wertes aus dem Datenverbund und zum Schreiben des Wertes in den Datenverbund einer *Number*-Instanz. Die Getter- und Setter-Methoden sind nicht überladen und durch ihre eindeutigen Namen identifizierbar, welche den jeweiligen Datentyp beinhalten. Im nachfolgenden Code-Ausschnitt wird die Definition der Klasse *Number* mit den Prototypen der Getter- und Setter-Methoden erweitert:

```cpp
/* Erweiterung der Definition der Klasse Number (public). */

// Prototypen von Getter-Methoden der Klasse Number.

uint8   GetUint8   (void) const;
uint16  GetUint16  (void) const;
uint32  GetUint32  (void) const;
uint64  GetUint64  (void) const;
int8    GetInt8    (void) const;
int16   GetInt16   (void) const;
int32   GetInt32   (void) const;
int64   GetInt64   (void) const;
bool    GetBool    (void) const;

// Prototypen von Setter-Methoden der Klasse Number.

void SetUint8   (uint8);
void SetUint16  (uint16);
void SetUint32  (uint32);
void SetUint64  (uint64);
void SetInt8    (int8);
void SetInt16   (int16);
void SetInt32   (int32);
void SetInt64   (int64);
void SetBool    (bool);
```

Listing **9.7**: Prototypen von Getter- und Setter-Methoden der Klasse Number

Zusätzlich verfügt die Praxisklasse *Number* über zwei Getter-Methoden, mit denen sich weitere gekapselte Zustände über eine Instanz ermitteln lassen. Für diese Getter-Methoden existieren keine äquivalenten Setter-Methoden, da die Zustände über die vorherigen Setter-Methoden verändert werden.

```
/* Erweiterung der Klassendefinition von Number (public). */

// Weitere Prototypen von Getter-Methoden der Klasse.

enum Core::LastTypeOfNumber GetLastType(void) const;

size32 GetTypeSize(void) const;
```

Listing **9.8**: Weitere Prototypen von Getter-Methoden der Klasse Number

9.4.3 Prototypen logischer Methoden

>> Die Praxisklasse *Number* verwendet 3 logische Methoden, um die Zustände von Instanzen der Klasse zu prüfen. Eine der logischen Methoden sagt über einen Wahrheitswert aus, ob eine *Number*-Instanz undefiniert ist oder nicht. Die anderen beiden logischen Methoden treffen eine Aussage darüber, ob in einer Instanz der Klasse *Number* aktuell ein vorzeichenbehafteter oder ein vorzeichenloser Wert gespeichert ist.

Der folgende Code-Ausschnitt erweitert die Definition der Praxisklasse *Number* und ergänzt diese mit den Prototypen der logischen Methoden:

```
/* Erweiterung der Definition der Klasse Number (public). */

// Prototypen logischer Methoden der Praxisklasse.

bool IsUndefined     (void) const;
bool HasSignedType   (void) const;
bool HasUnsignedType (void) const;
```

Listing **9.9**: Prototypen logischer Methoden der Klasse Number

Die Praxisklasse Number » Implementierung der Konstruktoren

9.4.4 Prototyp einer statischen Methode

>> Im nachfolgenden Listing wird die Definition der Praxisklasse *Number* um eine statische Methode ergänzt, welche eine exakte Kopie einer bestehenden Instanz der Klasse erzeugt und zurück gibt:

```
/* Erweiterung der Definition der Klasse Number (public). */

// Prototyp einer statischen Kopiermethode der Klasse.

static Core::Number Copy(Core::Number);
```

Listing **9.10**: Prototyp einer statischen Methode der Klasse Number

9.5 Implementierungen der Klasse
9.5.1 Implementierung der Konstruktoren

>> Unabhängig von den Konstruktor-Implementierungen müssen generell die Signaturen aller implementierten Methoden mit den Signaturen der jeweiligen Prototypen der Klasse übereinstimmen. Da die Praxisklasse im Namensraum *Core* definiert wurde, wird dieser bei allen Implementierungen explizit über den Scope-Operator aufgelöst.
Alle implementierten Konstruktormethoden der Klasse *Number* verwenden Initialisierungslisten, um den entsprechenden Wert aus dem Aufzählungstyp *LastTypeOfNumber* zu speichern und um die Speichergröße des bevorzugten Datentyps anhand des **sizeof**-Operators zu ermitteln. Beachten Sie, dass auch für die einzelnen Enumeratoren des Aufzählungstyps der Namensraum *Core* über den Scope-Operator aufgelöst werden muss. Nur der Standardkonstruktor ohne Parameter markiert eine Instanz der Klasse *Number* als undefiniert. Alle anderen Konstruktormethoden speichern in ihrem Rumpf die Werte der entsprechenden Parameter in der Instanz des Datenverbundes ab. Nachfolgend findet die Implementierung der Konstruktoren der Klasse *Number* statt:

Implementierung der Konstruktoren « Die Praxisklasse Number

```cpp
/* Implementierung aller Konstruktoren der Klasse Number. */

// Implementierung des Standardkonstruktors.

Core::Number :: Number(void):
m_last(Core::TYPE_UNDEFINED),
m_size(0) { }

// Implementierung der Konstruktoren mit
// vorzeichenlosem Datentyp im Parameter.

Core::Number :: Number(uint8 ui):    /* uint8-Parameter. */
m_last(Core::TYPE_UINT8),
m_size(sizeof(uint8))
{
   m_type.t_uint8 = ui;
}

Core::Number :: Number(uint16 ui):   /* uint16-Parameter. */
m_last(Core::TYPE_UINT16),
m_size(sizeof(uint16))
{
   m_type.t_uint16 = ui;
}

Core::Number :: Number(uint32 ui):   /* uint32-Parameter. */
m_last(Core::TYPE_UINT32),
m_size(sizeof(uint32))
{
   m_type.t_uint32 = ui;
}

Core::Number :: Number(uint64 ui):   /* uint64-Parameter. */
m_last(Core::TYPE_UINT64),
m_size(sizeof(uint64))
{
   m_type.t_uint64 = ui;
}

// Fortsetzung auf Folgeseite.
```

Die Praxisklasse Number » Implementierung der Konstruktoren

```cpp
// Implementierung der Konstruktoren mit
// vorzeichenbehaftetem Datentyp im Parameter.

Core::Number :: Number(int8 i):      /* int8-Parameter. */
m_last(Core::TYPE_INT8),
m_size(sizeof(int8))
{
   m_type.t_int8 = i;
}

Core::Number :: Number(int16 i):     /* int16-Parameter. */
m_last(Core::TYPE_INT16),
m_size(sizeof(int16))
{
   m_type.t_int16 = i;
}

Core::Number :: Number(int32 i):     /* int32-Parameter. */
m_last(Core::TYPE_INT32),
m_size(sizeof(int32))
{
   m_type.t_int32 = i;
}

Core::Number :: Number(int64 i):     /* int64-Parameter. */
m_last(Core::TYPE_INT64),
m_size(sizeof(int64))
{
   m_type.t_int64 = i;
}

// Implementierung des Konstruktors mit bool-Parameter.

Core::Number :: Number(bool b):
m_last(Core::TYPE_BOOL),
m_size(sizeof(bool))
{
   m_type.t_bool = b;
}
```

Listing **9.11**: Implementierung von Konstruktoren der Klasse Number

9.5.2 Implementierung der Getter-Methoden

>> Die Implementierungen der trivialen Getter-Methoden der Praxisklasse *Number* geben nur den Zustand von einer Instanz dieser Klasse zurück. Getter-Methoden, welche einen Datentyp in ihrem Namen verwenden, lesen den Wert über diesen Datentyp aus dem Datenverbund (Instanz von *DatatypeOfNumber*) und geben diesen Wert zurück. Die anderen beiden Getter-Methoden der Klasse *Number* geben jeweils den Enumerator des aktuell verwendeten Datentyps sowie die Größe dieses Typs zurück. Der folgende Code-Ausschnitt erweitert die Implementierung der Praxisklasse *Number* und ergänzt diese mit den Getter-Methoden:

```
/* Erweiterung der Implementierung der Praxisklasse Number. */

// Implementierung der Getter-Methoden zur
// Rückgabe von vorzeichenlosen Datentypen.

uint8 Core::Number :: GetUint8(void) const      /* uint8. */
{
   return m_type.t_uint8;
}

uint16 Core::Number :: GetUint16(void) const    /* uint16. */
{
   return m_type.t_uint16;
}

uint32 Core::Number :: GetUint32(void) const    /* uint32. */
{
   return m_type.t_uint32;
}

uint64 Core::Number :: GetUint64(void) const    /* uint64. */
{
   return m_type.t_uint64;
}
```

Die Praxisklasse Number » Implementierung der Getter-Methoden

```cpp
/* Fortsetzung der Implementierung. */

// Implementierung der Getter-Methoden zur
// Rückgabe von vorzeichenbehafteten Datentypen.

int8 Core::Number :: GetInt8(void) const     /* int8. */
{
   return m_type.t_int8;
}

int16 Core::Number :: GetInt16(void) const   /* int16. */
{
   return m_type.t_int16;
}

int32 Core::Number :: GetInt32(void) const   /* int32. */
{
   return m_type.t_int32;
}

int64 Core::Number :: GetInt64(void) const   /* int64. */
{
   return m_type.t_int64;
}

// Implementierung der Getter-Methode zur Rückgabe von bool.

bool Core::Number :: GetBool(void) const
{
   return m_type.t_bool;
}

// Implementierung der Getter-Methode zur Rückgabe des
// aktuell verwendeten Datentyps aus der Menge der Aufzählung.
// Das Schlüsselwort enum vor dem Datentyp entfällt optional.

Core::LastTypeOfNumber Core::Number :: GetLastType(void) const
{
   return m_last;
}
```

```
/* Fortsetzung der Implementierung. */

// Implementierung der Getter-Methode zur Rückgabe
// der Speichergröße des aktuell verwendeten Datentyps.

size32 Core::Number :: GetTypeSize(void) const
{
   return m_size;
}
```
Listing **9.12**: Implementierung von Getter-Methoden der Klasse Number

9.5.3 Implementierung der Setter-Methoden

>> Die implementierten Setter-Methoden der Praxisklasse *Number* verändern die Zustände der Instanzen dieser Klasse. Basierend auf den entsprechenden Parametern wird im Scope einer jeweiligen Setter-Methode der verwendete Datentyp über den Enumerator gespeichert und die Größe dieses Typs mit dem **sizeof**-Operator ermittelt. Es gilt zu beachten, dass der Namensraum *Core* vor den jeweiligen Enumeratoren aufgelöst werden muss und dass die Setter-Methoden der Klasse *Number* ihre Instanzen nicht als undefiniert markieren können. Des Weiteren wird durch die Setter-Methoden der jeweilige Methodenparameter im Datenverbund der *Number*-Instanz abgespeichert.

Nachfolgend wird die Implementierung der Praxisklasse *Number* erweitert und diese mit den Setter-Methoden ergänzt:

```
/* Erweiterung der Implementierung der Praxisklasse Number. */

// Speicherung vorzeichenloser Datentypen.

void Core::Number :: SetUint8(uint8 ui)   /* uint8. */
{
   m_last          = Core::TYPE_UINT8;
   m_size          = sizeof(uint8);
   m_type.t_uint8  = ui;
}
```

Die Praxisklasse Number » Implementierung der Setter-Methoden

```cpp
// Fortsetzung der Implementierung.

void Core::Number :: SetUint16(uint16 ui)   /* uint16. */
{
   m_last             = Core::TYPE_UINT16;
   m_size             = sizeof(uint16);
   m_type.t_uint16 = ui;
}

void Core::Number :: SetUint32(uint32 ui)   /* uint32. */
{
   m_last             = Core::TYPE_UINT32;
   m_size             = sizeof(uint32);
   m_type.t_uint32 = ui;
}

void Core::Number :: SetUint64(uint64 ui)   /* uint64. */
{
   m_last             = Core::TYPE_UINT64;
   m_size             = sizeof(uint64);
   m_type.t_uint64 = ui;
}

// Implementierung der Setter-Methoden zur
// Speicherung vorzeichenbehafteter Datentypen.

void Core::Number :: SetInt8(int8 i)       /* int8. */
{
   m_last           = Core::TYPE_INT8;
   m_size           = sizeof(int8);
   m_type.t_int8 = i;
}

void Core::Number :: SetInt16(int16 i)     /* int16. */
{
   m_last            = Core::TYPE_INT16;
   m_size            = sizeof(int16);
   m_type.t_int16 = i;
}
```

Implementierung der logischen Methoden « Die Praxisklasse Number

```cpp
// Fortsetzung der Implementierung.

void Core::Number :: SetInt32(int32 i)   /* int32. */
{
   m_last          = Core::TYPE_INT32;
   m_size          = sizeof(int32);
   m_type.t_int32 = i;
}

void Core::Number :: SetInt64(int64 i)   /* int64. */
{
   m_last          = Core::TYPE_INT64;
   m_size          = sizeof(int64);
   m_type.t_int64 = i;
}

// Implementierung der Setter-Methode zur
// Speicherung des logischen Datentyps bool.

void Core::Number :: SetBool(bool b)
{
   m_last          = Core::TYPE_BOOL;
   m_size          = sizeof(bool);
   m_type.t_bool  = b;
}
```

Listing **9.13**: Implementierung von Setter-Methoden der Klasse Number

9.5.4 Implementierung der logischen Methoden

>> Die 3 logischen und in der Praxisklasse *Number* implementierten Methoden treffen Aussagen über interne Zustände von Instanzen der Klasse und verändern diese Zustände nicht. Das folgende Listing erweitert die Implementierung der Praxisklasse *Number* und ergänzt diese mit 3 logischen Methoden. Die Semantik einer jeweiligen Methode ist begleitend im nachfolgenden Code-Ausschnitt dokumentiert:

Die Praxisklasse Number » Implementierung der logischen Methoden

```
/* Erweiterung der Implementierung der Praxisklasse Number. */

// Implementierung der Methode, die eine logische
// Aussage über den undefinierten Zustand einer
// Instanz der Praxisklasse Number trifft.

bool Core::Number :: IsUndefined(void) const
{
    // Rückgabe des logischen Wertes true, wenn der letzte Typ
    // undefiniert ist, ansonsten Rückgabe des Wertes false.

    if (m_last == Core::TYPE_UNDEFINED) return true;
    else                                return false;
}

// Diese implementierte Methode trifft eine logische Aussage
// darüber, ob der aktuell im Datenverbund gespeicherte Wert
// einem vorzeichenlosen Datentyp entspricht oder nicht.
// Die logische Methode gibt den Wert false zurück, wenn die
// Instanz undefiniert ist, wenn aktuell der Datentyp bool
// gespeichert ist oder wenn momentan ein vorzeichen-
// behafteter Typ im Datenverbund abgelegt ist.

bool Core::Number :: HasUnsignedType(void) const
{
    if (IsUndefined() || (m_last == Core::TYPE_BOOL))
    return false;

    // Rückgabe des logischen Wertes true, wenn einer der 4
    // vorzeichenlosen Datentypen aktuell gespeichert ist,
    // ansonsten Rückgabe des logischen Wertes false.

    if ((m_last == Core::TYPE_UINT8)  ||
        (m_last == Core::TYPE_UINT16) ||
        (m_last == Core::TYPE_UINT32) ||
        (m_last == Core::TYPE_UINT64)) return true;
    else
        return false;
}
// Fortsetzung auf Folgeseite.
```

Implementierung der statischen Methode « Die Praxisklasse Number

```cpp
// Implementierung der Methode, die eine logische Aussage
// darüber trifft, ob der aktuell in einer Instanz
// gespeicherte Datentyp vorzeichenbehaftet ist.
// Diese Implementierung bildet das Gegenstück
// zur vorherigen Methode HasUnsignedType().

bool Core::Number :: HasSignedType(void) const
{
    // Vorzeitiges Beenden der Methode durch Bedingung.

    if (IsUndefined() || (m_last == Core::TYPE_BOOL))
    return false;

    // Rückgabe des logischen Wertes true, wenn einer der
    // 4 vorzeichenbehafteten Datentypen verwendet wird,
    // ansonsten Rückgabe des logischen Wertes false.

    if ((m_last == Core::TYPE_INT8)  ||
        (m_last == Core::TYPE_INT16) ||
        (m_last == Core::TYPE_INT32) ||
        (m_last == Core::TYPE_INT64)) return true;
    else
        return false;
}
```

Listing **9.14**: Implementierung logischer Methoden der Klasse Number

9.5.5 Implementierung der statischen Methode

>> Die statische Kopiermethode der Praxisklasse *Number* erzeugt eine exakte Kopie von dem Objekt, welches als Parameter der Methode übergeben wird. Dabei wird jede Eigenschaft des Objektes dupliziert und der Kopie zugewiesen. Bedenken Sie, dass das Schlüsselwort **static** nicht Teil der Signatur ist und daher nur im Prototyp der Methode deklariert wurde, jedoch nicht bei der Methoden-Implementierung. Im nächsten Kapitel des Buches erhält die Praxisklasse einen Kopierkonstruktor. Mit diesem kann eine exakte Kopie eines Objektes vom Typ *Number* bereits bei der Instanzierung erzeugt werden.

Die Praxisklasse Number » Implementierung der statischen Methode

Im Scope der implementierten, statischen Methode kann ein Zugriff auf die privaten (**private**) Eigenschaften einer Instanz der Klasse *Number* erfolgen, da der Prototyp der statischen Methode selbst in dieser Klasse deklariert wurde. Um alle Werte des Datenverbundes zu duplizieren, genügt es eines der größten Elemente des Datenverbundes zu kopieren. Da sich alle Elemente im Datenverbund den Speicherplatz teilen, ist dadurch das Kopieren von jedem Wert des Datenverbundes gewährleistet, unabhängig davon, welcher Wert zuletzt in einer Instanz der Klasse *Number* gespeichert wurde.

Im nachfolgenden Code-Ausschnitt wird die Implementierung der Praxisklasse *Number* mit der statischen Methode ergänzt:

```cpp
/* Erweiterung der Implementierung der Praxisklasse Number. */

// Implementierung der statischen Kopiermethode.

Core::Number Core::Number :: Copy(Core::Number obj)
{
    // Instanz der Klasse Number über Standardkonstruktor.
    // Das Objekt result, welches als Kopie von dem als
    // Parameter übergebenen Objekt dienen soll,
    // gilt zunächst als undefiniert.

    Core::Number result;   // Zunächst leere Instanz.

    // Kopieren von jeder Eigenschaft von
    // dem als Parameter übergebenen Objekt.
    // Es genügt einen Wert des größten Datentyps
    // (uint64 oder int64) aus dem Datenverbund zu kopieren.
    // Die zur Methode lokal gültige Instanz der Klasse Number
    // (result) hat Zugriff auf die privaten Eigenschaften.

    result.m_last          = obj.m_last;
    result.m_size          = obj.m_size;
    result.m_type.t_uint64 = obj.m_type.t_uint64;

    return result;   // Rückgabe des kopierten Objektes.
}
```

Listing **9.15**: Implementierung einer statischen Methode der Klasse Number

9.6 Statische und konstante Eigenschaften

>> Im Kapitel **Klassen & Bezugsrahmen (Scoping)** sind Ihnen unter anderem statische und konstante Eigenschaften in Klassendefinitionen begegnet, welche die Schlüsselwörter **static** und **const** in Kombination verwenden und global über eine entsprechende Klasse geteilt werden können. Die Praxisklasse *Number* verwendet solche Eigenschaften, um den kleinsten und größten Wert eines jeweiligen Wertebereiches zu deklarieren. Der logische Datentyp **bool** wird für statische und konstante Eigenschaften jedoch nicht berücksichtigt.

Das nachfolgende Listing ergänzt die Definition der begleitenden Praxisklasse *Number* mit der Deklaration statischer und konstanter Eigenschaften:

```cpp
/* Erweiterung der Klassendefinition von Number (public). */

// Deklaration statischer und konstanter Eigenschaften.

static const uint8  MAX_UINT8;    // Vorzeichenlose Maxima.
static const uint16 MAX_UINT16;
static const uint32 MAX_UINT32;
static const uint64 MAX_UINT64;

static const int8  MAX_INT8;      // Vorzeichenbehaftete Maxima.
static const int16 MAX_INT16;
static const int32 MAX_INT32;
static const int64 MAX_INT64;

static const uint8  MIN_UINT8;    // Vorzeichenlose Minima.
static const uint16 MIN_UINT16;
static const uint32 MIN_UINT32;
static const uint64 MIN_UINT64;

static const int8  MIN_INT8;      // Vorzeichenbehaftete Minima.
static const int16 MIN_INT16;
static const int32 MIN_INT32;
static const int64 MIN_INT64;
```

Listing **9.16**: Statische und konstante Eigenschaften der Klasse Number

Die Praxisklasse Number » Statische und konstante Eigenschaften

Die größten Werte (Maxima) und die kleinsten Werte (Minima) gelten für alle vorzeichenlosen und vorzeichenbehafteten Datentypen der Klasse *Number*. Beachten Sie, dass bei der globalen Deklaration der statischen Eigenschaften ebenfalls das Schlüsselwort **const** angegeben werden muss und dadurch eine Initialisierung zwingend ist. In Bezug auf die Praxisklasse *Number* muss der Namensraum *Core* bei der globalen Deklaration aufgelöst werden. Die jeweils kleinsten und größten Werte eines entsprechenden Wertebereiches dienen zur Initialisierung der statischen und konstanten Eigenschaften. Diese Werte sind identisch mit denen aus der *Tabelle 24* dieses Kapitels.

Im folgenden Code-Ausschnitt wird die Implementierung der Klasse *Number* erweitert und mit der globalen Deklaration und Initialisierung der statischen und konstanten Eigenschaften ergänzt:

```cpp
/* Erweiterung der Implementierung der Praxisklasse Number. */

// Globale Deklaration und Initialisierung der Eigenschaften.

const uint8  Core::Number::MAX_UINT8  = 255u;
const uint16 Core::Number::MAX_UINT16 = 65535u;
const uint32 Core::Number::MAX_UINT32 = 4294967295uL;
const uint64 Core::Number::MAX_UINT64 = 18446744073709551615uLL;

const int8  Core::Number::MAX_INT8  = 127;
const int16 Core::Number::MAX_INT16 = 32767;
const int32 Core::Number::MAX_INT32 = 2147483647L;
const int64 Core::Number::MAX_INT64 = 9223372036854775807LL;

const uint8  Core::Number::MIN_UINT8  = 0;
const uint16 Core::Number::MIN_UINT16 = 0;
const uint32 Core::Number::MIN_UINT32 = 0;
const uint64 Core::Number::MIN_UINT64 = 0;

const int8  Core::Number::MIN_INT8  = -128;
const int16 Core::Number::MIN_INT16 = -32768;
const int32 Core::Number::MIN_INT32 = -2147483648L;
const int64 Core::Number::MIN_INT64 = -9223372036854775808LL;
```

Listing **9.17**: Globale Initialisierung statischer und konstanter Eigenschaften

9.7 Speicherbelegung

>> Um den Bedarf an Speicher zu ermitteln, welcher von einer Instanz der Praxisklasse *Number* oder den zur Hilfe kommenden Definitionen belegt wird, kann der bereits bekannte **sizeof**-Operator genutzt werden. Bedenken Sie, dass statische und konstante Eigenschaften der Klasse *Number* nicht zum Speicherbedarf einer jeweiligen Instanz hinzu gerechnet werden.
Unabhängig von der verwendeten Aufzählung *LastTypeOfNumber* errechnet sich der Bedarf an Speicher für definierte Aufzählungstypen nicht für jeden einzelnen Enumerator des Bezugsrahmens. Ein Compiler der Sprache C++ behandelt Aufzählungstypen (und dessen Instanzen) stets als vorzeichenbehaftete und ganzzahlige Werte (**signed int**). Dabei trägt nur der gespeicherte Enumerator zur Ermittlung des Speicherbedarfes bei. Der nachfolgende Code-Ausschnitt ermittelt den Speicherbedarf des im Namensraum *Core* definierten Aufzählungstyps *LastTypeOfNumber* aus *Listing 9.3*:

```
// Ermittlung der Größe des Aufzählungstyps LastTypeOfNumber.
// Der Bedarf an Speicher ist nur 4 Byte (32 Bit).
// Das Schlüsselwort enum kann auch vernachlässigt werden.
// Da der Aufzählungstyp im Namensraum Core definiert wurde,
// muss auch in diesem Ausdruck der Namensraum mit
// dem Scope-Operator vorher aufgelöst werden.

unsigned int EnumSize = sizeof(enum Core::LastTypeOfNumber);
```

Listing **9.18**: Verwendung des **sizeof**-Operators mit einem Aufzählungstyp

Der Speicherbedarf eines gesamten Datenverbundes (**union**) ermittelt sich mit Hilfe des größten Datentyps, welcher im jeweiligen Verbund deklariert ist. Da sich alle Elemente eines Datenverbundes den Speicherplatz teilen, belegt eine Instanz nur soviel Speicher, wie für die Belegung der größten Eigenschaft notwendig ist. Dabei zählen mehrere Elemente der gleichen Größe nur einmal. Im folgenden Code-Beispiel wird mit dem **sizeof**-Operator die Speichergröße des Datenverbundes *DatatypeOfNumber* aus *Listing 9.4* ermittelt, der ebenfalls im Namensraum *Core* definiert wurde:

Die Praxisklasse Number » Speicherbelegung

```
// Der Bedarf an Speicher ist 8 Byte (64 Bit), da die größten
// Elemente im Datenverbund vom Typ uint64 und int64 sind.
// Das Schlüsselwort union kann auch vernachlässigt werden.
// Da der Datenverbund im Namensraum Core definiert wurde,
// muss dieser mit dem Scope-Operator aufgelöst werden.

unsigned int UnionSize = sizeof(union Core::DatatypeOfNumber);
```

Listing **9.19**: Verwendung des **sizeof**-Operators mit einem Datenverbund

Wie das folgende Listing deutlich macht, kann der **sizeof**-Operator auch dazu verwendet werden, um den gesamten Speicherbedarf einer Instanz der Praxisklasse *Number* zu ermitteln:

```
// Instanz der Klasse Number durch Standardkonstruktor.

Core::Number numb;

// Eine Instanz der Klasse Number belegt mindestens 16 Byte:
// 8 Byte für die Instanz des Datenverbundes und jeweils
// 4 Byte für den Aufzählungstyp und die Variable m_size.
// Statische und konstante Eigenschaften zählen nicht dazu.
// Der Speicherbedarf ist ein Vielfaches der Datenbusbreite,
// daher liegt ein Number-Objekt ausgerichtet im Speicher vor.

size32 numbSize0 = sizeof numb;    // Gibt 16 Byte zurück.

// Dieser Ausdruck führt planbar zum gleichen Ergebnis,
// jedoch muss der Operand (Klassenname) in Klammern stehen.

size32 numbSize1 = sizeof(Core::Number);   // Liefert 16 Byte.
```

Listing **9.20**: Speicherbedarf einer Instanz der Klasse Number

Bitte beachten Sie, dass in den Implementierungen zu den Konstruktoren und Setter-Methoden der Praxisklasse *Number* die **sizeof**-Operatoren mit Klammern verwendet wurden, obwohl es sich in den Operanden (nur) um Typdefinitionen handelte. Compiler der Sprache C++ können den **sizeof**-Operator stets unterschiedlich behandeln. Einige Compiler setzen Klammern für den Operanden voraus, wenn dieser aus einer simplen Typdefinition besteht, andere Compiler tolerieren die Angabe einer solchen Typdefinition ohne Klammern hinter dem Operator. Damit es für die Klasse *Number* nicht zu Fehlern beim Übersetzen der (heruntergeladenen) Quellcodes kommt, wurde in einer entsprechenden Implementierung der **sizeof**-Operator für jede Typdefinition mit Klammern verwendet.

9.8 Verwendung der Klasse

>> Testen Sie mit Instanzen Ihre eigene Praxisklasse *Number* nach belieben. Beachten Sie jedoch, dass beim Instanzieren Mehrdeutigkeit durch die überladenen Konstruktoren auftreten kann, wenn ein primitiver Typ als Parameter dient. Diese Mehrdeutigkeit lässt sich durch die Verwendung von Konstruktoren primitiver Typen, Suffixen und durch explizite Typkonvertierungen verhindern. Im folgenden Code-Ausschnitt wird die Verwendung der Praxisklasse *Number* beispielhaft veranschaulicht:

```cpp
// Bildung einer Instanz der Klasse Number und Verwendung
// des Konstruktors eines primitiven Datentyps, um explizit
// den uint16-Konstruktor der Klasse anzusprechen.
// Das Objekt numb0 speichert den vorzeichenlosen Wert 66.

Core::Number numb0(uint16(66));

// Instanz der Klasse Number durch Standardkonstruktor.
// Dieses Number-Objekt gilt zunächst als undefiniert.

Core::Number numb1;

bool undef0 = numb0.IsUndefined();   // Liefert false zurück.

bool undef1 = numb1.IsUndefined();   // Liefert true zurück.

// Fortsetzung auf Folgeseite.
```

Die Praxisklasse Number » Verwendung der Klasse

```cpp
// Diese Methode gibt den logischen Wert true zurück.

bool unsign = numb0.HasUnsignedType();

// Speichern eines Wertes vom Datentyp int64.
// Es werden alle 64 Bit im Verbund belegt, auch wenn
// der Wert -3000 in einen kleineren Wertebereich passt.

numb0.SetInt64(-3000L);   // Speicherung mit Suffix im Literal.

// Die Methode liefert nun den logischen Wert false zurück.

unsign = numb0.HasUnsignedType();

// Kopieren des Objektes numb0 nach numb1.

numb1 = Core::Number::Copy(numb0);

// Das Objekt numb1 ist nach der Kopie nicht mehr undefiniert.
// Die Methode liefert daher nun den logischen Wert false.

undef1 = numb1.IsUndefined();

// Das Number-Objekt numb1 besitzt nun die Werte von numb0.
// Die Getter-Methode liefert den Wert -3000 (64 Bit).

int64 value0 = numb1.GetInt64();

// Speicherung des maximalen Wertes aus dem Bereich von uint16.
// Es wird eine konstante und statische Eigenschaft der Klasse
// Number als Parameter der Setter-Methode verwendet.

numb0.SetUint16(Core::Number::MAX_UINT16);

// Die Getter-Methode liefert den Wert 65535 (16 Bit).

uint16 value1 = numb0.GetUint16();
```

Listing **9.21**: Verwendung der Klasse Number

10 Zeiger & Referenzen

10.1 Die Bedeutung der Zeiger

>> Zeiger (engl. Pointer) bzw. Zeigervariablen bilden einen wichtigen Teil in der Programmiersprache C++. Erst durch diese wird es möglich, einem Programm dynamischen Speicher zur Verfügung zu stellen und eine sinnvolle Speicherallokierung zu gewährleisten. Auch wenn Zeiger zunächst nichts mit Objektorientierung gemeinsam haben, sind diese aus der Sprache C++ jedoch nicht wegzudenken. Durch die Verwendung von Zeigern wird in gewisser Weise die Spreu vom Weizen beim Programmieren getrennt. Anhand von Zeigern und Zeigerarithmetik unterscheidet sich die Sprache C++ von anderen objektorientierten Programmiersprachen und hebt sich dadurch mächtig von diesen ab. Doch die Verwendung von Zeigern bürgt auch Schattenseiten. Die meisten Programmfehler oder Abstürze resultieren aus einer falschen bzw. missverstandenen Verwendung von Zeigern. Aus diesem Grund wird die Sprache C++ insbesondere von Anfängern und Neulingen gemieden. Doch wurde die Bedeutung und der Nutzen der Zeiger richtig verstanden, bilden diese ein sehr mächtiges Werkzeug im Umgang mit der Sprache C++. Mit dem umfangreichen Wissen dieses größten Kapitels tauchen Sie tiefer in die Programmierung ein.

Bekannt ist, dass eine Variable eines Programms eine physikalische Hardware-Adresse irgendwo im Speicher des Systems belegt. Genau an dieser Adresse ist der Wert der Variablen bzw. der Inhalt dieser Variablen abgelegt. Bildet der Wert einer Variablen eine physikalische Hardware-Adresse einer anderen Variablen des gleichen Programms, so wird von einem Zeiger bzw. einer Zeigervariablen gesprochen. Dabei besitzt die Zeigervariable selbst auch eine eigene Adresse, verweist aber auf den Speicherbereich einer anderen Variablen. Zeigervariablen können auch auf andere Zeiger verweisen, die ebenfalls auf den Speicherbereich einer Variablen zeigen können. Eine Hardware-Adresse des Speichers wird in der Regel als Hexadezimalwert repräsentiert. Dabei wird vor der jeweiligen Adresse oft eine führende Raute (#) dargestellt.

Die nachfolgende Abbildung verdeutlicht an einem Beispiel die einfache Verwendung von Zeigern und veranschaulicht Variablen und Zeigervariablen mit ihren physikalischen und frei gewählten Hardware-Adressen:

Zeiger & Referenzen » Deklaration eindimensionaler Zeiger

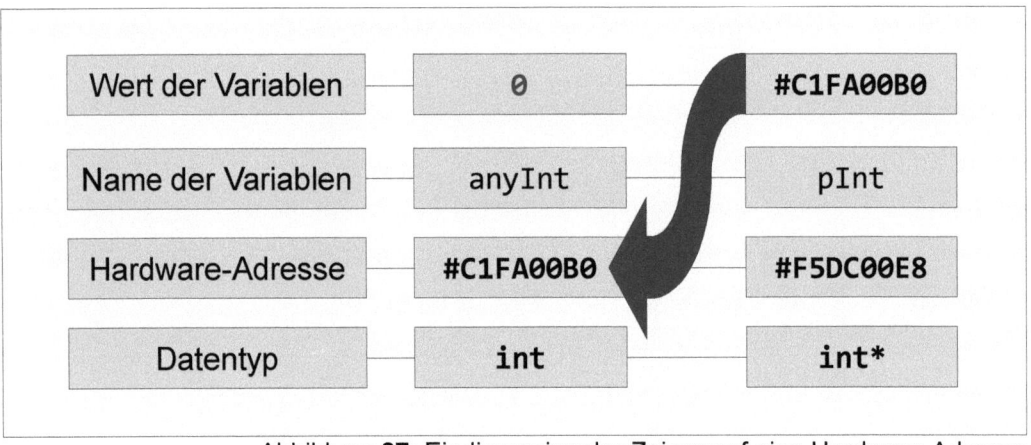

Abbildung **27**: Eindimensionaler Zeiger auf eine Hardware-Adresse

Da ein Zeiger die physikalische Hardware-Adresse einer Variablen speichert, kann über diesen auch auf den eigentlichen Inhalt der Variablen zugegriffen werden, auf die der Zeiger verweist.

10.2 Deklaration von Zeigervariablen

10.2.1 Deklaration eindimensionaler Zeiger

>> Ein Zeiger kann auf jeden beliebigen primitiven oder komplexen Datentyp verweisen, welcher bei der Deklaration der Zeigervariablen bekannt ist. In der oberen *Abbildung 27* handelt es sich um einen einfachen Zeiger, welcher auf eine Variable eines vorzeichenbehafteten, ganzzahligen Datentyps verweist. Die Deklaration einfacher und eindimensionaler Zeigervariablen erfolgt mit Hilfe des Zeichens der Multiplikation (*), indem dieses zwischen dem Typ und Namen der Variablen platziert wird. Der nachfolgende Code-Ausschnitt veranschaulicht die Deklaration eines eindimensionalen Zeigers:

```
// Deklaration eines Zeigers auf einen Integer-Speicherbereich.
int* pInt;
```

Listing **10.1**: Deklaration eines eindimensionalen Zeigers

Eintauchen in **C++**

Deklaration mehrdimensionaler Zeiger « Zeiger & Referenzen

Die Bekanntmachung einer Zeigervariablen erfolgt in einem Ausdruck durch die Angabe eines beliebigen Datentyps, gefolgt von einem Multiplikations-Zeichen, welches den Zeiger symbolisiert. Zeigervariablen haben jedoch nichts mit der arithmetischen Multiplikation gemeinsam, sondern verwenden syntaktisch nur dieses Symbol. Das Zeichen der Multiplikation wird für Zeiger auch häufig nur als Stern bezeichnet. Ein deklarierter Zeiger sollte nur auf den Speicher einer Variablen verweisen, welche konform zum Datentyp des jeweiligen Zeigers ist.

10.2.2 Deklaration mehrdimensionaler Zeiger

>> Die Deklaration von mehrdimensionalen (bzw. mehrfachen) Zeigern erfolgt durch die Angabe mehrerer Sterne, wobei jedes Symbol genau eine Dimension des Zeigers repräsentiert. Im nachfolgenden Listing wird die Deklaration eines zweidimensionalen Zeigers deutlich:

```
// Deklaration eines Zeigers auf einen Zeiger, welcher
// auf einen Speicherbereich vom Typ float verweist.

float** ppFlt;
```
Listing **10.2**: Deklaration eines zweidimensionalen Zeigers

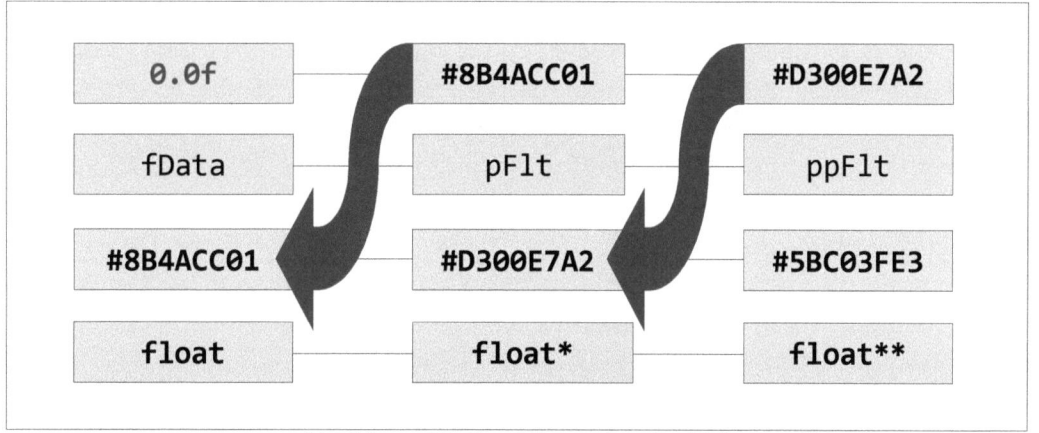

Abbildung **28**: Zweidimensionaler Zeiger auf Hardware-Adresse

10.2.3 Deklaration typloser Zeiger

>> Ist der Datentyp des Speicherbereiches, auf welchen der Zeiger verweisen soll, bei der Deklaration unbekannt, so handelt es sich dabei um einen typlosen Zeiger. Die Bekanntmachung von typlosen Zeigern geschieht mit dem Schlüsselwort **void**, ebenfalls gefolgt von Zeichen der Multiplikation (Sterne), welche die zu verwendenden Zeiger symbolisch darstellen. Ein typloser Zeiger kann zur Laufzeit in einen Zeiger mit Datentyp konvertiert werden. Das folgende Code-Beispiel macht die Deklaration typloser Zeiger deutlich:

```cpp
// Deklaration eines einfachen und typlosen Zeigers.
void* pUndef0;

// Deklaration eines dreidimensionalen und typlosen Zeigers.
void*** pppUndef1;
```

Listing **10.3**: Deklaration typloser Zeiger

10.2.4 Zeiger in Deklarationslisten

>> Die Deklaration mehrerer Zeiger kann in nur einem Ausdruck erfolgen, indem die entsprechenden Namen der Zeigervariablen bei der Bekanntmachung durch ein Komma voneinander getrennt werden. Dabei entsteht eine Deklarationsliste von Zeigervariablen, die gemeinsam auf den vorangestellten Datentyp verweisen. Zu beachten ist, dass für jede einzelne Zeigervariable in der Deklarationsliste ein oder mehrere Sterne geschrieben werden müssen, um eine jeweilige Variable symbolisch als Zeiger zu kennzeichnen. Bei der Deklaration von Zeigern in nur einem Ausdruck bietet es sich an, die entsprechenden Sterne direkt vor dem jeweiligen Identifikator einer Zeigervariablen zu platzieren. Im nachfolgenden Code-Ausschnitt wird die Deklaration mehrerer Zeiger in nur einem Ausdruck deutlich:

```
// Deklaration dreier Integer-Zeiger in nur einem Ausdruck.
// Für jede einzelne Zeigervariable müssen Multiplikations-
// Zeichen geschrieben werden, um die jeweilige Variable
// in der Deklarationsliste als Zeiger zu symbolisieren.

int *pInt0, *pInt1, **ppInt;
```

Listing **10.4**: Deklaration mehrerer Zeiger in einem Ausdruck

10.3 Der Adressoperator

>> Der unäre Adressoperator als Präfix besteht aus einem Ampersand (**&**) und liefert lesend die physikalische Hardware-Adresse seines Operanden zurück. Die Operanden können dabei beliebige Variablen, Konstanten, Zeigervariablen oder Objekte sein. Der Rückgabewert des Adressoperators entspricht einem Zeiger auf die Adresse der Daten im Operanden, wobei der gelieferte Zeiger vom Datentyp des jeweiligen Operanden ist. Im folgenden Code-Ausschnitt wird die Verwendung des Adressoperators beispielhaft veranschaulicht:

```
unsigned short UiShortVar = 33u;   // Initialisierte Ganzzahl.

// Verwendung des unären Adressoperators, welcher
// als Präfix vor der Variablen platziert werden muss.
// Der Rückgabewert ist die Hardware-Adresse von UiShortVar.
// Vom Operator wird der Typ unsigned short* geliefert.

unsigned short* pShort = &UiShortVar;

double* pDbl;   // Zeiger auf Variable vom Datentyp double.

// Zeiger auf die Hardware-Adresse der Zeigervariablen pDbl.
// Der Rückgabewert des unären Adressoperators
// entspricht dem Datentyp double**.

double** pDblAdr = &pDbl;
```

Listing **10.5**: Verwendung des Adressoperators

10.4 Zuweisung und Initialisierung von Zeigern

>> Wie es die Ausdrücke im vorherigen *Listing 10.5* bereits vermittelten, können Zeigervariablen bei ihrer Deklaration mit einer Hardware-Adresse initialisiert werden. Zuweisungen von Zeigern erfolgen wie bei anderen Variablen, wobei auch bei Zeigern der linke Operand des Zuweisungsoperators konform zum Datentyp des rechten Operanden sein sollte. In *Listing 10.1* und *Listing 10.2* wurden die entsprechenden Zeiger bei ihrer Deklaration nicht initialisiert. Zeiger, bei denen keine Initialisierung oder Zuweisung erfolgt, verweisen auf undefinierte Speicherbereiche. Die Verwendung solcher Zeiger ist gefährlich und kann somit zum Absturz des Programms führen. Daher sollten Zeigervariablen bei der Deklaration immer initialisiert werden. Das nachfolgende Code-Beispiel macht die Zuweisung und Initialisierung von Zeigern deutlich:

```cpp
unsigned int uiVar;    // Einfache Variable vom Typ unsigned int.

signed int iVar;       // Einfache Variable vom Typ int.

// Zeiger auf eine Variable vom Typ int.
// Der Adressoperator gibt den Typ signed int* zurück.
// Da das Schlüsselwort signed auch entfallen kann,
// ist die Zuweisungen (Initialisierung) konform.

int* pI = &iVar;

// Der Zeiger pI bekommt nun die Adresse von uiVar zugewiesen.
// Diese Zuweisung ist nicht konform und führt zu einem Fehler.
// Ein Zeiger vom Typ signed int kann nicht auf den Speicher-
// bereich einer Variablen vom Typ unsigned int verweisen.

pI = &uiVar;   // Compiler-Fehler!
```

Listing **10.6**: Zeiger in Verbindung mit dem unären Adressoperator

Unter Verwendung der *Abbildung 28* veranschaulicht das nachfolgende Listing ebenfalls die Zuweisung und Initialisierung von Zeigern:

```cpp
float fData = 0.0f;   // Initialisierter Gleitkommawert.

// Zeigerdeklaration auf die Adresse der Variablen fData.
// Der Rückgabewert des Adressoperators ist vom Typ float*,
// daher ist die Zuweisung und Initialisierung konform.

float* pFlt = &fData;

float** ppFlt;   // Zweidimensionaler Zeiger vom Typ float.

// Die Zeigervariable ppFlt verweist auf die Adresse des
// Zeigers pFlt und der Rückgabewert des Adressoperators
// entspricht dem Datentyp float**.

ppFlt = &pFlt;   // Konforme Zuweisung.
```

Listing **10.7**: Zuweisung und Initialisierung von Zeigern

10.5 Nullzeiger und Zeigervalidierung

>> Zeiger verweisen in C++ auf die physikalische Hardware-Adresse einer vorhandenen Variablen im Programm. Soll diese Adresse zur Laufzeit des Programms zunächst nicht gespeichert werden, so empfiehlt sich die Verwendung von sogenannten Nullzeigern. Diese verweisen nicht auf eine vorhandene Hardware-Adresse, sondern lediglich auf den Wert Null. Dementsprechend sind alle Bit einer solchen Zeigervariablen auf Null gesetzt (#00000000). Nullzeiger bieten sich bei der Initialisierung an, wenn die physikalische Hardware-Adresse, auf welche eine Zeigervariable verweisen soll, bei der Deklaration noch nicht bekannt ist. Diese initialisierten Zeiger sind nicht undefiniert, da sie auf den Wert Null verweisen und mittels Zeigervalidierung überprüft werden können.

```cpp
// Deklaration eines Nullzeigers mit dem Wert 0.

float* pFlt = 0;
```

Listing **10.8**: Deklaration und Initialisierung eines Nullzeigers

Zeiger & Referenzen » Nullzeiger und Zeigervalidierung

Im vorherigen *Listing 10.8* wurde die Deklaration eines eindimensionalen Zeigers verdeutlicht, welcher mit dem ganzzahligen Literal Null (0) initialisiert wurde. Doch diese Schreibweise bürgt eine Verwechslungsgefahr mit der Deklaration ganzzahliger Datentypen, die ebenfalls mit dem Wert Null initialisierbar sind. Weitaus elegantere und besser lesbare Initialisierungen von Nullzeigern sind mit Hilfe von Typkonvertierungen möglich, wie es der folgende Code-Ausschnitt deutlich macht:

```cpp
// Deklaration eines Zeigers auf einen float-Speicherbereich.
// Der Zeiger wird mittels einer expliziten Typkonvertierung
// als Nullzeiger initialisiert.

float* pFlt = (float*)0;
```

Listing **10.9**: Initialisierung eines Nullzeigers durch Typkonvertierung

Alle Zeigervariablen können mittels einer Typkonvertierung als Nullzeiger initialisiert werden, wobei der Datentyp in Klammern konform zur Deklaration der Zeigervariablen sein muss. Zur Laufzeit können Zeiger auch als Nullzeiger dienen, wenn diesen mittels einer Typkonvertierung der Wert Null zugewiesen wird. Die Initialisierungen von Nullzeigern sind nicht nur auf eindimensionale Zeiger beschränkt.

Das nachfolgende Listing veranschaulicht die Deklaration und Initialisierung eines dreidimensionalen und typlosen Zeigers mittels Typkonvertierung:

```cpp
// Deklaration eines dreidimensionalen und typlosen
// Zeigers, welcher mittels einer Typkonvertierung
// als Nullzeiger initialisiert wird.
// Der geklammerte Datentyp der Konvertierung sollte
// konform zur Deklaration der Zeigervariablen sein.
// Auf einem 32-Bit-System werden alle 32 Bit
// der Variablen mit dem Wert 0 initialisiert.

void*** pppUndef = (void***)0;
```

Listing **10.10**: Initialisierung eines mehrdimensionalen Nullzeigers

Nullzeiger und Zeigervalidierung « Zeiger & Referenzen

Für jede Zeigervariable kann eine Validierung erfolgen. Eine solche Zeigervalidierung ist dabei nichts anderes als eine Überprüfung, ob ein Zeiger auf eine gültige Hardware-Adresse verweist oder nicht. Häufig kann die Überprüfung eines Zeigers in einer bedingten Anweisung erfolgen. Verweist ein Zeiger in C++ auf eine gültige Hardware-Adresse einer Variablen, so ist mindestens ein Bit der entsprechenden Zeigervariablen auf den Wert 1 gesetzt. Eine Validierung dieses Zeigers in einer Bedingung würde also den logischen Wert **true** liefern. Da alle Bit eines Nullzeigers standardmäßig mit dem Wert Null versehen sind, liefert eine bedingte Anweisung für die Validierung eines solchen Zeigers den Wert **false**. Der folgende Code-Ausschnitt verdeutlicht die Validierung einer einfachen Zeigervariablen:

```cpp
// Deklaration und Initialisierung eines Nullzeigers auf den
// Speicher einer vorzeichenlosen und ganzzahligen Variablen.

unsigned int* pInt = (unsigned int*)0;

// Deklaration einer vorzeichenlosen und ganzzahligen
// Variablen, welche mit dem Wert 0 initialisiert ist.

unsigned int UIntVar = 0;

// Die bedingte Anweisung liefert false, da alle
// Bit der Zeigervariablen auf Null gesetzt sind.

if (pInt) { /* Scope für validen Zeiger; ignoriert. */ }
else      { /* Scope für Nullzeiger; abgearbeitet.  */ }

// Der Zeiger bekommt nun die Adresse von UIntVar zugewiesen.

pInt = &UIntVar;

// Die Bedingung liefert nun den logischen Wert true.

if (pInt) { /* Bereich für validen Zeiger; abgearbeitet. */ }
else      { /* Bereich für Nullzeiger; ignoriert.         */ }
```

Listing **10.11**: Validierung einer Zeigervariablen in bedingten Anweisungen

Um Programmabstürze zu vermeiden, sollten Zeiger vor ihrer Verwendung stets auf Gültigkeit überprüft werden. Ein Nullzeiger wird als ungültig behandelt, da dieser auf keine vorhandene Hardware-Adresse einer Variablen verweist. Jedoch sind initialisierte Nullzeiger in Bedingungen validierbar.

Im Verlauf dieses Buches haben Sie bereits den unären Negierungsoperator (!) kennengelernt, der den logischen Wahrheitswert des Operanden vertauscht. Dieser Operator lässt sich auch für die Validierung von Zeigervariablen verwenden, wie es das folgende Code-Beispiel deutlich macht:

```cpp
double* pDbl = (double*)0;   // Zeiger auf double, aber Null.

if (!pDbl)   // Validierung des Zeigers auf Ungültigkeit.
{
   // Bereich für Nullzeiger, welcher abgearbeitet wird.
   // Der Negierungsoperator invertiert den Wahrheitswert
   // (false zu true), so dass die Bedingung gültig ist.
}
```

Listing **10.12**: Validierung einer Zeigervariablen mit Negierungsoperator

10.6 Zeiger mit dem Schlüsselwort **const**

>> Wie bei der herkömmlichen Deklaration von Variablen können auch Zeigervariablen mit dem Schlüsselwort **const** als konstant qualifiziert werden. Konstante Zeiger müssen bei ihrer Deklaration mit einer physikalischen Hardware-Adresse initialisiert werden. Alternativ können konstante Zeigervariablen auch als Nullzeiger dienen, indem diese bei der Deklaration mit dem Wert Null initialisiert werden. Da konstante Zeiger ihre Adressen zur Laufzeit nicht verändern dürfen, ergeben konstante Nullzeiger aus semantischer Sicht keinen Sinn. Deklarationen von konstanten Zeigern, welche auf den Wert Null verweisen, sind allerdings konform gegenüber der Syntax von C++. Bei einer Typkonvertierung muss das Schlüsselwort **const** für einen konstanten Zeiger in den Klammern nicht zwingend angegeben werden.

Das folgende Listing veranschaulicht beispielhaft die Deklaration konstanter Zeigervariablen:

```
long int LongIVar;   // Deklaration einer Variablen LongIVar.

// Deklaration eines konstanten Zeigers, welcher mit
// der Adresse der Ganzzahl LongIVar initialisiert wird.
// Während der gesamten Lebensdauer des Zeigers darf dieser
// nur auf die initialisierte Adresse von LongIVar verweisen.

long int* const pLong = &LongIVar;

// Deklaration eines konstanten Nullzeigers.
// Dieser Zeiger verweist immer auf 0 und lässt
// sich zur Laufzeit des Programms nicht verändern.
// Die Deklaration ist syntaktisch korrekt,
// bleibt aber aus Sicht der Semantik ohne Sinn.

float* const pFlt = (float*)0;
```

Listing **10.13**: Deklaration konstanter Zeiger

Bei der Deklaration von konstanten Zeigern muss sorgsam darauf geachtet werden, an welcher Stelle das Schlüsselwort **const** im Ausdruck platziert wird. Für die korrekte Deklaration einer konstanten Zeigervariablen muss sich das Schlüsselwort **const** hinter dem Datentyp befinden und somit auch hinter den Zeichen der Multiplikation, die den jeweiligen Zeiger symbolisieren. Im nachfolgenden Code-Ausschnitt wird ebenfalls die Deklaration von Zeigern deutlich, wobei diese aber nun auf Konstanten verweisen:

```
// Initialisierung eines Nullzeigers auf den Speicher-
// bereich einer Konstanten vom Datentyp long int.
// Das Schlüsselwort const wird vor dem Zeiger platziert,
// somit handelt es sich NICHT um einen konstanten Nullzeiger.
// Die physikalische Hardware-Adresse, auf die der Zeiger
// verweist, darf zur Laufzeit geändert werden, jedoch nicht
// der konstante Inhalt des Speichers an dieser Adresse.

long int const* pLong = (long int const*)0;

// Fortsetzung auf Folgeseite.
```

Zeiger & Referenzen » Zeiger mit dem Schlüsselwort **const**

```
// Deklaration und Initialisierung der Konstanten PI.

const float PI = 3.14159f;

// Deklaration einer Zeigervariablen.
// Das Schlüsselwort const wird vor dem Datentyp platziert.
// Es handelt sich bei der Deklaration nicht um einen
// konstanten Zeiger, sondern um eine Zeigervariable, welche
// auf die Adresse einer Konstanten vom Typ float verweist.

const float* pFlt;

// Die Zuweisung einer Adresse ist konform,
// da der Zeiger nicht als konstant qualifiziert ist.
// Da PI eine Konstante repräsentiert, liefert der
// Adressoperator den Datentyp const float* zurück.

pFlt = &PI;

// Die schreibende Veränderung der Konstanten ist unzulässig.

PI = -3.14159f;   // Compiler-Fehler!

// Deklaration einer konstanten Zeigervariablen, welche mit
// der Hardware-Adresse der Konstanten PI initialisiert wird.

const float* const cpFlt = &PI;

// Eine Veränderung der Zeigervariablen wäre
// nicht zulässig, da diese konstant ist.
// Der Zeiger cpFlt darf während seiner gesamten
// Lebensdauer nur auf die Konstante PI verweisen.
```

Listing **10.14**: Deklaration von Zeigern mit dem Schlüsselwort **const**

Bei mehrdimensionalen Zeigern kann das Schlüsselwort für jede Dimension einzeln angegeben werden, wobei dadurch wahlweise die mit dem Schlüsselwort **const** versehenen Dimensionen einer Zeigervariablen einzeln als konstant qualifiziert werden.

10.7 Dereferenzierung von Zeigern

>> Die Dereferenzierung von Zeigern wird auch oft als Indirektion bezeichnet und bildet im Grunde das Gegenstück zum Adressoperator. Mit Hilfe des unären Dereferenzierungsoperators lässt sich der Wert einer Variablen verändern, auf die ein Zeiger verweist. Dieser Operator besteht ebenfalls aus einem Stern (*) und sollte auch nicht mit dem binären Operator der Multiplikation verwechselt werden. Der Operator für die Dereferenzierung von Zeigern wird als Präfix vor einer entsprechenden Zeigervariablen platziert und liefert den Datentyp des Operanden zurück, auf welchen der Zeiger verweist. Die Angabe mehrerer dieser Operatoren ist für die Dereferenzierung zulässig, um Zeigervariablen aufzulösen, welche selbst auf Zeiger verweisen. Der Operand des unären Dereferenzierungsoperators muss dabei zwingend eine Zeigervariable sein. Bezugnehmend auf die *Abbildung 28* wird im nachfolgenden Code-Beispiel die Dereferenzierung von Zeigern verdeutlicht:

```cpp
float fData = 0.0f;      // Initialisierte Variable vom Typ float.

float* pFlt = &fData;    // Zeigervariable auf Adresse von fData.

float** ppFlt = &pFlt;   // Zeiger auf Adresse des Zeigers pFlt.

// Dereferenzierung des Zeigers pFlt mit unärem Operator.
// Der Rückgabewert des Dereferenzierungsoperators ist vom
// primitiven Datentyp float, da pFlt auf float* verweist.
// Die Variable fValue nimmt den Wert 0.0f an.

float fValue = *pFlt;    // Liefert den Inhalt von fData.

// Doppelte Dereferenzierung der Zeigervariablen ppFlt.
// Eine einfache Indirektion würde den Datentyp float* liefern,
// die doppelte Dereferenzierung gibt den Typ float zurück.
// Die Variable fData wird nur über den Zeiger verändert
// und erhält nach der Dereferenzierung den Wert 1.0f.

**ppFlt += 1.0f;
```

Listing **10.15**: Dereferenzierung von Zeigern

Zeiger & Referenzen » Dereferenzierung von Zeigern

Da ein Nullzeiger auf keine gültige Hardware-Adresse einer Variablen verweist, führt die Dereferenzierung eines solchen Zeigers demnach zum Absturz des Programms. Typlose Zeiger (**void***) können nicht dereferenziert werden, da der Datentyp unbekannt ist und eine entsprechende Variable, auf welche der typlose Zeiger verweist, nicht aufgelöst werden kann. Diese Zeiger sollten vor der Dereferenzierung im Code konvertiert werden. Die Verwendung des Operators der Dereferenzierung ist auch in Verbindung mit dem Schlüsselwort **const** möglich, wie es das nachfolgende Listing deutlich macht:

```cpp
// Erneute Deklaration und Initialisierung der Konstanten PI.

const float PI = 3.14159f;

// Deklaration einer Zeigervariablen, welche auf eine
// Konstante vom Datentyp float verweist und mit der
// Adresse von PI initialisiert wird.

const float* pFlt = &PI;

// Dereferenzierung der Zeigervariablen pFlt.
// Der Operator liefert den Datentyp const float zurück.
// Die Konstante fValue wird mit dem Wert von PI initialisiert.
// Da durch die Indirektion nur ein lesender Zugriff auf
// die Konstante PI erfolgt, ist der Ausdruck konform.

const float fValue = *pFlt;   // fValue = 3.14159f.

// Schreibende Veränderung der Konstanten PI über den
// Zeiger pFlt durch unären Dereferenzierungsoperator.
// Der Typ des Rückgabewertes vom Operator ist const float,
// daher führt der schreibende Zugriff zu einem Fehler.

*pFlt = -3.14159f;   // Compiler-Fehler!
```

Listing **10.16**: Dereferenzierung von Zeigern mit dem Schlüsselwort **const**

Alle Operatoren, welche in Verbindung mit Zeigervariablen verwendet werden können, sind zusammengefasst am Ende der Abschnitte über Zeiger zu finden.

10.8 Zeiger und Objekte
10.8.1 Deklaration und Initialisierung

>> Bisher wurden in diesem Kapitel nur Zeigervariablen auf primitive Datentypen verdeutlicht. Doch auch Zeiger auf komplexe Typen (Objekte) sind möglich, also Variablen, welche auf Adressen von Instanzen beliebiger Klassen verweisen können. Zur Veranschaulichung der Deklaration und Initialisierung von Zeigern auf Objekte werden im folgenden Code-Ausschnitt die bekannten Praxisklassen *Point2D* und *Number* herangezogen:

```cpp
// Bildung einer Instanz der Klasse Point2D mit
// initialisierten Koordinaten im zweidimensionalen Raum.

Point2D point(-0.5f, 3.5f);

// Deklaration eines Zeigers auf ein Objekt vom Typ Point2D,
// welcher mit der Adresse von point initialisiert wird.
// Der unäre Adressoperator liefert für diesen
// Ausdruck den Datentyp Point2D* zurück.

Point2D* pPoint = &point;   // Zeigt auf das Objekt point.

// Deklaration eines Nullzeigers auf den komplexen Typ der
// Klasse Number, welche im Namensraum Core definiert wurde.
// Der Namensraum wird entsprechend bei der Deklaration
// und bei der Typkonvertierung explizit aufgelöst.

Core::Number* pNumb = (Core::Number*)0;

// Deklaration einer Zeigervariablen auf einen Point2D-Zeiger.
// Der Zeiger wird mit der Adresse von pPoint initialisiert.
// Vom Adressoperator wird der Typ Point2D** geliefert.

Point2D** ppPoint = &pPoint;
```

Listing **10.17**: Deklaration und Initialisierung von Zeigern auf Objekte

10.8.2 Zugriffe über den Pfeiloperator

>> Verweist eine Zeigervariable auf ein Objekt, dann kann mit Hilfe des binären Pfeiloperators (->) auf die Eigenschaften und Methoden dieses Objektes zugegriffen werden. Der Pfeiloperator verhält sich in C++ ähnlich dem Punktoperator, jedoch wird dieser nur in Verbindung mit Zeigern auf Objekte benutzt und besteht aus zwei druckbaren Zeichen – einem Minus und einer spitzen, nach rechts zeigenden Klammer. Über entsprechende Zeigervariablen ermöglicht der Pfeiloperator die lesenden und schreibenden Zugriffe auf Eigenschaften und Methoden von Instanzen komplexer Typen, sowie Zugriffe auf Elemente des Datenverbundes (**union**).

```cpp
Point2D point(0.0f, 0.0f);   // Objekt vom Typ Point2D.

Point2D* pPoint = &point;    // Zeiger auf Objekt point.

// Aufruf der Methode SetCoordX über den
// Zeiger pPoint mit Hilfe des Pfeiloperators.
// Der Zeiger modifiziert durch den schreibenden Methodenaufruf
// das Objekt point, da der Zeiger auf dieses Objekt verweist.

pPoint->SetCoordX(3.5f);   // Neue X-Koordinate über Zeiger.

// Die drei folgenden Aufrufe der Methode IsCoordCenter
// liefern alle den gleichen, logischen Ergebniswert false.

bool center = point.IsCoordCenter();   // Zugriff über Objekt.

center = pPoint->IsCoordCenter();      // Zugriff über Zeiger.

// Dereferenzierung der Zeigervariablen pPoint.
// Der Dereferenzierungsoperator gibt den Datentyp Point2D
// zurück, daher erfolgt ein Zugriff über den Punktoperator.

center = (*pPoint).IsCoordCenter();
```

Listing **10.18**: Zeiger in Verbindung mit dem Pfeiloperator

10.8.3 Zeiger auf konstante Objekte

>> Zeigervariablen können in C++ auch auf konstante Objekte verweisen, indem bei der Deklaration eines entsprechenden Zeigers das Schlüsselwort **const** im komplexen Datentyp verwendet wird. Dabei kann der Qualifizierer wahlweise vor oder nach dem Datentyp, auf welchen der zu deklarierende Zeiger verweisen soll, platziert werden. Allerdings muss der **const**-Qualifizierer vor dem jeweiligen Stern stehen, da sonst die Zeigervariable selbst als konstant deklariert wird. Zeiger auf konstante Objekte besitzen nur lesende Zugriffe auf die Eigenschaften des Objektes, auf welches sie verweisen und dürfen die entsprechende Instanz nicht verändern. Methoden in Klassen, welche mit dem Schlüsselwort **const** in ihrer Signatur als konstant qualifiziert wurden, können von diesen Zeigervariablen aufgerufen werden, da diese Methoden aufgrund der konstanten Qualifizierung die Eigenschaften ihres Objektes nicht schreibend modifizieren dürfen. Im nachfolgenden Code-Beispiel wird ein Zeiger auf ein konstantes Objekt vom Typ *Number* veranschaulicht:

```cpp
Core::Number numb(uint32(55));   // Instanz der Klasse Number.

// Deklaration eines initialisierten Zeigers, welcher auf
// den konstanten Speicherbereich des Objektes numb verweist.

const Core::Number* pNumb = &numb;

// Die Methode SetBool kann über den Zeiger nicht aufgerufen
// werden, da diese die Eigenschaften des Objektes verändert.

pNumb->SetBool(true);   // Compiler-Fehler!

// Ein Aufruf der Methode IsUndefined über den Zeiger ist
// möglich, da diese Methode als konstant qualifiziert wurde
// und die Eigenschaften des Objektes nicht verändert.

bool undef = pNumb->IsUndefined();   // Liefert false zurück.
```

Listing **10.19**: Deklaration eines Zeigers auf ein konstantes Objekt

Zeiger auf konstante Objekte verdeutlichen in diesem Zusammenhang den Sinn von Getter-Methoden und logischen Methoden, welche im Kapitel **Methoden in Klassen** genauer erläutert wurden. Ein Aufruf dieser Methoden über Zeiger auf konstante Objekte ist also nur wegen den konstanten Qualifizierungen der Signaturen möglich. Dabei ist einzig und allein das Schlüsselwort **const** in der jeweiligen Signatur einer Methode verantwortlich, dass diese über einen solchen Zeiger aufgerufen werden kann. Wäre die Methode *IsUndefined* der Praxisklasse *Number* nicht über die Signatur als konstant qualifiziert, dann könnte diese über den Zeiger im vorherigen Listing auch nicht aufgerufen werden.

10.8.4 Konstante Zeiger auf konstante Objekte

>> Zeiger auf konstante Objekte sollten nicht mit konstanten Zeigern verwechselt werden. Jedoch sind in C++ auch konstante Zeiger auf konstante Objekte syntaktisch möglich. Hierfür muss bei der Deklaration einer Zeigervariablen das Schlüsselwort **const** im Typ und zugleich vor dem Identifikator platziert werden, wie es das folgende Listing beispielhaft veranschaulicht:

```cpp
// Deklaration eines konstanten Zeigers, welcher
// auf ein konstantes Objekt vom Typ Point2D verweist.

const Point2D* const pPoint = (const Point2D*)0;

// Deklaration eines zweidimensionalen und konstanten
// Zeigers auf den Speicherbereich eines konstanten
// Objektes vom Datentyp Number.

Core::Number const** const pNumb = (const Core::Number**)0;

// Hinweis: Die konstanten Zeiger wurden aus
// Gründen der Übersicht als Nullzeiger deklariert.
// Bitte beachten Sie, dass konstante Nullzeiger
// in der Praxis wenig Sinn ergeben.
```

Listing **10.20**: Deklaration konstanter Zeiger auf konstante Objekte

10.8.5 Der this-Zeiger

>> In der objektorientierten Programmiersprache C++ bildet der **this**-Zeiger eine spezielle Zeigervariable und stellt gleichzeitig ein Schlüsselwort in der Syntax dar. Dieser Zeiger ist nur im jeweiligen Bezugsrahmen von Methoden-Implementierungen gültig und verweist auf das Objekt, welches die entsprechende Methode aufgerufen hat. Der **this**-Zeiger kann als lokale Kopie einer Zeigervariablen in einer Methode angesehen werden, wobei dieser die Hardware-Adresse des aktuellen Objektes speichert, welches die Methode zum Aufruf brachte. Da diese spezielle Zeigervariable nur in Klassenmethoden ihre Gültigkeit besitzt, kann diese auch in der Implementierung von Konstruktoren und Destruktoren verwendet werden. Statische Methoden in Klassen werden wie globale Methoden behandelt. Die Verwendung des **this**-Zeigers innerhalb von statischen Methoden ist daher nicht zulässig. Oft wird dieser Zeiger in implementierten Klassenmethoden verwendet, um mit dem Pfeiloperator auf die eigenen Eigenschaften und Methoden des Objektes Zugriff zu erlangen. Der spezielle **this**-Zeiger ist immer valide und verweist niemals auf Null. Eine Dereferenzierung dieses Zeigers liefert das entsprechende Objekt, welches die Methode aufgerufen hat. Die Verwendung des Schlüsselwortes **this** außerhalb des Scopes einer Methode führt zu einem Übersetzungsfehler.

Um die Verwendung dieses speziellen Zeigers zu verdeutlichen, wird im nachfolgenden Listing die Implementierung der Methode *SetCoordX* der Praxisklasse *Point2D* modifiziert:

```cpp
/* Veränderung der Methoden-Implementierung
   der bekannten Praxisklasse Point2D. */

void Point2D::SetCoordX(float x)
{
   // Es wird der this-Zeiger für den schreibenden
   // Zugriff auf die Eigenschaft m_x verwendet.

   this->m_x = x;   // Der this-Zeiger ist vom Typ Point2D*.
}
```

Listing **10.21**: Verwendung des **this**-Zeigers

10.9 Typdefinitionen mit Zeigern

>> Mit Hilfe des Schlüsselwortes **typedef** können Typdefinitionen auch für Zeiger verwendet werden. Das nachfolgende Code-Beispiel veranschaulicht solche Typdefinitionen, wobei unter anderem Zeigertypen für die Praxisklassen *Point2D* und *Number* verwendet werden:

```cpp
// Definition eines Zeigertyps auf den Datentyp float.
typedef float* pfloat;

// Definition eines konstanten Zeigertyps auf Point2D.
typedef Point2D* const CPPoint2D;

// Definition eines zweidimensionalen Zeigertyps auf Number.
typedef Core::Number** PPNumber;

// Verwendung des Datentyps pfloat, der eine simple
// Typdefinition auf einen float-Zeiger darstellt.
pfloat pFlt = (pfloat)0;   // pFlt ist vom Datentyp float*.

// Deklaration eines konstanten Zeigers auf
// einen konstanten Speicherbereich vom Typ Point2D.
// Der Datentyp CPPoint2D wird in Point2D* const aufgelöst.
const CPPoint2D pPoint = (CPPoint2D*)0;

// Deklaration eines konstanten und dreidimensionalen
// Zeigers auf einen Speicherbereich vom Typ Number.
// Der Datentyp PPNumber wird in Core::Number** umgewandelt.
// Der Zeiger pNumb ist vom Datentyp Core::Number*** const.
PPNumber* const pNumb = (PPNumber* const)0;
```

Listing **10.22**: Verwendung von Typdefinitionen mit Zeigern

Der **sizeof**-Operator mit Zeigern « Zeiger & Referenzen

10.10 Der **sizeof**-Operator mit Zeigern

>> Auch der bereits bekannte **sizeof**-Operator, welcher für die Ermittlung des Speicherbedarfes eines Objektes oder einer Variablen dient, kann in Verbindung mit Zeigervariablen eingesetzt werden:

```
Point2D point(3.5f, -3.0f);   // Instanz der Klasse Point2D.

// Deklaration einer Zeigervariablen, welche auf die
// Adresse des Objektes point vom Typ Point2D verweist.

Point2D* pPoint = &point;   // Initialisierter Zeiger.

// Die Zeigervariable pPoint belegt mindestens 4 Byte.
// Der sizeof-Operator kann ohne Klammern verwendet werden,
// da pPoint eine Variable (Zeigervariable) darstellt.

size32 pointerSize = sizeof pPoint;

// Die Verwendung von Klammern ist für diesen Ausdruck
// notwendig, da es sich um einen Datentyp handelt.

pointerSize = sizeof(Point2D**);   // Liefert mindestens 4 Byte.

// Operator sizeof mit Dereferenzierung des Zeigers pPoint.
// Der Dereferenzierungsoperator gibt den Typ Point2D zurück,
// so dass der Speicher des tatsächlichen Objektes point
// ermittelt wird, aber nicht der Speicherbedarf des Zeigers.

size32 objSize = sizeof *pPoint;   // Liefert mindestens 8 Byte.
```

Listing **10.23**: Verwendung des **sizeof**-Operators mit Zeigern

Eine Zeigervariable belegt immer mindestens 4 Byte des Speichers, selbst wenn ein Zeiger auf eine andere Zeigervariable verweist (mehrdimensional). Der Speicherbedarf einer Zeigervariablen sollte nicht mit dem Bedarf an Speicher des Objektes verwechselt werden, auf welches der jeweilige Zeiger verweist.

10.11 Zeiger und Methoden

10.11.1 Zeiger als Rückgabewerte

>> Die Rückgabe von Zeigervariablen in Methoden unterscheidet sich nicht grundlegend von herkömmlichen Variablen. Auch bei diesen müssen in den Signaturen der jeweiligen Methoden die Zeigertypen zwischen Prototyp und Implementierung konform sein. Das Schlüsselwort **const** ist Teil der Signatur eines Zeigertyps, wenn der gelieferte Wert als konstanter Zeiger oder als Zeiger auf konstante Objekte betrachtet wird. Der folgende Code-Ausschnitt macht eine Zeigervariable als Rückgabewert in einer Methode deutlich:

```cpp
struct AnyClass   // Definition der Klasse AnyClass.
{
   // Prototyp einer statischen und öffentlichen Methode
   // mit einem Zeiger als Rückgabewert in der Signatur.
   // Das Schlüsselwort const gehört ebenfalls zur Signatur.

   static const unsigned int* GetUintLocalAddr(unsigned int);
};

/* Implementierung der statischen Methode. */

const unsigned int* AnyClass::GetUintLocalAddr(unsigned int ui)
{
   // Die Methode liefert die Adresse der Variablen ui.
   // Bedenken Sie, dass es sich aber nur um die Adresse der
   // lokalen Kopie vom Parameter ui handelt (lokale Adresse).

   return &ui;   // Der Compiler kann eine Warnung generieren.
}

// Aufruf der statischen Methode über die Klasse AnyClass.
// Der Zeiger pUi verweist auf die lokale Adresse.

const unsigned int* pUi = AnyClass::GetUintLocalAddr(7u);
```

Listing **10.24**: Verwendung eines Zeigers als Rückgabewert einer Methode

10.11.2 Zeiger als Methodenparameter

>> Dienen Zeiger als Parameter einer Klassenmethode, so muss auch bei diesen die Signatur des Prototypen konform zur Signatur der Implementierung sein. Ein verwendeter **const**-Qualifizierer im Parameter wird nicht zum Teil der Signatur einer jeweiligen Methode. Dieser Qualifizierer spielt bei Zeigern, welche als Methodenparameter dienen können, eine besondere Rolle. Da die lokale Kopie eines als konstant qualifizierten Zeigerparameters in der Klassenmethode ebenfalls mit dem Schlüsselwort **const** qualifiziert ist, darf die lokale Zeigervariable ein Objekt nicht über schreibende Zugriffe modifizieren. Die lokale Kopie der jeweiligen Zeigervariablen dupliziert im Scope den Wert des Zeigers vom zugehörigen Methodenparameter. Die Modifikation eines Objektes über den Zeigerparameter in einer Methode wirkt sich also auf das entsprechende Objekt aus, auf welches der Zeiger außerhalb der Methode verweist.

Unter Verwendung der Praxisklasse *Point2D* veranschaulicht die nachfolgende Abbildung die lokale Kopie eines Zeigers, welcher als Parameter einer Methode dienen kann:

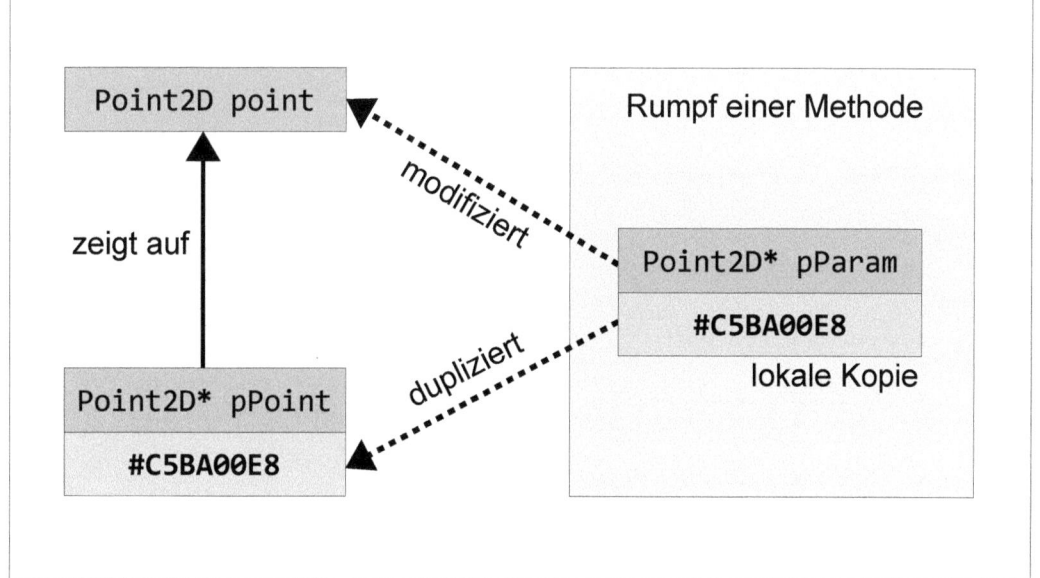

Abbildung **29**: Lokale Kopie eines Zeigers in einer Methode

Zeiger & Referenzen » Zeiger als Methodenparameter

Der nachfolgende Code-Ausschnitt verdeutlicht unter Berücksichtigung der vorherigen *Abbildung 29*, wie Zeiger als Parameter von Methoden dienen können und wie ein äußeres Objekt über eine lokale Zeigerkopie modifiziert wird. In diesem Listing wird auch ein Zeigerparameter berücksichtigt, welcher mit dem Schlüsselwort **const** qualifiziert ist:

```cpp
struct DemoClass    // Definition der Klasse DemoClass.
{
   // Prototypen zweier statischer Methoden, welche jeweils
   // einen Zeiger auf ein Objekt vom Typ Point2D erwarten.

   static void  WriteYToPointer (Point2D*);
   static float ReadXFromPointer(const Point2D*);
};

/* Implementierung der Methode WriteYToPointer. */

void DemoClass::WriteYToPointer(Point2D* pParam)
{
   // Diese Methode verändert ein Objekt vom Typ Point2D über
   // einen schreibenden Zugriff durch die Zeigervariable,
   // welche als Parameter der Methode dient.
   // Die lokale Kopie pParam ist dabei vom Datentyp Point2D*
   // und dupliziert den Inhalt (Adresse) der Zeigervariablen,
   // welche der Methode als Parameter übergeben wird.
   // Dient der Methode ein Nullzeiger als Parameter, dann
   // ist die lokale Kopie pParam ebenfalls ein Nullzeiger.
   // Daher muss im Scope der Methode eine Zeigervalidierung
   // für die lokale Kopie pParam erfolgen.

   if (!pParam) return;   // Abbruch durch Bedingung.

   // Schreibender Zugriff auf ein Objekt vom
   // Typ Point2D durch die lokale Zeigerkopie.

   pParam->SetCoordY(5.0f);   // Zugriff über Pfeiloperator.
}
// Fortsetzung auf Folgeseite.
```

Zeiger als Methodenparameter « Zeiger & Referenzen

```cpp
/* Implementierung der Methode ReadXFromPointer. */

float DemoClass::ReadXFromPointer(const Point2D* pParam)
{
   // Der Zeigerparameter dieser Methode ist mit dem
   // Schlüsselwort const als konstant qualifiziert.
   // Folglich ist die lokale Kopie des Parameters pParam
   // ebenfalls konstant und vom Datentyp const Point2D*.
   // Ein schreibender Zugriff auf ein Objekt vom
   // Typ Point2D ist über die lokale Zeigerkopie
   // im Scope dieser Methode nicht möglich.
   // Die Methode gibt die X-Koordinate des Objektes zurück,
   // auf welches der Zeiger im Parameter verweist,
   // falls es sich um einen validen Zeiger handelt.

   if (!pParam) return 0.0f;     // Abbruch durch Bedingung.

   return pParam->GetCoordX();   // Lesender Zugriff.
}

int main()
{
   Point2D point(-5.0f);         // Instanz der Klasse Point2D.

   Point2D* pPoint = &point;     // Zeiger auf Adresse von point.

   // Schreibender Zugriff auf das Objekt point nur
   // über die lokale Kopie der Zeigervariablen von pPoint.
   // Das Objekt point hat dann die Koordinaten [-5.0f, 5.0f].

   DemoClass::WriteYToPointer(pPoint);

   // Ein Aufruf dieser Methode liefert die X-Koordinate
   // des Objektes point, welche -5.0f entspricht.

   float xCoord = DemoClass::ReadXFromPointer(pPoint);

   return 0;
}
```

Listing **10.25**: Verwendung von Zeigern als Methodenparameter

10.11.3 Zeiger als Standardparameter

>> Auch Zeigervariablen, welche als Parameter einer Methode dienen sollen, können wie herkömmliche Variablen mit einem Standardwert in ihrer entsprechenden Signatur versehen werden. Beachten Sie, dass Standardparameter nur im Prototyp einer jeweiligen Methode definiert werden dürfen. Der folgende Code-Ausschnitt verwendet ergänzend einen Zeiger als Standardparameter:

```cpp
class AnyClass   // Definition der Klasse AnyClass.
{
   // Prototyp einer Klassenmethode, welche als Parameter
   // einen Zeiger auf ein Objekt vom Typ Point2D erwartet.
   // Der Parameter wird mit einem Standardwert definiert,
   // welcher in diesem Beispiel einen Nullzeiger bildet.

   void PointerFunc(const Point2D* = (Point2D*)0);
};
```
Listing **10.26**: Verwendung eines Zeigers als Standardparameter

10.12 Dynamische Speicherallokierung

10.12.1 Die Operatoren **new** und **delete**

>> Zeigervariablen spielen in der Programmiersprache C++ eine wichtige Rolle, da diese auch für das dynamische Allokieren von physikalischem Systemspeicher herangezogen werden können. Dynamische Speicherbereiche werden von einem ausführbaren Programm immer dann verwendet, wenn zum Zeitpunkt des Programmstarts die Größe des benötigten Speicherplatzes noch nicht absehbar ist. Ein Programm kann also erst zur Laufzeit dynamischen Systemspeicher anfordern und belegen, wobei dieser Speicher immer auf dem Heap reserviert wird. Diese Art von Systemspeicher muss stets vom Entwickler wieder freigegeben werden, wenn der dynamische Speicher nicht mehr benötigt wird oder neu vergeben werden soll.

Die Operatoren **new** und **delete** « Zeiger & Referenzen

Für das dynamisch Allokieren von Systemspeicher stellt die Sprache C++ den unären **new**-Operator bereit, welcher gleichzeitig ein Schlüsselwort der Syntax bildet. Mit Hilfe dieses Operators lässt sich Speicher auf dem Heap reservieren, welcher nach der Allokierung dynamisch vom Programm verwendet werden kann. Der **new**-Operator erwartet als einzigen Operanden einen Typ, welcher primitiv oder komplex sein kann. Basierend auf dem Operanden stellt der **new**-Operator soviel Speicher auf dem Heap zur Verfügung, wie für ein Objekt des entsprechenden Datentyps benötigt wird. Nach der dynamischen Speicherallokierung liefert der **new**-Operator einen Zeiger auf den reservierten Bereich des Heap-Speichers zurück. Der Typ des Rückgabewertes entspricht dabei einem Zeiger auf den Datentyp im Operanden. Wahlweise kann nach dem Operand ein Konstruktor angegeben werden, damit ein entsprechendes Objekt mit Hilfe dieses Konstruktors nach der Speicherallokierung initialisiert werden kann. Wird kein Konstruktor nach dem Operanden des **new**-Operators verwendet, so wird der Speicherbereich eines jeweiligen Objektes immer mit Hilfe des Standardkonstruktors initialisiert.

Am häufigsten wird der **new**-Operator als rechter Operand in Verbindung mit einer Zuweisung verwendet, um den gelieferten Zeiger auf einen reservierten Speicherbereich einer jeweiligen Variablen zuweisen zu können. Dies wird im folgenden Code-Beispiel deutlich:

```cpp
// Deklaration eines Zeigers auf einen Integer-Speicherbereich,
// wobei die Variable als Nullzeiger dient.

int* pInt = (int*)0;

// Verwendung des new-Operators, um dynamischen Speicher
// vom primitiven Datentyp int zur Verfügung zu stellen.
// Nach dem Operand wird ein Konstruktor verwendet, um den
// Integer-Speicherbereich mit dem Wert -8 zu initialisieren.
// Der new-Operator liefert einen Zeiger auf den Speicher
// vom Typ int* zurück, welcher mit Hilfe einer konformen
// Zuweisung in der Zeigervariablen pInt gespeichert wird.

pInt = new int(-8);

// Fortsetzung auf Folgeseite.
```

Zeiger & Referenzen » Die Operatoren new und delete

```cpp
// Die Zeigervariable pInt verweist nun auf einen Integer-
// Speicherbereich, welcher mit dem vorzeichenbehafteten
// Wert -8 initialisiert ist.
// Der new-Operator hat in der Regel soviel Speicher auf dem
// Heap reserviert, wie für einen primitiven Typ int benötigt
// wird (entspricht einem Speicherbedarf von sizeof(int)).
// Die Dereferenzierung der Zeigervariablen pInt liefert
// den Wert -8, welcher aus dem Heap-Speicher gelesen
// und über diesen modifiziert werden kann.
// Die Zeigervariable pInt verweist nach der Indirektion und
// des Postfix-Inkrements auf einen Speicherbereich mit
// dem vorzeichenbehafteten, ganzzahligen Wert -7.

(*pInt)++;

// Deklaration eines Zeigers auf einen dynamischen
// Speicherbereich vom komplexen Datentyp Point2D.
// Der new-Operator reserviert Speicher auf dem Heap für
// ein Objekt vom Typ Point2D und liefert einen Zeiger auf
// diesen Speicherbereich, welcher als rechter Operand für
// die Initialisierung der Zeigervariablen pPoint dient.
// Das Objekt auf dem Heap wird mit dem Standardkonstruktor
// von Point2D initialisiert (x = 0.0f, y = 0.0f).

Point2D* pPoint = new Point2D;

// Ein Zugriff auf das dynamische Objekt ist nun über die
// Zeigervariable pPoint mit Hilfe des Pfeiloperators möglich.
// Die Methode IsCoordCenter liefert den logischen Wert true.

pPoint->IsCoordCenter();
```

Listing **10.27**: Dynamische Speicherallokierung mit dem **new**-Operator

Bitte beachten Sie, dass der Rückgabewert des **new**-Operators von mindestens einer Zeigervariablen gespeichert werden sollte, damit der allokierte Speicherbereich bei Bedarf wieder freigegeben werden kann. Im nachfolgenden Listing wird eine dynamische Speicherallokierung verdeutlicht, welche ein Speicherleck verursacht und daher in dieser Form nicht verwendet werden sollte:

```
// Verwendung des new-Operators, um ein Objekt vom
// Typ Number dynamisch auf dem Heap zu allokieren.
// Der new-Operator gibt den Zeigertyp Number* zurück.
// Diese dynamische Speicherallokierung ist syntaktisch
// korrekt, führt jedoch zu einem Speicherleck und
// sollte in dieser Form keine Verwendung finden.
// Der vom new-Operator gelieferte Zeiger auf den Speicher-
// bereich geht verloren, so dass dieser Speicher weder
// verwendet noch freigegeben werden kann.

new Core::Number((uint8)123);   // Speicherleck!
```

Listing **10.28**: Allokieren von dynamischem Speicher mit Speicherleck

Speicherlecks können ebenfalls auftreten, wenn dynamisch allokierter Speicher auf dem Heap nicht wieder freigegeben wird. Speicher, welcher mit Hilfe des **new**-Operators dynamisch auf dem Heap reserviert wurde, muss dabei immer explizit vom Programm freigegeben werden, wobei diese Speicherfreigaben in der Verantwortung des Entwicklers liegen. Somit ist das *Listing 10.27* vorerst unvollständig, da in diesem zwar der Speicher dynamisch auf dem Heap bereitgestellt, jedoch nicht wieder freigegeben wurde.

Für die Freigabe von dynamisch allokiertem Speicher steht in C++ der unäre **delete**-Operator zur Verfügung. Dieser bildet ebenfalls ein Schlüsselwort in der Syntax und kann als Gegenstück zum **new**-Operator angesehen werden. Der **delete**-Operator darf nur mit validen Zeigervariablen im Operanden verwendet werden, daher sollten Zeiger vor der Freigabe der Speicherbereiche stets auf Gültigkeit überprüft werden. Handelt es sich bei dem Operanden um einen validen Nullzeiger, dann wird dieser vom **delete**-Operator einfach ignoriert. Die Größe des tatsächlich freizugebenden Speicherbereiches hängt vom Zeigertyp im Operanden ab, daher darf der **delete**-Operator nicht mit typlosen Zeigern (**void***) verwendet werden. Auf dem Heap werden ab der im Operanden gespeicherten Adresse so viel Byte freigegeben, wie ein Objekt des jeweiligen Typs im Speicher in Anspruch nimmt. Um die saubere Bereinigung von allokiertem Systemspeicher zu gewährleisten, wird vor der Speicherfreigabe der Destruktor eines jeweiligen Objektes ausgeführt, bevor dieses endgültig gelöscht und der allokierte Speicher für dieses im System freigegeben wird.

Zeiger & Referenzen » Die Operatoren **new** und **delete**

Basierend auf *Listing 10.27* verdeutlicht der nachfolgende Code-Ausschnitt die Freigabe von allokiertem Heap-Speicher mit Hilfe des **delete**-Operators:

```cpp
// Freigabe des Speicherbereiches,
// auf den die Zeigervariable pInt verweist.
// Der delete-Operator gibt ab der Adresse von pInt soviel
// Speicher frei, wie eine Variable vom Typ int benötigt.
// Dies entspricht einem Speicherbedarf von (sizeof *pInt).

delete pInt;   // Der Operator liefert den Rückgabewert void.

// Die weitere Verwendung des Zeigers pInt führt zu
// unvorhersehbaren Zuständen, da der Speicherbereich
// bereits freigegeben wurde.
// Aus diesem Grund wird die Zeigervariable entschärft
// und sicher als Nullzeiger versehen.

pInt = (int*)0;

// Verwendung des delete-Operators, um den Heap-Speicher
// zu bereinigen, auf welchen der Zeiger pPoint verweist.
// Ab der Adresse von pPoint wird Speicher freigegeben,
// welcher mindestens eine Anzahl von Byte der Größe
// (sizeof *pPoint) auf dem Heap belegt.
// Vor der Speicherfreigabe wird der Destruktor des
// allokierten Objektes vom Typ Point2D ausgeführt.

delete pPoint;   // Speicherfreigabe mit Destruktor.

// Die weitere Verwendung der Zeigervariablen pPoint führt
// zu unvorhersehbaren Zuständen, da der Heap-Speicher
// bereits bereinigt wurde und nun undefiniert ist.
// Die Verwendung von Zeigern auf undefinierte Speicher-
// bereiche sollte stets vermieden werden.
// Der Zeiger könnte valide als Nullzeiger dienen.

pPoint->IsCoordCenter();   // Unvorhersehbarer Zustand!
```

Listing **10.29**: Freigabe von Speicher mit dem **delete**-Operator

Der **delete**-Operator muss nicht zwingend mit der Zeigervariablen in seinem Operanden verwendet werden, die mit dem Rückgabewert des **new**-Operators gesetzt wurde. Im folgenden Listing wird die dynamische Speicherallokierung und Speicherfreigabe ergänzend veranschaulicht:

```cpp
// Deklaration und Initialisierung eines Nullzeigers
// auf einen Speicherbereich vom Typ Point2D.

Point2D* pPoint0 = (Point2D*)0;

Point2D point(-5.2f, 3.6f);   // Instanz der Klasse Point2D.

// Verwendung des new-Operators, um ein initialisiertes
// Objekt vom Typ Point2D auf dem Heap zu allokieren.
// Der Zeiger auf den reservierten Speicherbereich
// wird der Variablen pPoint1 zugewiesen.

Point2D* pPoint1 = new Point2D(3.8f);

// Der Nullzeiger pPoint0 verweist nun auf die Zeiger-
// variable pPoint1, welche die Adresse des allokierten
// Speicherbereiches auf dem Heap enthält - beide Zeiger
// verweisen nun auf den allokierten Heap-Speicher.

pPoint0 = pPoint1;   // Konforme Zuweisung.

// Die Zeigervariable pPoint1 verweist nun auf
// die Hardware-Adresse des Stack-Objektes point.

pPoint1 = &point;    // Konforme Zuweisung.

// Verwendung des delete-Operators, um den allokierten
// Speicher auf dem Heap freizugeben, auf den pPoint0 verweist.
// Es entsteht kein Speicherleck, obwohl der reservierte
// Speicher vorher dem Zeiger pPoint1 zugewiesen wurde.

delete pPoint0;   // Saubere Speicherfreigabe.
```

Listing **10.30**: Verwendung des **new**-Operators und des **delete**-Operators

10.12.2 Gefährliche Verwendung des **delete**-Operators

>> Die Verwendung des **delete**-Operators bürgt auch Gefahren, da dieser bei der Freigabe von Speicherbereichen nicht die Zugehörigkeit zum Heap überprüft. Somit lässt sich mittels des **delete**-Operators auch leichtsinnig Speicher von Variablen freigeben, welcher nicht durch den **new**-Operator auf dem Heap allokiert wurde. Der **delete**-Operator nimmt blind an, dass der Zeiger im Operanden auf einen gültigen Speicherbereich auf dem Heap verweist. Es liegt also allein in der Verantwortung des Programmierers, zu welchem Zeitpunkt welcher Speicher über welche Zeigervariablen freigegeben wird. Das folgende Code-Beispiel zeigt die gefährliche Verwendung des **delete**-Operators:

```cpp
// Bildung einer Instanz der Klasse Point2D auf dem Stack.

Point2D point(0.005f, -0.005f);

// Deklaration eines Zeigers, welcher mit der Hardware-
// Adresse der Stack-Variablen point initialisiert wird.

Point2D* pPoint = &point;

// Gefährliche Verwendung des delete-Operators
// in einem syntaktisch konformen Ausdruck.
// Der Operator nimmt an, dass die Zeigervariable pPoint
// auf einen gültigen Heap-Speicherbereich verweist.
// Die Ausführung des delete-Operators ist in diesem Fall
// undefiniert und kann zum Absturz des Programms führen.

delete pPoint;  // Gefahr durch delete-Operator!

// Eine weitere Verwendung von point kann zu unvorherseh-
// baren Ergebnissen und zum Absturz des Programms führen,
// wenn das Objekt seine Gültigkeit auf dem Stack verliert.

float x = point.GetCoordX();  // Undefinierter Zustand!
```

Listing **10.31**: Gefährliche Verwendung des **delete**-Operators

10.12.3 Zeiger auf dem Heap

>> Mit Hilfe des **new**-Operators lassen sich auch Zeiger dynamisch auf dem Heap allokieren, welche selbst auf dynamische Speicherbereiche des Heaps verweisen können. Hierfür muss im Operand des **new**-Operators ein Zeigertyp angegeben werden. Eine solche Speicherallokierung ist für mehrdimensionale Zeiger sinnvoll, wie es das nachfolgende Listing vermittelt:

```
// Deklaration eines Zeigers, welcher auf einen Zeiger eines
// Integer-Speicherbereiches verweist (zweidimensional).
// Die zweidimensionale Zeigervariable wird mit einem
// Speicherbereich vom Typ int* initialisiert.
// Der new-Operator allokiert Speicher auf dem Heap für eine
// Zeigervariable vom Typ int* und liefert einen Zeiger
// auf diesen Speicherbereich vom Typ int** zurück.
// Auch für Zeiger kann ein Konstruktor hinter dem Operanden
// des new-Operators angegeben werden, in welchem für
// dieses Beispiel ein Nullzeiger verwendet wird.

int** pInt = new int* ((int*)0);

// Die allokierte Zeigervariable auf dem Heap verweist auf
// einen Integer-Speicherbereich, welcher nun mittels des new-
// Operators dynamisch bereitgestellt und initialisiert wird.
// Da es sich um einen Zeiger vom Typ int** handelt, muss eine
// Indirektion (Dereferenzierung) der Zeigervariablen erfolgen.
// Diese gibt den Datentyp int* zurück, welcher ebenfalls vom
// new-Operator nach der Speicherallokierung geliefert wird.

*pInt = new int(9);

// Ein Zugriff auf den eigentlichen Integer-Speicherbereich
// erfolgt dabei über eine doppelte Dereferenzierung, da es
// sich um eine zweidimensionale Zeigervariable handelt.

int i = **pInt + 3;   // Die Variable i erhält den Wert 12.
```

Listing **10.32**: Dynamische Speicherallokierung eines Zeigers auf dem Heap

Zeiger & Referenzen » Zeiger auf dem Heap

Basierend auf dem vorherigen *Listing 10.32* illustriert die folgende Abbildung die dynamische Speicherallokierung eines Zeigers auf dem Heap:

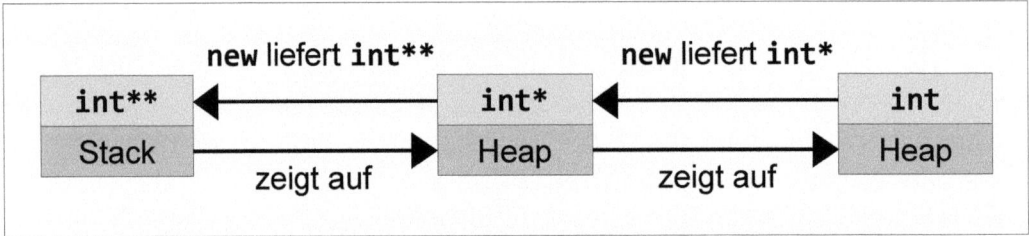

Abbildung **30**: Dynamische Speicherallokierung eines Zeigers auf dem Heap

Bei dynamischen Zeigervariablen auf dem Heap sollte darauf geachtet werden, dass bei der Freigabe der jeweiligen Speicherbereiche keine Speicherlecks entstehen. Aus diesem Grund empfiehlt sich die Freigabe von Speicherbereichen in umgekehrter Reihenfolge in Bezug auf die Speicherallokierung, um eine saubere Speicherfreigabe durch mehrdimensionale Zeiger zu gewährleisten. Im nachfolgenden Code-Ausschnitt wird die Freigabe der allokierten Speicherbereiche aus *Listing 10.32* deutlich:

```cpp
// Für die Allokierung des dynamischen Speichers wurden zwei
// new-Operatoren verwendet; folglich müssen für die saubere
// Freigabe der Speicherbereiche auch zwei delete-Operatoren
// zum Einsatz kommen.
// Die Freigabe des Speichers sollte dabei in
// umgekehrter Reihenfolge zur Speicherallokierung erfolgen.
// Somit wird zuerst mittels der Indirektion der Speicher-
// bereich über den eindimensionalen Zeiger freigegeben.
// Die Dereferenzierung liefert den Datentyp int*.

delete *pInt;    // Erste Speicherfreigabe.

// Danach kann der Speicherbereich auf dem Heap über die
// zweidimensionale Zeigervariable freigegeben werden.

delete pInt;     // Zweite Speicherfreigabe.
```

Listing **10.33**: Speicherfreigaben durch Zeigervariablen

10.12.4 Der **new**-Operator in Methoden

>> Die beiden Operatoren **new** und **delete** sollten stets paarweise für die dynamische Speicherallokierung und Freigabe verwendet werden. Wird also Speicher auf dem Heap mit Hilfe des **new**-Operators dynamisch bereitgestellt, dann sollte dieser Speicherbereich an einer geeigneten Stelle im Quellcode mit dem **delete**-Operator wieder freigegeben werden, um Speicherlecks zu vermeiden. Diese Speicherlecks können insbesondere in Verbindung mit Methoden auftreten, sofern der **new**-Operator als Parameter oder Rückgabewert einer jeweiligen Methode dient. Das folgende Listing veranschaulicht unter anderem den **new**-Operator als Rückgabewert in einer Klassenmethode und die damit verbundene Gefahr eines Speicherlecks:

```
struct AnyClass   // Definition einer Klasse AnyClass.
{
   // Prototyp einer öffentlichen Methode, welche als
   // Parameter einen Zeiger auf einen konstanten
   // Speicherbereich vom Typ Point2D erwartet.

   void ReadPoint(const Point2D*);

   // Prototyp einer öffentlichen Methode, die einen Zeiger
   // auf einen Speicherbereich vom Typ Point2D* liefert.

   Point2D* CreatePoint(float, float);
};

/* Implementierung der Methode ReadPoint. */

void AnyClass::ReadPoint(const Point2D* pPoint)
{
   // Die lokale Kopie des Zeigerparameters pPoint ist vom
   // Datentyp const Point2D* und dupliziert die Adresse,
   // auf die der Zeiger im Parameter verweist.

   /* Fortsetzung des Code-Beispiels und der Implementierung
      auf der Folgeseite. */
```

Zeiger & Referenzen » Der **new**-Operator in Methoden

```cpp
    if (!pPoint) return;   // Bedenken Sie, dass der Parameter
                           // auch ein Nullzeiger sein kann.

    // Lesender Zugriff auf das Objekt über Zeigerparameter.

    float x = pPoint->GetCoordX();
}

/* Implementierung der Methode CreatePoint. */

Point2D* AnyClass::CreatePoint(float px, float py)
{
    // Mit Hilfe des new-Operators wird ein Objekt vom Typ
    // Point2D dynamisch auf dem Heap allokiert, wobei dieses
    // Objekt basierend auf den Parametern initialisiert wird.
    // Der vom new-Operator gelieferte Zeiger auf den
    // Speicherbereich dient als Rückgabewert der Methode.
    // Es kann ein Speicherleck entstehen, wenn der allokierte
    // Speicherbereich nach dem Methodenaufruf außerhalb
    // der Methode nicht wieder freigegeben wird.

    return new Point2D(px, py);   // Gefahr eines Speicherlecks!
}
```

Listing **10.34**: Gefahr eines Speicherlecks durch **new**-Operator als Rückgabewert

Speicherlecks treten auch auf, wenn der Rückgabewert des **new**-Operators als Parameter einer jeweiligen Methode dient und wenn dieser allokierte Speicherbereich nicht über den Zeigerparameter in der Methode freigegeben wird. Dies wird in Bezug auf die *ReadPoint*-Methode im folgenden Listing deutlich:

```cpp
AnyClass c;   // Instanz der Klasse AnyClass.

// Aufruf der Methode ReadPoint mit dem Rückgabe-
// wert des new-Operators als Methodenparameter.
// Der Speicherbereich wird in der Methode nicht freigegeben.

c.ReadPoint(new Point2D(5.7f));   // Speicherleck!
```

Listing **10.35**: Speicherleck durch **new**-Operator als Parameter einer Methode

Durch die direkte Verwendung von Zeigervariablen können Speicherlecks in Verbindung mit Methoden vermieden werden, wie es das nachfolgende Code-Beispiel bezugnehmend auf *Listing 10.34* und *Listing 10.35* vermittelt:

```
AnyClass c;   // Instanz der Klasse AnyClass.

// Zeiger auf dynamisches Objekt vom Typ Point2D auf dem Heap.

Point2D* pPnt = new Point2D(5.7f);

// Aufruf der Methode ReadPoint nun mit Zeigervariablen pPnt.
// Es entsteht kein Speicherleck in Verbindung mit der Methode.

c.ReadPoint(pPnt);

delete pPnt;   // Saubere Speicherfreigabe durch Zeiger.

// Aufruf der Methode CreatePoint, wobei der Zeiger auf
// den allokierten Speicherbereich in pPnt gespeichert wird.
// Eine weitere Verwendung des in CreatePoint allokierten
// Speicherbereiches ist über die Zeigervariable pPnt möglich.

pPnt = c.CreatePoint(-5.1f, 4.5f);

delete pPnt;   // Saubere Speicherfreigabe; kein Speicherleck.
```

Listing **10.36**: Vermeidung von Speicherlecks in Verbindung mit Methoden

10.13 Vergleiche von Zeigervariablen

>> Am Anfang dieses Buches haben Sie im Kapitel **Klassen & Bezugsrahmen (Scoping)** Operatoren für Vergleiche von Variablen kennengelernt. Diese Vergleichsoperatoren lassen sich auch mit Zeigervariablen in den Operanden verwenden, um die Adressen von Zeigern überprüfen zu können. In der Praxis sind eher nur die Operatoren der Gleichheit und Ungleichheit gebräuchlich, um zu prüfen, ob Zeiger auf die gleiche Hardware-Adresse verweisen oder nicht.

Das folgende Listing veranschaulicht die Vergleichsoperatoren der Gleichheit und Ungleichheit in Verbindung mit Zeigervariablen:

```cpp
Core::Number *pNumb0, *pNumb1;   // Zwei Zeiger auf Number.

Core::Number numb(true);   // Instanz der Klasse Number.

// Beide Zeigervariablen verweisen auf die gleiche Adresse.

pNumb0 = pNumb1 = &numb;   // Hardware-Adresse von numb.

// Vergleichsoperatoren für Gleichheit und Ungleichheit
// unter Verwendung der Zeigervariablen in den Operanden.

if (pNumb0 == pNumb1) { /* Die Bedingung liefert true. */ }

if (pNumb0 != pNumb1) { /* Die Bedingung liefert false. */ }
```

Listing **10.37**: Gleichheit und Ungleichheit von Adressen in Zeigervariablen

10.14 Vagabundierende Zeiger

>> Mit Hilfe des **delete**-Operators lassen sich dynamisch allokierte Speicherbereiche auf dem Heap freigeben. Doch dieser Operator kann in Bezug auf den Namen auch zur Verwirrung führen, da ein entsprechender Speicherbereich auf dem Heap nicht gelöscht, sondern lediglich freigegeben wird. Die Zustände (entsprechende Bit) im physikalischen Speicher bleiben nach der Ausführung des **delete**-Operators erhalten, solange bis der entsprechende Speicherbereich durch andere Teile des Programms oder andere Programme überschrieben wird. Vagabundierende Zeiger entstehen, wenn Speicher auf dem Heap durch den **delete**-Operator freigegeben wird und wenn diese Speicherbereiche nach der Freigabe weiter verwendet werden. Solche Zeigervariablen verweisen also auf undefinierte Speicherbereiche des Heaps. Zugriffe auf diese Bereiche des Heap-Speichers über vagabundierende Zeiger sind nicht vorhersehbar und können zum Absturz des Programms führen, denn entweder sind die (alten) Zustände

noch im Speicher erhalten oder aber der Speicherbereich wurde inzwischen überschrieben, was zu undefinierten Ergebnissen nach dem vagabundierenden Speicherzugriff führt. Verweist eine Zeigervariable auf eine gültige Adresse eines Objektes auf dem Stack, dann kann dieser Zeiger vagabundieren, wenn das entsprechende Objekt die Gültigkeit auf dem Stack verliert. Ebenso können vagabundierende Zeiger entstehen, wenn diese auf lokal deklarierte Variablen in Methoden verweisen und die Zeiger in den Methoden als Rückgabewerte dienen. Am häufigsten treten vagabundierende Zeiger in Verbindung mit Kopien auf, wenn zwei oder mehrere Zeiger auf die gleiche Hardware-Adresse verweisen und wenn mindestens ein Zeiger diesen Speicherbereich bereits freigegeben hat. In der nachfolgenden Abbildung werden vagabundierende Zeiger anschaulich, welche durch Zeigerkopien entstehen können:

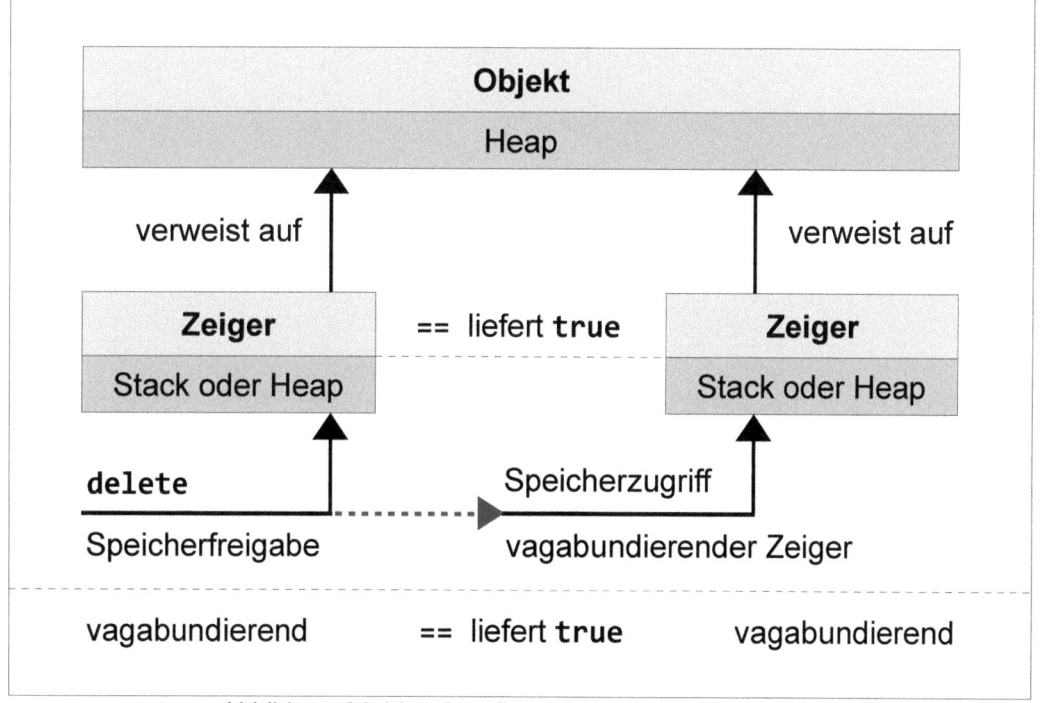

Abbildung **31**: Vagabundierende Zeiger in Verbindung mit Zeigerkopien

Die Abbildung bildet die Basis für den nachfolgenden Code-Ausschnitt, welcher ergänzend vagabundierende Zeiger deutlich macht:

Zeiger & Referenzen » Vagabundierende Zeiger

```cpp
// Deklaration eines initialisierten Zeigers auf einen
// allokierten Speicherbereich vom komplexen Typ Point2D.

Point2D* pPoint0 = new Point2D(1.0f, -1.0f);

// Deklaration einer Zeigervariablen, welche mit dem Speicher-
// bereich des vorherigen Zeigers initialisiert wird.

Point2D* pPoint1 = pPoint0;   // pPoint1 zeigt auf Heap.

// Beide Zeiger verweisen auf die gleiche Hardware-Adresse.
// Der Vergleichsoperator der Gleichheit liefert für den
// bedingten Ausdruck den Wahrheitswert true.

if (pPoint0 == pPoint1) { /* Scope für gültige Bedingung. */ }

// Freigabe des dynamischen Speicherbereiches, auf den
// die beiden deklarierten Zeigervariablen verweisen.

delete pPoint0;

// Ein vagabundierender Zeiger ist entstanden, da die Zeiger-
// variable pPoint1 noch immer auf den Heap-Speicher verweist,
// welcher von der Zeigervariablen pPoint0 reserviert und
// bereits wieder freigegeben wurde.
// Der Inhalt des Speichers ist entweder noch erhalten oder
// wurde bereits durch andere Programmteile überschrieben.
// Ein Zugriff über den vagabundierenden Zeiger
// führt zu unvorhersehbaren Ergebnissen.

pPoint1->SetCoordX(2.0f);   // Undefinierter Zustand!

// Auch die Zeigervariable pPoint0 gilt nach der Freigabe
// des allokierten Speicherbereiches als vagabundierend.
// Beide vagabundierenden Zeiger verweisen jedoch
// noch immer auf die gleiche Hardware-Adresse.

if (pPoint0 == pPoint1) { /* Gleichheit liefert true. */ }
```

Listing **10.38**: Vagabundierende Zeiger in Verbindung mit Zeigerkopien

10.15 Zeiger und Arrays

10.15.1 Arrays fester Größen und Zeiger

>> Im bisherigen Verlauf des Buches haben sie Arrays fester Größen kennengelernt, wobei die Anzahl der Elemente bereits in den Deklarationen bekannt waren. In der Sprache C++ bieten diese eine Besonderheit, da intern alle Arrays als spezielle Zeigervariablen dargestellt werden. Jedes deklarierte Datenfeld einer festen Größe repräsentiert einen Zeiger, welcher im Quellcode auch mit Hilfe eines lesenden Dereferenzierungsoperators verwendet werden kann. Eine solche Zeigervariable verweist dabei stets auf das erste Element des festen Arrays. Die Namen von konstanten Arrays bestehen aus speziellen Zeigern auf konstante Speicherbereiche. Die Zeiger werden in diesem Zusammenhang als speziell bezeichnet, da sich diese intern von herkömmlichen Zeigervariablen unterscheiden. Die bei der Deklaration des Arrays festgelegte Größe steht während der gesamten Lebensdauer in Verbindung mit dem Datentyp und der Zeigervariablen. Um die saubere Freigabe des allokierten Speichers vom System gewährleisten zu können, dürfen diese Zeiger während ihrer Lebensdauer nicht auf andere Speicherbereiche verwiesen werden.
Das folgende Listing veranschaulicht die Verwendung eindimensionaler Datenfelder fester Größen in Verbindung mit Zeigervariablen:

```
// Deklaration eines eindimensionalen Arrays mit 4 Elementen,
// die über eine Initialisierungsliste bestimmt werden.
// Intern handelt es sich bei der Variablen IntArray um einen
// Zeiger vom Datentyp int[4], aber nicht um einen Typ int*.

int IntArray[] = { -2, 5, -3, 6 };

int AnyInt = 0;   // Initialisierte Ganzzahl.

// Ein schreibender Zugriff auf die Zeigervariable IntArray
// ist nicht möglich, da die Datentypen nicht konform sind.
// Der Typ int* steht in Konflikt mit dem Typ int[4].

IntArray = &AnyInt;   // Compiler-Fehler!
```

Zeiger & Referenzen » Arrays fester Größen und Zeiger

```
/* Fortsetzung des Code-Beispiels. */

// Die Variable IntArray zeigt auf das erste Element des
// reservierten Speicherbereiches, daher kann eine Indirektion
// erfolgen, welche einen Wert vom Datentyp int liefert.

int i = *IntArray;    // Die Variable i bekommt den Wert -2.

// Deklaration eines konstanten Arrays mit drei Elementen,
// wobei die Initialisierungsliste zwingend ist.
// Die Variable gilt als Zeiger vom Datentyp const float[3]
// (nicht const float*) und verweist auf das erste Element
// des konstanten Speicherbereiches.
// Dieser Speicherbereich darf nicht anhand des Zeigers
// über schreibende Zugriffe modifiziert werden.

const float FloatArray[] = { -1.2f, 2.2f, -2.3f };

// Die Dereferenzierung des ersten Elementes liefert
// den Wert -1.2f vom Datentyp des Arrays (float).
// Ein Zugriff auf die Elemente des Datenfeldes ist
// auch weiterhin über den Indizierungsoperator möglich.

const float f = *FloatArray;    // Lesender Zugriff.
```

Listing **10.39**: Zeiger in Verbindung mit eindimensionalen Arrays fester Größen

Lesende Zugriffe auf Zeigervariablen von Arrays fester Größen sind syntaktisch möglich, indem zur Speicherung dieser Werte herkömmlich Zeiger verwendet werden können. In Bezug auf das vorherige *Listing 10.39* wird im nachfolgenden Code-Ausschnitt lesend auf die Zeigervariable *IntArray* zugegriffen:

```
// Die Zeigervariable pArray vom Typ int* darf
// lesend auf IntArray vom Datentyp int[4] zugreifen.
// Der Zeiger pArray verweist auf den IntArray-Speicherbereich.

int* pArray = IntArray;    // Die Zuweisung gilt als konform.
```

Listing **10.40**: Lesender Zugriff auf ein Array fester Größe

Arrays fester Größen und Zeiger « Zeiger & Referenzen

Die eckigen Klammern hinter den Namen der Variablen und Konstanten kennzeichnen die Deklarationen eindeutig als Arrays und die damit verbundenen Zeiger eindeutig für die ausschließliche Verwendung mit diesen Datenfeldern. Für jede Dimension eines Arrays gilt eine entsprechend zugehörige Dimension der speziellen Zeigervariablen. Auch bei mehrdimensionalen Arrays stehen die bei den Deklarationen festgelegten Größen stets im Zusammenhang mit den Zeigern der entsprechenden Dimension. Während der Lebensdauer dürfen auch diese Zeigervariablen nicht auf andere Speicherbereiche verwiesen werden.
Ergänzend verdeutlicht das nachfolgende Listing ein mehrdimensionales Array fester Größe verbunden mit Zeigervariablen:

```cpp
// Deklaration und Initialisierung eines zweidimensionalen
// Datenfeldes vom internen Datentyp int[2][3].
// Jedes Element des Arrays vom Datentyp int[2] verfügt über
// ein Array fester Größe vom Typ int[3], welches nicht
// auf andere Speicherbereiche verwiesen werden darf.

int MultiArray[2][3] = { {  2, 0, -3 },
                         { -2, 0,  3 } };

// Die Indirektion ist mit einem doppelten
// Dereferenzierungsoperator möglich, da es sich
// intern um eine zweidimensionale Zeigervariable handelt.
// Lesend wird auf das erste Element der ersten Dimension
// zugegriffen, da der Zeiger auf dieses verweist.
// Die doppelte Indirektion liefert den Datentyp int.

**MultiArray *= 3;   // Das Element bekommt den Wert 6 (2 * 3).

// Die einfache Dereferenzierung liefert einen Zeiger auf
// das erste Element des Arrays vom Datentyp int[3], welcher
// konform einer Zeigervariablen (int*) zugewiesen werden kann.
// Der Zeiger pI verweist auf das erste Element von MultiArray,
// welches selbst einen eindimensionalen Zeiger repräsentiert.

int* pI = *MultiArray;   // Konforme Zuweisung.
```

Listing **10.41**: Zeiger mit einem mehrdimensionalen Array fester Größe

Zeiger & Referenzen » Arrays fester Größen als Parameter

Bei den Deklarationen von Variablen und Konstanten können Zeiger auch mit Arrays fester Größen in einem Ausdruck kombiniert werden. Ein oder mehrere Sterne, welche die Zeiger symbolisch darstellen, werden bei einer solchen Deklaration wie gewohnt hinter dem Datentyp platziert, wobei die eckigen Klammern des Arrays hinter dem entsprechenden Namen der Variablen bzw. der Konstanten angegeben werden. Im nachfolgenden Code-Beispiel wird eine solche Deklaration veranschaulicht:

```
// Deklaration eines Zeigers auf ein Array fester Größe.
// Die Zeigervariable ist vom Typ const unsigned short* [8].
// Beachten Sie, dass das feste Array nicht konstant ist,
// da das Schlüsselwort const zum Zeigertyp gehört.
// Dieser verweist also auf einen konstanten Speicherbereich,
// daher ist eine Initialisierung des Arrays nicht zwingend.

const unsigned short* ShortArray[8];
```

Listing **10.42**: Deklaration eines Array fester Größe verbunden mit einem Zeiger

10.15.2 Arrays fester Größen als Parameter

» Da ein Datenfeld einer festen Größe intern eine Zeigervariable darstellt, kann diese auch als Parameter eines entsprechenden Methodenaufrufs dienen. Ebenso können in Methoden die Parameter in den Signaturen als Arrays fester Größen definiert werden. Eindimensionale Datenfelder fester Größen lassen sich stets über lesende Zugriffe in herkömmliche Zeigervariablen des gleichen Typs konvertieren, wie dies in den vorherigen Listings der Fall war. Aus diesem Grund können eindimensionale Arrays fester Größen auch als Parameter von Methoden dienen, welche in ihrer Signatur eigentlich einen eindimensionalen Zeiger erwarten. Umgekehrt gilt dies syntaktisch auch, denn eine einfache Zeigervariable darf als Methodenparameter eines definierten Arrays fester Größe dienen, sofern dieses über nur eine Dimension verfügen soll.

Nachfolgend verdeutlicht eine Tabelle die Kombinationen zwischen Zeigervariablen und erwarteten Parametern von Methoden:

Parameter Übergabe	einfacher Zeiger erwartet	Array fester Größe erwartet
einfacher Zeiger übergeben	konform, solange Datentypen und Dimensionen übereinstimmen	konform, sofern es sich um eindimensionale Zeiger und Arrays handelt und die Typen übereinstimmen.
Array fester Größe übergeben	konform, sofern es sich um eindimensionale Zeiger und Arrays handelt und die Typen übereinstimmen	konform, solange Datentypen und Dimensionen übereinstimmen - die Größen der Arrays spielen keine Rolle

Tabelle **26**: Zeigervariablen und Arrays fester Größen als Methodenparameter

Dass die Typen der Variablen bzw. Konstanten mit den erwarteten Typen der Methodenparameter übereinstimmen müssen, ergibt sich in der Tabelle von selbst. Bei einfachen Zeigern spielen dabei auch die Dimensionen eine Rolle, so dass beispielsweise eindimensionale Zeigervariablen nicht an eine Methode übergeben werden können, welche als Parameter in der Signatur einen zweidimensionalen Zeiger vorgibt. Bei Arrays fester Größen gilt dies ebenfalls, denn auch bei diesen müssen die entsprechenden Dimensionen der Variablen bzw. Konstanten mit denen im jeweiligen Methodenparameter der Signatur übereinstimmen. Die jeweiligen Größen der festen Arrays werden dabei nicht berücksichtigt und dürfen sich zwischen Variablen bzw. Konstanten und den entsprechend erwarteten Parametern unterscheiden.

Soll ein Array fester Größe als Methodenparameter dienen, dann muss in der Signatur bei der Bekanntmachung des Prototypen die eckige Klammer hinter dem Datentyp platziert werden, falls der jeweilige Parameter keinen Namen verwendet. Eine Angabe der Größe des Arrays ist dabei für Parameter optional und somit kann diese eckige Klammer auch leer bleiben. Intern werden die Parameter wie herkömmliche Zeigervariablen behandelt, wie diese in Verbindung mit der *Abbildung 29* und dem *Listing 10.25* in einem vorherigen

Zeiger & Referenzen » Arrays fester Größen als Parameter

Abschnitt beschrieben wurden. Die lokale Kopie eines Arrays fester Größe dupliziert die Hardware-Adresse des übergebenen Zeigerparameters, so dass sich Änderungen im Scope der Methode auf das äußere Array beziehen, welches als Parameter der Methode dient. Ist die lokale Kopie mit einem **const**-Qualifizierer versehen, dann dürfen im Rumpf der Methode keine schreibenden Zugriffe auf Elemente des Arrays erfolgen. Bedenken Sie, dass Zugriffe auf die lokale Kopie des Arrays mit Hilfe des Indizierungsoperators nicht von einer optional definierten Größe abhängen. Somit sind auch innerhalb von Methoden negative Indizes möglich, oder auch Zugriffe, welche Elemente außerhalb des gültigen Speicherbereiches des jeweiligen Datenfeldes ansprechen.

Das nachfolgende Listing verwendet (neben der main-Methode) zwei globale Hilfsmethoden, für die verschiedene Zeigervariablen als Parameter dienen:

```cpp
// Deklaration des Prototypen einer globalen Methode,
// welche als Parameter ein Array vom Typ int erwartet.
// Die eckigen Klammern werden hinter dem Datentyp platziert,
// da der Parameter keinen Identifikator verwendet.
// Die Angabe einer Array-Größe in den Klammern wäre optional.

void ga(int[]);

// Prototyp einer herkömmlichen Methode mit einem Zeiger
// auf einen Integer-Speicherbereich als Parameter.

void gp(int*);

// Deklaration und Initialisierung eines globalen
// Arrays fester Größe mit 4 Elementen vom Datentyp int.

int pA[] = { 1, -2, 3, -4 };   // Datentyp int[4].

// Zweidimensionales und globales Datenfeld mit
// 2x2 initialisierten Elementen vom Datentyp int.

int pM[][2] = { { -1,  2 },    // Datentyp int[2][2].
                {  3, -4 } };

// Fortsetzung auf Folgeseite.
```

Arrays fester Größen als Parameter « Zeiger & Referenzen

```cpp
// Deklaration eines eindimensionalen Zeigers auf einen
// mit dem Wert 10 initialisierten Integer-Speicherbereich.

int* pI = new int(10);

// Implementierung der globalen Methode mit Array-Parameter.
// Die Signatur verwendet optional eine Größe für das Array,
// welche ohne Bedeutung ist, da der Parameter intern
// als Zeigervariable behandelt wird.
// Diese Größe muss nicht mit der im Prototyp identisch
// sein, falls in diesem eine feste Größe definiert wurde.
// Im Scope der Methode wird das erste Element des
// übergebenen Arrays für eine Addition mit 5 verwendet.

void ga(int pL[3])
{
   *pL += 5;   // Zugriff über Dereferenzierung.
}

// Implementierung der globalen Methode mit Zeigerparameter.
// Im Inneren der Methode wird dem vierten Element der
// lokalen Zeigerkopie der Wert 6 zugewiesen.

void gp(int* pL)
{
   pL[3] = 6;   // Zugriff über Indizierungsoperator.
}

int main()
{
   // Das eindimensionale Array fester Größe darf als
   // Methodenparameter dienen, da die Dimensionen zwischen
   // Variable und erwartetem Parameter identisch sind.
   // Die Größen der Arrays spielen dabei keine Rolle.
   // In der Methode wird das Array pA schreibend modifiziert.

   ga(pA);   // Methodenaufruf mit Array fester Größe.

   /* Fortsetzung des Code-Beispiels und
      der main-Methode auf der Folgeseite. */
```

Zeiger & Referenzen » Arrays fester Größen als Parameter

```
    // Da das Array intern einen Zeiger repräsentiert und
    // nur eine Dimension besitzt, kann dieses auch als
    // Parameter der anderen Methode dienen, die eigentlich
    // einen Integer-Zeiger in der Signatur vorsieht.
    // Der Datentyp int[4] wird in den Typ int* konvertiert.
    // Auch in dieser Methode wird das Array modifiziert.

    gp(pA);  // Methodenaufruf durch Array im Parameter.

    // Das zweidimensionale Datenfeld darf nicht als
    // Parameter in den beiden globalen Methoden verwendet
    // werden, da die Dimensionen nicht übereinstimmen.

    ga(pM);  // Compiler-Fehler!
    gp(pM);  // Compiler-Fehler!

    // Die eindimensionale Zeigervariable pI darf auch als
    // Parameter der Methode dienen, welche eigentlich ein
    // eindimensionales Array fester Größe erwartet.
    // Der Typ int* ist in den Typ int[] (int[3]) konvertierbar.
    // In der Methode wird der Wert 10 schreibend modifiziert.

    ga(pI);      // Methodenaufruf mit Zeigervariable.

    delete pI;   // Vergessen Sie die Speicherfreigabe nicht.

    return 0;
}

// Die Elemente des Arrays wurden durch die beiden Methoden
// verändert, so dass diese nun die Werte [ 6, -2, 3, 6] haben.
// Der eindimensionale Zeiger pI verweist auf den Wert 15.
// Dieser Zeiger kann auch als Parameter der Methode gp dienen,
// jedoch würde im Scope dieser Methode ein Zugriff auf das
// Element [3] außerhalb des Speicherbereiches erfolgen.
// Jedes Element des zweidimensionalen Arrays pM verfügt
// über ein eindimensionales Datenfeld vom Typ int[2].
// Diese inneren Arrays wären als Methodenparameter gültig.
```

Listing **10.43**: Zeiger und Arrays fester Größen als Methodenparameter

10.15.3 Dynamische Arrays (**new[]** und **delete[]**)

>> Durch die dynamische Speicherallokierung zeichnen sich die Zeiger in der Programmiersprache C++ aus. Sehr häufig werden für die Lösung von Problemstellungen dynamische Arrays benötigt, deren Elemente erst zur Laufzeit dynamisch auf dem Heap bereitgestellt werden. Die Größe solcher Datenfelder ist somit beim Starten des Programms noch nicht bekannt und wird erst bei der Ausführung des Programms dynamisch bestimmt. Die Syntax der Sprache C++ stellt für das Allokieren von dynamischen Arrays den **new[]**-Operator zur Verfügung. Dieser unäre Operator wird wie der bereits bekannte **new**-Operator verwendet, jedoch reserviert diese Variante mit eckigen Klammern einen zusammenhängenden Speicherbereich auf dem Heap für mehrere Elemente. Die Anzahl der zu allokierenden Elemente muss in eckigen Klammern hinter dem Operanden angegeben werden. Der **new[]**-Operator stellt mindestens soviel Speicher auf dem Heap bereit, wie ein Datentyp im Operanden an Byte benötigt. Diese Größe wird mit der Anzahl aller Elemente in den eckigen Klammern multipliziert. War das Bereitstellen des dynamischen Speichers auf dem Heap erfolgreich, liefert der Operator einen Zeiger auf die Adresse des ersten Elementes im Datenfeld zurück. Dieser Rückgabewert entspricht einem Zeiger vom Datentyp des Operanden. Es wird ein Nullzeiger geliefert, wenn das Allokieren mit dem **new[]**-Operator nicht erfolgreich war. Dieser Zustand kann eintreten, falls der zu reservierende Speicherbereich zu groß ist oder wenn kein freier Speicher mehr im System verfügbar ist, der für das dynamische Array benötigt wird. Innerhalb der eckigen Klammern sollte sich ein positiver und ganzzahliger Wert befinden, mit dessen Hilfe eindeutig die Anzahl der zu reservierenden Elemente ermittelt werden kann. Dieser Wert kann auch aus komplexen Rechenoperationen oder durch den Rückgabewert eines Methodenaufrufs gebildet werden, sofern der daraus resultierende Wert eine Ganzzahl darstellt. Gegenüber dem vorher bekannten **new**-Operator ist die Angabe eines Konstruktors hinter dem Operanden nicht möglich, da im **new[]**-Operator hinter diesem die eckigen Klammern platziert werden müssen und somit in einem Ausdruck kein Platz mehr für einen Konstruktor zur Verfügung steht. Nach der dynamischen Speicherallokierung mit dem **new[]**-Operator wird jedes Element des Datenfeldes stets mit seinem Standardkonstruktor initialisiert.

Zeiger & Referenzen » Dynamische Arrays (**new[]** und **delete[]**)

Bitte bedenken Sie, dass der vom **new[]**-Operator gelieferte Zeiger vom Programm gespeichert werden sollte, damit später die saubere Freigabe des dynamisch allokierten Speicherbereiches erfolgen kann. Diese Speicherfreigabe liegt ebenfalls in der Verantwortung des Entwicklers. Auf die potenzielle Gefahr von Speicherlecks wurde bereits in einem vorherigen Abschnitt verbunden mit dynamischer Speicherallokierung eingegangen. Es können ebenfalls Speicherlecks entstehen, wenn der **new[]**-Operator als Parameter oder Rückgabewert von Methoden dient.

Nachfolgend wird das dynamische Allokieren eines Arrays auf dem Heap mit Hilfe des **new[]**-Operators verdeutlicht. Beachten Sie, dass zweckentsprechend in diesem und in den folgenden Listings nur ganzzahlige Literale für die dynamischen Größen eingesetzt werden. In der Praxis dienen eher variable Größen dazu, um das Allokieren an die jeweilige Problemlösung anzupassen.

```cpp
// Deklaration und Initialisierung eines Point2D-Zeigers.

Point2D* pPoint = (Point2D*)0;   // Initialisierter Nullzeiger.

// Dynamisches Allokieren von Speicher auf dem Heap
// für 8 Objekte des komplexen Datentyps Point2D.
// Es wird in der Regel dynamischer Speicher der
// Größe (sizeof(Point2D) * 8) bereitgestellt.
// Die Anzahl der Elemente muss in eckigen Klammern
// hinter dem Operanden platziert werden.
// Der new[]-Operator liefert einen Zeiger auf die Adresse
// des ersten Elementes im dynamischen Speicherbereich.
// Die Speicherung des Rückgabewertes erfolgt in pPoint.

pPoint = new Point2D[8];   // Standardkonstruktor von Point2D.

// Alle 8 allokierten Objekte wurden mit
// dem Standardkonstruktor initialisiert.
// Es erfolgt über den Pfeiloperator ein
// Methodenaufruf vom ersten Element des Arrays.

bool center = pPoint->IsCoordCenter();   // Liefert true.
```

Listing **10.44**: Dynamische Allokierung eines Arrays mit dem **new[]**-Operator

Dynamische Arrays (**new[]** und **delete[]**) « Zeiger & Referenzen

Zunächst ist der vorherige Code-Ausschnitt unvollständig, da in diesem zwar die dynamische Allokierung des Arrays erfolgte, jedoch der bereitgestellte Speicher auf dem Heap nicht wieder freigegeben wurde. Für die saubere Freigabe von zusammenhängendem Speicher dient in C++ der **delete[]**-Operator, welcher wie der **new[]**-Operator ebenfalls ein Schlüsselwort der Syntax darstellt. Dieser Operator ist ähnlich dem bereits bekannten **delete**-Operator, allerdings müssen in dieser Variante eckige Klammern hinter dem Operator platziert werden, ohne dass sich ein Wert innerhalb dieser Klammern befinden darf. Die eckigen Klammern des **delete[]**-Operators kennzeichnen diesen für die ausschließliche Freigabe eines dynamisch allokierten Arrays über einen Zeiger im Operanden. Der **delete[]**-Operator gibt sequenziell den zugehörigen Speicher ab dem Bereich auf dem Heap frei, auf den der jeweilige Zeiger im Operanden verweist. Ein Nullzeiger wird vom Operator einfach ignoriert. Um Speicherlecks zu vermeiden, sollte der **delete[]**-Operator stets paarweise mit dem **new[]**-Operator in Bezug auf die dynamische Speicherverwaltung verwendet werden. Es ist syntaktisch kein Fehler, den einfachen **delete**-Operator für die Freigabe eines dynamischen Datenfeldes zu verwenden, jedoch kann dieser Vorgang zu unvorhersehbaren Zuständen und zum Programmabsturz führen. Verwenden Sie für die saubere Bereitstellung und Freigabe von dynamischen Arrays den **delete[]**-Operator stets in Kombination mit dem **new[]**-Operator. Der aus vorherigen Abschnitten bekannte **new**-Operator und der einfache **delete**-Operator sollte in Kombination verwendet werden, wenn zwar dynamischer Speicher auf dem Heap reserviert und freigegeben werden möchte, diese Speicherbereiche jedoch nicht zusammenhängend in Form von Arrays verwaltet werden sollen. Ergänzend zu dem vorherigen *Listing 10.44* verdeutlicht der folgende Code-Ausschnitt nun die Speicherfreigabe des Arrays mit dem **delete[]**-Operator:

```
// Speicherfreigabe des dynamisch allokierten Datenfeldes.
// Der delete[]-Operator gibt den reservierten Speicherbereich
// frei, auf welchen der Zeiger pPoint im Operanden verweist.
// Die eckigen Klammern symbolisieren dem Compiler eindeutig,
// dass die Freigabe eines dynamischen Arrays erfolgen soll.

delete[] pPoint;   // Liefert den Datentyp void.
```

Listing **10.45**: Speicherfreigabe eines Arrays mit dem **delete[]**-Operator

Zeiger & Referenzen » Dynamische Arrays (new[] und delete[])

Leider bietet die Syntax der Programmiersprache C++ keine Möglichkeit, um die Anzahl der Elemente eines Arrays zur Laufzeit zu bestimmen, unabhängig ob es sich dabei um ein Datenfeld fester Größe handelt oder um ein dynamisch allokiertes Array. Diese Anzahl sollte daher in Form eines Wertes im Quellcode gespeichert werden, beispielsweise als Member-Variable in einem Objekt. Um die Anzahl der Byte auf dem Heap zu ermitteln, die von einem Array belegt werden, kann der bereits bekannte **sizeof**-Operator herangezogen werden. Der Speicherbedarf eines beliebigen Elementes des Datenfeldes multipliziert mit der Anzahl der im Array enthaltenen Elemente, liefert den Bedarf an Speicher für das gesamte Datenfeld. Im folgenden Listing wird ein dynamisches Array in Verbindung mit dem **sizeof**-Operator verwendet:

```cpp
#define SIZE 5

// Es werden 5 Objekte vom Datentyp Number dynamisch
// auf dem Heap allokiert, wobei der gelieferte
// Zeiger der Initialisierung von pNumb dient.
// Alle Number-Instanzen werden mit ihrem
// Standardkonstruktor initialisiert.
// Der Namensraum Core muss entsprechend im
// Operanden des new[]-Operators aufgelöst werden.

Core::Number* pNumb = new Core::Number[SIZE];   // 80 Byte.

// Die Indirektion des Zeigers pNumb gibt das erste
// allokierte Objekt des Arrays vom Typ Number zurück.
// Ein Objekt vom Typ Number belegt mindestens 16 Byte.
// Folglich werden durch das gesamte Datenfeld
// mindestens 80 Byte belegt (16 Byte * 5).
// Der Zeiger belegt hingegen nur minimal 4 Byte.

size32 array_byte = sizeof *pNumb * SIZE;   // 80 Byte.

size32 pointer_byte = sizeof pNumb;         // 4 Byte.

delete[] pNumb;  // Freigabe des dynamischen Speichers.
```

Listing **10.46**: Dynamisches Array in Verbindung mit dem **sizeof**-Operator

Auch wenn in den vorherigen zwei Code-Beispielen der **new[]**-Operator nur mit komplexen Datentypen verwendet wurde, können dennoch primitive Typen als Operanden dienen. Beachten Sie, dass vagabundierende Zeiger auch in Verbindung mit dem **new[]**-Operator und dem **delete[]**-Operator auftreten können.

10.15.4 Zugriffe über Indizierung

>> Der **new[]**-Operator liefert nach erfolgreicher Allokierung einen Zeiger auf die Hardware-Adresse des ersten Elementes zurück. Ein Zugriff über den Zeiger mittels einer Dereferenzierung oder über den Pfeiloperator erfolgt daher stets auf das erste Element des Datenfeldes, da die Zeigervariable auf dieses Element verweist. Sollen gezielte Zugriffe auf einzelne Elemente des dynamischen Arrays erfolgen, so kann der Indizierungsoperator herangezogen werden, welchen Sie bereits im dritten Kapitel **Erweiterte Grundlagen** verbunden mit Arrays fester Größen kennengelernt haben. Die Indizierung von Elementen ist immer in Verbindung mit Zeigervariablen möglich, so dass der Operand des Indizierungsoperators stets vom Datentyp eines Zeigers sein muss. Wie bei der Indirektion liefert auch die Indizierung ein Element vom Datentyp des aufgelösten Zeigers zurück, wobei aber mit Hilfe des Indizierungsoperators ein Element explizit über einen Index beginnend bei Null angesprochen werden kann.

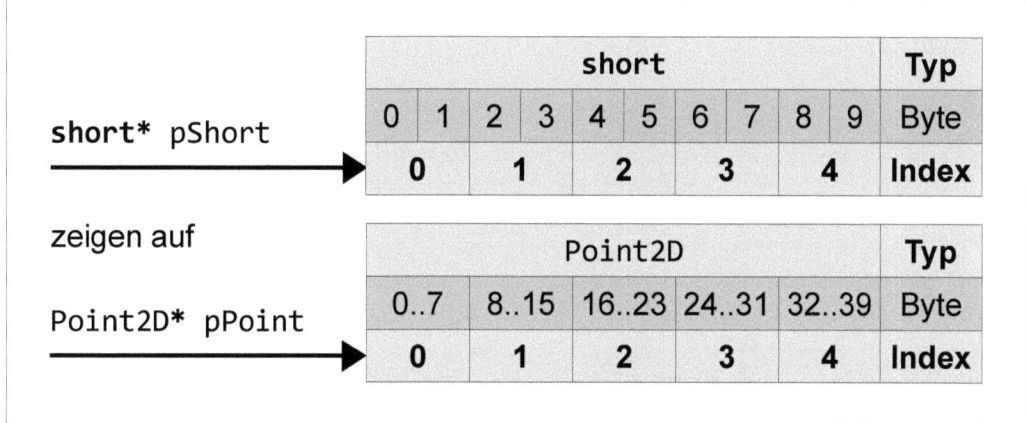

Abbildung **32**: Zeiger auf verschiedene Speicherbereiche

Zeiger & Referenzen » Zugriffe über Indizierung

Die vorherige *Abbildung 32* verdeutlichte Zeiger auf Speicherbereiche verschiedener Datentypen mit jeweils 5 Elementen. Basierend auf dieser Abbildung findet im folgenden Code-Ausschnitt die Deklaration zweier Zeigervariablen statt, welche auf verschiedene Speicherbereiche verweisen. Wahlweise kommt ein dynamisch allokiertes Datenfeld und ein Array fester Größe zum Einsatz, um unter anderem die Indizierung einzelner Elemente über die Zeigervariablen zu verdeutlichen:

```cpp
// Dynamisches Bereitstellen von 5 Elementen des
// primitiven Typs short auf dem Heap in einem Array.
// Der Zeiger pShort verweist auf das erste Element.
// Eine einzelne Variable vom Typ short belegt 2 Byte, so
// dass der Speicherbedarf für das Array bei 10 Byte liegt.

short* pShort = new short[5];   // Initialisierter Zeiger.

// Schreibender Zugriff auf das erste Element des Arrays.
// Die Indirektion liefert den primitiven Datentyp short.

*pShort = -444;    // Zugriff über Dereferenzierung.

// Schreibender Zugriff auf das mittlere Element (Index 2).
// Von der Indizierung wird ebenfalls der Typ short geliefert.

pShort[2] = 555;   // Zugriff über Indizierungsoperator.

delete[] pShort;   // Saubere Speicherfreigabe.

// Deklaration eines Arrays fester Größe mit 5 Elementen.
// Intern wird die Variable pPoint als Zeiger abgebildet.
// Ein Objekt vom Typ Point2D benötigt in der
// Regel 8 Byte des Speichers.
// Das gesamte Array belegt somit 40 Byte, was einem
// Speicherbedarf von (sizeof(Point2D) * 5) entspricht.

Point2D pPoint[5];   // Komplexer Datentyp Point2D.

// Fortsetzung auf Folgeseite.
```

```cpp
// Methodenaufruf über Pfeiloperator.
// Es wird die Methode für das erste Element ausgeführt.
// Die Dereferenzierung würde ebenfalls das erste Element
// ansprechen und den komplexen Typ Point2D liefern.

pPoint->SetCoordX(-0.5f);    // Zugriff über Pfeiloperator.

// Zugriff auf das letzte Element des Arrays.
// Der Indizierungsoperator gibt den Typ Point2D zurück,
// so dass der Methodenaufruf über den Punktoperator erfolgt.
// Beachten Sie, dass das letzte Element eines Arrays
// immer anhand der Anzahl minus 1 gebildet wird.

pPoint[4].SetCoordY(4.5f);   // Zugriff über Indizierung.

// Methodenaufruf für das erste Element des Arrays.
// Die Indizierung mit dem Index 0 ist semantisch
// mit der Dereferenzierung identisch.
// Das erste Element besteht aus den Koordinaten [-0.5f, 0.5f].

pPoint[0].SetCoordY(0.5f);   // Zugriff über Indizierung.
```

Listing **10.47**: Zugriffe auf Elemente von Arrays über Indizierungsoperator

Eine Indizierung mit dem Index 0 führt immer zum gleichen Ergebnis wie die Verwendung der Dereferenzierung. Auch Zeiger, welche nicht auf Arrays verweisen sondern nur auf einzelne Adressen, können sich am Indizierungsoperator bedienen. Dies wird im nachfolgenden Listing deutlich:

```cpp
// Deklaration und Initialisierung einer Zeigervariablen
// auf die Adresse eines Speicherbereiches vom Typ double.

double* pDbl = new double(12.34);

// Schreibender Zugriff auf Speicher, auf den pDbl verweist.

pDbl[0] *= 2.5;   // Zugriff über Indizierungsoperator.
```

Listing **10.48**: Indirektion eines Zeigers über Indizierungsoperator mit Index 0

Zeiger & Referenzen » Zeigerarithmetik

10.15.5 Zeigerarithmetik

>> Ausgewählte Operatoren der vermittelten Arithmetik können sinnvoll in Verbindung mit Zeigervariablen in den Operanden eingesetzt werden. Ein Zeiger, welcher auf die Hardware-Adresse eines Elementes verweist, kann anhand der Zeigerarithmetik durch den zusammenhängenden Speicherbereich navigiert werden. Ähnlich der Indizierung lassen sich somit Elemente eines Datenfeldes separat ansprechen. In Bezug auf die Notation sind die Operatoren der Zeigerarithmetik zu den arithmetischen Operatoren identisch, die dem einfachen Rechnen mit Werten dienen. Die Operatoren der Zeigerarithmetik sind jedoch für die Verwendung von Zeigervariablen in ihren Operanden vorgesehen. In der nachfolgenden Tabelle sind diese Operatoren aufgelistet:

Operator	Rückgabewert (Operation)	Datentypen	Notation
Inkrement ++	Op + 1 (Op = Op + 1)	alle Zeiger	Präfix
Dekrement --	Op - 1 (Op = Op - 1)	alle Zeiger	Präfix
Inkrement ++	Op (Op = Op + 1)	alle Zeiger	Postfix
Dekrement --	Op (Op = Op - 1)	alle Zeiger	Postfix
Addition +	Op1 + Op2	Zeiger + Ganzzahl Ganzzahl + Zeiger	Infix
Subtraktion -	Op1 - Op2	Zeiger - Ganzzahl	Infix
Addition und Zuweisung +=	Op1 + Op2 (Op1 = Op1 + Op2)	Zeiger + Ganzzahl	Infix
Subtraktion und Zuweisung -=	Op1 - Op2 (Op1 = Op1 - Op2)	Zeiger - Ganzzahl	Infix

Tabelle **27**: Operatoren der Zeigerarithmetik

In der vorherigen Tabelle sollten die Operatoren bezogen auf die semantischen Operationen nicht mit den arithmetischen Operatoren verwechselt werden, die im Kapitel **Erweiterte Grundlagen** vermittelt wurden. Der Compiler erkennt in einem Ausdruck den jeweiligen Operanden als Zahlenwert oder als Zeiger an, so dass ein Operator entsprechend unterschiedlich abgearbeitet werden kann und in Verbindung mit Zeigern einen völlig anderen Sinn ergibt. Durch diese Operatoren kann in der Sprache C++ in gewisser Weise mit den Inhalten von Zeigervariablen gerechnet werden. Dieser Vorgang wird als Zeigerarithmetik bezeichnet.

Der unäre Operator für das Inkrement erwartet stets einen Operanden vom Typ eines Zeigers, welcher nach der jeweiligen Operation für einen schreibenden Zugriff herangezogen wird. Unabhängig von der Präfix- oder Postfix-Notation erhöht der Inkrementoperator stets die Adresse des Zeigers im Operanden. Nach der Operation verweist die jeweilige Zeigervariable auf die Hardware-Adresse des nächsten Elementes im Array. Mit Hilfe des unären Dekrementoperators kann die Adresse der Zeigervariablen im Operanden über einen schreibenden Zugriff verringert werden. Eine solche Zeigervariable verweist also nach der entsprechenden Operation auf die Hardware-Adresse des vorherigen Elementes des Datenfeldes. Wie auch bei den arithmetischen Operatoren gibt die Präfix-Variante des Inkrements und des Dekrements den modifizierten Operanden zurück, während die Postfix-Versionen ihren originalen Operanden liefern. Der zurückgegebene Datentyp beider Inkrementoperatoren und beider Dekrementoperatoren ist verbunden mit Zeigervariablen stets der übergebene Zeigertyp im jeweiligen Operanden.

Die Zeigerarithmetik kann auch in Verbindung mit den binären Operatoren der Addition und Subtraktion erfolgen, welche jeweils zwei Operanden erwarten. Genau einer dieser Operanden muss eine Zeigervariable darstellen und der andere jeweils eine Ganzzahl. Da die Addition kommutativ ist, spielt es keine Rolle, ob der rechte oder linke Operand den ganzzahligen Wert repräsentiert. Bei der Subtraktion ist dies nicht gegeben, da bei dieser der linke Operand stets vom Ergebnis des rechten Operanden abhängig ist. Unter Verwendung der Zeigerarithmetik mit Subtraktion muss aus diesem Grund im linken Operanden stets eine Zeigervariable angegeben werden und im rechten Operanden eine Ganzzahl. Der Additionsoperator erhöht die Adresse basierend auf dem jeweiligen Operanden um den ganzzahligen Wert, während mit Hilfe der

Zeiger & Referenzen » Zeigerarithmetik

Subtraktion die Adresse im linken Operanden verringert werden kann. Beide Operatoren geben einen Zeiger zurück, welcher dem Datentyp des Zeigers im jeweiligen Operanden entspricht. Ein gelieferter Zeiger der entsprechenden Operation verweist auf die Adresse des Elementes im Array, welche anhand des ganzzahligen Wertes berechnet wurde. Die zugehörigen Zuweisungsoperatoren sind eher trivial und verhalten sich in Bezug auf die Operationen wie die jeweilige Addition bzw. Subtraktion. Bei diesen werden nach den Operationen in den linken Operanden zusätzlich die veränderten Adressen gespeichert, welche stets mit den Rückgabewerten identisch sind. Bei den Zuweisungsoperatoren werden die linken Operanden schreibend modifiziert, so dass für Addition und Subtraktion zwingend Zeigervariablen als linke Operanden dienen müssen.

Wie die einzelnen Operatoren der Zeigerarithmetik die Adressen modifizieren, hängt vom verwendeten Datentyp des jeweiligen Zeigers ab. Jedes allokierte Objekt belegt eine für den Compiler bekannte Größe an Byte auf dem Heap. Eine Zeigervariable dieses Typs kennt somit intern diese Größe und kann die Adressen verbunden mit der Zeigerarithmetik entsprechend anpassen. Da Speicherbereiche immer zusammenhängend auf dem Heap allokiert werden, erfolgt die Positionierung von Zeigern stets über die Adressen. Beachten Sie, dass es zum Absturz des Programms kommen kann, wenn Nullzeiger als Operanden für die Zeigerarithmetik verwendet werden.

Der nachfolgende Code-Ausschnitt macht unter anderem die Zeigerarithmetik anhand ausgewählter Operatoren der *Tabelle 27* deutlich:

```cpp
// Dynamisches Allokieren eines Speicherbereiches
// mit 8 Elementen vom komplexen Datentyp Point2D.
// Der Zeiger verweist auf die Adresse des ersten Elementes.

Point2D* pPoint0 = new Point2D[8];    // Initialisierter Zeiger.

// Deklaration und Initialisierung einer Zeigervariablen,
// welche auf die Adresse des letzten Elementes verweist.
// Der Additionsoperator erhöht entsprechend die Adresse,
// auf die der Zeiger pPoint0 im linken Operanden verweist
// und liefert den positionierten Zeiger als rechten
// Operanden der Zuweisung von pPoint1.

Point2D* pPoint1 = pPoint0 + 7;    // Datentyp Point2D*.
```

Zeigerarithmetik « Zeiger & Referenzen

```
/* Fortsetzung des Code-Beispiels. */

// Ein Zugriff über den Zeiger pPoint1 spricht das letzte
// Element des dynamischen Arrays an, da der Zeiger durch die
// Operation der Zeigerarithmetik auf dieses verwiesen wurde.

pPoint1->SetCoordX(-4.5f);   // Methodenaufruf für 8. Element.

// Die Indizierung mit dem Index 7 über den Startzeiger
// spricht ebenfalls das letzte Element des Arrays an.
// Das Objekt verfügt somit über die Koordinaten [-4.5f, 4.5f].
// Bedenken Sie, dass die Indizierung stets bei 0 beginnt.
// Eine Indizierung des Zeigers pPoint1 mit dem Index 7
// würde also ein Element ansprechen, welches außerhalb
// des dynamisch allokierten Speicherbereiches liegt.

pPoint0[7].SetCoordY(4.5f);   // Methodenaufruf für 8. Element.

// Verwendung der Subtraktion mit Zuweisung
// für eine Operation der Zeigerarithmetik.
// Der linke Operand muss zwingend ein Zeiger sein.
// Die Hardware-Adresse, auf welche pPoint1 verweist,
// wird basierend auf dem rechten Operanden verringert.
// Der modifizierte Zeiger wird nach der Operation
// zusätzlich im linken Operanden gespeichert.
// Die Zeigervariable pPoint1 verweist somit auf die
// Adresse des vierten Elementes (Index 3) im Datenfeld.
// Der Rückgabewert wird in diesem Ausdruck nicht
// benötigt und geht nach der Operation verloren.

pPoint1 -= 4;   // Zeigerarithmetik durch Subtraktion.

// Die saubere Speicherfreigabe erfolgt über den Startzeiger.

delete[] pPoint0;
```

Listing 10.49: Zeiger in Verbindung mit Zeigerarithmetik

Dieses Listing bildet die Basis für die folgende Abbildung, in der die Zeiger verbunden mit der angewendeten Zeigerarithmetik dargestellt sind:

Zeiger & Referenzen » Zeigerarithmetik

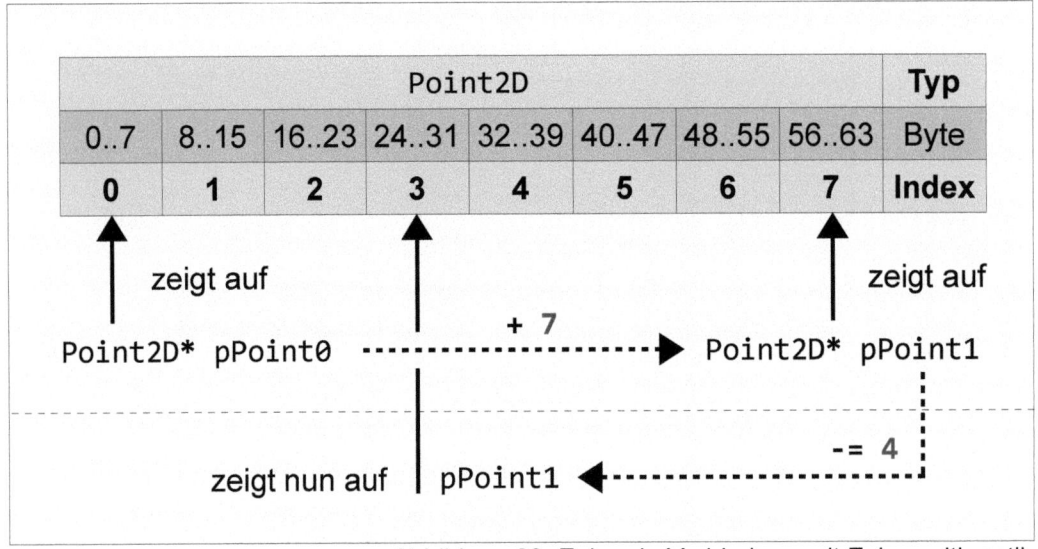

Abbildung **33**: Zeiger in Verbindung mit Zeigerarithmetik

Beachten Sie bitte, dass die Indizierung von Elementen eines Arrays zwar stets bei 0 beginnt, im vorherigen *Listing 10.49* die Benennung der Elemente in den Kommentaren aber beginnend bei 1 erfolgte. In der realen Welt ist ein nulltes Element nicht greifbar, daher wird der Speicherbereich über den Index 0 als erstes Element beschrieben. Im Code-Beispiel verfügte das dynamische Array über 8 allokierte Elemente. Somit bildet das letzte Element real das achte Element ab, welches aber intern über den Index 7 identifizierbar ist.

Auch für die Operatoren der Zeigerarithmetik können Methodenaufrufe für lesende Operanden eingesetzt werden, um den Programmablauf entsprechend an eine Methode zu delegieren. Der Rückgabewert der aufgerufenen Methode muss dabei vom Datentyp eines Zeigers bzw. einer Ganzzahl sein, je nachdem welcher Operator verwendet wird und wie die Operanden eingesetzt werden. Da die Operatoren des Dekrements und des Inkrements schreibend auf ihren jeweiligen Operanden zugreifen, darf für diese keine Delegation an Methoden erfolgen. Ebenso dürfen die linken Operanden der Zuweisungsoperatoren keine Methodenaufrufe bilden, da auch auf diese schreibende Zugriffe erfolgen. Zeiger, welche bei ihrer Deklaration und Initialisierung mit dem Schlüsselwort **const** als konstant qualifiziert sind, dürfen ebenso wenig für Operanden mit schreibenden Zugriffen genutzt werden.

Zeigerarithmetik « Zeiger & Referenzen

Wie bereits bekannt ist, bilden Arrays fester Größen intern Zeigervariablen auf ihre jeweiligen Speicherbereiche ab. Die Verwendung der Zeigerarithmetik ist also auch verbunden mit Arrays fester Größen möglich und sinnvoll. Zusätzlich kann die Kontrollstruktur einer Zählschleife eingesetzt werden, um beginnend bei der Adresse des ersten Elementes durch den Speicherbereich zu navigieren. In Verbindung mit einem Array fester Größe und einer Zählschleife macht das folgende Listing ergänzend die Verwendung der Zeigerarithmetik deutlich:

```cpp
// Datenfeld fester Größe mit 12 Elementen vom Datentyp int.
// Eine Initialisierung der Elemente erfolgt nicht, daher muss
// die feste Größe in den eckigen Klammern angegeben werden.

int fixArray[12];   // Interne Zeigervariable vom Typ int[12].

// Deklaration und Initialisierung eines Zeigers, welcher
// auf die Adresse des ersten Elementes von fixArray verweist.
// Der Typ int[12] wird konform dem Typ int* zugewiesen.

int* pArray = fixArray;   // Der Zeiger dient als Startzeiger.

// Zählschleife mit 12 Iterationen, um sequenziell
// durch den Speicherbereich des Arrays zu navigieren.
// Im Scope erfolgt über die Dereferenzierung ein Zugriff
// auf das Element, auf welches pArray aktuell verweist.
// Danach wird in der Schleife der Zeiger neu positioniert.
// Jedes Element des Arrays bekommt als Inhalt seinen Index.

for (int i = 0; i < 12; ++i)
{
   *pArray = i;   // Schreibender Zugriff auf aktuelles Element.
   ++pArray;      // Inkrementieren der Zeigervariablen.
}

// Ein Zeiger wird auf die Adresse des 4. Elementes verwiesen.
// Die Ganzzahl darf den linken Operanden der Addition bilden.

int* pInt = 3 + fixArray;   // Kommutative Addition.
```

Listing **10.50**: Zeigerarithmetik bezogen auf ein Array fester Größe

Zeiger & Referenzen » Speicherlecks durch den **delete[]**-Operator

Die Zeigerarithmetik bildet ein sehr mächtiges Werkzeug im Umgang mit der Syntax von C++, da mit dieser die einfache Navigation durch Speicherbereiche erfolgen kann. Zugriffe auf Elemente können dabei stets mit Hilfe der Dereferenzierung ermöglicht werden. Anders als bei der Indizierung kann die Zeigervariable so direkt aufgelöst werden, was zu schnelleren Speicherzugriffen führt. Im Quellcode kann schnell die Übersicht darüber verloren werden, welcher Zeiger tatsächlich auf welche Adresse verweist, da durch die Zeigerarithmetik auch auf Speicher außerhalb des allokierten Bereiches navigiert werden kann. Sie sollten sich also stets den Gefahren der Verwendung von Zeigern und Zeigerarithmetik bewusst sein.

10.15.6 Speicherlecks durch den **delete[]**-Operator

>> Der **delete[]**-Operator gibt den zusammenhängenden Speicherbereich frei, ab der Hardware-Adresse, auf die der Zeiger im Operanden verweist. In Verbindung mit Zeigerarithmetik können durch den **delete[]**-Operator leichtsinnig Speicherlecks bei der Freigabe von Speicherbereichen entstehen. Zeiger, die zur Navigation durch dynamische Speicherbereiche dienen, sollten niemals als Operand dem **delete[]**-Operator übergeben werden, da Elemente des Speicherbereiches vor dieser Adresse vernachlässigt werden würden. Genau aus diesem Grund wurde in *Listing 10.49* der dynamische Speicherbereich über den Zeiger *pPoint0* freigegeben. Hätte die durch Zeigerarithmetik benutze Zeigervariable *pPoint1* als Operand des **delete[]**-Operators gedient, so wäre in dem Beispiel ein Speicherleck entstanden, da dieser Zeiger auf die Adresse eines Elementes mitten im Speicherbereich verwies, aber nicht auf die Adresse des ersten Elementes. Für die saubere Freigabe von dynamisch allokierten Speicherbereichen sollte der **delete[]**-Operator stets mit der Adresse im Operanden verwendet werden, die vorher vom **new[]**-Operator geliefert wurde.

Das einfache Vermeiden von Speicherlecks kann durch konstante Zeigervariablen realisiert werden. Ein als konstant qualifizierter Zeiger darf während seiner gesamten Lebensdauer nicht auf andere Speicherbereiche (Adressen) verwiesen werden und kann somit nicht für die Zeigerarithmetik herangezogen werden. Die saubere Speicherfreigabe sollte also über diese Zeiger erfolgen.

Verbunden mit dynamischer Speicherallokierung und einem konstant qualifizierten Zeiger veranschaulicht der folgende Code-Ausschnitt die Vermeidung eines Speicherlecks:

```cpp
// Es werden 16 Objekte vom komplexen Typ Number
// dynamisch auf dem Heap bereitgestellt.
// Der initialisierte Zeiger pFirst verweist auf die
// Adresse des ersten Objektes im dynamischen Array.
// Die Zeigervariable ist konstant und darf daher
// nicht auf andere Adressen verwiesen werden.

Core::Number* const pFirst = new Core::Number[16];

// Deklaration eines Zeigers (Startzeiger), welcher
// ebenfalls auf die Adresse des ersten Elementes verweist.
// Dieser Zeiger ist nicht konstant und darf für die
// Navigation durch den Speicherbereich dienen.

Core::Number* pNumb = pFirst;   // Zeiger für Zeigerarithmetik.

// Speicherfreigabe durch den konstanten Zeiger, der immer
// auf die Adresse verweist, die der new[]-Operator lieferte.

delete[] pFirst;   // Saubere Speicherfreigabe.
```

Listing **10.51**: Vermeidung eines Speicherlecks durch den **delete[]**-Operator

10.15.7 Mehrdimensionale und dynamische Arrays

» Mit Hilfe des **new[]**-Operators können auch Zeiger dynamisch auf dem Heap bereitgestellt werden, so dass mehrdimensionale Datenfelder entstehen. Die Elemente des dynamischen Arrays der ersten Dimension bestehen dadurch selbst aus Zeigervariablen, welche jeweils auf einen eigenen Speicherbereich des Heaps verweisen können, um eine weitere Dimension zu bilden. In der Praxis ist die Verwendung solcher dynamischer Arrays mit zwei Dimensionen

Zeiger & Referenzen » Mehrdimensionale und dynamische Arrays

gebräuchlich. Für die Bildung ist also die Deklaration einer zweidimensionalen Zeigervariablen erforderlich, der die Adresse des ersten Elementes vom reservierten Speicherbereich zugewiesen wird. Da der **new[]**-Operator die Zeiger dynamisch auf dem Heap allokiert, können mit Hilfe einer Zählschleife die einzelnen Zeigervariablen angesprochen werden. Dafür bietet sich die Zeigerarithmetik mit Dereferenzierung oder die Indizierung an. Für jedes Element der ersten Dimension kann dynamischer Speicher mit dem **new[]**-Operator bereitgestellt werden, um ein mehrdimensionales Array zu generieren.
Nachfolgend macht ein Listing die dynamische Speicherallokierung eines zweidimensionalen Datenfeldes deutlich, wobei eine Zählschleife in Verbindung mit Zeigerarithmetik und Dereferenzierung zum Einsatz kommt:

```cpp
// Deklaration und Initialisierung eines zweidimensionalen
// und konstanten Zeigers auf Speicherbereiche vom Typ int.
// Der new[]-Operator erhält einen Zeigertyp als Operand
// und stellt somit 5 Elemente vom Typ int* bereit.
// Der Rückgabewert des new[]-Operators verweist auf
// die Adresse des ersten Elementes vom Datentyp int**.
// Diese Hardware-Adresse wird im Zeiger ppInt gespeichert.
// Zusätzlich dient der Zeiger zur späteren Speicherfreigabe.

int** const ppFirst = new int* [5]; // 5 Elemente vom Typ int*.

int** ppRow = ppFirst;   // Zeiger für Zeigerarithmetik.

// Zählschleife mit 5 Iterationen, um für jeden reservierten
// Zeiger der ersten Dimension dynamisch einen Speicher-
// bereich mit 7 Elementen vom Typ int zu allokieren.
// Die reservierten Arrays bilden die zweite Dimension.
// Anhand von Zeigerarithmetik wird sequenziell durch
// den Speicherbereich der ersten Dimension navigiert.
// Die Indirektion und der new[]-Operator liefern int*.

for (unsigned int i = 0; i < 5u; ++i)
{
    *ppRow = new int[7];   // 7 Elemente vom Typ int.
    ++ppRow;               // Nächstes Element durch Inkrement.
}
```

Mehrdimensionale und dynamische Arrays « Zeiger & Referenzen

```
/* Fortsetzung des Code-Beispiels. */

// Deklaration einer zweidimensionalen Zeigervariablen,
// die durch Zeigerarithmetik auf das letzte Element
// (Index 4) der ersten Dimension verweist.

int** ppLast = ppFirst + 4;   // Initialisierter Zeiger.

// Eindimensionaler Zeiger, welcher auf die Hardware-
// Adresse des letzten Elementes vom mittleren Element
// (Index 2) der ersten Dimension verweist.
// Die Indizierung gibt den Typ int* für das dritte Element
// der ersten Dimension zurück, wobei der gelieferte Zeiger
// auf das erste Element dieses eigenen Speichers verweist.
// Mit Hilfe der Zeigerarithmetik wird das letzte Element
// dieses Speicherbereiches vom Typ int* angesprochen.

int* pElem = ppFirst[2] + 6;   // Initialisierter Zeiger.
```

Listing **10.52**: Allokierung eines zweidimensionalen und dynamischen Arrays

Bezogen auf diesen Code-Ausschnitt illustriert die nachfolgende Abbildung die dynamischen Zeiger und Speicherbereiche:

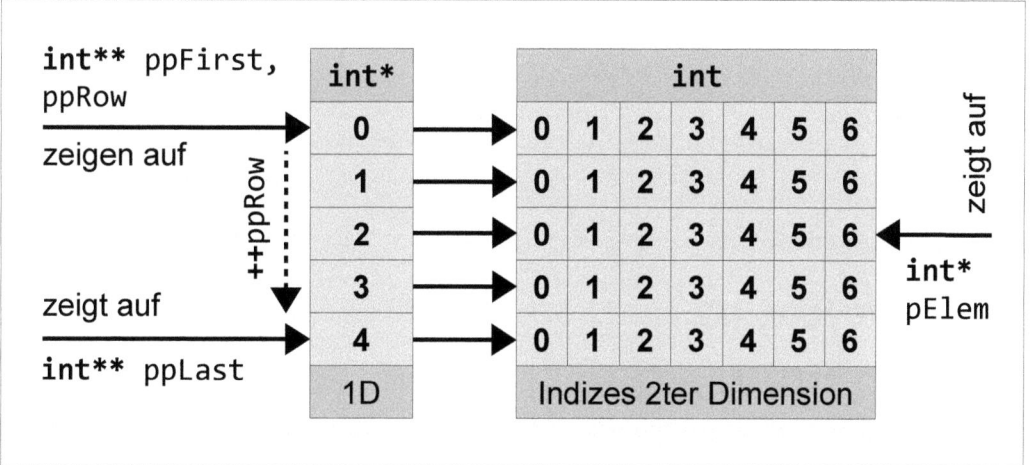

Abbildung **34**: Zeiger verbunden mit einem zweidimensionalen Datenfeld

Zunächst verfügen alle Elemente der zweiten Dimension über undefinierte Werte, da in der Zählschleife der **new[]**-Operator angewendet wurde und der primitive Datentyp **int** mit dem Standardkonstruktor zum Einsatz kam. Um die Elemente des zweidimensionalen Arrays mit Werten zu beschreiben, kann eine Zählschleife dienen, die im Scope einer anderen Zählschleife eingebettet ist. Ein zweidimensionales Datenfeld kann auch als geordnete Tabelle mit entsprechenden Werten angesehen werden, wobei die jeweiligen Speicherbereiche aber ungeordnet auf dem Heap allokiert sind. Somit ist nicht gegeben, dass alle Elemente des zweidimensionalen Arrays sequenziell im Speicher angeordnet sind. Allerdings liegen die mit dem **new[]**-Operator bereitgestellten Elemente der zweiten Dimension in geordneter Reihenfolge vor, daher kann ein gezielter Zugriff auf ein Element mit Hilfe des Indizierungsoperators erfolgen. Für jeden Zeiger der ersten Dimension kann eine zweite Zählschleife durchlaufen, um auf die Elemente dieser zweiten Dimension schreibenden oder lesenden Zugriff zu erhalten. Über die jeweiligen Indizes der Schleifen können einzelne Elemente des Datenfeldes angesprochen werden. Dies wird im folgenden Code-Ausschnitt anschaulich:

```cpp
// In einer Zählschleife wird jedes Element der ersten
// Dimension durchlaufen, wobei pro Iteration eine weitere
// Zählschleife die Elemente der zweiten Dimension anspricht.
// Im Scope liefert die erste Indizierung den Datentyp int*,
// der zweite Indizierungsoperator gibt den Typ int zurück.
// Zur besseren Übersicht werden die Bereiche
// durch geschweifte Klammern gebildet.
// Da die innere Zählschleife in den Scope der äußeren
// Schleife eingebettet ist, hat diese Sichtbarkeit
// auf die äußere Zählvariable.

for (unsigned int i = 0; i < 5u; ++i)      // Zeilendurchlauf.
{
   for (unsigned int k = 0; k < 7u; ++k)   // Spaltendurchlauf.
   {
      ppFirst[i][k] = 0;   // Schreibender Zugriff auf Element.
   }
}
```

Listing **10.53**: Zugriffe auf Elemente eines zweidimensionalen Arrays

Mehrdimensionale und dynamische Arrays « Zeiger & Referenzen

In *Listing 10.52* und in der damit verbundenen *Abbildung 34* wurden insgesamt 35 (5 mal 7) Elemente vom primitiven Datentyp **int** allokiert. Nur die Elemente des zweidimensionalen Arrays fordern daher mindestens 140 Byte (35 mal 4 Byte) des dynamischen Speichers. Bedenken Sie, dass dabei nur der Speicherplatz eingerechnet ist, der in der Zählschleife mit dem **new[]**-Operator pro Iteration allokiert wurde. Zusätzlich werden aber mindestens 5 mal 4 Byte benötigt, um die dynamischen Zeiger der ersten Dimension zu verwalten, wobei auch die einzelnen Zeigervariablen (*ppFirst*, etc.) ihren eigenen Speicherplatz fordern. Der Bedarf an Speicher für einen reservierten Bereich sollte daher von dem der Zeigervariablen getrennt werden, welche diesen Speicher allokiert.

Die saubere Freigabe der Speicherbereiche vom zweidimensionalen Array muss mit dem **delete[]**-Operator erfolgen. Dabei muss der Operator genau so oft wie der damit verbundene **new[]**-Operator zum Einsatz kommen. In einer Zählschleife sollten zunächst die allokierten Bereiche der zweiten Dimension freigegeben werden. Danach kann die saubere Speicherfreigabe für das Datenfeld der ersten Dimension erfolgen. Die Freigabe des Speichers sollte somit stets in umgekehrter Reihenfolge zur Allokierung gewährleistet werden.

Im nachfolgenden Code-Ausschnitt erfolgt ergänzend die Freigabe des zweidimensionalen Arrays, welches in *Listing 10.52* dynamisch allokiert wurde:

```
// Der Zeiger für die Zeigerarithmetik muss wieder auf
// das erste Element der ersten Dimension verwiesen werden.

ppRow = ppFirst;    // Konforme Zuweisung.

// Zählschleife mit 5 Iterationen, um den Speicherbereich
// für jedes Element der ersten Dimension freizugeben.

for (unsigned int i = 0; i < 5u; ++i)   // Iteration pro Zeiger.
{
   delete *ppRow;   // Freigabe des Arrays in zweiter Dimension.
   ++ppRow;         // Nächstes Element durch Inkrement.
}

delete ppFirst;   // Freigabe des Arrays der ersten Dimension.
```

Listing **10.54**: Speicherfreigabe eines zweidimensionalen Arrays

10.16 Zeiger als Eigenschaften

10.16.1 Deklaration in Klassen (Line2D-Praxis)

>> Bisher wurden in Klassen nur Eigenschaften deklariert, die aus primitiven oder komplexen Datentypen gebildet waren. Es ist aber zudem möglich, auch Zeiger auf diese Typen als Eigenschaften in Klassen zu verwenden. Damit ergibt sich ein mächtiges Werkzeug innerhalb von Klassendefinitionen, da ein Zeiger den dynamischen Speicher für seine jeweilige Eigenschaft erst dann allokieren kann, wenn dieser tatsächlich in der Instanz benötigt wird. Deklarierte Zeiger als Eigenschaften in Klassen werden auch als Zeiger-Member bezeichnet und sind zur Laufzeit von ihrer äußeren Instanz abhängig. Die Lebensdauer eines solchen Zeigers beginnt erst dann, wenn ein Objekt der entsprechenden Klasse über eine Deklaration bekannt gemacht wird. Auch in diesem Zusammenhang wird von einer *Hat-ein-Beziehung* gesprochen, da die inneren Eigenschaften von der äußeren Instanz abhängig sind und nur die äußere Instanz über die Kontrolle ihrer Zeiger-Member verfügt. Demnach liegt es in der Verantwortung der Klasse, wie und zu welchem Zeitpunkt in Methoden dynamischer Speicher über Zeiger-Member allokiert und wieder sauber freigegeben wird.

Begleitend zu diesen Abschnitten wird die dritte Praxisklasse mit dem Namen *Line2D* entstehen, welche auch später in diesem Kapitel in Verbindung mit den Referenzen eine wichtige Rolle spielt. Mit Hilfe der Klasse kann über eine Instanz eine Strecke im zweidimensionalen Raum gekapselt werden, wobei der Start- und der Endpunkt jeweils über eine Instanz der bekannten Praxisklasse *Point2D* gebildet wird. Die Klasse *Line2D* verfügt somit über eine *Hat-ein-Beziehung* in Bezug auf ihre inneren Instanzen, die aber erst später dynamisch zur Verfügung gestellt werden. Zwei Zeiger auf den komplexen Datentyp *Point2D* dienen in der Klasse als Eigenschaften, wobei es sich dabei um ein Zeiger-Member auf den dynamischen Startpunkt und um einen Zeiger auf den Endpunkt der Strecke handelt.

Das nachfolgende Listing definiert zunächst die neue Praxisklasse *Line2D* und deklariert die zwei privaten Eigenschaften der Zeiger. Öffentliche Konstruktoren zur Nutzung der Klasse werden in den folgenden Abschnitten dieses Kapitels entstehen.

Eintauchen in **C++**

Bildung und Freigabe innerer Instanzen « Zeiger & Referenzen

```
#include "Point2D.hpp"

// Definition der Praxisklasse Line2D mit privat gekapselten
// Zeiger-Membern, welche später auf Punkte im Raum verweisen.

class Line2D
{
   public:    // Der öffentliche Sichtbarkeitsbereich
              // der Klasse wird schrittweise ergänzt.
   private:
              Point2D* m_start;  // Zeiger auf Startpunkt.
              Point2D* m_end;    // Zeiger auf Endpunkt.
};
```

Listing **10.55**: Zeiger als Eigenschaften in einer Praxisklasse

10.16.2 Bildung und Freigabe innerer Instanzen

≫ Mit Hilfe des vom Compiler automatisch generierten Standardkonstruktors kann die Praxisklasse *Line2D* instanziert werden. Jede Instanz der Klasse verfügt dabei über eigene private Eigenschaften der *Point2D*-Zeiger, die aber zunächst nicht initialisiert sind und damit auf undefinierte Speicherbereiche verweisen. Dies wird im nachfolgenden Code-Beispiel deutlich:

```
// Die Bildung einer Instanz der Klasse Line2D ist möglich,
// jedoch kann das Objekt nicht verwendet werden, da die
// eingebetteten Zeiger-Member nicht initialisiert sind.

Line2D line;  // Instanzierung über Standardkonstruktor.
```

Listing **10.56**: Bildung einer Instanz mit undefinierten Zeiger-Membern

Die inneren Instanzen, welche durch Zeiger über Eigenschaften alloziert und wieder freigegeben werden, sind von der Abarbeitung des äußeren Objektes abhängig. Somit wird die Lebensdauer der inneren und eingebetteten Instanzen stets durch Methoden des äußeren Objektes bestimmt. Die Implementierungen

Zeiger & Referenzen » Bildung und Freigabe innerer Instanzen

der Klasse *Line2D* sind dafür verantwortlich, wann die Bildung und Freigabe der eingebetteten *Point2D*-Instanzen über die Zeiger erfolgt. Dabei können Zeiger-Member auch mit Null initialisiert werden, um diese für die weitere Verwendung auszuschließen. Das nachfolgende Listing überschreibt und implementiert den parameterlosen Standardkonstruktor der Praxisklasse *Line2D*, wobei die Zeiger in der Initialisierungsliste als Nullzeiger versehen werden. Instanzierte Objekte ohne Parameter sollen in der späteren Verwendung unbenutzbar sein, dennoch gelten die Zeiger-Member als valide und als Nullzeiger prüfbar.

```cpp
/* Erweiterung der Definition der Klasse Line2D (public). */

Line2D();   // Prototyp des parameterlosen Standardkonstruktors.

// Implementierung des Standardkonstruktors der Klasse Line2D.
// Die Zeiger-Member werden als Nullzeiger initialisiert.

Line2D::Line2D(): m_start((Point2D*)0), m_end((Point2D*)0)
{ }
```
Listing **10.57**: Initialisierte Nullzeiger im überschriebenen Standardkonstruktor

Damit eine Instanz der Klasse *Line2D* sinnvoll verwendet werden kann, bedarf es einem Konstruktor mit Parametern zur Initialisierung des Start- und Endpunktes der gekapselten Strecke im zweidimensionalen Raum. Die Bildung der inneren *Point2D*-Instanzen findet in der Praxisklasse stets im Konstruktor statt. Damit beginnt die Lebensdauer der eingebetteten Objekte genau mit dem Zeitpunkt der Bildung einer *Line2D*-Instanz und demnach mit dem Aufruf des jeweiligen Konstruktors. Im Verlauf dieses Kapitels wird die Klasse weitere Konstruktoren erhalten, die alle innere *Point2D*-Instanzen bilden werden. Der folgende Code-Ausschnitt macht zunächst den Prototyp eines Konstruktors bekannt, welcher vier Gleitkommawerte als Parameter zur Initialisierung der Punkte erwartet:

```cpp
// Erweiterung der öffentlichen Definition von Line2D.

Line2D(float, float, float, float);   // Gleitkommawerte als
                                      // Parameter erwartet.
```
Listing **10.58**: Prototyp eines Konstruktors der Praxisklasse Line2D

Ergänzend findet im folgenden Listing die Implementierung des Konstruktors statt, welcher in seinem Rumpf innere Instanzen der Klasse *Point2D* erzeugt und diese anhand der Parameter initialisiert:

```cpp
// Erweiterung der Implementierung der Praxisklasse Line2D.

// Der Konstruktor erwartet jeweils ein Paar von Gleitkomma-
// werten für die Initialisierung der Punkte im Raum.
// Mit Hilfe des new-Operators werden die inneren Instanzen
// der Klasse Point2D dynamisch auf dem Heap allokiert.
// Die Zeiger-Member werden mit den gelieferten Zeigern
// auf die jeweiligen Speicherbereiche initialisiert.
// Eine Instanz der Praxisklasse Line2D verfügt über
// eine Hat-ein-Beziehung ihrer dynamischen Objekte.

Line2D::Line2D(float sx, float sy, float ex, float ey)
{
   this->m_start = new Point2D(sx, sy);
   this->m_end   = new Point2D(ex, ey);
}
```

Listing **10.59**: Dynamische Bildung innerer Instanzen im Konstruktor

Ein Objekt der Klasse *Line2D* allokiert innere Instanzen über den Konstruktor unmittelbar wenn die äußere Instanz auf dem Stack oder auf dem Heap gebildet wird. Eine solche Instanzierung führt jedoch zu Speicherlecks, da die dynamisch allokierten Objekte noch nicht freigegeben werden. Dies wird zunächst im nachfolgenden Code-Ausschnitt deutlich:

```cpp
// Bildung einer Instanz der Klasse Line2D mit 4 Parametern.
// Mit der Instanzierung des Objektes auf dem Stack beginnt
// auch die Lebensdauer der inneren Point2D-Instanzen.
// Das Objekt line kapselt eine Strecke vom Startpunkt
// [-2.75f, 3.45f] zum Endpunkt [7.96f, -5.12f].

Line2D line(-2.75f, 3.45f, 7.96f, -5.12f);

// Speicherlecks!
```

Listing **10.60**: Instanz der Klasse Line2D mit Speicherlecks

Zeiger & Referenzen » Bildung und Freigabe innerer Instanzen

Speicherlecks entstehen im vorherigen *Listing 10.60*, wenn das Objekt *line* nach der Verwendung seinen gültigen Scope verlässt und die Lebensdauer endet. Die Freigabe der Speicherbereiche innerer Instanzen ist von außen nicht möglich, da die Zeiger-Member in der Klasse *Line2D* als privat deklariert wurden und somit nicht öffentlich sichtbar sind. Demnach ist nur die Praxisklasse für die saubere Freigabe ihrer inneren Speicherbereiche verantwortlich. Eine Klasse, die Zeiger-Member verwendet, sollte immer ihren eigenen Destruktor überschreiben und implementieren, um dynamisch allokierte Speicherbereiche sauber freigeben zu können. Im Zusammenhang mit dynamischen Instanzen und Zeigern als Eigenschaften zeigt sich erst die Wichtigkeit einer Destruktormethode, da diese in der Klasse die letzte Möglichkeit bietet, innere Instanzen freizugeben, wenn die Lebensdauer des äußeren Objektes endet.

Der folgende Code-Ausschnitt überschreibt und implementiert den Destruktor der Praxisklasse *Line2D* und gewährleistet dadurch die saubere Freigabe der Speicherbereiche über die gekapselten Zeiger-Member:

```cpp
/* Erweiterung der Definition der Klasse Line2D (public). */

~Line2D();   // Prototyp des Destruktors.

/* Erweiterung der Implementierung. */

Line2D::~Line2D()
{
    // Im Destruktor werden die jeweiligen Speicherbereiche
    // freigegeben, auf welche die Zeiger-Member verweisen.

    if (this->m_start) delete this->m_start;
    if (this->m_end)   delete this->m_end;
}
```

Listing **10.61**: Freigabe innerer Instanzen im Destruktor

Die Bildung und Verwendung einer Instanz der Klasse *Line2D* unterscheidet sich nicht gegenüber dem *Listing 10.60*, jedoch gibt das Objekt *line* nun über seinen Destruktor die Speicherbereiche der inneren Instanzen frei, wenn dieses vom Stack entfernt wird.

10.16.3 Verwendung von Objekten über Zeiger-Member

>> In Klassenmethoden dürfen innere Instanzen über Zeiger wie herkömmliche Eigenschaften verwendet werden, wobei auf die Elemente der Objekte über den Pfeiloperator zugegriffen werden kann. Das folgende Listing macht am Beispiel einer beliebigen Methode der Klasse *Line2D* deutlich, wie ein inneres Objekt über ein Zeiger-Member verwendet werden kann:

```
/* Scope {} einer beliebigen Klassenmethode von Line2D. */

// Zugriffe auf Eigenschaften und Methoden innerer Instanzen
// erfolgen über Zeiger-Member mit dem Pfeiloperator.

if (this->m_start) bool sc = this->m_start->IsCoordCenter();
```

Listing **10.62**: Verwendung eines inneren Objektes über Zeiger-Member

Die begleitende Praxisklasse *Line2D* ist in ihrer Funktionalität durchaus einfach gehalten, so dass die Punkte der Strecke im zweidimensionalen Raum über den Konstruktor initialisiert werden müssen. Ohne weitere Klassenmethoden sind Veränderungen der Koordinaten nach der Instanzierung nicht möglich. An dieser Stelle wird auf solche Methoden verzichtet, da sich die Klasse auf die Zeiger-Member fokussiert und später bei flachen und tiefen Kopien und in Verbindung mit Referenzen eine wichtige Rolle spielen wird. Sie können zur Übung eigene Methoden implementieren (beispielsweise *SetStartPoint* und *SetEndPoint*), mit denen die Verwendung einer Instanz der Klasse erleichtert wird. Eine Methode zur Bestimmung der Streckenlänge lässt sich recht einfach implementieren, da der Code bereits in der statischen Methode *Distance2D* der Praxisklasse *Point2D* vorhanden ist. Der folgende Code-Ausschnitt deklariert den neuen Prototyp:

```
// Erweiterung der öffentlichen Definition von Line2D.

float GetLength() const;   // Prototyp einer Getter-Methode.
```

Listing **10.63**: Prototyp einer Methode der Praxisklasse Line2D

Zeiger & Referenzen » Verwendung von Objekten über Zeiger-Member

Die neue Klassenmethode *GetLength* ist als konstant qualifiziert und soll über lesende Zugriffe die Länge der gekapselten Strecke zurückgeben. Die Distanz von Start- zu Endpunkt im Raum entspricht dabei der Streckenlänge. Somit lässt sich die statische *Distance2D*-Methode verwenden, wobei die inneren *Point2D*-Objekte über dereferenzierte Zeiger-Member als Parameter übergeben werden. Ergänzend findet im folgenden Listing die Implementierung der neuen Methode der Praxisklasse *Line2D* statt:

```cpp
// Erweiterung der Implementierung der Klasse Line2D
// durch Methode zur Bestimmung der Streckenlänge.

float Line2D::GetLength() const
{
   // Ein mit dem Standardkonstruktor gebildetes Objekt
   // ohne initialisierte Koordinaten gilt als unbenutzbar.
   // Vorzeitiges Beenden der Methode, da die Indirektion
   // von Nullzeigern zum Absturz des Programms führt.

   if (!this->m_start || !this->m_end) return 0;

   // Mit Hilfe der Distance2D-Methode kann die Länge der
   // Strecke zwischen den Punkten einfach ermittelt werden.
   // Da die statische Methode Objekte als Parameter erwartet,
   // müssen die Zeiger-Member dereferenziert werden.
   // Die Dereferenzierung liefert den Typ Point2D zurück.

   return Point2D::Distance2D(*this->m_start, *this->m_end);
}
```

Listing **10.64**: Instanzen als Parameter über dereferenzierte Zeiger-Member

Über eine initialisierte Instanz der Klasse *Line2D* kann die Methode verwendet werden, wie es der nachfolgende Code-Ausschnitt veranschaulicht:

```cpp
Line2D line(4.5f, -1.3f, -0.7f, 2.3f);   // Line2D-Instanz.

float len = line.GetLength();   // Gibt 6.32455f zurück.
```

Listing **10.65**: Bildung und Verwendung einer Instanz der Klasse Line2D

10.16.4 Speicherbedarf innerer Instanzen

>> Der Bedarf an Speicher, welcher von einer Instanz der Praxisklasse *Line2D* belegt wird, lässt sich wie gewohnt mit dem **sizeof**-Operator bestimmen. Dies wird unter Verwendung von *Listing 10.65* im folgenden Code-Beispiel deutlich:

```
// Der sizeof-Operator gibt für das Objekt line
// eine Speichergröße von mindestens 8 Byte zurück,
// wobei nur der Bedarf der Zeiger-Member herangezogen wird.
// Die Eigenschaften m_start und m_end fordern jeweils 4 Byte.

size32 mem = sizeof line;   // Liefert mindestens 8 Byte.
```

Listing **10.66**: Speicherbedarf einer Instanz mit Zeiger-Membern

Im vorherigen Listing fällt auf, dass der **sizeof**-Operator nur den Speicherbedarf beider Zeiger-Member der Instanz bestimmt. Da eine Zeigervariable mindestens 4 Byte zur Speicherung der Adresse benötigt, ergibt sich ein minimaler Bedarf an Speicher von 8 Byte für die zwei deklarierten Eigenschaften der Zeiger. Diese Größe berücksichtigt jedoch nicht den Speicherbedarf der inneren Instanzen, da der **sizeof**-Operator die Objekte nicht kennt, auf welche die jeweiligen Zeiger verweisen. Der Bedarf an Speicher für innere Instanzen sollte stets zur Speichergröße des äußeren Objektes hinzu addiert werden, um den tatsächlich belegten Speicher bestimmen zu können. Die Klasse *Line2D* trägt die Verantwortung, die inneren Instanzen vom Typ *Point2D* über Zeiger-Member zu erzeugen und auch wieder freizugeben. Somit ist die Praxisklasse aber auch dafür verantwortlich, dass bei Lebensdauer der inneren Instanzen der gesamte Speicherbedarf für ein äußeres Objekt korrekt bestimmt werden kann. Dafür erhält die Klasse *Line2D* im nachfolgenden Code-Ausschnitt den Prototyp einer weiteren Methode:

```
/* Erweiterung der Definition der Klasse Line2D (public). */

size32 GetSize() const;   // Prototyp einer Getter-Methode.
```

Listing **10.67**: Methoden-Prototyp zur Ermittlung des gesamten Speicherbedarfs

Zeiger & Referenzen » Speicherbedarf innerer Instanzen

Die Getter-Methode der Praxisklasse *Line2D* soll den Bedarf an Speicher für eine Instanz bestimmen, wobei der Speicherbedarf der inneren Instanzen neben der eigenen Speichergröße für das äußere Objekt berücksichtigt wird. Im folgenden Listing wird die Methode entsprechend implementiert:

```cpp
// Erweiterung der Implementierung der Praxisklasse Line2D.

size32 Line2D::GetSize() const   // Methode für Speicherbedarf.
{
   // Speicherbedarf der eigenen Instanz mit Zeiger-Membern.

   size32 size = sizeof *this;   // size ist mindestens 8 Byte.

   // Zur eigenen Speichergröße wird der Bedarf an Speicher
   // der inneren Instanzen addiert, sofern über die Zeiger
   // gültige Speicherbereiche allokiert wurden.

   if (this->m_start) size += sizeof *this->m_start; // 8 Byte.
   if (this->m_end)   size += sizeof *this->m_end;   // 8 Byte.

   return size;  // Rückgabe der gesamten Speichergröße.
}
```

Listing **10.68**: Bedarf an Speicher innerer Instanzen für äußeres Objekt

Der gesamte Speicherbedarf eines Objektes vom komplexen Typ *Line2D* mit den inneren Instanzen kann nun mit Hilfe der neuen Methode ermittelt werden:

```cpp
Line2D line(-3.3f, 1.1f, -2.2f, 4.4f);   // Instanz von Line2D.

// Der Bedarf an Speicher des Objektes line errechnet sich
// aus der Summe von mindestens 8 Byte für die Zeiger-Member
// und mindestens 8 Byte (2 * sizeof(float)) für eine jeweils
// innere Instanz vom Typ Point2D (8 Byte + 8 Byte + 8 Byte).
// Der Speicherbedarf kann durch Füllbyte höher ausfallen.

size32 size = line.GetSize();   // Liefert mindestens 24 Byte.
```

Listing **10.69**: Gesamter Speicherbedarf einer Instanz der Klasse Line2D

10.16.5 Flache und tiefe Kopien

>> Beim Duplizieren von Objekten mit Zeiger-Membern wird in C++ besonders zwischen den sogenannten flachen und den tiefen Kopien unterschieden. Flache Kopien kommen automatisch zum Einsatz, wenn der Compiler standardmäßig eine entsprechende Methode zum Duplizieren in der Klasse bereitstellt. Auf solche speziellen Klassenmethoden wird am Ende dieses Kapitels genauer eingegangen. Durch flache Kopien können leichtsinnig vagabundierende Zeiger entstehen, da die Zeiger-Member im duplizierten Objekt einfach kopiert werden und dadurch auf die gleichen Speicherbereiche verweisen wie die Zeiger des Quellobjektes. Das Zielobjekt kann über seine Zeiger-Member keinen eigenen Speicher allokieren und nutzt die inneren Instanzen des Quellobjektes, so dass die Hardware-Adressen der Zeiger von Quelle und Ziel übereinstimmen.

Die nachfolgende Abbildung macht flache Kopien am Beispiel von Quell- und Zielobjekten der Praxisklasse *Line2D* deutlich:

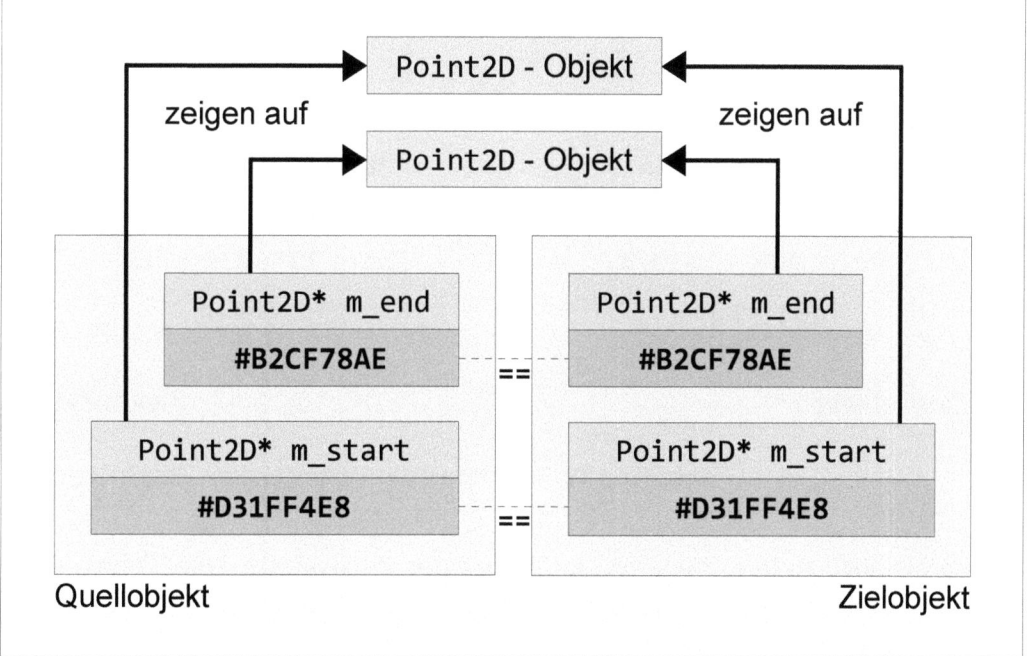

Abbildung **35**: Flache Kopien verbunden mit Zeiger-Membern

Zeiger & Referenzen » Flache und tiefe Kopien

Im Gegensatz zu den flachen Kopien verfügen Zeiger-Member der Zielobjekte tiefer Kopien über eigene Speicherbereiche. Tiefe Kopien müssen jedoch eigenständig implementiert werden, da dies nicht automatisch vom Compiler übernommen wird. Die Zeiger-Member des Quell- und des Zielobjektes verweisen in diesem Fall auf eigene und unabhängige Speicherbereiche innerer Instanzen, so dass die Adressen der Zeiger bei tiefen Kopien nicht übereinstimmen und somit vagabundierende Zeiger vermeidbar sind.

In der nachfolgenden Abbildung werden tiefe Kopien von Objekten mit Zeiger-Membern illustriert, wobei als Quelle und Ziel beispielhaft jeweils eine Instanz der Klasse *Line2D* dient:

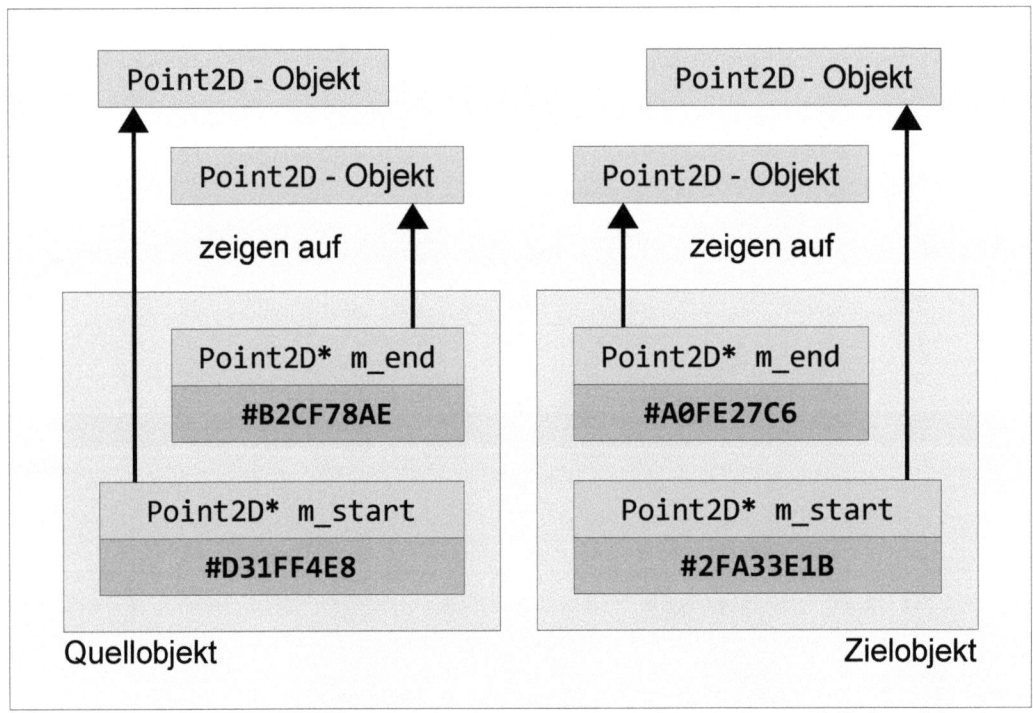

Abbildung **36**: Tiefe Kopien in Verbindung mit Zeiger-Membern

Flache als auch tiefe Kopien von Instanzen der Praxisklasse *Line2D* begegnen Ihnen im Zusammenhang mit Kopierkonstruktoren, Zuweisungsoperatoren und Referenzen in Listings am Ende dieses Kapitels.

10.17 Übersicht der Zeiger-Operatoren

>> Ergänzend zur *Tabelle 27* der Operatoren der Zeigerarithmetik verdeutlicht eine tabellarische Übersicht zusammenfassend alle in diesem Kapitel kennengelernten Operatoren im Zusammenhang mit Zeigern:

Operator	Rückgabewert (Operation)	Typ	Notation
Adresse **&**	Zeiger auf Op (**&**Op)	unär	Präfix
Dereferenzierung *****	Wert von Op (*****Op)	unär	Präfix
Zugriff auf Element (indirekt) **->**	Op2 ((*****Op1)**.**Op2)	binär	Infix
Speicherallokierung (dynamisch) **new**	Zeiger auf Op (**new** Op)	unär	Präfix
Speicherallokierung eines Arrays (dynamisch) **new[]**	Zeiger auf Op (**new** Op[i])	unär	Präfix
Speicherfreigabe (einzelnes Objekt) **delete**	void (**delete** Op)	unär	Präfix
Speicherfreigabe mit einem Array **delete[]**	void (**delete[]** Op)	unär	Präfix

Tabelle **28**: Operatoren in Verbindung mit Zeigern

Im vorliegenden Buch haben Sie bereits den **sizeof**-Operator kennengelernt sowie den Indizierungs- und Negierungsoperator angewendet. Die Operatoren können auch in Verbindung mit Zeigervariablen eingesetzt werden und sind in der folgenden Tabelle ergänzend veranschaulicht:

Operator	Rückgabewert (Operation)	Typ	Notation
Indizierung [ ]	*Op bezüglich idx (Op[idx])	unär	Postfix
Negierung !	true | false (!Op)	unär	Präfix
Speicherbedarf sizeof	unsigned int (sizeof Op) (sizeof (Op))	unär	Präfix

Tabelle **29**: Weitere Operatoren für die Verwendung mit Zeigern

10.18 Das Schlüsselwort nullptr

>> Der Standard von C++ 2011 sah ein neues Schlüsselwort vor, mit dessen Hilfe ein Nullzeiger deklariert werden kann, ohne das eine Typkonvertierung erfolgen muss. Das Schlüsselwort **nullptr** kann entweder als Literal bei der Initialisierung von Zeigervariablen dienen oder als Methodenparameter übergeben werden, sofern eine Methode für den jeweiligen Parameter einen Zeiger erwartet. Unabhängig vom verwendeten Datentyp wird ein Zeiger durch das Schlüsselwort **nullptr** als Nullzeiger versehen, wie es das folgende Listing ergänzend zum Wissen der Zeiger deutlich macht:

```
/* Veränderung der Implementierung in der Klasse Line2D. */

// Implementierung des Standardkonstruktors der Klasse Line2D.
// Die Zeiger-Member werden als Nullzeiger initialisiert.
// Für die Initialisierung der Zeiger kann das in C++ 2011
// eingeführte Schlüsselwort nullptr verwendet werden.
// Der Compiler muss jedoch diesen Standard unterstützen.

Line2D::Line2D(): m_start(nullptr), m_end(nullptr)
{ }
```

Listing **10.70**: Verwendung des Schlüsselwortes **nullptr**

10.19 Die Bedeutung der Referenzen

>> Ähnlich den bisher kennengelernten Zeigern bieten Referenzen in C++ die einfache Möglichkeit, auf den Wert einer Variablen über den Namen einer anderen Variablen lesenden oder schreibenden Zugriff zu erlangen. Referenzen bzw. Referenzvariablen können als Alias für den Namen einer Variablen, Konstanten oder eines Objektes angesehen werden und sind intern meist als Zeiger implementiert. Diese können in den Quellcodes genauso verwendet werden wie die Variablen selbst, auf welche sie verweisen, wobei aber die interne Implementierung des Zeigers verborgen bleibt. Damit sind Referenzen weniger anfällig gegen fahrlässige Programmierfehler und Programmabstürze, da eine entsprechende Referenzvariable nicht Null sein kann und somit stets auf einen gültigen Speicherbereich verweist. Während der gesamten Lebensdauer zeigt eine Referenz intern auf den Speicherbereich einer Variablen, der durch eine zwingende Initialisierung bekannt sein muss. Syntaktisch können Referenzvariablen durch ein Ampersand (**&**) im Datentyp repräsentiert werden, indem dieses bei der Deklaration zwischen dem jeweiligen Typ und dem Namen der Referenz platziert wird. Alle folgenden Abschnitte dieses Kapitels beziehen sich auf Referenzen der Sprache C++ und machen ihre Deklaration und Verwendung im Zusammenhang mit Code-Ausschnitten deutlich. Nachfolgend illustriert eine Abbildung zunächst eine Referenz auf den Speicherbereich einer Variablen:

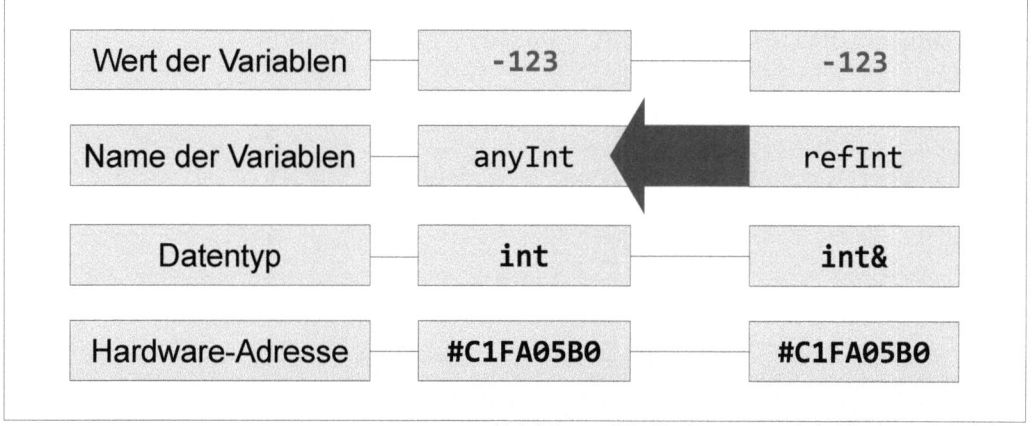

Abbildung **37**: Referenz auf deklarierte Variable

In der Abbildung fällt auf, dass der Wert der Variablen *anyInt* mit dem Wert der durch ein Ampersand gekennzeichneten Referenzvariablen *refInt* identisch ist. Intern existiert für jede Referenz eine Bindung mit der jeweiligen Variablen, auf welche die bei der Deklaration initialisierte Referenzvariable verweist. Die Veränderung eines Wertes über den Namen einer Referenz beeinflusst somit auch den Wert der gebundenen Variablen. Da eine Referenz nur einen Alias auf einen Variablennamen bildet, stimmt die Hardware-Adresse einer Referenzvariablen stets mit der Adresse der an die Referenz gebundenen Variablen überein.

10.20 Deklaration und Verwendung von Referenzen

10.20.1 Initialisierung von Referenzen

>> Die Initialisierung einer Referenzvariablen muss in einem Ausdruck zwingend bei der Deklaration erfolgen. Der Compiler meldet beim Übersetzungsvorgang einen Fehler, falls eine Referenz deklariert ist, welche nicht initialisiert wurde. Während der gesamten Lebensdauer einer jeweiligen Referenzvariablen darf diese nur auf den Speicherbereich der gebundenen Variablen verweisen. Es ist syntaktisch nicht möglich, eine Referenz zur Laufzeit an eine andere Variable zu binden. Im Gegensatz zu den Zeigern können Referenzen auch nicht als mehrdimensional deklariert werden.

Unter Verwendung der vorherigen *Abbildung 37* veranschaulicht das folgende Code-Beispiel die Deklaration und Initialisierung einer Referenz:

```cpp
// Mit dem Wert -123 initialisierte Variable.

int anyInt = -123;   // Vorzeichenbehaftete Ganzzahl.

// Deklaration und Initialisierung einer Referenz auf anyInt.
// Das Ampersand im Datentyp kennzeichnet die Referenzvariable.
// Die Referenz verweist intern auf den Speicherbereich
// von anyInt und verfügt ebenfalls über den Wert -123.

int& refInt = anyInt;
```

Listing **10.71**: Deklaration und Initialisierung einer Referenz

Ergänzend macht das nachfolgende Listing fehlerhafte Deklarationen von Referenzen deutlich:

```cpp
// Der Compiler meldet beim Übersetzungsvorgang einen
// Fehler, da die Referenz nicht initialisiert ist.

unsigned short& ref;   // Compiler-Fehler!

// Auch diese Bekanntmachung ist fehlerhaft, da eine
// Referenz nicht als mehrdimensional deklariert werden darf.

int&& refInt = anyInt;   // Compiler-Fehler!
```

Listing **10.72**: Fehlerhafte Deklarationen von Referenzen

10.20.2 Zugriffe auf Variablen über Referenzen

>> In einem Ausdruck kann ein Zugriff auf eine gebundene Variable stets über den Namen der Referenz erfolgen. Ein schreibender oder lesender Zugriff durch die Referenzvariable reflektiert den Speicherbereich der Variablen, auf den die jeweilige Referenz intern verweist. Beachten Sie in diesem Zusammenhang, dass eine Zuweisung einer Variablen an eine Referenz zur Laufzeit nicht in einer neuen Bindung resultiert, sondern lediglich der Wert der Variablen verändert wird, auf welche die Referenz verweist.
In Bezug auf die *Abbildung 37* und das *Listing 10.71* zeigt der folgende Code-Ausschnitt schreibende und lesende Zugriffe mittels der Referenz *refInt*:

```cpp
// Schreibender Zugriff auf die Variable anyInt über Referenz.
// Da die Variable anyInt an die Referenz refInt gebunden ist,
// ergibt die Addition mit Zuweisung einen Ergebniswert -99,
// welcher in der Variablen anyInt gespeichert wird.

refInt += 24;   // anyInt = refInt = -99.

// Fortsetzung auf Folgeseite.
```

Zeiger & Referenzen » Zugriffe auf Variablen über Referenzen

```cpp
// Multiplikation mit Zuweisung der Variablen anyInt.
// Die Variable verfügt durch den vorherigen Ausdruck über den
// Wert -99, daher resultiert die Operation im Ergebnis 297.

anyInt *= -3;   // anyInt = refInt = 297.

// Deklaration und Initialisierung einer weiteren Ganzzahl.

int otherInt = 123;

// Der Referenzvariablen wird die Variable otherInt zugewiesen.
// Die Zuweisung bildet keine neue Bindung, da die Referenz
// während ihrer gesamten Lebensdauer den Speicherbereich
// der Variablen anyInt reflektiert.
// In der gebundenen Variablen anyInt wird der
// Wert 123 aus der Variablen otherInt abgelegt.
// Der Ausdruck anyInt = otherInt wäre semantisch identisch.

refInt = otherInt;   // anyInt = refInt = 123.

// Da die Variable anyInt an die Referenzvariable refInt
// gebunden ist, sind die Hardware-Adressen identisch.
// Die Adresse von otherInt ist hingegen nicht identisch.
// Das Ampersand des unären Adressoperators sollte nicht
// mit der Deklaration einer Referenz verwechselt werden.

if (&refInt == &anyInt)   // Wahre und gültige Bedingung.
{
    /* Abgearbeiteter Scope für bedingte Anweisung. */
}

// Lesender Zugriff über Referenz und Variable.
// Der sizeof-Operator liefert jeweils den gleichen Ergebnis-
// wert, welcher mindestens 4 Byte entspricht (4 == 4).

if (sizeof refInt == sizeof anyInt)   // Gültige Bedingung.
{
    /* Abgearbeiteter Bereich für bedingte Anweisung. */
}
```

Listing **10.73**: Schreibende und lesende Zugriffe auf Variable über Referenz

Es ist in der Syntax der Sprache C++ ebenfalls möglich, Referenzen auf Instanzen komplexer Typen verweisen zu lassen. Intern wird eine solche Referenzvariable verborgen als Zeiger auf das entsprechende Objekt dargestellt. Der Zugriff auf Eigenschaften und Methoden über eine Referenz auf ein Objekt muss mit dem Punktoperator erfolgen, als würde direkt über den Namen des entsprechenden Objektes zugegriffen, auf welches die Referenz verweist. Der Pfeiloperator ist hingegen ausschließlich den Zeigervariablen vorbehalten und darf in Verbindung mit Referenzen auf Objekte nicht zum Einsatz kommen.

10.20.3 Referenzen auf Referenzen

>> Zwar können Referenzen nicht als mehrdimensional deklariert werden, es ist aber in C++ syntaktisch möglich, eine Referenz auf eine bestehende Referenzvariable verweisen zu lassen. Ein Zugriff über eine solche Referenz reflektiert ebenfalls den Speicherbereich der Variablen, welche an die erste Referenz gebunden ist. Unter Verwendung der Praxisklasse *Point2D* veranschaulicht das nachfolgende Listing die Deklaration und Initialisierung einer Referenzvariablen auf eine bestehende Referenz:

```
Point2D point(1.2f, 3.4f);   // Instanz der Klasse Point2D.

Point2D& rPnt = point;       // rPnt = point = [1.2f, 3.4f].

// Die Referenz rrPnt reflektiert ebenfalls
// den Speicherbereich des Objektes point.

Point2D& rrPnt = rPnt;  // rrPnt = rPnt = point = [1.2f, 3.4f].

// Der Zugriff auf Methoden kann über den Namen der ersten
// oder der zweiten Referenz mit dem Punktoperator erfolgen.
// Die Methode greift auf den Speicher des Objektes point zu.

rrPnt.SetCoordX(3.8f);  // rrPnt = rPnt = point = [3.8f, 3.4f].
```

Listing **10.74**: Deklaration und Verwendung einer Referenz auf eine Referenz

10.21 Typdefinitionen mit Referenzen

>> Mit Hilfe des bereits bekannten Schlüsselwortes **typedef** können auch primitive oder komplexe Typen definiert werden, aus denen durch eine entsprechende Typdefinition in Verbindung mit dem Ampersand ein Referenztyp entsteht. Dies wird im folgenden Code-Ausschnitt deutlich:

```cpp
// Es wird der komplexe Referenztyp Core::Number& definiert.
// Der Typ RefNumber kann für die Deklaration einer Referenz
// eingesetzt werden, die zwingend initialisiert sein muss.

typedef Core::Number& RefNumber;
```

Listing **10.75**: Typdefinition in Verbindung mit einer Referenz

10.22 Referenzen mit dem **const**-Qualifizierer

>> Bei ihrer Deklaration können Referenzvariablen auch verbunden mit dem Schlüsselwort **const** eingesetzt werden. Intern wird jede Referenz als konstant behandelt, da eine entsprechende Referenzvariable stets bei ihrer Deklaration zwingend initialisiert werden muss und zur Laufzeit nicht auf einen anderen Speicherbereich verwiesen werden kann. Somit wird in C++ automatisch jede Referenz als eine Konstante behandelt, ohne dass das Schlüsselwort **const** explizit bei der Deklaration angegeben werden darf. Es kann aber Verwendung finden, um eine jeweilige Referenzvariable so zu deklarieren, dass diese den Speicherbereich als konstant reflektiert, auf den sie verweist. Dafür muss eine Referenz nicht zwingend mit einer Konstanten initialisiert werden. Der **const**-Qualifizierer muss aber wie bei herkömmlichen Konstanten vor dem Datentyp platziert werden, um eine entsprechende Referenzvariable auf einen konstanten Speicherbereich verweisen zu lassen. Solche Referenzen können in den Quellcodes nicht für schreibende Zugriffe herangezogen werden.
Das folgende Listing veranschaulicht die Deklaration und Initialisierung einer Referenzvariablen in Verbindung mit dem Schlüsselwort **const**:

```cpp
// Deklaration einer vorzeichenlosen Ganzzahl.

unsigned int anyUint;   // Variable ohne Initialisierung.

// Deklaration und Initialisierung einer Referenz auf anyUint.
// Die Referenz darf mit dem Speicherbereich von anyUint
// initialisiert werden, obwohl die Variable selbst nicht
// mit dem Schlüsselwort const qualifiziert wurde.
// Durch den const-Qualifizierer in der Referenz darf diese
// ausschließliche für lesende Zugriffe herangezogen werden.
// Die Referenzvariable refUint reflektiert somit den
// konstanten Speicherbereich der Variablen anyUint.
// Die Variable anyUint darf schreibende Zugriffe ausführen.

const unsigned int& refUint = anyUint;   // Lesende Zugriffe.
```

Listing **10.76**: Referenzvariable mit dem Schlüsselwort **const**

Neben den Zeigern ist auch für Referenzen der **const**-Qualifizierer in Verbindung mit Objekten besonders hilfreich. Eine entsprechende Referenzvariable, welche auf den konstanten Speicherbereich eines Objektes verweist, darf nur Methoden zum Aufruf bringen, die interne Eigenschaften des gebundenen Objektes nicht schreibend verändern können. Somit dürfen über solche Referenzen nur die Methoden aufgerufen werden, welche den **const**-Qualifizierer in ihrer Signatur versehen haben. Dies wird im nachfolgenden Code-Ausschnitt deutlich:

```cpp
Point2D point(-1.0f, 1.0f);   // Instanz der Klasse Point2D.

// Referenzvariable auf konstanten Speicherbereich von point.
// Die Referenz darf nur const-Methoden zum Aufruf bringen.

const Point2D& refPnt = point;   // Nur lesende Zugriffe.

refPnt.GetCoordX();       // Konformer und lesender Zugriff.

refPnt.SetCoordY(2.0f);   // Compiler-Fehler!
```

Listing **10.77**: Referenz auf konstanten Speicherbereich eines Objektes

10.23 Referenzen und Methoden

10.23.1 Referenzen als Parameter (call-by-reference)

>> Neben den Zeigern bietet die Syntax der Sprache C++ eine einfache Möglichkeit an, Werte von Variablen über Parameter zu übergeben und im Scope einer entsprechenden Methode schreibend zu modifizieren. Ein Methodenparameter darf in der Signatur eine Referenz deklarieren, wobei beim Aufruf der Methode herkömmliche Variablen als Parameter übergeben werden können, sofern der Datentyp der jeweiligen Variablen mit dem Referenztyp im Parameter übereinstimmt. Der Compiler erzeugt beim Methodenaufruf für den entsprechenden Parameter eine Referenz auf die übergebene Variable, so dass die lokale Kopie des Parameters innerhalb der Methode als Referenz an die Variable gebunden ist. Ein lesender und schreibender Zugriff über den Parameter reflektiert somit den Speicherbereich der gebundenen und übergebenen Variablen. Die Übergabe eines Wertes an eine Methode mit Referenztyp im jeweiligen Parameter wird in C++ als *call-by-reference* bezeichnet. Im Gegensatz zur Übergabe durch *call-by-value* aus dem Kapitel **Methoden in Klassen** kann somit der Wert einer äußeren Variablen innerhalb einer Methode verändert werden, da die lokale Kopie des Parameters im Quellcode eine Referenz bildet und intern somit einen Zeiger aufweist.

Das nachfolgende Listing implementiert eine globale Methode, welche in ihrem Parameter einen Referenztyp verwendet:

```cpp
// Die globale Methode deklariert in ihrer Signatur einen
// Parameter, welcher eine Referenz auf eine Variable
// vom primitiven Datentyp unsigned int erwartet.
// Innerhalb der Methode darf der Wert über den
// Parameter schreibend verändert werden.
// Die lokale Kopie reflektiert die äußere Variable.

void GlobalMethode(unsigned int& param)
{
    param = 167u;   // Schreibender Zugriff über lokale Kopie.
}
```

Listing **10.78**: Referenz als Parameter in Signatur einer Methode

Referenzen als Parameter (call-by-reference) « Zeiger & Referenzen

Anhand einer Variablen mit primitivem Typ wird im folgenden Code-Ausschnitt die Übergabe an die globale Methode durch *call-by-reference* anschaulich:

```cpp
unsigned int var = 0;   // Mit Null initialisierte Variable.

// Aufruf der globalen Methode mit var als Parameter.
// Obwohl die Methode im Parameter eine Referenz erwartet, darf
// die Variable übergeben werden, da die Typen übereinstimmen.
// Der Compiler generiert für den Parameter eine Referenz auf
// die Variable, so dass sich Änderungen im Scope der Methode
// auf den Wert der äußeren Variablen beziehen.

GlobalMethode(var);   // Methodenaufruf mit call-by-reference.

// Die Variable var verfügt nach dem Aufruf über den Wert 167u.
```

Listing **10.79**: Veränderung einer Variablen über Referenz in Methode

Referenzen als Methodenparameter bieten sich an, wenn Variablen auf dem Stack deklariert wurden und an eine jeweilige Methode zur Veränderung des Wertes übergeben werden sollen. Demnach macht es semantisch keinen Sinn, eine initialisierte Konstante mit primitivem Datentyp an die globale Methode aus dem vorherigen Listing zu übergeben. Der Versuch, einen konstanten Wert an die Methode zu übergeben, würde in einem Übersetzungsfehler resultieren. Referenzvariablen sind immer gebunden und müssen daher nicht wie Zeiger auf Null überprüft werden. Eine Referenz als Parameter lässt sich jedoch immer durch eine Zeigervariable ersetzen, wie folgender Code-Ausschnitt im Vergleich zu *Listing 10.78* deutlich macht:

```cpp
// Implementierung der Methode nun mit Zeiger als Parameter.

void GlobalMethode(unsigned int* pParam)
{
   if (!pParam) return;   // Vorzeitiges Beenden bei Nullzeiger.

   *pParam = 167u;        // Zugriff über Dereferenzierung.
}
```

Listing **10.80**: Vergleichbare Methode mit Zeiger als Parameter

Zeiger & Referenzen » Referenzen als Parameter (call-by-reference)

Auf dem Stack bereitgestellte Objekte können einfach an Methoden übergeben werden, wenn der jeweilige Parameter eine Referenz auf den komplexen Typ der Klasse bildet. Im Scope der Methode darf über den Parameter mit dem Punktoperator wie gewohnt auf die Elemente des übergebenen Objektes zugegriffen werden, wobei durch *call-by-reference* die lokale Kopie eine Referenz darstellt und damit die Zugriffe die Elemente des äußeren Objektes reflektieren. Diese Art der Übergabe ist neben Zeigern die effizienteste Möglichkeit, Objekte über Parameter an Methoden zu übergeben. Im Verlauf des vorliegenden Buches wurden Methoden in Praxisklassen implementiert, die in ihrer Signatur jeweils ein Objekt als Parameter erwarteten, jedoch keine Referenz. Die Übergabe von Objekten durch *call-by-value* ist jedoch nicht sehr effektiv, da jeder Zustand des jeweiligen Objektes einzeln an die Methode übergeben und in der lokalen Kopie des Parameters abgelegt werden muss. Dies kann insbesondere bei Objekten mit sehr vielen Eigenschaften zu sinnlosen Kopiervorgängen führen. Referenzen als Parameter lösen dieses Problem, da sie intern wie Zeiger behandelt werden. Die folgende Abbildung zeigt die Übergabe der Instanz einer fiktiven Klasse mit einer Vielzahl an Eigenschaften an eine Methode und vergleicht die lokale Kopie in Bezug auf *call-by-value* (ineffizient) mit *call-by-reference* (effizient):

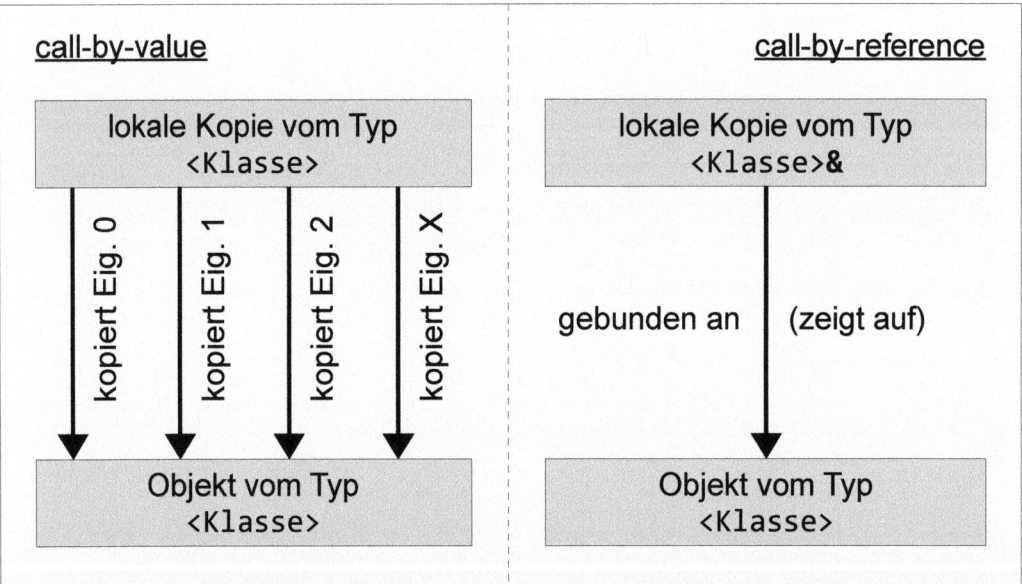

Abbildung **38**: Übergabe eines Objektes durch call-by-value und call-by-reference

Wie die vorherige *Abbildung 38* anschaulich machte, spielt die Menge der Eigenschaften eines übergebenen Objektes in Verbindung mit *call-by-reference* keine Rolle, da die lokale Kopie in der Methode lediglich eine Referenz auf das äußere Objekt bildet. Sie sollten Referenzen als Parameter immer als effizientesten Lösungsweg nutzen, wenn Objekte an Methoden übergeben werden sollen. Aus diesem Grund werden im nächsten Abschnitt die jeweiligen Methoden der Praxisklassen angepasst und ergänzt. Die statische Kopiermethode der Klasse *Number* gibt bislang die Kopie einer als Parameter übergebenen Instanz zurück. Diese *Copy*-Methode gilt noch als ineffizient, da zum einen die gelieferte Kopie nur dann verwendet werden kann, wenn diese einer weiteren *Number*-Instanz nach der Rückgabe zugewiesen wird. Zum anderen wird der Methode das zu kopierende Objekt durch *call-by-value* und bisher nicht über eine Referenz übergeben.

10.23.2 Konstante Referenzen in Parametern

>> Wie auch Zeiger können Referenzen als Parameter in ihrer Signatur optional mit dem Schlüsselwort **const** versehen werden, um einen jeweiligen Parameter als konstant zu qualifizieren. Die lokale Kopie einer konstanten Referenz in der Methode darf nur lesende Zugriffe auf das jeweilige Objekt ausführen, auf das die Referenz über den Parameter gebunden ist. Demzufolge darf der Parameter über den Punktoperator nur Methoden des Objektes zum Aufruf bringen, die den **const**-Qualifizierer am Ende ihrer Signatur versehen haben.
Das nachfolgende Listing verändert den Prototyp der statischen Kopiermethode der Praxisklasse *Number*, wobei diese nun in ihren Parametern eine als konstant qualifizierte Referenz auf das Quellobjekt sowie eine Referenz auf das Zielobjekt erwartet und nicht mehr über einen Rückgabewert verfügt:

```
/* Modifizierung der im Namensraum Core definierten
   Praxisklasse Number im öffentlichen Bereich (public). */

static void Copy(const Core::Number&, Core::Number&);
```

Listing **10.81**: Konstante Referenz als Parameter einer Methode

Zeiger & Referenzen » Konstante Referenzen in Parametern

Ergänzend passt der folgende Code-Ausschnitt die Implementierung der Klasse *Number* an den veränderten Prototyp an:

```cpp
/* Veränderte Implementierung der statischen Methode. */

void Core::Number::Copy(const Core::Number& s, Core::Number& d)
{
   // Jede der Eigenschaften wird über den Punkt-
   // operator vom Quellobjekt (s=source) zum
   // Zielobjekt (d=destination) kopiert.
   // Nur über die nicht konstante Referenz des
   // Zielobjektes erfolgen schreibende Zugriffe.
   // Die Referenz für den Parameter des Quellobjektes
   // ist konstant und darf nur lesende Zugriffe ausführen.

   d.m_last           = s.m_last;
   d.m_size           = s.m_size;
   d.m_type.t_uint64  = s.m_type.t_uint64;
}
```

Listing **10.82**: Veränderung der statischen Methode der Klasse Number

Einem Parameter mit konstantem Referenztyp kann immer ein Objekt übergeben werden, welches erst für den jeweiligen Parameter instanziert wird und somit als temporäres Objekt dient. Eine solche Übergabe ist mit Zeigern in Parametern nicht möglich. Die statische *Copy*-Methode der Klasse *Number* verfügt nicht mehr über einen Rückgabewert, sondern speichert die Kopie über die Referenz, welche das äußere und übergebene Objekt reflektiert. Das folgende Listing verdeutlicht beispielhaft das Kopieren einer *Number*-Instanz:

```cpp
Core::Number numb(uint16(1234));   // Core::TYPE_UINT16.

// Eigenschaften werden vom temporären Objekt in numb abgelegt.

Core::Number::Copy(Core::Number(int8(-109)), numb);

numb.GetLastType();   // Liefert den Enumerator Core::TYPE_INT8.
```

Listing **10.83**: Methodenaufruf mit Referenzen als Parameter

Eintauchen in **C++**

Konstante Referenzen in Parametern « Zeiger & Referenzen

Auf die veränderte Kopiermethode der Praxisklasse *Number* wird in Verbindung mit dem Kopierkonstruktor und dem Zuweisungsoperator später erneut Bezug genommen.

Referenzen als Parameter sollten immer als konstant qualifiziert werden, wenn diese in der jeweiligen Methode lediglich für lesende Zugriffe dienen. Die erste Praxisklasse *Point2D* hat eine statische Methode *Distance2D* implementiert, die als Parameter zwei Objekte zur Berechnung der Streckenlänge erwartet. Da in der Methode auf die übergebenen *Point2D*-Objekte über die lokalen Kopien nur lesend zugegriffen wird, können effizienter konstante Referenzen als Parameter dienen. Der folgende Code-Ausschnitt verändert die Signatur des Prototypen und der Implementierung der *Distance2D*-Methode und passt die Parameter an konstante Referenzen an. Die vorhandene Implementierung der Methode bleibt dabei unberührt.

```
/* Veränderung der Definition und Implementierung der
   statischen Methode Distance2D der Klasse Point2D
   durch Anpassung der Parameter in den Signaturen. */

// Prototyp der Methode nun mit konstanten Referenzen.

static float Distance2D(const Point2D&, const Point2D&);

// Implementierung der Methode mit angepassten Parametern.

float Point2D::Distance2D(const Point2D& p0, const Point2D& p1)
{
    /* Vorhandene Implementierung der Klassenmethode. */
}
```

Listing **10.84**: Konstante Referenzen als Methodenparameter in einer Praxisklasse

Referenzvariablen als Parameter beeinflussen nur die Signatur von Prototyp und Implementierung einer jeweiligen Methode, da im Scope wie gewohnt über den Namen des Parameters mit dem Punktoperator zugegriffen werden kann. Die Praxisklasse *Line2D* nutzt die statische *Distance2D*-Methode für die Ermittlung der Streckenlänge ihrer gekapselten Punkte. Auch die Implementierung dieser Methode *GetLength* bleibt durch die Referenzen in den Parametern unberührt.

10.23.3 Objekt-Referenzen als Rückgabewerte

>> In implementierten Klassenmethoden können Objekte über Referenzen zurückgegeben werden, wenn in der entsprechenden Signatur der Methode der Typ des Rückgabewertes als Referenz bekannt gemacht ist. Dabei ist es durch die Verwendung des Schlüsselwortes **this** möglich, den jeweiligen Aufrufer von der Methode zurückliefern zu lassen. Die Dereferenzierung des **this**-Zeigers gibt das Objekt und somit den Aufrufer der Methode bekannt, so dass dieser direkt von der Methode zurückgegeben werden kann. Solche Rückgaben bieten sich für Setter-Methoden an, die ohnehin keinen sinnvollen Wert liefern. Das nachfolgende Listing modifiziert die Signaturen der Prototypen und die eigentliche Implementierung der Setter-Methoden der Praxisklasse *Point2D*, damit diese ihren jeweiligen Aufrufer direkt zurückgeben können:

```cpp
/* Veränderung der Definition der Klasse Point2D für Setter-
   Methoden nun mit Rückgabe einer Referenz auf Point2D. */

Point2D& SetCoordX(float);   // Setter-Methode für X-Koordinate.

Point2D& SetCoordY(float);   // Setter-Methode für Y-Koordinate.

/* Modifizierte Implementierung der Setter-Methoden. */

Point2D& Point2D::SetCoordX(float x)
{
   this->m_x = x;    // Zuweisung der neuen X-Koordinate.

   return *this;     // Rückgabe des dereferenzierten Aufrufers.
}

Point2D& Point2D::SetCoordY(float y)
{
   this->m_y = y;    // Zuweisung der neuen Y-Koordinate.

   return *this;     // Rückgabe des dereferenzierten Aufrufers.
}
```

Listing **10.85**: Rückgabe des Aufrufers über dereferenzierten **this**-Zeiger

Beim Aufruf einer jeweiligen Setter-Methode der Klasse *Point2D* wird nach der Abarbeitung direkt der Aufrufer zurückgegeben, so dass dieser in einer Code-Zeile weiter verwendet werden kann. Damit lassen sich sinnvolle Verkettungen von Methodenaufrufen in nur einem Ausdruck realisieren, wie es der folgende Code-Ausschnitt ergänzend deutlich macht:

```cpp
Point2D point;   // Point2D-Instanz mit Standardkonstruktor.

// Über das Objekt point wird die Setter-Methode zum Setzen
// der X-Koordinate aufgerufen, welche den Aufrufer liefert.
// Der Aufrufer point wird im gleichen Ausdruck verwendet,
// um die Y-Koordinate anhand der Setter-Methode zu speichern.

point.SetCoordX(2.5f).SetCoordY(-3.4f);   // Referenz auf point.
```

Listing **10.86**: Verkettung von Methodenaufrufen in einem Ausdruck

10.24 Flache und tiefe Kopien von Objekten

10.24.1 Allgemeines zu Objektkopien

» Durch die statische *Copy*-Methode der Praxisklasse *Number* wurde bereits die Kopie vom Quellobjekt zum entsprechenden Zielobjekt angewendet. Kopien in Verbindung mit Objekten treten im Quellcode auf, wenn jede Eigenschaft des jeweiligen Quellobjektes im Zielobjekt gespeichert wird, so dass ein exaktes Duplikat entsteht, welches unter einem anderen Namen verwendet werden kann. Die Typen von Quelle und Ziel sollten dementsprechend übereinstimmen. Bei Objektkopien wird in C++ zwischen den flachen und den tiefen Kopien unterschieden, daher sei an dieser Stelle besonders auf die *Abbildung 35* und auf die *Abbildung 36* dieses Kapitels hingewiesen. Die folgenden Abschnitte behandeln flache Kopien in Verbindung mit den Praxisklassen *Point2D* und *Number*. Da die Praxisklasse *Line2D* zur Demonstration von Objektkopien über Zeiger-Member verfügt, wird diese im Zusammenhang mit einem Kopierkonstruktor und einem Zuweisungsoperator für tiefe Kopien herangezogen.

Zeiger & Referenzen » Der Standard-Kopierkonstruktor

10.24.2 Der Standard-Kopierkonstruktor

>> Neben dem parameterlosen Standardkonstruktor stellt der Compiler in jeder Klasse automatisch einen Standard-Kopierkonstruktor bereit, um Objektkopien zu gewährleisten. Ein solcher Konstruktor verfügt über genau einen Parameter, welcher über eine konstante Referenz ein Objekt der entsprechenden Klasse erwartet. Mit Hilfe von lesenden Zugriffen auf die Eigenschaften des übergebenen Objektes erzeugt der Standard-Kopierkonstruktor eine Instanz und generiert automatisch ein Duplikat aus dem Objekt im Parameter. Die Eigenschaften der Instanz einer Klasse sind somit mit den Zuständen des Objektes aus dem Parameter initialisiert, wenn bei der jeweiligen Instanzierung der Klasse der Standard-Kopierkonstruktor zum Einsatz kommt.
Der nachfolgende Code-Ausschnitt verwendet den Standard-Kopierkonstruktor der Klasse *Point2D* und *Number*, um Objektkopien jeweils bei der Instanzierung zu erzeugen:

```cpp
// Instanz der Klasse Point2D mit gewöhnlichem Konstruktor.

Point2D pnt0(-4.5f, 12.3f);   // pnt0 = [-4.5f, 12.3f]

// Die Instanz pnt1 verwendet den Standard-Kopierkonstruktor,
// um ein Duplikat aus dem Objekt pnt0 zu erstellen.
// Alle Eigenschaften werden von pnt0 nach pnt1 kopiert.

Point2D pnt1(pnt0);           // pnt1 = [-4.5f, 12.3f]

// Instanz der Klasse Number über Konstruktor mit Typ uint32.

Core::Number numb0(uint32(12345u));   // Core::TYPE_UINT32.

// Über den Standard-Kopierkonstruktor der Klasse wird ein
// Duplikat des Objektes numb0 in der Instanz numb1 generiert.
// Die Eigenschaften werden von numb0 nach numb1 kopiert.

Core::Number numb1(numb0);            // Core::TYPE_UINT32.
```

Listing **10.87**: Objektkopien mit dem Standard-Kopierkonstruktor

Der Standard-Kopierkonstruktor « Zeiger & Referenzen

Der automatisch generierte Standard-Kopierkonstruktor einer jeweiligen Klasse schreibt alle Eigenschaften des Quellobjektes über den Parameter in das Zielobjekt, welches bei der Instanzierung gebildet wird. Somit verfügen Quelle und Ziel im vorherigen *Listing 10.87* in Bezug auf die gemeinsamen Typen jeweils exakt über die gleichen Zustände. Solche Objektkopien können vom Standard-Kopierkonstruktor erzeugt werden, da die Objekte nicht über Zeiger-Member verfügen und somit jede Eigenschaft einfach von der Quelle in das jeweilige Ziel kopiert werden kann. In diesem Zusammenhang wird von flachen Objektkopien gesprochen. Werden Zeiger als Eigenschaften und damit verbunden dynamische Speicherbereiche in Objekten verwendet, dann können flache Objektkopien zu vagabundierenden Zugriffen führen. In einem solchen Fall wird durch die flache Kopie lediglich die Hardware-Adresse einer Zeigervariablen dupliziert, so dass die Zeiger-Member von Quelle und Ziel auf die gleichen Speicherbereiche verweisen. Die Veränderung des Wertes über einen Zeiger des Quellobjektes ist somit auch für das Zielobjekt sichtbar, da sich beide Objekte den dynamischen Speicher teilen. Unter Verwendung der Klasse *Line2D* mit Zeiger-Membern wird im folgenden Code-Ausschnitt eine flache Objektkopie und damit verbunden die Gefahr vagabundierender Zeiger deutlich:

```cpp
// Instanz der Klasse Line2D mit initialisierten Punkten.
// Der bekannte Konstruktor allokiert über die Zeiger-Member
// m_start und m_end eigene Speicherbereiche vom Typ Point2D.

Line2D line0(-3.4f, 2.1f, 6.7f, -4.6f);
{
    // Im Scope wird das Objekt line0 nach line1 kopiert.
    // Durch die flache Kopie werden die Zeiger-Member einfach
    // dupliziert, so dass m_start und m_end im Objekt line1
    // auf die allokierten Speicherbereiche von line0 verweisen.

    Line2D line1(line0);   // Standard-Kopierkonstruktor.
}
// Durch Verlassen des Bereiches gibt line1 den Speicher frei.

line0.GetLength();   // Vagabundierende Zeiger in Eigenschaften!
```

Listing **10.88**: Flache Kopie eines Objektes mit Zeiger-Membern

Das vorherige *Listing 10.88* kann zum Absturz des Programms führen, da das originale Quellobjekt *line0* im Destruktor seinen dynamisch allokierten Speicher freigeben will, welcher jedoch bereits durch die Kopie *line1* beim Verlassen des Scopes bereinigt wurde. Vor der Speicherfreigabe verwiesen die Zeiger-Member des Quellobjektes und der Kopie auf die gleichen Speicherbereiche, so dass ein jeweiliger Aufruf der Methode *GetLength* die gleiche Streckenlänge für beide Objekte liefern würde.

10.24.3 Eigene Kopierkonstruktoren der Praxisklassen

>> Vagabundierende Zeiger und unvorhersehbare Speicherzugriffe durch flache Kopien können vermieden werden, indem der Kopierkonstruktor der jeweiligen Klasse überschrieben wird. Dadurch führt der Compiler die Objektkopien nicht mehr eigenständig aus, so dass das Duplizieren eines Objektes im Konstruktor selbst implementiert werden kann. Beim Überschreiben des Kopierkonstruktors in einer Klasse muss auf die korrekte Signatur in Prototyp und Implementierung geachtet werden. Der Kopierkonstruktor einer jeweiligen Klasse erwartet immer eine als konstant qualifizierte Referenz auf ein Objekt der gleichen Klasse, welches als Quelle der Kopie dienen soll. Der folgende Code-Ausschnitt definiert zunächst den Prototyp des eigenen Kopierkonstruktors der begleitenden Praxisklasse *Point2D*:

```
/* Erweiterung der Definition der Klasse Point2D (public). */

// Prototyp des Kopierkonstruktors mit einem Parameter.

Point2D(const Point2D&);   // Konstante Referenz auf Point2D.
```

Listing **10.89**: Prototyp eines überschriebenen Kopierkonstruktors

Instanzen der Klasse *Point2D* verfügen nicht über Zeiger-Member und können demnach standardmäßig über flache Kopien dupliziert werden. Die Praxisklasse erhält jedoch einen überschriebenen und eigenen Kopierkonstruktor, damit in diesem Buch auch flache Objektkopien deutlich gemacht werden können.

Ergänzend findet im nachfolgenden Code-Ausschnitt die Implementierung des Kopierkonstruktors aus dem vorherigen *Listing 10.89* statt:

```cpp
/* Erweiterung der Implementierung der Praxisklasse Point2D. */

// Implementierung des Kopierkonstruktors, welcher die
// gebildete Instanz anhand der Zustände des übergebenen
// Objektes initialisiert, um eine flache Kopie zu erzeugen.
// Diese Implementierung würde auch durch den Standard-
// Kopierkonstruktor in der Klasse zum Einsatz kommen.

Point2D::Point2D(const Point2D& co): m_x(co.m_x), m_y(co.m_y)
{ }
```

Listing **10.90**: Implementierung eines Kopierkonstruktors mit flacher Kopie

Sofern in einer Klasse der eigene Kopierkonstruktor über den Prototyp bekannt und auch implementiert ist, wird dieser bei Kopien mit Instanzen der Klasse zum Aufruf gebracht. Die statische und bereits angewendete Kopiermethode der Praxisklasse *Number* führt nichts weiter als eine flache Kopie vom Quellobjekt im ersten Parameter zum Zielobjekt des zweiten Parameters aus. Diese bereits vorhandene *Copy*-Methode kann also einfach dafür benutzt werden, um den eigenen Kopierkonstruktor in der Klasse zu implementieren. Das nachfolgende Listing erweitert die Definition und Implementierung der Praxisklasse *Number* und fügt dieser ihren eigenen Kopierkonstruktor hinzu:

```cpp
// Erweiterung der Definition der Klasse Number im öffent-
// lichen Bereich mit dem Prototyp des Kopierkonstruktors.

Number(const Core::Number&);

// Implementierung des Kopierkonstruktors, welcher in seinem
// Rumpf die statische Copy-Methode zum Duplizieren aufruft.

Core::Number :: Number(const Core::Number& source)
{
    Core::Number::Copy(source, *this);   // Kopie über Methode.
}
```

Listing **10.91**: Prototyp und Implementierung eines Kopierkonstruktors

Zeiger & Referenzen » Eigene Kopierkonstruktoren der Praxisklassen

Die wahre Stärke zeigt der überschriebene Kopierkonstruktor in einer Klasse, die über Zeiger als Eigenschaften verfügt, da durch eine eigene Implementierung flache Kopien und damit verbunden vagabundierende Zeiger vermeidbar sind, wenn Objekte der jeweiligen Klasse zum Duplizieren herangezogen werden. In einem solchen Kopierkonstruktor allokieren die Zeiger-Member der gebildeten Instanz ihre eigenen und unabhängigen Speicherbereiche und initialisieren diese mit den jeweiligen Inhalten, auf welche die Zeiger im Quellobjekt verweisen.
Der folgende Code-Ausschnitt konzentriert sich neben dem Prototyp auf die Implementierung des Kopierkonstruktors der begleitenden Praxisklasse *Line2D*, um tiefe Objektkopien erzeugen zu können:

```cpp
/* Erweiterung der Definition der Klasse Line2D (public). */

Line2D(const Line2D&);   // Prototyp des Kopierkonstruktors.

// Erweiterung der Implementierung der Klasse mit Konstruktor
// zum Erstellen einer tiefen Kopie anhand des Quellobjektes.

Line2D::Line2D(const Line2D& src)
{
    // Zeiger-Member für Start- und Endpunkt allokieren ihren
    // eigenen Speicher, wenn die Quelle keine Nullzeiger hat.
    // Ein Speicherbereich wird über den Kopierkonstruktor
    // der Klasse Point2D mit dem Objekt initialisiert, auf
    // welches der jeweilige Zeiger im Quellobjekt src verweist.
    // Die Dereferenzierung liefert ein Objekt vom Typ Point2D,
    // das jeweils als Quellobjekt dem Kopierkonstruktor dient.
    // Kopien der Klasse Line2D gelten durch Nullzeiger als
    // nicht benutzbar, wenn das Quellobjekt src ebenfalls
    // über Nullzeiger in seinen Eigenschaften verfügt.

    if (src.m_start) this->m_start = new Point2D(*src.m_start);
    else             this->m_start = nullptr;

    if (src.m_end) this->m_end = new Point2D(*src.m_end);
    else           this->m_end = nullptr;
}
```

Listing **10.92**: Implementierung eines Kopierkonstruktors für tiefe Kopien

Eigene Kopierkonstruktoren der Praxisklassen « Zeiger & Referenzen

Bei tiefen Kopien stimmen die Größen und Inhalte der allokierten Speicherbereiche des Zielobjektes nach der Initialisierung mit denen aus der Quelle überein, wobei aber die neu gebildete Instanz ihre eigenen Speicherbereiche über Zeiger-Member bereitstellt und in der Destruktormethode frei gibt, so dass vagabundierende Zugriffe vermieden werden.

Die Praxisklasse *Line2D* erhält einen zusätzlichen Konstruktor, mit dessen Hilfe vereinfacht eine Instanz über zwei Objekte der Klasse *Point2D* gebildet werden kann. Der Konstruktor erwartet dafür jeweils eine konstante Referenz vom Typ *Point2D* für die Initialisierung des Startpunktes und des Endpunktes über den Kopierkonstruktor der *Point2D*-Klasse. Das nachfolgende Listing erweitert die Definition und Implementierung der Klasse *Line2D* und ergänzt diese mit dem zusätzlichen Konstruktor:

```cpp
/* Erweiterung der Klassendefinition von Line2D (public). */

// Prototyp eines weiteren Konstruktors mit zwei Parametern,
// die Start- und Endpunkt über eine jeweilige Kopie bilden.
// Die Parameter werden als Quellobjekte herangezogen.

Line2D(const Point2D&, const Point2D&);

/* Erweiterung der Implementierung. */

Line2D::Line2D(const Point2D& start, const Point2D& end)
{
    // Über den Kopierkonstruktor der Praxisklasse Point2D
    // wird ein dynamisch allokierter Speicherbereich anhand
    // des Objektes aus dem jeweiligen Parameter initialisiert.

    this->m_start = new Point2D(start);   // Startpunkt im Raum.
    this->m_end   = new Point2D(end);     // Endpunkt im Raum.
}
```

Listing **10.93**: Aufruf eines Kopierkonstruktors im Konstruktor einer Klasse

Unter Verwendung des eigenen Kopierkonstruktors der Praxisklasse *Line2D* und des neuen Konstruktors mit zwei Parametern macht der nachfolgende Code-Ausschnitt beispielhaft eine tiefe Objektkopie dieser Klasse deutlich:

Zeiger & Referenzen » Eigene Kopierkonstruktoren der Praxisklassen

```cpp
// Zeigervariable auf dynamische Instanz der Klasse Line2D.
// Das Objekt, auf welches der Zeiger pLine verweist,
// verfügt über Zeiger-Member, die jeweils auf einen Speicher-
// bereich des Startpunktes mit den Koordinaten [1.2f, -3.4f]
// und auf den Speicher des Endpunktes [0.0f, 0.0f] verweisen.

Line2D* pLine = new Line2D(Point2D(1.2f, -3.4f), Point2D());

{   // In einem lokalen Bereich wird eine Line2D-Instanz mit
    // dem eigenen Kopierkonstruktors erzeugt, um ein Duplikat
    // aus dem Objekt zu bilden, auf welches pLine verweist.
    // Die Dereferenzierung liefert das Line2D-Quellobjekt.
    // Das Objekt copy allokiert eigene Speicherbereiche.

    Line2D copy(*pLine);   // Tiefe Objektkopie.

    // Die Inhalte der dynamischen Speicherbereiche von
    // Quelle (*pLine) und Ziel (copy) stimmen überein,
    // daher gilt die bedingte Anweisung als gültig.

    if (pLine->GetLength() == copy.GetLength())
    {
        /* Abgearbeiteter Scope der wahren Bedingung. */
    }

    // Der delete-Operator gibt das dynamische Objekt frei.
    // Durch den Destruktor werden über die Zeiger-Member
    // die eigenen Point2D-Speicherbereiche bereinigt.

    delete pLine;   // Speicherfreigabe auf dem Heap.

    // Da die Kopie über eigene Speicherbereiche vom Typ
    // Point2D verfügt, gelten Zugriffe über das Objekt
    // copy mit Zeiger-Membern nicht als vagabundierend.
    // Erst beim Verlassen des Scopes gibt das Objekt copy
    // seinen eigenen Speicher über den Destruktor frei.

    size32 so = copy.GetSize();   // Konformer Zugriff.
}
```

Listing **10.94**: Tiefe Kopie eines Objektes mit Zeiger-Membern

10.24.4 Der Standard-Zuweisungsoperator

>> Eine weitere Möglichkeit zum Kopieren von Objekten ist in C++ durch den Standard-Zuweisungsoperator gegeben, welcher automatisch vom Compiler in jeder Klasse zur Verfügung gestellt wird. Die Zuweisung von Werten ist nicht allein auf primitive Datentypen beschränkt, sondern darf syntaktisch auch mit Objekten erfolgen. Der Zuweisungsoperator kann in der Sprache C++ demnach mit allen Typen in den Operanden bedient werden. Bei einem Aufruf dupliziert der Standard-Zuweisungsoperator einer Klasse jede Eigenschaft des Quellobjektes im rechten Operanden und speichert diese im linken Operanden als Zielobjekt ab, um in diesem eine flache Kopie des Quellobjektes zu bilden. Die Datentypen von Quelle und Ziel sollten bei einer Zuweisung dementsprechend übereinstimmen. Das folgende Listing veranschaulicht unter Verwendung von Instanzen der Klassen *Point2D* und *Number* zunächst Objektkopien durch den Standard-Zuweisungsoperator dieser Praxisklassen:

```cpp
Point2D point0;   // Instanz der Klasse mit Standardkonstruktor.

Point2D point1(0.3f, -0.6f);   // Initialisierte Instanz.

// Dem Objekt point0 wird das Objekt point1 zugewiesen,
// so dass die Koordinaten nach der Zuweisung übereinstimmen.

point0 = point1;   // point0 = point1 = [0.3f, -0.6f].

// Bildung einer zunächst undefinierten Number-Instanz.

Core::Number numb0;   // Enumerator Core::TYPE_UNDEFINED.

Core::Number numb1(uint64(501LLu));   // Initialisierte Instanz.

// Über den Standard-Zuweisungsoperator der Klasse Number
// werden alle Eigenschaften von numb1 nach numb0 kopiert.

numb0 = numb1;   // Enumerator Core::TYPE_UINT64.
```

Listing **10.95**: Objektkopien mit dem Standard-Zuweisungsoperator

Zeiger & Referenzen » Der Standard-Zuweisungsoperator

Der Standard-Zuweisungsoperator gilt als spezielle Klassenmethode, die auch mit dem Schlüsselwort **operator** aufgerufen werden kann. Im Quellcode ersetzt der Compiler den gefundenen Zuweisungsoperator in einer Code-Zeile durch die entsprechende Methode der Klasse, wobei der Aufrufer dem linken Operanden als Zielobjekt entspricht. Der Klassenmethode wird intern über einen Parameter der rechte Operand übergeben, welcher als Quellobjekt für lesende Zugriffe der Kopie herangezogen wird. Eine Objektkopie kann auch durch den Methodenaufruf des Standard-Zuweisungsoperators erzeugt werden, wie es der folgende Code-Ausschnitt begleitend zum vorherigen *Listing 10.95* deutlich macht:

```cpp
// Das Objekt point0 dient als Quelle und zugleich als
// Aufrufer der Methode zum Kopieren des Objektes point1.
// Die Kombination aus dem Schlüsselwort operator und der
// Zuweisung (operator=) bildet die Kopiermethode der
// Klasse Point2D für den Standard-Zuweisungsoperator.
// In der Methode werden die Eigenschaften m_x und m_y
// vom Quellobjekt point1 in das Zielobjekt point0 kopiert.

point0.operator=(point1);   // Identisch zu point0 = point1.

// In der Kopiermethode der Klasse Number wird lesend auf
// die Eigenschaften des Quellobjektes im Parameter numb1
// zugegriffen und diese im Aufrufer numb0 gespeichert.

numb0.operator=(numb1);     // Identisch zu numb0 = numb1.
```

Listing **10.96**: Kopien von Objekten mit dem Schlüsselwort **operator**

Anhand des Standard-Zuweisungsoperators ist es also möglich, eine jeweilige Instanz der Klasse über die vom Compiler automatisch generierte Methode zu kopieren. Eine Klassenmethode des Standard-Zuweisungsoperators führt dabei lediglich flache Kopien aus, so dass die Adressen von Zeiger-Membern einfach dupliziert werden und damit die Gefahr vagabundierender Zeiger entsteht. Die Methode des Standard-Zuweisungsoperators der Klasse *Line2D* kopiert somit automatisch die Hardware-Adressen der Zeiger-Member vom Quellobjekt zum Zielobjekt. Vagabundierende Zeiger anhand von flachen Kopien können durch überschriebene Zuweisungsoperatoren vermieden werden.

10.24.5 Überschriebene Zuweisungsoperatoren

>> Wie der Kopierkonstruktor darf auch der Zuweisungsoperator einer Klasse überschrieben werden, um die entsprechende Implementierung einer Objektkopie selbst in der Hand zu haben. In einer Klassendefinition sollte der Kopierkonstruktor und der Zuweisungsoperator stets paarweise betrachtet werden, so dass über beide Methoden gleiche Objektkopien entstehen können. Wird also in einer Klasse der eigene Kopierkonstruktor deklariert und implementiert, dann sollte diese Klasse auch ihren Zuweisungsoperator überschreiben. Der eigene Zuweisungsoperator der Klasse verwendet eine spezielle Signatur, welche im Prototyp und der zugehörigen Implementierung eingehalten werden muss, um den Standard-Zuweisungsoperator der Klasse zu überschreiben. Dabei muss der Name der Kopiermethode aus dem Schlüsselwort **operator** bestehen, gefolgt vom Zeichen der Zuweisung (=). Der überschriebene Zuweisungsoperator verlangt in seiner Signatur genau einen Parameter, der eine konstante Referenz auf ein Objekt vom Typ der jeweiligen Klasse bildet. Über diesen Parameter kann in der Implementierung auf die Eigenschaften der Quelle lesender Zugriff erlangt werden, wobei bei einer Zuweisung der rechte Operand das Quellobjekt und somit den Parameter definiert. Jeder überschriebene Zuweisungsoperator sollte einen Wert zurückliefern, welcher dem Referenztyp der Klasse entspricht.
Das folgende Listing erweitert die Definition der Praxisklasse *Point2D* und fügt dieser den Prototyp des überschriebenen Zuweisungsoperators hinzu:

```
/* Erweiterung der Definition der Klasse Point2D (public). */

// Prototyp des Zuweisungsoperators, welcher eine Referenz
// auf den Aufrufer liefert und das Quellobjekt der Kopie
// als konstante Referenz im Parameter erwartet.
// Das Quellobjekt wird bei einer Zuweisung a = b
// aus dem rechten Operanden (b) gebildet.
// Die Kombination des Schlüsselwortes operator mit =
// kennzeichnet eindeutig den Zuweisungsoperator der Klasse.

Point2D& operator=(const Point2D&);
```

Listing **10.97**: Prototyp eines überschriebenen Zuweisungsoperators

Zeiger & Referenzen » Überschriebene Zuweisungsoperatoren

Im Rumpf einer Kopiermethode bildet der **this**-Zeiger den Aufrufer und somit das Zielobjekt als linken Operanden der Zuweisung. In der Methode können also schreibende Zugriffe auf den eigentlichen Aufrufer über den Zeiger erfolgen. Nachdem jede Eigenschaft vom Quellobjekt aus dem Parameter zum Zielobjekt kopiert wurde, sollte die Klassenmethode den jeweiligen Aufrufer zurückliefern. Dies kann durch die Dereferenzierung des **this**-Zeigers erfolgen.

Ergänzend findet im nachfolgenden Code-Ausschnitt die Implementierung des Zuweisungsoperators der Praxisklasse *Point2D* statt:

```cpp
/* Erweiterung der Implementierung der Klasse Point2D. */

Point2D& Point2D::operator=(const Point2D& src)
{
   // In der Methode bildet *this den Aufrufer und somit
   // den linken Operanden (a) bei einer Zuweisung a = b.

   this->m_x = src.m_x;   // Flache Kopie der Eigenschaften
   this->m_y = src.m_y;   // von Quelle (src) zum Zielobjekt.

   return *this;   // Rückgabe des dereferenzierten Aufrufers.
}
```
Listing **10.98**: Implementierung eines Zuweisungsoperators mit flacher Kopie

Da eine solche Kopiermethode ihren Aufrufer und damit verbunden den linken Operanden liefert, kann eine Verkettung von Zuweisungen auch mit Objekten in nur einem Ausdruck realisiert werden. Dies wird im folgenden Code-Beispiel anhand von Instanzen der Klasse *Point2D* deutlich:

```cpp
Point2D a, b;   // Zwei Instanzen der Praxisklasse Point2D.

// Alle Objekt verfügen nach der Abarbeitung des gesamten
// Ausdrucks über die gleichen Koordinaten [3.4f, -2.9f].
// Die Methodenaufrufe entsprechen intern dem Ausdruck
// a.operator=(b.operator=(Point2D(3.4f, -2.9f)));

a = b = Point2D(3.4f, -2.9f);   // Verkettung von Zuweisungen.
```
Listing **10.99**: Verkettung von Zuweisungen mit Objektkopien

Überschriebene Zuweisungsoperatoren « Zeiger & Referenzen

Die statische *Copy*-Methode der Klasse *Number* kann zum Einsatz kommen, um Objektkopien auch über den Zuweisungsoperator für diese Praxisklasse zu gewährleisten. Das nachfolgende Listing erweitert die Definition und Implementierung der Klasse *Number* durch ihren überschriebenen Zuweisungsoperator:

```cpp
// Erweiterung der Definition der Praxisklasse Number im
// öffentlichen Bereich mit Prototyp des Zuweisungsoperators.

Core::Number& operator=(Core::Number&);

/* Erweiterung der Implementierung. */

Core::Number& Core::Number :: operator=(Core::Number& src)
{
    // Es wird die statische Copy-Methode der Klasse verwendet,
    // um das Quellobjekt src in den Aufrufer zu duplizieren.

    Core::Number::Copy(src, *this);   // Objektkopie in Methode.

    return *this;   // Rückgabe des Aufrufers nach der Kopie.
}
```

Listing **10.100**: Prototyp und Implementierung eines Zuweisungsoperators

Unter Verwendung der Praxisklasse *Line2D* mit Zeiger-Membern macht der folgende Code-Ausschnitt zunächst die Gefahr vagabundierender Zeiger durch eine flache Objektkopie mit dem Standard-Zuweisungsoperator deutlich:

```cpp
// Bildung zweier Instanzen der Klasse Line2D, wobei die erste
// keinen eigenen Speicher über ihre Zeiger-Member allokiert.

Line2D line0, line1(Point2D(7.8f, 4.5f), Point2D(-1.3f, 9.6f));

line0 = line1;   // Standardmäßig flache Objektkopie.

// Die Zeiger-Member von line0 verweisen nach der Objektkopie
// auf die allokierten Speicherbereiche der Quelle line1.
```

Listing **10.101**: Gefahr vagabundierender Zeiger durch flache Objektkopie

Zeiger & Referenzen » Überschriebene Zuweisungsoperatoren

Die Abarbeitung im vorherigen *Listing 10.101* führt zum Programmabsturz, da beide Objekte im Destruktor die vom Quellobjekt allokierten Speicherbereiche über ihre Zeiger-Member freigeben wollen. Eine Lösung besteht im Überschreiben des Zuweisungsoperators der Klasse *Line2D*, damit tiefe Kopien mit Instanzen dieser Praxisklasse erzeugt werden können. Der nachfolgende Code-Ausschnitt fokussiert sich neben dem Prototyp auf die Implementierung des überschriebenen Zuweisungsoperators der Praxisklasse *Line2D*:

```cpp
Line2D& operator=(const Line2D&);   /* Prototyp. */

/* Erweiterung der Implementierung für tiefe Objektkopien. */

Line2D& Line2D::operator=(const Line2D& src)
{
   if (this->m_start && !src.m_start)   // Fall 1 für Startpunkt
   {                                    // des Quellobjektes
      delete this->m_start;             // und des Ziels.
      this->m_start = nullptr;
   }
   if (this->m_end && !src.m_end)       // Fall 1 für Endpunkt
   {                                    // des Quellobjektes
      delete this->m_end;               // und des Ziels.
      this->m_end = nullptr;
   }
   if (!this->m_start && src.m_start)                // Fall 2
      this->m_start = new Point2D(*src.m_start);     // für Start.

   if (!this->m_end && src.m_end)                    // Fall 2 für
      this->m_end = new Point2D(*src.m_end);         // Endpunkt.

   if (this->m_start && src.m_start)                 // Fall 3 für
      this->m_start->operator=(*src.m_start);        // Startpunkt.

   if (this->m_end && src.m_end)                     // Fall 3 für
      this->m_end->operator=(*src.m_end);            // Endpunkt.

   return *this;   // Rückgabe des dereferenzierten Aufrufers.
}
```

Listing **10.102**: Implementierung eines Zuweisungsoperators für tiefe Kopien

Die Implementierung des Zuweisungsoperators der Klasse *Line2D* im vorherigen *Listing 10.102* ist im wesentlichen durch verknüpfte Bedingungen in drei Fälle eingeteilt, wobei die Semantik eines Falls jeweils für Startpunkt und Endpunkt identisch ist. Hat das Zielobjekt (***this**) seine eigenen Speicherbereiche allokiert und wird diesem ein unbenutzbares Objekt ohne allokiertem Speicher als Quelle (*src*) zugewiesen, dann sind die ersten Bedingungen für den Fall 1 gültig. Das Zielobjekt gilt damit ebenfalls als unbenutzbar und muss seine Speicherbereiche über die Zeiger-Member freigeben. Der zweite Fall bildet das Gegenstück zum Ersten und wird durch die Bedingungen abgearbeitet, wenn das Ziel nicht über allokierte Speicherbereiche verfügt und diesem ein Quellobjekt mit eigenen Speicherbereichen zugewiesen wird. Somit muss das Zielobjekt wie im Kopierkonstruktor eigene Speicherbereiche allokieren und diese mit den Inhalten der Speicherbereiche aus der Quelle initialisieren. In diesem Fall entsteht eine tiefe Kopie, da sowohl Quelle als auch Ziel über eigene und unabhängige Speicherbereiche verfügen. Im dritten Fall wurden die Speicherbereiche in Quellobjekt und Zielobjekt bereits vor dem Methodenaufruf allokiert, so dass mit dem Zuweisungsoperator der jeweilige Inhalt des Speicherbereiches vom Quellobjekt einfach zum Zielobjekt kopiert werden kann. Ein vierter und letzter Fall kann bei der Abarbeitung der Kopiermethode eintreten, wenn Quelle als auch Ziel als unbenutzbar gelten und demnach beide keine eigenen Speicherbereiche zum Zeitpunkt des Methodenaufrufs allokiert haben. Somit sind alle Bedingungen unwahr und das Zielobjekt wird unverändert zurückgegeben.

Das folgende Code-Beispiel macht ergänzend tiefe Objektkopien anhand des überschriebenen Zuweisungsoperators der Praxisklasse *Line2D* deutlich:

```
// Die erste Instanz gilt zunächst als unbenutzbar, da
// diese mit dem Standardkonstruktor erzeugt wird, welcher
// die Zeiger-Member als Nullzeiger initialisiert.

Line2D line0, line1(Point2D(0.1f, -3.4f), Point2D(2.6f, 9.8f));

// Dem Objekt line0 als Ziel wird die Quelle line1 zugewiesen.
// Das Zielobjekt allokiert seine eigenen Speicherbereiche
// und initialisiert diese mit den Inhalten des Quellobjektes.

line0 = line1;    // Tiefe Objektkopie (Fall 2).
```

```
/* Fortsetzung des Code-Beispiels. */

// Die Zeiger-Member beider Objekte verweisen nach der
// Zuweisung auf eigene und unabhängige Speicherbereiche,
// welche aber mit identischen Inhalten gefüllt sind.
// Der Vergleich liefert somit true an die bedingte Anweisung.

if (line0.GetLength() == line1.GetLength())
{
    /* Abgearbeiteter Scope für gültige Bedingung. */
}
// Bildung einer weiteren Instanz über Standardkonstruktor.

Line2D line3;   // Vorerst unbenutzbares Line2D-Objekt.

// Dem Zielobjekt line1 wird das Quellobjekt line3 zugewiesen.
// Das Objekt line1 gibt in der Kopiermethode seine dynamischen
// Speicherbereiche über die Zeiger-Member frei (Fall 1).

line1 = line3;   // Das Zielobjekt gilt nun als unbenutzbar.

// Beim Verlassen des Scopes bereinigt das Objekt line0 über
// den Destruktor seine dynamisch allokierten Speicherbereiche.
```

Listing **10.103**: Tiefe Objektkopien durch Zuweisungen

10.25 Vagabundierende Referenzen

>> Auch eine Referenz kann vagabundieren, sofern diese an einen dynamischen Speicherbereich gebunden ist, welcher durch den **new**-Operator (oder **new[]**) vorher allokiert, aber bereits wieder freigegeben wurde. Eine solche Referenzvariable reflektiert bei einem Zugriff den dynamischen Speicher, obwohl dieser inzwischen durch andere Programmteile überschrieben sein kann. Mit Hilfe der Dereferenzierung kann eine Referenz bei ihrer Deklaration mit dem Inhalt eines dynamisch allokierten Speicherbereiches initialisiert werden, wie es folgender Code-Ausschnitt in Verbindung mit einem vagabundierenden Zugriff zeigt:

Vagabundierende Referenzen « Zeiger & Referenzen

```
// Zeiger auf dynamischen und initialisierten Speicherbereich.

int* pInt = new int(-123);   // Vorzeichenbehaftete Ganzzahl.

// Die Referenz rInt wird an den allokierten Speicher
// gebunden, auf den die Zeigervariable pInt verweist.

int& rInt = *pInt;   // rInt = *pInt = -123.

delete pInt;         // Speicherfreigabe über Zeiger.

// Die Referenz gilt als vagabundierend, da diese noch immer
// den Speicher reflektiert, welcher bereits freigegeben wurde.

int val = rInt;   // Vagabundierender Zugriff über Referenz.
```

Listing **10.104**: Vagabundierende Referenz auf dynamischen Speicherbereich

Referenzen können ebenfalls vagabundieren, wenn diese bei ihrer Initialisierung an Rückgabewerte von Methoden gebunden werden und ein von der Methode entsprechend gelieferter Wert lokal deklariert wurde. Nach der Abarbeitung einer solchen Methode verliert die Variable ihre Gültigkeit im Scope, so dass die jeweilige Referenzvariable einen temporären Wert reflektiert und somit als vagabundierend gilt. Im nachfolgenden Listing wird eine Referenz deutlich, die an das von einer globalen Methode gelieferte *Point2D*-Objekt gebunden ist:

```
// Implementierung einer globalen Methode, welche temporär
// eine Instanz der Klasse Point2D erzeugt und zurück gibt.
// Eine Referenz wird an diesen Rückgabewert gebunden.

Point2D& GlobalMethode()
{
   return Point2D(1.1f, -2.2f);   // Temporärer Rückgabewert.
}

Point2D& rPnt = GlobalMethode();   // Vagabundierende Bindung.
```

Listing **10.105**: Vagabundierende Referenz auf temporären Rückgabewert

Zeiger & Referenzen » Vagabundierende Referenzen

Ein guter Compiler wird bei der Übersetzung des Codes aus dem vorherigen *Listing 10.105* eine Warnung generieren, da die Referenz bei einem Zugriff nur den temporären Rückgabewert der globalen Methode reflektiert, welcher nach der Abarbeitung aber seine Gültigkeit im Methodenbereich verloren hat. Die Referenzvariable gilt somit als vagabundierend und kann von einem Compiler vorzeitig erkannt werden. Um solche vagabundierenden Zugriffe zu vermeiden, kann sich am bereits bekannten Schlüsselwort **static** bedient werden, um den von der Methode gelieferten Wert als statisch zu qualifizieren und damit die Lebensdauer von diesem nach der Abarbeitung der Methode zu erhalten. Die äußere Referenzvariable wäre so an einen gültigen Speicherbereich gebunden und nicht mehr an einen temporären Rückgabewert. Sofern die Referenz nicht als konstant qualifiziert ist, darf über diese zusätzlich der Speicherbereich des in der Methode deklarierten Objektes schreibend verändert werden. In Bezug zu dem vorherigen *Listing 10.105* veranschaulicht der folgende Code-Ausschnitt, wie die Referenzvariable nun an den statischen Speicherbereich gebunden wird:

```cpp
// Implementierung der globalen Methode, die in ihrem
// Scope nun ein statisches Objekt lokal deklariert,
// welches von der Methode zurückgegeben wird.
// Die Lebensdauer des Objektes bleibt erhalten.

Point2D& GlobalMethode()
{
   static Point2D pnt(1.1f, -2.2f);

   return pnt;   // Statisches Objekt als Rückgabewert.
}

// Die Referenz wird an den statischen Speicherbereich
// gebunden, welcher von der Methode geliefert wird.
// Zusätzlich darf die Referenzvariable rPnt schreibende
// Zugriffe auf das gebundene Objekt ausführen (kein const).

Point2D& rPnt = GlobalMethode();   // Konforme Bindung.

rPnt.SetCoordX(-4.6f);   // Schreibender Zugriff auf Objekt.
```

Listing **10.106**: Vermeidung einer vagabundierenden Referenz durch **static**

11 Zeichenketten

11.1 Was Ihnen dieses Kapitel lehrt

>> Ein druckbares Zeichen wird in der Programmiersprache C++ durch den Datentyp **char** repräsentiert, welcher bereits mehrfach in diesem Buch verwendet wurde. Für die Lösung von Problemen werden sehr häufig Ketten von druckbaren Zeichen benötigt, da eine Variable mit einem einzelnen Zeichen nicht sehr aussagekräftig erscheint. Eine solche Kette druckbarer Zeichen wird als Zeichenkette bezeichnet, welche die einzelnen Zeichen sequenziell in Form eines Arrays im Speicher hält. Nahezu jeder auf dem Bildschirm angezeigte Text einer Software wird durch eine solche Zeichenkette dargestellt. In der Informatik hat sich der Begriff der Zeichenkette auch als String etabliert. Unabhängig der Sprache C++ handelt es sich um eine Kette von zusammenhängenden und druckbaren Zeichen, wenn Ihnen einmal (im Kontext der Programmierung) ein String begegnen sollte. In diesem Buch ist ausschließlich der Begriff Zeichenkette gültig, um den eigentlichen Sinn eines solchen Gebildes zu wahren.

Dieses Kapitel lehrt Ihnen die Deklaration und Verwendung von Zeichenketten und bringt Ihnen diese im Zusammenhang mit Code-Beispielen näher. Das eigenständige Kapitel verknüpft dabei die bekannten Zeiger mit dem Datentyp **char**, verbunden mit dynamischen Arrays und Datenfeldern fester Größen. Intern wird jede Zeichenkette als ein Zeiger auf ein Array organisiert, so dass Zugriffe auf einzelne Zeichen mit Hilfe der Indizierung erfolgen können. Die Verwendung der aus dem vorherigen Kapitel bekannten Zeigerarithmetik ist auch in Verbindung mit Zeichenketten möglich und sinnvoll, um durch die zusammenhängenden Speicherbereiche druckbarer Zeichen zu navigieren.

Um Ihnen die Verwendung von Zeichenketten näher zu bringen, erfolgt in diesem Kapitel unter anderem eine Erweiterung der *Number*-Praxisklasse. Die Klasse erhält dabei eine neue Getter-Methode, mit deren Hilfe sich eine Zeichenkette zurückgeben lässt. Diese repräsentiert anhand der Zeichen 0 und 1 den binären Zustand eines ganzzahlig gespeicherten Wertes von einer *Number*-Instanz. Die begleitende Praxisklasse spielt durch diese neue Methode ihre Möglichkeiten aus, da sich nun interne Speicherzustände preisgeben lassen, welche Ihnen im Kapitel **Bitmanipulation & Logik** begegnet sind.

11.2 Deklaration und Verwendung von Zeichenketten

11.2.1 Druckbare Zeichen in Arrays fester Größen

>> Zeichenketten bieten sich in Programmen immer dann an, wenn Anzahl und Inhalt der druckbaren Zeichen bereits bei der Entwicklung bekannt sind. Demzufolge bestehen Zeichenketten fast immer aus einer festen Anzahl von druckbaren Zeichen, für dessen Deklarationen sich Arrays fester Größen vom Datentyp **char** anbieten. Optional lassen sich die Elemente solcher Zeichenketten anhand von Initialisierungslisten festlegen.

Das folgende Listing zeigt die Deklaration eines Arrays fester Größe und die damit verbundene Bildung einer Zeichenkette über eine Initialisierungsliste:

```cpp
// Deklaration eines Arrays fester Größe vom Datentyp char.
// Die feste Größe wird durch die Anzahl der Elemente in
// der Initialisierungsliste bestimmt, welche 8 ist.
// Beachten Sie, dass das Leerzeichen ebenfalls ein
// druckbares Zeichen darstellt, sofern dieses in
// einfache Anführungszeichen eingebettet ist.

char str[] = { 'C', '+', '+', ' ', 'B', 'u', 'c', 'h' };

// Da das Datenfeld nicht als konstant qualifiziert wurde,
// können schreibende Zugriffe auf die Elemente erfolgen.

str[3] = '_';   // Schreibender Zugriff über Indizierung.
```

Listing **11.1**: Array fester Größe mit druckbaren Zeichen in Initialisierungsliste

Die Deklaration, Initialisierung und Verwendung der Zeichenkette im vorherigen Code-Ausschnitt ist konform gegenüber der Syntax von C++. Diese Schreibweise ist jedoch sehr umständlich, da jedes einzelne Zeichen in die Initialisierungsliste eingebettet werden muss. Des Weiteren erschwert diese Art von Zeichenkette enorm die Lesbarkeit des Quellcodes. Durch die Nutzung spezieller Literale bietet die Syntax der Sprache C++ eine weitaus elegantere Lösung für die Deklaration und Verwendung von Zeichenketten an.

11.2.2 Zeichenketten-Literale

>> Literale wurden bereits in verschiedenen Code-Beispielen des Buches verwendet. Oft handelte es sich bei diesen Literalen um einfache Zahlenwerte, welche als Operanden für entsprechende Rechenoperationen dienten. Literale traten also bisher als feste und unveränderbare Werte im Quellcode auf. Um eine umständliche Deklaration und Initialisierung wie im vorherigen *Listing 11.1* zu vermeiden, kann ein sogenanntes Zeichenketten-Literal eingesetzt werden. Diese speziellen Literale werden durch die paarweise Verwendung doppelter Anführungszeichen (" ") gebildet, wobei eine jeweilige Zeichenkette in einem Ausdruck komplett in diese Zeichen eingebettet wird, um ein Zeichenketten-Literal zu formen. Die Anführungszeichen selbst sind aber kein Bestandteil eines jeweiligen Literals. Eine Reihe druckbarer Zeichen gewährleistet durch gute Lesbarkeit des Quellcodes so die Bildung eines Zeichenketten-Literals. Diese sollten nicht mit einfachen Zeichenliteralen verwechselt werden, welche stets nur ein druckbares Zeichen beinhalten. Zeichenketten-Literale können überall im Quellcode auftreten, wo Zeiger auf den Typ **char** verwendet werden oder wo ein Array fester Größe von diesem Typ bekannt ist. Häufig werden diese auch für die Initialisierung deklarierter Zeigervariablen verwendet.

In Bezug auf *Listing 11.1* erfolgt im nachfolgenden Code-Ausschnitt die erneute Deklaration einer Zeichenkette, wobei die Initialisierung nun über ein besser lesbares Literal gebildet wird:

```cpp
// Deklaration einer Zeigervariablen vom Datentyp char.
// Die Initialisierung erfolgt über ein Zeichenketten-Literal.
// Der Zeiger verweist auf das erste Zeichen der Kette.

char* str = "C++ Buch";
```

Listing **11.2**: Initialisierung einer Zeigervariablen mit Zeichenketten-Literal

Die Initialisierung einer solchen Zeigervariablen ist nicht zwingend. Da der deklarierte Zeiger im vorherigen Listing nicht als konstant qualifiziert wurde, darf dieser während seiner gesamten Lebensdauer auf andere Zeichenketten und Speicherbereiche vom Typ **char** verwiesen werden.

Zeichenketten » Dynamische Zeichenketten

Im Zusammenhang mit Arrays fester Größen dürfen Zeichenketten-Literale auch als Initialisierungswerte dienen. Dabei empfiehlt es sich, die Größe des Datenfeldes in den eckigen Klammern zu vernachlässigen und diese anhand der Anzahl der druckbaren Zeichen aus dem Literal bestimmen zu lassen. Eine solche Deklaration und Initialisierung wird im folgenden Code-Beispiel deutlich:

```cpp
// Deklaration und Initialisierung eines Arrays fester
// Größe basierend auf einem Zeichenketten-Literal.
// Die Anzahl der Elemente im Datenfeld wird anhand
// des Literals durch die Initialisierung bestimmt.

char str[] = "C++ Buch";

// Das Array verfügt über einen eigenen Speicherbereich
// mit den jeweils modifizierbaren Zeichen.

str[3] = '_';   // Schreibender Zugriff über Indizierung.
                // Das Array besteht aus der Kette "C++_Buch".
```

Listing **11.3**: Initialisiertes Array fester Größe mit Zeichenketten-Literal

Auf Zeichenketten-Literale wird in späteren Abschnitten dieses Kapitels erneut eingegangen.

11.2.3 Dynamische Zeichenketten

>> Im vorherigen Kapitel **Zeiger & Referenzen** haben Sie bereits dynamische Arrays kennengelernt. Um dynamische Zeichenketten zu verwenden, werden diese Arrays vom Datentyp **char** in Verbindung mit dem **new[]**-Operator gebildet. Ein druckbares Zeichen benötigt in der Regel genau ein Byte an Speicher, so dass der Speicherbedarf von dynamischen Zeichenketten auf dem Heap einfach ermittelt werden kann. Beachten Sie, dass die saubere Speicherfreigabe mit dem **delete[]**-Operator in der Verantwortung des Entwicklers liegt. Verbunden mit dynamischen Zeichenketten ist auch Zeigerarithmetik hilfreich.

Der nachfolgende Code-Ausschnitt veranschaulicht die einfache Bildung und Verwendung einer dynamischen Zeichenkette:

```
// Deklaration und Initialisierung eines Zeigers auf
// einen dynamischen Speicherbereich vom Datentyp char.
// Es werden in der Regel 10 Byte auf dem Heap allokiert.

char* str = new char[10];

// Durch die Verwendung einer Zählschleife mit 10 Iterationen,
// sowie Zeigerarithmetik und Dereferenzierung, wird jedes
// druckbare Zeichen auf den gleichen Wert (Literal) gesetzt.

for (unsigned int i = 0; i < 10u; ++i, ++str) *str = 'a';

delete[] str;   // Saubere Speicherfreigabe.
```

Listing **11.4**: Bildung und Verwendung einer dynamischen Zeichenkette

11.2.4 Zeichenketten in zwei Dimensionen

>> Da eine Kette druckbarer Zeichen intern durch eine Zeigervariable dargestellt wird, sind auch mehrdimensionale Zeichenketten möglich. In der Praxis beschränken sich diese häufig auf zwei Dimensionen, um ein Array von Zeichenketten verwenden zu können. Eine deklarierte Variable wird in diesem Fall mit einem Zeiger auf ein Datenfeld fester Größe kombiniert. Jedes Element des jeweiligen Arrays verfügt dabei über einen eigenen Zeiger auf den Speicherbereich einer Zeichenkette. Eine optionale Initialisierungsliste des Arrays kann einzelne Literale von Zeichenketten enthalten. Die Anzahl dieser Zeichenketten-Literale bestimmt dabei die feste Größe des Datenfeldes, wenn bei der Deklaration kein Wert in den eckigen Klammern angegeben wurde. Mehrdimensionale Zeichenketten (auch mit zwei Dimensionen) können ebenfalls sinnvoll durch dynamische Speicherallokierung mit dem bereits bekannten **new[]**-Operator gebildet werden.

Zeichenketten » Zeichenketten in zwei Dimensionen

Im folgenden Listing wird beispielhaft die Deklaration eines Arrays fester Größe deutlich, welches pro Element eine initialisierte Zeichenkette enthält:

```cpp
// Deklaration und Initialisierung einer Zeiger-
// variablen vom Typ char auf ein Datenfeld fester Größe.
// Die Variable repräsentiert einen zweidimensionalen Zeiger.
// Mit Hilfe der Anzahl der Literale in der Initialisierungs-
// liste wird die feste Größe des Array bestimmt, welche 4 ist.
// Jedes Element des Datenfeldes verfügt über einen Zeiger
// auf den Speicherbereich einer Zeichenkette (Stadt).

char* towns[] = { "Paris", "London", "Berlin", "Madrid" };

// Der Index 2 des Arrays verweist auf die Kette "Berlin".
// Vom Indizierungsoperator wird der Datentyp char* geliefert.

char* german = towns[2];   // german verweist auf "Berlin".

// Da das Array fester Größe intern durch einen Zeiger
// dargestellt wird, darf eine Dereferenzierung erfolgen,
// welche ebenfalls den Datentyp char* liefert.

char* french = *towns;   // french verweist auf "Paris".

// Ein zweiter Indizierungsoperator spricht explizit das
// druckbare Zeichen der entsprechenden Zeichenkette an.
// Die Indizierung gibt den primitiven Typ char zurück.

char elem3 = french[3];   // elem3 erhält das Zeichen 'i'.

// Zwei hintereinander geschriebene Indizierungsoperatoren
// ermitteln ebenfalls ein druckbares Zeichen vom Typ char.
// Die erste Indizierung bestimmt das Element im Array
// und damit verbunden die Zeichenkette; die zweite
// Indizierung identifiziert das Zeichen dieser Kette.

char spain_elem1 = towns[3][1];   // spain_elem1 ist 'a'.
```

Listing **11.5**: Zeiger auf Array fester Größe mit Zeichenketten-Literalen

11.3 Null-Terminierung von Zeichenketten

>> Eine Zeigervariable vom Datentyp **char** verweist bei der Initialisierung oder Zuweisung stets auf das erste Element des Datenfeldes, welches die Zeichenkette enthält. Da ein Zeiger die Anzahl seiner im Array vorhandenen Elemente nicht kennt, ist auch für eine entsprechende Zeigervariable vom Typ **char** die Länge der zugehörigen Zeichenkette nicht bekannt. Das symbolische Ende einer Zeichenkette wird anhand der Null-Terminierung bestimmt, um Zugriffe auf Speicherbereiche zu vermeiden, welche nicht zum eigentlichen Datenfeld der Zeichenkette gehören. Diese Null-Terminierung wird durch ein Sonderzeichen gebildet und besteht aus einem Backslash gefolgt von einer Null (\0). Das Sonderzeichen wird im Kontext der Zeichenketten auch oft als terminierte Null bezeichnet. Bei der Ausgabe druckbarer Zeichen auf dem Bildschirm wird in der Regel mittels Zeigerarithmetik durch den Speicherbereich einer Zeichenkette navigiert, solange bis die terminierte Null von dieser erreicht wird. Beachten Sie, dass die terminierte Null ebenfalls ein Zeichenliteral vom Typ **char** darstellt, auch wenn dieses im Quellcode aus zwei Zeichen besteht. Die Null-Terminierung gilt als Sonderzeichen, so dass dieses nicht druckbar ist. Der Compiler erkennt den beginnenden Backslash des Zeichens und kann dieses entsprechend als Sonderzeichen interpretieren.
Zeichenketten-Literale werden vom Compiler immer automatisch mit der terminierten Null versehen. Da diese Literale in C++ der bequemste Weg sind um Zeichenketten zu verwenden, wird Ihnen dieses Sonderzeichen eher weniger begegnen. Die verwendeten Literale in *Listing 11.2* und *Listing 11.3* gelten also automatisch als terminiert, ebenso alle Zeichenketten-Literale (Städte) in dem Array fester Größe von *Listing 11.5*. Eine Ausnahme bilden die mit Hilfe des **new[]**-Operators dynamisch allokierten Zeichenketten, da diese nicht automatisch mit der terminierten Null am Ende des allokierten Speicherbereiches versehen werden. Die Null-Terminierung dieser dynamischen Zeichenketten liegt damit ausschließlich in der Verantwortung des Programmierers. Somit ist das *Listing 11.4* vorerst unvollständig, da in diesem keine Null-Terminierung der auf dem Heap allokierten Zeichenkette erfolgte. Um diese vorzunehmen, kann das Sonderzeichen der terminierten Null auch direkt im Quellcode bei der Dereferenzierung verwendet werden, wie das folgende Code-Beispiel zeigt:

Zeichenketten » Null-Terminierung von Zeichenketten

```cpp
// Deklaration und Initialisierung des Zeigers vom Typ char.

char* str = new char[11];   // Speicher nun mit 11 Elementen.

// Erneute Zählschleife mit 10 Iterationen.

for (unsigned int i = 0; i < 10u; ++i, ++str) *str = 'a';

// Das letzte Zeichen der dynamischen Zeichenkette wird mit
// Hilfe der Dereferenzierung als terminierte Null versehen.
// Die Zeigervariable verweist bereits auf das letzte Element.
// Der Backslash und die Null bilden ein Sonderzeichen und
// müssen sich innerhalb der Anführungszeichen befinden.

*str = '\0';    // Null-Terminierung.

delete[] str;   // Saubere Speicherfreigabe.
```

Listing **11.6**: Dynamische Zeichenkette mit terminierter Null

Gegenüber dem *Listing 11.4* hat sich im vorherigen Code-Ausschnitt die dynamische Zeichenkette verändert, so dass diese jetzt aus 11 allokierten Zeichen besteht. Das liegt daran, weil das letzte Zeichen in diesem Speicherbereich mit der terminierten Null versehen wurde.

Die terminierte Null wird wie jedes andere Zeichen mit dem Typ **char** behandelt und belegt dadurch ebenfalls ein ganzes Byte des Speichers. Beim Allokieren von Systemspeicher sollte daher stets die terminierte Null am Ende des Speicherbereiches eingeplant werden. Soll also die benötigte Länge einer Zeichenkette ermittelt werden, so empfiehlt es sich diese Länge plus 1 Element zu berechnen, um auch den Speicherbereich für die terminierte Null größengerecht zu reservieren. Die Null-Terminierung muss nicht zwingend im letzten Element der Zeichenkette erfolgen, jedoch würden bei der Bildschirmausgabe alle druckbaren Zeichen nach der terminierten Null ignoriert werden. Viele Algorithmen suchen in einer Zeichenkette nach diesem Sonderzeichen, so dass Elemente hinter der terminierten Null vernachlässigt werden würden. Das Sonderzeichen kann dabei wie jedes andere Zeichenliteral verwendet werden und kann somit auch als Operand für verschiedene Vergleiche dienen.

Null-Terminierung von Zeichenketten « Zeichenketten

Im nachfolgenden Listing wird eine globale Methode implementiert, mit deren Hilfe sich die Länge einer Zeichenkette ermitteln lässt. Verbunden mit Zeigerarithmetik wird durch eine als Parameter übergebene Zeichenkette navigiert, bis die terminierte Null gefunden wird. Die Rückgabe der Länge erfolgt als ganzzahliger Wert. Diese Methode verdeutlicht auch die Wichtigkeit der Null-Terminierung von dynamischen Zeichenketten, da in der Implementierung endlose Iterationen auftreten können, sofern das Sonderzeichen nicht gefunden wird. Zeichenketten-Literale gelten stets als automatisch terminiert, so dass ein Methodenaufruf mit einem Literal als Parameter niemals in einer endlosen Kontrollstruktur resultieren kann. Es erfolgt zunächst nur die Implementierung der Methode – im nächsten Abschnitt wird diese dann ergänzend verwendet.

```cpp
#define STR_INVALID -1

// Implementierung der globalen Hilfsmethode zur Ermittlung
// der Anzahl druckbarer Zeichen einer Zeichenkette.
// Der Rückgabewert ist ganzzahlig aber vorzeichenbehaftet, da
// -1 geliefert wird, wenn ein Nullzeiger als Parameter dient.
// Der Datentyp des Parameters ist als konstant qualifiziert,
// somit darf die lokale Kopie die Zeichen nicht modifizieren.

int GetStrLen(const char* pStr)
{
   int len = 0;   // Initialisierte Startvariable für die Länge.

   if (!pStr) return STR_INVALID;   // Prüfung auf Nullzeiger.

   // Wiederhole die kopfgesteuerte Schleife, solange das
   // aktuelle Zeichen nicht der Null-Terminierung entspricht.

   while (*pStr != '\0')   // Prüfung auf terminierte Null.
   {
      ++pStr;   // Nächstes Zeichen durch Zeigerarithmetik.
      ++len;    // Inkrementieren der Anzahl der Zeichen.
   }
   return len;  // Rückgabe der Anzahl gefundener Zeichen.
}
```

Listing **11.7**: Globale Methode zur Ermittlung der Länge von Zeichenketten

Zeichenketten » Interne Darstellung der Zeichenketten-Literale

Das besondere dieser globalen Hilfsmethode ist, dass über einen Parameter auch eine leere Zeichenkette ("") übergeben werden kann. Solche leeren Ketten bestehen aus keinem druckbaren Zeichen, da das erste Element bereits die terminierte Null darstellt. Bei einer leeren Zeichenkette im Parameter wird die kopfgesteuerte Schleife nicht abgearbeitet, da die Bedingung bereits am Anfang nicht gültig ist. In diesem Fall gibt die Methode direkt die initialisierte Startvariable zurück, die dem ganzzahligen Wert 0 entspricht.

In *Listing 11.3* wurde ein Array fester Größe mit einem Zeichenketten-Literal initialisiert. Der bequemste Weg dabei war, die feste Größe eines solchen Datenfeldes anhand der Zeichen im Literal bestimmen zu lassen. Soll diese Größe in den eckigen Klammern selbst festgelegt werden, dann muss diese mindestens mit der Anzahl der Zeichen im Literal übereinstimmen. Zusätzlich muss aber ein Zeichen für die terminierte Null reserviert werden, wie folgendes Beispiel zeigt:

```
// Deklaration eines Arrays fester Größe mit Literal.
// Die Zeichenkette "C++ Buch" umfasst nur 8 druckbare Zeichen,
// doch es muss zusätzlich ein Zeichen für die terminierte Null
// reserviert werden, wenn die feste Größe angegeben wird.

char str[9] = "C++ Buch";   // 8 Zeichen plus Null-Terminierung.
```

Listing **11.8**: Array fester Größe mit Zeichenketten-Literal und Größenangabe

11.4 Interne Darstellung der Zeichenketten-Literale

>> Literale bilden eine effiziente Art, um Zeichenketten direkt im Quellcode zu verwenden. Intern wird jedes Zeichenketten-Literal mit Hilfe eines Arrays vom Typ **char** bereitgestellt, welches automatisch vom Programm verwaltet wird. Eine eindeutige Zeigervariable auf diesen reservierten Speicherbereich gewährleistet dabei den Zugriff auf das jeweilige Zeichenketten-Literal. Der Compiler erkennt die Literale und kann diese beim Übersetzungsvorgang entsprechend als besondere Speicherbereiche verwalten. Es liegt in der Verantwortung des Programms, dass Zeichenketten-Literale beim Programmstart automatisch allokiert werden und das die Speicherbereiche entsprechend mit den druckbaren

Zeichen des Literals gefüllt werden. Die terminierte Null wird für alle Zeichenketten-Literale automatisch verwendet und auch der benötigte Speicherplatz für diese wird entsprechend vom Programm selbstständig allokiert. Je mehr Literale von Zeichenketten ein Programm verwendet, umso mehr Speicher wird transparent für die Verwendung dieser reserviert. Beim Beenden des Programms wird der gesamte Speicherplatz, welcher für die Bereitstellung von Zeichenketten-Literalen dient, automatisch freigegeben. Intelligente Compiler können Optimierungen vornehmen, falls im Quellcode mehrere Zeichenketten-Literale identisch sind und diese komplett aus den gleichen Zeichen bestehen. In diesem Fall wird der Speicherplatz für eine entsprechende Zeichenkette nur einmal allokiert und von mehreren Zeigern unabhängig verwendet. Gleiches gilt, wenn ein Literal einen Teil von Zeichen verwendet, welcher bereits in einem anderen Zeichenketten-Literal am Ende vorkam. Leere Zeichenketten bestehen nur aus der terminierten Null, so dass ein Zeiger auch auf die Null-Terminierung eines anderen Zeichenketten-Literals verweisen kann. Zeigervariablen vom Typ **char** können sich somit Literale eines Programms teilen. Das Ziel eines Compilers ist dabei die Speicheroptimierung, wobei stets gewährleistet wird, dass alle im Quellcode verwendeten Zeichenketten-Literale dem Programm durch automatische Speicherallokierung zur Verfügung stehen.

In *Listing 11.3* und ergänzend in *Listing 11.8* wurden keine Zeigervariablen bei der Deklaration und Initialisierung verwendet, sondern Arrays fester Größen. Der Vorteil ist, dass diese über eigene Speicherplätze verfügen, welche nicht mit anderen Zeigervariablen des Programms geteilt werden. Der Speicher eines Arrays fester Größe vom Typ **char** wird dabei mit den druckbaren Zeichen initialisiert und automatisch mit einer terminierten Null versehen, sofern ein Zeichenketten-Literal als Initialisierungswert der Array-Deklaration dient.

Zur Initialisierung von Zeigervariablen werden im nachfolgenden Listing verschiedene Zeichenketten-Literale ergänzend verwendet und veranschaulicht:

```cpp
// Deklaration und Initialisierung zweier Zeigervariablen.
// Der zweite Zeiger darf den Speicherbereich, auf welchen
// er verweist, nicht schreibend modifizieren.

char* AnyStr = "Inhalt";

const char* YoungStr = "alterlos";
```

Zeichenketten » Interne Darstellung der Zeichenketten-Literale

```
/* Fortsetzung des Code-Beispiels. */

// Deklaration einer Zeichenkette mit eigenem Speicherbereich.

char FixStr[] = "Inhalt";   // 6 Zeichen plus terminierte Null.

// Konstanter Zeiger auf ein Zeichenketten-Literal.

char* const OldStr = "alt";  // "alt" steckt in "Inhalt".

// Deklaration eines Zeigers mit Zeichenketten-Literal.

char* OtherStr = "los";  // "los" steckt in "alterlos".
```

Listing **11.9**: Verwendung von Zeichenketten-Literalen in Deklarationen

Ein intelligenter Compiler könnte alle im vorherigen Code-Ausschnitt geteilten Zeichenketten-Literale in nur 16 Byte des Speichers unterbringen. Die Variable *FixStr* ist dabei die einzige, welche auf eigenen Speicherplatz verweist. Alle anderen deklarierten Zeigervariablen können sich die Zeichenketten-Literale teilen und damit verbunden den automatisch allokierten Speicherplatz. In Bezug auf das vorherige *Listing 11.9* illustriert die folgende Abbildung die mögliche, interne Darstellung der Zeichenketten-Literale:

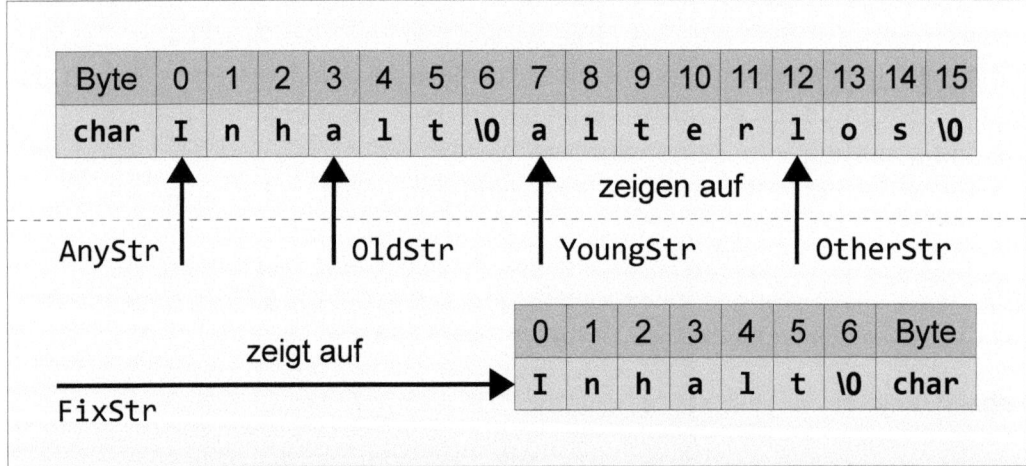

Abbildung **39**: Beispiel der internen Darstellung von Zeichenketten-Literalen

Zeichenketten-Literale werden oft für die Initialisierung von Zeigern verwendet, sind aber nicht allein auf diese Initialisierungen beschränkt. An allen Stellen im Quellcode, an denen Zeiger auf den Typ **char** verwendet werden, ist der Einsatz der Literale möglich. Ein entsprechendes Zeichenketten-Literal wird in diesem Fall intern durch einen Zeiger ersetzt, welcher auf den automatisch allokierten Speicherbereich verweist. Im folgenden Code-Ausschnitt wird die in *Listing 11.7* global implementierte Hilfsmethode verwendet, wobei Zeichenketten-Literale direkt als Parameter übergeben werden:

```
// Aufruf der Methode mit Zeichenketten-Literal im Parameter.
// Die globale Methode erwartet einen Zeiger auf den Typ
// char, daher darf ein Literal als Parameter dienen.
// Intern wird der Parameter durch einen Zeiger auf den
// entsprechenden Speicherbereich des Literals ersetzt.
// Die Variable wird mit dem Wert 21 initialisiert.

int len = GetStrLen("www.cplusplus-buch.de");

// Methodenaufruf mit leerem Zeichenketten-Literal.
// Das Literal verweist intern nur auf die terminierte Null.

len = GetStrLen("");   // Die Variable bekommt den Wert 0.
```

Listing **11.10**: Verwendung von Zeichenketten-Literalen in Parametern

Literale bilden stets unveränderbare Werte im Quellcode. Dies gilt auch für Zeichenketten-Literale, deren Speicherplätze von mehreren Zeigervariablen im Programm geteilt werden können, sofern diese nicht über Arrays fester Größen deklariert wurden. Intern wird der Speicherplatz einer automatisch generierten und geteilten Zeichenkette als konstant behandelt. Daher sollten Zeigervariablen in Verbindung mit dem Typ **char** ebenfalls als konstant qualifiziert werden. Der Versuch, ein Element des Zeichenketten-Literals schreibend zu verändern, kann zu unerwarteten Zuständen und zum Absturz des Programms führen. Automatisch generierte Zeichenketten-Literale sollten niemals mit dem **delete[]**-Operator freigegeben werden. Die saubere Speicherfreigabe dieser erfolgt immer automatisch beim Beenden des Programms.

Zeichenketten » Vergleiche von Zeichen und Zeichenketten

11.5 Vergleiche von Zeichen und Zeichenketten

» Druckbare Zeichen in Zeichenketten können stets für lesende Vergleiche herangezogen werden, indem diese als Operanden von entsprechenden Vergleichsoperatoren dienen. Die Gleichheit und Ungleichheit einzelner Zeichen ist dabei eher trivial und wurde bereits in verschiedenen Listings angewendet. Doch druckbare Zeichen lassen sich auch mit Hilfe der anderen bekannten Vergleichsoperatoren verwenden. Intern werden druckbare Zeichen vom Datentyp **char** als Ganzzahlen behandelt, so dass diese vergleichbar sind. Die Grundlage dafür bildet die alphabetische Ordnung der Zeichen in Bezug auf den verwendeten Zeichensatz. Beispielsweise gilt ein Zeichen als kleiner, wenn dieses im Alphabet vor einem anderen Zeichen platziert ist.
Das nachfolgende Listing verwendet ein Zeichenketten-Literal und verdeutlicht den Vergleich zweier druckbarer Zeichen:

```cpp
// Deklaration und Initialisierung eines Zeigers vom Typ char.

const char* pStr = "Zeichenkette";

// Bedingte Anweisung mit Vergleichsoperator.
// Die Bedingung ist gültig, da das Zeichen 'c'
// im Alphabet vor dem Zeichen 'd' angeordnet ist.
// Der Vergleichsoperator (<=) würde ebenfalls true liefern.

if (pStr[3] < 'd') { /* Scope für gültige Bedingung. */ }
```

Listing **11.11**: Vergleich druckbarer Zeichen

Selbst Zeiger vom Datentyp **char** können für Vergleiche mit Zeichenketten herangezogen werden. Bedenken Sie aber, dass Zeichenketten-Literale intern als Zeiger abgebildet werden und somit stets Vergleiche von Zeigervariablen stattfinden. Wie bei Zeigern üblich, sind dabei die beiden Operatoren der Gleichheit und Ungleichheit die Gebräuchlichsten. Im nachfolgenden Code-Ausschnitt wird ebenfalls ein Zeichenketten-Literal gebildet, wobei dabei der Vergleichsoperator der Gleichheit in einer Bedingung angewendet wird:

Vergleiche von Zeichen und Zeichenketten « Zeichenketten

```cpp
// Erneute Deklaration und Initialisierung eines Zeigers.

const char* pStr = "Beispiel";

// Bedingte Anweisung mit Vergleichsoperator der Gleichheit.
// Der Operator liefert true, da die Zeigervariable auf
// das Zeichenketten-Literal "Beispiel" verweist.
// Somit gilt die Bedingung als gültig.
// Intern findet stets ein Vergleich zweier Zeiger statt,
// welche auf die gleiche Hardware-Adresse verweisen können.
// Die Operatoren (<=) und (>=) könnten ebenfalls true liefern.

if (pStr == "Beispiel") { /* Scope für gültige Bedingung. */ }
```

Listing **11.12**: Vergleich einer Zeichenkette mit Operator der Gleichheit

Da der Speicherplatz von Zeichenketten-Literalen von mehreren Zeigervariablen geteilt werden kann, bürgt die Prüfung der Zeichenkette im vorherigen Code-Ausschnitt die Gefahr, dass der Zeiger intern auf einen anderen Speicherbereich verweist, welcher ebenfalls das Literal beinhaltet. Die Prüfung von Zeigern auf Gleichheit oder Ungleichheit ist verbunden mit Zeichenketten-Literalen keine sichere Sache. Abhilfe schafft ein Algorithmus, welcher jedes einzelne Zeichen zweier Ketten vergleicht. Zwei Zeichenketten gelten als gleich, wenn alle in den jeweiligen Speicherbereichen vorhandenen Zeichen identisch sind und wenn die Anzahl der Elemente beider Ketten übereinstimmt. Im Umkehrschluss sind zwei Zeichenketten ungleich, wenn sich diese in ihrer Länge unterscheiden oder wenn diese an gleicher Position ein unterschiedliches Zeichen beinhalten.
Nachfolgend wird eine zweite globale Hilfsmethode implementiert, die druckbare Zeichen zweier übergebener Zeichenketten vergleicht und eine logische Aussage trifft, ob diese identisch sind oder nicht:

```cpp
// Die logische Methode erwartet zwei Zeiger vom Typ char,
// die beide als konstant qualifiziert sind und somit ihren
// Speicherbereich nicht schreibend modifizieren dürfen.
// Der Rückgabewert der Methode ist vom logischen Typ bool.
// Es wird true zurückgegeben, falls beide Zeichenketten in
// ihren Zeichen gleich sind, andernfalls wird false geliefert.
```

Zeichenketten » Vergleiche von Zeichen und Zeichenketten

```cpp
/* Fortsetzung des Listings und Implementierung der Methode. */

bool IsStrEqual(const char* pStr0, const char* pStr1)
{
   // Deklaration und Initialisierung einer Hilfsvariablen.

   bool equal = true;   // Variable zur Schleifensteuerung.

   // Implementierung der Abbruchbedingungen.
   // Der Vergleich gilt als wahr (true), wenn für
   // beide Parameter ein Nullzeiger übergeben wird.
   // Ist nur ein Parameter ein Nullzeiger, dann sind
   // die Zeichenketten nicht identisch (false).

   if (!pStr0 && !pStr1) return true;    // Vorzeitiges Beenden
   if (!pStr0 || !pStr1) return false;   // laut Bedingungen.

   while (equal)   // Wiederhole solange equal gleich true ist.
   {
      // Sofern unterschiedliche Zeichen gefunden werden,
      // erfolgt kein weiterer Schleifendurchlauf und die
      // Zeichenketten gelten als nicht identisch.

      if (*pStr0 != *pStr1) equal = false;

      // Die Verarbeitung der Schleife bricht ab, wenn in
      // beiden Zeichen die terminierte Null erreicht wird.
      // In diesem Fall sind die Zeichenketten aber identisch.

      if ((*pStr0 == '\0') && (*pStr1 == '\0')) break;

      ++pStr0, ++pStr1;   // Inkrementieren beider Zeiger.
   }
   return equal;          // Rückgabewert aus Hilfsvariable.
}
```

Listing **11.13**: Globale Methode zur Prüfung zweier Zeichenketten auf Gleichheit

Die global implementierte Hilfsmethode wird begleitend im letzten Abschnitt dieses Kapitels herangezogen.

11.6 Erweiterung der Number-Praxisklasse

11.6.1 Prototyp einer neuen Methode

>> Die begleitende Praxisklasse *Number* wurde bereits in einem eigenständigen Kapitel definiert und implementiert. Zur Ergänzung dieses Kapitels erhält die Klasse eine neue Methode, welche einen Zeiger vom Datentyp **char** zurückgibt, der auf eine konstante Zeichenkette mit binären Informationen verweist. Die neue Methode führt keine schreibenden Zugriffe auf interne Zustände einer *Number*-Instanz aus, daher wird das Schlüsselwort **const** in der Signatur versehen und diese als Getter-Methode deklariert.

Das folgende Listing erweitert den öffentlichen Definitionsbereich der Klasse *Number* und ergänzt diesen mit dem Prototyp der neuen Getter-Methode:

```
/* Erweiterung der Definition der Klasse Number (public). */

// Prototyp einer Getter-Methode zur Rückgabe eines Zeigers
// auf eine konstante Zeichenkette mit binären Informationen.

const char* GetBinary(void) const;
```

Listing **11.14**: Prototyp einer neuen Getter-Methode der Klasse Number

11.6.2 Implementierung der neuen Methode

>> Eine Instanz der begleitenden Praxisklasse *Number* verfügt intern über drei private Zustände. Der Enumerator (*m_last*) des zuletzt gespeicherten Datentyps ist für die Implementierung der neuen Methode nicht von Bedeutung. Vielmehr greift die Methode auf die Instanz des Datenverbundes (*m_type*) und auf die Größe (*m_size*) des zuletzt gespeicherten Typs zu, um eine Zeichenkette mit binären Informationen zu formen. Die Praxisklasse wurde so entworfen, dass gespeicherte Variablen verschiedener Typen den Speicherplatz über einen Datenverbund teilen. Folglich muss nur dieser für die Ermittlung der binären

Zeichenketten » Implementierung der neuen Methode

Zustände herangezogen werden. Die Methoden-Implementierung reflektiert das vermittelte Wissen des Kapitels **Bitmanipulation & Logik** und erweitert dieses anhand der Prüfung einzelner Bit des Datenverbundes (**union**). Da die kleinste adressierbare Einheit einer PC-Architektur ein Byte darstellt, muss die Prüfung einzelner Bit über eine Variable erfolgen, für die der bitweise Operator der Und-Verknüpfung zur Seite steht. Bedenken Sie, dass einzelne Bit dieser Operation nur über den Zustand 1 verfügen, wenn beide Bit der jeweiligen Operanden ebenfalls 1 sind. Eine Prüfvariable verfügt daher immer nur über ein gesetztes Bit, welches mittels Bitverschiebung entsprechend positioniert wird. Wie viele Bit geprüft werden müssen, hängt von der Größe des aktuell gespeicherten Datentyps einer *Number*-Instanz ab. Diese liegt in Byte vor und liefert mit dem Faktor 8 die benötigte Bitzahl. Um einzelne Bit zu prüfen, bestimmt diese Größe in der Implementierung auch die Anzahl der Iterationen. Da der größte Typ des Datenverbundes über 64 Bit verfügt, wird in der Methode immer mit einer 64-Bit-wertigen Prüfvariablen gerechnet. Die Prüfung des ersten Bit erfolgt stets an der höchstwertigen Position (*most significant bit*) bezogen auf die Bitzahl des aktuell gespeicherten Datentyps. Danach erfolgt für die nächste Iteration die Bitverschiebung in Richtung des niedrigstwertigen Bit (*least significant bit*).

Am Beispiel einer 8-Bit-Variablen zeigt die folgende Abbildung die Prüfung von Bit der ersten Iteration in Bezug auf die Methoden-Implementierung:

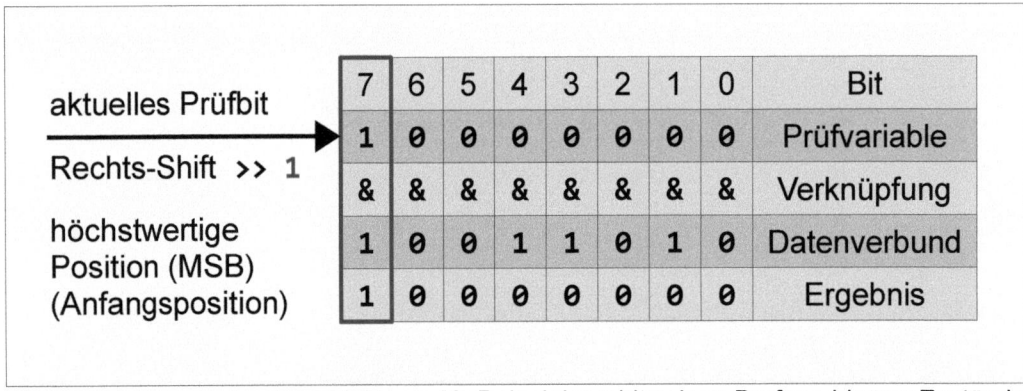

Abbildung **40**: Beispiel zur bitweisen Prüfung binärer Zustände

Anhand dieser Abbildung wäre in einer *Number*-Instanz aktuell ein positiver Wert 154 (uint8) oder ein negativer Wert -102 (int8) im Verbund *m_type* gespeichert.

Implementierung der neuen Methode « Zeichenketten

Im nachfolgenden Listing erfolgt nun die Implementierung der neuen Getter-Methode der *Number*-Praxisklasse:

```cpp
/* Erweiterung der Implementierung der Klasse Number. */

const char* Core::Number :: GetBinary(void) const
{
   // Ein statisches Array fester Größe vom Typ char
   // soll die binären Informationen enthalten.

   static char binary[65];   // 64 Zeichen + terminierte Null.

   size32 bc = this->m_size * 8u;   // Aktuelle Bitzahl.

   uint64 cur_bit, check_bit = 1u;   // Zwei Hilfsvariablen.

   // Vorzeitige Abbruchbedingung und Rückgabe eines Zeigers
   // auf ein Literal, wenn die Instanz undefiniert ist.

   if (this->IsUndefined()) return "undefined";

   check_bit <<= bc - 1u;   // Startposition basierend auf MSB.

   // Durchlauf der Schleife bedingt durch die Anzahl der Bit.
   // Im Scope werden die Bit anhand der Position geprüft.
   // Die aktuelle Position dient der Indizierung der Kette,
   // um basierend auf dem Ergebnis die Zeichen zu speichern.

   for (size32 i = 0; i < bc; ++i, check_bit >>= 1u)
   {
      cur_bit = this->m_type.t_uint64 & check_bit;

      if (cur_bit) binary[i] = '1';   // Verknüpfung ungleich 0.
      else         binary[i] = '0';   // Verknüpfung gleich 0.
   }
   binary[bc] = '\0';   // Null-Terminierung der Zeichenkette
                        // und Rückgabe eines Zeigers auf den
   return binary;       // statischen Speicherbereich.
}
```

Listing **11.15**: Implementierung der neuen Getter-Methode der Klasse Number

In der Methoden-Implementierung des vorherigen Code-Ausschnittes fand zur Speicherung der binären Informationen die Deklaration eines Arrays fester Größe statt, welches zusätzlich mit dem Schlüsselwort **static** versehen wurde. Der Speicherbereich dieses statisch deklarierten Datenfeldes bleibt als nach der Abarbeitung der Methode erhalten, so dass der gelieferte Zeiger auch außerhalb der Methode auf einen gültigen Speicherbereich verweist. Ohne das Schlüsselwort **static** würde es sich um einen vagabundierenden Zeiger handeln, da der lokale Speicherbereich nach jedem Methodenaufruf freigegeben werden würde. Es finden im Array fester Größe 64 druckbare Zeichen ihren Platz. Ein weiteres Zeichen musste für die terminierte Null reserviert werden, welche basierend auf der Bitzahl im Datenfeld gespeichert wird. Die 64 Elemente gewährleisten auch die Speicherung binärer Informationen des größten Datentyps einer *Number*-Instanz (uint64 bzw. int64). In der Methoden-Implementierung wurde bewusst auf die dynamische Speicherallokierung mit dem **new[]**-Operator verzichtet, da Speicherlecks entstehen können, wenn dieser Speicher außerhalb der Methode nicht über den zurückgegebenen Zeiger freigegeben wird. Auf die Gefahr von Speicherlecks in Verbindung mit Methoden wurde im vorherigen Kapitel der Zeiger genauer eingegangen. Aus diesem Grund wurde in der Methode mit Bedacht ein statisches Array fester Größe gewählt. Erst beim Beenden des Programms wird der statische Speicher der Methode freigegeben, welcher in der Regel 65 Byte beansprucht. Der Speicherbereich wird erst dann allokiert, wenn ein erster Aufruf der Methode erfolgt. Mit jedem Methodenaufruf wird der statische Speicherbereich *binary* basierend auf der in einer *Number*-Instanz gespeicherten Zustände überschrieben.

11.6.3 Verwendung der Methode

>> Mit dieser neuen Getter-Methode ist die Entwicklung der *Number*-Klasse abgeschlossen. Beachten Sie, dass der logische Typ **bool** ein ganzes Byte belegt und somit ein Zeiger auf die Zeichenkette mit 8 Elementen geliefert wird, falls dieser Datentyp in einer Instanz der Klasse *Number* gespeichert ist. Der zurückgegebene Zeiger verweist auf den konstanten Speicherbereich, daher sind die binären Informationen (**char**) von außen nicht schreibend modifizierbar.

Das nachfolgende Listing verdeutlicht beispielhaft die Verwendung der neuen Getter-Methode der *Number*-Praxisklasse:

```cpp
// Bildung einer Instanz der Klasse Number mit uint8-Parameter.

Core::Number numb(uint8(154u));

// Deklaration und Initialisierung eines Zeigers vom Typ char.
// Der Zeiger verweist auf die in der Getter-Methode
// allokierte, statische Zeichenkette und darf die Elemente
// dieser nicht über schreibende Zugriffe modifizieren.
// Die Variable bin zeigt auf die Zeichenkette "10011010".

const char* bin = numb.GetBinary();

numb.SetInt32(-123456);   // Vorzeichenbehaftete Speicherung.

// Der allokierte Speicherbereich des Arrays blieb erhalten.
// Noch immer verweist der Zeiger auf diesen Speicher, wobei
// die Elemente durch erneuten Aufruf verändert werden.
// Der Zeiger verweist nun auf eine Kette mit 32 Elementen,
// welche aus "11111111111111100001110111000000" bestehen.

bin = numb.GetBinary();   // Erneuter Aufruf der Getter-Methode.
```

Listing **11.16**: Verwendung der neuen Getter-Methode der Klasse Number

11.7 Zeichenketten-Literale im Präprozessor

>> Der Präprozessor ersetzt Symbole des Quellcodes vor dem Übersetzungsvorgang mit den Werten von definierten Direktiven. Im gleichnamigen Kapitel haben Sie am Anfang des Buches die Aufgaben des Präprozessors ausgiebig kennengelernt. Die Werte von verschiedenen Symbolen lassen sich auch aus Zeichenketten-Literalen bilden, wobei ebenfalls die paarweise Verwendung der doppelten Anführungszeichen (") vorgesehen ist. An passender Stelle ersetzt der Präprozessor in einer Code-Zeile ein gefundenes Symbol durch das Literal.

Die eingebetteten Zeichen eines Zeichenketten-Literals werden im Quellcode vom Präprozessor einfach ignoriert. Ein Zeichenketten-Literal wird im Code demnach nicht für das Ersetzen mittels einer Direktive herangezogen.
Im nachfolgenden Code-Ausschnitt finden Zeichenketten-Literale Verwendung, wobei Symbole verbunden mit dem Präprozessor veranschaulicht werden:

```cpp
// Definition zweier Symbole mit Zeichenketten-Literalen.
// Bedenken Sie, dass Präprozessor-Direktiven nicht
// mit einem Semikolon abgeschlossen werden.

#define URL "www.cplusplus-buch.de"
#define DEF "KOORD"

// Deklaration und Initialisierung eines Zeigers vom Typ char.
// Der Präprozessor ersetzt im Quellcode das Symbol URL
// mit dem definierten Zeichenketten-Literal.
// Erst der Compiler identifiziert das Literal, so dass ein
// Zeiger auf den generierten Speicher geliefert werden kann.

const char* website = URL;   // = "www.cplusplus-buch.de"

// Ein Zeiger, welcher auf ein Zeichenketten-Literal verweist.
// Der Präprozessor findet nicht das Symbol DEF innerhalb
// des Zeichenketten-Literals; dieses besteht also nach dem
// Vorgang des Ersetzens nicht aus den Zeichen "KOORDinieren".

const char* str = "DEFinieren";   // Unverändertes Literal.
```

Listing **11.17**: Zeichenketten-Literale verbunden mit dem Präprozessor

11.8 Parameter der main-Methode

>> Die global implementierte main-Methode eines Programms kann die Verwendung von Parametern vorsehen. In der Regel handelt es sich dabei um Zeichenketten bzw. Zeichenketten-Literale, welche beim Programmstart über das Betriebssystem an die Methode übergeben werden können. Ein solches

Starten des Programms erfolgt dabei häufig über eine Kommandozeile, daher werden die übergebenen Zeichenketten auch als Kommandozeilenparameter bezeichnet, auf deren Grundlage die Zustände von Programmen initialisiert werden können. Sogar Entwicklungsumgebungen können Parameter an das auszuführende Programm übergeben, so dass die Funktion der Kommandozeile nachgeahmt wird. Zeichenketten beginnen häufig mit einem führenden Minus oder doppeltem Minus im jeweiligen Kommandozeilenparameter. Diese werden meist als Wertepaare übergeben, so dass ein gerader Index eines Elementes (0, 2, ...) in der Regel den Parameter bestimmt und ein ungerader Index (1, 3, ...) den jeweiligen Wert als Zeichenkette.

Die Signatur der main-Methode erwartet einen Parameter vom Datentyp **int** und einen Zeiger auf ein Array vom Typ **char**, welches pro Element eine Zeichenkette enthält. Die Identifikatoren dieser Parameter sind frei wählbar. Der Wert des ersten Parameters bestimmt die feste Anzahl der im Array befindlichen Elemente. Mit Hilfe der Kontrollstruktur einer Zählschleife lässt sich somit einfach durch die übergebenen Kommandozeilenparameter navigieren. Auch wenn die Anzahl der Elemente des übergebenen Datenfeldes nicht negativ sein kann, ist dennoch der vorzeichenbehaftete Datentyp **int** als erster Parameter der main-Methode gebräuchlich.

Unter Verwendung der global implementierten Hilfsmethode aus *Listing 11.13* veranschaulicht der folgende Code-Ausschnitt ergänzend Kommandozeilenparameter in Verbindung mit der main-Methode:

```cpp
// Symbole zur Rückgabe von Werten an das Betriebssystem.

#define INVALID_ARGS   -1  /* Falsche Anzahl an Argumenten. */
#define WRONG_SETTINGS -2  /* Falsche Konfiguration.        */

int main(int argc, char* argv[])
{
   // Die Methode erwartet genau zwei Kommandozeilenparameter,
   // andernfalls wird das Programm durch die Rückgabe
   // eines Fehler-Codes vorzeitig beendet.

   if (argc != 2) return INVALID_ARGS;

   // Fortsetzung auf Folgeseite.
```

Zeichenketten » Parameter der main-Methode

```cpp
// Ist der erste übergebene Kommandozeilenparameter nicht
// mit dem Zeichenketten-Literal "--settings" identisch,
// dann beendet die Methode mit einem Fehler-Code.

if (!IsStrEqual(argv[0], "--settings"))
    return WRONG_SETTINGS;

bool init = false;   // Initialisierte Hilfsvariable.

// Das Programm wird nur initialisiert, wenn beim
// Start über die Kommandozeile als zweiter Parameter
// eine passende Zeichenkette geliefert wird.
// Es erfolgt die Rückgabe eines Fehler-Codes, wenn der
// zweite Parameter keine verwertbaren Zeichen enthält.

if (IsStrEqual(argv[1], "low"))
{
    /* Initialisiere Programm mit niedrigen Einstellungen. */

    init = true;
}
if (IsStrEqual(argv[1], "medium"))
{
    /* Initialisiere Programm mit mittleren Einstellungen. */

    init = true;
}
if (IsStrEqual(argv[1], "high"))
{
    /* Initialisiere Programm mit hohen Einstellungen. */

    init = true;
}
if (!init) return WRONG_SETTINGS;

/* Weitere Abarbeitung des Programms. */

return 0;
}
```

Listing **11.18**: Verwendung von Parametern in der main-Methode

12 Vererbung von Klassen

12.1 Grundlagen der Vererbung

>> Neben der Kapselung von Daten bildet die Vererbung eines der wichtigsten Konzepte im Paradigma der objektorientierten Programmierung. Eigenschaften und Methoden werden in Klassendefinitionen festgelegt, so dass sich ein Objekt bei der Instanzierung an die Bauvorschrift seiner Klasse hält. Eine Klasse muss jedoch nicht immer ihre Eigenschaften und Methoden neu definieren, sondern darf die Elemente einer bereits vorhandenen Basisklasse einbeziehen. In diesem Zusammenhang wird von Vererbung gesprochen. Eigenschaften und Methoden einer definierten Klasse können als Basis einer Kindklasse dienen, so dass die untere Klasse ihre jeweiligen Elemente nicht neu definieren muss, sondern diese von der vorhandenen Basisklasse erbt. In diesem Fall leitet sich die Bauvorschrift einer Klasse aus der oberen Basisklasse ab, wobei die neu definierte Kindklasse ihre eigenen Eigenschaften und Methoden deklarieren darf. Bei der Ableitung einer Klasse von einer Basisklasse wird von einer *Ist-ein-Beziehung* gesprochen, da eine geerbte Klasse alle Eigenschaften und Methoden der jeweiligen Basisklasse übernimmt und die Kindklasse somit einen Teil der Basisklasse bildet.

Die nachfolgende Abbildung illustriert zunächst zwei Kindklassen, welche ihre Eigenschaften und Methoden von einer gemeinsamen Basisklasse erben:

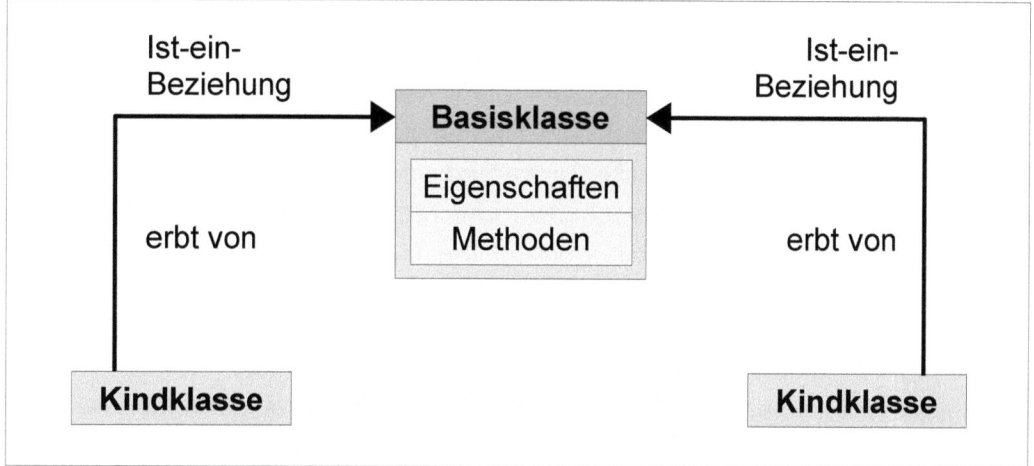

Abbildung **41**: Ableitung zweier Klassen von einer gemeinsamen Basisklasse

Das Ziel der Vererbung ist die Auslagerung von gleicher Funktionalität (Eigenschaften und Methoden) mehrerer Klassen in eine gemeinsame Basisklasse. Anstatt für jede beliebige Klasse die gleichen Eigenschaften und Methoden deklarieren zu müssen, kann diese Funktionalität in eine Basisklasse ausgelagert werden, so dass die jeweiligen Kindklassen die gemeinsamen Eigenschaften und Methoden von ihrer entsprechenden Basisklasse vererbt bekommen. Bei der Bildung einer Instanz der Kindklasse hält sich diese an ihre eigene Bauvorschrift, welche in der jeweiligen Klassendefinition festgelegt ist. Zusätzlich gilt bei der Instanzierung aber auch die Bauvorschrift der Basisklasse, sofern die Kindklasse von einer Basisklasse abgeleitet wurde.

In diesem Kapitel wird begleitend die letzte Praxisklasse *Point3D* entstehen, die von der bereits vorhandenen Klasse *Point2D* erben wird.

12.2 Definition abgeleiteter Klassen

12.2.1 Kindklassen durch Vererbung

>> Eine Klasse gilt als Kindklasse, sofern diese bei ihrer Definition von einer bestehenden Basisklasse abgeleitet wird. In einem Scope kann eine Klassendefinition wie gewohnt durch eines der beiden Schlüsselwörter **class** oder **struct** eingeleitet werden, wobei der Name der zu definierenden Kindklasse folgt. In Verbindung mit Vererbung muss hinter dem Klassennamen ein Doppelpunkt (:) angegeben werden, hinter dem der Name der Basisklasse folgen muss, von welcher die definierte Kindklasse ihre Eigenschaften und Methoden erben soll. Zwischen dem Doppelpunkt und dem Namen der Basisklasse kann wahlweise eines der Schlüsselwörter **private, protected** oder **public** geschrieben werden, um zu kontrollieren, wie Eigenschaften und Methoden der Basisklasse in der abgeleiteten Kindklasse sichtbar werden. Der Name der Basisklasse muss bei der Klassendefinition bekannt sein, sofern sich die neue Klasse von dieser Basisklasse ableiten soll. Befindet sich eine Basisklasse in einer anderen Header-Datei als die neue Kindklasse, so muss mit der **include**-Direktive der jeweilige Header der Basisklasse im Header der entsprechenden Kindklasse eingebunden werden, damit der Scope der Basisklasse für die neue Klassendefinition sichtbar wird.

In Bezug auf die vorherige *Abbildung 41* macht ein Listing nachfolgend deutlich, wie zwei Kindklassen eine Eigenschaft und Methode von einer gemeinsamen Basisklasse erben. Für dieses Code-Beispiel wird in den Klassendefinitionen der Kindklassen zunächst das Schlüsselwort **public** vor dem Namen der Basisklasse verwendet. Auf die Schlüsselwörter in Verbindung mit der Vererbung und der Sichtbarkeit wird im nächsten Abschnitt dieses Kapitels genauer eingegangen. Entgegen dem Prinzip der Datenkapselung ist die Eigenschaft und Methode der Basisklasse zur Demonstration als öffentlich deklariert:

```cpp
// Definition der Klasse BaseClass, die als Basisklasse
// für von ihr abgeleitete Kindklassen dienen soll.

struct BaseClass
{
   int val;   // Member-Variable vom Typ einer Ganzzahl.

   // Klassenmethode zur Berechnung des größeren Wertes
   // von zwei als Parameter übergebenen Ganzzahlen.

   int CalcMaxInt(int, int);   // Öffentliche Methode.
};

// Definition der Klasse ChildClass, welche öffentlich
// (public) von der vorhandenen Basisklasse BaseClass erbt.

class ChildClass: public BaseClass
{
   // Die Member-Variable und Methode von BaseClass ist
   // nun öffentlich innerhalb dieser Kindklasse verfügbar.
};

// Die Klasse SubClass leitet sich ebenfalls
// öffentlich von der Basisklasse BaseClass ab.

class SubClass: public BaseClass
{
   // Öffentliche Eigenschaft und Methode geerbt von BaseClass.
};
```

Listing **12.1**: Ableitung zweier Klassen von einer gemeinsamen Basisklasse

Vererbung von Klassen » Kindklassen durch Vererbung

Im vorherigen *Listing 12.1* leitete sich die Klasse *ChildClass* als auch die Klasse *SubClass* von der gemeinsamen Klasse *BaseClass* als Basis ab. Die öffentliche Eigenschaft und Methode wurde in die Basisklasse ausgelagert, so dass beide Kindklassen diese Funktionalität nicht separat deklarieren mussten. Durch die Vererbung ist die Eigenschaft und Methode der Basisklasse auch öffentlich in jeder Kindklasse verfügbar. Zusätzlich darf jede der abgeleiteten Klassen ihre eigene Funktionalität erweitern, indem in der entsprechenden Kindklasse eigene Sichtbarkeitsbereiche definiert und darin weitere Eigenschaften und Methoden bekannt gemacht werden könnten. Die Bauvorschrift einer Kindklasse wird nur durch ihre jeweilige Definition bestimmt, wobei aber die Implementierung bei der Vererbung unberücksichtigt bleibt. In der Basisklasse muss somit nur die Methode *CalcMaxInt* implementiert werden, auch wenn Instanzen der Kindklassen die geerbte Methode zum Aufruf bringen dürfen. Die Implementierung dieser Methode in den Kindklassen ist somit nicht erforderlich. Ergänzend implementiert der folgende Code-Ausschnitt die öffentliche Klassenmethode der Basisklasse *BaseClass*:

```cpp
// Implementierung der Klassenmethode BaseClass::CalcMaxInt.
// Diese (öffentliche) Methode darf auch von Instanzen
// abgeleiteter Kindklassen aufgerufen werden.

int BaseClass::CalcMaxInt(int x, int y)
{
    return x > y ? x : y;
}
```

Listing **12.2**: Implementierung einer Methode der Basisklasse

Klassen dürfen in C++ nur von bestehenden Klassen abgeleitet werden, wobei es keine Rolle spielt, ob die Basisklasse oder die Kindklasse mit dem Schlüsselwort **class** definiert wird oder mit dem Schlüsselwort **struct**. In *Listing 12.1* wurde die Basisklasse mit dem Schlüsselwort **struct** gebildet. Beide abgeleitete Kindklassen sind jedoch mit dem Schlüsselwort **class** definiert, dennoch dürfen diese von der Basisklasse erben. Es ist syntaktisch nicht zulässig, eine Klasse von einem bestehenden Datenverbund (**union**) oder von einer Enumeration (**enum**) abzuleiten. Der Versuch einer solchen Vererbung resultiert folglich in einem Übersetzungsfehler.

Instanzen können aus der in *Listing 12.1* definierten Basisklasse *BaseClass* als auch aus den von dieser Klasse geerbten Kindklassen gebildet werden. Der folgende Code-Ausschnitt verdeutlicht öffentliche Zugriffe auf die von der Basisklasse abgeleitete Eigenschaft und Methode über Instanzen der Kindklassen:

```cpp
// Ein Objekt hält sich bei der Instanzierung an die Bau-
// vorschrift seiner eigenen Klasse und zusätzlich
// an die Bauvorschrift der jeweiligen Basisklasse.

ChildClass child;   // Instanz der Kindklasse ChildClass.

SubClass sub;       // Instanz der Kindklasse SubClass.

// Zugriff auf die öffentliche Member-Variable
// über die Instanz der Kindklasse ChildClass.

child.val = 123;    // Speicherung eines ganzzahligen Wertes.

// Aufruf der öffentlichen Methode über das Objekt sub.

int max = sub.CalcMaxInt(child.val, -67);   // max = 123.
```

Listing **12.3**: Bildung und Verwendung von Instanzen abgeleiteter Klassen

Bei der Deklaration eines Klassennamens darf keine Vererbung angegeben werden, da für eine Bekanntmachung nur der Name der jeweiligen Klasse in einem Ausdruck von Bedeutung ist, nicht aber der Name einer Basisklasse, von welcher die jeweilige Klasse erst bei ihrer Definition erben soll. Das folgende Listing würde durch die Deklaration des Namens der Kindklasse im zweiten Ausdruck zu einem Übersetzungsfehler führen:

```cpp
class BaseClass;   // Konforme Deklaration des Klassennamens.

class ChildClass: public BaseClass;   // Compiler-Fehler!

class ChildClass;   // Konforme Bekanntmachung.
```

Listing **12.4**: Deklaration von Klassennamen in Verbindung mit Vererbung

Vererbung von Klassen » Vererbung von Sichtbarkeit

12.2.2 Vererbung von Sichtbarkeit

>> Bei der Ableitung einer Klasse werden nicht nur die Eigenschaften und Methoden der Basisklasse geerbt, sondern es wird auch die jeweilige Sichtbarkeit dieser Elemente von der Basisklasse an die vererbte Kindklasse übertragen. Durch die Schlüsselwörter **private**, **protected** und **public** lässt sich in der Klassendefinition vor dem Namen der Basisklasse kontrollieren, wie Eigenschaften und Methoden in einer geerbten Kindklasse sichtbar sein sollen. Eine Kindklasse darf somit die Sichtbarkeit auf ihre deklarierten und geerbten Elemente gegenüber der Basisklasse verändern. Somit kann über die Instanz einer Basisklasse der öffentliche Zugriff auf eine Eigenschaft oder Methode möglich sein, der Zugriff auf genau dieses Element aber über die Instanz der Kindklasse verwehrt werden, wenn die Sichtbarkeit bei der Definition der Kindklasse verändert wird.

Nachfolgend veranschaulicht eine Tabelle, wie Eigenschaften und Methoden durch Verwendung von Schlüsselwörtern in einer Kindklasse sichtbar sind:

Schlüsselwort in Ableitung	geerbte Sichtbarkeit der Basisklasse		
	public	protected	private
public	bleibt **public**	bleibt **protected**	bleibt **private**
protected	wird **protected**	bleibt **protected**	bleibt **private**
private	wird **private**	wird **private**	bleibt **private**

Tabelle 30: Schlüsselwörter in Verbindung mit der Vererbung von Sichtbarkeit

Bei der Vererbung wird am häufigsten das Schlüsselwort **public** angegeben, wie dieses auch in *Listing 12.1* bei den Klassendefinitionen verwendet wurde. Mit Hilfe dieses Schlüsselwortes wird die öffentliche Vererbung gewährleistet, so dass öffentliche Eigenschaften und Methoden der Basisklasse ebenfalls in der abgeleiteten Kindklasse öffentlich sichtbar bleiben. Weiterhin bleiben durch die öffentliche Vererbung die gekapselten Zustände in der Kindklasse erhalten. Bei der Definition einer Kindklasse ergibt sich durch das angegebene Schlüsselwort **public** somit die gleiche Sichtbarkeit auf die Elemente wie in der Basisklasse.

Vererbung von Sichtbarkeit « Vererbung von Klassen

Um die Sichtbarkeit auf Elemente der Kindklasse gegenüber der Basisklasse zu verändern, kann sich bei der Vererbung an den Schlüsselwörtern **protected** bzw. **private** bedient werden. Öffentliche Eigenschaften und Methoden der Basisklasse gelten somit innerhalb der Kindklasse als geschützt bzw. als privat, so dass über eine gebildete Instanz der Kindklasse nicht mehr öffentlich auf diese Elemente zugegriffen werden kann. Gekapselte Eigenschaften und Methoden der Basisklasse können in einer Kindklasse niemals öffentlicher werden, jedoch dürfen öffentliche Elemente der Basisklasse innerhalb einer abgeleiteten Kindklasse als privat oder geschützt gekapselt werden.

Im nachfolgenden Code-Ausschnitt wird die Vererbung von Sichtbarkeit unter Berücksichtigung der Schlüsselwörter **private** und **protected** aus der vorherigen *Tabelle 30* an einer Eigenschaft deutlich:

```cpp
struct BaseClass   // Definition der Basisklasse.
{
   unsigned int value;   // Öffentliche Eigenschaft (Standard).
};

// Definition einer Kindklasse, welche
// privat von der Basisklasse BaseClass erbt.
// Das Schlüsselwort private muss bei der privaten Vererbung
// zwischen Doppelpunkt und Namen der Basisklasse stehen.

class ChildClass: private BaseClass
{
   // Die in der Basisklasse öffentliche Eigenschaft value
   // ist innerhalb der Kindklasse nur noch privat sichtbar.
};

// Definition einer weiteren Kindklasse, die geschützt
// (protected) von der Basisklasse BaseClass erbt.

class SubClass: protected BaseClass
{
   // Die geerbte Eigenschaft value ist hier nur geschützt
   // sichtbar und nicht öffentlich wie in der Basisklasse.
};
```

Listing **12.5**: Vererbung von Sichtbarkeit mit **private** und **protected**

Bezogen auf das vorherige *Listing 12.5* zeigt das folgende Code-Beispiel einen öffentlichen Zugriff auf die Eigenschaft *value* über eine Instanz der Basisklasse und fehlerhafte Zugriffe über Instanzen der beiden abgeleiteten Kindklassen:

```
BaseClass base;    // Bildung einer Instanz der Basisklasse.

// Der Zugriff auf die Eigenschaft value über die Instanz
// der Basisklasse ist konform, da in dieser die Eigenschaft
// durch struct standardmäßig öffentlich sichtbar ist.

base.value = 123;  // Schreibender Zugriff auf Eigenschaft.

ChildClass child;  // Bildung einer Instanz der Kindklasse
                   // ChildClass und der
SubClass sub;      // Kindklasse SubClass.

// Zugriffe auf die geerbte Eigenschaft resultieren in
// Übersetzungsfehlern, da value über Instanzen der
// Kindklassen nicht mehr öffentlich sichtbar ist.

child.value = 11;  // Compiler-Fehler! (value ist privat)

sub.value = 12;    // Compiler-Fehler! (value ist geschützt)
```

Listing **12.6**: Zugriffe auf geerbte und gekapselte Eigenschaft

12.2.3 Das Schlüsselwort **protected**

>> Im vorliegenden Buch wurde das Schlüsselwort **protected** dafür verwendet, um die Koordinaten der begleitenden Praxisklasse *Point2D* in der Klassendefinition als geschützt zu deklarieren. Geschützte Zustände sind für Instanzen nicht von außen sichtbar, jedoch darf innerhalb einer abgeleiteten Klasse auf diese zugegriffen werden, was durch privat gekapselte Zustände nicht möglich ist. Eine von *SubClass* aus *Listing 12.5* öffentlich abgeleitete Klasse hätte demnach Zugriff auf die als **protected** geschützte Eigenschaft.

12.2.4 Der Unterschied von **class** zu **struct**

>> Bei der Definition von Klassen haben Sie den Unterschied des Schlüsselwortes **class** gegenüber **struct** kennengelernt, welcher in der standardmäßigen Sichtbarkeit der deklarierten Elemente liegt. Hinsichtlich der Vererbung unterscheiden sich diese beiden Schlüsselwörter ebenfalls, wenn keine Sichtbarkeit bei der Ableitung einer Kindklasse vor dem Namen der Basisklasse angegeben wird. Es gilt zu beachten, dass mit dem Schlüsselwort **class** definierte Kindklassen standardmäßig privat (**private**) von der Basisklasse erben. Eine mit dem Schlüsselwort **struct** definierte Kindklasse erbt hingegen öffentlich (**public**), wenn kein anderes Schlüsselwort vor dem Namen der Basisklasse platziert wird. Nachfolgend macht ein Listing den Unterschied von **class** zu **struct** in Verbindung mit der Vererbung deutlich:

```cpp
struct BaseClass    // Definition einer Basisklasse.
{
    float member;   // Standardmäßig öffentliche Member-Variable.
};

// Kindklasse, welche mit class von der Basisklasse erbt.
// Durch das Fehlen der Sichtbarkeit erbt die Klasse
// standardmäßig privat, so als wäre das Schlüsselwort
// private vor dem Namen der Basisklasse angegeben.

class ChildClass: BaseClass   // Private Vererbung.
{
    // Die Eigenschaft member wird hier als privat gekapselt.
};

// Definition einer Kindklasse mit dem Schlüsselwort struct.
// Die Vererbung erfolgt standardmäßig öffentlich (public).

struct SubClass: BaseClass    // Öffentliche Vererbung.
{
    // Die Eigenschaft member bleibt hier öffentlich sichtbar.
};
```

Listing **12.7**: Vererbung mit den Schlüsselwörtern **class** und **struct**

12.2.5 Die Point3D-Praxisklasse

» Zur Kapselung von Koordinaten im zweidimensionalen Raum entstand in diesem Buch die Klasse *Point2D* mit ihren Eigenschaften und Methoden. Die begleitende Praxisklasse dient als Basisklasse für eine abgeleitete Kindklasse, welche die Arbeit mit Koordinaten im dreidimensionalen Raum möglich macht. Diese Kindklasse trägt den Namen *Point3D* und wird als letzte Praxisklasse des Buches entstehen. Die abgeleitete Klasse verfügt über eine *Ist-ein-Beziehung* zur Basisklasse *Point2D*, da ein Punkt mit drei Dimensionen zugleich auch die Zustände eines Punktes im zweidimensional Raum repräsentiert.

Im folgenden Listing wird die Klasse *Point3D* von der bestehenden Praxisklasse *Point2D* abgeleitet und mit einer geschützten Eigenschaft der Z-Koordinate definiert. Die Funktionalität dieser abgeleiteten Praxisklasse wird später durch Konstruktoren und Methoden schrittweise in diesem Kapitel ergänzt.

```cpp
#include "Point2D.hpp"

// Definition der Praxisklasse Point3D, die
// öffentlich von der bekannten Klasse Point2D erbt.
// Alle Eigenschaften und Methoden der Basisklasse
// werden an die Praxisklasse Point3D vererbt.
// Die öffentlichen Methoden der Basisklasse Point2D
// bleiben auch in der Klasse Point3D öffentlich sichtbar.
// Die gekapselten Zustände m_x und m_y der Klasse Point2D
// sind innerhalb von Point3D sichtbar, da diese in der Basis-
// klasse mit dem Schlüsselwort protected deklariert wurden.

class Point3D: public Point2D
{
    // Die Klasse Point3D verfügt neben der geerbten X-
    // und Y-Koordinate über eine weitere Eigenschaft zur
    // Speicherung der Z-Koordinate im dreidimensionalen Raum.

    protected:
            float m_z;   // Gekapselte Z-Koordinate.
};
```

Listing **12.8**: Definition der abgeleiteten Praxisklasse Point3D

12.3 Vererbungshierarchien

>> Im Paradigma der Objektorientierung dürfen abgeleitete Klassen auch selbst als Basisklassen vorkommen. Somit können sich in den Quellcodes komplexe Vererbungshierarchien für die Lösung einer entsprechenden Problemstellung ergeben. In der folgenden Abbildung ist beispielhaft eine Vererbungshierarchie dargestellt, in der zwei abgeleitete Kindklassen selbst als Basisklassen dienen. Zur Demonstration verfügt nur die Basisklasse über zwei Eigenschaften, welche an die jeweiligen Kindklassen über Sichtbarkeit vererbt werden:

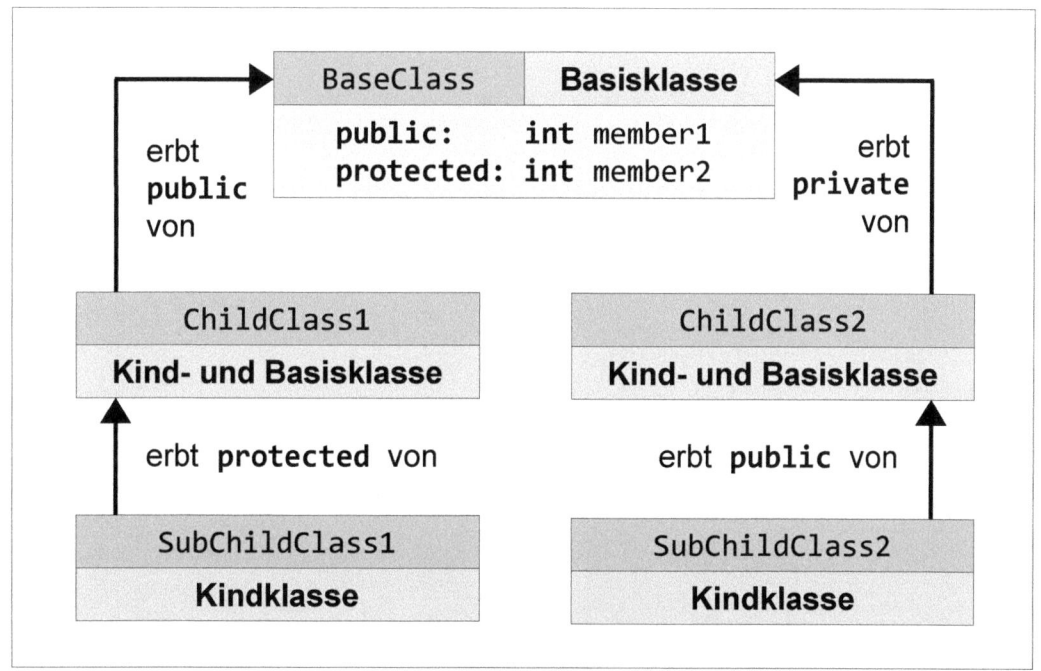

Abbildung **42**: Darstellung einer Vererbungshierarchie

Auf der Grundlage dieser Abbildung wird im nachfolgenden Code-Ausschnitt die Basisklasse definiert, als auch alle von dieser Klasse abgeleiteten Kindklassen. Beachten Sie im Zusammenhang mit dieser Vererbungshierarchie auch, wie die Sichtbarkeit auf die Eigenschaften der Basisklasse an die jeweiligen Kindklassen vererbt wird:

Vererbung von Klassen » Vererbungshierarchien

```cpp
class BaseClass   // Definition der Basisklasse.
{
   public:    int member1;   // Öffentliche Eigenschaft.
   protected: int member2;   // Geschützte Member-Variable.
};

// Definition der Kindklasse ChildClass1, welche durch struct
// standardmäßig öffentlich von der Basisklasse BaseClass erbt.

struct ChildClass1: BaseClass   // = public.
{
   // member1 bleibt public und member2 bleibt protected.
};

// Ableitung einer Kindklasse von ChildClass1 als Basisklasse.
// SubChildClass1 erbt mit dem Schlüsselwort protected.

class SubChildClass1: protected ChildClass1
{
   // Die Eigenschaft member1 wird als protected gekapselt
   // und member2 bleibt als geschützt erhalten.
};

// Definition der Kindklasse ChildClass2, die durch class
// standardmäßig privat von der Basisklasse BaseClass erbt.

class ChildClass2: BaseClass   // = private.
{
   // Beide Eigenschaften werden hier als privat gekapselt.
};

// SubChildClass2 als Kindklasse erbt mit dem
// Schlüsselwort public von der Basisklasse ChildClass2.

class SubChildClass2: public ChildClass2
{
   // Die Klasse hat keinen Zugriff mehr auf die Eigenschaften,
   // da diese von privat nicht öffentlicher werden können.
};
```

Listing **12.9**: Eigenschaften und Sichtbarkeit in Vererbungshierarchie

12.4 Speicherbedarf von Instanzen geerbter Klassen

>> Da für eine abgeleitete Klasse die *Ist-ein-Beziehung* zur entsprechenden Basisklasse gilt, fordert eine Instanz der Kindklasse neben dem Speicher für ihre eigens deklarierten Eigenschaften auch Speicherplatz aus der Basisklasse. Der Bedarf an Speicher einer instanzierten Kindklasse errechnet sich somit aus der Summe des Speicherbedarfes aller Eigenschaften, wobei auch die jeweilige Basisklasse in Verbindung mit der Vererbung einbezogen wird. Das nachfolgende Listing ermittelt mit Hilfe des **sizeof**-Operators planbar und über eine Instanz den Bedarf an Speicher am Beispiel der abgeleiteten Praxisklasse *Point3D*. Da in der Klasse noch kein Konstruktor implementiert wurde, wird bei der Instanzierung der automatisch generierte Standardkonstruktor ohne Parameter verwendet:

```
// Es wird mit dem sizeof-Operator planbar der Speicher-
// bedarf einer Instanz der Praxisklasse Point3D ermittelt.
// Der Bedarf an Speicher errechnet sich aus der Summer aller
// deklarierter Eigenschaften, wobei die Basisklasse Point2D
// automatisch mit herangezogen wird.
// Vom sizeof-Operator wird eine Größe von mindestens 12 Byte
// zurückgegeben, die aus der Summe der Speichergrößen
// aller Gleitkommawerte der Kind- und Basisklasse resultiert.
// Dies entspricht einem Speicherbedarf von
// sizeof(Point2D) + sizeof(float).

size32 size0 = sizeof(Point3D);   // Liefert mindestens 12 Byte.

size0 = sizeof(Point2D) + sizeof(float);   // Gleiches Ergebnis.

// Bildung einer Instanz der Praxisklasse Point3D.
// Das Objekt belegt mindestens 12 Byte im Speicher.

Point3D pnt;   // Instanzierung über Standardkonstruktor.

size32 size1 = sizeof pnt;   // Liefert mindestens 12 Byte.
```

Listing **12.10**: Speicherbedarf von der Instanz einer geerbten Klasse

12.5 Konstruktoren in abgeleiteten Klassen
12.5.1 Aufrufe von Basiskonstruktoren

>> Die Bildung einer Instanz der begleitenden Praxisklasse *Point3D* war im vorherigen *Listing 12.10* durch den Standardkonstruktor möglich, da dieser vom Compiler (neben dem Standard-Kopierkonstruktor) automatisch in der Klasse generiert wird. In der Basisklasse *Point2D* wurden im Laufe des Buches eigene Konstruktoren über Prototypen deklariert, die von der abgeleiteten Kindklasse bei der Instanzierung aber nicht direkt zum Aufruf gebracht werden dürfen. Dies wird zunächst im folgenden Code-Ausschnitt deutlich:

```
// Bildung einer Instanz der Praxisklasse Point3D über
// Konstruktor mit zwei Parametern der Basisklasse Point2D.

Point3D pnt(1.2f, -3.4f);   // Compiler-Fehler!
```

Listing **12.11**: Fehlerhafter Konstruktoraufruf der Basisklasse über Instanz

Das vorherige Listing lässt sich nicht fehlerfrei übersetzen, da der Prototyp des verwendeten Konstruktors in der Klasse *Point3D* unbekannt ist. Im Gegensatz zu den Eigenschaften und Methoden werden Konstruktoren nicht automatisch von der Basisklasse an die jeweilige Kindklasse vererbt. Eine abgeleitete Kindklasse darf aber die Konstruktoren der Basisklasse bei der Initialisierung ihrer eigenen Eigenschaften zum Aufruf bringen. Ein Konstruktor der Basisklasse wird dabei als Basiskonstruktor bezeichnet, der als erstes Element in der Initialisierungsliste eines entsprechenden Konstruktors der Kindklasse aufgerufen werden darf, sofern der Basiskonstruktor in der abgeleiteten Klasse auch sichtbar ist (**public** oder **protected**).

Das folgende Listing überschreibt und implementiert den Standardkonstruktor der begleitenden Klasse *Point3D*, wobei in der Initialisierungsliste der Standardkonstruktor der Basisklasse aufgerufen wird. Die Praxisklasse verzichtet auf die Implementierung des eigenen Kopierkonstruktors und Zuweisungsoperators. Bei der Kopie eines Objektes wird demnach die jeweilige Standardmethode des Compilers mit flacher Kopie angewendet.

Aufrufe von Basiskonstruktoren « Vererbung von Klassen

```cpp
/* Erweiterung der Definition der Klasse Point3D (public). */

// Prototyp des überschriebenen Standardkonstruktors.

Point3D(void);   // Das Schlüsselwort void ist optional.

// Implementierung des Point3D-Konstruktors ohne Parameter.
// In der Initialisierungsliste wird an erster Stelle
// der Basiskonstruktor aufgerufen, um die geerbten
// Koordinaten mit dem Wert 0.0f zu initialisieren.
// Der Point3D-Konstruktor ist aber für die Initia-
// lisierung der eigenen Z-Koordinate verantwortlich.

Point3D::Point3D(): Point2D(), m_z(0.0f)
{ }
```

Listing **12.12**: Aufruf eines Basiskonstruktors in Initialisierungsliste

Beim Aufruf eines Basiskonstruktors innerhalb des Konstruktors der Kindklasse sollte stets im Auge behalten werden, welche eigentliche Arbeit der jeweilige Konstruktor der Basisklasse verrichtet. Bei komplexeren Klassen sollte dies entsprechend dokumentiert werden.

Der folgende Code-Ausschnitt erweitert die Definition der Praxisklasse *Point3D* und ergänzt diese mit den Prototypen notwendiger Konstruktoren:

```cpp
// Erweiterung der Definition der Klasse Point3D im öffent-
// lichen Bereich mit Prototypen hilfreicher Konstruktoren.
// Konstruktoren mit nur einem Parameter gelten als explizit.

explicit Point3D(float);            // Nur X-Koordinate.

Point3D(float, float, float);       // Gleitkommawerte für X-Z.

explicit Point3D(const Point2D&);   // Point2D-Objekt-Referenz.

Point3D(float, const Point2D&);     // Y-Z-Koordinate aus Objekt.

Point3D(const Point2D&, float);     // X-Y-Koordinate aus Objekt.
```

Listing **12.13**: Prototypen von Konstruktoren der Praxisklasse Point3D

Vererbung von Klassen » Aufrufe von Basiskonstruktoren

Ergänzend werden im folgenden Listing die Konstruktoren der Klasse *Point3D* implementiert, wobei in der jeweiligen Initialisierungsliste ein passender Basiskonstruktor der Klasse *Point2D* zum Aufruf gebracht wird, um die Koordinaten im zweidimensionalen Raum zu initialisieren. Für die Initialisierung der dritten Koordinate (Z) sind allein die Konstruktoren der Kindklasse zuständig:

```cpp
/* Erweiterung der Implementierung der Klasse Point3D. */

// Implementierung des Konstruktors, welcher einen Gleit-
// kommawert als Parameter für die X-Koordinate erwartet.
// Der Basiskonstruktor mit nur einem Parameter
// initialisiert die Y-Koordinate mit dem Wert 0.0f.

Point3D::Point3D(float x): Point2D(x), m_z(0.0f) { }

// Konstruktor mit Gleitkommawerten für jede Koordinate.
// Im Basiskonstruktor wird die X- und Y-Koordinate
// basierend auf den Parametern initialisiert.
// Dieser Konstruktor verwendet als einziger drei Parameter.

Point3D::Point3D(float x, float y, float z):
    Point2D(x, y), m_z(z) { }

// Implementierung des Konstruktors, welcher als Parameter
// eine Referenz auf ein Objekt vom Typ Point2D erwartet.
// Die Z-Koordinate wird mit 0.0f initialisiert.
// Über den const-Parameter kann nur lesend zugegriffen werden.

Point3D::Point3D(const Point2D& pnt):
    Point2D(pnt.GetCoordX(), pnt.GetCoordY()), m_z(0.0f) { }

// Konstruktor, welcher als ersten Parameter einen Gleit-
// kommawert zur Initialisierung der X-Koordinate erwartet.
// Die Y- und Z-Koordinate wird aus den Koordinaten der
// Referenz des Point2D-Objektes im zweiten Parameter bestimmt.

Point3D::Point3D(float x, const Point2D& pnt):
    Point2D(x, pnt.GetCoordX()), m_z(pnt.GetCoordY()) { }
```

```cpp
/* Fortsetzung der Implementierung von Konstruktoren. */

// Der Konstruktor erwartet als ersten Parameter eine
// Referenz auf eine Instanz der Praxisklasse Point2D,
// die zur Initialisierung der X- und Y-Koordinate dient.
// Der zweite Parameter einer Gleitkommazahl wird
// zur Initialisierung der Z-Koordinate verwendet.

Point3D::Point3D(const Point2D& pnt, float z):
   Point2D(pnt.GetCoordX(), pnt.GetCoordY()), m_z(z) { }
```

Listing **12.14**: Aufrufe von Basiskonstruktoren der Klasse Point2D

Im nachfolgenden Code-Ausschnitt werden nun Instanzen der abgeleiteten Klasse *Point3D* gebildet, wobei dafür ausgewählte Konstruktoren zum Einsatz kommen, die im vorherigen Listing implementiert wurden:

```cpp
// Zunächst erfolgt die Bildung einer Instanz der
// Klasse Point2D, welche als Parameter verwendet wird.

Point2D p2d(-1.2f, 3.7f);   // p2d = [-1.2f, 3.7f].

// Bildung zweier Instanzen der Praxisklasse Point3D über
// Konstruktoren, die jeweils den Point2D-Basiskonstruktor
// mit zwei Parametern zur Initialisierung der X-Koordinate
// und der Y-Koordinate zum Aufruf bringen.
// Die Z-Koordinate wird erst im jeweiligen
// Konstruktor der Klasse Point3D initialisiert.

Point3D p0(-13.4f, p2d);   // p0 = [-13.4f, -1.2f, 3.7f].

Point3D p1(p2d);           // p1 = [-1.2f, 3.7f, 0.0f].

// Instanz der Klasse Point3D, die zur Initialisierung
// der Koordinaten den Standard-Kopierkonstruktor verwendet.

Point3D p2(p0);            // p2 = p0 = [-13.4f, -1.2f, 3.7f].
```

Listing **12.15**: Bildung von Instanzen der abgeleiteten Klasse Point3D

12.5.2 Konstruktoraufrufe im Programmablauf

>> Im Konstruktor einer Kindklasse sollte der Aufruf des Basiskonstruktors als erstes Element der Initialisierungsliste vorkommen, wie dies in Listing 12.14 bei der Implementierung der *Point3D*-Konstruktoren angewendet wurde. Nur so kann im Programmablauf gewährleistet werden, dass die Funktionalität der Basisklasse vor der eigentlichen Kindklasse initialisiert wird. In der Praxisklasse *Point3D* findet demnach immer erst die Initialisierung der X-Koordinate und der Y-Koordinate durch den jeweiligen *Point2D*-Basiskonstruktor statt. Erst nach der Abarbeitung des Basiskonstruktors wird der Programmablauf zurück an die eigentliche Kindklasse delegiert, um die Z-Koordinate zu initialisieren. Aufrufe von Basiskonstruktoren in Initialisierungslisten verhalten sich dabei wie andere Methodenaufrufe mit Rücksprung zum jeweiligen Aufrufer. Der parameterlose Konstruktor und der Kopierkonstruktor der Basisklasse wird selbstständig vom Standardkonstruktor und vom Standard-Kopierkonstruktor der Kindklasse aufgerufen, wenn diese vom Compiler automatisch erzeugte Konstruktoren verwendet. In der Praxisklasse *Point3D* findet keine eigene Implementierung des Kopierkonstruktors statt. Beim Aufruf des Standard-Kopierkonstruktors über eine Instanz dieser Kindklasse wird dennoch automatisch der eigene Kopierkonstruktor von *Point2D* aufgerufen. Der Ablauf bei Konstruktoraufrufen ist in der folgenden Abbildung illustriert. Die Darstellung geht fiktiv davon aus, dass die Klasse *Point2D* auch von einer Basisklasse abgeleitet wurde:

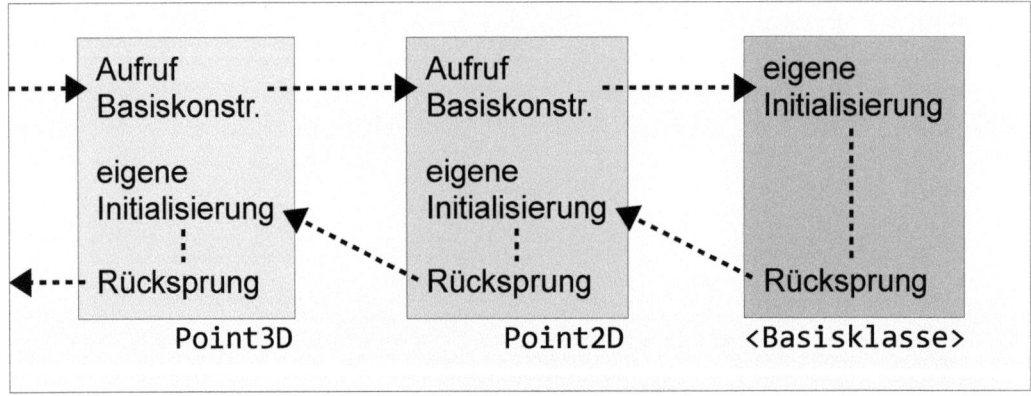

Abbildung **43**: Konstruktoraufrufe im Programmablauf

12.5.3 Abstrakte Basisklassen

>> In Klassendefinitionen können Konstruktoren sinnvoll gekapselt werden, um die Bildung von Instanzen der jeweiligen Klasse zu unterbinden. In Verbindung mit der Vererbung werden nicht-instanzierbare Klassen als abstrakt bezeichnet und können nur als Basisklassen dienen. Die Funktionalität einer solchen Basisklasse wird somit für Kindklassen ausgelagert, wobei die direkte Bildung von Instanzen der abstrakten Basisklasse nicht möglich ist. Eine abgeleitete Kindklasse lässt sich instanzieren, sofern ihre Konstruktoren nach außen öffentlich sichtbar sind. Die geschützten Konstruktoren der Basisklasse sind innerhalb der Konstruktoren einer Kindklasse sichtbar. Das nachfolgende Listing definiert eine abstrakte Basisklasse und eine von ihr abgeleitete Kindklasse:

```cpp
// Die Basisklasse gilt als abstrakt, da die Bildung von
// Instanzen durch geschützte Konstruktoren verhindert wird.
// Die Klasse kann somit nur als Basisklasse dienen.

class BaseClass   // Definition der Basisklasse BaseClass.
{
   protected:
            inline BaseClass()                      { /* Code */ }
            inline BaseClass(const BaseClass&) { /* Code */ }
};

// Definition einer Kindklasse, die von BaseClass erbt.
// Die Bildung von Instanzen der Kindklasse ist möglich,
// da die eigenen Konstruktoren durch das Schlüsselwort
// struct standardmäßig öffentlich sichtbar sind.
// Die in der Klasse implementierten Konstruktoren haben
// Sichtbarkeit auf die protected-Basiskonstruktoren.

struct ChildClass: BaseClass   // Öffentliche Vererbung.
{
   inline ChildClass()                         : BaseClass()   { }
   inline ChildClass(const ChildClass& rc): BaseClass(rc) { }
};
```

Listing **12.16**: Definition einer abstrakten Basisklasse

12.6 Destruktoren geerbter Klassen

>> Jede Klasse verfügt bei ihrer Definition über genau einen Destruktor, welcher auch durch den automatisch generierten Standarddestruktor gebildet werden kann. Der Destruktor der Basisklasse wird nicht an die jeweilige Kindklasse vererbt, so dass diese ihren eigenen Destruktor deklarieren und implementieren darf. Verwendet eine Kindklasse keinen eigenen Destruktor, wird vom Compiler der Standarddestruktor für diese abgeleitete Klasse generiert. Ein Aufruf des Destruktors der Basisklasse innerhalb des Destruktors der Kindklasse ist nicht möglich und auch nicht nötig, da der jeweilige Basisdestruktor automatisch mit aufgerufen wird, wenn die Lebensdauer eines Objektes endet. Die Aufrufe der Destruktoren erfolgen im Programmablauf dabei in umgekehrter Reihenfolge zu den Konstruktoren. Bei der Freigabe einer Instanz der Kindklasse wird somit erst die eigene Funktionalität durch die Abarbeitung des eigenen Destruktors bereinigt und erst danach erfolgt die Delegation des Programmablaufes an den Destruktor der Basisklasse. Die Klasse *Point3D* verwendet noch keine eigene Implementierung des Destruktors, dennoch ruft der Standarddestruktor dieser Kindklasse nach der Abarbeitung automatisch den Basisdestruktor der Praxisklasse *Point2D* auf, wenn die Lebensdauer einer *Point3D*-Instanz endet.

Die Abarbeitung der Destruktoraufrufe ist in der nachfolgenden Abbildung dargestellt, wobei wieder davon ausgegangen wird, dass die Praxisklasse *Point2D* selbst eine Kindklasse bildet:

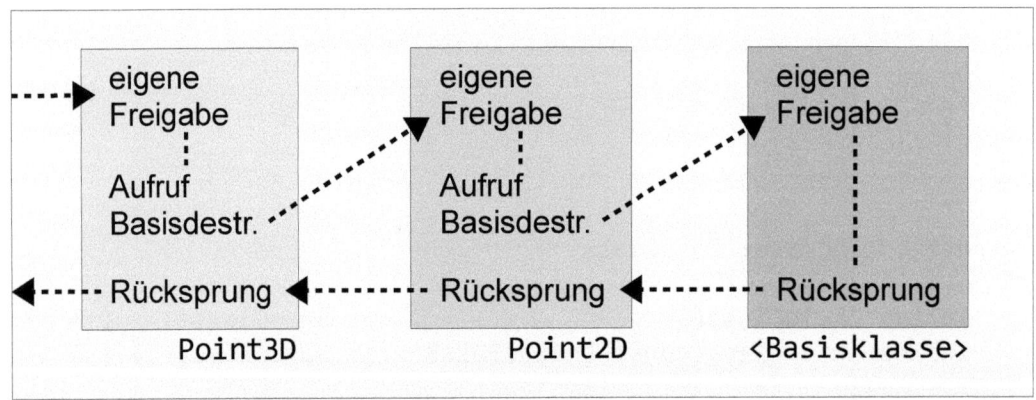

Abbildung **44**: Destruktoraufrufe im Programmablauf

Erweiterte Funktionalität der Kindklassen « Vererbung von Klassen

12.7 Methoden in abgeleiteten Klassen
12.7.1 Erweiterte Funktionalität der Kindklassen

>> Eine Kindklasse erbt von ihrer Basisklasse nicht nur die jeweiligen Eigenschaften, sondern auch die Methoden, welche in der Basisklasse deklariert und implementiert sind. Solche Klassenmethoden werden auch als Basismethoden bezeichnet, wobei die Schlüsselwörter **private, protected** und **public** ebenfalls die Sichtbarkeit auf diese Methoden kontrollieren. Die begleitende Praxisklasse *Point3D* leitet sich öffentlich von der Basisklasse *Point2D* ab, so dass öffentliche Basismethoden auch in der Kindklasse öffentlich sichtbar bleiben und über eine Instanz zum Aufruf gebracht werden können. Dies wird zunächst im folgenden Code-Ausschnitt deutlich:

```cpp
// Bildung einer Instanz der Praxisklasse Point3D.

Point3D pnt;   // Instanzierung über Standardkonstruktor.

// Das Objekt pnt darf die Setter-Methoden der Basisklasse
// zum Aufruf bringen, da diese öffentlich vererbt wurden.
// Mit den Aufrufen werden die internen Zustände verändert.

pnt.SetCoordX(1.14f).SetCoordY(-0.78f);
```

Listing **12.17**: Aufrufe öffentlicher Methoden über Instanz einer Kindklasse

Kindklassen können die Funktionalität gegenüber ihrer Basisklasse erweitern, indem neue Klassenmethoden deklariert und implementiert werden, welche die Interaktionen der internen Zustände eines jeweiligen Objektes mit der Umwelt kontrollieren. Die Klasse *Point3D* erhält auf diese Weise eine eigene Getter-Methode und Setter-Methode, die zum einen die Eigenschaft der Z-Koordinate lesen und zum anderen schreibend modifizieren kann. Gegenüber der Basisklasse erweitert die Praxisklasse *Point3D* somit ihre eigene Funktionalität, da diese Klassenmethoden nicht in der Basisklasse vorkommen. Das nachfolgende Listing deklariert die neuen Prototypen von den Methoden der Kindklasse:

Vererbung von Klassen » Erweiterte Funktionalität der Kindklassen

```
/* Erweiterung der Definition der Klasse Point3D
   im öffentlichen Bereich (public). */

float GetCoordZ() const;        // Prototyp der Getter-Methode.

Point3D& SetCoordZ(float);      // Prototyp der Setter-Methode.
```

Listing **12.18**: Prototypen von Methoden der Praxisklasse Point3D

Wie bei Getter-Methoden gewohnt, ist auch die neue Methode *GetCoordZ* als konstant qualifiziert und darf demnach auf die Eigenschaft der Z-Koordinate über eine Instanz nur lesend zugreifen. Die Setter-Methode *SetCoordZ* liefert eine Referenz auf den Aufrufer der Methode zurück, welcher stets aus einer Instanz der Kindklasse *Point3D* gebildet ist.

Ergänzend zum vorherigen *Listing 12.18* werden im folgenden Code-Ausschnitt die zwei neuen Klassenmethoden implementiert und damit die Funktionalität der Praxisklasse *Point3D* erweitert:

```
/* Erweiterung der Implementierung der Klasse Point3D. */

// Implementierung der neuen Getter-Methode.
// Diese Klassenmethode ist in ihrer Signatur mit
// dem Schlüsselwort const als konstant qualifiziert.

float Point3D::GetCoordZ() const
{
    return this->m_z;   // Lesende Rückgabe der Z-Koordinate.
}

// Implementierung der neuen Setter-Methode.

Point3D& Point3D::SetCoordZ(float z)
{
    this->m_z = z;   // Schreibender Zugriff auf Z-Koordinate.

    return *this;    // Rückgabe des dereferenzierten Aufrufers.
}
```

Listing **12.19**: Getter- und Setter-Methode der Praxisklasse Point3D

12.7.2 Das Überschreiben von Methoden

>> Innerhalb der Definition einer Kindklasse ist es möglich, die von der Basisklasse geerbten Methoden zu überschreiben. Hierfür muss die Signatur der entsprechenden Basismethode mit der Signatur der neuen Methode in der Kindklasse übereinstimmen. Der Compiler vergleicht beim Übersetzungsvorgang die Signaturen der Methoden in der Basisklasse mit denen in der Kindklasse und kann so erkennen, wenn eine Methode in der abgeleiteten Klasse überschrieben wird, ohne dass weitere Schlüsselwörter dafür notwendig sind. Die Sichtbarkeit einer Basismethode darf sich gegenüber der Kindklasse verändern, wenn die jeweils neue Klassenmethode in einem anderen Sichtbarkeitsbereich überschrieben wird. Damit können Methoden in der Kindklasse auch öffentlich werden, wenn diese in der Basisklasse eigentlich als geschützt gelten.
Das nachfolgende Listing macht eine Methode der Basisklasse deutlich, welche in einer abgeleiteten Kindklasse mit gleicher Signatur in einem anderen Sichtbarkeitsbereich überschrieben wird:

```cpp
// Eine Instanz der Klasse BaseClass hat von außen
// keine Sichtbarkeit auf die geschützte Klassenmethode.

class BaseClass   // Definition der Basisklasse mit class.
{
   protected:
            inline void DoAnything(int) { /* Code */ }
};

// Die Kindklasse ChildClass erbt geschützt von BaseClass.
// Somit bleibt die Methode eigentlich als protected erhalten,
// jedoch wird diese mit gleicher Signatur öffentlich
// überschrieben und in der Klasse neu implementiert.

class ChildClass: protected BaseClass
{
   public:
            inline void DoAnything(int) { /* Eigener Code. */ }
};
```
Listing **12.20**: Überschreiben einer Methode mit neuer Sichtbarkeit in Kindklasse

Vererbung von Klassen » Das Überschreiben von Methoden

Wird der Prototyp einer bereits vorhandenen Basismethode mit entsprechender Signatur in der abgeleiteten klasse deklariert, dann wird diese Methode automatisch überschrieben und muss in der Kindklasse zwingend neu implementiert werden. Bedenken Sie beim Überschreiben von Klassenmethoden, dass der **const**-Qualifizierer einen Teil der kompletten Signatur bildet, in Parametern jedoch nicht. Es ist zudem nicht möglich, eine Methode in der Kindklasse in verschiedenen Sichtbarkeitsbereichen mehrfach zu überschreiben.
Unter Verwendung von *Listing 12.20* veranschaulicht das folgende Code-Beispiel die Methodenaufrufe über Instanzen der Klassen:

```
BaseClass base;      // Instanz der Basisklasse BaseClass.

ChildClass child;    // Instanz der Kindklasse ChildClass.

// Die Methode kann nicht über die Instanz der Basisklasse
// aufgerufen werden, da diese nach außen nicht sichtbar ist.

base.DoAnything(0);  // Compiler-Fehler durch protected!

// Da die Methode in der Kindklasse öffentlich überschrieben
// wurde, ist diese nun über eine Instanz nach außen
// sichtbar und kann zum Aufruf gebracht werden.

child.DoAnything(-1);  // Abarbeitung der eigenen Methode.
```

Listing **12.21**: Aufruf einer überschriebenen Methode der Kindklasse

Die begleitende Praxisklasse *Point2D* verfügt über eine Methode, welche eine logische Aussage trifft, ob der gespeicherte Punkt im zweidimensionalen Raum im Ursprung des Koordinatensystems liegt oder nicht. Im Rumpf dieser Klassenmethode wird dafür die X-Koordinate und die Y-Koordinate geprüft, um einen logischen Rückgabewert zu bilden. Für Instanzen der abgeleiteten Kindklasse *Point3D* führt diese Basismethode jedoch nicht zum gewünschten Ergebnis, da die Abarbeitung auf nur zwei Dimensionen beschränkt ist und die Z-Koordinate dabei nicht berücksichtigt wird. Ein Aufruf dieser Methode *IsCoordCenter* wird über ein Objekt vom Typ *Point3D* im nachfolgenden Listing deutlich:

```
// Instanz der Kindklasse Point3D mit Literalen
// von Gleitkommawerten für jede einzelne Koordinate.

Point3D pnt(0.0f, 0.0f, -3.5f);   // Initialisierung von pnt.

// Aufruf der geerbten Methode IsCoordCenter,
// welche die Z-Koordinate unberücksichtigt lässt.

bool center = pnt.IsCoordCenter();   // Liefert true zurück.
```

Listing **12.22**: Aufruf einer geerbten Methode über Instanz der Kindklasse

Jeder Aufruf der logischen Methode *IsCoordCenter* über eine Instanz der Klasse *Point3D* resultiert im Wahrheitswert **true**, sofern nur die X- und Y-Koordinate im Ursprung des Koordinatensystems liegt. Wie im vorherigen Code-Ausschnitt anschaulich wurde, bleibt die Z-Koordinate in der Methode ohne Beachtung, so dass das gewünschte Ergebnis im dreidimensionalen Raum nicht erzielt wird. Eine Lösung des Problems besteht im Überschreiben der Methode in der Kindklasse und in einer neuen Implementierung. Im folgenden Listing wird zunächst der Prototyp der Methode *IsCoordCenter* in der Klasse *Point3D* deklariert:

```
/* Erweiterung der Klassendefinition von Point3D (public). */

// Die Signatur ist in der Basisklasse Point2D vorhanden,
// somit wird die Methode IsCoordCenter überschrieben.
// Bedenken Sie, dass die Methode als const qualifiziert
// ist und das Schlüsselwort einen Teil der Signatur bildet.

bool IsCoordCenter() const;   // Überschreiben der Methode.
```

Listing **12.23**: Prototyp einer überschriebenen Methode der Klasse Point3D

Durch die Bekanntmachung des Prototypen der Methode muss diese auch in der Kindklasse neu implementiert werden. Innerhalb der Implementierung einer überschriebenen Methode darf auf die Basismethode zugegriffen werden, wenn diese sichtbar ist (**protected** oder **public**). Ein Aufruf der Basismethode erfolgt dabei unter Angabe des Namens der Basisklasse über den Scope-Operator.

Vererbung von Klassen » Das Überschreiben von Methoden

In der neuen Implementierung der logischen Methode *IsCoordCenter* darf die Basismethode der Klasse *Point2D* aufgerufen werden, da diese öffentlich sichtbar ist. Anstatt die Prüfung der Koordinaten komplett zu überschreiben, kann sich an der Logik der Basismethode bedient werden. Der von der Basismethode gelieferte Rückgabewert lässt sich in Verbindung mit der Prüfung der eigenen Z-Koordinate in der überschriebenen Methode verwenden. Durch die logische Und-Verknüpfung kann so die Prüfung aller Koordinaten im dreidimensionalen Raum gewährleistet werden. Im folgenden Code-Ausschnitt wird ergänzend die überschriebene Methode *IsCoordCenter* der Klasse *Point3D* implementiert:

```cpp
/* Erweiterung der Implementierung der Praxisklasse Point3D
   durch Überschreiben der logischen Methode IsCoordCenter. */

// Im Rumpf der Methode wird über den Scope-Operator auf
// die Basismethode zugegriffen, wobei der Rückgabewert
// als linker Operand der logischen Und-Verknüpfung dient.
// Nur wenn die X-, die Y- und die Z-Koordinate im Ursprung des
// Koordinatensystems liegt, wird der Wert true zurückgegeben.

bool Point3D::IsCoordCenter() const
{
    return (Point2D::IsCoordCenter() && (this->m_z == 0));
}
```

Listing **12.24**: Implementierung einer Methode mit Aufruf der Basismethode

Die überschriebene Methode berücksichtigt nun alle Koordinaten, so dass beim Aufruf über eine Instanz der Kindklasse *Point3D* der korrekte Wahrheitswert geliefert werden kann. Dies wird im Zusammenhang mit *Listing 12.22* im nachfolgenden Code-Beispiel deutlich:

```cpp
Point3D pnt(0.0f, 0.0f, -3.5f);   // Instanz der Klasse Point3D.

// Nicht alle Koordinaten befinden sich im Ursprung.

bool center = pnt.IsCoordCenter();   // Gibt nun false zurück.
```

Listing **12.25**: Methodenaufruf über Instanz der Kindklasse

12.7.3 Überschreiben vs. Überladen

>> Eine Methode wird in der abgeleiteten Kindklassen überschrieben, sofern die Signatur mit der Basismethode übereinstimmt. Das Überschreiben von Klassenmethoden sollte jedoch nicht mit dem Überladen verwechselt werden, welches Sie im Kapitel **Methoden in Klassen** kennengelernt haben. Eine überladene Methode existiert mit gleichem Namen mehrfach in der Klasse, wobei sich die Signaturen hinsichtlich in Art und Anzahl der Parameter und im Datentyp des Rückgabewertes unterscheiden können. Bei der Definition einer Kindklasse ist es möglich, eine geerbte Basismethode zu überladen, um zum einen die eigene Funktionalität zu erweitern aber zum anderen die Implementierung der Basismethode beizubehalten. Eine Methode der Kindklasse darf dabei auch in einem anderen Sichtbarkeitsbereich überladen werden als in der Basisklasse.

In Verbindung mit der Basisklasse aus *Listing 12.20* zeigt der folgende Code-Ausschnitt überladene Methoden in einer abgeleiteten Kindklasse:

```cpp
class BaseClass   // Definition der Basisklasse.
{
   protected:
            inline void DoAnything(int) { /* Code */ }
};

// In der Kindklasse SubClass wird die Basismethode zweimal
// in jeweils verschiedenen Sichtbarkeitsbereichen überladen.
// Einschließlich der geerbten Methode verfügt die Klasse
// über drei überladene Methoden mit gleichem Namen,
// die sich in ihrer Signatur nur hinsichtlich der Anzahl
// und Typen in Parameter und im Rückgabewert unterscheiden.

class SubClass: public BaseClass   // Öffentliche Vererbung.
{
   private:
            inline void DoAnything(float, const char*) { }
   public:
            inline int  DoAnything(void) { return 0; }
};
```

Listing **12.26**: Überladene Methoden in abgeleiteter Kindklasse

Vererbung von Klassen » Statische Elemente in geerbten Klassen

In Bezug zum vorherigen *Listing 12.26* erfolgen im nachfolgenden Code-Beispiel fehlerhafte und konforme Aufrufe der überladenen Methoden über eine Instanz der Kindklasse *SubClass*:

```
SubClass sub;   // Instanz der Kindklasse SubClass.

// Die geerbte Basismethode mit Ganzzahl als Parameter ist
// nach außen geschützt und kann nicht aufgerufen werden.

sub.DoAnything(12345);   // Compiler-Fehler!

// Auch die überladene Methode mit zwei Parametern kann nicht
// zum Aufruf gebracht werden, da diese privat gekapselt ist.

sub.DoAnything(1.1f, "Eintauchen in C++");   // Compiler-Fehler!

// Die öffentliche, überladene Methode darf aufgerufen werden.

sub.DoAnything();   // Aufruf der parameterlosen Überladung.
```

Listing **12.27**: Aufrufe überladener Methoden über Instanz der Kindklasse

12.8 Statische Elemente in geerbten Klassen

>> Eigenschaften und Methoden, welche mit dem Schlüsselwort **static** in einer Basisklasse deklariert sind, werden ebenfalls von einer abgeleiteten Kindklasse geerbt. Dabei gilt zu beachten, dass statische Eigenschaften nicht nur innerhalb der Basisklasse geteilt werden, sondern auch in abgeleiteten Kindklassen der gesamten Vererbungshierarchie. Die Veränderung einer statischen Eigenschaft über den Scope-Operator in der Kindklasse ist auch für die Basisklasse sichtbar, welche die jeweilige Eigenschaft als statisch deklariert hat. In Verbindung mit der Vererbung nutzen statische Eigenschaften also stets den gleichen Speicher in der Basisklasse und für abgeleitete Kindklassen. Das nachfolgende Listing deklariert mit dem Schlüsselwort **static** in einer Basisklasse eine öffentliche Eigenschaft, die in einer Hierarchie an Kindklassen vererbt wird:

Statische Elemente in geerbten Klassen « Vererbung von Klassen

```cpp
struct BaseClass   // Definition der Basisklasse.
{
   // Deklaration einer statischen Eigenschaft in Basisklasse.

   static int StaticMember;   // Standardmäßig öffentlich.
};

// Globale Initialisierung der statischen Eigenschaft.

int BaseClass::StaticMember = 0;   // Initialisierte Ganzzahl.

// Die Kindklasse ChildClass1 erbt öffentlich von BaseClass
// und ChildClass2 erbt in der Hierarchie von ChildClass1.
// Die statische Eigenschaft ist in den Kindklassen sichtbar.

class ChildClass1: public BaseClass    // Erbt StaticMember.
{ };

class ChildClass2: public ChildClass1  // Erbt StaticMember.
{ };
```

Listing **12.28**: Geerbte und statische Eigenschaft in Kindklassen

Ergänzend veranschaulicht der folgende Code-Ausschnitt verschiedene Zugriffe auf die statische Eigenschaft *StaticMember* über die Klassennamen:

```cpp
// Der Speicher der statischen Eigenschaft von BaseClass
// wird auch in den abgeleiteten Kindklassen geteilt.
// Jeder Zugriff über die Kindklassen reflektiert die
// statisch deklarierte Eigenschaft der Basisklasse.

ChildClass2::StaticMember = -321;   // Zugriff über ChildClass2.

int iv = BaseClass::StaticMember;   // iv ist -321.

ChildClass1::StaticMember = 5467;   // Zugriff über ChildClass1.

iv = BaseClass::StaticMember;       // iv bekommt den Wert 5467.
```

Listing **12.29**: Zugriffe auf geerbte und statische Eigenschaft

Neben den Eigenschaften werden auch statische Methoden von der Basisklasse an die jeweilige Kindklasse vererbt. Die begleitende Praxisklasse *Point2D* hat die statische *Distance2D*-Methode implementiert, welche zwei Referenzen auf konstante Speicherbereiche von *Point2D*-Instanzen als Parameter erwartet. Da die Praxisklasse *Point3D* öffentlich von der Klasse *Point2D* als Basis abgeleitet wurde, kann über diese Kindklasse auch auf die statische Methode der Basisklasse zugegriffen werden. Die Klasse *Point3D* erbt somit die statische Methode *Distance2D*, so dass diese über den Klassennamen auch von außen aufgerufen werden kann. Dies wird im nachfolgenden Listing deutlich:

```
// Die statische Methode der Klasse Point2D darf über den
// Klassennamen Point3D aufgerufen werden, da die Kindklasse
// öffentlich von der Praxisklasse Point2D abgeleitet wurde.

Point3D::Distance2D(Point2D(-3.3f, 2.2f), Point2D(6.5f, 1.2f));
```

Listing **12.30**: Aufruf einer geerbten und statischen Methode

Zur Übung können Sie eigenständig eine statische Methode *Distance3D* in der Klasse *Point3D* deklarieren und implementieren, welche die Länge der Strecke zwischen Punkten im dreidimensionalen Raum ermittelt und zurückliefert.

12.9 Vererbung und das Schlüsselwort **friend**

>> Im Kapitel **Methoden in Klassen** ist Ihnen unter anderem die Freundschaft von Klassen und Methoden begegnet, welche bei der Definition einer jeweiligen Klasse mit dem Schlüsselwort **friend** bekannt gemacht werden kann. Verbunden mit Vererbung gilt Freundschaft in C++ nicht, so dass abgeleitete Kindklassen nicht automatisch mit Methoden und Klassen der Basisklasse befreundet sind. Bei der Ableitung einer Klasse von einer Basisklasse wird also das Schlüsselwort **friend** vernachlässigt und die Freundschaft nicht an die Kindklasse vererbt. Eine jeweilige Kindklasse muss in diesem Fall die Freundschaft mit anderen Klassen und Methoden über das Schlüsselwort **friend** neu deklarieren.

12.10 Polymorphie

12.10.1 Zeiger auf Instanzen abgeleiteter Klassen

>> Ergänzend zur Kapselung und Vererbung bildet die Polymorphie das dritte Fundament der objektorientierten Programmierung, wobei dafür das kennengelernte Wissen über Zeiger in Verbindung mit der Vererbung eine wesentliche Rolle spielt. Zeigervariablen können in C++ nicht nur auf dem Zeigertyp entsprechende Speicherbereiche verweisen, sondern dürfen auf Objekte zeigen, die von einer abgeleiteten Klasse des jeweiligen Zeigertyps instanziert wurden. Da bei der Vererbung die *Ist-ein-Beziehung* gilt, darf ein Zeiger auf den Speicherbereich einer Instanz der Kindklasse verweisen, obwohl die Zeigervariable selbst vom Typ der Basisklasse ist. In diesem Zusammenhang wird von Polymorphie und polymorphen Zeigern gesprochen, über die mit Hilfe des **new**- und des **delete**-Operators (bzw. **new[]** und **delete[]**) zur Laufzeit dynamische Instanzen der Basis- und Kindklassen erzeugt und wieder freigegeben werden können. Der folgende Code-Ausschnitt zeigt die Verwendung eines polymorphen Zeigers:

```cpp
Point2D* pPnt = new Point2D(-4.5f, 3.9f);

/* Herkömmliche Verwendung der Instanz über Zeiger pPnt. */

delete pPnt;   // Freigabe des Speichers über Zeigervariable.

// Die Zeigervariable vom Typ Point2D* verweist nun auf
// den dynamischen Speicherbereich einer Point3D-Instanz.
// Da die Klasse Point3D von Point2D abgeleitet wurde,
// darf der Zeiger auf die Instanz der Kindklasse verweisen.
// Der Zeiger pPnt vom Typ Point2D* ist somit polymorph.

pPnt = new Point3D(0.0f, 0.0f, -8.9f);   // Liefert Point3D*.

bool center = pPnt->IsCoordCenter();    // Gibt true zurück.

delete pPnt;  // Speicherfreigabe über polymorphen Zeiger.
```

Listing **12.31**: Polymorpher Zeiger auf dynamische Instanz der Kindklasse

Die Polymorphie ist möglich, da eine Kindklasse immer die Funktionalität der jeweiligen Basisklasse bereitstellt, so dass über einen Zeiger der Basisklasse auch stets die Eigenschaften und Methoden von der Instanz einer Kindklasse erreicht werden können. Da Kindklassen ihre eigene Funktionalität erweitern, aber die der Basisklasse niemals löschen oder verdecken können, sind Zugriffe über Zeiger der Basisklasse stets möglich. Die polymorphe Zeigervariable *pPnt* aus dem vorherigen *Listing 12.31* verweist zwar auf den dynamischen Speicherbereich einer Instanz vom Typ *Point3D*, dennoch müssen die Zugriffe über den Pfeiloperator konform zum Zeigertyp sein, welcher in diesem Fall dem Typ der Basisklasse entspricht (*Point2D**). Über die Zeigervariable lassen sich demnach nicht die Klassenmethoden *SetCoordZ* und *GetCoordZ* aufrufen, obwohl der polymorphe Zeiger auf eine Instanz der Kindklasse *Point3D* verweist.

12.10.2 Virtuelle Methoden und Destruktoren (**virtual**)

>> Der Aufruf der logischen Methode *IsCoordCenter* im vorherigen *Listing 12.31* lieferte den Wahrheitswert **true** zurück, da der polymorphe Zeiger die Methode der Basisklasse *Point2D* verwendet und diese nur die X- und Y-Koordinate zum Vergleich heranzieht. Obwohl die Zeigervariable auf eine *Point3D*-Instanz verweist, bleibt die Z-Koordinate in der Abarbeitung der Methode unberücksichtigt, so dass das erwartete Ergebnis nicht korrekt ist. Da sich die Z-Koordinate nicht im Ursprung befindet, wird von der Methode eigentlich der Wahrheitswert **false** erwartet. Eine Lösung dieses Problems bietet das Schlüsselwort **virtual** in C++, welches im Prototyp einer jeweiligen Klassenmethode vor der Signatur platziert werden kann. Der folgende Code-Ausschnitt modifiziert zunächst den Prototyp der logischen Methode *IsCoordCenter* der Basis- und Praxisklasse *Point2D*:

```
/* Veränderung der Definition der Klasse Point2D (public). */

// Das Schlüsselwort virtual wird vor der Signatur platziert.

virtual bool IsCoordCenter() const;   // Prototyp der Methode.
```

Listing **12.32**: Prototyp einer Klassenmethode mit dem Schlüsselwort **virtual**

Virtuelle Methoden und Destruktoren (**virtual**) « Vererbung von Klassen

Das Schlüsselwort **virtual** darf nur im Prototyp vor der Signatur einer Klassenmethode verwendet werden, wobei die Methoden-Implementierung unberührt bleibt. Globale Methoden, Konstruktoren und statische Methoden dürfen nicht als virtuell deklariert werden. Das Schlüsselwort selbst bildet jedoch keinen Teil der Signatur einer Klassenmethode. Aus diesem Grund werden Methoden in der Kindklasse als virtuell geerbt, wenn diese in der Basisklasse mit dem Schlüsselwort **virtual** deklariert sind. Die Methode *IsCoordCenter* der Kindklasse *Point3D* gilt somit ebenfalls als virtuell, da die Basismethode im vorherigen *Listing 12.32* in ihrem Prototyp mit dem Schlüsselwort **virtual** versehen wurde. Im Laufe des Kapitels wurde die logische Methode jedoch in der Kindklasse überschrieben, so dass im Code auf den ersten Blick nicht ersichtlich ist, ob die Klassenmethode virtuell ist oder nicht. Für eine bessere Lesbarkeit modifiziert der nachfolgende Code-Ausschnitt daher zusätzlich den Prototyp der überschriebenen Methode *IsCoordCenter* der Kind- und Praxisklasse *Point3D*:

```cpp
/* Veränderung der Klassendefinition von Point3D (public). */

// Die überschriebene Methode gilt automatisch als virtuell,
// da die Basismethode das Schlüsselwort virtual verwendet.
// Zur besseren Lesbarkeit sollten überschriebene Methoden
// der Kindklasse ebenfalls über das Schlüsselwort verfügen.

virtual bool IsCoordCenter() const;   // Überschriebene Methode.
```

Listing **12.33**: Überschriebene Methode mit dem Schlüsselwort **virtual**

In Bezug auf *Listing 12.31* macht das nachfolgende Code-Beispiel ergänzend deutlich, wie die virtuelle Methode über den polymorphen Zeiger zum Aufruf gebracht werden kann:

```cpp
Point2D* pPnt = new Point3D(0.0f, 0.0f, -8.9f);

bool center = pPnt->IsCoordCenter();  // Gibt nun false zurück.

delete pPnt;  // Speicherfreigabe über polymorphen Zeiger.
```

Listing **12.34**: Aufruf einer virtuellen Methode über polymorphen Zeiger

Vererbung von Klassen » Virtuelle Methoden und Destruktoren (**virtual**)

Virtuelle Methoden sind verbunden mit polymorphen Zeigern sehr hilfreich, da über eine Zeigervariable vom Typ der Basisklasse dennoch Klassenmethoden der Kindklasse aufgerufen werden können. Ein polymorpher Zeiger kennt intern die virtuellen Klassenmethoden und kann zur Laufzeit entscheiden, welche der Methoden zum Aufruf gebracht werden soll. Im vorherigen Listing 12.34 wurde daher nun die überschriebene und virtuelle Methode IsCoordCenter der Klasse Point3D aufgerufen, da der Zeiger auf eine Instanz dieser Kindklasse verweist und dieser anhand der Polymorphie die virtuelle Methode berücksichtigt. Das Schlüsselwort **virtual** beschränkt nicht den herkömmlichen Zugriff auf Klassenmethoden und ergibt nur im Zusammenhang mit polymorphen Zeigern und Vererbung einen Sinn. Virtuelle Methoden können aber auch wie gewohnt über eine Instanz der jeweiligen Klasse mit dem Punktoperator aufgerufen werden.

Abhängig vom jeweiligen Compiler werden virtuelle Methoden meist in Tabellen gruppiert und über verborgene Zeiger im entsprechenden Objekt gelinkt. Der mit dem **sizeof**-Operator ermittelbare Speicher ist für eine Instanz höher, wenn in der Klasse mindestens eine virtuelle Methode deklariert wurde. Die jeweilige Instanz einer Klasse mit virtuellen Methoden belegt somit zusätzlich zu ihren Eigenschaften mindestens 4 Byte mehr an Speicher für den verborgenen Zeiger auf die Methodentabelle. Bezugnehmend zu dem vorherigen Listing 12.34 veranschaulicht die letzte Abbildung des Buches, wie eine Instanz der begleitenden Praxisklasse Point3D intern für polymorphe Zeiger gespeichert sein kann:

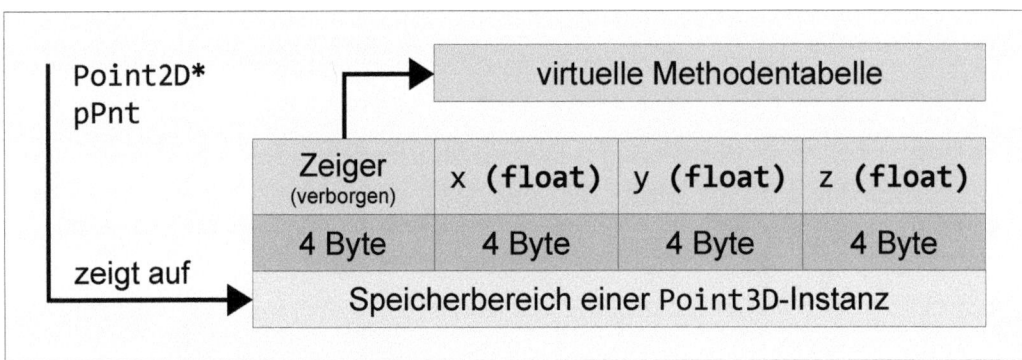

Abbildung **45**: Polymorpher Zeiger auf Speicher einer Instanz der Kindklasse

Ergänzend zu dieser Abbildung wird im folgenden Code-Ausschnitt planbar der veränderte Bedarf an Speicher für eine Instanz der Klasse Point3D ermittelt:

Virtuelle Methoden und Destruktoren (virtual) « Vererbung von Klassen

```
// Der sizeof-Operator mit dem Namen Point3D im Operanden
// gibt planbar eine minimale Größe von 16 Byte zurück,
// da zusätzlich zu den 12 Byte der Eigenschaften (3 * float)
// ein Bedarf von 4 Byte für den verborgenen Zeiger besteht.
// Der verborgene Zeiger resultiert aus der Deklaration
// von mindestens einer virtuellen Methode in der Klasse.

size32 size = sizeof(Point3D);   // Liefert mindestens 16 Byte.
```

Listing **12.35**: Speicherbedarf einer Instanz mit verborgenem Zeiger

Sofern in einer jeweiligen Klasse mindestens eine virtuelle Methode deklariert ist, sollte der Destruktor dieser Klasse ebenfalls mit dem Schlüsselwort **virtual** im Prototyp versehen werden. Durch polymorphe Zeiger können leichtsinnig Speicherlecks bei der Freigabe von Speicherbereichen entstehen, da über eine entsprechende Zeigervariable nur der Destruktor der Klasse aufgerufen wird, die dem Typ des Zeigers entspricht. Somit wird über den polymorphen Zeiger meist nur der Basisdestruktor zum Aufruf gebracht, obwohl die Zeigervariable auf den Speicherbereich einer Kindklasse verweist und eigentlich die Speicherfreigabe der gesamten Instanz gewünscht ist. In *Listing 12.34* bringt der polymorphe Zeiger *pPnt* über den **delete**-Operator nur den Destruktor der Klasse *Point2D* bei der Speicherfreigabe zum Aufruf, da der Zeiger vom Typ dieser Basisklasse ist. Dadurch können Speicherlecks insbesondere dann auftreten, wenn Objekte der abgeleiteten Klassen eigenen Speicher über Zeiger-Member allokiert haben und diesen sauber freigeben müssen. Sie sollten daher den Destruktor einer jeweiligen Klasse immer als virtuell deklarieren, wenn mindestens eine virtuelle Methode in der Klassendefinition vorkommt. So kann bei der Speicherfreigabe über einen polymorphen Zeiger gewährleistet werden, dass dieser den richtigen Destruktor aufruft und Speicherlecks vermieden werden.
Im nachfolgenden Listing wird der Destruktor der Basisklasse *Point2D* mit dem Schlüsselwort **virtual** versehen:

```
/* Veränderung der Definition der Klasse Point2D (public). */

virtual ~Point2D();   // Virtueller Destruktor der Klasse.
```

Listing **12.36**: Destruktor einer Klasse mit dem Schlüsselwort **virtual**

Vererbung von Klassen » Abstraktion durch reinvirtuelle Methoden

Die Kind- und Praxisklasse *Point3D* erhält im nachfolgenden Code-Ausschnitt ergänzend einen virtuellen Destruktor, welcher in seinem Rumpf leer bleibt, da eine Instanz dieser Kindklasse keinen dynamischen Speicher allokiert und somit auch nicht freigeben muss:

```
/* Erweiterung der Klassendefinition von Point3D (public). */

// Prototyp und Implementierung des virtuellen Destruktors.
// Die beiden Schlüsselwörter inline und virtual werden
// in Kombination vor der Signatur verwendet.

inline virtual ~Point3D() { /* Rumpf der Methode. */ }
```

Listing **12.37**: Prototyp und Implementierung eines virtuellen Destruktors

12.10.3 Abstraktion durch reinvirtuelle Methoden

>> Virtuelle Klassenmethoden können bei ihrer Deklaration im Prototyp mit dem Zuweisungsoperator und dem Wert Null (**= 0**) hinter der Signatur versehen werden, bevor der Ausdruck mit einem Semikolon abgeschlossen wird. Solche Methoden gelten in der Klasse als reinvirtuell und dürfen nicht implementiert werden. Eine reinvirtuelle Methode ist also nur über den Prototyp in der Klasse bekannt, verfügt aber über keine abzuarbeitenden Programmbefehle und kann somit auch nicht zum Aufruf gebracht werden. Eine jeweilige Kindklasse erbt die reinvirtuellen Methoden, so dass diese mit gleicher Signatur überschrieben und in der abgeleiteten Klasse implementiert werden können. Bei ihrer Definition gilt eine Klasse als abstrakt, wenn diese mindestens eine reinvirtuelle Methode deklariert. Abstrakte Klassen mit reinvirtuellen Methoden können von außen nicht instanziert werden und dürfen somit nur als Basisklassen dienen. Eine von der Basisklasse abgeleitete Klasse muss jede reinvirtuell geerbte Methode überschreiben und implementieren, damit die Bildung von Instanzen der Kindklasse möglich ist. Andernfalls gilt auch die Kindklasse als abstrakt und somit als nicht instanzierbar. Die Abstraktion anhand von reinvirtuellen Methoden ist selbst dann gewährleistet, wenn die Klasse öffentliche Konstruktoren bereitstellt.

Im nachfolgenden Listing wird in einer Basisklasse eine reinvirtuelle Methode über den Prototyp deklariert sowie in einer abgeleiteten Klasse überschrieben und dort implementiert, damit die Instanzierung der Kindklasse möglich ist:

```cpp
class BaseClass   // Definition der abstrakten Basisklasse.
{
   // Hinter der Signatur der virtuellen Methode
   // wird vor dem Semikolon der Wert Null zugewiesen,
   // um die Klassenmethode als reinvirtuell zu deklarieren.
   // Die Methoden-Implementierung ist nicht erlaubt und die
   // Klasse gilt durch Abstraktion als nicht instanzierbar.

   virtual int DoAnything() = 0;   // Methode (reinvirtuell).
};

class ChildClass: public BaseClass   // Abgeleitete Kindklasse.
{
   // Die virtuelle Methode wird mit gleicher Signatur
   // überschrieben und in der Kindklasse implementiert.
   // Ohne die Implementierung wäre ChildClass ebenfalls
   // abstrakt und die Klassenmethode als reinvirtuell geerbt.

   inline virtual int DoAnything() { return 42; }
};
```

Listing **12.38**: Abstrakte Basisklasse durch reinvirtuelle Methode

Ergänzend macht der folgende Code-Ausschnitt die fehlerhafte und konforme Bildung einer jeweiligen Instanz der Basis- und Kindklasse deutlich:

```cpp
// Die Klasse BaseClass kann nicht instanziert werden, da
// diese mindestens eine reinvirtuelle Methode deklariert hat.
// Dabei spielt es keine Rolle, dass der Standardkonstruktor
// für die Instanzierung öffentlich in der Klasse vorkommt.

BaseClass base;     // Compiler-Fehler durch abstrakte Klasse!

ChildClass child;   // Konforme Instanzierung der Kindklasse.
```

Listing **12.39**: Fehlerhafte Bildung der Instanz einer abstrakten Klasse

12.10.4 Polymorphe Zeiger als Parameter

>> Zeigervariablen vom Typ der Kindklasse können als Parameter an Methoden übergeben werden, wenn für den jeweiligen Parameter eigentlich ein Zeiger vom Typ der Basisklasse erwartet wird. Die lokale Zeigerkopie der Methode gilt damit als polymorph und berücksichtigt auch virtuelle Methoden, die im Rumpf der entsprechenden Methode über den Zeigerparameter zum Aufruf gebracht werden können. Der **const**-Qualifizierer für einen jeweiligen Parameter spielt auch in Verbindung mit polymorphen Zeigern eine Rolle. Somit dürfen über die lokale Zeigerkopie nur virtuelle Methoden aufgerufen werden, die ausschließlich lesende Zugriffe auf die internen Zustände des jeweiligen Objektes ausführen, auf welches die polymorphe Zeigervariable verweist.

Unter Verwendung einer globalen Hilfsmethode wird im nachfolgenden Code-Beispiel ein polymorpher Zeiger als Parameter übergeben:

```cpp
// Die globale Methode erwartet einen Zeiger auf den konstanten
// Speicherbereich einer Point2D-Instanz oder Point3D-Intanz.

void GlobalMethode(const Point2D* pParam)
{
   bool c = pParam->IsCoordCenter();   // Polymorpher Aufruf.
}

int main()   /* Implementierung der globalen main-Methode. */
{
   Point3D point(-1.2f, 2.3f, -3.4f);   // Instanz von Point3D.

   // Obwohl als Methodenparameter eine Zeigervariable vom
   // Datentyp der Basisklasse Point2D erwartet wird, darf ein
   // Zeiger vom Typ der Kindklasse Point3D übergeben werden.
   // Der unäre Adressoperator liefert den Typ Point3D* zurück.

   GlobalMethode(&point);   // Aufruf der globalen Hilfsmethode.

   return 0;
}
```

Listing **12.40**: Polymorpher Zeiger als Parameter einer Methode

12.10.5 Polymorphe Referenzen

>> Referenzen sind in C++ den Zeigern sehr ähnlich und wurden begleitend im gleichnamigen Kapitel **Zeiger und Referenzen** behandelt. Da eine jeweilige Referenzvariable intern als verborgener Zeiger implementiert ist, lässt sich diese auch in Verbindung mit Polymorphie verwenden. Bei der Initialisierung einer Referenz kann diese auf den Speicher einer Instanz der Kindklasse gebunden werden, auch wenn bei der Deklaration der Typ der Referenzvariablen dem der Basisklasse entspricht. Im Gegensatz zu den Zeigern können über Referenzen jedoch keine dynamischen Speicherbereiche allokiert werden.
Im nachfolgenden Listing wird eine Referenz vom Typ der Basisklasse *Point2D* an den Speicherbereich einer *Point3D*-Instanz gebunden:

```cpp
Point3D point(-13.67f);   // Instanz der Kindklasse Point3D.

// Bei der Initialisierung darf die Referenz vom Typ der
// Basisklasse an die Instanz der Kindklasse gebunden werden.
// Die Referenzvariable rPnt gilt somit als polymorph.

Point2D& rPnt = point;   // Bindung an Point3D-Objekt point.

bool center = rPnt.IsCoordCenter();   // Polymorpher Aufruf.
```

Listing **12.41**: Polymorphie verbunden mit einer Referenz

Objekte vom Datentyp der Kindklasse können an Methoden übergeben werden, wenn diese in ihren jeweiligen Parametern eigentlich Referenzen auf Speicherbereiche von Instanzen der Basisklasse erwarten. Dies wird ergänzend durch Parameter in der statischen Methode *Distance2D* der Klasse *Point2D* deutlich:

```cpp
// Auch wenn die Methode Referenzen vom Typ Point2D erwartet,
// dürfen Instanzen der Kindklasse Point3D übergeben werden.

Point2D::Distance2D(Point3D(4.5f), Point3D(1.2f, -0.9f, 3.7f));
```

Listing **12.42**: Polymorphe Referenzen als Parameter einer Methode

Vererbung von Klassen » Finalisierung

12.11 Finalisierung

>> Seit dem Standard C++ 2011 stellt die Syntax einen Spezifizierer bereit, mit dessen Hilfe durch das Wort **final** bei der Klassendefinition die Ableitung untersagt werden kann. Der Spezifizierer muss dabei hinter dem Namen der Basisklasse angegeben werden, wenn sich die jeweilige Klasse von einer Basisklasse ableitet. Definierte Klassen, welche nicht von einer Basisklasse erben, können den **final**-Spezifizierer hinter ihrem Klassennamen verwenden. Durch die Finalisierung wird gewährleistet, dass eine jeweilige Klasse nicht mehr als Basisklasse dienen kann und somit die Ableitung von dieser Klasse verboten ist. Eine Vererbungshierarchie endet demnach bei der Klasse, welche durch den Spezifizierer finalisiert wurde. Das Wort kann zusätzlich hinter der Signatur einer virtuellen Methode platziert werden, um diese vor dem Überschreiben durch eine abgeleitete Kindklasse zu schützen. Ein Spezifizierer gilt syntaktisch nicht als Schlüsselwort und somit nicht als reserviertes Wort im Sprachgebrauch. Abschließend zum vorliegenden Buch finalisiert der folgende Code-Ausschnitt die Praxisklasse *Number* und die Praxisklasse *Line2D*:

```cpp
namespace Core   // Definition des Namensraumes Core.
{
    // Veränderung der Definition der Praxisklasse Number.
    // Die finalisierte Klasse lässt keine Kindklassen zu.

    class Number final   // Spezifizierer final hinter dem Namen.
    {
        /* Gewohnte Definition der Klasse aus dem Buch. */
    };
}

// Modifizierte Definition von Line2D mit final-Spezifizierer.

class Line2D final   // Die Klasse darf nicht abgeleitet werden.
{
    /* Eigenschaften und Methoden dieser Praxisklasse. */
};
```

Listing **12.43**: Finalisierte Praxisklassen mit dem **final**-Spezifizierer

Was danach kommt

Dieses Buch stellte Ihnen die Möglichkeiten der objektorientierten Sprache C++ dar und ließ Sie durch Quellcode-Ausschnitte in die Syntax eintauchen. Mit dem vermittelten Wissen des Buches sollten Sie ein Grundverständnis erlangt haben, um die Kernbestandteile der Sprache C++ praxisnah und zielorientiert einsetzen zu können. Für Entwickler, die sich sicher im Umgang mit der Sprache fühlen, bietet die Syntax auch fortgeschrittene Möglichkeiten für ein noch tieferes Verständnis zur Programmierung mittels C++ an. Templates, Überladung von Operatoren oder Mehrfachvererbung sind dabei nur wenige Nennungen, um die Sprache noch tiefer zu begreifen. Als Entwickler steht es Ihnen natürlich frei, Ihr Wissen stets zu erweitern und neue Dinge zu erlernen. Die Syntax von C++ ist durchaus komplex, so dass auch anhand neuer Standards viele Möglichkeiten bestehen, in immer tiefere Aspekte der Sprache einzutauchen. Sie können die Codes der Praxisklassen nutzen, um diese eigenständig zu erweitern und neue Funktionen in die Klassen einzuarbeiten. Die Praxisklassen des Buches sollen als solide Basis dienen, damit Sie auch nach dem Lesen Ihr Wissen festigen und an der Syntax der mächtigen Sprache C++ festhalten können. Der Autor des Buches wünscht Ihnen viel Freude, Spaß und Erfolg bei der weiteren Entwicklung mit der Sprache C++.

Anhang A: Verzeichnis der Listings

Listing **1**: Ausschnitt zur Veranschaulichung der Syntax	23
Listing **3.1**: Implementierung der einfachen main-Methode	35
Listing **3.2**: Einfache Deklarationen von Variablen	41 f.
Listing **3.3**: Deklarationslisten mit Variablen in einem Ausdruck	43
Listing **3.4**: Deklaration und Initialisierung von Variablen	43 f.
Listing **3.5**: Deklarationslisten mit optional initialisierten Variablen	44
Listing **3.6**: Deklaration und Initialisierung von Konstanten	45
Listing **3.7**: Deklarationsliste mit Konstanten in einem Ausdruck	46
Listing **3.8**: Verwendung von binären und arithmetischen Operatoren	48 f.
Listing **3.9**: Verwendung des unären Minusoperators	50
Listing **3.10**: Verwendung von Präfix-Inkrement und Postfix-Dekrement	52
Listing **3.11**: Binärer und arithmetischer Zuweisungsoperator	54
Listing **3.12**: Klammerung arithmetischer Ausdrücke	55
Listing **3.13**: Sequenz von Anweisungen in einem Ausdruck	56
Listing **3.14**: Deklaration eines Arrays fester Größe	57
Listing **3.15**: Zugriffe auf Elemente eines Arrays über Indizierungsoperator	58
Listing **3.16**: Deklaration von Arrays mit Initialisierungslisten	60
Listing **3.17**: Verwendung eines zweidimensionalen Arrays fester Größe	61
Listing **3.18**: Typdefinitionen mit dem Schlüsselwort **typedef**	63
Listing **3.19**: Verwendung der Schlüsselwörter **register** und **volatile**	64
Listing **4.1**: Leere Präprozessor-Direktive	67
Listing **4.2**: Inkludieren von Header-Dateien	69
Listing **4.3**: Einfache Definition eines Präprozessor-Symbols	70
Listing **4.4**: Definition eines Präprozessor-Symbols mit zugehörigem Wert	71
Listing **4.5**: Verwendung eines Präprozessor-Symbols in einer Deklaration	71
Listing **4.6**: Definition mehrerer Präprozessor-Symbole	72

Anhang A: Verzeichnis der Listings (4.7 – 5.19)

Listing		Seite
Listing **4.7**:	Entfernen eines Präprozessor-Symbols	73
Listing **4.8**:	Bedingter Programmcode durch Präprozessor und Symbol	74
Listing **4.9**:	Bedingter Programmcode durch verschachtelte Direktiven	76
Listing **4.10**:	Verzweigter Programmcode mit Bedingung im Präprozessor	77
Listing **4.11**:	Bedingter Programmcode mit der **defined**-Direktive	78
Listing **4.12**:	Verzweigter Programmcode mit Bedingung und **defined**-Direktive	79
Listing **4.13**:	Bedingung mit vordefiniertem Präprozessor-Symbol	81
Listing **4.14**:	Benutzerdefinierte Fehlermeldung an den Compiler	81
Listing **4.15**:	Benutzerdefinierte Veränderung vordefinierter Symbole	82
Listing **4.16**:	Header-Guard für Inhalt einer beliebigen Header-Datei	84
Listing **5.1**:	Deklaration von Klassennamen mit **class** und **struct**	86
Listing **5.2**:	Definition einer Klasse ohne Eigenschaften	87
Listing **5.3**:	Definition von Klassen mit deklarierten Eigenschaften	88
Listing **5.4**:	Klassendefinition mit Sichtbarkeitsbereichen und Eigenschaften	90 f.
Listing **5.5**:	Bildung von Instanzen einer Klasse	93
Listing **5.6**:	Bildung von Instanzen in einer Deklarationsliste	93
Listing **5.7**:	Bildung von Instanzen bei einer Klassendefinition	94
Listing **5.8**:	Fehlerhafte Bildung der Instanz einer undefinierten Klasse	94
Listing **5.9**:	Zugriffe auf Eigenschaften von Instanzen über Punktoperator	95
Listing **5.10**:	Komplexer Datentyp als Eigenschaft in einer Klassendefinition	96
Listing **5.11**:	Zugriffe auf Eigenschaften eines eingebetteten Objektes	97
Listing **5.12**:	Scoping im globalen Bereich einer Übersetzungseinheit	101 f.
Listing **5.13**:	Deklaration zweier globaler Methoden	105
Listing **5.14**:	Scoping in globalen Methoden	105 f.
Listing **5.15**:	Scoping in lokalen Bereichen einer Methode	108
Listing **5.16**:	Scoping in Klassenbereichen	110
Listing **5.17**:	Eingebettete Klassenbereiche	111
Listing **5.18**:	Instanzen eingebetteter Klassen	112
Listing **5.19**:	Zugriff auf eine globale Variable mit dem Scope-Operator	113

Anhang A: Verzeichnis der Listings (5.20 – 5.49)

Listing	Titel	Seite
Listing **5.20**:	Deklaration eines Aufzählungstyps mit dem Schlüsselwort **enum**	114
Listing **5.21**:	Definition eines Aufzählungstyps mit dem Schlüsselwort **enum**	115
Listing **5.22**:	Definition eines Aufzählungstyps mit initialisierten Enumeratoren	116
Listing **5.23**:	Bildung und Verwendung von Instanzen zweier Aufzählungstypen	117
Listing **5.24**:	Aufzählungstyp mit initialisierten und generierten Werten	118
Listing **5.25**:	Fehlerhaft definierte Aufzählungstypen	119
Listing **5.26**:	Lebensdauer einer Variablen und Konstanten in Scopes	121
Listing **5.27**:	Aufrufe einer Methode mit lokaler Lebensdauer einer Variablen	122
Listing **5.28**:	Lebensdauer eines Objektes im Methodenbereich	123
Listing **5.29**:	Lebensdauer einer lokalen Variablen mit dem Schlüsselwort **static**	124
Listing **5.30**:	Aufrufe einer Methode mit statischer Lebensdauer einer Variablen	125
Listing **5.31**:	Eigenschaft einer Klasse mit dem Schlüsselwort **static**	127
Listing **5.32**:	Zugriffe auf eine statisch deklarierte Eigenschaft	128
Listing **5.33**:	Eingebettete und statische Eigenschaft einer Klasse	128
Listing **5.34**:	Konstante und statische Eigenschaft einer Klasse	129
Listing **5.35**:	Verwendung von Vergleichsoperatoren	132
Listing **5.36**:	Einfache Kontrollstruktur einer bedingten Anweisung	133
Listing **5.37**:	Bedingung mit Ausdrücken im lokalen Scope	134
Listing **5.38**:	Bedingte Anweisungen mit dem Schlüsselwort **else**	135
Listing **5.39**:	Verschachtelte Bedingungen	136
Listing **5.40**:	Einfache Kontrollstruktur einer Zählschleife	137
Listing **5.41**:	Zählschleife mit leeren Ausdrücken und lokalem Scope	138
Listing **5.42**:	Zählschleife mit Sequenzen und eingebetteter Bedingung	139
Listing **5.43**:	Kontrollstruktur einer kopfgesteuerten Schleife mit lokalem Scope	140
Listing **5.44**:	Kontrollstruktur einer fußgesteuerten Schleife mit lokalem Scope	141
Listing **5.45**:	Einfache Kontrollstruktur einer Fallunterscheidung	143
Listing **5.46**:	Einfache Fallunterscheidung durch bedingte Anweisung	144
Listing **5.47**:	Fallunterscheidung mit mehreren **case**-Fällen	145
Listing **5.48**:	Abbrüche von Fallunterscheidungen mit dem Schlüsselwort **break**	146
Listing **5.49**:	Fallunterscheidung mit **default**-Fall und Enumerator	147 f.

Anhang A: Verzeichnis der Listings (5.50 – 7.4)

Listing **5.50**: Typdefinition mit einer Klasse	148
Listing **5.51**: Verwendung des ternären Operators	150
Listing **5.52**: Äquivalente **if**-**else**-Kontrollstruktur	150
Listing **5.53**: Arrays fester Größen in Verbindung mit Objekten	151 f.
Listing **6.1**: Definition von Namensräumen	155
Listing **6.2**: Überschreiben des globalen Namensraumes	155
Listing **6.3**: Unzulässige Deklaration eines Namensraumes	156
Listing **6.4**: Definition verschachtelter Namensräume	156 f.
Listing **6.5**: Fehlerhaft verschachtelte Namensräume	158
Listing **6.6**: Namenlose und verschachtelte Namensräume	158 f.
Listing **6.7**: Explizite Zugriffe auf Daten in Namensräumen	160
Listing **6.8**: Globaler Zugriff über den Scope-Operator	161
Listing **6.9**: Verwendung der **using**-Direktive	162
Listing **6.10**: Verwendung der **using**-Direktive mit Scope-Operator	162 f.
Listing **6.11**: Explizite Zugriffe auf Daten namenloser Namensräume	164
Listing **6.12**: Verwendung der **using**-Direktive mit namenlosem Namensraum	164
Listing **6.13**: Aliasing eines Namensraumes	165
Listing **6.14**: Aliasing eines Namensraumes mit **using**-Direktive	166
Listing **6.15**: Aliasing von verschachtelten Namensräumen	166 f.
Listing **6.16**: Aliasing von verschachtelten und namenlosen Namensräumen	167
Listing **6.17**: Aliasing eines Aliases auf einen Namensraum	168
Listing **6.18**: Mehrdeutigkeit von Namensräumen	168 f.
Listing **6.19**: Mehrdeutigkeit von Namensräumen über Alias	169 f.
Listing **6.20**: Mehrdeutigkeit von Namensräumen durch globale Daten	170
Listing **7.1**: Deklaration vorzeichenloser Ganzzahlen	177
Listing **7.2**: Deklaration und Initialisierung einer vorzeichenbehafteten Ganzzahl	180
Listing **7.3**: Verwendung eines Gleitkommawertes mit NaN und Inf	184
Listing **7.4**: Klassendefinition mit innerer Instanz und Array als Eigenschaft	187

Anhang A: Verzeichnis der Listings (7.5 – 7.34)

Listing **7.5**: Bildung von Instanzen zur Verdeutlichung von Speichergrößen	190
Listing **7.6**: Verwendung des **sizeof**-Operators mit primitiven Typen	193
Listing **7.7**: Verwendung des **sizeof**-Operators mit komplexen Typen	194
Listing **7.8**: Fehlerhafte Verwendung des **sizeof**-Operators	194
Listing **7.9**: Verwendung des **sizeof**-Operators mit Klasse ohne Eigenschaften	195
Listing **7.10**: Verwendung des **sizeof**-Operators mit einem Array fester Größe	195 f.
Listing **7.11**: Deklaration eines Datenverbundes mit dem Schlüsselwort **union**	197
Listing **7.12**: Definition eines Datenverbundes mit deklarierten Eigenschaften	198
Listing **7.13**: Bildung und Verwendung der Instanz eines Datenverbundes	200
Listing **7.14**: Anonymer Datenverbund mit dem Schlüsselwort **union**	202
Listing **7.15**: Bitfeld in deklarierter Eigenschaft einer Klasse	203
Listing **7.16**: Klassendefinition mit Bitfeldern in Eigenschaften	205
Listing **7.17**: Planbarer Speicherbedarf einer Instanz mit Bitfeldern	206
Listing **7.18**: Klassendefinition mit Bitfeldern als Flags	207
Listing **7.19**: Definition und Instanzierung einer anonymen Klasse	208
Listing **7.20**: Bitverschiebung nach links mit einer positiven Ganzzahl	211
Listing **7.21**: Bitverschiebung nach rechts mit einer negativen Ganzzahl	212
Listing **7.22**: Bitweise Und-Verknüpfung zweier positiver Ganzzahlen	214
Listing **7.23**: Bitweise Oder-Verknüpfung zweier negativer Ganzzahlen	216
Listing **7.24**: Bitweise Exklusive-Oder-Verknüpfung zweier Ganzzahlen	217
Listing **7.25**: Verwendung des bitweisen Einerkomplements	219
Listing **7.26**: Bitweise Operationen mit binären Zuweisungsoperatoren	221
Listing **7.27**: Über- und Unterläufe ganzzahliger Werte	223
Listing **7.28**: Promotion und Demotion eines primitiven Typs	224 f.
Listing **7.29**: Implizite Konvertierung primitiver Typen	226
Listing **7.30**: Implizite Konvertierung eines Wahrheitswertes	227
Listing **7.31**: Fehlerhafte Konvertierung eines Gleitkommawertes	228
Listing **7.32**: Implizite Konvertierung einer Ganzzahl nach **bool**	229
Listing **7.33**: **bool**-Konvertierung in Verbindung mit einer Kontrollstruktur	229
Listing **7.34**: Verwendung ganzzahliger Literale mit Suffixen	231

Anhang A: Verzeichnis der Listings (7.35 – 8.21)

Listing	Titel	Seite
Listing **7.35**:	Verwendung von Gleitkommawerten mit Literalen und Suffixen	232
Listing **7.36**:	Literale und Suffixe verbunden mit dem **sizeof**-Operator	233
Listing **7.37**:	Verwendung von Konstruktoren primitiver Typen	233 f.
Listing **7.38**:	Verwendung des Konvertierungsoperators	235
Listing **7.39**:	Logische Und-Verknüpfungen von Wahrheitswerten	236
Listing **7.40**:	Operator der logischen Oder-Verknüpfung	237
Listing **7.41**:	Verwendung des unären Negierungsoperators	238 f.
Listing **7.42**:	Verknüpfte Bedingungen im Präprozessor	240
Listing **8.1**:	Signaturen von Methoden einer Klasse	242
Listing **8.2**:	Signatur einer Methode mit dem **const**-Qualifizierer	242
Listing **8.3**:	Implementierung von Methoden einer Klasse	244
Listing **8.4**:	Fehlerhaft implementierte Klassenmethoden	245
Listing **8.5**:	Prototyp einer Klassenmethode im Namensraum	246
Listing **8.6**:	Implementierung einer Klassenmethode explizit vom Namensraum	246
Listing **8.7**:	Implementierung einer Klassenmethode implizit vom Namensraum	247
Listing **8.8**:	Implementierung einer Klassenmethode direkt im Namensraum	247
Listing **8.9**:	Eingebettete Klassenmethode mit dem Schlüsselwort **inline**	248
Listing **8.10**:	Rückgabe von Werten aus implementierten Klassenmethoden	249 f.
Listing **8.11**:	Vorzeitiges Beenden von Methoden mit dem Schlüsselwort **return**	251
Listing **8.12**:	Rückgabe einer konstanten Instanz einer Klasse im Namensraum	252
Listing **8.13**:	Parameter von Methoden einer Klasse	253 f.
Listing **8.14**:	Zugriffe auf Parameter einer Klassenmethode über lokale Kopien	255
Listing **8.15**:	Definition von Standardparametern in Prototypen von Methoden	256
Listing **8.16**:	Verwendung von Standardparametern in Methodenaufrufen	257
Listing **8.17**:	Getter-Methoden und Setter-Methoden	259
Listing **8.18**:	Deklaration und Implementierung einer logischen Methode	260
Listing **8.19**:	Der Prototyp eines Konstruktors	262
Listing **8.20**:	Implementierung eines Konstruktors mit Initialisierungsliste	262
Listing **8.21**:	Implementierung eines Konstruktors ohne Initialisierungsliste	263

Anhang A: Verzeichnis der Listings (8.22 – 8.51)

Listing **8.22**: Eingebetteter Konstruktor mit Initialisierungsliste	263
Listing **8.23**: Bildung und Verwendung der Instanz einer Klasse	264
Listing **8.24**: Bildung der Instanz einer Klasse über den Standardkonstruktor	264
Listing **8.25**: Überschriebener und eingebetteter Standardkonstruktor	265
Listing **8.26**: Instanz einer Klasse mit überschriebenem Standardkonstruktor	265
Listing **8.27**: Prototyp eines Standardkonstruktors durch Standardparameter	266
Listing **8.28**: Verwendung des Standardkonstruktors mit Standardparametern	267
Listing **8.29**: Prototyp und Implementierung eines Konstruktors	267
Listing **8.30**: Implizite Typkonvertierung durch einen Konstruktor	268
Listing **8.31**: Prototyp eines Konstruktors mit dem Schlüsselwort **explicit**	269
Listing **8.32**: Bildung der Instanz einer Klasse über expliziten Konstruktor	269
Listing **8.33**: Expliziter und eingebetteter Konstruktor einer Klasse	270
Listing **8.34**: Definition einer Klasse mit eingebetteten Objekten	272
Listing **8.35**: Konstruktoraufrufe eingebetteter Objekte über Initialisierungslisten	272
Listing **8.36**: Prototyp und Implementierung des Destruktors einer Klasse	274
Listing **8.37**: Expliziter Aufruf einer Destruktormethode	274
Listing **8.38**: Prototyp und Implementierung einer statischen Klassenmethode	276
Listing **8.39**: Aufruf einer statischen Methode über den Namen der Klasse	277
Listing **8.40**: Aufruf einer statischen Methode über ein Objekt	277
Listing **8.41**: Überladene Methoden einer Klasse	279
Listing **8.42**: Fehlerhaft überladene Methoden einer Klasse	280
Listing **8.43**: Überladene und mehrdeutige Methoden einer Klasse	281
Listing **8.44**: Mehrdeutigkeit beim Aufruf von Klassenmethoden	281 f.
Listing **8.45**: Eindeutige Aufrufe überladener Klassenmethoden	282
Listing **8.46**: Konstruktor-Prototyp mit Standardparametern	283
Listing **8.47**: Instanzierung einer Klasse mit Standardparametern im Konstruktor	284
Listing **8.48**: Überladene Methode einer Klasse durch Standardparameter	285
Listing **8.49**: Überladene Methode einer Klasse mit zwei Parametern	285
Listing **8.50**: Mehrdeutigkeit durch Überladung und Parameter	286
Listing **8.51**: Berechnung der Fakultät einer Zahl durch Rekursion einer Methode	287

Anhang A: Verzeichnis der Listings (8.52 – 9.18)

Listing **8.52**: Berechnung einer Fibonacci-Zahl durch rekursive Methodenaufrufe	288
Listing **8.53**: Freundschaft einer Klassenmethode mit dem Schlüsselwort **friend**	289
Listing **8.54**: Zugriff auf private Eigenschaft über befreundete Klassenmethode	290
Listing **8.55**: Freundschaft einer Klasse über das Schlüsselwort **friend**	291
Listing **8.56**: Freundschaft einer globalen Methode	292
Listing **8.57**: Delegation an Methoden in einer Kontrollstruktur	293
Listing **8.58**: Delegation an Methoden in einem arithmetischen Operator	294
Listing **8.59**: Deklaration und Verwendung eines konstanten Objektes	296
Listing **8.60**: Definition und Verwendung einer Wrapper-Klasse	297
Listing **8.61**: Definition eines Datenverbundes mit Methoden	299
Listing **8.62**: Implementierung von Methoden eines Datenverbundes	300
Listing **9.1**: Primitive Datentypen für die Verwendung mit der Klasse Number	302
Listing **9.2**: Typdefinition zur Verwendung mit dem **sizeof**-Operator	303
Listing **9.3**: Aufzählungstyp für die Verwendung mit der Klasse Number	304
Listing **9.4**: Datenverbund für die Verwendung mit der Klasse Number	305
Listing **9.5**: Definition der Klasse Number	306
Listing **9.6**: Prototypen überladener Konstruktoren der Klasse Number	307
Listing **9.7**: Prototypen von Getter- und Setter-Methoden der Klasse Number	308
Listing **9.8**: Weitere Prototypen von Getter-Methoden der Klasse Number	309
Listing **9.9**: Prototypen logischer Methoden der Klasse Number	309
Listing **9.10**: Prototyp einer statischen Methode der Klasse Number	310
Listing **9.11**: Implementierung von Konstruktoren der Klasse Number	311 f.
Listing **9.12**: Implementierung von Getter-Methoden der Klasse Number	313 ff.
Listing **9.13**: Implementierung von Setter-Methoden der Klasse Number	315 ff.
Listing **9.14**: Implementierung logischer Methoden der Klasse Number	318 f.
Listing **9.15**: Implementierung einer statischen Methode der Klasse Number	320
Listing **9.16**: Statische und konstante Eigenschaften der Klasse Number	321
Listing **9.17**: Globale Initialisierung statischer und konstanter Eigenschaften	322
Listing **9.18**: Verwendung des **sizeof**-Operators mit einem Aufzählungstyp	323

Anhang A: Verzeichnis der Listings (9.19 – 10.26)

Listing **9.19**: Verwendung des **sizeof**-Operators mit einem Datenverbund	324
Listing **9.20**: Speicherbedarf einer Instanz der Klasse Number	324
Listing **9.21**: Verwendung der Klasse Number	325 f.
Listing **10.1**: Deklaration eines eindimensionalen Zeigers	328
Listing **10.2**: Deklaration eines zweidimensionalen Zeigers	329
Listing **10.3**: Deklaration typloser Zeiger	330
Listing **10.4**: Deklaration mehrerer Zeiger in einem Ausdruck	331
Listing **10.5**: Verwendung des Adressoperators	331
Listing **10.6**: Zeiger in Verbindung mit dem unären Adressoperator	332
Listing **10.7**: Zuweisung und Initialisierung von Zeigern	333
Listing **10.8**: Deklaration und Initialisierung eines Nullzeigers	333
Listing **10.9**: Initialisierung eines Nullzeigers durch Typkonvertierung	334
Listing **10.10**: Initialisierung eines mehrdimensionalen Nullzeigers	334
Listing **10.11**: Validierung einer Zeigervariablen in bedingten Anweisungen	335
Listing **10.12**: Validierung einer Zeigervariablen mit Negierungsoperator	336
Listing **10.13**: Deklaration konstanter Zeiger	337
Listing **10.14**: Deklaration von Zeigern mit dem Schlüsselwort **const**	337 f.
Listing **10.15**: Dereferenzierung von Zeigern	339
Listing **10.16**: Dereferenzierung von Zeigern mit dem Schlüsselwort **const**	340
Listing **10.17**: Deklaration und Initialisierung von Zeigern auf Objekte	341
Listing **10.18**: Zeiger in Verbindung mit dem Pfeiloperator	342
Listing **10.19**: Deklaration eines Zeigers auf ein konstantes Objekt	343
Listing **10.20**: Deklaration konstanter Zeiger auf konstante Objekte	344
Listing **10.21**: Verwendung des **this**-Zeigers	345
Listing **10.22**: Verwendung von Typdefinitionen mit Zeigern	346
Listing **10.23**: Verwendung des **sizeof**-Operators mit Zeigern	347
Listing **10.24**: Verwendung eines Zeigers als Rückgabewert einer Methode	348
Listing **10.25**: Verwendung von Zeigern als Methodenparameter	350 f.
Listing **10.26**: Verwendung eines Zeigers als Standardparameter	352

Anhang A: Verzeichnis der Listings (10.27 – 10.56)

Listing	Beschreibung	Seite
Listing **10.27**:	Dynamische Speicherallokierung mit dem **new**-Operator	353 f.
Listing **10.28**:	Allokieren von dynamischem Speicher mit Speicherleck	355
Listing **10.29**:	Freigabe von Speicher mit dem **delete**-Operator	356
Listing **10.30**:	Verwendung des **new**-Operators und des **delete**-Operators	357
Listing **10.31**:	Gefährliche Verwendung des **delete**-Operators	358
Listing **10.32**:	Dynamische Speicherallokierung eines Zeigers auf dem Heap	359
Listing **10.33**:	Speicherfreigaben durch Zeigervariablen	360
Listing **10.34**:	Gefahr eines Speicherlecks durch **new**-Operator als Rückgabewert	361 f.
Listing **10.35**:	Speicherleck durch **new**-Operator als Parameter einer Methode	362
Listing **10.36**:	Vermeidung von Speicherlecks in Verbindung mit Methoden	363
Listing **10.37**:	Gleichheit und Ungleichheit von Adressen in Zeigervariablen	364
Listing **10.38**:	Vagabundierende Zeiger in Verbindung mit Zeigerkopien	366
Listing **10.39**:	Zeiger in Verbindung mit eindimensionalen Arrays fester Größen	367 f.
Listing **10.40**:	Lesender Zugriff auf ein Array fester Größe	368
Listing **10.41**:	Zeiger mit einem mehrdimensionalen Array fester Größe	369
Listing **10.42**:	Deklaration eines Array fester Größe verbunden mit einem Zeiger	370
Listing **10.43**:	Zeiger und Arrays fester Größen als Methodenparameter	372 ff.
Listing **10.44**:	Dynamische Allokierung eines Arrays mit dem **new[]**-Operator	376
Listing **10.45**:	Speicherfreigabe eines Arrays mit dem **delete[]**-Operator	377
Listing **10.46**:	Dynamisches Array in Verbindung mit dem **sizeof**-Operator	378
Listing **10.47**:	Zugriffe auf Elemente von Arrays über Indizierungsoperator	380 f.
Listing **10.48**:	Indirektion eines Zeigers über Indizierungsoperator mit Index 0	381
Listing **10.49**:	Zeiger in Verbindung mit Zeigerarithmetik	384 f.
Listing **10.50**:	Zeigerarithmetik bezogen auf ein Array fester Größe	387
Listing **10.51**:	Vermeidung eines Speicherlecks durch den **delete[]**-Operator	389
Listing **10.52**:	Allokierung eines zweidimensionalen und dynamischen Arrays	390 f.
Listing **10.53**:	Zugriffe auf Elemente eines zweidimensionalen Arrays	392
Listing **10.54**:	Speicherfreigabe eines zweidimensionalen Arrays	393
Listing **10.55**:	Zeiger als Eigenschaften in einer Praxisklasse	395
Listing **10.56**:	Bildung einer Instanz mit undefinierten Zeiger-Membern	395

Anhang A: Verzeichnis der Listings (10.57 – 10.86)

Listing **10.57**: Initialisierte Nullzeiger im überschriebenen Standardkonstruktor	396
Listing **10.58**: Prototyp eines Konstruktors der Praxisklasse Line2D	396
Listing **10.59**: Dynamische Bildung innerer Instanzen im Konstruktor	397
Listing **10.60**: Instanz der Klasse Line2D mit Speicherlecks	397
Listing **10.61**: Freigabe innerer Instanzen im Destruktor	398
Listing **10.62**: Verwendung eines inneren Objektes über Zeiger-Member	399
Listing **10.63**: Prototyp einer Methode der Praxisklasse Line2D	399
Listing **10.64**: Instanzen als Parameter über dereferenzierte Zeiger-Member	400
Listing **10.65**: Bildung und Verwendung einer Instanz der Klasse Line2D	400
Listing **10.66**: Speicherbedarf einer Instanz mit Zeiger-Membern	401
Listing **10.67**: Methoden-Prototyp zur Ermittlung des gesamten Speicherbedarfs	401
Listing **10.68**: Bedarf an Speicher innerer Instanzen für äußeres Objekt	402
Listing **10.69**: Gesamter Speicherbedarf einer Instanz der Klasse Line2D	402
Listing **10.70**: Verwendung des Schlüsselwortes **nullptr**	406
Listing **10.71**: Deklaration und Initialisierung einer Referenz	408
Listing **10.72**: Fehlerhafte Deklarationen von Referenzen	409
Listing **10.73**: Schreibende und lesende Zugriffe auf Variable über Referenz	409 f.
Listing **10.74**: Deklaration und Verwendung einer Referenz auf eine Referenz	411
Listing **10.75**: Typdefinition in Verbindung mit einer Referenz	412
Listing **10.76**: Referenzvariable mit dem Schlüsselwort **const**	413
Listing **10.77**: Referenz auf konstanten Speicherbereich eines Objektes	413
Listing **10.78**: Referenz als Parameter in Signatur einer Methode	414
Listing **10.79**: Veränderung einer Variablen über Referenz in Methode	415
Listing **10.80**: Vergleichbare Methode mit Zeiger als Parameter	415
Listing **10.81**: Konstante Referenz als Parameter einer Methode	417
Listing **10.82**: Veränderung der statischen Methode der Klasse Number	418
Listing **10.83**: Methodenaufruf mit Referenzen als Parameter	418
Listing **10.84**: Konstante Referenzen als Methodenparameter in Praxisklasse	419
Listing **10.85**: Rückgabe des Aufrufers über dereferenzierten **this**-Zeiger	420
Listing **10.86**: Verkettung von Methodenaufrufen in einem Ausdruck	421

Anhang A: Verzeichnis der Listings (10.87 – 11.9)

Listing **10.87**: Objektkopien mit dem Standard-Kopierkonstruktor	422
Listing **10.88**: Flache Kopie eines Objektes mit Zeiger-Membern	423
Listing **10.89**: Prototyp eines überschriebenen Kopierkonstruktors	424
Listing **10.90**: Implementierung eines Kopierkonstruktors mit flacher Kopie	425
Listing **10.91**: Prototyp und Implementierung eines Kopierkonstruktors	425
Listing **10.92**: Implementierung eines Kopierkonstruktors für tiefe Kopien	426
Listing **10.93**: Aufruf eines Kopierkonstruktors im Konstruktor einer Klasse	427
Listing **10.94**: Tiefe Kopie eines Objektes mit Zeiger-Membern	428
Listing **10.95**: Objektkopien mit dem Standard-Zuweisungsoperator	429
Listing **10.96**: Kopien von Objekten mit dem Schlüsselwort **operator**	430
Listing **10.97**: Prototyp eines überschriebenen Zuweisungsoperators	431
Listing **10.98**: Implementierung eines Zuweisungsoperators mit flacher Kopie	432
Listing **10.99**: Verkettung von Zuweisungen mit Objektkopien	432
Listing **10.100**: Prototyp und Implementierung eines Zuweisungsoperators	433
Listing **10.101**: Gefahr vagabundierender Zeiger durch flache Objektkopie	433
Listing **10.102**: Implementierung eines Zuweisungsoperators für tiefe Kopien	434
Listing **10.103**: Tiefe Objektkopien durch Zuweisungen	435 f.
Listing **10.104**: Vagabundierende Referenz auf dynamischen Speicherbereich	437
Listing **10.105**: Vagabundierende Referenz auf temporären Rückgabewert	437
Listing **10.106**: Vermeidung einer vagabundierenden Referenz durch **static**	438
Listing **11.1**: Array fester Größe mit druckbaren Zeichen in Initialisierungsliste	440
Listing **11.2**: Initialisierung einer Zeigervariablen mit Zeichenketten-Literal	441
Listing **11.3**: Initialisiertes Array fester Größe mit Zeichenketten-Literal	442
Listing **11.4**: Bildung und Verwendung einer dynamischen Zeichenkette	443
Listing **11.5**: Zeiger auf Array fester Größe mit Zeichenketten-Literalen	444
Listing **11.6**: Dynamische Zeichenkette mit terminierter Null	446
Listing **11.7**: Globale Methode zur Ermittlung der Länge von Zeichenketten	447
Listing **11.8**: Array fester Größe mit Zeichenketten-Literal und Größenangabe	448
Listing **11.9**: Verwendung von Zeichenketten-Literalen in Deklarationen	449 f.

Anhang A: Verzeichnis der Listings (11.10 – 12.12)

Listing **11.10**: Verwendung von Zeichenketten-Literalen in Parametern	451
Listing **11.11**: Vergleich druckbarer Zeichen	452
Listing **11.12**: Vergleich einer Zeichenkette mit Operator der Gleichheit	453
Listing **11.13**: Globale Methode zur Prüfung zweier Zeichenketten auf Gleichheit	453 f.
Listing **11.14**: Prototyp einer neuen Getter-Methode der Klasse Number	455
Listing **11.15**: Implementierung der neuen Getter-Methode der Klasse Number	457
Listing **11.16**: Verwendung der neuen Getter-Methode der Klasse Number	459
Listing **11.17**: Zeichenketten-Literale verbunden mit dem Präprozessor	460
Listing **11.18**: Verwendung von Parametern in der main-Methode	461 f.
Listing **12.1**: Ableitung zweier Klassen von einer gemeinsamen Basisklasse	465
Listing **12.2**: Implementierung einer Methode der Basisklasse	466
Listing **12.3**: Bildung und Verwendung von Instanzen abgeleiteter Klassen	467
Listing **12.4**: Deklaration von Klassennamen in Verbindung mit Vererbung	467
Listing **12.5**: Vererbung von Sichtbarkeit mit **private** und **protected**	469
Listing **12.6**: Zugriffe auf geerbte und gekapselte Eigenschaft	470
Listing **12.7**: Vererbung mit den Schlüsselwörtern **class** und **struct**	471
Listing **12.8**: Definition der abgeleiteten Praxisklasse Point3D	472
Listing **12.9**: Eigenschaften und Sichtbarkeit in Vererbungshierarchie	474
Listing **12.10**: Speicherbedarf von der Instanz einer geerbten Klasse	475
Listing **12.11**: Fehlerhafter Konstruktoraufruf der Basisklasse über Instanz	476
Listing **12.12**: Aufruf eines Basiskonstruktors in Initialisierungsliste	477
Listing **12.13**: Prototypen von Konstruktoren der Praxisklasse Point3D	477
Listing **12.14**: Aufrufe von Basiskonstruktoren der Klasse Point2D	478
Listing **12.15**: Bildung von Instanzen der abgeleiteten Klasse Point3D	479
Listing **12.16**: Definition einer abstrakten Basisklasse	481
Listing **12.17**: Aufrufe öffentlicher Methoden über Instanz einer Kindklasse	483
Listing **12.18**: Prototypen von Methoden der Praxisklasse Point3D	484
Listing **12.19**: Getter- und Setter-Methode der Praxisklasse Point3D	484
Listing **12.20**: Überschreiben einer Methode mit neuer Sichtbarkeit in Kindklasse	485

Anhang A: Verzeichnis der Listings (12.21 – 12.43)

Listing		Seite
Listing **12.21**:	Aufruf einer überschriebenen Methode der Kindklasse	486
Listing **12.22**:	Aufruf einer geerbten Methode über Instanz der Kindklasse	487
Listing **12.23**:	Prototyp einer überschriebenen Methode der Klasse Point3D	487
Listing **12.24**:	Implementierung einer Methode mit Aufruf der Basismethode	488
Listing **12.25**:	Methodenaufruf über Instanz der Kindklasse	488
Listing **12.26**:	Überladene Methoden in abgeleiteter Kindklasse	489
Listing **12.27**:	Aufrufe überladener Methoden über Instanz der Kindklasse	490
Listing **12.28**:	Geerbte und statische Eigenschaft in Kindklassen	491
Listing **12.29**:	Zugriffe auf geerbte und statische Eigenschaft	491
Listing **12.30**:	Aufruf einer geerbten und statischen Methode	492
Listing **12.31**:	Polymorpher Zeiger auf dynamische Instanz der Kindklasse	493
Listing **12.32**:	Prototyp einer Klassenmethode mit dem Schlüsselwort **virtual**	494
Listing **12.33**:	Überschriebene Methode mit dem Schlüsselwort **virtual**	495
Listing **12.34**:	Aufruf einer virtuellen Methode über polymorphen Zeiger	495
Listing **12.35**:	Speicherbedarf einer Instanz mit verborgenem Zeiger	497
Listing **12.36**:	Destruktor einer Klasse mit dem Schlüsselwort **virtual**	497
Listing **12.37**:	Prototyp und Implementierung eines virtuellen Destruktors	498
Listing **12.38**:	Abstrakte Basisklasse durch reinvirtuelle Methode	499
Listing **12.39**:	Fehlerhafte Bildung der Instanz einer abstrakten Klasse	499
Listing **12.40**:	Polymorpher Zeiger als Parameter einer Methode	500
Listing **12.41**:	Polymorphie verbunden mit einer Referenz	501
Listing **12.42**:	Polymorphe Referenzen als Parameter einer Methode	501
Listing **12.43**:	Finalisierte Praxisklassen mit dem **final**-Spezifizierer	502

Anhang B: Verzeichnis der Abbildungen

Abbildung 1: Compilieren von Quelldateien	27
Abbildung 2: Linken von Objektdateien	28
Abbildung 3: Instanzierung primitiver und komplexer Datentypen	30
Abbildung 4: Darstellung der Kapselung von Daten	31
Abbildung 5: Präprozessor beim Übersetzen von Quellcodes	65
Abbildung 6: Problem mehrfach eingebundener Header-Dateien	83
Abbildung 7: Abarbeitung von Methoden im Programmstapel	107
Abbildung 8: Sichtbarkeit von Variablen in Scopes	109
Abbildung 9: Verschachtelte Namensräume	157
Abbildung 10: Namenlose und verschachtelte Namensräume	159
Abbildung 11: Interne Darstellung einer vorzeichenlosen Ganzzahl	176
Abbildung 12: Interne Darstellung standardisierter Gleitkommatypen	182
Abbildung 13: Signifikante Bit eines Speicherbereiches (MSB und LSB)	185
Abbildung 14: Interne Darstellung von Objekten in Verbindung mit Füllbyte	191
Abbildung 15: Verhältnis von Speicherausrichtung zu Speicherzugriffen	191
Abbildung 16: Organisation von Elementen eines Datenverbundes im Speicher	199
Abbildung 17: Interne Darstellung eines Speicherbereiches durch ein Bitfeld	204
Abbildung 18: Anordnung von Elementen mit Bitfeldern im Speicher	206
Abbildung 19: Linke Bitverschiebung mit einer vorzeichenbehafteten Ganzzahl	210
Abbildung 20: Rechte Bitverschiebung mit einer vorzeichenbehafteten Ganzzahl	212
Abbildung 21: Darstellung der bitweisen Und-Verknüpfung zweier Ganzzahlen	214
Abbildung 22: Darstellung der bitweisen Oder-Verknüpfung zweier Ganzzahlen	215
Abbildung 23: Bitweise Exklusive-Oder-Verknüpfung zweier Ganzzahlen	216
Abbildung 24: Darstellung des bitweisen Einerkomplements	218
Abbildung 25: Über- und Unterläufe ganzzahliger Wertebereiche	222
Abbildung 26: Distanz zweier Punkte im zweidimensionalen Koordinatensystem	278
Abbildung 27: Eindimensionaler Zeiger auf eine Hardware-Adresse	328
Abbildung 28: Zweidimensionaler Zeiger auf Hardware-Adresse	329

Anhang B: Verzeichnis der Abbildungen (29 – 44)

Abbildung 29: Lokale Kopie eines Zeigers in einer Methode	349
Abbildung 30: Dynamische Speicherallokierung eines Zeigers auf dem Heap	360
Abbildung 31: Vagabundierende Zeiger in Verbindung mit Zeigerkopien	365
Abbildung 32: Zeiger auf verschiedene Speicherbereiche	379
Abbildung 33: Zeiger in Verbindung mit Zeigerarithmetik	386
Abbildung 34: Zeiger verbunden mit einem zweidimensionalen Datenfeld	391
Abbildung 35: Flache Kopien verbunden mit Zeiger-Membern	403
Abbildung 36: Tiefe Kopien in Verbindung mit Zeiger-Membern	404
Abbildung 37: Referenz auf deklarierte Variable	407
Abbildung 38: Übergabe eines Objektes durch call-by-value und call-by-reference	416
Abbildung 39: Beispiel der internen Darstellung von Zeichenketten-Literalen	450
Abbildung 40: Beispiel zur bitweisen Prüfung binärer Zustände	456
Abbildung 41: Ableitung zweier Klassen von einer gemeinsamen Basisklasse	463
Abbildung 42: Darstellung einer Vererbungshierarchie	473
Abbildung 43: Konstruktoraufrufe im Programmablauf	480
Abbildung 44: Destruktoraufrufe im Programmablauf	482
Abbildung 45: Polymorpher Zeiger auf Speicher einer Instanz der Kindklasse	496

Anhang C: Verzeichnis der Tabellen

Tabelle 1: Ganzzahlige Datentypen der Sprache C++	37
Tabelle 2: Gleitkommatypen der Sprache C++	40
Tabelle 3: Binäre und arithmetische Operatoren	47
Tabelle 4: Operatoren für unäre Vorzeichen	50
Tabelle 5: Inkrement und Dekrement in Verbindung mit Präfix und Postfix	51
Tabelle 6: Binäre und arithmetische Zuweisungsoperatoren	53
Tabelle 7: Wertetabelle eines konstanten Arrays fester Größe	60
Tabelle 8: Wertetabelle eines zweidimensionalen Arrays fester Größe	62
Tabelle 9: Präprozessor-Direktiven verbunden mit bedingten Programmcodes	79
Tabelle 10: Vordefinierte Präprozessor-Symbole	80
Tabelle 11: Sichtbarkeitsbereiche in Klassendefinitionen	90
Tabelle 12: Übersicht definierbarer Bereiche (Scopes)	112
Tabelle 13: Binäre Vergleichsoperatoren	131
Tabelle 14: Punktoperator, Scope-Operator und ternärer Operator	152
Tabelle 15: Speichergrößen primitiver und ganzzahliger Datentypen	174
Tabelle 16: Binäre Codierung vorzeichenbehafteter Ganzzahlen	179
Tabelle 17: Speichergrößen von Gleitkommatypen	181
Tabelle 18: Übersicht bitweiser Operatoren	209
Tabelle 19: Wertetabellen für bitweise Verknüpfungen	217
Tabelle 20: Binäre und bitweise Zuweisungsoperatoren	220
Tabelle 21: Übersicht der Suffixe zur Verwendung mit Literalen	230
Tabelle 22: Wertetabellen für logische Verknüpfungen	238
Tabelle 23: Operatoren der Aussagenlogik	239
Tabelle 24: Primitive Datentypen für die Verwendung mit der Klasse Number	302
Tabelle 25: Enumeratoren und Datentypen für die Klasse Number	304
Tabelle 26: Zeigervariablen und Arrays fester Größen als Methodenparameter	371
Tabelle 27: Operatoren der Zeigerarithmetik	382

Anhang C: Verzeichnis der Tabellen (28 – 30)

Tabelle **28**: Operatoren in Verbindung mit Zeigern	405
Tabelle **29**: Weitere Operatoren für die Verwendung mit Zeigern	406
Tabelle **30**: Schlüsselwörter in Verbindung mit der Vererbung von Sichtbarkeit	468

Anhang D: Klassendiagramme der Praxisklassen

class Point2D
+ Point2D()
+ **explicit** Point2D (**float**)
+ Point2D (**float, float**)
+ Point2D (**const** Point2D &)
+ **virtual** ~Point2D()
+ **float** GetCoordX() **const**
+ **float** GetCoordY() **const**
+ Point2D & SetCoordX (**float**)
+ Point2D & SetCoordY (**float**)
+ **virtual bool** IsCoordCenter() **const**
+ Point2D & **operator=** (**const** Point2D &)
+ **static float** Distance2D (**const** Point2D &, **const** Point2D &)
# **float** m_x
# **float** m_y

class Core::Number **final**
+ Number()
+ **explicit** Number (uint8)
+ **explicit** Number (uint16)
+ **explicit** Number (uint32)
+ **explicit** Number (uint64)
+ **explicit** Number (int8)

Anhang D: Klassendiagramme der Praxisklassen

// Fortsetzung
+ **explicit** Number (int16)
+ **explicit** Number (int32)
+ **explicit** Number (int64)
+ **explicit** Number (**bool**)
+ Number (**const** Core::Number **&**)
+ uint8 GetUint8() **const**
+ uint16 GetUint16() **const**
+ uint32 GetUint32() **const**
+ uint64 GetUint64() **const**
+ int8 GetInt8() **const**
+ int16 GetInt16() **const**
+ int32 GetInt32() **const**
+ int64 GetInt64() **const**
+ **bool** GetBool() **const**
+ **enum** Core::LastTypeOfNumber GetLastType() **const**
+ size32 GetTypeSize() **const**
+ **const char*** GetBinary() **const**
+ **void** SetUint8 (uint8)
+ **void** SetUint16 (uint16)
+ **void** SetUint32 (uint32)
+ **void** SetUint64 (uint64)
+ **void** SetInt8 (int8)
+ **void** SetInt16 (int16)
+ **void** SetInt32 (int32)
+ **void** SetInt64 (int64)

Anhang D: Klassendiagramme der Praxisklassen

// Fortsetzung
+ **void** SetBool **(bool)**
+ **bool** IsUndefined() **const**
+ **bool** HasSignedType() **const**
+ **bool** HasUnsignedType() **const**
+ Core::Number & operator= **(const** Core::Number &)
+ **static void** Copy **(const** Core::Number &, Core::Number &)
+ **static const** uint8 MAX_UINT8
+ **static const** uint16 MAX_UINT16
+ **static const** uint32 MAX_UINT32
+ **static const** uint64 MAX_UINT64
+ **static const** int8 MAX_INT8
+ **static const** int16 MAX_INT16
+ **static const** int32 MAX_INT32
+ **static const** int64 MAX_INT64
+ **static const** uint8 MIN_UINT8
+ **static const** uint16 MIN_UINT16
+ **static const** uint32 MIN_UINT32
+ **static const** uint64 MIN_UINT64
+ **static const** int8 MIN_INT8
+ **static const** int16 MIN_INT16
+ **static const** int32 MIN_INT32
+ **static const** int64 MIN_INT64
- **union** Core::DatatypeOfNumber m_type
- **enum** Core::LastTypeOfNumber m_last
- size32 m_size

Anhang D: Klassendiagramme der Praxisklassen

class Line2D **final**
+ Line2D()
+ Line2D **(float, float, float, float)**
+ Line2D **(const** Point2D **&, const** Point2D **&)**
+ Line2D **(const** Line2D **&)**
+ ~Line2D()
+ **float** GetLength() **const**
+ size32 GetSize() **const**
+ Line2D **& operator= (const** Line2D **&)**
− Point2D * m_start
− Point2D * m_end

class Point3D: **public** Point2D
+ Point3D()
+ **explicit** Point3D **(float)**
+ Point3D **(float, float, float)**
+ **explicit** Point3D **(const** Point2D **&)**
+ Point3D **(float, const** Point2D **&)**
+ Point3D **(const** Point2D **&, float)**
+ **virtual** ~Point3D()
+ **float** GetCoordZ() **const**
+ Point3D **&** SetCoordZ **(float)**
+ **virtual bool** IsCoordCenter() **const** /* überschrieben */
# **float** m_z

Anhang E: Eingebaute Operatoren der Sprache C++

Operator	Operation	Rückgabewert	Typ	Notat.	Datent.
Arithmetik					
- (Vorzeichen, neg.)	-Op	-Op	unär	Präfix	prim.
+ (Vorzeichen, pos.)	+Op	+Op	unär	Präfix	prim.
+ (Addition)	Op1 + Op2	Op1 + Op2	binär	Infix	prim.*
- (Subtraktion)	Op1 - Op2	Op1 - Op2	binär	Infix	prim.*
* (Multiplikation)	Op1 * Op2	Op1 * Op2	binär	Infix	prim.
/ (Division)	Op1 / Op2	Op1 / Op2	binär	Infix	prim.
% (Modulo)	Op1 % Op2	Op1 % Op2	binär	Infix	Ganzz.
++ (Inkrement)[1]	Op = Op + 1	Op + 1	unär	Präfix	prim.*
++ (Inkrement)[1]	Op = Op + 1	Op	unär	Postfix	prim.*
-- (Dekrement)[1]	Op = Op - 1	Op - 1	unär	Präfix	prim.*
-- (Dekrement)[1]	Op = Op - 1	Op	unär	Postfix	prim.*
Vergleiche					
== (Gleichheit)	Op1 == Op2	true | false	binär	Infix	prim.*
!= (Ungleichheit)	Op1 != Op2	true | false	binär	Infix	prim.*
<= (kleiner oder gleich)	Op1 <= Op2	true | false	binär	Infix	prim.*
>= (größer oder gleich)	Op1 >= Op2	true | false	binär	Infix	prim.*
< (kleiner)	Op1 < Op2	true | false	binär	Infix	prim.*
> (größer)	Op1 > Op2	true | false	binär	Infix	prim.*
Aussagenlogik					
&& (Und)	Op1 && Op2	true | false	binär	Infix	**bool**
|| (Oder)	Op1 || Op2	true | false	binär	Infix	**bool**
! (Negierung)	!Op	true | false	unär	Präfix	**bool***

Anhang E: Eingebaute Operatoren der Sprache C++

Operator		Operation	Rückgabewert	Typ	Notat.	Datent.
Bitmanipulation						
&	(Und)	Op1 & Op2	Op1 & Op2	binär	Infix	Ganzz.
|	(Oder)	Op1 | Op2	Op1 | Op2	binär	Infix	Ganzz.
^	(Exklusive-Oder)	Op1 ^ Op2	Op1 ^ Op2	binär	Infix	Ganzz.
<<	(Links-Shift)	Op1 << Op2	Op1 << Op2	binär	Infix	Ganzz.
>>	(Rechts-Shift)	Op1 >> Op2	Op1 >> Op2	binär	Infix	Ganzz.
~	(Einerkomplement)	~Op	~Op	unär	Präfix	Ganzz.
Zuweisungen[1]						
=	(Zuweisung)	Op1 = Op2	Op1 = Op2	binär	Infix	prim.* + Objekte
+=	(Addition mit Zuweisung)	Op1 = Op1 + Op2	Op1 + Op2	binär	Infix	prim.*
-=	(Subtraktion mit Zuweisung)	Op1 = Op1 - Op2	Op1 - Op2	binär	Infix	prim.*
*=	(Multiplikation mit Zuweisung)	Op1 = Op1 * Op2	Op1 * Op2	binär	Infix	prim.
/=	(Division mit Zuweisung)	Op1 = Op1 / Op2	Op1 / Op2	binär	Infix	prim.
%=	(Modulo mit Zuweisung)	Op1 = Op1 % Op2	Op1 % Op2	binär	Infix	Ganzz.
&=	(Und mit Zuweisung)	Op1 = Op1 & Op2	Op1 & Op2	binär	Infix	Ganzz.
|=	(Oder mit Zuweisung)	Op1 = Op1 | Op2	Op1 | Op2	binär	Infix	Ganzz.
^=	(Exklusive-Oder mit Zuweisung)	Op1 = Op1 ^ Op2	Op1 ^ Op2	binär	Infix	Ganzz.
<<=	(Links-Shift mit Zuweisung)	Op1 = Op1 << Op2	Op1 << Op2	binär	Infix	Ganzz.
>>=	(Rechts-Shift mit Zuweisung)	Op1 = Op1 >> Op2	Op1 >> Op2	binär	Infix	Ganzz.

Eintauchen in **C++**

Anhang E: Eingebaute Operatoren der Sprache C++

Operator		Operation	Rückg.	Typ	Notat.	Datentypen
Datenzugriff						
.	(Member-Zugriff, direkt)	Op1.Op2	Op2	binär	Infix	Objekte (Op1), prim.* + Objekte + Methoden (Op2)
::	(Auflösung von Bereichen, Qualifizierung, Scoping)	Op1::Op2	Op2	binär	Infix	Namensräume, + Klassen (Op1), prim.* + Objekte + Methoden + Namensräume + Klassen (Op2)
::	(globale Qualifizierung)	::Op	Op	unär	Präfix	prim.* + Objekte + Methoden + Namensräume + Klassen
*	(Dereferenzierung)	*Op	*Op	unär	Präfix	Zeiger
[ ]	(Indizierung)	Op[i]	*Op bzgl. i	unär	Postfix	Zeiger
->	(Member-Zugriff, indirekt)	(*Op1).Op2	Op2	binär	Infix	Zeiger (Op1), prim.* + Objekte + Methoden (Op2)
.*	(Member-Zugriff + Dereferenzierung)°	Op1.*Op2	*Op2	binär	Infix	Objekte (Op1), Zeiger (Op2)
->*	(Member-Zugriff + Dereferenzierung)°	(*Op1).*Op2	*Op2	binär	Infix	Zeiger (Op1), Zeiger (Op2)
sonstige						
?:	(Bedingung)	if (Op1) Op2 else Op3	Op2 | Op3	ternär	Infix	**bool** (Op1), Ausdruck (Op2), Ausdruck (Op3),
( )	(Typkonvertierung)	(t)Op	Op bzgl. t	unär	Präfix	primitive + Zeiger
( )	(Methodenaufruf)	Op(a)	**return**	unär	Postfix	Methoden
,	(Separation)	Op1, Op2	Ausdr.	binär	Infix	Ausdruck

Anhang E: Eingebaute Operatoren der Sprache C++

Operator	Operation	Rückgabew.	Typ	Notat.	Datentypen
Speicherverwaltung					
& (Adresse)	&Op	Zeiger auf Op	unär	Präfix	prim.* + Objekte
sizeof (Speicherbedarf)	sizeof(Op) sizeof Op	unsigned int	unär	Präfix	prim.* + Objekte + Klassen
new (Allokierung)	new Op	Zeiger auf Op	unär	Präfix	prim.* + Klassen
new[] (Array-Allokierung)	new Op[i]	Zeiger auf Op	unär	Präfix	prim.* + Klassen
delete (Freigabe)	delete Op	void	unär	Präfix	Zeiger
delete[] (Array-Freigabe)	delete[] Op	void	unär	Präfix	Zeiger

¹) Der Operator führt einen schreibenden Zugriff auf den Operanden aus. Bei binären Operatoren erfolgt dieser Zugriff auf den linken Operanden (Op1).

*) Die syntaktische Verwendung von Zeigervariablen in den Operanden ist zusätzlich für diese Operatoren möglich. Zeiger sind nicht auf die jeweiligen Datentypen der Tabelle beschränkt. Somit sind in den Operanden stets Zeiger auf komplexe und auf alle primitiven Typen möglich.

prim.) Sofern nicht anders angegeben, handelt es sich bei den Datentypen um alle primitiven Typen der Sprache C++ (Ganzzahlen, Gleitkommatypen und **bool**) sowie von diesen Typen instanzierte Variablen, Konstanten und Literale.

Op1, Op2, Op3) Methodennamen können als Operanden dienen, um den Programmablauf an die jeweilige Methode zu delegieren. Die Delegation an Methoden darf nur für Operanden mit lesenden Zugriffen erfolgen.

Eintauchen in **C++**

Anhang E: Eingebaute Operatoren der Sprache C++

Priorität	Operator(en)	Bedeutung	Auswertung
1.	`::`	Qualifizierung	von links nach rechts
	`(..)`	Klammerung	
2.	`.` und `->`	Zugriff auf Element (Member), direkt und indirekt	von links nach rechts
	`(..)`	Methodenaufruf Parameter werden von links nach rechts ausgewertet, z.B. `func('x', 5, 1.1f)`	
	`[..]`	Indizierung	
	`++` und `--`	Inkrement und Dekrement (Postfix)	
3.	`++` und `--`	Inkrement und Dekrement (Präfix)	von rechts nach links
	`+` und `-`	Vorzeichen, positiv und negativ	
	`!` und `~`	Negierung und bitweise Negation	
	`&` und `*`	Adresse und Dereferenzierung	
	`sizeof` `sizeof(..)`	Ermittlung des Speicherbedarfes	
	`new` und `delete`	dynamische Speicherverwaltung	
	`new[..]` und `delete[]`	dynamische Array-Allokierung und Array-Freigabe (Speicherverwaltung)	
	`(..)`	Typkonvertierung	
4.°	`.*` und `->*`	Zugriff auf Zeiger-Element, direkt und indirekt mit Dereferenzierung	von links nach rechts
5.	`*` und `/` und `%`	arithmetische Multiplikation, Division und Modulo	von links nach rechts
6.	`+` und `-`	arithmetische Addition, Subtraktion	von links nach rechts
7.	`<<` und `>>`	Links-Shift und Rechts-Shift	von links nach rechts

Anhang E: Eingebaute Operatoren der Sprache C++

Priorität	Operator(en)	Bedeutung	Auswertung
8.	< und >	Vergleiche, kleiner und größer	von links nach rechts
	<= und >=	kleiner oder gleich, größer oder gleich	
9.	== und !=	Gleichheit und Ungleichheit	von links nach rechts
10.	&	Und, bitweise	von links nach rechts
11.	^	Exklusive-Oder, bitweise	von links nach rechts
12.	|	Oder, bitweise	von links nach rechts
13.	&&	Aussagenlogik, Und	von links nach rechts
14.	||	Aussagenlogik, Oder	von links nach rechts
15.	?:	Bedingung	von rechts nach links
16.	=	Zuweisung	von rechts nach links
	*= und /= und %= und += und -=	Zuweisungen, Arithmetik	
	<<= und >>= und &= und ^= und |=	Zuweisungen, Bitmanipulation	
17.	,	Separation, Sequenz	von links nach rechts
18.	throw°	Auslösen einer Ausnahme	von rechts nach links

°) Diese Operatoren wurden im vorliegenden Buch nicht explizit behandelt.

Anhang F: Stichwortverzeichnis

A

Abarbeitung	55f, 64, 99, 103f, 122, 124, 126, 130, 133, 137, 142, 146f, 149, 224, 235, 250, 293, 395, 421, 434f, 437f, 458, 480, 482, 486, 494
Abbild	30, 65, 71, 74 → Speicherabbild
Abbruch	142, 146
Abbruchbedingung	138, 140-142
Abhängigkeit	83, 189
Ableitung	463, 468, 471, 492, 502
Abstraktion	498
Addition	47f, 54, 218, 234, 294, 382-384
Additionsoperator	48, 383
Adresse	188f, 197, 327, 331, 333, 355, 365, 375, 383f, 387f, 390, 401, 405, 408 → Hardware-Adresse
Adressoperator	331, 339
Algorithmus	287, 453
Alias	63, 148, 165-170, 407f
Aliasing	165-168
Allokierung	33, 353, 377, 379, 393 → Speicherallokierung
Alphabet	452
Ampersand	213, 236, 331, 407f, 412
Anführungszeichen	40, 69, 143, 441, 459
Anweisung	26, 34, 56, 66, 70, 76, 130, 133-138, 140-145, 147, 149, 237, 293, 335
Arbeitsspeicher	33, 120, 171, 224 → RAM
Architektur	38, 64, 173, 186, 188f, 456
Arithmetik	46, 54, 72, 382
Array	57-62, 71f, 86, 123, 139, 151, 152, 186, 189, 195, 199, 367, 369-372, 375-380, 383f, 386f, 389f, 392f, 439-445, 448f, 451, 458, 461 → Datenfeld
ASCII-Code	40
Aufruf	107, 122, 257, 261, 271, 274, 280-283, 285, 293, 295, 344f, 396, 413f, 417, 421, 424f, 429, 458, 466, 476-478, 480, 482f, 486-488, 494-498, 500 → Methodenaufruf
Aufrufer	104f, 243, 249, 258, 293, 420, 430, 432, 480, 484
Aufzählung	114-116, 118, 323
Aufzählungstyp	114-120, 147, 303f, 310 → Enumeration
Ausdruck	36, 41, 43, 48, 54-57, 86, 94, 97, 100, 104, 114, 124, 130-134, 136-138, 140-146, 149, 151, 156, 160f, 163, 165, 168, 200, 224f, 232, 241, 243, 248-250, 270, 293f, 329f, 337, 370, 375, 383, 408f, 421, 432, 441, 467, 498
Ausführung	35, 40, 53, 58, 103f, 120, 130, 171, 208, 224, 250, 256, 364, 375
Auslagerung	464
Ausrichtung	188f, 191, 207
Ausrufezeichen	215
Aussage	235-238, 260, 309, 453, 486
Aussagenlogik	235, 237-240

B

Backslash	445
Basis	34, 55, 82, 130, 173, 175f, 178, 180, 212, 214, 223, 295, 365, 385, 463f, 466, 492-494, 499
Basisdestruktor	482, 497
Basisklasse	22, 306, 463-473, 475-477, 480-483, 485, 487, 489f, 492-502
Basiskonstruktor	476f, 480
Basismethode	483, 485-489, 495
Bauvorschrift	26, 30, 86, 92, 241, 244, 463f, 466f
Bedingung	73-79, 81, 84, 130, 133f, 136, 137f, 140f, 144, 149, 228f, 236, 240, 293, 335f, 435, 448, 452

Anhang F: Stichwortverzeichnis (B, C)

Beenden	104, 121, 171, 250, 261, 273, 449, 451, 458
Befehl	66, 74, 99, 104, 120 → Programmbefehl
Bekanntmachung	29f, 46, 57, 59, 63, 85, 87, 93f, 98, 102, 114, 120, 148, 197, 241, 243, 290f, 295, 301, 329f, 371, 467, 487 → Deklaration
Benutzeroberfläche	19
Berechnung	39f, 51, 102, 180-183, 208, 224, 287f, 419
Bereich	20, 26, 31, 55, 57, 59, 74-76, 78, 84, 86, 89f, 92, 98-104, 107, 109-111, 113f, 122, 124, 126, 130, 134, 136-140, 142, 144, 153f, 156, 158, 160, 171, 179, 197, 201, 204, 207, 219, 222, 241, 244-248, 255, 261, 270, 273, 275, 277, 297, 299, 306, 353, 364, 377, 388, 393 → Scope
Bereichsauflösung	112, 167
Bereichs- auflösungsoperator	100, 160, 244 → Scope-Operator
Betriebssystem	19f, 26, 35, 104, 460
Bezugsrahmen	32, 34, 85-89, 92, 94, 98-100, 105, 109, 111, 115, 117, 153f, 156, 158, 160, 165, 188, 195f, 198, 200, 208, 245f, 248, 254, 263, 323, 345
Bias(wert)	181
Bibliothek	28 → Programmbibliothek
Big-Endian (-Ordnung)	173
Binärcodierung	173
Binärzustand	172, 200
Bindung	408f
Bit	38, 40, 172-176, 178-183, 185, 188-192, 203-204, 206-218, 220, 224, 228f, 232, 238, 333, 335, 364, 456
Bitfeld	203, 205, 207
Bitfield	203f
Bitkombination	215, 217
Bitmanipulation	77, 132, 305
Bitmuster	183f
Bitstelle	176, 185, 213, 228
Bitverschiebung	209-213, 228, 456
Bitzahl	175, 178-180, 185, 203f, 222, 224f, 456, 458
bool	36, 48, 172, 174f, 187, 203, 207, 219f, 227-229, 238, 260, 303, 305, 321, 458
break	142, 146f
Byte	171-175, 187-190, 192, 195, 199f, 204-207, 347, 355, 375, 378, 384, 393, 401, 442, 446, 450, 456, 458, 496
Byte-Order	173, 458

C

C (Sprache)	30, 80, 85
C# (Sprache)	20
Cache / Caching	64
call-by-reference	414-417
call-by-value	254f, 414, 416f
case	143-147
char	37, 39f, 62, 178f, 222-224, 232, 439-442, 445f, 448f, 451f, 455, 458, 461
class	21, 85-88, 92f, 109, 112, 151, 197, 291, 295, 298, 464, 466, 471
Class-Scope	109, 241
Code-Einheit	27, 100 → Übersetzungseinheit
Code-Entwicklung	25, 28, 33, 62, 195
Code-Zeile	66-68, 70-74, 80-82, 421, 430, 459
Codierung	173, 177-180, 185f
Compiler	20, 22, 26-29, 35, 39, 45, 54, 59, 62, 64-68, 70-76, 80-83, 93, 116, 118, 124, 144, 153, 168, 182, 187-190, 206f, 223-230, 248, 263, 268, 280, 282f, 285, 296, 323-325, 383f, 395, 403f, 408, 414, 422, 424, 429f, 438, 445, 448-450, 476, 480, 482, 485, 496
Compiler-Fehler	83, 153 → Übersetzungsfehler
Compilieren	27, 66

Anhang F: Stichwortverzeichnis (C, D)

Connection	96f
const	45, 59, 129, 148, 186, 241-243, 251, 253f, 258, 261, 273, 275, 279, 295f, 321f, 336-338, 340, 343f, 348-350, 372, 386, 412f, 417, 455, 486, 500
Container	301
continue	142
Core	301, 303, 305f, 310, 315, 322f

D

Darstellung	32, 173, 175f, 180, 182f, 186, 191, 199, 204, 206, 448, 450, 480
DatatypeOfNumber	305f, 313, 323f
Datei	25, 29, 74 → Quelldatei
Dateiendung	25, 68f
Dateiname	68f, 82
Dateipfad	68f
Dateisystem	25, 68
Daten	31, 33, 57, 64, 85, 89, 98-101, 104, 107, 113f, 121, 124, 153, 160f, 163-165, 168, 170-173, 185f, 188-190, 197, 245, 291, 295, 305, 331, 463
Datenbus(breite)	188-191
Datenfeld	57-62, 72, 139, 151, 186, 195, 198f, 296, 367, 369f, 372, 375, 377-380, 382f, 389f, 392f, 439, 442f, 445, 458, 461 → Array
Datenkapselung	89f, 92, 95, 111, 127, 465 → Kapselung
Datenspeicherung	171, 197, 203f
Datenstruktur	28-31, 33, 46, 85, 89, 100f, 172, 189, 208, 298
Datentyp	30, 32, 34, 36-41, 43, 45, 47f, 57, 62-64, 84, 92f, 96, 104, 115, 117, 120, 123, 126, 131, 143, 148, 172-182, 185-187, 190, 192, 199f, 203-210, 219, 222, 224-228, 230-234, 249, 251, 253-256, 260, 268f, 271, 279, 283, 295f, 301-303, 305, 307f, 310, 313, 315, 321-323, 328-332, 334, 337, 339f, 343, 353, 367, 370f, 375, 379f, 384, 386, 392-394, 406f, 412, 414f, 429, 439, 442, 445, 452, 455f, 458, 461, 489, 501 → Typ
Datenverbund	197-203, 208, 298-300, 305, 307f, 310, 313, 315, 320, 323, 342, 455f, 466 → Verbund
Datum	80, 186
Datum	205-207
Debug(gen)	75, 80
default	143, 147
define	70-73
defined	77-80, 240
Definition	26, 28f, 31f, 35, 63, 66-68, 70, 72, 83-88, 90, 92, 98-100, 107, 109, 111, 113-115, 117, 119f, 129, 153f, 183, 192, 197-201, 205, 208, 261, 269-272, 284, 290, 298f, 301, 303, 305-310, 321, 323, 425, 427, 431, 433, 464, 466-468, 471, 477, 482, 485, 489, 492, 498
Deklaration	28-30, 32f, 37, 39, 41, 43, 45, 57-64, 68, 85-88, 91-94, 96, 98, 110, 114-116, 120-124, 126, 128f, 137f, 151, 161f, 164-166, 171f, 175, 177, 180, 198, 200f, 204, 207, 227, 232f, 241, 243, 245, 257, 264f, 269f, 275, 280, 290f, 295f, 321f, 328-330, 332-334, 336f, 341, 343f, 367, 369f, 380, 386, 390, 394, 407f, 411f, 436, 439-444, 449, 458, 467, 498, 501 → Bekanntmachung
Deklarationsliste	43f, 46, 56, 93f, 330
Dekrement (-operator)	51f, 382f
Delegation	293-295, 386, 482
delete	34, 352, 355, 357f, 361, 364, 405, 493
delete[]	34, 375, 377, 379, 388, 393, 405, 442, 451, 493
DemoNamespace	155, 157f, 160-162, 164, 167, 169f
Demotion	224f
Dereferenzierung	339f, 345, 379, 381, 388, 390, 405, 420, 432, 436, 445

Anhang F: Stichwortverzeichnis (D, E, F)

Destruktor	273f, 279, 298, 355, 398, 424, 427, 434, 482, 494, 497
Destruktoraufruf	274, 482
Destruktormethode	273f, 398
Destruktorname	274
Dezimalstelle	39f, 182f
Dezimalzahl	39
Dimension	61, 329, 338, 369-371, 389f, 392f, 443, 472, 486
Direktive	66-84, 161f, 164f, 168f, 189, 240, 247, 459f, 464,
Distanz	275, 278, 400 → Streckenlänge
Division	47f, 54f
Divisionsoperator	49, 227
Divisionsrest	47
do	141
Dokumentation	82
Doppelpunkt	89, 100, 143-145, 147, 149, 203, 262, 464
double	40, 180-182, 190f, 200, 224, 226f, 230, 232, 258
Duplikat	421f → Kopie
Durchlauf	130, 137f, 142

E

Ebene	163
Editor	20 → Texteditor
Eigenschaft	30-32, 85, 87-92, 95-97, 110f, 113f, 120, 126-129, 151, 187-190, 195, 197-207, 241, 243, 256, 258, 261-264, 271, 275, 283, 291f, 295, 298, 303, 305f, 319-323, 342f, 345, 394f, 399, 401, 411, 413, 416, 421-423, 426, 429, 431f, 463-470, 472f, 475, 483, 490-492, 494, 496
Einerkomplement	218f
Einheit	20, 28f, 65, 172, 189, 195, 204, 456
Elektrotechnik	171
Element	57-61, 95, 97-100, 103, 139, 188f, 199f, 293, 296, 342, 367, 372, 375, 378-380, 382-384, 386-390, 392f, 399, 416, 440, 443-446, 448, 451, 453, 458, 461, 463, 468f, 471, 476, 480, 490
elif	77-79
else	76-79, 133f, 136, 143, 147, 149f
endif	73-76, 78f, 84
Endlosschleife	138, 140
Endpunkt	394, 396, 400, 427, 435
Entwickler	19f, 26, 33, 57, 98, 173, 352, 355, 376, 442 → Programmierer
Entwicklungsphase	75
Entwicklungsumgebung	20, 65, 68, 70, 75, 80, 461 → IDE
enum	114, 117, 196, 466
Enumeration	114-119, 147, 196, 208, 303, 466 → Aufzählungstyp
Enumerator	116-119, 147, 196, 303, 310, 313, 315, 323, 455
Ergebnis	44, 65, 103, 143, 146f, 176, 178, 183, 213-215, 218, 224, 226f, 236, 294f, 365, 381, 383, 486f, 494
Ergebnisbit	213, 215-217
Ergebniswert	218, 221-225, 227
error	81f
Erstzustand	29, 43, 59
Exklusive-Oder-Verknüpfung	216f, 220, 237
explicit	267-270
Exponent	175f, 180-182
Exponentenbit	183

F

Faktor	172, 205, 207, 456
Fakultät	287
Fallunterscheidung	143-147
false	36, 131, 219f, 227f, 235-239, 260, 335, 406, 494

Anhang F: Stichwortverzeichnis (F, G, H)

Fehler	26f, 35, 45, 59, 72, 74f, 82, 153, 243, 270, 273, 377, 408
Fehlermeldung	81f
Festplatte	120, 171
Fibonacci	288
File-Scope	100, 154
final	502
Finalisierung	502
Flag	207
FlagField	207
float	40, 180-182, 188, 226, 228, 232, 268f, 299
Float	298f
for	137
Formatierung	21f
Fragezeichen	149
Freigabe	33f, 57, 120, 124, 171, 273, 298, 355f, 358, 360f, 364, 367, 376f, 388, 393, 395f, 398, 482, 497 → Speicherfreigabe
Framework	19
Freundklasse	291
Freundschaft	289f, 292, 492
friend	289-292, 492
Function-Scope	103, 112, 245, 254, 275
Funktion	103, 461 → Methode
Funktionalität	399, 464, 466, 472, 480-484, 489, 494
Füllbit	211f
Füllbyte	188-192, 199f, 204

G

Ganzzahl	37, 39f, 51, 58, 78, 82, 143, 172, 175-181, 185, 188f, 191, 200, 203f, 209-216, 218f, 222f, 226-228, 230f, 287f, 298, 303, 375, 382, 386
Gegenstück	29, 33f, 50f, 64, 73, 75, 131, 141, 175, 185, 211, 237, 258, 273, 339, 355, 435
Genauigkeit	32, 37, 40, 180-182, 226, 232, 298
Getter-Methode	31f, 258, 260, 295f, 298f, 309, 313, 402, 439, 455, 457-459
Gleichheit	50, 131, 143f, 225, 229, 363f, 452f
Gleitkommatyp	39f, 180-183, 190, 201, 203, 206, 209, 226-228
Gleitkommawert	32, 39, 172, 180-184, 200, 227f, 230, 232, 294, 298
Global-Scope	100, 112
Großbuchstabe	21, 70f
Größe	40f, 57-62, 71f, 86, 120, 139, 151, 176, 185-188, 192, 195, 202-205, 229, 296, 301f, 313, 315, 323, 352, 355, 367, 369-372, 375, 378, 380, 384, 387, 401, 440-445, 448f, 455f, 458 → Speichergröße
Grundgerüst	30, 87
Grundlage	19, 25, 32, 35, 88, 98, 130, 171, 174f, 178, 180, 215, 452, 461, 473
Gültigkeit	99, 114, 120, 149, 153, 161, 245, 254, 274, 336, 345, 355, 365, 437f
Gültigkeitsbereich	103, 111, 113f

H

Hardware-Adresse	171-173, 197, 327f, 331-333, 335f, 340, 345, 363, 365, 372, 379, 382f, 388, 403, 408, 423, 430 → Adresse
Hardware-Komponente	171
Hat-ein-Beziehung	97, 271, 394
Header(-Datei)	24f, 27-32, 35, 63, 65-69, 75, 81, 83-86, 98, 100-102, 110, 114, 120, 153, 161, 241, 243, 248, 301, 464
Header-Guard	75, 83f, 306
Heap	33f, 153, 192, 352f, 355f, 358-361, 364, 375-378, 384, 389f, 392, 442, 445
Hexadezimalwert	327
Hierarchie	490 → Vererbungshierarchie
Hilfsklasse	111f, 244
Hilfsmethode	372, 448, 451, 453f, 461, 500
Hinweis	22, 64, 68, 82, 153, 189, 266

Anhang F: Stichwortverzeichnis (I, J, K)

I

IDE	20, 75
	→ Entwicklungsumgebung
Identifikation	126, 153, 160, 303
Identifikator	30, 41, 43, 58, 115, 117, 119, 153-155, 157f, 161-165, 168, 246, 253, 256, 273, 330, 334, 461
IEEE 754	180-182
if	77f, 133f, 240
ifdef	73-76, 78-80
ifndef	73, 75f, 79f, 84
Implementierung	29, 32, 35, 67f, 91, 102-105, 107f, 114, 120, 241, 243-248, 251, 253, 255, 257-259, 261-263, 266, 270, 273, 290, 298, 310, 313, 315, 317, 319f, 322, 324f, 345, 348f, 395, 397, 400, 407, 418-420, 424-427, 431f, 434f, 447, 455-458, 466, 476, 480, 482, 487-489, 495
include	67-69, 464
Index	58-60, 62, 139, 204, 379, 381, 386, 461
Indirektion	339, 379
Indizierung	58, 379-382, 386, 388, 390, 406, 439
Indizierungs-operator	57-59, 151, 372, 379, 405
Inf	183f, 201, 298
	→ Unendlichkeit
Infix	46f, 53f, 100, 130, 152, 209, 220f, 239, 382, 405
Informatik	171, 176, 286
Information	68, 98, 172f, 176-180, 183, 214f, 217, 226f, 298, 455, 458
Initialisierung	29, 41, 43-46, 59, 88, 103, 124, 129, 137f, 180, 227, 232, 234, 261f, 271, 295, 322, 332-334, 341, 386, 396, 406-408, 411f, 427, 437, 440-442, 445, 449, 451, 476, 478, 480, 501
Initialisierungsliste	59-61, 86, 262f, 271, 283, 396, 440, 443, 476, 478, 480
Initialisierungswert	43-45, 59f, 103, 116, 145, 271, 449
Inklusive-Oder-Verknüpfung	215
Inkrement	51f, 294, 382f, 386
Inkrementoperator	52, 383
inline	248, 259, 261, 263, 270, 277
InnerClass	111f, 128, 151f, 187f, 190, 194
InnerNamespace	157-160, 162-164, 167, 169f
InnerState	96f
Instanz	30f, 33, 36, 85, 87-99, 109, 111f, 114, 117, 120, 122, 126-129, 151f, 187f, 190, 192, 195-201, 204-208, 241, 256, 261, 264-266, 271, 274f, 277, 281, 284f, 292, 295f, 298, 301, 303, 305, 307-310, 313, 320, 323f, 343, 394-402, 404, 416-418, 422, 426f, 430, 439, 455f, 458, 464, 468-470, 475f, 480, 482-484, 487f, 490, 493f, 496-499, 501
Instanzierung	30, 32, 95f, 110, 112, 117, 200, 283, 297, 319, 397, 399, 422f, 463f, 475f, 499
int	36, 38, 104, 174-177, 191f, 205-207, 227, 229, 231, 323, 392f, 406, 461
ISO/IEC	19
Ist-ein-Beziehung	463, 472, 475, 493
Ist-Zustand	260
Iteration	130, 137f, 141f, 286, 393, 447, 456

J

Jahr	114-116, 118
Java	20, 248

K

Kapselung	31f, 85, 89, 98, 126, 271, 291, 297, 463, 472, 493
	→ Datenkapselung
Kette	62, 439, 443, 448, 453
	→ Zeichenkette
Kindklasse	463-473, 475-478, 480-490, 492-502
Klammer	39, 55, 57-61, 68f, 72, 77, 86f, 98-100, 104, 107, 114, 133, 137-140, 143f, 154, 156, 192, 210f, 233f, 245, 262f, 271, 324f, 334, 336, 342, 369-371, 375, 442f, 448

Anhang F: Stichwortverzeichnis (K, L)

Klammerung	54f, 99, 149	Konstante	30, 33f, 45-47, 52, 57f, 64, 70, 74, 100, 102f, 113-121, 124, 129-131, 140f, 143f, 171-178, 186, 192, 196, 202, 222, 227-229, 233f, 255, 295, 303, 331, 336f, 344, 369-371, 407, 412, 415, 417, 451
Klasse	19, 21-24, 29-32, 34f, 69, 84-100, 103f, 109-114, 122, 126-129, 148, 151, 153, 160, 168, 170, 187f, 190, 192, 194-198, 205-208, 241, 243-246, 248f, 251, 258-275, 277, 279-281, 283-285, 290-292, 295, 297f, 301-303, 305-310, 313, 315, 317, 320-323, 325, 394-401, 403f, 416-418, 421-427, 429-435, 439, 455, 458, 463f, 466-468, 470, 472f, 475f, 478-483, 485, 487-489, 492f, 496-499, 501f		
		Konstantenname	192
		Konstruktor	88, 233f, 261-273, 275, 279, 282-284, 291, 295, 297f, 307, 310, 325, 345, 353, 375, 394, 396f, 399, 422, 424, 427, 472, 475-482, 495, 498
		Konstruktoraufruf	271, 480
Klassenbereich	109-112, 243f, 259, 263	Konstruktor-methode	261-263, 266f, 269f, 279, 298, 307, 310
Klassenbildung	85		
Klassendefinition	29f, 32, 69, 85-97, 99, 102, 109-115, 117, 120, 126, 129, 151, 154, 186-190, 193, 197-200, 203, 205, 207, 241, 244, 248, 271, 279, 281f, 291f, 297, 321, 394, 431, 463-465, 468, 481, 497, 502	Kontrollstruktur	34, 130-134, 136-145, 146f, 149f, 229, 235f, 238, 250, 293, 287, 447, 461
		Konvertierung	225-230, 233f, 238, 267f, 270 → Typkonvertierung
		Konvertierungs-operator	234, 282
Klassendeklaration	87	Koordinate	258, 262, 265, 271, 399, 470, 472, 478, 480, 483f, 486-488, 494
Klassendiagramm	23		
Klassenmethode	29, 89, 109, 127, 241-254, 257, 261, 275, 279f, 282f, 285, 289-291, 293, 295, 297, 345, 349, 361, 399f, 403, 420, 430, 432, 466, 483-486, 494-496, 498	Koordinaten-system	260, 278, 486f
		Kopie	254-256, 310, 319, 345, 349, 365, 372, 399, 403f, 414, 416-419, 421, 423-427, 429f, 434f, 476 → Duplikat
Klassenname	29, 85-87, 93, 109f, 113, 120, 126f, 148, 151, 153, 168, 190, 192f, 244, 290, 295, 464, 467, 491f, 502		
		Kopierkonstruktor	319, 404, 419, 421, 424-427, 431, 476, 480
Kollision	168 → Namenskollision	Kopiermethode	319, 417, 419, 425, 431f, 435
Kombination	78f, 104, 129, 141, 151, 238, 277, 284, 321, 370, 377	**L**	
Komma	39, 43, 56, 59, 115, 227, 253, 262, 330	*LastTypeOfNumber*	304, 306, 309f, 314, 323
Kommandozeile	461	Laufzeit	33, 41, 45, 62, 192, 330, 333f, 336, 352, 375, 378, 394, 408f, 412, 493, 496
Kommandozeilen-parameter	461		
Kommazahl	39	Laufzeitumgebung	33, 261, 273
Kommentar	21, 23, 28, 62, 67f, 71, 386	Länge	58f, 139, 400, 445-447, 453, 492
Kommunikations-technik	171	Lebensdauer	34, 45, 120-126, 171, 261, 271, 273f, 295, 367, 369, 388, 394-396, 398, 401, 407f, 438, 441, 482
Kommutativgesetz	48		
Konfiguration	66, 74f	Leerzeichen	62
Konflikt	168f		

Anhang F: Stichwortverzeichnis (L, M, N)

Lesbarkeit	56, 62, 117, 142, 192, 248, 263, 301, 440f, 495
Limitierung	203f
line	82
Line2D	23, 394-404, 419, 421, 423, 426f, 430, 433-435, 502
Linker	26, 28, 35, 65, 243, 257
Linksverschiebung	210f
Literal	43, 46, 72, 131, 138, 143f, 146, 229-233, 256, 281, 285, 334, 376, 406, 440-443, 445, 447-449, 451, 453, 459
Little-Endian (-Ordnung)	173
Local-Scope	107, 112
Logik	26, 46, 77, 132, 448
long	37-40, 180-182, 190, 226
LSB	185

M

main-Methode	35f, 68, 86, 98, 103-105, 108, 122, 202, 292, 372, 460f
Mantisse	180-183
Mantissenbit	181, 183
Maschinencode	25-27, 65
Mathematik	39, 48, 54, 183, 287
Maximum	178f, 222
Mehrdeutigkeit	168-170, 280-285, 325
Member(-Variable)	88, 92, 152, 378
Methode	21, 29-32, 35, 44, 68, 87-89, 91f, 95, 98, 102-105, 107-110, 114, 120, 122-124, 241-245, 248-251, 253-258, 260f, 268-270, 273, 275, 277, 279, 281, 283-296, 308, 310, 319f, 344f, 348f, 352, 361-363, 371f, 376, 386, 399-403, 406, 414-421, 424f, 430, 432f, 437-439, 447f, 455-458, 460, 465-468, 484-490, 492, 494-502 → Funktion
Methodenaufruf	104, 125, 192, 255, 277, 280, 286, 293-295, 370, 386, 414, 421, 435, 447, 458, 480, 486 → Aufruf
Methodenbereich	107, 112, 438
Methodendeklaration	241f, 249, 256
Methodenname	103f, 241
Methodenparameter	283, 349, 370f, 406, 414f → Parameter
Methodentabelle	496
Methodenüberladung	280 → Überladung
Minimum	178f, 204, 222
Minus	37, 50, 342, 461
Minusoperator	218
Modulo (-Operator)	47f, 53-55
Monospace	21f
MSB	185, 210f
Multiplikation	48, 54, 287, 294, 328-330, 337, 339

N

Namenskollision	168 → Kollision
Namensraum	153-156, 160-170, 193, 246f, 251f, 258, 277, 290, 301, 303, 305f, 310, 315, 322f
namespace	153f, 156, 161, 165
NaN	183f
Negierung	239, 406
Negierungsoperator	238, 240, 336, 405
new	34, 352-355, 357-359, 361f, 375, 377, 405, 436, 493
new[]	34, 375-377, 379, 388-390, 392f, 405, 436, 442f, 445, 458, 493
Notation	46f, 50f, 53, 100, 130, 152, 209, 220, 239, 382f, 405f
Null	24, 172, 175, 182f, 195, 204, 210f, 213, 228f, 238, 264f, 333-306, 345, 396, 407, 415, 445-449, 458, 498
Null-Terminierung	445-447, 449
nullptr	406

Anhang F: Stichwortverzeichnis (N, O, P)

Nullzeiger	24, 333-336, 340, 355, 375, 377, 384, 396, 406
Number	23, 84, 120, 170, 196, 201, 301-303, 305-310, 313, 315, 317, 319-325, 341, 343f, 346, 417-419, 421f, 425, 429, 433, 439, 455-459, 502

O

Objekt	30-32, 89, 92, 96f, 120, 126, 151, 187, 190, 192, 252, 256, 261, 268, 271, 273, 295f, 306, 319, 342f, 345, 349f, 353, 355, 365, 378, 384, 394, 397-399, 401-403, 411, 416-420, 422, 424, 431, 435, 437f, 463, 486, 496
Objektdatei	27f
Objektkopie	421-424, 426f, 429-431, 433, 435
Objektname	192, 266, 271
Objektorientierung	20, 30, 85, 171, 473
Oder-Verknüpfung	209, 215-217, 220, 237-239
Operand	46-48, 50-55, 100, 130f, 133, 149, 172, 186, 192f, 204, 208f, 211, 213, 215f, 218-221, 224-228, 232, 234-238, 294f, 324f, 331f, 336, 339, 353, 355, 357-359, 363, 375, 377, 379, 382-384, 386, 388, 429-332, 441, 446, 452, 456
Operation	48, 50f, 53-55, 149f, 183, 208-213, 215-219, 221-226, 294f, 299, 383f, 456
operator	430f
Operator	46-48, 50-56, 58, 72, 77, 95, 100, 113, 130f, 149f, 152, 190, 192-196, 199, 201, 204, 206, 208-211, 213f, 216-221, 228, 233-240, 244, 246, 294f, 303, 310, 315, 323-325, 336, 339f, 347, 352-359, 361-364, 375-379, 382-384, 386, 388-390, 392f, 401, 405, 442f, 445, 451f, 456, 458, 475, 487, 493, 496f
Optimierung	189, 449 → Speicheroptimierung
Ordnung	173, 452
OuterClass	111f, 128, 151f

P

Paradigma	31, 34, 85, 105, 130, 463, 473
Parameter	35, 253-257, 261f, 264-271, 273, 275, 279, 281-285, 298, 307, 310, 319, 325, 349f, 352, 361f, 370-372, 376, 396f, 400, 406, 414-419, 422f, 425, 430-432, 447f, 451, 460f, 489, 492, 500f → Methodenparameter
Paramaterliste	104, 271
PC	20, 34, 64, 120, 171
Person	89, 127-129
Pfeiloperator	342, 345, 379, 399, 411, 494
Plattform	19, 26, 32, 66, 74, 173f, 180f, 186-188, 207, 211
Plus	37, 50
Plusoperator	50
Point2D	23, 258, 260-273, 275, 279, 293, 296, 341, 345f, 349, 394-397, 399-401, 411, 419-422, 424, 427, 429, 431f, 437, 464, 470, 472, 476, 478, 480, 482f, 486, 488, 492, 494, 497, 501
Point3D	23, 464, 472, 475-480, 482-484, 486-488, 492, 494-496, 498, 501
Polymorphie	493f, 496, 501
Position	39, 209f, 212f, 384, 453, 456
Postfix	46, 51f, 383
pragma	82, 189
Praxisklasse	23f, 84, 92, 97, 120, 170, 196, 201, 258, 260f, 264-268, 270-273, 275, 279, 293, 296, 301, 303, 305-310, 313, 315, 317, 319-315, 341, 344, 346, 349, 394-396, 398-404, 411, 416f, 419-421, 424-427, 429, 431-435, 439, 455, 457, 459, 464, 470, 472, 475-477, 480, 482-484, 486, 492, 494-496, 498, 502
Präfix	46, 50-52, 113f, 161, 218, 234, 238, 258, 260, 331, 339, 383
Präprozessor	65-84, 189, 240, 459f
private	89-92, 109, 126, 187, 198, 241, 275, 290f, 297, 306, 320, 464, 468f, 471, 483
Produkt	181, 287

Anhang F: Stichwortverzeichnis (P, Q, R)

Programm	20, 25f, 28f, 31-33, 35, 41, 80, 89f, 99, 103f, 120, 124, 126, 146, 153, 171, 182, 186, 192, 293, 327, 333, 352f, 355, 448f, 451, 461
Programmablauf	124, 130, 137f, 140-142, 293, 386, 480, 482
Programmabsturz	337, 434
Programmbefehl	64, 99, 103f, 107, 130, 133, 241, 293, 498 → Befehl
Programmbibliothek	83 → Bibliothek
Programmcode	25f, 66, 70, 74-79
Programmfehler	327
Programmierer	20, 58f, 358, 445 → Entwickler
Programmierfehler	33, 407
Programmierkonzept	30, 85, 98, 273
Programmiersprache	19-21, 26, 28-30, 32-34, 54, 59, 63, 85, 92, 114, 116, 134, 153f, 234, 242, 248, 273, 291, 301, 327, 345, 352, 375, 378, 439
Programmierstil	142, 258, 263
Programmierung	20, 23, 25f, 34f, 38f, 51, 58, 89, 105, 120, 130, 172, 186, 270, 286, 289, 291, 301, 327, 439, 463, 493
Programmstapel	100, 107, 120 → Stapel
Programmstart	126, 352, 448, 460
Programmstruktur	26, 286
Projekt	83, 98 → Software-Projekt
Promotion	224-226, 232
protected	89-91, 109, 126, 187, 198, 241, 258, 290f, 297, 306, 464, 468-470, 476, 483, 487
Prototyp	87, 243-246, 248f, 253, 256-258, 261, 265f, 269f, 273, 275, 280, 290, 297f, 307-310, 319f, 344, 348f, 352, 371, 396, 399, 401, 417-420, 424-426, 431, 434, 455, 476f, 483, 486f, 494f, 497-499
Prozedur	241
Prozessor	64, 173, 180, 182, 188, 224
Prüfvariable	456
public	89-92, 109, 187, 197f, 241, 261, 273, 291, 297, 464f, 468, 471, 476, 483, 487
Punkt	39, 258, 260f, 265, 275, 278, 396, 399, 411, 419, 472, 486, 492
Punktoperator	95, 97, 100, 128, 151f, 201, 411, 417, 419, 496
Punktrechnung	54

Q

Qualifizierer	45, 127, 241-243, 251, 253f, 258, 261, 295, 343, 349, 372, 412f, 417, 486, 500
Qualifizierung	273, 343f
Quelle	25, 27, 403f, 421-424, 427, 429, 431, 435
Quellcode	20-30, 32f, 35f, 41, 43, 45f, 48, 50, 56f, 62f, 65-68, 70-72, 74-76, 78, 80f, 83, 98, 107, 117, 130, 133f, 137, 142f, 153, 165, 168, 171, 173, 178, 183, 186, 189, 192, 197, 200f, 208, 230-232, 243, 248, 257, 263, 268, 271, 275, 286, 325, 361, 367, 378, 388, 407, 414, 421, 430, 440f, 445, 448f, 451, 459f, 473
Quelldatei	24-27, 29, 34, 65f, 68f, 71, 82f, 100f, 103, 154f, 160f, 248 → Datei
Quellobjekt	403, 417, 421, 423-426, 429-432, 434f

R

RAM	33, 171 → Arbeitsspeicher
Raum	98, 153, 258, 260f, 271, 394, 396, 399f, 472, 478, 486-488, 492
Raute	66f, 327
Recheneinheit	182, 224, 232
Rechenkombination	48
Rechenoperation	72, 103, 138, 143, 149, 173, 183, 375, 441
Rechtsverschiebung	211f

Anhang F: Stichwortverzeichnis (R, S)

Referenz	34, 62, 253, 256, 268, 275, 394, 399, 404, 407-409, 411-420, 422, 424, 427, 431, 436, 484, 492, 501
Referenztyp	412, 414, 418, 431
Referenzvariable	407-409, 411-413, 415, 419, 436-438, 501
register	64
Reihenfolge	34, 36, 48, 55, 129f, 173f, 189, 277, 294f, 360, 392f, 482
Rekursion	286-288
Release	75
return	21, 36, 104, 122, 249f, 261, 273
Rumpf	245, 263, 310, 372, 397, 432, 486, 498, 500
Rückgabe	104, 249, 260, 348, 417, 447
Rückgabewert	44, 51, 53, 104, 131, 149, 192, 209, 225, 233, 241, 249-252, 258, 260f, 273, 279, 281, 294, 303, 331, 348, 353f, 357, 361f, 365, 375f, 384, 386, 417f, 420, 437, 486, 488f
Rücksprung	480

S

Schiebeoperator	209-211
Schleife	130, 137-138, 140-142, 448
Schleifendurchlauf	130, 138, 142
Schlüsselwort	21, 34, 26, 39, 45, 63f, 85f, 89f, 92f, 104, 109, 117, 122-124, 126f, 129, 133f, 136f, 140-144, 146-148, 151, 154, 156, 161, 165, 177, 192, 197-201, 231, 233, 242f, 248-251, 253, 259, 261, 263, 267, 269f, 273, 275, 279, 289-292, 295f, 298f, 301, 319, 322, 336f, 340, 343-346, 348-350, 353, 355, 377, 386, 406, 412, 417, 420, 430f, 438, 455, 458, 465f, 468, 470f, 490, 492, 494-497, 502
Schwellenwert	178
Scope	98-104, 107, 109, 111-114, 117, 120-124, 126, 130, 133f, 136-138, 140-142, 144, 146, 154, 161, 165, 201, 248, 250, 255f, 286, 315, 320, 349, 372, 392, 398, 414, 416, 419, 437, 464 → Bereich
Scope-Operator	100, 112-114, 126, 128, 152, 160-163, 166f, 190, 193, 244, 246, 277, 290, 297, 310, 487, 490 → Bereichsauflösungsoperator
Scoping	98-101, 104f, 107f, 110
Seiteneffekt	293, 295
Semantik	26, 67, 99, 138, 144, 250, 286, 317, 435
Semikolon	41, 43, 56, 59, 63, 66, 70, 86f, 89, 92, 94, 104f, 114f, 133, 137, 141f, 154, 156, 161, 165, 198, 200f, 241-243, 245, 248-250, 261f, 498
Setter-Methode	31f, 258f, 298f, 308f, 315, 324, 420f, 483f
Sequenz	56, 62, 139, 149
Shift	209, 220
short	37-39, 174, 176, 178, 185, 188f, 199, 210, 212, 214-216, 218, 222-224, 232
Sichtbarkeit	85, 89f, 95, 97, 99f, 103f, 107, 109, 114, 124, 154, 187, 258, 465, 468f, 471, 473, 483, 485
Sichtbarkeitsbereich	89-92, 95, 109, 114, 197, 203, 241, 291, 297, 466, 485f, 489
Sichtbarkeitsbestimmung	97
Signatur	29, 104f, 120, 241-246, 248f, 251, 253f, 256, 258, 260-262, 257-262, 267-270, 273, 275, 277, 283, 290, 292, 296, 307, 310, 319, 343f, 348f, 352, 370f, 413f, 416f, 419f, 424, 431, 455, 461, 485f, 489, 494f, 498, 502
signed	37-39, 174f, 177-179, 204, 210, 212, 222f, 230f, 323
sizeof	192-196, 199, 201, 204, 206, 208, 225, 233, 303, 310, 315, 323-325, 347, 378, 401, 405f, 475, 496
Software	28, 75, 439
Software-Projekt	27, 67, 83, 153 → Projekt
Sonderzeichen	215, 445-447
Speicher	29f, 32-34, 36, 38, 40f, 57-59, 62, 67, 120, 122, 124, 126, 129, 151, 153, 171-178, 181, 185-192, 195, 197, 199, 204f, 207, 273f, 298,

Anhang F: Stichwortverzeichnis (S)

	305, 323, 327, 329, 352f, 355f, 358, 361, 364f, 375-378, 388, 390, 392-394, 401-403, 423f, 427, 435f, 439, 442, 449, 468, 475, 490, 496-498, 501	Spezifizierer	502
		Sprache	19-22, 25f, 30, 32-34, 36-41, 45-48, 51, 53-59, 62-64, 66, 68, 77, 80, 85, 89, 93, 99f, 104, 112, 123, 130f, 133, 137, 142, 149, 153f, 158, 171, 173f, 186, 189, 192, 197, 201, 206, 208f, 225, 230, 235, 237f, 248, 269, 289, 292, 323f, 327, 353, 367, 375, 383, 407, 411, 414, 429, 439f
Speicherabbild	30, 32 → Abbild		
Speicherallokierung	352-354, 357, 359, 360f, 375f, 389f, 405, 443, 449, 458 → Allokierung		
		Sprachbestandteil	21, 80
Speicherausrichtung	188f, 191f	Stack	33f, 99, 103f, 153, 192, 293, 365, 397f, 415f
Speicherbedarf	38, 187-190, 192, 195, 199, 201, 205, 208, 323f, 347, 378, 401f, 406, 442, 475	Standard	36, 38f, 50, 80, 174, 180-182, 194, 406, 502
		Standard-Kopierkonstruktor	422f, 476, 480
Speicherbelegung	36, 124, 323	Standard-Zuweisungsoperator	429-431, 433
Speicherbereich	29, 33f, 57-59, 124, 171-173, 175f, 178, 183, 185f, 188-191, 197, 199, 201-204, 206-211, 213-215, 217f, 220, 228f, 238, 298, 327, 330, 332, 352f, 355, 358-361, 364f, 367, 369, 372, 375-377, 380, 382, 384, 386-393, 395, 398, 403f, 407-409, 411-414, 423f, 426, 434-436, 438f, 441, 445f, 448, 451, 453, 458, 492f, 497, 501	Standardkonstruktor	264-267, 271, 297f, 307, 310, 375, 392, 395f, 422, 475f, 480
		Standardmethode	476
		Standardparameter	256f, 266, 270, 283-285, 352
		Standardpfad	68f
		Standardwert	256f, 266, 283
Speicherfreigabe	355, 357, 360, 376f, 388, 393, 405, 424, 451, 497 → Freigabe	Stapel	99, 103 → Programmstapel
		Stapelverarbeitung	99
Speichergrenze	197, 207	Startpunkt	394, 396, 400, 427, 435, 448
Speichergröße	174, 181f, 185, 187-190, 194, 196, 199f, 203, 206f, 214, 224f, 230-233, 301, 310, 323, 402 → Größe	Startvariable	137f
		Startwert	137f
		static	123f, 126f, 129, 275, 277, 319, 321, 438, 458, 490
Speicherleck	33, 354f, 360-363, 376f, 388f, 397f, 458, 497	Statik	275
Speicheroptimierung	449 → Optimierung	Stellenwert	176, 178f, 181, 185
		Stern	329f, 339, 343, 370
Speicherplatz	85f, 92, 96, 120f, 126, 129, 187, 197f, 202, 298, 320, 323, 352, 393, 449-451, 453, 455, 475	Strecke	394, 396, 399f, 492
		Streckenlänge	399f, 419, 424 → Distanz
Speicherung	41, 64, 171f, 175, 188-191, 197, 201, 205f, 298, 303, 368, 401, 458	Strich	215
		Strichrechnung	54
Speicherverwaltung	33, 186, 377	String	439
Speicherzugriff	188-190, 365, 388, 424		

Anhang F: Stichwortverzeichnis (S, T, U, Ü)

struct	85-88, 92f, 109, 112, 151, 197, 291, 295, 298, 464, 466, 471
Struktur	85
Subtraktion	47, 53-55, 294, 382-384
Suffix	230-232, 282, 325
Summe	145, 176, 182, 187f, 190, 205f, 288, 475
switch	143
Symbol	66, 70-78, 80-82, 84, 240, 329, 459f
Syntax	19-21, 26, 28f, 31f, 34, 36-41, 45-47, 50f, 53, 55-59, 62, 64, 66, 77, 80, 85, 87-89, 95, 99f, 104, 123, 130, 134, 137, 142, 149, 153f, 173, 186, 192, 195, 197, 201, 208, 216, 220f, 225, 230, 232, 234f, 237, 242, 248, 269, 289, 336, 345, 353, 355, 375, 377f, 388, 411, 414, 440, 502
System	29, 33, 57, 69, 171f, 188-190, 192, 199, 352, 355, 367, 375
Systemspeicher	95, 120, 172, 352f, 355, 446

T

Tabulator	62
Texteditor	20f → Editor
this	345, 420, 432, 435
Tilde	218, 273
Triangle2D	271f
true	36, 131, 174, 219f, 227f, 235-239, 260, 335, 406, 487, 494
Typ	30, 32, 36, 38-40, 47, 96f, 115, 120, 148, 172, 175, 177f, 180-182, 188-190, 192f, 199f, 203, 205-207, 211, 219f, 224-229, 232f, 239, 241, 251, 258, 268, 271, 295, 303, 319, 325, 328, 343f, 353, 383f, 401f, 405-407, 415f, 420, 427, 431, 441, 445f, 448f, 451, 456, 458, 461, 486, 493f, 496f, 500f → Datentyp
Typdefinition	63, 148, 303, 325, 346, 412
typedef	63, 148, 301, 346, 412
Typkonvertierung	117, 225f, 230, 234, 267-270, 307, 325, 334, 336, 406 → Konvertierung

U

Umwelt	31, 483
Und-Verknüpfung	209, 213f, 220, 236-239, 456, 488
undef	70, 73
Unendlichkeit	183, 298 → Inf
Ungleichheit	131, 184, 229, 363f, 452f
union	197-201, 298f, 305, 323, 342, 456, 466
unsigned	37-39, 174-178, 185, 188, 192, 204, 206f, 214, 216, 222-224, 230f, 406
Unterfunktion	103
Unterlauf	222
Unterstrich	70, 80
Ursprung	25, 260, 486f, 494
using	161f, 164f, 168f, 247

Ü

Übergabeparameter	241
Überladen	279, 489
Überladung	279f, 284f → Methodenüberladung
Überlauf	222, 287
Überschreiben	424, 485-487, 489, 502
Übersetzungseinheit	25, 27, 29, 65, 67-69, 83, 85, 98, 100-102, 107, 110, 114, 120, 126, 153, 161, 243f, 257, 275 → Code-Einheit
Übersetzungsfehler	27, 69, 81f, 89, 156, 158, 194, 223, 225, 228, 243, 280, 283, 295, 345, 415, 466f → Compiler-Fehler
Übersetzungsvorgang	27, 45, 65f, 73f, 80, 87, 207, 408, 448, 485

Anhang F: Stichwortverzeichnis (V, W, Z)

V

Validierung	335f
Variable	20, 29f, 32-34, 36-41, 43-48, 51, 54, 57f, 64, 70, 74, 92, 94, 98-100, 102-104, 109, 113f, 120-127, 130f, 137f, 140f, 143-146, 153, 160, 164, 168, 171-179, 186, 192f, 201, 209f, 212-215, 218, 222, 224, 227-229, 232-234, 255, 268, 303, 327-333, 335f, 339-341, 347f, 352f, 358, 363, 365, 369-371, 378, 407-409, 411, 414f, 439, 443, 450f, 455f
Variablenname	29, 41, 62, 92, 117, 171, 408
Verbund	197, 298, 323 → Datenverbund
Vererbung	22, 89-91, 258, 306, 463-469, 475, 481, 490, 492f, 496
Vererbungs- hierarchie	473, 490, 502 → Hierarchie
Vergleich	131, 133, 138, 140, 145, 235, 363, 415, 446, 452, 494
Vergleichsoperator	130-134, 140f, 143, 149, 184, 235, 240, 363f, 452
Verkettung	48, 421, 432
Verknüpfung	79, 132, 209, 213-217, 220, 235-240
Verschachtelung	96, 99, 115, 156f
Verzeichnis	23, 24, 69
Verzweigung	76-78
virtual	494-497
void	104, 192, 241, 249f, 253, 261, 273, 279, 330, 340, 355, 405
volatile	64
Vorprozessor	65
Vorzeichen	50, 177, 179, 181f, 204, 210, 218, 226, 231
Vorzeichenbehaftung	204, 230
Vorzeichenbit	178-183, 210-212, 215, 228
Vorzeichenoperator	50

W

Wahrheitswert	32, 133, 219f, 227f, 235-238, 240, 260, 309, 336, 487f, 494
warning	81f
Warnung	27, 59, 81f, 223, 438
Werkzeug	20, 26, 75, 327, 388, 394
Wert	21, 24, 29, 32, 36f, 39, 41, 43f, 48, 50-53, 57f, 64, 66, 70-74, 78, 104, 116, 118, 124, 129, 131, 133, 138, 143-146, 149, 171f, 175-179, 181-185, 192, 195, 209f, 212f, 218f, 222, 227-231, 233-236, 238, 240f, 249f, 255, 257, 260f, 264, 287, 298, 303f, 307, 309f, 313, 320f, 327, 333-336, 339, 349, 375, 377, 383, 392, 407-409, 414f, 420, 431, 437f, 443, 447, 456, 461, 498 → Zahlenwert
Wertebereich	36-40, 172, 174f, 177-181, 183, 203-205, 219, 222f, 287, 301f, 321f
Wertepaar	461
Wertetabelle	60, 62, 217, 238
Wertigkeit	54, 180, 224
while	140-142
Whitespace	62
Wiederholung	140
Woche	116f
Wrapper(-Klasse)	275, 297

Z

Zahlenfolge	288
Zahlenwert	24, 37, 40, 43, 50, 53, 143, 383, 441 → Wert
Zählschleife	137f, 387, 390, 392f, 461
Zeichen	21, 32, 39f, 43, 46, 50, 62, 143, 172, 210f, 237, 329f, 337, 342, 431, 439-443, 445f, 448f, 452, 458, 460
Zeichenkette	439f, 442-449, 451-453, 455, 458, 460f → Kette
Zeichenketten- Literal	441-443, 445, 447-453, 459f

Eintauchen in **C++**

Anhang F: Stichwortverzeichnis (Z)

Zeichenliteral	40, 441, 445f	Zuweisung	43, 47f, 53, 220, 224, 226f, 256, 258, 332, 353, 382, 409, 429, 431f, 445
Zeichensatz	40, 452		
Zeiger	34, 62, 256, 327-350, 352f, 355, 358-360, 363-365, 367-371, 375-377, 379-386, 388-396, 398f, 401, 403-407, 411, 414-417, 423f, 426, 430, 432, 439, 441, 443, 445, 447, 449, 451-453, 455, 458, 461, 493-497, 500f	Zuweisungsoperator	29, 43f, 47f, 53f, 103, 165, 220f, 224, 227, 256, 294, 332, 384, 386, 404, 419, 421, 429-435, 476, 498
		Zweierkomplement	180
Zeiger-Member	394, 396, 398-401, 403f, 421, 423f, 426f, 430, 433-435, 497	Zweierpotenz	176, 181
		Zwischenspeicher	64, 171
Zeigerarithmetik	327, 382-388, 390, 405, 439, 442, 445		
Zeigerkopie	350, 365, 500		
Zeigerparameter	367f, 390, 500		
Zeigertyp	346, 348, 355, 359, 383, 493f		
Zeigervalidierung	333		
Zeigervariable	327-343, 345, 347-349, 352, 354f, 357f, 360, 363-365, 367-372, 379f, 382-384, 387-390, 393, 401, 405f, 411, 415, 423, 441, 443, 445, 448-453, 493f, 496f, 500		
Zeilennummer	80, 82		
Ziel	203, 403f, 421, 423, 429, 435, 449, 464		
Zielobjekt	403f, 417, 421, 423, 425, 427, 429f, 432, 435		
Zielplattform	63, 66, 189		
Zirkumflex	216		
Zugriff	44, 47, 50-53, 58f, 64, 89, 95, 97, 100, 113, 117, 126, 128-130, 151f, 160-166, 171, 186, 188f, 200-202, 209, 213, 218, 221, 234, 236-238, 243, 246f, 255, 258, 261, 271, 274f, 277, 290-292, 294f, 297f, 320, 342f, 345, 349, 364, 368, 370, 372, 379, 383, 386, 388, 392, 400, 407, 409, 411f, 414, 416f, 419, 422f, 427, 430-432, 436, 438f, 445, 448, 455, 467f, 470, 491, 494, 496, 500		
Zustand	30, 39, 43, 92, 129, 172, 176, 178, 181-185, 201, 210-213, 215-218, 220, 227-229, 260, 262, 301, 313, 375, 416, 439, 456		
Zustandsvariable	301		

Notizen

kontakt@cplusplus-buch.de

Notizen

kontakt@cplusplus-buch.de